SCHÄFFER
POESCHEL

Sören Goebel/Carola Wehling/
Sebastian Gehrmann (Hrsg.)

Handbuch der Quellenbesteuerung

Beschränkte Steuerpflicht und Steuerabzug
bei Darbietungen, Lizenzen und Dividenden

2018
Schäffer-Poeschel Verlag Stuttgart

Bibliografische Information der Deutschen Nationalbibliothek
Die Deutsche Nationalbibliothek verzeichnet diese Publikation
in der Deutschen Nationalbibliografie; detaillierte bibliografische
Daten sind im Internet über < http://dnb.d-nb.de > abrufbar.

Gedruckt auf chlorfrei gebleichtem,
säurefreiem und alterungsbeständigem Papier

Print: ISBN 978-3-7910-3825-4   Bestell-Nr. 13100-0001
ePDF: ISBN 978-3-7910-3827-8   Bestell-Nr. 13100-0150
ePub: ISBN 978-3-7910-3826-1   Bestell-Nr. 13100-0100

Dieses Werk einschließlich aller seiner Teile ist urheberrechtlich
geschützt. Jede Verwertung außerhalb der engen Grenzen
des Urheberrechtsgesetzes ist ohne Zustimmung des Verlages
unzulässig und strafbar. Das gilt insbesondere für Vervielfältigungen, Übersetzungen, Mikroverfilmungen und die
Einspeicherung und Verarbeitung in elektronischen Systemen.

© 2018 Schäffer-Poeschel
Verlag für Wirtschaft · Steuern · Recht GmbH
www.schaeffer-poeschel.de
service@schaeffer-poeschel.de

Umschlagentwurf: Goldener Westen, Berlin
Umschlaggestaltung: Kienle gestaltet, Stuttgart
Satz: Claudia Wild, Konstanz

Dezember 2018

Schäffer-Poeschel Verlag Stuttgart
Ein Unternehmen der Haufe Group

Ihr Online-Material zum Buch
Für den praktischen Einsatz finden Sie als kostenloses Zusatzmaterial im Online-Bereich die Checklisten aus dem Anhang als Arbeitshilfen in deutscher und englischer Sprache.

So funktioniert Ihr Zugang
1. Gehen Sie auf das Portal sp-mybook.de und geben den Buchcode ein, um auf die Internetseite zum Buch zu gelangen.
2. Wählen Sie im Online-Bereich das gewünschte Material aus.
3. Oder scannen Sie die QR-Codes mit Ihrem Smartphone oder Tablet, um einzelne Beispiele direkt abzurufen.

SP myBook:
www.sp-mybook.de
Buchcode: 3825-qube

Inhalte zum Download:
1. Checkliste für Darbietungen i.S.d. § 50a Abs. 1 Nr. 1 und 2 EStG i.V.m. § 49 EStG
2. Checklist regarding performances according to Sec. 50a (1) No. 1 and 2 German Income Tax Act
3. Checkliste für Lizenzen i.S.d. § 50a Abs. 1 Nr. 3 EStG i.V.m. § 49 EStG
4. Checklist for licences according to Sec. 50a (1) No. 3 German Income Tax Act
5. Checkliste für Vergütungen an Aufsichts- und Verwaltungsräte i.S.d. § 50a Abs. 1 Nr. 4 EStG i.V.m. § 49 EStG
6. Checklist for the remuneration of supervisory and administrative boards according to Sec. 50a (1) No. 4 German Income Tax Act
7. Checkliste für das Steuerabzugsverfahren i.S.d. § 50a EStG und Entlastungsverfahren
8. Checklist for the tax withholding procedure according to Sec. 50a German Income Tax Act and discharge procedure

Vorwort

Die Globalisierung unserer Welt und wirtschaftlicher Beziehungen lässt Landesgrenzen häufig im Alltag unbedeutender werden – nicht jedoch im Steuerrecht!

Die beschränkte Steuerpflicht von natürlichen und juristischen Personen greift oft schon dann, wenn steuerliche Laien, wie etwa Sportler und Künstler, noch keinen Anhaltspunkt für eine deutsche Besteuerung ihrer Leistungen erkennen können. Hier sind Experten gefordert.

Bekanntlich ist bei beschränkt Steuerpflichtigen die Erhebung der Einkommen- bzw. Körperschaftsteuer zumeist schwierig, da diese sich bei Ausübung ihrer Tätigkeit regelmäßig nicht oder nur vorübergehend im Inland aufhalten bzw. im Inland regelmäßig keine Vermögensgegenstände vorhanden sind, auf die zur Durchsetzung des Besteuerungsanspruchs zugegriffen werden könnte. Zur unilateralen Durchsetzung des deutschen Besteuerungsanspruchs sieht der Gesetzgeber daher bei bestimmten inländischen Einkünften von beschränkt Steuerpflichtigen vor, dass die Einkommen- bzw. Körperschaftsteuer nach § 50a Abs. 1 EStG im Wege des Steuerabzugs an der Quelle durch den Schuldner der Vergütung erhoben wird.

Mit diesem Handbuch möchten wir einen Einstieg in die komplexe Materie der Quellenbesteuerung von im Ausland ansässigen Vergütungsgläubigern ermöglichen. Schwerpunkte dieses Werkes sind die beschränkte Steuerpflicht und der Steuerabzug bei Darbietungen, Lizenzzahlungen sowie Vergütungen für die Tätigkeit als Aufsichtsratsmitglied. Ergänzt wird der Komplex der Quellenbesteuerung durch die Behandlung des Steuerabzugs vom Kapitalertrag bei Dividenden an im Ausland ansässige Vergütungsgläubiger.

In der Praxis zeigt sich, dass die Relevanz von Quellensteuern – insbesondere im Hinblick auf grenzüberschreitende Lizenzzahlungen – sowohl auf nationaler als auch auf europäischer und internationaler Ebene in jüngster Zeit stark gestiegen ist. Treiber hierfür sind zum einen die fortschreitende Digitalisierung der Wirtschaft und die damit einhergehenden neuen digitalen Geschäftsmodelle sowie neue Formen der Softwareüberlassung. Der Gesetzgeber hat mit dem Tempo dieser digitalen Entwicklung nicht Schritt gehalten, so dass in der Praxis oftmals Unsicherheit darüber besteht, ob bei bestimmten Vergütungen eine Abzugsteuerverpflichtung besteht oder nicht. Die quellensteuerliche Behandlung von Software und Datenbanken hat das Bundesministerium der Finanzen zumindest (wenn auch mit erheblicher zeitlicher Verzögerung) in seinem Schreiben vom 27.10.2017 geregelt.

Zur stetig steigenden Relevanz des Themas auf nationaler Ebene trägt jedoch gleichermaßen bei, dass das Bundeszentralamt für Steuern zum 01.01.2014 die Zuständigkeit für die Quellensteuer nach § 50a Abs. 1 EStG von den lokalen Finanzämtern übernommen hat. Mit dem erklärten Ziel der Einheitlichkeit der Rechtsanwendung rückt die Quellensteuer nach § 50a Abs. 1 EStG zunehmend in den Fokus der Betriebsprüfung bzw. der Bundesprüfer. Hierbei ist in der Praxis eine Entwicklung hin zu einem prozessualen Prüfansatz festzustellen: Gegenstand der Prüfung sind auch die Ablaufprozesse zur Erfassung und Bearbeitung der nach § 50a EStG relevanten Sachverhalte und – soweit vorhanden – das innerbetriebliche Kontrollsystem (IKS).

Für die steuerliche Compliance sowie das Management des mit dem Steuerabzug nach § 50a Abs. 1 EStG für den Schuldner der Vergütung einhergehenden finanziellen, haftungsrechtlichen und steuerstrafrechtlichen Risikos trägt in Unternehmen die Geschäftsführung die Verantwortung. In Bezug auf die Quellensteuer gilt es abzugsteuerrelevante Zahlungen zu identifizieren, zu analysieren und diese ordnungsgemäß steuerlich abzuwickeln. In der Praxis stellt dies regelmäßig für alle Beteiligten eine große Herausforderung dar.

Dieses Handbuch ist Hilfe und Wegweiser für die tägliche Praxis, indem es die einzelnen aus praktischer Warte zu beachtenden Aspekte des Quellensteuerabzugs eingehend beleuchtet. Dabei richtet es sich sowohl an »§ 50a EStG-Neulinge«, die bisher nur wenige Berührungspunkte mit dem Steuerabzug hatten, als auch an die mit § 50a EStG bereits vertrauten Personen. **Um die praktische Arbeit mit dem Handbuch so effizient wie möglich zu gestalten, sind die einzelnen Kapitel so konzipiert, dass diese losgelöst voneinander betrachtet werden können; sich hieraus ergebende Wiederholungen in den einführenden Teilkapiteln wurden bewusst in Kauf genommen.**

Thematisch wird ein weiter Bogen gespannt von den einzelnen Tatbeständen des Steuerabzugs nach § 50a Abs. 1 EStG, der Steueranmeldung und besonderen Verfahrensfragen bis hin zur Entlastung von der Steuerabzugsverpflichtung, Anwendung der nationalen Missbrauchsvorschrift (§ 50d Abs. 3 EStG) und Möglichkeiten des Risikomanagements. Auch der Steuerabzug bei Dividenden wird berücksichtigt. Anschauliche Beispiele aus der Beratungspraxis, die die komplexe Materie des Steuerabzugs nach § 50a Abs. 1 EStG verständlich darstellen sowie Lösungsmöglichkeiten aufzeigen, helfen sowohl dem Neuling als auch dem Kenner, sich im Dschungel des Steuerabzugs zurechtzufinden. Über den abgedruckten QR-Code auf der SPmyBook-Seite vorne im Buch haben Sie zudem Zugriff auf die im Anhang abgebildeten Checklisten als Online-Material.

Dieses Handbuch basiert auf dem Rechtsstand 01.10.2018, aber wir sind uns sehr bewusst, dass gerade dieser Teil des (Steuer) Rechts einer dynamischen Veränderung unterliegt. Wir werden sie beobachten und freuen uns auf Ihre Anmerkungen, Kommentare und Ihr Feedback.

Danken möchten wir an dieser Stelle allen, die mit ihrem großen Engagement dieses Werk ermöglicht haben. Zum einen bedanken wir uns für die Geduld und Sorgfalt von Herrn Tobias Welp und Herrn Lucas Wienke bei der redaktionellen Überarbeitung. Zum anderen ist es der Verlag, und hier insbesondere Herr Rudolf Steinleitner, Frau Heike Muenzenmaier sowie Frau Claudia Lange, die großen Anteil am Gelingen dieses Werkes haben.

Dortmund/Eschborn, im Oktober 2018
Sören Goebel   Carola Wehling   Sebastian Gehrmann

Herausgeber und Autoren

Sören Goebel
Sören Goebel, Steuerberater, ist Partner bei der Ernst & Young GmbH Wirtschaftsprüfungsgesellschaft. Er hat mehr als 25 Jahre Berufserfahrung (davon über 20 Jahre im Bereich des internationalen Steuerrechts). Er ist Experte für nationale sowie grenzüberschreitende Steuerplanung, den Unternehmenskauf sowie -verkauf und Unternehmensreorganisationen. Er ist Spezialist für internationales Steuerrecht sowie für Fragen der Konzernbesteuerung. Hierbei berät er unternehmergeführte mittelständische sowie börsennotierte Unternehmen.

Carola Wehling
Diplom-Kauffrau Carola Wehling, Steuerberaterin, ist Senior Manager der Ernst & Young GmbH Wirtschaftsprüfungsgesellschaft und dort in der Service Line »International Tax Services« am Standort Eschborn tätig. Sie hat mehr als 23 Jahre Erfahrung in der steuerlichen Beratung von internationalen Konzernen bei der Planung und Implementierung ihrer grenzüberschreitenden Geschäftsaktivitäten. Sie verfügt zudem über weitreichende Erfahrung im Bereich des steuerlichen Risikomanagements und hält als ausgewiesene Expertin für Quellensteuern regelmäßig Vorträge und Workshops zum Thema Steuerabzug nach § 50a EStG bei Lizenzen und Darbietungen.

Sebastian Gehrmann
Diplom-Ökonom Sebastian Gehrmann, Steuerberater, Fachberater für Internationales Steuerrecht, MBA (International Taxation) ist Senior Manager der Ernst & Young GmbH Wirtschaftsprüfungsgesellschaft und dort in der Service Line »International Tax Services« am Standort Dortmund tätig. Seine Tätigkeitsschwerpunkte liegen in der steuerlichen Beratung im Ausland ansässiger Künstler und Sportler sowie der Begleitung von Unternehmensakquisitionen und Unternehmensumstrukturierungen.

Unter Mitarbeit von
1. Diplom-Betriebswirt (BA) **Tino Boller**, MBA (International Taxation), Steuerberater
   Partner bei der Ernst & Young GmbH Wirtschaftsprüfungsgesellschaft
2. Diplom-Wirtschaftsjurist **Sebastian Capek**, LL.M., Steuerberater
   Manager bei der Ernst & Young GmbH, Wirtschaftsprüfungsgesellschaft
3. **Merle Ebeling**
   Consultant bei der Ernst & Young GmbH, Wirtschaftsprüfungsgesellschaft
4. Doctorandus **Frank Elsweier**
   Senior Manager bei der Ernst & Young Belastingadviseurs LLP
5. **Pia Kösters**, LL.M., Steuerberaterin
   Heisterborg Unternehmerberatergruppe

Inhaltsverzeichnis

Vorwort	VII
Herausgeber und Autoren	IX
Abkürzungsverzeichnis	XXI

I. Beschränkte Steuerpflicht und Steuerabzug nach § 50a Abs. 1 EStG 1

1 Die Vorschrift des § 50a EStG 3
  1.1 Begriffsabgrenzung und Zielsetzung der Vorschrift 3
  1.2 Voraussetzungen für einen Steuerabzug nach § 50a Abs. 1 EStG 5
  1.2.1 Ansässigkeit des Vergütungsgläubigers (persönlicher Anwendungsbereich) 5
  1.2.2 Erzielung inländischer Einkünfte (sachlicher Anwendungsbereich) 9
  1.3 Abgeltungswirkung und Veranlagung 13
  1.4 Vorgehen bei Zweifelsfragen 13

2 Das Steuerabzugsverfahren 15
  2.1 Verfahren und Beteiligte 15
  2.1.1 Verfahren und Zuständigkeiten 15
  2.1.2 Beteiligte des Steuerabzugsverfahrens 16
  2.2 Zeitpunkt und Höhe des Steuerabzugs 18
  2.2.1 Zeitpunkt des Steuerabzugs 18
  2.2.2 Höhe des Steuerabzugs 21
  2.2.3 Steuerabzug auf zweiter Stufe 29
  2.2.4 Anmeldung und Abführung der Steuer 31

3 Entlastung vom Steuerabzug nach § 50a Abs. 1 EStG 37
  3.1 Allgemeines 37
  3.2 Das Freistellungsverfahren (§ 50d Abs. 2 EStG) 40
  3.2.1 Verfahren und Beteiligte 40
  3.2.2 Entscheidung über den Freistellungsantrag 43
  3.2.3 Sammel-Freistellungsbescheinigung 46

3.2.4	Auswirkungen von Umwandlungsvorgängen	47
3.3	Das Erstattungsverfahren (§ 50d Abs. 1 EStG)	48
3.3.1	Verfahren und Beteiligte	48
3.3.2	Entscheidung über den Erstattungsantrag	53
3.3.3	Erstattung in besonderen Fällen	53
3.4	Das Kontrollmeldeverfahren (§ 50d Abs. 5 EStG)	57

4 Entlastungsberechtigung ausländischer Gesellschaften ... 59

4.1	Überblick	59
4.2	Persönliche Entlastungsberechtigung	62
4.2.1	Gesellschafterbezogene Prüfung	62
4.2.2	Mittelbare persönliche Entlastungsberechtigung	63
4.3	Sachliche Entlastungsberechtigung	67
4.3.1	Allgemeines	67
4.3.2	Eigene Wirtschaftstätigkeit der ausländischen Gesellschaft	68
4.3.3	Wirtschaftliche oder sonst beachtliche Gründe für die Einschaltung der ausländischen Gesellschaft	69
4.4	Börsenklausel	71
4.5	Höhe des Anspruchs auf Steuerentlastung (»Aufteilungsklausel«)	72
4.6	Darlegung der Entlastungsberechtigung im Freistellungs- bzw. Erstattungsverfahren	74
4.7	Abkommensrechtliche Besonderheiten	76
4.7.1	Vereinigte Staaten von Amerika	76
4.7.2	Japan	79
4.7.3	Königreich der Niederlande	82

II. Darbietungen und deren Verwertung im Inland ... 85

1 Überblick ... 87

2 Beschränkte Steuerpflicht des Vergütungsgläubigers ... 93

2.1	Ansässigkeit des Vergütungsgläubigers (persönliche Steuerpflicht)	93
2.2	Inländische Einkünfte durch Darbietungen (sachliche Steuerpflicht)	95
2.2.1	Überblick	95
2.2.2	(Betriebsstätten-)Einkünfte aus Gewerbebetrieb	96
2.2.3	»Betriebsstättenlose« Einkünfte aus Gewerbebetrieb	98
2.2.4	Einkünfte aus selbständiger Tätigkeit	100
2.2.5	Einkünfte aus nichtselbständiger Arbeit	103

	2.2.6	Einkünfte aus Vermietung und Verpachtung	105
	2.2.7	Sonstige Einkünfte	106

3 Der Steuerabzug nach § 50a Abs. 1 Nr. 1 und Nr. 2 EStG ... 109
- 3.1 Begriff der Darbietung ... 109
- 3.1.1 Ausgangslage ... 109
- 3.1.2 Künstlerische Tätigkeiten ... 110
- 3.1.3 Sportliche Tätigkeiten ... 112
- 3.1.4 Artistische Tätigkeiten ... 112
- 3.1.5 Unterhaltende und ähnliche Tätigkeiten ... 113
- 3.2 Ausübung oder Verwertung der Darbietung im Inland ... 114
- 3.3 Einkünfte »durch« Darbietungen ... 116
- 3.4 Zusammenhangsleistungen ... 116
- 3.5 Berufssportler ... 118
- 3.5.1 Ausgangslage ... 118
- 3.5.2 Erzielung inländischer Einkünfte und Steuerabzug ... 119
- 3.6 Erlass der Abzugsteuer bei besonderem öffentlichen Interesse ... 123

4 Besonderheiten im Steuerabzugsverfahren ... 125
- 4.1 Verfahren und Beteiligte ... 125
- 4.2 Höhe des Steuerabzugs ... 126
- 4.2.1 Bemessungsgrundlage ... 126
- 4.2.2 Steuersatz ... 127
- 4.2.3 Steuerabzug auf zweiter Stufe ... 130
- 4.3 Anmeldung und Abführung der Steuer ... 131
- 4.3.1 Steueranmeldung nach § 50a EStG ... 131
- 4.3.2 Steuerbescheinigung ... 132
- 4.3.3 Besondere Aufzeichnungspflichten ... 133

5 Entlastung vom Steuerabzug nach § 50a Abs. 1 Nr. 1 und Nr. 2 EStG ... 135
- 5.1 Überblick ... 135
- 5.2 Abkommensrechtliche Zuweisung des Besteuerungsrechts ... 136
- 5.2.1 Künstler und Sportler im Sinne des Art. 17 Abs. 1 OECD-MA ... 136
- 5.2.2 Andere Person im Sinne des Art. 17 Abs. 2 OECD-MA ... 139
- 5.2.3 Abgrenzung zwischen Art. 17 OECD-MA und Art. 12 OECD-MA ... 141
- 5.3 Verfahrensrechtliche Besonderheiten ... 144
- 5.3.1 Überblick ... 144
- 5.3.2 Das Freistellungsverfahren (§ 50d Abs. 2 EStG) ... 145
- 5.3.3 Das Erstattungsverfahren (§ 50d Abs. 1 EStG) ... 147

III. Steuerabzug bei grenzüberschreitenden Rechteüberlassungen (§ 50a Abs. 1 Nr. 3 EStG) 151

1 Überblick 153

2 Beschränkte Steuerpflicht des Vergütungsgläubigers 159
- 2.1 Ansässigkeit des Vergütungsgläubigers (persönlicher Anwendungsbereich) 159
- 2.2 Erzielung inländischer Einkünfte (sachlicher Anwendungsbereich) 161
  - 2.2.1 Überblick 161
  - 2.2.2 (Betriebsstätten-)Einkünfte aus Gewerbebetrieb 162
  - 2.2.3 »Betriebsstättenlose« Einkünfte aus Gewerbebetrieb 166
  - 2.2.4 Einkünfte aus selbständiger Arbeit 168
  - 2.2.5 Einkünfte aus Vermietung und Verpachtung 170
  - 2.2.6 Sonstige Einkünfte 171

3 Der Steuerabzug nach § 50a Abs. 1 Nr. 3 EStG 173
- 3.1 Rechte und ungeschütztes Wissen 173
  - 3.1.1 Urheberrechte und gewerbliche Schutzrechte 173
  - 3.1.2 Erfahrungen, Kenntnisse und Fertigkeiten (ungeschütztes Wissen) 176
- 3.2 Zeitlich befristete Überlassung versus endgültige Übertragung 177
  - 3.2.1 Ausgangspunkt 177
  - 3.2.2 Zeitlich befristete Überlassung 179
  - 3.2.3 Endgültige Übertragung 179
- 3.3 Belegenheit oder Verwertung der überlassenen Rechte im Inland 181
- 3.4 Software und Datenbanken 183
  - 3.4.1 Überblick 183
  - 3.4.2 Begriffsabgrenzung 184
  - 3.4.3 Zeitlich befristete Überlassung urheberrechtlicher Nutzungsrechte 185
  - 3.4.4 Bestimmungsgemäßer Gebrauch versus wirtschaftliche Weiterverwertung 186

4 Besonderheiten im Steuerabzugsverfahren 191
- 4.1 Verfahren und Beteiligte 191
- 4.2 Höhe des Steuerabzugs 192
  - 4.2.1 Bemessungsgrundlage 192
  - 4.2.2 Steuersatz 194
- 4.3 Anmeldung und Abführung der Steuer 194
  - 4.3.1 Steueranmeldung nach § 50a EStG 194

4.3.2	Steuerbescheinigung	195
4.3.3	Besondere Aufzeichnungspflichten	196
4.3.4	Besonderheiten bei Zahlungen an einen Beauftragten	197

5 Entlastung vom Steuerabzug nach § 50a Abs. 1 Nr. 3 EStG 199

5.1	Überblick	199
5.2	Abkommensrechtliche Beschränkungen des deutschen Besteuerungsrechts	200
5.2.1	Allgemeines	200
5.2.2	Ansässigkeit des Nutzungsberechtigten	202
5.2.3	Betriebsstättenvorbehalt	203
5.2.4	Besonderheiten bei transparenten bzw. hybriden ausländischen Gesellschaften	204
5.3	Zins- und Lizenzgebührenrichtlinie (§ 50g EStG)	206
5.4	Verfahrensrechtliche Besonderheiten	207
5.4.1	Überblick	207
5.4.2	Das Freistellungsverfahren (§ 50d Abs. 2 EStG)	208
5.4.3	Das Erstattungsverfahren (§ 50d Abs. 1 EStG)	209
5.4.4	Transparente und hybride Gesellschaften	209

6 Entlastungsberechtigung ausländischer Gesellschaften 211

6.1	Überblick	211
6.2	Persönliche Entlastungsberechtigung	213
6.3	Sachliche Entlastungsberechtigung	214
6.3.1	Allgemeines	214
6.3.2	Lizenzgebühren als Bruttoerträge aus eigener Wirtschaftstätigkeit der ausländischen Gesellschaft	214
6.3.3	Angemessen eingerichteter Geschäftsbetrieb	216
6.4	Darlegung der Entlastungsberechtigung im Freistellungs- bzw. Erstattungsverfahren	217

IV. Steuerabzug bei Vergütungen an Aufsichtsrats- und Verwaltungsratsmitglieder (§ 50a Abs. 1 Nr. 4 EStG) 219

1 Überblick 221

2 Beschränkte Steuerpflicht des Vergütungsgläubigers 225

2.1	Ansässigkeit des Vergütungsgläubigers (persönlicher Anwendungsbereich)	225
2.2	Erzielung inländischer Einkünfte aus selbständiger Arbeit (sachlicher Anwendungsbereich)	226
2.2.1	Tätigkeit als Aufsichtsratsmitglied	226
2.2.2	Ausüben oder Verwerten der selbständigen Arbeit im Inland	229

3 Besonderheiten beim Steuerabzug nach § 50a Abs. 1 Nr. 4 EStG 231
- 3.1 Verfahren und Beteiligte 231
- 3.2 Höhe des Steuerabzugs 232
  - 3.2.1 Bemessungsgrundlage 232
  - 3.2.2 Steuersatz 233
- 3.3 Anmeldung und Abführung der Steuer 234
  - 3.3.1 Steueranmeldung nach § 50a EStG 234
  - 3.3.2 Steuerbescheinigung 235
  - 3.3.3 Besondere Aufzeichnungspflichten 235

4 Entlastung vom Steuerabzug nach § 50a Abs. 1 Nr. 4 EStG 237
- 4.1 Allgemeines 237
- 4.2 Abkommensrechtliche Besonderheiten 238
  - 4.2.1 Vereinigte Staaten von Amerika 238
  - 4.2.2 Republik Frankreich 239
- 4.3 Verfahrensrechtliche Besonderheiten 239

V. Haftungsrisiko und Risikomanagement im Steuerabzugsverfahren 241

1 Haftungsinanspruchnahme und steuerstraf- sowie ordnungswidrigkeitsrechtliche Risiken 243
- 1.1 Haftungsinanspruchnahme des Vergütungsschuldners 243
  - 1.1.1 Allgemeines 243
  - 1.1.2 Ausnahmen von der Haftungsinanspruchnahme 244
  - 1.1.3 Frist zur Haftungsinanspruchnahme 246
- 1.2 Haftungsinanspruchnahme der Geschäftsleitung 247
- 1.3 Steuerstraf- und ordnungswidrigkeitsrechtliche Risiken 250
  - 1.3.1 Risiken für die Geschäftsleitung 250
  - 1.3.2 Risiken für Unternehmen 255

2 Management steuerrechtlicher Haftungsrisiken 259
- 2.1 Vertragliche Regelungen 259
- 2.2 Klärung des Steuerstatus des Vergütungsgläubigers durch die Finanzverwaltung 260
- 2.3 Maßnahmen zum Rechtsschutz 261
  - 2.3.1 Steueranmeldung nach § 50a EStG 261
  - 2.3.2 Haftungsbescheid gegen den Vergütungsschuldner 262
  - 2.3.3 Nachforderungsbescheid gegen den Vergütungsgläubiger 264

3 Management der steuerstraf- und ordnungswidrigkeitsrechtlichen Risiken ... 265
3.1 Berichtigung von Steuererklärungen nach § 153 AO ... 265
3.2 Strafbefreiende Selbstanzeige ... 267
3.3 Tax Compliance Management System (Tax-CMS) ... 270

VI. Ausgewählte sektorspezifische Praxisfälle ... 275

1 Fernsehübertragungen von Sportveranstaltungen ... 277
1.1 Hintergrund ... 277
1.2 Sachverhalt ... 277
1.3 Problemstellung ... 278
1.4 Beschränkte Steuerpflicht der Sport Limited ... 278
1.5 Steuerabzugsverpflichtung auf Ebene der TV GmbH ... 279
1.5.1 Tatbestandsvoraussetzungen ... 279
1.5.2 Verbrauchende Rechteüberlassung ... 280
1.5.3 Rundfunk- und Fernsehübertragungen ... 281
1.5.4 Live-Übertragungen als verbrauchende Rechteüberlassung ... 281
1.6 Zwischenfazit ... 282
1.7 Abkommensrechtliche Würdigung ... 283
1.8 Verfahrensrechtliche Aspekte ... 284

2 Lizenzvereinbarungen in der Werbebranche ... 285
2.1 Hintergrund ... 285
2.2 Fall 1 ... 285
2.2.1 Sachverhalt ... 285
2.2.2 Problemstellung ... 286
2.2.3 Beschränkte Steuerpflicht der Modellagentur ... 287
2.2.4 Beschränkte Steuerpflicht des Fotomodells ... 292
2.2.5 Beschränkte Steuerpflicht des Fotografen ... 295
2.2.6 Steuerabzug nach § 50a Abs. 1 Nr. 3 EStG ... 299
2.2.7 Abkommensrechtliche Würdigung ... 303
2.2.8 Verfahrensrechtliche Aspekte ... 303
2.3 Fall 2 ... 305
2.3.1 Sachverhalt ... 305
2.3.2 Problemstellung ... 305
2.3.3 Beschränkte Steuerpflicht des Profisportlers ... 306
2.3.4 Steuerabzug nach § 50a Abs. 1 Nr. 3 EStG ... 309
2.3.5 Abkommensrechtliche Würdigung ... 310
2.3.6 Verfahrensrechtliche Aspekte ... 311
2.4 Fall 3 ... 312
2.4.1 Sachverhalt ... 312
2.4.2 Problemstellung ... 313

	2.4.3	Beschränkte Steuerpflicht des Fotomodells	314
	2.4.4	Steuerabzug nach § 50a Abs. 1 Nr. 3 EStG	317
	2.4.5	Abkommensrechtliche Würdigung	319
	2.4.6	Verfahrensrechtliche Aspekte	319
3	**Lizenz- und Vertriebsvereinbarungen in der Pharma- und Chemiebranche**		**321**
	3.1	Hintergrund	321
	3.2	Fall 1	321
	3.2.1	Sachverhalt (Vertragsausschnitte)	321
	3.2.2	Problemstellung	322
	3.2.3	Beschränkte Steuerpflicht der Lizenz Inc.	322
	3.2.4	Steuerabzugsverpflichtung auf Ebene der Vertriebs-GmbH	323
	3.2.5	Zwischenfazit	325
	3.2.6	Abkommensrechtliche Würdigung	326
	3.2.7	Verfahrensrechtliche Aspekte	326
	3.3	Fall 2: Abwandlung: Exklusives Alleinvertriebsrecht	327
	3.3.1	Sachverhalt (Vertragsausschnitte)	327
	3.3.2	Fragestellung	328
	3.3.3	Beschränkte Steuerpflicht der Lizenz Inc.	328
	3.3.4	Steuerabzugsverpflichtung auf Ebene der Vertriebs-GmbH	328
	3.3.5	Exkurs: Anordnung des Steuerabzugs	330
	3.3.6	Steuerabzug zur Vermeidung eines Haftungsrisikos	330
	3.3.7	Abkommensrechtliche Würdigung	331
	3.3.8	Verfahrensrechtliche Aspekte	331

VII. Steuerabzug vom Kapitalertrag bei grenzüberschreitenden Gewinnausschüttungen 333

1	**Überblick**		**335**
2	**Beschränkte Steuerpflicht des Vergütungsgläubigers**		**337**
	2.1	Ansässigkeit des Vergütungsgläubigers (persönlicher Anwendungsbereich)	337
	2.2	Erzielung inländische Einkünfte aus Kapitalvermögen (sachlicher Anwendungsbereich)	339
3	**Der Steuerabzug vom Kapitalertrag (§ 43 Abs. 1 Satz 1 Nr. 1 EStG)**		**341**
	3.1	Verfahren und Beteiligte	341
	3.2	Zeitpunkt und Höhe des Steuerabzugs	343
	3.2.1	Zeitpunkt des Steuerabzugs	343
	3.2.2	Höhe des Steuerabzugs	343
	3.3	Anmeldung und Abführung der Kapitalertragsteuer	343

4 Entlastung von deutscher Kapitalertragsteuer 345
    4.1   Allgemeines 345
    4.2   Abkommensrechtliche Beschränkungen des deutschen Besteuerungsrechts 346
    4.2.1   Allgemeines 346
    4.2.2   Ansässigkeit des Nutzungsberechtigten 348
    4.2.3   Betriebsstättenvorbehalt 349
    4.2.4   Besonderheiten bei transparenten bzw. hybriden Gesellschaften 349
    4.3   Mutter-Tochter-Richtlinie (§ 43b EStG) 350
    4.4   Verfahrensrechtliche Besonderheiten 352
    4.4.1   Überblick 352
    4.4.2   Das Freistellungsverfahren (§ 50d Abs. 2 EStG) 353
    4.4.3   Das Erstattungsverfahren (§ 50d Abs. 1 EStG) 357
    4.4.4   Transparente und hybride Gesellschaften 361
    4.4.5   Das Kontrollmeldeverfahren (§ 50d Abs. 6 EStG) 361

5 Entlastungsberechtigung ausländischer Gesellschaften 363
    5.1   Überblick 363
    5.2   Persönliche Entlastungsberechtigung 365
    5.3   Sachliche Entlastungsberechtigung 367
    5.3.1   Allgemeines 367
    5.3.2   Dividenden als Bruttoerträge aus eigener Wirtschaftstätigkeit der ausländischen Gesellschaft 367
    5.3.3   Angemessen eingerichteter Geschäftsbetrieb 369
    5.4   Darlegung der Entlastungsberechtigung im Freistellungs- bzw. Erstattungsverfahren 370
    5.5   Abkommensrechtliche Besonderheiten 371
    5.5.1   Überblick 371
    5.5.2   Bestimmung XV Abs. 3 des Protokolls zum DBA Niederlande   371
    5.5.3   Bestimmung XV Abs. 4 des Protokolls zum DBA Niederlande   373

6 Praxisbeispiel: vollständige Entlastung von deutscher Kapitalertragsteuer auf Basis abkommensrechtlicher Bestimmungen 377
    6.1   Überblick 377
    6.2   (Mittelbarer) Börsenhandelstest (Art. 28 Abs. 2 Buchst. c DBA USA) 379
    6.3   Ownership und Base Erosion sowie Active Trade or Business Test 380
    6.3.1   Ownership und Base Erosion Test (Art. 28 Abs. 2 Buchst. f DBA USA) 380
    6.3.2   Active Trade or Business Test (Art. 28 Abs. 4 DBA USA) 381
    6.4   Derivate Benefits Test (Art. 28 Abs. 3 DBA USA) 384

VIII. Anhang: Checklisten ... 385

1	Checkliste zum Steuerabzug bei Darbietungen (dt./engl.)	387
2	Checkliste zum Steuerabzug bei Lizenzzahlungen (dt./engl.)	389
3	Checkliste zum Steuerabzug bei Aufsichtsratsvergütungen (dt./engl.)	391
4	Checkliste zum Steuerabzugs- und Entlastungsverfahren (dt./engl.)	393

Literaturverzeichnis ... 399
Stichwortverzeichnis ... 401

Abkürzungsverzeichnis

A	Abschnitt (Richtlinien)
a. A.	anderer Ansicht
ABl. EG	Amtsblatt der Europäischen Gemeinschaften
Abs.	Absatz
Abschn.	Abschnitt
AdV	Aussetzung der Vollziehung
AEAO	Anwendungserlass zur Abgabenordnung
AEUV	Vertrag über die Arbeitsweise der Europäischen Union
a. F.	alte Fassung
AfA	Absetzung für Abnutzung
AG	Aktiengesellschaft
AktG	Aktiengesetz
Alt.	Alternative
ÄndG	Änderungsgesetz
Anm.	Anmerkung
AO	Abgabenordnung
Art.	Artikel
AStG	Gesetz über die Besteuerung bei Auslandsbeziehungen (Außensteuergesetz)
Aufl.	Auflage
Az.	Aktenzeichen
BB	Betriebsberater
Bd.	Band
BewG	Bewertungsgesetz
BFH	Bundesfinanzhof
BFHE	Sammlung der Entscheidungen und Gutachten des Bundesfinanzhofs
BFH/NV	Sammlung amtlich nicht veröffentlichter Entscheidungen des Bundesfinanzhofs
BGB	Bürgerliches Gesetzbuch
BGBl	Bundesgesetzblatt
BGH	Bundesgerichtshof
BMF	Bundesministerium der Finanzen
BR-Drs.	Bundesrats-Drucksache
BStBl	Bundessteuerblatt
BT-Drs.	Bundestags-Drucksache
Buchst.	Buchstabe
BVerfG	Bundesverfassungsgericht
bzw.	beziehungsweise
DB	Der Betrieb

DBA	Abkommen zur Vermeidung der Doppelbesteuerung
d. h.	das heißt
DStR	Deutsches Steuerrecht
DStZ	Deutsche Steuer-Zeitung
EFG	Entscheidungen der Finanzgerichte
EGV	Vertrag zur Gründung der Europäischen Gemeinschaft
einschl.	einschließlich
EL	Ergänzungslieferung
ESt	Einkommensteuer
EStDV	Einkommensteuer-Durchführungsverordnung
EStG	Einkommensteuergesetz
EStH	Einkommensteuer-Handbuch
EStR	Einkommensteuer-Richtlinien
EU	Europäische Union
EuGH	Europäischer Gerichtshof
e. V.	eingetragener Verein
EWG	Europäische Wirtschaftsgemeinschaft
f., ff.	folgende, fortfolgende
FG	Finanzgericht
FGO	Finanzgerichtsordnung
FR	Finanz-Rundschau
GbR	Gesellschaft bürgerlichen Rechts
gem.	gemäß
GewSt	Gewerbesteuer
GewStG	Gewerbesteuergesetz
ggf.	gegebenenfalls
gl. A.	gleicher Ansicht
GmbH	Gesellschaft mit beschränkter Haftung
GmbH & Co. KG	Kommanditgesellschaft mit einer GmbH als persönlich haftendem Gesellschafter
grds.	grundsätzlich
GrS	Großer Senat des BFH
H	Hinweis
HFA	Hauptfachausschuss
HFR	Höchstrichterliche Finanzrechtsprechung
HGB	Handelsgesetzbuch
Hs.	Halbsatz
i. d. F.	in der Fassung
i. d. R.	in der Regel
IDW	Institut der Wirtschaftsprüfer
i. e. S.	im eigentlichen Sinne
i. H. d.	in Höhe der/des
i. H. v.	in Höhe von
insbes.	insbesondere

InvStG	Investmentsteuergesetz
IRC	Internal Revenue Code (Hauptbestandteil des Bundessteuergesetzes der USA)
i. R. d.	im Rahmen der/des
i. S. d.	im Sinne der/des
IStR	Internationales Steuerrecht (Zeitschrift)
i. S. v.	im Sinne von
i. V. m.	in Verbindung mit
JStG	Jahressteuergesetz
Kap.	Kapitel
KG	Kommanditgesellschaft
KGaA	Kommanditgesellschaft auf Aktien
KiSt	Kirchensteuer
KSt	Körperschaftsteuer
KStDV	Körperschaftsteuer-Durchführungsverordnung
KStG	Körperschaftsteuergesetz
KStR	Körperschaftsteuer-Richtlinien
lfd.	laufend
LSt	Lohnsteuer
lt.	laut
m. a. W.	mit anderen Worten
m. E.	meines Erachtens
m. w. H.	mit weiteren Hinweisen
m. w. N.	mit weiteren Nachweisen
Mio.	Millionen
MTRL	Mutter-Tochter-Richtlinie
n. F.	neue Fassung
Nr.	Nummer/n
nrkr.	nicht rechtskräftig
n. v.	nicht veröffentlicht
NWB	Neue Wirtschafts-Briefe für Steuer- und Wirtschaftsrecht
o. a.	oben angegeben
o. Ä.	oder Ähnlichem/s
OECD	Organization for Economic Cooperation and Development
OECD-MA	OECD-Musterabkommen
OECD-MK	Kommentar zum OECD-Musterabkommen
OFD	Oberfinanzdirektion
OHG	offene Handelsgesellschaft
R	Richtlinie
RdNr.	Randnummer
RFH	Reichsfinanzhof
RGBl	Reichsgesetzblatt
RiW	Recht der Internationalen Wirtschaft

rkr.	rechtskräftig
RL	Richtlinie
Rs.	Rechtsache
RStBl	Reichssteuerblatt
Rz.	Randziffer
S.	Seite
s.	siehe
s. a.	siehe auch
SA	Société Anonyme (Aktiengesellschaft französischen Rechts)
SE	Societas Europea (Europa AG)
Sec.	Section
SolZ	Solidaritätszuschlag
SolZG	Solidaritätszuschlagsgesetz
StGB	Strafgesetzbuch
Treas. Reg.	Treasury Regulations (Steuerrichtlinien in den USA)
tw.	teilweise
Tz.	Textziffer
u. a.	unter anderem
Ubg	Die Unternehmensbesteuerung (Zeitschrift)
u. E.	unseres Erachtens
UmwStG	Umwandlungssteuergesetz
Urt.	Urteil
u. U.	unter Umständen
Vfg.	Verfügung
vGA	verdeckte Gewinnausschüttung
vgl.	vergleiche
VO	Verordnung
vs.	versus
VZ	Veranlagungszeitraum
Wj.	Wirtschaftsjahr
WPg	Die Wirtschaftsprüfung (Zeitschrift)
z. B.	zum Beispiel
Ziff.	Ziffer
ZLRL	Zins- und Lizenzgebührenrichtlinie
z. T.	zum Teil
zutr.	zutreffend
zzgl.	zuzüglich
zzt.	zurzeit

I. Beschränkte Steuerpflicht und Steuerabzug nach § 50a Abs. 1 EStG

1 Die Vorschrift des § 50a EStG

1.1 Begriffsabgrenzung und Zielsetzung der Vorschrift

Die Einkommen- bzw. Körperschaftsteuer wird sowohl im Rahmen der unbeschränkten als auch der beschränkten Steuerpflicht in bestimmten Fällen im Wege des **Steuerabzugs »an der Quelle«** erhoben (sog. **Steuerabzugsverfahren**). Zu nennen sind hier:
- der Steuerabzug vom Arbeitslohn (»Lohnsteuer«) bei Einkünften aus nichtselbständiger Arbeit (§§ 38 ff. EStG);
- der Steuerabzug vom Kapitalertrag (»Kapitalertragsteuer«) bei Einkünften aus Kapitalvermögen (§§ 43 ff. EStG) sowie
- der Steuerabzug bei Bauleistungen (»Bauabzugsteuer«) bei Einkünften aus Bauleistungen (§§ 48 ff. EStG).

Zur Durchsetzung des deutschen Besteuerungsanspruchs wird der Anwendungsbereich des Steuerabzugsverfahrens gem. § 50a Abs. 1 EStG bei **beschränkt Steuerpflichtigen** auf inländische Einkünfte erweitert, die erzielt werden:
- durch **im Inland ausgeübte** künstlerische, sportliche, artistische, unterhaltende oder ähnliche **Darbietungen** einschließlich der Einkünfte aus anderen mit diesen Leistungen zusammenhängenden Leistungen, unabhängig davon, wem die Einkünfte zufließen (§ 50a Abs. 1 **Nr. 1** EStG);
- aus der **inländischen Verwertung** dieser **Darbietungen** (§ 50a Abs. 1 **Nr. 2** EStG);
- aus **Vergütungen für die Überlassung der Nutzung oder des Rechts auf Nutzung von Rechten**, insbesondere von Urheberrechten und gewerblichen Schutzrechten, von gewerblichen, technischen, wissenschaftlichen und ähnlichen Erfahrungen, Kenntnissen und Fertigkeiten, z. B. Plänen, Mustern und Verfahren (§ 50a Abs. 1 **Nr. 3** EStG) sowie
- aus **Vergütungen an Mitglieder des Aufsichtsrats** oder anderen mit der Überwachung der Geschäftsführung von Körperschaften, Personenvereinigungen und Vermögensmassen (§ 1 KStG) beauftragte Personen (§ 50a Abs. 1 **Nr. 4** EStG).

Der Steuerabzug erfolgt durch den zivilrechtlichen Schuldner der Vergütung und für Rechnung des im Ausland ansässigen Vergütungsgläubigers (**Steuerschuldner**). Der zum Steuerabzug verpflichtete Vergütungsschuldner muss dabei nicht zwangsläufig seinen Sitz im Inland haben, da es bei der Beurteilung einer möglichen Steuerabzugsverpflichtung lediglich auf die beschränkte Steuerpflicht des im Ausland ansässigen Vergütungsgläubigers ankommt (BMF vom 25.11.2010, BStBl I 2010, 1350, Rz. 42).

Die nach § 50a Abs. 1 EStG für Rechnung des im Ausland ansässigen Vergütungsgläubigers erhobene Einkommen- bzw. Körperschaftsteuer wird auch als »**Abzugsteuer**« bezeichnet.

Häufig wird im Zusammenhang mit dem Steuerabzug bei beschränkt Steuerpflichtigen auch von einer »**Quellensteuer**« gesprochen. Dieser Begriff entstammt ursprünglich dem Abkommensrecht (d. h. dem Recht der Doppelbesteuerungsabkommen – **DBA**) und bezeichnet dort die Zuweisung des Besteuerungsrechts an den Quellen- bzw. Belegenheitsstaat. Auch wenn das deutsche Ertragsteuerrecht den Begriff der »Quellensteuer« nicht verwendet, sollen die Begriffe nachfolgend synonym verstanden und auch verwendet werden.

> **WICHTIG**
>
> Bei der deutschen Abzug- bzw. Quellensteuer i. S. d. § 50a Abs. 1 EStG handelt es sich nicht um eine eigene Steuerart, sondern lediglich um eine besondere Form der Steuererhebung in Form des Steuerabzugs »an der Quelle« der Einkünfte (**Steuerabzugsverfahren**).

Die Erhebung der Einkommen- bzw. Körperschaftsteuer im Wege des Steuerabzugs erfolgt mit dem **Ziel**, die (zeitnahe) Besteuerung inländischer Einkünfte zu sichern. Da sich beschränkt Steuerpflichtige regelmäßig nicht oder nur vorübergehend im Inland aufhalten, wäre es ohne das Steuerabzugsverfahren leicht möglich, sich der inländischen Besteuerung zu entziehen.

Beispiel

Typische Konstellation zum Steuerabzug bei beschränkt Steuerpflichtigen:
Ein steuerlich im Ausland ansässiger Lizenzgeber überlässt einer deutschen GmbH – zeitlich befristet – gewerbliche Schutzrechte (z. B. Patente), die seitens der deutschen GmbH zur Erzielung von Einkünften im Inland verwertet werden.

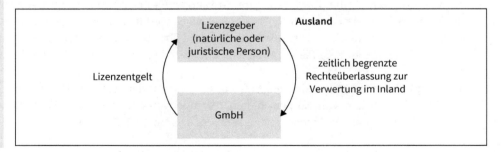

Lösung

Der Lizenzgeber ist gem. § 1 Abs. 4 EStG bzw. § 2 Nr. 1 KStG i. V. m. § 49 EStG in Deutschland beschränkt steuerpflichtig. Aufgrund der Verwertung der überlassenen Schutzrechte im Inland handelt es sich bei der zu zahlenden Vergütung um inländische Einkünfte i. S. d. § 49 Abs. 1 Nr. 2 Buchst. f Doppelbuchst. aa bzw. Nr. 6 EStG. Die Einkommen- bzw. Körperschaftsteuer wird gem. § 50a Abs. 1 Nr. 3 EStG (i. V. m. § 49 Abs. 1 Nr. 2 Buchst. f Doppelbuchst. aa bzw. Nr. 6 EStG) im Wege des Steuerabzugs erhoben. Der Steuersatz beträgt 15 % der Einnahmen (§ 50a Abs. 2 Satz 1 EStG) zuzüglich 5,5 % SolZ darauf.

1.2 Voraussetzungen für einen Steuerabzug nach § 50a Abs. 1 EStG

1.2.1 Ansässigkeit des Vergütungsgläubigers (persönlicher Anwendungsbereich)

Voraussetzung für die Erhebung der Einkommen- bzw. Körperschaftsteuer im Wege des Steuerabzugs nach § 50a Abs. 1 EStG ist die **beschränkte Steuerpflicht** des im Ausland ansässigen Vergütungsgläubigers.

Natürliche Personen, die im Inland
- weder einen Wohnsitz (§ 8 AO) noch
- ihren gewöhnlichen Aufenthalt (§ 9 AO) haben,

sind mit ihren inländischen Einkünften i. S. d. § 49 EStG beschränkt steuerpflichtig (§ 1 Abs. 4 EStG), sofern sie nicht nach § 1 Abs. 2 EStG unbeschränkt einkommensteuerpflichtig sind.

Wohnsitz im Sinne des § 8 AO
Einen Wohnsitz hat jemand dort, wo er eine Wohnung unter Umständen innehat, die darauf schließen lassen, dass er die Wohnung behalten und benutzen wird.

Gewöhnlicher Aufenthalt im Sinne des § 9 AO
[1]Den gewöhnlichen Aufenthalt hat jemand dort, wo er sich unter Umständen aufhält, die erkennen lassen, dass er an diesem Ort oder in diesem Gebiet nicht nur vorübergehend verweilt. [2]Als gewöhnlicher Aufenthalt im Geltungsbereich dieses Gesetzes ist stets und von Beginn an ein zeitlich zusammenhängender Aufenthalt **von mehr als sechs Monaten Dauer** anzusehen; kurzfristige Unterbrechungen bleiben unberücksichtigt.[3]Satz 2 gilt nicht, wenn der Aufenthalt ausschließlich zu Besuchs-, Erholungs-, Kur- oder ähnlichen privaten Zwecken genommen wird und nicht länger als ein Jahr dauert.

Wird eine natürliche Person als im Ausland ansässiger Vergütungsgläubiger auf Antrag nach § 1 Abs. 3 Satz 1 EStG als unbeschränkt einkommensteuerpflichtig behandelt (**§ 1 Abs. 3 Satz 6 EStG**), findet das Steuerabzugsverfahren ebenfalls Anwendung (BMF vom 25.11.2010, BStBl I 2010, 1350, Rz. 03).

Gleiches gilt, wenn die steuerlich im Ausland ansässige natürliche Person **erweitert beschränkt steuerpflichtig** i. S. d. § 2 AStG ist (§ 2 Abs. 5 Satz 2 AStG): auch in diesen Fällen ist das Steuerabzugsverfahren grundsätzlich anwendbar.

Natürliche Personen sind nach § 2 Abs. 1 Satz 1 AStG erweitert beschränkt steuerpflichtig, wenn sie:
- ihren Wohnsitz in ein Niedrigsteuerland (wie in § 2 Abs. 2 AStG definiert) verlegt haben;
- innerhalb der letzten 10 Jahre vor der Wohnsitzverlegung mindestens 5 Jahre in Deutschland unbeschränkt steuerpflichtig waren und
- weiterhin wesentliche wirtschaftliche Interessen in Deutschland haben.

Die erweitert beschränkte Steuerpflicht findet im Jahr des Wohnsitzwechsels und während der folgenden zehn Jahre Anwendung (§ 2 Abs. 1 Satz 1 AStG).

Darüber hinaus sind auch **Körperschaften**, Personenvereinigungen und Vermögensmassen, die
- weder ihre Geschäftsleitung (§ 10 AO) noch
- ihren Sitz (§ 11 AO) im Inland haben,

mit ihren inländischen Einkünften i. S. d. § 49 EStG (i. V. m. § 8 Abs. 1 KStG) beschränkt steuerpflichtig (§ 2 Nr. 1 KStG).

Geschäftsleitung im Sinne des § 10 AO
Geschäftsleitung ist der Mittelpunkt der geschäftlichen Oberleitung.

Sitz im Sinne des § 11 AO
Den Sitz hat eine Körperschaft, Personenvereinigung oder Vermögensmasse an dem Ort, der durch Gesetz, Gesellschaftsvertrag, Satzung, Stiftungsgeschäft oder dergleichen bestimmt ist.

Ob eine ausländische Gesellschaft als Körperschaft qualifiziert, bestimmt sich danach, ob das nach ausländischem Recht errichtete Rechtsgebilde nach seiner Struktur und seiner wirtschaftlichen Stellung mit einer deutschen Körperschaft vergleichbar ist (sog. **Typenvergleich**).[1] Eine Übersicht über die mit deutschen Körperschaften vergleichbaren Rechts-

---

[1] Zu wesentlichen Strukturmerkmalen des Typenvergleichs siehe auch den sog. LLC Erlass (BMF vom 19.03.2004, BStBl I 2004, 411) sowie OFD Frankfurt vom 15.06.2016, IStR 2016, 860.

gebilde findet sich in der Tabelle 1 und 2 des BMF-Schreibens vom 24.12.1999 (BMF vom 24.12.1999, BStBl I 1999, 1075).

Werden die zu vergütenden Leistungen von einem Zusammenschluss mehrerer natürlicher Personen erbracht, die Mitunternehmer i. S. d. § 15 Abs. 1 Nr. 2 EStG sind (**Mitunternehmerschaft**), findet das Steuerabzugsverfahren nach § 50a Abs. 1 EStG ebenfalls Anwendung.

Ein Steuerabzug erfolgt in diesen Fällen hinsichtlich der den einzelnen Mitunternehmern zuzurechnenden Einkünfte, soweit diese beschränkt steuerpflichtig sind.

Beispiel

(in Anlehnung an BFH vom 23.10.1991, I R 86/89, BStBl II 1992, 185)
Drei Musikprofessoren schließen sich zu einer Gesellschaft bürgerlichen Rechts (GbR) zusammen und geben klassische Konzerte im Inland. Während die Musikprofessoren A und B in Deutschland unbeschränkt steuerpflichtig sind (§ 1 Abs. 1 EStG), ist C mangels Wohnsitz und gewöhnlichem Aufenthalt im Inland als steuerlich im Ausland ansässig anzusehen.

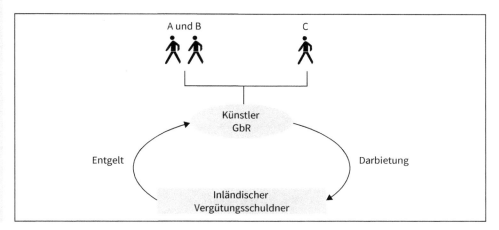

Lösung

Der Musikprofessor C ist gem. § 1 Abs. 4 EStG i. V. m. § 49 EStG in Deutschland beschränkt steuerpflichtig. Aufgrund der Ausübung von Darbietungen (Konzertauftritte der GbR) im Inland handelt es sich bei den zu zahlenden Vergütungen anteilig um inländische Einkünfte i. S. d. § 49 Abs. 1 Nr. 3 EStG. Die Einkommensteuer wird gem. § 50a Abs. 1 Nr. 1 EStG (i. V. m. § 49 Abs. 1 Nr. 3 EStG) anteilig für C im Wege des Steuerabzugs erhoben. Der Steuersatz beträgt 15 % der Einnahmen (§ 50a Abs. 2 Satz 1 EStG) zuzüglich 5,5 % SolZ darauf.

Unbeachtlich für den Steuerabzug nach § 50a Abs. 1 EStG ist, dass die Verträge mit der Künstler GbR abgeschlossen werden: diese ist zwar zivilrechtlicher Gläubiger der Vergütungen, nach der Systematik des Einkommensteuerrechts kann die GbR aber nicht beschränkt steuerpflichtig sein. Beschränkt steuerpflichtiger Vergütungsgläubiger und damit Steuerschuldner im ertragsteuerrechtlichen Sinne sind vielmehr die einzelnen Gruppenmitglieder (BFH vom 26.07.1995, I B 200/94, BFH/NV 1996, 311).

Gleiches gilt, wenn die Vergütungen an ein Rechtsgebilde geleistet werden, welches unter Berücksichtigung der Abgrenzungskriterien des Typenvergleichs als **ausländische Personengesellschaft** klassifiziert wird: auch hier findet das Steuerabzugsverfahren nach § 50a Abs. 1 EStG hinsichtlich der den einzelnen Mitunternehmern zuzurechnenden Einkünften Anwendung (BMF vom 26.09.2014, BStBl I 2014, 1258, Rz. 2.1.2.).

Beispiel

Die steuerlich in den Niederlanden ansässige Patent C.V. (»**Commanditaire Vennootschap**«), die einer deutschen Kommanditgesellschaft (KG) entsprechen soll, überlässt einer deutschen GmbH – zeitlich befristet – gewerbliche Schutzrechte (z. B. Patente), die seitens der deutschen GmbH zur Erzielung von Einkünften im Inland verwertet werden. An der Patent C.V. ist die in Belgien ansässige natürliche Person A beteiligt.

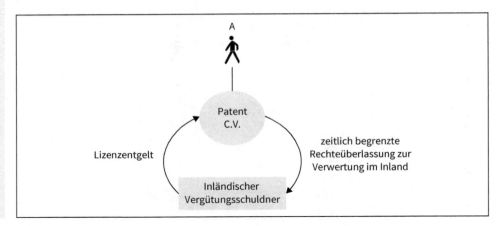

Lösung

Die Patent C.V. ist zwar zivilrechtlicher Gläubiger der Vergütung, in Deutschland beschränkt steuerpflichtig i. S. d. § 1 Abs. 4 EStG i. V. m. § 49 EStG ist jedoch die in Belgien ansässige natürliche Person A. Aufgrund der Verwertung der überlassenen Schutzrechte im Inland handelt es sich bei der zu zahlenden Vergütung um inländische Einkünfte i. S. d. § 49 Abs. 1 Nr. 2 Buchst. f Doppelbuchst. aa bzw. Nr. 6 EStG. Die Einkommensteuer wird gem. § 50a Abs. 1 Nr. 3 EStG (i. V. m. § 49 Abs. 1 Nr. 2 Buchst. f Doppelbuchst. aa bzw. Nr. 6 EStG) im Wege des Steuerabzugs erhoben. Der Steuersatz beträgt 15 % der Einnahmen (§ 50a Abs. 2 Satz 1 EStG) zuzüglich 5,5 % SolZ darauf.
Zu einer möglichen Entlastungsberechtigung von deutscher Abzugsteuer unter Berücksichtigung von § 50d Abs. 1 Satz 11 EStG siehe Kap. III.5.4.4.

1.2.2 Erzielung inländischer Einkünfte (sachlicher Anwendungsbereich)

Die Vorschrift des § 50a Abs. 1 EStG definiert keine eigene Einkunftsart und begründet demnach auch keine Steuerpflicht. Voraussetzung für eine mögliche Anwendung des Steuerabzugsverfahrens ist vielmehr, dass die in § 50a Abs. 1 EStG aufgeführten **inländischen Einkünfte** i. S. d. § 49 EStG erzielt werden (sachlicher Anwendungsbereich). Zu nennen sind hier:

- **Einkünfte aus Gewerbebetrieb** (§§ 15 bis 17 EStG)
  - für den im Inland eine Betriebsstätte unterhalten wird oder ein ständiger Vertreter bestellt ist (§ 49 Abs. 1 Nr. 2 Buchst. a EStG);[2]
  - die durch im Inland ausgeübte oder verwertete künstlerische, sportliche, artistische, unterhaltende oder ähnliche Darbietungen erzielt werden (§ 49 Abs. 1 Nr. 2 Buchst. d EStG) bzw.
  - aus der Vermietung und Verpachtung von Rechten, die in ein inländisches Register eingetragen sind oder deren Verwertung in einer inländischen Betriebsstätte oder anderen Einrichtung erfolgt (§ 49 Abs. 1 Nr. 2 Buchst. f Doppelbuchst. aa EStG);
- **Einkünfte aus selbständiger Arbeit** (§ 18 EStG), die im Inland ausgeübt oder verwertet wird oder worden ist (§ 49 Abs. 1 Nr. 3 EStG);
- **Einkünfte aus nichtselbständiger Arbeit** (§ 19 EStG), die im Inland ausgeübt oder verwertet wird oder worden ist (§ 49 Abs. 1 Nr. 4 EStG);
- **Einkünfte aus Vermietung und Verpachtung** (§ 21 EStG) von Sachinbegriffen oder Rechten, die in ein inländisches Register eingetragen sind oder die in einer inländischen Betriebsstätte bzw. anderen Einrichtung verwertet werden, soweit sie nicht zu den Einkünften aus Gewerbebetrieb gehören (§ 49 Abs. 1 Nr. 6 EStG);
- **Sonstige Einkünfte** i. S. d. § 22 Nr. 3 EStG, soweit es sich um Einkünfte aus der Nutzung beweglicher Sachen im Inland oder aus der Überlassung der Nutzung bzw. des Rechts auf Nutzung von gewerblichen, technischen, wissenschaftlichen und ähnlichen Erfahrungen, Kenntnissen und Fertigkeiten, z. B. Plänen, Mustern und Verfahren, handelt, die im Inland genutzt werden oder genutzt worden sind (§ 49 Abs. 1 Nr. 9 EStG).

> **WICHTIG**
>
> § 50a Abs. 1 EStG definiert nicht, was inländische Einkünfte sind. Die Anwendung des Steuerabzugsverfahrens setzt vielmehr voraus, dass der im Ausland ansässige Vertragspartner inländische Einkünfte i. S. d. § 49 EStG erzielt, auf die § 50a Abs. 1 EStG verweist.

Die Erzielung der oben genannten inländischen Einkünfte i. S. d. § 49 EStG setzt voraus, dass die Anknüpfungsmerkmale der einzelnen Einkunftsarten im **Inland** verwirklicht wer-

---

2 Der ausländische Vergütungsgläubiger erzielt insoweit Betriebseinnahmen eines inländischen Betriebs (§ 50 Abs. 2 Satz 2 Nr. 1 EStG, § 32 Abs. 1 Nr. 2 KStG). Die abgeltende Wirkung des Steuerabzugs greift nicht. Vielmehr sind die nach § 50a EStG einbehaltenen Steuerabzugsbeträge im Rahmen der durchzuführenden Veranlagung zur beschränkten Steuerpflicht auf die Einkommen- bzw. Körperschaftsteuer gem. § 36 Abs. 2 Nr. 2 EStG anzurechnen (BMF vom 25.11.2010, BStBl I 2010, 1350, Rz. 09).

den. Hierunter sind die hoheitlichen Grenzen der Bundesrepublik Deutschland und nicht die Zollgrenzen zu verstehen. Zum Inland zählen damit jenseits des Landgebietes und der inneren Gewässer:
- das Küstenmeer (12-Meilen-Zone);
- die Freihäfen (Bremerhaven, Cuxhaven, Duisburg);
- die Zollausschlüsse (EU-rechtlich Drittlandsgebiet);
- Zollfreigebiete;
- die Handelsschiffe unter dt. Flagge, solange sie sich in inländischen Gewässern und auf hoher See/internationalen Gewässern befinden (d. h. nicht in ausländischem Hoheitsgebiet);
- Luftsäule oberhalb der Staatsfläche, d. h. Flugzeuge, soweit sie deutsches Hoheitsgebiet oder völkerrechtliches Niemandsland überfliegen;
- exterritoriale Grundstücke wie ausländische Botschaften im Inland und
- bei bestimmten Tätigkeiten der Festlandsockel und die anschließende Wirtschaftszone.

Erzielt der im Ausland ansässige Vertragspartner hingegen inländische Einkünfte i. S. d. § 49 EStG, auf die § 50a Abs. 1 EStG **nicht** verweist, dürfte der Vergütungsgläubiger zwar regelmäßig beschränkt einkommen- bzw. körperschaftsteuerpflichtig gem. § 1 Abs. 4 EStG bzw. § 2 Nr. 1 KStG sein. Das Steuerabzugsverfahren nach § 50a Abs. 1 EStG findet in diesem Fällen jedoch keine Anwendung. Vielmehr ist in diesen Fällen regelmäßig durch den beschränkt Steuerpflichtigen eine Einkommensteuer- bzw. Körperschaftsteuererklärung abzugeben. Dies ist bspw. bei der **Veräußerung von Rechten** der Fall, die in ein inländisches Register eingetragen sind oder deren Verwertung in einer inländischen Betriebsstätte oder anderen Einrichtung erfolgt. Durch die Veräußerung erzielt der Vergütungsgläubiger inländische Einkünfte i. S. d. § 49 Abs. 1 Nr. 2 Buchst. f Doppelbuchst. bb EStG, ein Steuerabzug nach § 50a Abs. 1 Nr. 3 EStG unterbleibt jedoch, da dieser lediglich bei der zeitlich befristeten Überlassung von Rechten – und nicht bei der endgültigen Rechteübertragung (Rechtekauf) – Anwendung findet.

Die Problematik der zeitlich befristeten Überlassung von Rechten wird in Kap. III.3.2 im Detail dargestellt.

Ein Steuerabzug nach § 50a Abs. 1 EStG ist auch dann vorzunehmen, wenn die Einnahmen im Rahmen einer inländischen **Betriebsstätte** des im Ausland ansässigen Vertragspartners anfallen (BMF vom 25.11.2010, BStBl I 2010, 1350, Rz. 03).

Betriebsstätte im Sinne des § 12 AO
[1]Betriebsstätte ist jede feste Geschäftseinrichtung oder Anlage, die der Tätigkeit eines Unternehmens dient. [2]Als Betriebsstätten sind insbesondere anzusehen:
1. die Stätte der Geschäftsleitung,
2. Zweigniederlassungen,
3. Geschäftsstellen

(…)

Beispiel

Steuerabzug bei Zahlungen an Zweigniederlassungen
Die steuerlich in den Niederlanden ansässige Patent B.V. (»**Besloten Vennootschap met beperkte aansprakelijkheid**«), einer der deutschen GmbH vergleichbaren Kapitalgesellschaft niederländischen Rechts, überlässt einer deutschen GmbH – zeitlich befristet – gewerbliche Schutzrechte (z. B. Patente). Die deutsche GmbH verwertet die Patente zur Erzielung von Einkünften im Inland. Der entsprechende Vertrag wird über eine deutsche Zweigniederlassung (ZN) der Patent B.V. abgeschlossen. Die Patente sind durch Mitarbeiter der ZN eigenständig entwickelt worden und sind demnach auch der ZN zuzurechnen. Die ZN verfügt über Geschäftsräume in Deutschland und ist für die Verwaltung, Erhaltung, den Schutz und die Vermarktung der gewerblichen Schutzrechte der Patent B.V. zuständig.

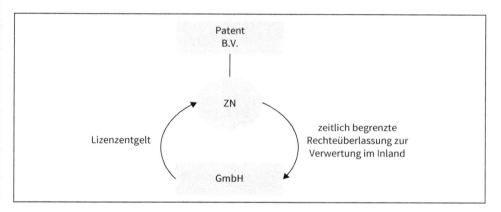

Lösung

Die Patent B.V. ist gem. § 2 Nr. 1 KStG i. V. m. § 49 EStG in Deutschland beschränkt steuerpflichtig: mit der Zweigniederlassung unterhält die Patent B.V. eine im Inland belegene Betriebsstätte i. S. d. § 12 AO und erzielt vorliegend inländische Einkünfte i. S. d. § 49 Abs. 1 Nr. 2 Buchst. a EStG.
Da die Vergütungen für die Überlassung gewerblicher Schutzrechte geleistet werden, findet gem. § 50a Abs. 1 Nr. 3 EStG (i. V. m. § 49 Abs. 1 Nr. 2 Buchst. a EStG) das Steuerabzugsverfahren Anwendung. Der Steuersatz beträgt 15 % der Einnahmen (§ 50a Abs. 2 Satz 1 EStG) zuzüglich 5,5 % SolZ darauf.
Gem. § 50 Abs. 2 Satz 2 Nr. 1 EStG i. V. m. § 32 Abs. 1 Nr. 2 KStG hat der Steuerabzug jedoch keine abgeltende Wirkung. Die einbehaltenen Steuerabzugsbeträge werden vielmehr im Rahmen der durchzuführenden Veranlagung auf die Körperschaftsteuer angerechnet (§ 36 Abs. 2 Nr. 2 EStG).

Durch den Verweis von § 50a Abs. 1 EStG auf § 49 Abs. 1 Nr. 2 EStG ist ein Steuerabzug ebenfalls bei **grenzüberschreitenden Sondervergütungen** vorzunehmen.

Ein Steuerabzug nach § 50a EStG ist unabhängig von einer **Einkünfteerzielungsabsicht** des Vergütungsgläubigers vorzunehmen (BMF vom 25.11.2010, BStBl I 2010, 1350,

Rz. 15; a. A. BFH vom 02.02.2002, I B 91/09, BFH/NV 2010, 878). Fehlt es an einer Einkünfteerzielungsabsicht des Vergütungsgläubigers (wie bspw. bei Amateuren), kann der Vergütungsschuldner ausnahmsweise vom Steuerabzug absehen, wenn ihm gegenüber die fehlende Einkünfteerzielungsabsicht durch den Vergütungsgläubiger nachgewiesen wurde. In der Praxis kommt hier insbesondere das sog. **Freistellungsverfahren** nach § 155 Abs. 1 Satz 3 AO in Betracht.

> **WICHTIG**
>
> Voraussetzung für die Erhebung der Einkommen- bzw. Körperschaftsteuer im Wege des Steuerabzugs nach § 50a Abs. 1 EStG auf Ebene des Schuldners der Vergütung ist, dass
> - der Vertragspartner bzw. Zahlungsempfänger eine im Ausland ansässige natürliche oder juristische Person ist **und**
> - der im Ausland ansässige Vergütungsgläubiger inländische Einkünfte i. S. d. § 50a Abs. 1 EStG i. V. m. § 49 EStG erzielt.

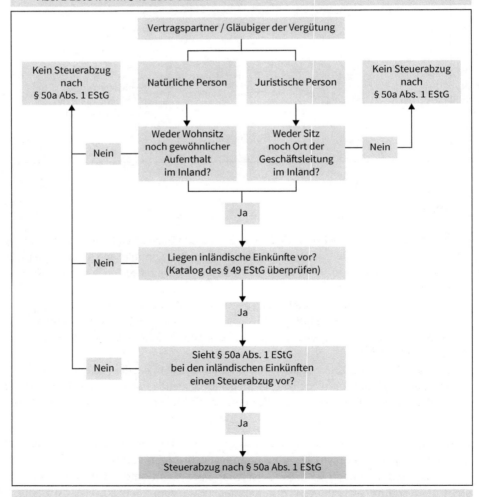

1.3 Abgeltungswirkung und Veranlagung

Der Steuerabzug nach § 50a Abs. 1 EStG hat grundsätzlich **abgeltende Wirkung** (§ 50 Abs. 2 Satz 1 EStG, § 32 Abs. 1 KStG). Die abgeltende Wirkung des Steuerabzugs gilt unter anderem **nicht** in Fällen, in denen (BMF vom 25.11.2010, BStBl I 2010, 1350, Rz. 09):

- die Einkünfte Betriebseinnahmen eines inländischen Betriebs sind (§ 50 Abs. 2 Satz 2 Nr. 1 EStG, § 32 Abs. 1 Nr. 2 KStG);
- der Vergütungsgläubiger während eines Kalenderjahres sowohl unbeschränkt als auch beschränkt einkommen- oder körperschaftsteuerpflichtig ist (§ 2 Abs. 7 Satz 3 EStG bzw. § 32 Abs. 2 Nr. 1 KStG) oder
- die erweiterte beschränkte Einkommensteuerpflicht besteht (§ 2 Abs. 5 Satz 2 AStG).

Die in diesen Fällen durchzuführende **Veranlagung** zur beschränkten oder unbeschränkten Einkommen- oder Körperschaftsteuer folgt den allgemeinen Regelungen. Die einbehaltenen Steuerabzugsbeträge nach § 50a EStG sind dabei auf die Einkommen- bzw. Körperschaftsteuer anzurechnen (§ 36 Abs. 2 Nr. 2 EStG; BMF vom 25.11.2010, BStBl I 2010, 1350, Rz. 09).

Erzielt ein im Ausland ansässiger Vergütungsgläubiger inländische Einkünfte aus nichtselbständiger Arbeit (§ 19 EStG) i. S. d. § 50a Abs. 1 Nr. 1 EStG i. V. m. § 49 Abs. 1 Nr. 4 EStG und ist bereits ein **Lohnsteuerabzug** (§§ 38ff. EStG) auf Ebene des inländischen Arbeitgebers erfolgt, ist der Steuerabzug nach § 50a EStG nicht vorzunehmen (§ 50a Abs. 1 Nr. 1 letzter Hs. EStG).

Liegen die Voraussetzungen für einen Steuerabzug nach § 50a Abs. 1 EStG nicht vor, kann das Finanzamt des Vergütungsgläubigers ungeachtet dessen zur Sicherung des deutschen Steueranspruchs anordnen, dass der Schuldner der Vergütung für Rechnung des Gläubigers (= Steuerschuldner) die Einkommen- bzw. Körperschaftsteuer von beschränkt Steuerpflichtigen im Wege des Steuerabzugs einzubehalten und abzuführen hat **(§ 50a Abs. 7 EStG)**.

1.4 Vorgehen bei Zweifelsfragen

Der inländische Schuldner der Vergütung haftet für die Einbehaltung und Abführung der Abzugsteuer (§ 50a Abs. 5 Satz 4 EStG; § 73g EStDV). Bestehen Zweifel hinsichtlich des Status des Vergütungsgläubigers als beschränkt oder unbeschränkt Steuerpflichtiger, hat der Vergütungsschuldner zur Vermeidung eines eigenen **Haftungsrisikos** daher den Steuerabzug grundsätzlich in voller Höhe vorzunehmen (BMF vom 25.11.2010, BStBl I 2010, 1350, Rz. 10).

Das Haftungsrisiko und Risikomanagement im Zusammenhang mit dem Steuerabzug nach § 50a Abs. 1 EStG wird im Detail in Kap. V. dargestellt.

> **WICHTIG**
>
> Wird der Steuerabzug versäumt und werden 100 % der vertraglich vereinbarten Vergütung direkt an den Vergütungsgläubiger geleistet, **haftet** der inländische Schuldner der Vergütung regelmäßig für die nicht ordnungsgemäß einbehaltene und abgeführte Steuer i. S. d. § 50a Abs. 1 EStG (§ 50a Abs. 5 Satz 4 EStG; § 73 g EStDV).

2 Das Steuerabzugsverfahren

2.1 Verfahren und Beteiligte

2.1.1 Verfahren und Zuständigkeiten

Das **Bundeszentralamt für Steuern** (BZSt) hat zum Jahresbeginn 2014 die Zuständigkeit für das Steuerabzugsverfahren bei beschränkt Steuerpflichtigen mit dem Ziel, eine einheitliche Rechtsanwendung zu gewährleisten, übernommen. Bis zum Ende des Jahres 2013 waren hierfür die Finanzbehörden der Länder zuständig. Beim BZSt anzumelden sind somit Vergütungen für künstlerische, sportliche, artistische und unterhaltende Darbietungen sowie deren Verwertung, Rechteüberlassungen und Aufsichtsratstätigkeiten, die nach dem 31.12.2013 beschränkt Steuerpflichtigen zufließen.

Wird ein Steuerabzug nach § 50a Abs. 7 EStG angeordnet, bleiben die Finanzbehörden der Länder – auch bei Vergütungen, die nach dem 31.12.2013 zufließen – örtlich zuständig. Des Weiteren haben die Finanzbehörden der Länder im Rahmen der Veranlagung des Vergütungsschuldners zur Einkommen- bzw. Körperschaftsteuer sowie bei Außenprüfungen zu überprüfen, ob deutsche Abzugsteuer ordnungsmäßig einbehalten und abgeführt worden ist (§ 73d Abs. 2 EStDV). Für die Veranlagungszeiträume ab 2014 nimmt das BZSt regelmäßig an diesen Außenprüfungen teil.

Die Durchführung des Steuerabzugsverfahrens bestimmt sich nach den Regeln des § 50a Abs. 5 EStG sowie der §§ 73c ff. EStDV und teilt sich in die folgenden drei vom Vergütungsschuldner vorzunehmenden Schritte auf:
- Steuerabzug bzw. Steuereinbehaltung;
- Steueranmeldung sowie
- Steuerabführung.

In einem ersten Schritt erfolgt zunächst der eigentliche Steuerabzug, d. h. die Einbehaltung der Abzugsteuer bei Zahlung der Vergütung an den ausländischen Vertragspartner (Vergütungsgläubiger). In einem zweiten Schritt ist die sodann einbehaltene Abzugsteuer dem BZSt anzumelden. In einem letzten Schritt sind die einbehaltenen und angemeldeten Abzugsbeträge an das BZSt zu überweisen.

Die Vorschriften über den Steuerabzug bzw. die Steuereinbehaltung sowie die Anmeldung und Abführung der Abzugsteuer i. S. d. § 50a Abs. 1 EStG sind grundsätzlich auch dann anzuwenden, wenn ein DBA die Vergütung im Inland steuerfrei stellt oder die Anwendung eines niedrigeren Steuersatzes vorsieht (§ 50d Abs. 1 Satz 1 EStG).

Der Vergütungsschuldner kann nur dann von einem Steuerabzug absehen bzw. diesen mit einem niedrigeren Steuersatz vornehmen, wenn das sog. Kontrollmeldeverfahren (§ 50d Abs. 5 EStG) Anwendung findet oder im Zeitpunkt der Zahlung bzw. des Zuflusses der Vergütung eine dem Vergütungsgläubiger erteilte Freistellungsbescheinigung (§ 50d Abs. 2 EStG) vorliegt. Der bloße Antrag auf Freistellung von deutscher Abzugsteuer ist für das Unterlassen des Steuerabzugs bis zur tatsächlichen Erteilung der beantragten Freistellungsbescheinigung durch das BZSt nicht ausreichend. Wird dennoch vom Steuerabzug Abstand genommen, haftet der Vergütungsschuldner nach § 50a Abs. 5 Satz 4 EStG für die nicht einbehaltene und abgeführte Steuer. Das Kontrollmeldeverfahren sowie das Freistellungsverfahren werden im Detail in Kap. I.3.2 und I.3.4 dargestellt. Hinsichtlich Haftungsrisiken und Maßnahmen zum Risikomanagement sei auf Kap. V. verwiesen.

> **WICHTIG**
>
> Der Steuerabzug hat, ungeachtet eventuell anzuwendender abkommensrechtlicher Begünstigungen, in voller Höhe für Rechnung des Vergütungsgläubigers zu erfolgen, sofern im Zeitpunkt der Zahlung keine vom BZSt erteilte und für diesen Zeitpunkt gültige Freistellungsbescheinigung vorliegt bzw. das Kontrollmeldeverfahren keine Anwendung findet.

2.1.2 Beteiligte des Steuerabzugsverfahrens

Beteiligte des Steuerabzugsverfahrens sind regelmäßig der **Vergütungsschuldner** sowie der im Ausland ansässige Gläubiger der Vergütung (= Steuerschuldner). Der Begriff des Vergütungsschuldners wird im Gesetz nicht definiert. Nach Auffassung der Finanzverwaltung ist Vergütungsschuldner, wer zivilrechtlich die Vergütungen schuldet, die auf Ebene des Vergütungsgläubigers zu Einkünften i. S. d. § 50a Abs. 1 EStG (i. V. m. § 49 EStG) führen (BMF vom 25.11.2010, BStBl I 2010, 1350, Rz. 40). Dies kann jede rechtsfähige oder teilrechtsfähige Person sein und damit auch eine offene Handelsgesellschaft (OHG), Kommanditgesellschaft (KG) oder Gesellschaft bürgerlichen Rechts (GbR) bzw. vergleichbare ausländische Rechtsformen.

Unerheblich ist, ob der Vergütungsschuldner seinen Wohnsitz oder gewöhnlichen Aufenthalt bzw. seinen Sitz oder Ort der Geschäftsleitung im Inland hat (BMF vom 25.11.2010, BStBl I 2010, 1350, Rz. 42), da der erforderliche Inlandsbezug nicht über die unbeschränkte bzw. beschränkte Steuerpflicht des Vergütungsschuldners, sondern vielmehr durch die beschränkte Steuerpflicht des Vergütungsgläubigers begründet wird. Ein Steuerabzug wäre somit auch dann vorzunehmen, wenn ein (zwischengeschalteter) Vergütungsschuldner weder beschränkt noch unbeschränkt steuerpflichtig ist.

Beispiel

Eine in London ansässige Künstleragentur promotet die weitweite Tournee eines US-amerikanischen Künstlers. Hierzu schließt die Agentur mit der in den Niederlanden ansässigen Managementgesellschaft des Künstlers einen Vertrag ab, auf dessen Grundlage auch die Gage für den Auftritt in der Frankfurter Messehalle gezahlt wird. Die Zahlung wird von einem Bankkonto der Agentur bei einer Londoner Bank auf das niederländische Konto der Managementgesellschaft vorgenommen. Diese Zahlung unterliegt dem Steuerabzug nach § 50a Abs. 1 Nr. 1 EStG, da diese mit einer künstlerischen Darbietung, die im Inland ausgeführt worden ist, im Zusammenhang steht.

Eine Ausnahme besteht bei einem Steuerabzug im Zusammenhang mit Vergütungen an **Mitglieder eines Aufsichtsrats** oder anderen mit der Überwachung der Geschäftsführung von Körperschaften, Personenvereinigungen und Vermögensmassen (§ 1 KStG) beauftragte Personen (§ 50a Abs. 1 Nr. 4 EStG). Da hier tatbestandlich die Überwachung der Geschäfte einer im Inland unbeschränkt steuerpflichtigen Körperschaft und damit ein steuerinländischer Vergütungsschuldner vorausgesetzt wird.

Vergütungsgläubiger (= Steuerschuldner) ist die beschränkt steuerpflichtige Person, die in der Regel – aber nicht zwingend – zivilrechtlicher Gläubiger der Vergütung ist (FG Köln vom 18.07.2002, EFG 2002, 1457). Eine Übertragung der Steuerschuldnerschaft durch Abtretung des Vergütungsanspruches auf eine dritte Person ist nicht möglich (*Kube* in: Kirchhof/Mellinghoff/Söhn, EStG § 50a EStG, Rz. B4). Dies gilt ebenso, wenn die dritte Person als bloße **Abrechnungsstelle** dazwischen geschaltet wird, die die vereinnahmte Vergütung in gleicher Höhe an den Vergütungsgläubiger durchleitet und folglich keine eigenen Einnahmen erzielt und auch kein wirtschaftliches Risiko trägt (FG Niedersachsen vom 23.04.2015, 14 K 171/13, EFG 2015, 1336).

In der Praxis ist häufig zwischen den Vertragsparteien ein **Vermittler** zwischengeschaltet. Sofern dieser im eigenen Namen und für eigene Rechnung abrechnet, qualifiziert er selbst als Vergütungsgläubiger und Steuerschuldner. Rechnet der Vermittler jedoch im Namen und für Rechnung des Vermittelten ab, so ist Letzterer aus steuerlicher Sicht Vergütungsgläubiger und Steuerschuldner. Diese Konstellation ist häufig bei Agenturen vorzufinden, die Persönlichkeitsrechte von Künstlern, Fotomodellen oder Personen von öffentlichem Interesse verwerten:

Beispiel

Eine Agentur hat mehrere Fotomodelle unter Vertrag, die mangels Wohnsitz und gewöhnlichem Aufenthalt im Inland als steuerlich im Ausland ansässig anzusehen sind. Die Agentur schließt ihrerseits namens und im Auftrag der Fotomodelle Verträge mit Werbekunden über die inländische Verwertung von Persönlichkeitsrechten ab. Die Rechnungstellung erfolgt ebenfalls über die Agentur im Namen und für Rechnung der Fotomodelle.

Lösung

Da die Agentur die Verträge mit den Werbekunden namens und im Auftrag der Fotomodelle abschließt, sind diese als Vergütungsgläubiger i. S. d. § 50a Abs. 1 EStG anzusehen. Für die Beurteilung einer möglichen Steuerabzugsverpflichtung auf Ebene des Werbekunden ist demnach auf den Steuerstatus der Fotomodelle – und nicht auf den der Agentur – abzustellen. Die Fotomodelle sind gem. § 1 Abs. 4 EStG i. V. m. § 49 EStG in Deutschland beschränkt steuerpflichtig. Aufgrund der Verwertung der überlassenen Persönlichkeitsrechte im Inland handelt es sich bei der zu zahlenden Vergütung um inländische Einkünfte i. S. d. § 49 Abs. 1 Nr. 2 Buchst. f Doppelbuchst. aa bzw. Nr. 6 EStG. Die Einkommensteuer wird gem. § 50a Abs. 1 Nr. 3 EStG (i. V. m. § 49 Abs. 1 Nr. 2 Buchst. f Doppelbuchst. aa bzw. Nr. 6 EStG) im Wege des Steuerabzugs erhoben. Der Steuersatz beträgt 15 % der Einnahmen (§ 50a Abs. 2 Satz 1 EStG) zuzüglich 5,5 % SolZ darauf. Ein Steuerabzug hat auch dann zu erfolgen, wenn es sich um eine steuerlich im Inland ansässige Agentur handelt. Zum Steuerabzug in der Werbebranche siehe auch Kap. VI.2.

Eine **Übertragung der Abzugsverpflichtung** auf einen Dritten ist nicht mit steuerlicher Wirkung möglich (BMF vom 25.11.2010, BStBl I 2010, 1350, Rz. 40). Die in der Praxis häufig anzutreffende Formulierung in Verträgen, wonach sich der steuerausländische Vergütungsgläubiger für die Entrichtung seiner inländischen Steuern selbst verantwortlich zeichnet, entfaltet daher für den Vergütungsschuldner keine befreiende Wirkung (BFH vom 19.12.2012, I R 80/11). Dieser hat die deutsche Abzugsteuer weiter einzubehalten, anzumelden und abzuführen. Der Vergütungsschuldner kann darüber hinaus weiterhin als Haftungsschuldner in Anspruch genommen werden (§ 50a Abs. 5 Satz 4 EStG).

2.2 Zeitpunkt und Höhe des Steuerabzugs

2.2.1 Zeitpunkt des Steuerabzugs

Die Abzugsteuer entsteht in dem Zeitpunkt, in dem die Vergütung i. S. d. § 50a Abs. 1 EStG dem Gläubiger **zufließt** (§ 50a Abs. 5 Satz 1 EStG) und dieser Verfügungsmacht über die Vergütung erlangt. Zu diesem Zeitpunkt hat der Vergütungsschuldner den Steuerabzug für Rechnung des beschränkt steuerpflichtigen Vergütungsgläubigers (= Steuerschuldner) vorzunehmen. Der Vergütungsgläubiger hat den Steuerabzug zu dulden (BFH vom 07.11.2007, BStBl II 2008, 228).

Nach § 73c EStDV fließt dem Empfänger die Vergütung zu
- im Fall der Zahlung, Verrechnung oder Gutschrift:
  bei Zahlung, Verrechnung oder Gutschrift
- im Fall des Hinausschiebens der Zahlung wegen vorübergehender Zahlungsunfähigkeit des Schuldners: bei Zahlung, Verrechnung oder Gutschrift;
- im Fall der Gewährung von Vorschüssen:
  bei Zahlung, Verrechnung oder Gutschrift der Vorschüsse.

Auf den zugrunde liegenden Leistungszeitraum, das Datum der Rechnungserstellung oder das Datum der buchhalterischen Erfassung des Leistungsaustauschs kommt es für den Zuflusszeitpunkt nicht an. Maßgeblich für den Zufluss ist das Erlangen der wirtschaftlichen Verfügungsmacht über die Vergütung.

Da auch eine **Verrechnung** bzw. Gutschrift als Zufluss qualifiziert, können sich Abzug- und Abführungspflichten ergeben, obwohl keine tatsächliche Zahlung geleistet wurde. Häufiger Anwendungsfall sind Konten mit Verrechnungsabrede zum jeweiligen Monatsende, wie sie z. B. in Konzernen gängige Praxis sind.

> **PRAXISHINWEIS**
>
> Durch Bestimmung des Zeitpunkts der Zahlung bzw. Verrechnung können die Vertragsparteien Einfluss auf den Zeitpunkt der Entstehung und Abführung der Abzugsteuer nehmen. Dies kann insbesondere dann von Relevanz sein, wenn der Vergütungsgläubiger kurzfristig den Erlass einer Freistellungbescheinigung erwartet.

Auch durch Umwandlung einer Verbindlichkeit in ein (verzinsliches) Darlehen (**Novation**) wird der Zufluss beim Vergütungsgläubiger bewirkt. Voraussetzung hierfür ist, dass die Novation als Folge der Ausübung der wirtschaftlichen Verfügungsmacht des Gläubigers über die Altforderung angesehen werden kann (FG Berlin-Brandenburg vom 14.06.2012, 9 K 156/05, EFG 2013, 934).

Aber auch der umgekehrte Fall – tatsächliche Zahlung, aber kein Zufluss i. S. d. § 50a Abs. 1 EStG – ist denkbar. Dies ist z. B. der Fall, wenn der Vergütungsschuldner die Zahlung auf ein Treuhandkonto (z. B. **Notaranderkonto**) leistet und der Vergütungsgläubiger folgerichtig noch keine Verfügungsmacht über die Vergütung erlangt hat (*Holthaus*, IStR 2015, 876; FG Berlin-Brandenburg vom 14.06.2012, 9 K 156/05).

Für den Fall einer **Sachzuwendung** enthält § 73c EStDV keine Aussage, so dass für die Bestimmung des Zuflusszeitpunkts auf die allgemeine Regelung des § 11 Abs. 1 EStG abzustellen ist. Entsprechend sollte es bei der Übertragung von Gegenständen auf die Verschaffung des wirtschaftlichen Eigentums ankommen (*Glenk*, in Blümich, § 11 EStG, Rz 65a). Ein Zufluss i. S. d. § 50a Abs. 1 EStG dürfte demnach vorliegen, wenn der Empfänger über den Gegenstand frei verfügen kann. Voraussetzung hierfür ist wiederum der Übergang von Besitz, Gefahr, Nutzung und Lasten. Die gilt es auch bei sog. **Bartergeschäften** zu bedenken.

> **WICHTIG**
>
> Unter einem Bartergeschäft versteht man eine Vereinbarung zum wechselseitigen Warenaustausch ohne Transfer von Zahlungsmitteln. In der Praxis kommt ein Tausch häufig bei der Rechteüberlassung von Patenten vor (sog. **Cross-Licensing**).

Fraglich ist, ob ein Zufluss i. S. d. § 50a Abs. 1 EStG anzunehmen ist, wenn das Schuldverhältnis durch die Vereinigung von Forderung und Schuld bzw. Verbindlichkeit in einer

Hand erlischt (**Konfusion**). Dies sollte insbes. bei einer Verschmelzung des Vergütungsschuldners auf den Gläubiger der Vergütung der Fall sein.

Für Zwecke des Steuerabzugs nach § 50a EStG kann der einmal (rechtmäßig) verwirklichte Zufluss einer Vergütung nicht durch eine **Rückzahlung** der Vergütung rückgängig gemacht werden. Auch eine rückwirkende (und damit steuerlich irrelevante) **Aufhebung eines (Lizenz-)Vertrags** hat grundsätzlich keinen Einfluss auf den bereits verwirklichten Tatbestand des Vergütungszuflusses. Lediglich in Fällen, in denen eine Vertragserfüllung für den Vergütungsgläubiger unmöglich wird und eine **Rückabwicklung** des Vertrages und eine Rückzahlung erforderlich ist (weil z. B. ein Patent nicht zugelassen wurde), ist eine rückwirkende Negierung des Zuflusses von abzugsteuerpflichtigen Einkünften denkbar (*BZSt*, Steuern International/Abzugsteuer gem. §§ 50, 50a EStG, Fragen und Antworten).

Ist der Schuldner der Vergütungen zum Steuerabzug verpflichtet, ist es sinnvoll, den ausländischen Vergütungsgläubiger vorab über den erforderlichen Steuerabzug und dessen Umfang in Kenntnis zu setzen.

> **PRAXISHINWEIS**
>
> **Mitteilung der Steuerabzugsverpflichtung**
> Bei bestehender Steuerabzugsverpflichtung kann es sinnvoll sein, den Vergütungsgläubiger hierüber zu informieren. Im Zusammenhang mit grenzüberschreitenden Lizenzzahlungen würde sich bspw. folgende Formulierung anbieten:
>
> *… We would like to inform you that cross border royalty payments of a German company are in general subject to tax withholding amounting to 15 % plus 5.5 % solidarity surcharge (effective rate = 15,825 %) according to domestic tax law (here: Section 50a (1) No. 3 German Income Tax Act [›Einkommensteuergesetz‹]). However, German tax withholding can be reduced by the provisions of the double tax treaty or the provisions of the EC Interest and Royalty Directive.*
>
> *Withholding tax relief can be achieved either by way of an exemption certificate (i. e. tax withholding obligation is waived) or by refund (i. e. application for refund after withholding tax have been paid due to lacking exemption certificate in the moment of royalty payment).*
>
> *For more information please see the English web page of German Federal Central Tax Office [Bundeszentralamt für Steuern].*
>
> *Since a valid exemption certificate is currently not in place we are obliged to withhold 15 % German withholding tax plus 5.5 % solidarity surcharge. However, we would be glad to assist you in the application for refund of withheld taxes respectively in the application for an exemption certificate…*

2.2.2 Höhe des Steuerabzugs

2.2.2.1 Bemessungsgrundlage

Dem Steuerabzug unterliegt grundsätzlich der **volle Betrag der Einnahmen** (§ 8 Abs. 1 EStG), die dem Vergütungsgläubiger aus und im Zusammenhang mit seiner Leistung zufließen. Hierunter fallen Geld- und Sachleistungen sowie vom Vergütungsschuldner übernommene Aufwendungen bzw. zugewendete geldwerte Vorteile. Auch die Abzugsteuer selbst ist Teil der Bemessungsgrundlage, sofern der Vergütungsschuldner sich zu deren Übernahme verpflichtet hat. Die Umsatzsteuer ist nur dann in die Bemessungsgrundlage einzubeziehen, sofern sie vom Vergütungsgläubiger geschuldet wird, d. h. nicht bei Anwendung des Reverse-Charge-Verfahrens.

Vom Vergütungsgläubiger übernommene **Reisekosten** gehören insoweit zu den Einnahmen, als diese für Fahrt- und Übernachtungskosten die tatsächlichen Kosten und für Verpflegungsmehraufwand die Pauschbeträge nach § 4 Abs. 5 Nr. 5 EStG übersteigen (§ 50a Abs. 2 EStG; BMF vom 25.11.2010, BStBl I 2010, 1350, Rz. 05). Sachleistungen sind mit den um übliche Preisnachlässe geminderten Endpreisen (d. h. inklusive Umsatzsteuer, sofern diese von dem Vergütungsgläubiger geschuldet wird) am Abgabeort anzusetzen (§ 8 Abs. 2 EStG).

Ein **Abzug von Betriebsausgaben oder Werbungskosten** ist grundsätzlich nicht möglich. Ungeachtet dessen sieht § 50a Abs. 3 Satz 2 und 3 EStG in den Fällen des Steuerabzugs nach § 50a Abs. 1 **Nr. 1, 2 und 4** EStG eine Nettobesteuerung vor, wenn es sich bei dem beschränkt steuerpflichtigen Vergütungsgläubiger um einen
- Staatsangehörigen eines Mitgliedsstaates der EU oder des EWR handelt **und**
- dieser in einem der genannten Staaten seinen Wohnsitz oder gewöhnlichen Aufenthalt hat.

Gleiches gilt für beschränkt steuerpflichtige Körperschaften, Personenvereinigungen und Vermögensmassen, die
- nach dem Recht eines Mitgliedsstaates der EU oder des EWR gegründet wurden **und**
- ihren Sitz oder Ort der Geschäftsleitung in einem der genannten Staaten haben (§ 50a Abs. 3 Satz 3 EStG i. V. m. § 32 Abs. 4 KStG).

Voraussetzung für einen Abzug von Betriebsausgaben oder Werbungskosten in den genannten Fällen ist, dass diese
- in einem unmittelbaren wirtschaftlichen Zusammenhang mit den Einnahmen stehen;
- dem Vergütungsschuldner in nachprüfbarer Form nachgewiesen oder vom Schuldner der Vergütung übernommen werden und
- im Zeitpunkt des Steuerabzugs bereits tatsächlich geleistet sind (BMF vom 25.11.2010, BStBl I 2010, 1350, Rz. 48).

Ein **unmittelbarer wirtschaftlicher Zusammenhang** ist nur dann gegeben, wenn die Kosten nach ihrer Entstehung oder Zweckbindung mit den betreffenden steuerpflichtigen Einnahmen in einem unlösbaren Zusammenhang stehen (BMF vom 25.11.2010, BStBl I 2010,

1350, Rz. 47). Ein bloßer Veranlassungszusammenhang (wie z. B. bei Abschreibungsaufwand) ist für die geforderte Unmittelbarkeit nicht ausreichend. Dagegen ist es unerheblich, ob die Kosten im In- oder Ausland angefallen sind. Werden die Kosten nach dem Zeitpunkt des Steuerabzugs geleistet, ist eine nachträgliche Berücksichtigung im Rahmen der Korrektur der Steueranmeldung möglich (§ 73e EStDV).

Mangels Verweis auf **§ 50a Abs. 1 Nr. 3 EStG** ist ein Abzug von Betriebsausgaben oder Werbungskosten im Zusammenhang mit der zeitlich befristeten Überlassung von Rechten bzw. ungeschütztem Wissen auf Basis des derzeitigen Gesetzeswortlauts nicht möglich. Gleichwohl lässt die Finanzverwaltung aufgrund der BFH Urteile vom 27.07.2011 sowie 25.04.2012 einen Abzug von Betriebsausgaben bzw. Werbungskosten zu, soweit sie in einem unmittelbaren wirtschaftlichen Zusammenhang mit den inländischen Einnahmen stehen (sog. **Nettoabzug**) (BMF vom 17.06.2014, BStBl I 2014, 887, Rz. 1; BFH vom 27.07.2011, I R 32/10, BStBl II 2014, 513; BFH vom 25.04.2012, I R 76/10, BFH/NV 2012, 1444). Ein unmittelbarer Zusammenhang bei der Überlassung von Rechten besteht nur, wenn die Betriebsausgaben oder Werbungskosten den Gläubiger der Vergütung erst in die Lage versetzen, die konkrete Überlassungsleistung zu erbringen und diese **exklusiv** für den Schuldner der Vergütung erfolgt. An einer Exklusivität soll es nach Auffassung der Finanzverwaltung fehlen, wenn die Aufwendungen den Vergütungsgläubiger nicht nur zu einer ausschließlichen Rechteverwertung gegenüber dem Vergütungsschuldner berechtigen, sondern auch eine Rechteverwertung gegenüber weiteren Personen ermöglichen. Auf die tatsächliche mehrmalige Rechteverwertung soll es nicht ankommen (BMF vom 17.06.2014, BStBl I 2014, 887, Rz. 2).

Im Gegensatz dazu führt der BFH in seinen Urteilen vom 27.07.2011 sowie 25.04.2012 aus, dass ein Abzug von Betriebsausgaben oder Werbungskosten möglich ist, sofern es sich bei den Betriebsausgaben bzw. Werbungskosten **nicht** um **Gemeinkosten** handelt, eine mehrmalige (Sub-) Lizenzierung demnach nicht stattgefunden hat. Auf die theoretische Möglichkeit einer weiteren Lizenzvergabe stellt der BFH – entgegen der Auffassung der Finanzverwaltung – nicht ab (BFH vom 27.07.2011, I R 32/10, BStBl II 2014, 513; BFH vom 25.04.2012, I R 76/10, BFH/NV 2012, 1444).

Beispiel

Abzug von Betriebsausgaben:
Die in Deutschland ansässige Freizeit GmbH stellt hochwertige Freizeitbekleidung her. Im Rahmen des Herstellungsprozesses kommt ein geschütztes Fertigungsverfahren zur Anwendung. Hierfür zahlt die Freizeit GmbH eine umsatzabhängige Vergütung i. H. v. 250.000 EUR an die steuerlich in Luxemburg ansässige Lizenz S.A. (= fremder Dritter aus Sicht der Freizeit GmbH).
Originäre »Eigentümerin« des von der Freizeit GmbH angewendeten Fertigungsverfahrens ist die IP AB (Schweden). Die Lizenz S.A. hat ihrerseits eine Lizenzzahlung von insgesamt 200.000 EUR an die IP AB geleistet. Aus der Lizenzvereinbarung zwischen der IP AB und der

Lizenz S.A. ergibt sich, dass die Lizenz S.A. das Recht zur Nutzung des Fertigungsverfahrens lediglich an ein einziges Unternehmen (und somit hier: die Freizeit GmbH) weitergeben darf.

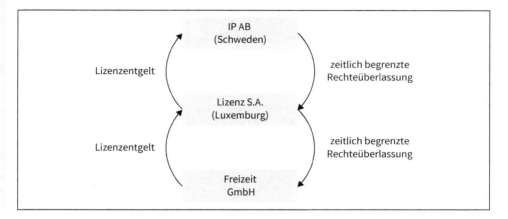

Lösung

Die Lizenz S.A. ist gem. § 2 Nr. 1 KStG i. V. m. § 49 EStG in Deutschland beschränkt steuerpflichtig. Aufgrund der Verwertung der überlassenen Schutzrechte im Inland handelt es sich bei der zu zahlenden Vergütung um inländische Einkünfte i. S. d. § 49 Abs. 1 Nr. 2 Buchst. f Doppelbuchst. aa EStG. Die Körperschaftsteuer wird gem. § 50a Abs. 1 Nr. 3 EStG (i. V. m. § 49 Abs. 1 Nr. 2 Buchst. f Doppelbuchst. aa EStG) im Wege des Steuerabzugs erhoben. Der Steuersatz beträgt grundsätzlich 15 % der Einnahmen (§ 50a Abs. 2 Satz 1 EStG) zuzüglich 5,5 % SolZ darauf. Dies entspricht 15,825 % von 250.000 EUR und somit 39.562,50 EUR.
Vorliegend kann die Lizenz S.A. Betriebsausgaben (= Lizenzzahlung an die IP AB) i. H. v. 200.000 EUR nachweisen. Bei Anwendung des Nettoabzugs würde sich die Bemessungsgrundlage für den Steuerabzug auf 50.000 EUR reduzieren. Es wäre ein Steuerabzug i. H. v. 7.912,50 EUR (= 15,825 % von 50.000 EUR) vorzunehmen.

> **WICHTIG**
>
> Sieht ein Lizenzvertrag eine Rechteverwertung gegenüber weiteren Personen vor und hat eine mehrmalige (Sub-) Lizenzierung nicht stattgefunden, sollte ein Nettoabzug mit Verweis auf die einschlägige Rechtsprechung des BFH vorgenommen werden.

2.2.2.2 Steuersatz

In den Fällen des § 50a Abs. 1 Nr. 1, 2 und 3 EStG beträgt der Steuerabzug **15 % der Einnahmen** (§ 50a Abs. 2 Satz 1 EStG). Im Zusammenhang mit Vergütungen an Mitglieder eines Aufsichtsrats (§ 50a Abs. 1 Nr. 4 EStG) beträgt der Steuerabzug **30 %** der Einnahmen. Der Solidaritätszuschlag wird i. H. v. 5,5 % der Abzugsteuer erhoben, so dass sich ein effektiver Steuersatz i. H. v. 15,825 % bzw. 31,65 % ergibt.

Wurde ein Abzug von Betriebsausgaben oder Werbungskosten nach § 50a Abs. 3 Satz 2 und Satz 3 EStG vorgenommen, so beträgt bei natürlichen Personen als Vergütungsgläubiger der Steuersatz 30 % (statt 15 %) zzgl. 5,5 % SolZ. Ist der Gläubiger der Vergütung eine Körperschaft, Personenvereinigung oder Vermögensmasse, bleibt es bei dem Steuersatz von 15 % zzgl. 5,5 % SolZ (§ 50a Abs. 3 Satz 4 EStG).

Für im Inland ausgeübte künstlerische, sportliche, artistische, unterhaltende oder ähnliche Darbietungen besteht eine **Geringfügigkeitsgrenze von 250 EUR** je Darbietung, bis zu der auf den Steuerabzug verzichtet wird (§ 50a Abs. 2 Satz 3 EStG).

Übersicht: Steuersätze auf vereinbarte Vergütungen (Bruttovereinbarung):

Berechnungssätze (%) auf vereinbarte Vergütungen	Abzugsteuer	SolZ
Einnahmen je Darbietung **bis 250 EUR** (**nur** in den Fällen des § 50a Abs. 1 Nr. 1 EStG und **vor** Abzug von ggf. anfallenden Werbungskosten / Betriebsausgaben)	0	0
§ 50a Abs. 1 **Nr. 1 bis 3** EStG (**ohne** Abzug von Werbungskosten / Betriebsausgaben)	15,00	0,82
§ 50a Abs. 1 **Nr. 4** EStG (**ohne** Abzug von Werbungskosten / Betriebsausgaben) z. B. Aufsichtsratvergütungen	30,00	1,65
§ 50a Abs. 1 Nr. 1, 2 und 4 EStG (**nach** Abzug von Werbungskosten / Betriebsausgaben, **wenn** der Empfänger der Vergütung eine **natürliche Person** ist)	30,00	1,65
§ 50a Abs. 1 Nr. 1, 2 und 4 EStG (**nach** Abzug von Werbungskosten / Betriebsausgaben, **wenn** der Empfänger der Vergütung eine **Körperschaft**, Personenvereinigung oder Vermögensmasse ist)	15,00	0,82

(Quelle: Bundeszentralamt für Steuern, Merkblatt für die Anmeldung über den Steuerabzug bei Vergütungen an beschränkt steuerpflichtige Personen (Oktober 2015))

Übernimmt der Schuldner der Vergütung die auf die Einnahmen entfallende Abzugsteuer nach § 50a EStG (sog. **Nettovereinbarung**), so führt dies beim Vergütungsgläubiger zu zusätzlichen Einnahmen, die damit ebenfalls dem Steuerabzug unterliegen. Zur Ermittlung der Abzugsteuer ergeben sich folgende Berechnungssätze, die auf den ausgezahlten Betrag zuzüglich ggf. übernommener Kosten anzuwenden sind:

Übersicht: Steuersätze auf ausgezahlte Beträge (Nettovereinbarung):

Berechnungssätze (%) auf ausgezahlte Vergütungen	Abzugsteuer	SolZ
Einnahmen je Darbietung **bis 250 EUR** (**nur** in den Fällen des § 50a Abs. 1 Nr. 1 EStG und **vor** Abzug von ggf. anfallenden Werbungskosten / Betriebsausgaben)	0	0
§ 50a Abs. 1 **Nr. 1 bis 3** EStG (**ohne** Abzug von Werbungskosten / Betriebsausgaben)	17,82	0,98
§ 50a Abs. 1 **Nr. 4** EStG (**ohne** Abzug von Werbungskosten / Betriebsausgaben) z. B. Aufsichtsratvergütungen	43,89	2,41
§ 50a Abs. 1 Nr. 1, 2 und 4 EStG (**nach** Abzug von Werbungskosten / Betriebsausgaben, **wenn** der Empfänger der Vergütung eine **natürliche Person** ist)	43,89	2,41
§ 50a Abs. 1 Nr. 1, 2 und 4 EStG (**nach** Abzug von Werbungskosten / Betriebsausgaben, **wenn** der Empfänger der Vergütung eine **Körperschaft**, Personenvereinigung oder Vermögensmasse ist)	17,82	0,98

(Quelle: BZSt, Merkblatt für die Anmeldung über den Steuerabzug bei Vergütungen an beschränkt steuerpflichtige Personen (Oktober 2015))

Für die Beantwortung der Frage, ob eine Brutto- oder Nettovereinbarung vorliegt, ist grundsätzlich die vertragliche Vereinbarung zwischen dem Gläubiger der Vergütung und dem Vergütungsschuldner maßgebend. Auch ein Blick in die **AGBs** kann hierbei aufschlussreich sein, sofern diese eine **Steuerklausel** enthalten. Enthalten die AGBs jedoch nur eine **Festpreisklausel**, so lässt sich aus dieser für Zwecke des Steuerabzugs keine Erkenntnis gewinnen, da ein vertraglich vereinbarter Preis zumeist ein Festpreis ist und diese Klausel keinen Rückschluss darauf zulässt, wie der Parteienwille in Bezug auf die Abzugsteuern ist. Zu beachten ist in diesem Kontext ferner, dass – sofern beide Vertragspartner ihre eigenen AGBs verwenden, in denen der Geltung der jeweils anderen AGB widersprochen wird – fraglich ist, ob eine Steuer- und auch Festpreisklausel überhaupt wirksam vereinbart ist (*Büchting/Heussen* in Rechtsanwaltshandbuch, 10. Aufl. 2011, § 18 Allgemeine Geschäftsbedingungen, Rz. 14).

Haben die Vertragsparteien explizit vereinbart, dass der Vergütungsschuldner zur ohnehin schon geschuldeten Vergütung auch die sich nach § 50a Abs. 1 EStG ergebende Abzugsteuer wirtschaftlich trägt, so liegt eine Nettovereinbarung vor. Der Vergütungsschuldner zahlt in diesem Fall 100 % der vereinbarten Vergütung an den Gläubiger und entrichtet die auf diese unter Anwendung der höheren Nettosteuersätze entfallende Abzugsteuer an das BZSt.

> **WICHTIG**
>
> Im Rahmen der Berechnung der Abzugsteuer i. S. d. § 50a Abs. 1 EStG ist zwischen sog. **Brutto- und Nettovereinbarungen** zu unterscheiden. Haben die Vertragsparteien explizit vereinbart, dass der Vergütungsschuldner zusätzlich zur geschuldeten Vergütung die Abzugsteuer wirtschaftlich trägt, entrichtet der Vergütungsschuldner neben der zu leistenden Vergütung die Abzugsteuer unter Anwendung der höheren Nettosteuersätze an das BZSt.

Beispiel

Brutto- und Nettovereinbarung

Die steuerlich in den Niederlanden ansässige Patent B.V. überlässt einer deutschen GmbH – zeitlich befristet – gewerbliche Schutzrechte (z. B. Patente), die seitens der deutschen GmbH zur Erzielung von Einkünften im Inland verwertet werden. Neben der vereinbarten Vergütung i. H. v. 100.000 EUR sieht der entsprechende Vertrag folgende Klausel vor:

Where the Licensee is required under its domestic law to withhold tax from any payment due to the Licensor, the Licensee is not entitled to deduct such tax(es) (»Withholding Tax«) from the amounts payable to the Licensor.

Lösung

Die Patent B.V. ist gem. § 2 Nr. 1 KStG i. V. m. § 49 EStG in Deutschland beschränkt steuerpflichtig. Aufgrund der Verwertung der überlassenen Schutzrechte im Inland handelt es sich bei der zu zahlenden Vergütung um inländische Einkünfte i. S. d. § 49 Abs. 1 Nr. 2 Buchst. f Doppelbuchst. aa EStG. Die Körperschaftsteuer wird gem. § 50a Abs. 1 Nr. 3 EStG (i. V. m. § 49 Abs. 1 Nr. 2 Buchst. f Doppelbuchst. aa EStG) im Wege des Steuerabzugs erhoben. Der Steuersatz beträgt grundsätzlich 15 % der Einnahmen (§ 50a Abs. 2 Satz 1 EStG) zuzüglich 5,5 % SolZ darauf. Aufgrund der vereinbarten Nettovereinbarung finden jedoch die höheren Nettosteuersätze Anwendung. Es ergeben sich folgende Abzugsteuerbeträge:

Vereinbarte Vergütung (netto = Zahlbetrag)	100.000 EUR
Steuerabzug (17,82 % der Nettovergütung)	17.820 EUR
SolZ (0,98 % der Nettovergütung)	980 EUR
Abzugsteuer (§ 50a Abs. 1 Nr. 3 EStG)	**18.800 EUR**

Die für den Vergütungsgläubiger übernommene Abzugsteuer ist auf Ebene des inländischen Vergütungsschuldners Betriebsausgabe bzw. Werbungskosten, da sie Teil der geschuldeten Vergütung ist und keine Steuer vom Einkommen und Ertrag des Vergütungsschuldners darstellt. Eine Anrechnung der Abzugsteuer auf die eigene inländische Steuerschuld (§ 34c Abs. 1 Satz 1 EStG, § 26 Abs. 1 KStG) ist nicht möglich, da es sich bei der Abzugsteuer um eine vom ausländischen Vergütungsgläubiger geschuldete Steuer handelt.

Fraglich ist, ob in Fällen, in denen keine explizite Nettovereinbarung vorliegt und der Vergütungsschuldner irrtümlich oder in Unkenntnis seiner Abzugsverpflichtung 100 % der Vergütung auszahlt, von einer nachträglichen (u. U. stillschweigenden) Vereinbarung einer Nettovereinbarung auszugehen ist. Von praktischer Relevanz ist diese Frage insbes. im Rahmen von **Betriebsprüfungen**, wenn bei Erlass von Haftungsbescheiden seitens der Finanzbehörden das Vorliegen einer Nettovereinbarung unterstellt und folglich der höhere Nettosteuersatz angewandt werden soll.

Vom BFH wurden zum Lohnsteuerabzug bei Nettolohnvereinbarungen Grundsätze entwickelt, die auch für das Steuerabzugsverfahren nach § 50a Abs. 4 EStG a. F. (mittlerweile § 50a Abs. 1 EStG) heranzuziehen sind (*Grützner*, IStR 2003, 347). Danach sind die nachteiligen Rechtsfolgen einer Nettovereinbarung so weitreichend, dass eine solche für Steuerzwecke nur angenommen werden kann, wenn ihr Abschluss klar und einwandfrei feststellbar ist (BFH vom 29.10.1993, VI R 26/92, BStBl II 1994, 197; BFH vom 28.02.1992, VI R 146/87, BStBl II 1992, 733; BFH vom 23.04.1997, VI R 12/96, BFH/NV 1997, 656). Spätestens bei der Auszahlung der Vergütung muss feststehen, dass der Vergütungsschuldner die Steuer wirtschaftlich trägt und damit einen zusätzlichen Vermögensvorteil zuwenden will (BFH vom 29.10.1993, VI R 26/92, BStBl II 1994, 197; BFH vom 28.02.1992, VI R 146/87, BStBl II 1992, 733).

Hat der Vergütungsschuldner den Steuerabzug (irrtümlich oder unwissentlich) nicht oder zu niedrig vorgenommen, so berechtigt dieser Umstand für sich allein mangels Übernahmewille nicht die Annahme einer Nettovereinbarung (*Grützner*, IStR 2003, 347; FG Berlin-Brandenburg vom 04.04.2012, 12 V 12204/11, EFG 2012, 1352).

Sollte die rechtliche Möglichkeit bestehen, den Vergütungsgläubiger für die Abzugsteuer in Regress zu nehmen und fordert der Vergütungsschuldner die Haftungsschuld tatsächlich ein, so ist von einer Bruttovereinbarung auszugeben (FG München vom 23.05.2001, 1 K 3026/97, EFG 2001, 1374).

Ist der Regressanspruch aufgrund tatsächlicher, vom Vergütungsschuldner nicht zu vertretender Umstände, nicht durchsetzbar, so liegt ebenfalls keine Nettovereinbarung vor (BFH vom 29.10.1993, VI R 26/92, BStBl II 1994, 197). Dasselbe gilt, wenn der Vergütungsschuldner sich erfolglos um die Erstattung der Abzugsteuer von dem Gläubiger bemüht oder kein rechtlicher Regressanspruch besteht, weil z. B. die Ansprüche bereits verjährt sind.

Verzichtet der Schuldner freiwillig auf seine Regressansprüche, so wendet er dem Gläubiger in Höhe der Abzugsteuern willentlich einen Vorteil zu und es liegt mithin eine nachträgliche Nettovereinbarung vor (BFH vom 05.03.2007, VI B 41/06, BFH/NV 2007, 1122; *Hensel*, PIStB 2009, 303).

Die Darlegungspflicht für das Vorliegen einer Brutto-/Nettovereinbarung trifft denjenigen, der sich zu seinen Gunsten darauf beruft, d. h. den Vergütungsschuldner/-gläubiger oder im Haftungsverfahren das Finanzamt (FG München vom 22.07.1985, I 148/81 E, EFG 2004, 1534). Der Vergütungsschuldner sollte daher Nachweise über die Geltendmachung seiner Regressansprüche beim Vergütungsgläubiger erbringen können und seinen Erstattungsanspruch auch buchhalterisch durch Einbuchen einer Forderung abbilden. Da die Geltendmachung des Regressanspruchs gegenüber dem ausländischen Vergütungsgläubiger als Auslandssachverhalt qualifiziert, trifft den Vergütungsschuldner die erhöhte Mitwirkungspflicht nach § 90 Abs. 2 AO.

In Bezug auf das Haftungsverfahren bei einer bestehenden Nettovereinbarung sollte in der Praxis bedacht werden, dass dem Vergütungsgläubiger der Vorteil aus der Übernahme der Haftungsschuld durch den Vergütungsschuldner erst in dem Moment der Entrichtung der Haftungsschuld zufließt. Grundsätzlich wäre daher im Haftungsbescheid zunächst eine Bruttobesteuerung der Vergütung vorzunehmen und in einem weiteren Haftungsbescheid oder einer Steueranmeldung die Besteuerung des Vorteils aus der Übernahme der Haftungsschuld (BFH vom 29.10.1993, VI R 26/92, BStBl II 1994, 197). Aus Vereinfachungsgründen kann im ersten Haftungsbescheid auch eine Nettobesteuerung der ausgezahlten Vergütung vorgenommen werden (*Holthaus*, IStR 2003, 347). Nachteilig wirkt sich das für den Vergütungsschuldner jedoch dann aus, wenn in dem späteren Besteuerungszeitpunkt eine Steuersatzsenkung zu berücksichtigen wäre oder der Betrag der Haftungsschuld relevant ist für die Bemessung der Strafe im Rahmen einer Ordnungswidrigkeit – oder im Rahmen eines Steuerstrafverfahrens. Ein weiterer Nachteil kann sich in Bezug auf die Festsetzungsverjährung und folglich auf die Möglichkeit einer Korrektur der Abzugsteuer ergeben.

Zusammenfassung: Bemessungsgrundlage und Steuersatz

	Nettovereinbarung	Bruttovereinbarung
Abzugsteuer wird vereinbarungsgemäß wirtschaftlich getragen von:	Vergütungsschuldner	Vergütungsgläubiger
Vergütungsgläubiger erhält	100 % des Rechnungsbetrags	• den Rechnungsbetrag abzgl. Steuern oder • den vollen Rechnungsbetrag und tritt evtl. Erstattungsanspruch auf Basis eines DBA an den Vergütungsschuldner ab oder • der Vergütungsgläubiger wird für die Abzugsteuer nachträglich vom Vergütungsschuldner in Regress genommen
Annahme	Nettovereinbarung ist anzunehmen, sofern die Individualvereinbarung oder die AGBs der Vertragsparteien dies explizit vorsehen	Bruttovereinbarung ist anzunehmen, sofern die Individualvereinbarung oder die AGBs der Vertragsparteien dies explizit vorsehen
Steuerberechnung: Einkommen-/Körperschaftsteuer Solidaritätszuschlag Gesamtbelastung	17,82 % 0,98 % 18,80 %	15,00 % 0,825 % 15,825 %
Beispiel	**Festpreisklausel in AGB**: »Alle in der Bestellung aufgeführten Preise sind Festpreise. Sie schließen jegliche Nachforderung auch aus Steuern aus.«	**Steuerklausel in AGB**: »Künstlersozialversicherung, Abzugsteuer nach § 50a EStG, Zölle oder sonstige, auch nachträglich entstehende Abgaben werden an den Auftraggeber weiterberechnet.«

2.2.3 Steuerabzug auf zweiter Stufe

Eine Besonderheit stellt der sog. **Steuerabzug auf zweiter Stufe** dar: ist ein Vergütungsgläubiger gleichzeitig Vergütungsschuldner und reicht dieser die Vergütung an einen (anderen) beschränkt Steuerpflichtigen, den Vergütungsgläubiger der zweiten Stufe, weiter, so ist in diesem Fall gem. § 50a Abs. 4 EStG der Steuerabzug grundsätzlich auf jeder Stufe vorzunehmen, auf der der Tatbestand des § 50a EStG verwirklicht ist. Ein Steuerabzug auf der zweiten Stufe greift auch, wenn der Vergütungsgläubiger der ersten Stufe selbst im Inland nicht dem Steuerabzug unterliegt (BMF vom 25.11.2010, BStBl I 2010, 1350, Rz. 35).

Der Vergütungsschuldner der zweiten Stufe (= Vergütungsgläubiger der ersten Stufe) kann ausnahmsweise vom Steuerabzug absehen, wenn die an ihn gezahlte Vergütung auf der ersten Stufe ohne Abzug von Werbungskosten bzw. Betriebsausgaben dem Steuerabzug unterlegen hat (§ 50a Abs. 4 Satz 1 EStG). Abstand vom Steuerabzug auf zweiter Stufe kann hingegen nicht genommen werden, wenn der Vergütungsschuldner der zweiten Stufe (= Vergütungsgläubiger der ersten Stufe):
- Betriebsausgaben oder Werbungskosten geltend macht;
- gem. § 50 Abs. 2 Satz 2 Nr. 5 EStG die Veranlagung zur Einkommen- oder Körperschaftsteuer oder
- die Erstattung der Abzugsteuer nach § 50d Abs. 1 EStG beantragt.

Beispiel

Eine typische Konstellation zum Steuerabzug auf zweiter Stufe:
Die im Inland ansässige Event GmbH beauftragt die niederländische Konzertagentur Konzert B.V. mit der Organisation und Durchführung eines Rockkonzerts in Deutschland. In diesem Zusammenhang engagiert die Konzert B.V. diverse ausländische Künstler. Die Event GmbH zahlt der niederländischen Konzert B.V. für die Ausrichtung des Rockkonzerts insgesamt 100.000 EUR. Die Konzert B.V. wiederum vergütet die ausländischen Künstler mit insgesamt 60.000 EUR. Darüber hinaus entstehen bei der Konzert B.V. im Zusammenhang mit dem deutschen Rockkonzert Kosten i. H. v. 15.000 EUR.

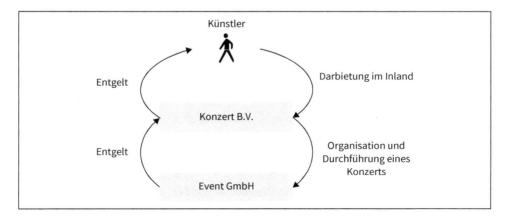

Lösung

Steuerabzug auf erster Stufe:
Die Konzert B.V. entspricht nach dem Typenvergleich einer Körperschaft und ist gem. § 2 Nr. 1 KStG i. V. m. § 8 Abs. 1 KStG und § 49 EStG in Deutschland beschränkt steuerpflichtig. Aufgrund der inländischen Darbietung handelt es sich bei der zu zahlenden Vergütung um inländische Einkünfte i. S. d. § 49 Abs. 1 Nr. 2 Buchst. d EStG. Die Körperschaftsteuer wird gem. § 50a Abs. 1 **Nr. 1** EStG im Wege des Steuerabzugs erhoben: die Konzert B.V. erzielt Einkünfte »*durch im Inland ausgeübte [...] Darbietungen*«. Da es sich nicht um die Verwertung einer inländischen Darbietung handelt, findet § 50a Abs. 1 **Nr. 2** EStG demnach keine Anwendung. Ein Steuerabzug wäre auch dann vorzunehmen, wenn die Konzert B.V. lediglich als Künstlerverleihgesellschaft oder als Vermittler zwischen der Event GmbH und der ausländischen Künstler auftritt (BMF vom 25.11.2010, BStBl I 2010, 1350, Rz. 42).
Der Steuersatz beträgt 15 % der Einnahmen (§ 50a Abs. 2 Satz 1 EStG) zuzüglich 5,5 % SolZ darauf.
Auf Ebene der Event GmbH als Vergütungsschuldner ergeben sich die folgenden Zahlungen:

Vereinbarte Vergütung	100.000 EUR
Steuerabzug (§ 50a Abs. 1 Nr. 2 EStG) (15 %)	15.000 EUR
Solidaritätszuschlag (5,5 %)	825 EUR
Zahlung an Konzert B.V.	**84.175 EUR**

Die Event GmbH hat demnach Abzugsteuern inklusive Solidaritätszuschlag i. H. v. 15.825 EUR einzubehalten und für Rechnung der Konzert B.V. anzumelden und an das BZSt abzuführen.

Steuerabzug auf zweiter Stufe:
Darüber hinaus sind die ausländischen Künstler gem. § 1 Abs. 4 EStG i. V. m. § 49 EStG in Deutschland beschränkt steuerpflichtig. Aufgrund der Ausübung von Darbietungen im Inland handelt es sich bei der zu zahlenden Vergütung um inländische Einkünfte i. S. d. § 49 Abs. 1 Nr. 3 bzw. Nr. 4 EStG. Die Einkommensteuer wird grundsätzlich gem. § 50a Abs. 1 Nr. 1 EStG (i. V. m. § 49 Abs. 1 Nr. 3 bzw. Nr. 4 EStG) ebenfalls im Wege des Steuerabzugs erhoben. Der Steuersatz beträgt 15 % der Einnahmen (§ 50a Abs. 2 Satz 1 EStG) zuzüglich 5,5 % SolZ darauf. Da bei der Berechnung des Steuerabzugs auf erster Stufe **keine** Betriebsausgaben der Konzert B.V. berücksichtigt wurden, kann die Konzert B.V. als Vergütungsschuldner (auf zweiter Stufe) von einem Steuerabzug absehen (§ 50a Abs. 4 Satz 1 EStG).

Abwandlung: Berücksichtigung von Betriebsausgaben auf erster Stufe
Im Vergleich zum vorherigen Beispiel soll die Konzert B.V. nunmehr unter Berücksichtigung des § 50a Abs. 3 EStG Betriebsausgaben i. H. v. 60.000 EUR (Künstlergagen) sowie 15.000 EUR weitere mit dem Konzert unmittelbar in Zusammenhang stehende Kosten gelten machen.

Steuerabzug auf erster Stufe:
Dem Steuerabzug unterliegt grundsätzlich der volle Betrag der Einnahmen (§ 8 Abs. 1 EStG), die der Konzert B.V. zufließen. Entsprechend wäre die Event GmbH grundsätzlich verpflichtet, Abzugsteuer auf 100.000 EUR einzubehalten und an das BZSt abzuführen.

Im vorliegenden Fall kann die Konzert B.V. der Event GmbH jedoch Betriebsausgaben i. H. v. insgesamt 75.000 EUR anhand von Verträgen mit den Künstlern sowie Rechnungen für die Ausrichtung des Konzerts nachweisen. Da die Konzert B.V. in der EU ansässig ist, ergeben sich somit die folgenden Zahlungen auf Ebene der Event GmbH als Vergütungsschuldnerin:

Vereinbarte Vergütung	100.000 EUR
Betriebsausgaben (60.000 EUR + 15.000 EUR)	75.000 EUR
Nettoeinnahmen	25.000 EUR
Steuerabzug (§ 50a Abs. 1 Nr. 1 EStG) (15 % von 25.000 EUR)	3.750 EUR
Solidaritätszuschlag (5,5 % von 3.750 EUR)	206,25 EUR
Steuerabzug auf erster Stufe	3.956,25 EUR
Zahlung an Konzert B.V.	96.043,75 EUR

Steuerabzug auf zweiter Stufe:
Da auf der ersten Stufe für die Vergütung i. H. v. 60.000 EUR kein Steuerabzug vorgenommen wurde, muss auf Ebene der Konzert B.V. zwingend ein Steuerabzug erfolgen. Demnach hat die Konzert B.V. ihrerseits Steuern für die Künstler i. H. v. 15 % zzgl. 5,5 % auf 60.000 EUR einzubehalten und an das BZSt abzuführen:

Vereinbarte Vergütung	60.000 EUR
Steuerabzug (§ 50a Abs. 1 Nr. 2 EStG) (15 %)	9.000 EUR
Solidaritätszuschlag (5,5 %)	495 EUR
Zahlung an die Künstler	**50.505 EUR**

Die Konzert B.V. hat ihrerseits im Zeitpunkt der Zahlung Abzugsteuern inklusive Solidaritätszuschlag i. H. v. 9.495 EUR einzubehalten und für Rechnung der ausländischen Künstler anzumelden und an das BZSt abzuführen.

2.2.4 Anmeldung und Abführung der Steuer

2.2.4.1 Steueranmeldung nach § 50a EStG

Der Schuldner der Vergütung hat die innerhalb eines Kalendervierteljahres einbehaltene Steuer i. S. d. § 50a Abs. 1 EStG nach § 50a Abs. 5 Satz 3 EStG, § 73e Satz 2 EStDV jeweils bis zum zehnten des dem Kalendervierteljahr folgenden Monats (d. h., 10.04., 10.07., 10.10. und 10.10.) an das BZSt abzuführen und eine entsprechende Steueranmeldung einzureichen. Das entsprechende Formular der Steueranmeldung ist auf der Homepage des

BZSt (www.bzst.de) unter »*Steuern International / Abzugsteuern gem. §§ 50, 50a EStG / Formulare, Merkblätter und Vorschriften*« zu finden.

Ist der Fälligkeitstag ein Samstag, Sonntag oder Feiertag, so endet die Frist nach § 108 Abs. 3 AO mit Ablauf des nächstfolgenden Werktags. Eine Dauerfristverlängerung wie bei der Umsatzsteuer sieht das Gesetz nicht vor.

Die Anmeldung ist nach amtlich vorgeschriebenem Vordruck auf **elektronischem Weg zu übermitteln** (§ 73e Satz 4 EStDV). Hierfür steht das BZSt-Online-Portal (www.elsteronline.de/bportal) oder das ElsterOnline-Portal (www.elsteronline.de) zur Verfügung. Auf (formlosen) Antrag kann das BZSt im Einzelfall zur Vermeidung unbilliger Härten auf eine elektronische Übermittlung verzichten. In diesem Fall ist die Steueranmeldung vom Vergütungsschuldner oder seinem Vertretungsberechtigten zu unterzeichnen. Für die Übermittlung / Abgabe der Steueranmeldung ist eine vom BZSt auf Antrag erteilte **Steuernummer** erforderlich. Der Antrag auf Zuteilung einer Steuernummer für die Abgabe von Steueranmeldungen ist auf der Homepage des BZSt unter der Rubrik »*Steuern International – Abzugsteuern gem. §§ 50, 50a EStG – Steuernummer*« zu finden.

Bei einer Vielzahl von Vergütungsgläubigern bietet es sich an, bei der elektronischen Übermittlung der Steueranmeldungen das im Elster-Online Portal hinterlegte **EXCEL-Sheet** zu verwenden. Hierbei sind in einem ersten Schritt alle geforderten Daten (mit * gekennzeichnet) einzutragen. In dem zweiten Reiter »Hilfe zu Listenfelder« sind Informationen hinterlegt, die bei der Bearbeitung der Tabelle hilfreich sein können (z. B. hinsichtlich der Auswahl der Art der Einnahmen in Spalte R). Das lokal gespeicherte EXCEL-Sheet lässt sich im Elster-Online Portal bei der Steueranmeldung unter Punkt 4 »Angaben zu Vergütungsgläubiger« über »Import von Daten« hochladen: über die »Durchsuchen«-Funktion wird das Excel-Sheet ausgewählt und anschließend über den Button »Daten importieren« im System hinterlegt. Der Vorteil dieser Vorgehensweise besteht darin, dass bei geänderten Steueranmeldungen nicht mehr sämtliche Daten erneut eingetragen werden müssen.

In der Steueranmeldung sind folgende Angaben zu machen (§ 73e Satz 2 EStDV):
- Name und Anschrift des Vergütungsgläubigers;
- Zufluss- und Auftrittstag (bei Darbietungen);
- Art und Höhe der vereinbarten Vergütungen i. S. d. § 50a Abs. 1 EStG, ausgezahlter Betrag und dem Steuerabzug unterliegender Anteil der Vergütung in Prozent;
- Übernommene Kosten;
- Höhe und Art der ggf. von den Vergütungen i. S. d. § 50a Abs. 1 EStG abgezogenen Betriebsausgaben bzw. Werbungskosten;
- Bestehen einer Brutto- oder Nettovereinbarung;
- Entlastung aufgrund DBA;
- Höhe des Steuerabzugs und Solidaritätszuschlags.

Die zum Abzug gebrachten Betriebsausgaben bzw. Werbungskosten sind in einer gesonderten Anlage zur Anmeldung darzustellen. Des Weiteren sind der Anmeldung entsprechend Nachweise der EU/EWR-Ansässigkeit (z. B. Kopie des Reisepasses oder Handelsregisterauszugs, Ansässigkeitsbescheinigung der ausländischen Finanzverwaltung) beizufügen (§ 50d Abs. 4 Satz 1 EStG).

Eine Anmeldung ist auch dann einzureichen, wenn ein Steuerabzug auf Grund einer Freistellungsbescheinigung des BZSt i. S. d. § 50d Abs. 2 EStG, der Geringfügigkeitsgrenze des § 50a Abs. 2 Satz 3 EStG oder der Abstandnahme nach § 50a Abs. 4 EStG nicht vorzunehmen ist (§ 73e Satz 3 EStDV). Dasselbe gilt, wenn das Kontrollmeldeverfahren (§ 50d Abs. 5 EStG) zur Anwendung kommt. Die anzumeldende Steuer ist dann entweder Null oder auf den niedrigeren Steuersatz gem. DBA begrenzt. Solidaritätszuschlag wird bei einer völligen oder teilweisen DBA-Freistellung nicht erhoben (§ 5 SolZG). In die Anmeldung sind dann zusätzliche Angaben zum Entlastungsgrund aufzunehmen.

Da die Angabe von **negativen Vergütungen** (als Korrekturbetrag) in einer Steueranmeldung nicht zulässig ist, sind etwaige Änderungen von bereits angemeldeten Vergütungen daher stets durch Korrektur der ursprünglichen Anmeldung vorzunehmen.

Bei der **Entrichtung** der angemeldeten Steuer steht dem Vergütungsschuldner grundsätzlich frei, die Steuer unter Angabe der jeweiligen Steuernummer sowie der Bezeichnung »*Steuerabzug von Vergütungen i. S. d. § 50a EStG*« an das BZSt zu überweisen oder alternativ ein entsprechendes SEPA-Lastschriftmandat zu erteilen. Die Bankverbindung des BZSt ist auf der Homepage des BZSt (www.bzst.de) unter der Rubrik »*Steuern International – Abzugsteuern gem. §§ 50, 50a EStG – Fragen und Antworten / 6. Durchführung des Steuerabzugs*« zu finden. Das notwendige Formular für die Teilnahme am Lastschriftverfahren ist ebenfalls auf der Homepage des BZSt unter der Rubrik »*Steuern International / Abzugsteuern gem. §§ 50, 50a EStG / Formulare, Merkblätter und Vorschriften*« abrufbar.

Bei verspäteter Abgabe der Steueranmeldung kann ein **Verspätungszuschlag** i. H. v. bis zu 10 % der angemeldeten Steuer mit einer Obergrenze von 25.000 EUR festgesetzt werden (§ 152 AO a. F.). Für Steueranmeldungen, die nach dem 31.12.2018 einzureichen sind, entfällt die pauschale 10 % Grenze. Bei der Bemessung des Verspätungszuschlags sind in diesen Fällen die Dauer und Häufigkeit der Fristüberschreitung sowie die Höhe der Steuer zu berücksichtigen (§ 152 Abs. 8 Satz 2 AO n. F.). Der Höchstbetrag des Verspätungszuschlags von 25.000 EUR bleibt jedoch bestehen (§ 152 Abs. 10 AO n. F.). Bei Nichtabgabe der Steueranmeldung oder Abgabe einer Steueranmeldung mit unrichtigen oder unvollständigen Angaben kann der Steuerstraftatbestand der Steuerhinterziehung (§ 370 Abs. 1 AO) oder die Steuerordnungswidrigkeit der leichtfertigen Steuerverkürzung (§ 378 Abs. 1 AO) verwirklicht sein.

Steuerhinterziehung kann mit Freiheitsstrafe oder Geldstrafe sanktioniert werden, die leichtfertigen Steuerverkürzung mit einem Bußgeld. Die steuerrechtlichen Risiken sowie Maßnahmen des Risikomanagements im Zusammenhang mit dem Steuerabzug nach § 50a Abs. 1 EStG werden im Detail in Kap. V. dargestellt.

Wird die angemeldete Steuer nicht bis zum Ablauf des Fälligkeitstages entrichtet, so ist für jeden angefangenen Monat (nicht Kalendermonat) der Säumnis ein **Säumniszuschlag** von 1 % des abgerundeten rückständigen Steuerbetrages verwirkt (§ 240 Abs. 1 Satz 1 AO). Eine Steuer gilt bei Vorliegen einer Einzugsermächtigung am Fälligkeitstag als entrichtet und bei Überweisungen mit der Gutschrift auf dem Konto der Finanzbehörde (§ 244 Abs. 2 AO). Bei Überweisung der Abzugsteuer greift die dreitägige Schonfrist des § 240 Abs. 3 AO. Wurde die Abzugsteuer nach § 50a EStG nicht rechtzeitig einbehalten oder abgeführt, so kann dies ferner als Steuerordnungswidrigkeit der Gefährdung von Steuerabzugsbeträgen nach § 380 AO mit einem Bußgeld geahndet werden.

Wird die Anmeldung erst verspätet bei der zuständigen Finanzbehörde eingereicht, tritt die Säumnis nicht mit Ablauf des gesetzlichen Fälligkeitstages ein, sondern gem. § 240 Abs. 1 Satz 3 AO erst mit dem auf den Tag des Eingangs der Steueranmeldung folgenden Tag. Zur Vermeidung eines Säumniszuschlags sollte bei verspäteter Abgabe der Anmeldung daher die Steuer zeitgleich entrichtet werden. Die Abzugsteuer unterliegt nicht der Regelverzinsung (§ 233a Abs. 1 Satz 2 AO).

Die Steueranmeldung steht einer **Steuerfestsetzung unter dem Vorbehalt der Nachprüfung** gleich (§ 168 AO), im Falle einer Erstattung erst nach (formloser) Zustimmung durch die Finanzverwaltung. Sie kann daher nach § 164 Abs. 2 AO jederzeit auf Antrag des Vergütungsgläubigers oder Vergütungsschuldners geändert werden. Fehler und Unvollständigkeiten betreffend die Angaben zum Vergütungsgläubiger führen nicht zur Unwirksamkeit der Steueranmeldung (BFH vom 13.08.1997, I B 30/97, BStBl II 1997, 700). Die Steueranmeldung kann als Bescheid grundsätzlich sowohl vom Vergütungsgläubiger (als Steuerschuldner) als auch vom Vergütungsschuldner angefochten werden (Einspruch gem. §§ 347 ff AO, Anfechtungsklage gem. § 40 FGO; BFH vom 28.01.2004, I R 73/02, BStBl II 2005, 550). Auch eine Aussetzung der Vollziehung (§ 361 AO bzw. § 69 Abs. 3 und 4 FGO) kann von jeder der beiden Parteien beantragt werden. Der Anfechtungsrahmen des Vergütungsgläubigers ist jedoch im Vergleich zu dem des Vergütungsschuldners beschränkt:

Der Vergütungsschuldner kann im Rahmen seines **Einspruchs** zum einen eine Entscheidung darüber anstreben, ob Abzug, Anmeldung und Abführung der Steuer vorgenommen werden durfte, und zum anderen ob als Voraussetzung für die Entrichtungssteuerschuld eine beschränkte (persönliche und sachliche) Steuerpflicht des Vergütungsgläubigers vorliegt bzw. vorgelegen hat (BFH vom 28.01.2004, I R 73/02, BStBl II 2005, 550; BFH vom 17.11.2004, I R 20/04, BFH/NV 2005, 892). Der Vergütungsgläubiger hingegen kann mit seinem Einspruch lediglich hinsichtlich der Frage eine Entscheidung bewirken, ob der Vergütungsschuldner berechtigt war, die Steuerabzugsbeträge einzubehalten, anzumelden und abzuführen (BFH vom 07.11.2007, I R 19/04, BStBl II 2008, 228; BMF vom 25.11.2010, BStBl I 2010, 1350, Rz. 10, 68). Dazu ist der Vergütungsschuldner zur Vermeidung eines eigenen Haftungsrisikos aber schon dann berechtigt, wenn Zweifel an der persönlichen oder sachlichen Steuerpflicht bestehen (BMF vom 25.11.2010, BStBl I 2010, 1350, Rz. 10). Der Vergütungsgläubiger kann alternativ seine beschränkte Steuerpflicht durch formlosen Antrag auf Erlass eines Freistellungsbescheids (§ 155 Abs. 1 Satz 3 AO) klären lassen, sofern kein Veranlagungsverfahren möglich ist (§ 50 Abs. 2 Satz 2 Nr. 5 EStG). Dieses Verfahren kann parallel zu einem Erstattungsverfahren nach § 50d Abs. 1 EStG geführt werden (zu den Möglichkeiten des Rechtsschutzes im Rahmen des Steuerabzugs nach § 50a EStG siehe *Ehlig*, DStZ 2011, 647).

2.2.4.2 Steuerbescheinigung

Der Schuldner der Vergütung ist nach § 50a Abs. 5 Satz 6 EStG verpflichtet, dem Gläubiger auf Verlangen die folgenden Angaben nach amtlich vorgeschriebenem Muster zu bescheinigen:
- Name und Anschrift des Vergütungsgläubigers;
- Art der Tätigkeit und Höhe der Vergütung in Euro;

- Zahlungstag der Vergütung;
- Betrag der einbehaltenen und abgeführten Steuer.

Das Muster der Steuerbescheinigung ist auf der Homepage des BZSt unter der Rubrik »*Steuern International/Abzugsteuer gem. §§ 50, 50a EStG/Formulare, Merkblätter und Vorschriften*« zu finden.

Eine Bestätigung der Angaben in der Steuerbescheinigung durch das BZSt ist gesetzlich nicht vorgesehen und wird seit dem 01.03.2015 auch nicht mehr vorgenommen (vereinfachter Verfahrensablauf; BZSt, Merkblatt zum Umgang mit Steuerbescheinigungen i. S. d. § 50a Abs. 5 Satz 6 EStG).

Der Schuldner der Vergütung kann die Steuerbescheinigung demnach direkt nach Ausstellung an den Gläubiger der Vergütung versenden, damit dieser einen Nachweis für Zwecke der Erstattung beim BZSt oder der Anrechnung in seinem Ansässigkeitsstaat erhält. Wenn und soweit beim BZSt, bei einem Finanzamt oder bei einer ausländischen Finanzbehörde eine Überprüfung der angemeldeten und abgeführten Beträge erforderlich wird, etwa im Rahmen eines Erstattungsverfahrens des Gläubigers oder im Rahmen einer Anrechnung im Ausland, wird der hierfür notwendige Datenabgleich unmittelbar zwischen den jeweiligen Behörden vorgenommen.

2.2.4.3 Besondere Aufzeichnungspflichten

Der Schuldner der Vergütungen hat gem. § 73d EStDV besondere Aufzeichnungen zu führen, aus denen die folgenden Informationen ersichtlich sein müssen:
- Name und Anschrift des Vergütungsgläubigers (Steuerschuldner);
- Art der Tätigkeit und Höhe der Vergütung in Euro;
- Höhe und Art der von der Vergütung abgezogenen Betriebsausgaben oder Werbungskosten;
- Tag, an dem die Vergütung dem Vergütungsgläubiger zugeflossen ist;
- Höhe und Zeitpunkt der Abführung der einbehaltenen Steuer.

In den Fällen des § 50a Abs. 3 EStG sind gem. § 73d EStDV des Weiteren die von der Bemessungsgrundlage des Steuerabzugs abgezogenen Betriebsausgaben oder Werbungskosten und die Staatsangehörigkeit des beschränkt steuerpflichtigen Vergütungsgläubigers in einer für das BZSt nachprüfbaren Form zu dokumentieren (Rechnungskopien, Überweisungen, Kopie des Reisepasses oder Handelsregisterauszugs, Ansässigkeitsbescheinigung der ausländischen Finanzverwaltung).

Zusammenfassung: Der Steuerdurchführungsprozess (§ 73e EStDV)

Prozess	Pflichten	Sanktion
Abführung	• Abzugsteuer nach § 50a EStG ist bis zum 10. des dem Quartal folgenden Monats an das Bundeszentralamt für Steuern abzuführen • Zahlung gilt als entrichtet: bei Überweisung mit Eingang auf Konto der Finanzkasse; bei Schecks drei Tage nach dem Eingang; bei Vorliegen einer Einzugsermächtigung: Fälligkeitstag	• Bei verspäteter Zahlung: ggf. Säumniszuschlag **nach § 240 AO** i. H. v. 1 % auf Abzugsteuer je angefangener Monat und Gefährdung der Abzugsteuer (§ 380 AO, Bußgeld)
Anmeldung	• Anmeldung ist quartalsweise an das BZSt elektronisch zu übermitteln • Abgabetermine: 10.01., 10.04., 10.07., 10.10. für das jeweils vorherige Quartal • Quartalsanmeldung umfasst alle innerhalb des Quartals geleisteten Zahlungen i. S. d. § 50a EStG, d. h. auch bei Anwendung des Kontrollmeldeverfahren, bzw. bei bestehender Freistellungsbescheinigung (»**Nullmeldung**«)	Ggf. Verspätungszuschlag • (§ 152 AO), bei verspäteter Abgabe auf festgesetzte Steuer; bei Nichtabgabe der Erklärung Steuerhinterziehung (§ 370 AO, Freiheitsstrafe oder Geldstrafe), leichtfertige Steuerverkürzung (§ 378 Bußgeld), Gefährdung der Abzugsteuer (§ 380 AO Bußgeld)
Bescheinigung	• Der Vergütungsschuldner hat gem. § 50a Abs. 5 Satz 6 EStG auf Verlangen des Vergütungsgläubigers nachfolgende Angaben zu bescheinigen: • Name und Anschrift des beschränkt steuerpflichtigen Gläubigers • Art und Höhe der Vergütung in EUR • Tag, an dem die Vergütungen dem Gläubiger zugeflossen sind • Höhe und Zeitpunkt der einbehaltenen und abgeführten Steuer	

3 Entlastung vom Steuerabzug nach § 50a Abs. 1 EStG

3.1 Allgemeines

Zur Aufteilung von Besteuerungsrechten bei grenzüberschreitenden Sachverhalten hat die Bundesrepublik Deutschland bilaterale Abkommen zur Vermeidung der Doppelbesteuerung, sog. Doppelbesteuerungsabkommen (**DBA**) mit ca. 100 Nationen abgeschlossen. Mit Blick auf die nach nationalem Recht abzugsteuerpflichtigen Einkünfte lassen sich in den verschiedenen Abkommen gewisse Grundmuster erkennen. Während bei Darbietungen im Inland sowie bei Aufsichtsratsvergütungen das Besteuerungsrecht regelmäßig der Bundesrepublik Deutschland zugewiesen wird, ergibt sich eine Begrenzung des deutschen Besteuerungsrechts insbesondere bei Lizenzgebühren i. S. d. Art. 12 Abs. 2 des OECD-Musterabkommens (**OECD-MA**). Diese können, soweit sie aus einem Vertragsstaat stammen und deren Nutzungsberechtigter eine im anderen Vertragsstaat ansässige Person ist, gem. Art. 12 Abs. 1 OECD-MA nur im anderen Staat (d. h. im Ansässigkeitsstaat des Vergütungsgläubigers / Nutzungsberechtigten) besteuert werden. Abweichend hiervon sehen jüngere DBA der Bundesrepublik für grenzüberschreitende Lizenzzahlungen ein (eingeschränktes) Besteuerungsrecht des Quellenstaates i. H. v. regelmäßig 5 % vor. Eine Übersicht über das residuale deutsche Besteuerungsrecht für grenzüberschreitende Lizenzgebühren ist in der »Reststeuersatzliste« auf der Homepage des BZSt unter der Rubrik »*Steuern International – Abzugsteuerentlastung – Freistellung/Erstattung – Merkblätter*« zu finden. Die Inanspruchnahme von Abkommensvergünstigungen setzt voraus, dass die in dem jeweiligen DBA definierte persönliche und sachliche Abkommensberechtigung des beschränkt Steuerpflichtigen gegeben ist und nachgewiesen werden kann.

Bei verbundenen Unternehmen ergibt sich eine vollständige Suspendierung des deutschen Besteuerungsrechts bei Lizenzgebühren durch die **Zins- und Lizenzgebührenrichtlinie** (Richtlinie 2003/49/EG des Rates vom 03.06.2003, ABl. 2003 Nr. L 157, 49), deren Umsetzung in nationales Recht mit der Ergänzung des § 50g EStG durch das EG-Amtshilfe-Anpassungsgesetz vom 02.12.2004 (BGBl I 2004, 3112) erfolgte.

Beispiel

Die steuerlich in den Niederlanden ansässige Patent B.V. (»**Besloten Vennootschap met beperkte aansprakelijkheid**«), eine Kapitalgesellschaft niederländischen Rechts, überlässt einer deutschen GmbH (= fremder Dritter aus Sicht der Patent B.V.) – zeitlich befristet – selbst entwickelte gewerbliche Schutzrechte (z. B. Patente), die seitens der deutschen GmbH zur Erzielung von Einkünften im Inland verwertet werden.

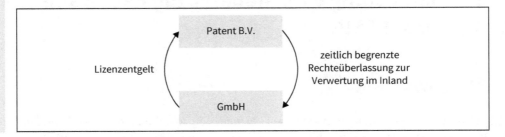

Lösung

Ertragsteuerrechtliche Würdigung
Die Patent B.V. ist gem. § 2 Nr. 1 KStG i. V. m. § 49 EStG in Deutschland beschränkt steuerpflichtig. Aufgrund der Verwertung der überlassenen Schutzrechte im Inland handelt es sich bei der zu zahlenden Vergütung um inländische Einkünfte i. S. d. § 49 Abs. 1 Nr. 2 Buchst. f Doppelbuchst. aa EStG. Die Körperschaftsteuer wird gem. § 50a Abs. 1 Nr. 3 EStG (i. V. m. § 49 Abs. 1 Nr. 2 Buchst. f Doppelbuchst. aa EStG) im Wege des Steuerabzugs erhoben. Der Steuersatz beträgt grundsätzlich 15 % der Einnahmen (§ 50a Abs. 2 Satz 1 EStG) zuzüglich 5,5 % SolZ darauf.

Abkommensrechtliche Würdigung
Der **persönliche Anwendungsbereich** des DBA zwischen der Bundesrepublik Deutschland und dem Königreich der Niederlande (**DBA Niederlande**) ist eröffnet, da es sich sowohl bei der Patent B.V. als auch bei der deutschen GmbH um in einem der Vertragsstaaten (hier: Deutschland und Niederlande) ansässige Personen i. S. d. Art. 4 Abs. 1 DBA Niederlande handelt (Art. 1 DBA Niederlande).
Weiterhin ist der **sachliche Anwendungsbereich** eröffnet: bei der deutschen Körperschaftsteuer handelt es sich um eine Steuer, für die gem. Art. 2 Abs. 3 Buchst. a Doppelbuchst. bb DBA Niederlande das Abkommen gilt.
Nach Art. 12 Abs. 1 DBA Niederlande können **Lizenzgebühren**, die aus einem Vertragsstaat stammen (hier: Deutschland) und an eine in dem anderen Vertragsstaat (hier: Niederlande) ansässige Person gezahlt werden, **nur** in dem anderen Staat (hier: Niederlande) besteuert werden. Art. 12 DBA Niederlande räumt damit Niederlande das ausschließliche Besteuerungsrecht ein.
Die Patent B.V. hat somit einen vollständigen Entlastungsanspruch von deutscher Abzugsteuer gem. Art. 12 Abs. 1 DBA Niederlande. Die Prüfung ggf. weitergehender Entlastungsansprüche auf Grundlage der Zins- und Lizenzrichtlinie ist folglich obsolet.

Grundsätzlich hat der Steuerabzug nach § 50a Abs. 1 EStG ungeachtet der Begünstigungen auf Basis eines DBA bzw. des § 50g EStG in voller Höhe zu erfolgen (§ 50d Abs. 1 Satz 1 EStG), d. h. dass eine unmittelbare Anwendung der Steuerbefreiung des jeweils einschlägigen DBA nicht möglich ist. Die Steuerbefreiung ist vielmehr antragsabhängig ausgestaltet. Liegt eine Begrenzung des deutschen Besteuerungsrechts vor, stehen dem Steuerpflichtigen die folgenden Verfahren für die (teilweise) Entlastung vom deutschen Steuerabzug zur Verfügung:

- Freistellungsverfahren (§ 50d Abs. 2 EStG);
- Erstattungsverfahren (§ 50d Abs. 1 EStG);
- Kontrollmeldeverfahren bei Lizenzgebühren i. S. d. § 50a Abs. 1 Nr. 3 EStG (§ 50d Abs. 5 EStG).

> **WICHTIG**
>
> Der Steuerabzug hat, ungeachtet eventuell anzuwendender abkommensrechtlicher Begünstigungen, in voller Höhe für Rechnung des Vergütungsgläubigers zu erfolgen, sofern im Zeitpunkt der Zahlung keine vom BZSt für die relevante Vergütung erteilte und für diesen Zeitpunkt gültige Freistellungsbescheinigung vorliegt oder das Kontrollmeldeverfahren Anwendung findet.

Voraussetzung für die Entlastung vom deutschen Steuerabzug im Freistellungs- bzw. Erstattungsverfahren ist die sog. **Entlastungsberechtigung der ausländischen Gesellschaft** (§ 50d Abs. 3 EStG). Neben der Entlastungsberechtigung nach den Bestimmungen eines DBA bzw. des § 50g EStG muss hierbei nachgewiesen werden, dass die Begünstigungen nicht missbräuchlich in Anspruch genommen werden. Da es sich bei § 50d Abs. 3 EStG um eine nationale Regelung handelt, die eine mögliche Entlastung auf Basis eines DBA bzw. der Zins- und Lizenzgebührenrichtlinie einschränkt, spricht man in diesem Zusammenhang auch von einem sog. »**Treaty- bzw. Directive-Override**«.

Sofern ein anzuwendendes DBA eigene Regelungen zur Entlastungsberechtigung beinhaltet (z. B. Art. 28 »*Schranken für Abkommensvergünstigungen*« des DBA zwischen der Bundesrepublik Deutschland und den Vereinigten Staaten von Amerika), gehen diese den nationalen Missbrauchsregelungen vor. § 50d Abs. 3 EStG findet insoweit keine Anwendung. Die deutschen Regelungen zur Entlastungsberechtigung ausländischer Gesellschaften sind im Detail in Kap. I.4 dargestellt.

Zuständig für die Entlastung von deutscher Abzugsteuer i. S. d. § 50a Abs. 1 EStG aufgrund eines DBA oder der Zins- und Lizenzgebührenrichtlinie und für die Überprüfung der Missbrauchsvorschrift des § 50d Abs. 3 EStG ist das BZSt.

3.2 Das Freistellungsverfahren (§ 50d Abs. 2 EStG)

3.2.1 Verfahren und Beteiligte

Nach § 50d Abs. 2 EStG kann der Schuldner der Vergütungen den Steuerabzug nach § 50a Abs. 1 EStG nach Maßgabe von § 50g EStG oder den Bestimmungen eines DBA unterlassen oder nach einem niedrigeren Steuersatz vornehmen, wenn das BZSt dem Vergütungsgläubiger bescheinigt, dass die Voraussetzungen für die Unterlassung eines Steuerabzugs vorliegen (sog. **Freistellung im Steuerabzugsverfahren**). Im Rahmen des Freistellungsverfahrens überprüft das BZSt ebenfalls, ob eine Entlastungsberechtigung nach § 50d Abs. 3 EStG gegeben ist.

Sofern nach den Bestimmungen eines DBA ein niedrigerer Steuersatz (bspw. 5 %) angewendet wird, ist der **Solidaritätszuschlag** nicht zusätzlich zu erheben (§ 5 SolZG).

Der Freistellungsantrag ist nach amtlich vorgeschriebenem Vordruck in Papierform bei dem zuständigen BZSt einzureichen. Für **jeden Vergütungsschuldner** ist ein gesonderter Antrag des Vergütungsgläubigers erforderlich.

Die Antragsformulare sind auf der Homepage des BZSt unter der Rubrik »*Steuern International – Abzugsteuerentlastung – Freistellung / Erstattung – Formulare*« zu finden, wobei folgende Kategorien unterschieden werden:
- Lizenzen;
- Künstler / Sportler;
- Korrespondenten;
- Verbundene Unternehmen sowie
- Leistungsprüfungen / Pferderennen.

Wird bspw. beabsichtigt, eine Entlastung vom deutschen Steuerabzug für zukünftige **Lizenzzahlungen** an einen nicht verbundenen Vergütungsgläubiger auf Basis eines DBA zu erreichen, sind die unter der Kategorie »*Lizenzen*« zu findenden Antragsformulare relevant. Zu beachten ist, dass die Antragsformulare in **unterschiedlichen Sprachfassungen** verfügbar sind. Da auch Abweichungen in Form und Inhalt bestehen können, sollte – soweit möglich – die Sprachfassung verwendet werden, die dem Ansässigkeitsstaat des Vergütungsgläubigers entspricht. Ist ein länderspezifisches Formular nicht vorhanden, so kann auf die englische Sprachfassung zurückgegriffen werden.

Soll im Zusammenhang mit zukünftigen Lizenzzahlungen eine Entlastung auf Basis der Zins- und Lizenzgebührenrichtlinie beantragt werden, wären die in deutscher und englischer Sprache in der Rubrik »*verbundene Unternehmen*« zur Verfügung stehenden Formulare zu verwenden.

Besonderheiten, die im Zusammenhang mit Anträgen auf Erlass einer Freistellungsbescheinigung bei den einzelnen Abzugstatbeständen i. S. d. § 50a EStG zu berücksichtigen sind, können den nachfolgenden Kapiteln entnommen werden.

Antragsteller im Rahmen des Freistellungsverfahrens ist grundsätzlich der Vergütungsgläubiger. Der Antrag kann auch von einem **Dritten** (insbes. vom Vergütungsschuldner) gestellt werden. Voraussetzung hierfür ist, dass der Vergütungsgläubiger schriftlich eine entsprechende Vollmacht ausstellt und diese dem BZSt im Original vorgelegt wird.

Eine Bevollmächtigung des inländischen Vergütungsschuldners bietet sich nicht nur aufgrund eventuell bestehender Sprachbarrieren an. Insbesondere in Fällen, in denen die vertraglichen Grundlagen eine Nettovereinbarung vorsehen, hat der Vergütungsschuldner ein eigenes Interesse an dem Erlass einer Freistellungsbescheinigung. In solchen Fällen sollte der Vergütungsschuldner – sofern möglich – auf eine entsprechende Kooperationsvereinbarung in den vertraglichen Grundlagen bestehen, und das Antragsverfahren zu erleichtern.

> **PRAXISHINWEIS**
>
> **Freistellungsverfahren und Kooperationsklauseln**
> Beabsichtigt der Gläubiger der Vergütungen (»*Licensor*«), den Vergütungsschuldner (»*Licensee*«) für den Antrag auf Erlass einer Freistellungsbescheinigung zu bevollmächtigen, sollte bereits bei Vertragsabschluss eine entsprechende Kooperationsvereinbarung berücksichtigt werden:
>
> *If and to the extent the Licensee is required under its domestic law to withhold tax from any payment due to the Licensor, the Licensee shall not be entitled to deduct such tax(es) (»Withholding Tax«) from the amounts payable to the Licensor. However, where Withholding Tax can be reduced under a tax treaty, directive or other sources of law, Licensor and Licensee herewith agree to take reasonable and appropriate actions in order to comply with formal requirements for a reduction of Withholding Tax incurred by payments stipulated in this agreement. Reasonable and appropriate actions comprise (i) application and provision of tax residence certificates, (ii) provision of required powers, (iii) provision of information by the Licensor substantiating its entitlement to benefits from the applied source of law.*

Zu beachten ist, dass sich für den Vergütungsgläubiger eine dem Vergütungsschuldner erteilte Bevollmächtigung unter Umständen jedoch auch nachteilig auswirken kann. Dies ist etwa der Fall, wenn der Vergütungsgläubiger dem BZSt vertrauliche Unternehmensdaten und -informationen, wie z. B. Finanzdaten oder Kalkulationsgrundlagen, zur Verfügung stellt, und der Vergütungsschuldner als Verfahrensbeteiligter von diesen Kenntnis erlangt.

Nach den amtlich vorgeschriebenen Vordrucken sind von dem Antragsteller zunächst die folgenden Angaben zu machen:
- Gläubiger der Vergütung;
- Schuldner der Vergütung;
- Gegenstand des Vertrags (eine Kopie ist beizufügen);
- Angaben zum beantragten Gegenstand des Verfahrens (hier: Freistellung).

Weiterhin ist die Richtigkeit und Vollständigkeit der gemachten Angaben zu versichern. Das Antragsformular ist vor diesem Hintergrund vom Antragsteller bzw. seinem Bevollmächtigten eigenhändig zu **unterschreiben**.

Abschließend muss auf dem einzureichenden Antragsformular in »*Abschnitt IX*« von der zuständigen ausländischen Steuerbehörde der steuerliche (Wohn-)Sitz (d. h. die **Ansässigkeit**) des Vergütungsgläubigers bestätigt werden (§ 50d Abs. 4 EStG). Ist der Gläubiger der Vergütung in den **USA** ansässig, erfolgt der Nachweis der Ansässigkeit durch eine gesonderte Bescheinigung (**Form 6166**) der amerikanischen Steuerbehörde Internal Revenue Service (**IRS**). Darüber hinaus sind die »*Social Security Number*« (bei natürlichen Personen) bzw. die »*Employer Identification Number*« (bei juristischen Personen) in dem Antragsformular anzugeben.

Erfahrungsgemäß weigern sich vereinzelt ausländische Behörden, die Antragsformulare der deutschen Finanzverwaltung – wie vorgesehen – zu unterzeichnen und zu stempeln. In Fällen, in denen der Antragsteller glaubhaft macht, dass die zuständige Steuerbehörde des anderen Staates eine Bestätigung nach amtlich vorgeschriebenem Vordruck gem. § 50d Abs. 4 Satz 1 EStG verweigert, ist eine schriftliche Bestätigung der zuständigen Steuerbehörde des anderen Staates als ordnungsgemäß anzuerkennen, sofern sie die Angaben enthält, die nach amtlich vorgeschriebenem Vordruck im Hinblick auf § 50d Abs. 4 Satz 1 EStG gefordert werden. Weiterhin ist die Bestätigung in elektronischer Form anzuerkennen, wenn der Antragsteller zusätzlich glaubhaft macht, dass die zuständige Steuerbehörde des anderen Staates derartige Bestätigungen üblicherweise nur in dieser Form erteilt (BMF vom 17.10.2017, BStBl I 2017, 1644).

> **PRAXISHINWEIS**
>
> **Ansässigkeitsbescheinigung ausländischer Finanzbehörden**
> Wird dem Antrag auf Erlass einer Freistellungsbescheinigung eine separate Ansässigkeitsbescheinigung der ausländischen Finanzbehörde beigefügt, sollte erläutert werden, dass sämtliche von der Finanzverwaltung geforderten Angaben auch der separaten Ansässigkeitsbescheinigung entnommen werden können. Bei Bedarf ist eine Übersetzung der Ansässigkeitsbescheinigung beizufügen.

Der Antrag auf Erlass einer Freistellungsbescheinigung ist an **keine Frist** gebunden. Da ein Steuerabzug jedoch ungeachtet eventuell anzuwendender abkommensrechtlicher Begünstigungen in voller Höhe zu erfolgen hat, sofern im Zeitpunkt der Zahlung keine vom BZSt erteilte und für diesen Zeitpunkt gültige Freistellungsbescheinigung vorliegt, kann der Antrag nur dann die gewünschte Wirkung entfalten, wenn er rechtzeitig vor der (ersten) Zahlung gestellt wird.

Der Freistellungszeitraum beginnt frühestens an dem Tag, an dem der Antrag beim BZSt eingeht. Für eine wirksame Antragstellung genügt jedoch der Eingang des amtlichen Vordrucks per Fax. Der Antrag im Original (insbesondere inkl. Bestätigung der Ansässigkeit des Vergütungsgläubigers) ist sodann umgehend nachzureichen. Die Erteilung einer rückwirkenden Freistellung (d.h. für Zeiträume vor Antragstellung) ist nicht möglich.

3.2.2 Entscheidung über den Freistellungsantrag

Das BZSt entscheidet über den Antrag auf Freistellung vom Steuerabzug durch Erteilung einer **Freistellungsbescheinigung** oder durch Erlass eines **Ablehnungsbescheids**. Der Vergütungsschuldner erhält eine Ausfertigung der Bescheinigung bzw. des Ablehnungsbescheids.

Wurde eine Freistellungsbescheinigung erteilt, kann die angemeldete und abgeführte Steuer auf Vergütungen, die **vor** der Gültigkeit der Freistellungsbescheinigung gezahlt wurden, innerhalb von zwölf Monaten nach Erteilung der Freistellungsbescheinigung in einem formlosen Schreiben beim BZSt beantragt werden (sog. **vereinfachter Erstattungsantrag**). Nach Ablauf der zwölf Monate ist ein »regulärer« Erstattungsantrag nach amtlich vorgeschriebenem Vordruck erforderlich.

Die Freistellungsbescheinigung ist ein Verwaltungsakt i. S. d. § 118 AO, jedoch **kein Steuerbescheid** nach § 155 Abs. 1 Satz 2 bzw. 3 AO. Entsprechend finden die Korrekturvorschriften für Steuerbescheide (§§ 164, 165 AO sowie § 172 ff. AO) keine Anwendung. Sind beim Erlass einer Freistellungsbescheinigung offenbare Unrichtigkeiten (z. B. Schreibfehler) unterlaufen, kann das BZSt diese jedoch jederzeit berichtigen (§ 129 Satz 1 AO).

Darüber hinaus kann eine Freistellungsbescheinigung ganz oder teilweise mit Wirkung für die Zukunft oder für die Vergangenheit zurückgenommen werden, wenn der Erlass rechtswidrig war (**Rücknahme rechtswidriger Verwaltungsakte nach § 130 AO**). Da es sich bei einer Freistellungsbescheinigung um einen begünstigenden Verwaltungsakt handelt, darf diese nach § 130 Abs. 2 AO insbesondere nur dann zurückgenommen werden, wenn sie
- durch unlautere Mittel wie arglistige Täuschung, Drohung oder Bestechung erwirkt worden ist;
- der Begünstigte sie durch Angaben erwirkt hat, die in wesentlichen Beziehungen unrichtig oder unvollständig waren;
- die Rechtswidrigkeit dem Begünstigten bekannt oder in Folge grober Fahrlässigkeit nicht bekannt war.

Abschließend kann das BZSt eine erlassene Freistellungsbescheinigung nach § 131 AO mit Wirkung für die Zukunft widerrufen, wenn der Widerruf im Verwaltungsakt vorbehalten ist (**Widerruf eines rechtmäßigen Verwaltungsaktes nach § 131 Abs. 2 Satz 1 Nr. 1 AO**). Vor diesem Hintergrund ergehen Freistellungsbescheinigungen regelmäßig unter dem Vorbehalt des Widerrufs.

In Fällen des Widerrufs sind die Rechtsmittel des Einspruchs (§§ 347 ff. AO), der Anfechtungsklage (§ 40 FGO) und als vorläufiger Rechtsschutz die Aussetzung der Vollziehung (§ 361 AO, § 69 Abs. 3 und 4 FGO) möglich.

Erlässt das BZSt einen Ablehnungsbescheid, kann gegen diesen innerhalb eines Monats nach Zugang Einspruch eingelegt werden (§§ 122 AO, 347 AO). Des Weiteren stehen die Verpflichtungsklage (§ 40 FGO) sowie die einstweilige Anordnung (§ 114 FGO) als Rechtsmittel zur Verfügung.

Zu beachten ist, dass im Freistellungsverfahren **keine abschließende Entscheidung über die Entlastung** von der inländischen Besteuerung – etwa durch die Inanspruchnahme abkommensrechtlicher Begünstigungen oder durch die Zins- und Lizenzgebührenrichtlinie – (**Freistellung**) getroffen wird. Vielmehr wird in einem ersten Schritt lediglich bescheinigt, dass der Vergütungsschuldner grundsätzlich berechtigt ist, den Steuerabzug zu unterlassen.

Die Freistellung vom Steuerabzug gilt nur, sofern die betreffenden Einkünfte dem Vergütungsgläubiger tatsächlich zuzurechnen sind. Dies ist nach innerstaatlichem Recht zu beurteilen, sofern das einschlägige DBA keine Sonderbestimmung enthält. Diese Voraussetzung wird durch das BZSt im Rahmen des Freistellungsverfahrens nur in Ausnahmefällen und bei konkreten Anhaltspunkten geprüft. Sind Einkünfte einer im Inland belegenden Betriebsstätte des beschränkt steuerpflichtigen Vergütungsgläubigers zuzurechnen, so hat er keinen Anspruch auf Entlastung von der inländischen Abzugsteuer nach § 50a EStG.

Ob abzugsteuerpflichtige Einkünfte i. S. d. § 50a EStG vorliegen, welcher Person diese zuzurechnen sind und ob auf Ebene des Vergütungsgläubigers die Voraussetzungen für eine Entlastung vom Steuerabzug vorliegen, wird abschließend im Rahmen einer Außenprüfung bzw. im Erstattungsverfahren oder hinsichtlich des Erlasses eines Freistellungsbescheides nach § 155 Abs. 1 Satz 3 AO überprüft.

> **WICHTIG**
>
> Im Freistellungsverfahren wird keine abschließende Entscheidung über die Entlastung von der inländischen Besteuerung – etwa durch die Inanspruchnahme abkommensrechtlicher Begünstigungen oder durch die durch die Zins- und Lizenzgebührenrichtlinie – (**Freistellung**) getroffen. Eine (bindende) Entscheidung ist dem Erstattungsverfahren oder dem Erlass eines Freistellungsbescheids nach § 155 Abs. 1 Satz 3 AO vorbehalten. Der Vergütungsgläubiger kann sich im Zusammenhang mit der abschließenden Inanspruchnahme abkommensrechtlicher Begünstigungen nicht auf eine erlassene Freistellungsbescheinigung berufen.

Soweit Änderungen mit Auswirkung auf den Freistellungsanspruch (z. B. Höhe der Mindestbeteiligung oder das Vorliegen der Tatbestandsvoraussetzungen des § 50d Abs. 3 Satz 1 EStG) bekannt werden, sind diese unverzüglich dem BZSt mitzuteilen. In Bezug auf die Tatbestandsvoraussetzungen des § 50d Abs. 3 EStG ist eine Mitteilung jedoch nur erforderlich, wenn die **De-Minimis Grenzen** überschritten werden (BMF vom 24.01.2012, BStBl I 2012, 171, Rz. 15).

Die Freistellung kann für eine Einzelzahlung (Einmalfreistellung) oder für mehrere Zahlungen (**Dauerfreistellung**), die der Vergütungsgläubiger von demselben Vergütungsschuldner erhält, erteilt werden. Die Dauerfreistellung wird für einen Zeitraum von mindestens einem Jahr bis maximal drei Jahren ab Eintragseingang erteilt (§ 50d Abs. 2 Satz 4 EStG). Liegt eine Dauerfreistellung für eine Lizenzvergütung vor und leistet der Vergütungsschuldner an denselben Vergütungsgläubiger für die Nutzungsüberlassung eines weiteren Rechts Lizenzzahlungen, so können diese Zahlungen unter die bereits erteilte Freistellungsbescheinigung subsumiert werden. Es bedarf dann keines weiteren Freistellungsantrags.

> **PRAXISHINWEIS**
>
> **Mehrere Verträge mit einem Vergütungsschuldner**
> Gegenstand einer Dauerfreistellung ist regelmäßig nicht ein einzelner Vertrag, sondern vielmehr die Art und der Umfang der in Anspruch genommenen – vom Steuerabzug freigestellten – Leistungen (z. B. »*Vergütungen für die Nutzung oder das Recht auf Nutzung von Urheberrechten*«). Schließen der Vergütungsgläubiger und der Schuldner der Vergütung einen weiteren Lizenzvertrag über die Nutzung anderer Urheberrechte ab, so ist die erteilte Freistellungbescheinigung auch auf die Vergütungen anwendbar, die auf Basis dieses zusätzlichen Vertrags geleistet werden, sofern sie im freigestellten Zeitraum erfolgen. Es ist nicht notwendig, für den zusätzlichen Vertrag eine weitere Freistellungsbescheinigung zu beantragen.
>
> Wird jedoch ein Vertrag über eine **andere Art der Leistung** abgeschlossen (z. B. die Nutzung von gewerblichen Schutzrechten oder Know-How), so ist für die in diesem Zusammenhang geleisteten Vergütungen jedoch eine weitere Freistellungsbescheinigung erforderlich.

Der Vergütungsschuldner hat den Steuerabzug nur dann zu unterlassen bzw. mit einem niedrigeren Steuersatz vorzunehmen, wenn der Vergütungsgläubiger zum Zeitpunkt der Zahlung bzw. des Zuflusses der Vergütung eine vom BZSt erteilte Freistellungsbescheinigung nach § 50d Abs. 2 EStG vorlegt. Der Vergütungsschuldner kann grundsätzlich **auf die Rechtmäßigkeit der vorliegenden Freistellungsbescheinigung vertrauen**, seine Haftungsinanspruchnahme (§ 50a Abs. 5 Satz 4 EStG) wäre ermessensfehlerhaft (BFH vom 26.07.1995, IStR 1995, 580).

Bei Widerruf der Bescheinigung nach § 131 AO gilt dies allerdings nur, wenn der Vergütungsschuldner keine Kenntnis von dem Widerruf hatte. War der Vergütungsschuldner an dem Erlass einer rechtswidrigen Freistellungsbescheinigung beteiligt (oder hatte er hiervon zumindest Kenntnis), wäre eine Haftungsinanspruchnahme des Vergütungsschuldners im Ermessen der Finanzverwaltung.

Über den Antrag auf Erteilung einer Freistellungsbescheinigung ist nach § 50d Abs. 2 Satz 6 EStG innerhalb von drei Monaten zu entscheiden. Die Frist beginnt jedoch erst mit der Vorlage aller für die Entscheidung erforderlichen Nachweise (§ 50d Abs. 2 Satz 7 EStG). Erfahrungen zeigen, dass die **Bearbeitungsdauer** insbes. durch die Überprüfung der Entlastungsberechtigung des ausländischen Vergütungsgläubigers i. S. d. § 50d Abs. 3 EStG und entsprechende Rückfragen des BZSt mehr als sechs Monate betragen kann. Soweit die Voraussetzungen für die Freistellung erfüllt sind, wird die Bescheinigung grundsätzlich für einen Zeitraum von drei Zeitjahren sowie frühestens ab Antragseingang gewährt.

Gem. § 50d Abs. 2 Satz 8 EStG bleiben trotz vorhandener Freistellungsbescheinigungen bestehende Anmeldeverpflichtungen unberührt (hier: § 50a Abs. 5 Satz 3 EStG, § 73e Satz 2 EStDV). Dies bedeutet, dass auch in den Fällen, in denen keine Abzugsteuer einbehalten wird, eine Steueranmeldung an das BZSt zu übermitteln ist (sog. **Nullmeldung**).

> **WICHTIG**
>
> Trotz vorhandener Freistellungsbescheinigungen bleiben bestehende Anmeldeverpflichtungen (insb. § 50a Abs. 5 Satz 3 EStG, § 73e Satz 2 EStDV) unberührt. Wird keine Abzugsteuer einbehalten, ist dem BZSt eine »Nullmeldung« zu übermitteln.

3.2.3 Sammel-Freistellungsbescheinigung

In Fällen, in denen ein im Ausland ansässiger Vergütungsgläubiger eine Vielzahl von Verträgen mit verschiedenen Vergütungsschuldnern abgeschlossen hat (z. B. Online-Bildagenturen), besteht in Ausnahmefällen aus verwaltungsökonomischen Gründen die Möglichkeit, bei dem zuständigen BZSt eine Freistellungsbescheinigung für alle Vergütungsschuldner i. S. d. § 50a EStG zu erteilen (sog. **Sammel-Freistellungsbescheinigung**).

Eine Sammel-Freistellungsbescheinigung entfaltet für alle Vergütungsschuldner Gültigkeit, denen eine Kopie der Bescheinigung ausgehändigt wird. Die Gültigkeit beträgt regelmäßig drei Jahre.

Bedingung für die Erteilung einer Sammel-Freistellungsbescheinigung ist, dass der Vergütungsgläubiger bei Antragstellung auf dem vorgeschriebenen Antragsformular neben der Ansässigkeitsbescheinigung des Sitzstaates des Vergütungsgläubigers eine aktuelle Liste mit sämtlichen inländischen Vergütungsschuldnern i. S. d. § 50a EStG einreicht. Die Liste ist durchzunummerieren und muss folgende Angaben enthalten:

- Name des Vergütungsschuldners;
- **Steuernummer des Vergütungsschuldners beim BZSt**;
- Anschrift des Vergütungsschuldners;
- Höhe der Vergütung;
- **Zahlungstag der Vergütung**.

Bis zum 31.01. eines Jahres ist für das jeweils abgelaufene Kalenderjahr eine solche, jeweils aktuelle Liste dem Bundeszentralamt für Steuern zu übersenden. Dabei sind neu hinzugekommene oder entfallene Vergütungsschuldner zu kennzeichnen.

Mit dieser Vorgehensweise entfällt die Notwendigkeit, für jede einzelne Vertragsbeziehung / für jeden einzelnen Vergütungsschuldner eine separate Freistellungsbescheinigung zu beantragen.

In der Praxis dürften die genannten Bedingungen regelmäßig ein Hindernis für die Erteilung einer Sammel-Freistellungsbescheinigung darstellen. Insbesondere die Angabe der Steuernummer des Vergütungsschuldners beim BZSt dürfte regelmäßig nicht möglich sein, da inländische Vergütungsschuldner zunächst keine Notwendigkeit haben, eine Steuernummer bei dem BZSt zu beantragen.

Weiterhin dürfte die Zusammenstellung von gezahlten Vergütungen inklusive Zahltag und Höhe häufig schwierig sein. Das BZSt bietet in diesem Fall regelmäßig an, dass in der jährlich zu übersendenden Liste die Zahlungen der einzelnen Vergütungsschuldner an die Antragstellerin quartalsweise zusammengefasst werden können.

Trotz der jährlichen Meldefrist sollten die grundsätzlich jeweils bis zum zehnten des dem Kalendervierteljahr folgenden Monats (d. h., 10.04., 10.07., 10.10. und 10.01.) zu erfüllenden Anmeldeverpflichtungen (§ 50a Abs. 5 Satz 3 EStG, § 73e Satz 2 EStDV) bestehen bleiben.

3.2.4 Auswirkungen von Umwandlungsvorgängen

Im Freistellungsverfahren bescheinigt das BZSt dem Vergütungsgläubiger, dass die Voraussetzungen für die Entlastung von deutscher Abzugsteuer (z. B. nach Maßgabe von § 50 g EStG oder den Bestimmungen eines DBA) auf Ebene des Vergütungsgläubigers vorliegen und der Schuldner der Vergütungen insoweit den Steuerabzug unterlassen oder nach einem niedrigeren Steuersatz vornehmen darf. Neben dem Gegenstand der Freistellung (d. h. der Art und dem Umfang der in Anspruch genommenen – vom Steuerabzug freigestellten – Leistungen) wird in einer Freistellungsbescheinigung der Gläubiger der Vergütungen sowie der Schuldner der Vergütungen genau bezeichnet.

Vor diesem Hintergrund stellt sich regelmäßig die Frage, ob umwandlungsrechtliche Vorgänge (insbesondere **Verschmelzungen**) auf Ebene des Schuldners der Vergütungen bzw. vergleichbare ausländische Vorgänge auf Ebene des Vergütungsgläubigers **Auswirkungen auf die Gültigkeit einer erteilten Freistellungsbescheinigung** haben. Dies ist nicht zuletzt von praktischer Relevanz, da Änderungen aller Art mit Auswirkungen auf den Freistellungsanspruch (des Vergütungsgläubigers) unverzüglich dem BZSt mitzuteilen sind.

Wird der in einer Freistellungsbescheinigung bezeichnete **Vergütungsschuldner** auf einen übernehmenden Rechtsträger verschmolzen, tritt mit Wirksamkeit der Verschmelzung der übernehmende Rechtsträger als Gesamtrechtsnachfolger in den Lizenzvertrag mit dem im Ausland ansässigen Vergütungsgläubiger ein. Mit Wirksamkeit der Verschmelzung leistet der Gesamtrechtsnachfolger folglich die Vergütungen, die Gegenstand der Freistellungsbescheinigung sind.

Da es sich bei dem übernehmenden Rechtsträger um den Gesamtrechtsnachfolger der in der Freistellungsbescheinigung bezeichneten Vergütungsschuldner handelt, könnte davon ausgegangen werden, dass trotz Verschmelzung die Freistellungsbescheinigung weiterhin gültig ist. Dem ist entgegenzuhalten, dass neben dem Gegenstand der Freistellung auch die beteiligten Parteien genau bezeichnet sind. Da der inländische Schuldner der Vergütung regelmäßig für die nicht ordnungsgemäß einbehaltene und abgeführte Steuer i. S. d. § 50a Abs. 1 EStG haftet und es darüber hinaus zu dieser Fragestellung – soweit ersichtlich – keine offizielle Meinungsäußerung der Finanzverwaltung gibt, sollte in derartigen Fällen unverzüglich das BZSt informiert werden. In diesem Zuge wäre sodann zu erörtern, ob auf Basis der Freistellungsbescheinigung weiterhin der Steuerabzug unterlassen werden darf oder ob vorsorglich eine neue Freistellungsbescheinigung zu beantragen wäre. Nach der hier vertretenen Auffassung dürfte die Freistellungsbescheinigung mit Verschmelzung ihre Gültigkeit verlieren, so dass eine neue Freistellungsbescheinigung zu beantragen wäre.

Gleiches gilt grundsätzlich auch bei vergleichbaren ausländischen Vorgängen auf Ebene des **Vergütungsgläubigers**. Sollten diese ebenfalls eine Gesamtrechtsnachfolge bewirken, könnte hier analog argumentiert werden, dass die Freistellungsbescheinigung weiterhin gültig wäre. Ungeachtet dessen sollte auch hier eine Abstimmung mit dem BZSt erfolgen.

> **PRAXISHINWEIS**
>
> Bei umwandlungsrechtlichen Vorgängen (insbes. Verschmelzungen) auf Ebene des Vergütungsschuldners bzw. vergleichbaren ausländischen Vorgängen auf Ebene des Vergütungsgläubigers sollte unverzüglich mit dem BZSt abgestimmt werden, ob weiterhin auf Basis einer vorhandenen Freistellungsbescheinigung der Steuerabzug i. S. d. § 50a Abs. 1 EStG unterlassen werden darf oder vorsorglich eine neue Bescheinigung zu beantragen wäre. Dies ist nicht zuletzt von praktischer Bedeutung, da der inländische Schuldner der Vergütung regelmäßig für die nicht ordnungsgemäß einbehaltene und abgeführte Steuer i. S. d. § 50a Abs. 1 EStG haftet.

3.3 Das Erstattungsverfahren (§ 50d Abs. 1 EStG)

3.3.1 Verfahren und Beteiligte

Liegt im Zeitpunkt der Zahlung der Vergütung keine Freistellungsbescheinigung vor, so ist die Abzugsteuer nach § 50a EStG ungeachtet einer möglichen Entlastungsberechtigung des Vergütungsgläubigers in voller Höhe einzubehalten und an das BZSt abzuführen (§ 50d Abs. 1 Satz 1 EStG). Die einbehaltene und abgeführte Steuer kann sodann in einem zweiten Schritt auf der Grundlage eines entsprechenden Antrags des Vergütungsgläubigers nach Maßgabe von § 50g EStG oder eines DBA nach § 50d Abs. 1 Satz 2 ff. EStG ganz oder teilweise erstattet werden (**Erstattungsverfahren**). Im Rahmen des Erstattungsverfahrens überprüft das BZSt, ob die Voraussetzungen zur Entlastung vom Steuerabzug auf Basis abkommensrechtlicher Bestimmungen oder des § 50g EStG vorliegen. Darüber hinaus erfolgt eine Prüfung der Entlastungsberechtigung nach § 50d Abs. 3 EStG.

Der Erstattungsantrag ist gem. § 50d Abs. 1 Satz 3 Hs. 2 EStG nach amtlich vorgeschriebenem **Vordruck** in Papierform bei dem zuständigen BZSt einzureichen. Für jeden Vergütungsschuldner ist ein gesonderter Antrag des Vergütungsgläubigers erforderlich.

Die Antragsformulare sind auf der Homepage des BZSt unter der Rubrik »*Steuern International – Abzugsteuerentlastung – Freistellung / Erstattung – Formulare*« zu finden und sind identisch mit den im Rahmen des Freistellungsverfahrens zu verwendenden Antragsformularen. Entsprechend wird ebenfalls im Erstattungsverfahren zwischen den folgenden Kategorien unterschieden:

- Lizenzen;
- Künstler / Sportler;
- Korrespondenten;
- Verbundene Unternehmen sowie
- Leistungsprüfungen / Pferderennen.

Auch im Erstattungsverfahren ist zu berücksichtigen, dass die Antragsformulare in **unterschiedlichen Sprachfassungen** verfügbar sind. Da auch Abweichungen in Form und Inhalt bestehen können, sollte – soweit möglich – die Sprachfassung verwendet werden, die dem Ansässigkeitsstaat des Vergütungsgläubigers entspricht. Ist ein länderspezifisches Formular nicht vorhanden, so kann auf die englische Sprachfassung zurückgegriffen werden.

Besonderheiten, die im Zusammenhang mit Anträgen auf Erstattung einbehaltener und abgeführter Abzugsteuer i. S. d. § 50a EStG zu berücksichtigen sind, können den nachfolgenden Kapiteln entnommen werden.

Auch i. R. d. Erstattungsverfahrens ist **Antragsteller** grundsätzlich der Vergütungsgläubiger. Der Antrag kann auch von einem **Dritten** (insbes. vom Vergütungsschuldner) gestellt werden. Voraussetzung hierfür ist, dass der Vergütungsgläubiger schriftlich eine entsprechende Vollmacht ausstellt und diese dem BZSt im Original vorgelegt wird.

Eine Bevollmächtigung des inländischen Vergütungsschuldners kann sich auch für das Erstattungsverfahren anbieten. Dies wird insbesondere der Fall sein, wenn im Rahmen einer **Außenprüfung** ein Nachforderungsbescheid erlassen wurde und die vertraglichen Grundlagen eine Nettovereinbarung vorsehen bzw. es nicht mehr möglich ist, einen Anspruch gegenüber dem Vergütungsgläubiger zivilrechtlich durchzusetzen. Auch für derartige Fälle sollte eine entsprechende Kooperationsvereinbarung in die vertraglichen Grundlagen aufgenommen werden.

Beispiel

Erstattung nachträglich abgeführter Abzugsteuern

Ein steuerlich im Ausland ansässiger Lizenzgeber überlässt einer deutschen GmbH – zeitlich befristet – gewerbliche Schutzrechte (z. B. Patente), die seitens der deutschen GmbH zur Erzielung von Einkünften im Inland verwertet werden. Die deutsche GmbH zahlt an den im Ausland ansässigen Lizenzgeber eine Gebühr i. H. v. 100.000 EUR. Ein Steuerabzug i. S. d. § 50a Abs. 1 Nr. 3 EStG ist fälschlicherweise unterblieben. Die vertraglichen Vereinbarungen zwischen dem Vergütungsgläubiger und der GmbH beinhalten hinsichtlich anfallender Abzugsteuern eine Nettovereinbarung.

Lösung

Das zuständige Finanzamt erlässt im Rahmen einer Außenprüfung bei der deutschen GmbH einen Nachforderungsbescheid gegen den Vergütungsschuldner, wobei es den ausgezahlten Betrag i. H. v. 100.000 EUR als »Nettobetrag« ansieht. Die Bemessungsgrundlage für die Berechnung der Abzugsteuer beträgt somit 118.800 EUR. Hieraus resultiert ein Steuerabzug i. H. v. 18.800 EUR (effektiver Steuersatz = 18,80 %).

Die Abzugsteuer wird durch den Vergütungsschuldner gezahlt. Aufgrund der vereinbarten Nettovereinbarung hat die deutsche GmbH keinen (zivilrechtlichen) Rückforderungsanspruch gegenüber dem Vergütungsgläubiger. Es verbleibt lediglich die Möglichkeit, in Kooperation mit dem Vergütungsgläubiger einen Erstattungsantrag zu stellen. Damit der Erstattungsbetrag dem Vergütungsgläubiger überwiesen werden kann, ist in »*Abschnitt VI*« des Antragsformulars die Bankverbindung des Vergütungsschuldners einzutragen. Gleichzeitig ist die Inkassovollmacht in »*Abschnitt VIII*« des Antragsformulars durch den Vergütungsgläubiger zu unterzeichnen.

Zu beachten ist, dass sich für den Vergütungsgläubiger eine dem Vergütungsschuldner erteilte Bevollmächtigung unter Umständen jedoch auch nachteilig auswirken kann. Dies ist etwa der Fall, wenn der Vergütungsgläubiger dem BZSt vertrauliche Unternehmensdaten und -informationen, wie z. B. Finanzdaten oder Kalkulationsgrundlagen, zur Verfügung stellt, und der Vergütungsschuldner als Verfahrensbeteiligter von diesen Kenntnis erlangt.

Analog zum Freistellungsverfahren sind nach den amtlich vorgeschriebenen Vordrucken von dem Antragsteller die folgenden Angaben zu machen:
- Gläubiger der Vergütung;
- Schuldner der Vergütung;
- Gegenstand des Vertrags (eine Kopie ist beizufügen);
- Angaben zum beantragten Gegenstand des Verfahrens (hier: Erstattung).

Weiterhin sind die Antragsformulare im Erstattungsverfahren um den zu erstattenden Steuerbetrag und um die Angabe einer **Bankverbindung** für die Überweisung des Erstattungsbetrags zu ergänzen (»*Abschnitt VI*« des Antragsformulars).

Der Erstattungsbetrag steht grundsätzlich dem Vergütungsgläubiger als Steuerschuldner zu. Eine Abtretung des Erstattungsbetrages z. B. an den Vergütungsschuldner ist möglich, wenn die entsprechende **Inkassovollmacht** in dem Antragsformular erteilt wird (»*Abschnitt VIII*« des Antragsformulars) oder eine Abtretungserklärung im Original vorgelegt wird.

Der Erstattungsantrag kann mit dem Antrag auf Erlass einer Freistellungsbescheinigung verbunden werden. In diesem Fall ist eine entsprechende Angabe in »*Abschnitt V*« des Antragsformulars vorzunehmen.

Analog zum Freistellungsverfahren ist auch im Erstattungsverfahren die Richtigkeit und Vollständigkeit der gemachten Angaben zu versichern. Das Antragsformular ist vor diesem Hintergrund vom Antragsteller bzw. seinem Bevollmächtigten zu **unterschreiben**.

Abschließend muss auch im Erstattungsverfahren auf dem einzureichenden Antragsformular (»*Abschnitt IX*«) von der zuständigen ausländischen Steuerbehörde der steuerliche (Wohn-)Sitz (d. h. die **Ansässigkeit**) des Vergütungsgläubigers bestätigt werden.

Ist der Gläubiger der Vergütung in den **USA** ansässig, erfolgt der Nachweis der Ansässigkeit auch im Erstattungsverfahren durch eine gesonderte Bescheinigung (**Form 6166**) der amerikanischen Steuerbehörde Internal Revenue Service (**IRS**). Darüber hinaus sind die »*Social Security Number*« (bei natürlichen Personen) bzw. die »*Employer Identification Number*« (bei juristischen Personen) in dem Antragsformular anzugeben.

> **PRAXISHINWEIS**
>
> **Ansässigkeitsbescheinigung ausländischer Finanzbehörden**
> Erfahrungsgemäß weigern sich vereinzelt ausländische Behörden, die Antragsformulare der deutschen Finanzverwaltung – wie vorgesehen – zu unterzeichnen und zu stempeln. In derartigen Fällen sollte den Anträgen auf Erlass einer Freistellungsbescheinigung eine separate Ansässigkeitsbescheinigung der ausländischen Finanzbehörde beigefügt werden. Weiterhin sollte erläutert werden, dass sämtliche von der Finanzverwaltung geforderten Angaben auch der separaten Ansässigkeitsbescheinigung entnommen werden können. Bei Bedarf ist eine Übersetzung der Ansässigkeitsbescheinigung beizufügen.

Die **Frist** zur Antragstellung beträgt gem. § 50d Abs. 1 Satz 9 EStG grundsätzlich vier Jahre nach Ablauf des Kalenderjahres, in dem die Vergütungen bezogen worden sind. Die Frist endet jedoch nicht vor Ablauf von sechs Monaten nach dem Zeitpunkt der Entrichtung der Steuer. Diese Regelung wird häufig in Anspruch genommen, wenn im Rahmen von Außenprüfungen Haftungsbescheide erlassen werden für die die reguläre Frist von vier Jahren bereits abgelaufen ist. Sieht ein anzuwendendes DBA eine kürzere Antragsfrist vor, so wird die abkommensrechtliche Regelung durch die nationale Vorschrift verdrängt.

Beispiel

Antragsfrist (in Anlehnung an BMF vom 07.05.2002, BStBl I 2002, 521):
Das Finanzamt stellt anlässlich einer Außenprüfung bei einem Vergütungsschuldner im Jahr 2017 fest, dass auf Vergütungen i. S. d. § 50a Abs. 1 EStG, die im Veranlagungszeitraum 2011 gezahlt worden sind, keine Abzugsteuer einbehalten wurde. Das Finanzamt erlässt daraufhin einen Nachforderungsbescheid gegen den Vergütungsschuldner. Die Abzugsteuer wird zum Fälligkeitszeitpunkt am 01.04.2017 durch den Vergütungsschuldner gezahlt.

Lösung

Der Vergütungsgläubiger kann die Erstattung der nachträglich abgeführten Abzugsteuern nach § 50d Abs. 1 Satz 9 bis spätestens zum 31.12.2015 beantragen. Gem. § 50d Abs. 1 Satz 10 EStG endet die Frist jedoch nicht vor Ablauf von sechs Monaten nach dem Zeitpunkt der Entrichtung der Steuer. Vorliegend ist ein Erstattungsantrag des Vergütungsgläubigers somit bis zum 01.10.2017 möglich.

> **WICHTIG**
>
> Die **Frist** für einen Antrag auf Erstattung einbehaltener und abgeführter Abzugsteuern beträgt grundsätzlich vier Jahre nach Ablauf des Kalenderjahres, in dem die Vergütungen bezogen worden sind (§ 50d Abs. 1 Satz 9 EStG). Die Frist endet jedoch nicht vor Ablauf von sechs Monaten nach dem Zeitpunkt der Entrichtung der Steuer (§ 50d Abs. 1 Satz 10 EStG).

> **PRAXISHINWEIS**
>
> **Ansässigkeitsbescheinigung ausländischer Finanzbehörden**
> Die Einholung der Ansässigkeitsbestätigung durch die ausländische Steuerbehörde auf dem Antragsformular nimmt regelmäßig einige Zeit in Anspruch. Bei zeitkritischen Anträgen besteht die Möglichkeit, den vom Vergütungsgläubiger unterzeichneten Antrag zunächst fristwahrend ohne die Ansässigkeitsbestätigung beim BZSt einzureichen und das Formular mit der Original-Ansässigkeitsbestätigung nachzureichen. Auch ohne Ansässigkeitsbestätigung sollte der Antrag wirksam gestellt sein.

Auch wenn das BZSt vorgibt, dass Anträge auf Erstattung vom Antragsteller bzw. seinem Bevollmächtigten eigenhändig zu unterschreiben sind, ist fraglich, ob eine fristgerechte Antragstellung tatsächlich die Übermittlung eines eigenhändig unterschriebenen Antragsformulars voraussetzt. Dies ist insbesondere dann von entscheidender Bedeutung, wenn ein Antrag auf Erstattung (z. B. durch den steuerlichen Berater) zunächst ohne Unterschrift vor Ablauf der Frist eingereicht wurde und in einem nächsten Schritt das unterschriebene Antragsformular nach Ablauf der Frist nachgereicht wurde.

In diesem Zusammenhang ist zu berücksichtigen, dass es sich bei einem Antrag auf Erstattung um eine Steuererklärung i. S. d. § 150 AO handelt. Nach § 150 Abs. 1 AO ist eine Steuererklärung – mit Ausnahmen – nach amtlich vorgeschriebenen Vordruck abzugeben. Darüber hinaus sieht § 150 Abs. 2 AO vor, dass schriftlich zu versichern ist, dass die Angaben in der Steuererklärung wahrheitsgemäß nach bestem Wissen und Gewissen gemacht wurden. Nach der hier vertretenen Auffassung dürfte diese Versicherung nicht als notwendiger Bestandteil der Steuererklärung anzusehen sein und sollte demnach auch gesondert abgegeben bzw. nach Ablauf der Erklärungsfrist nachgeholt werden können. Abschließend muss eine Steuererklärung nach § 150 Abs. 3 AO eigenhändig unterzeichnet werden, wenn die Steuergesetze dies anordnen. Da § 50d Abs. 1 EStG keine entsprechende Regelung vorsieht, sollte es ausreichen, wenn das ausgefüllte aber noch nicht unterschriebene Antragsformular fristwahrend dem BZSt übermittelt wird. Eine unterzeichnete Version wäre schnellstmöglich nachzureichen.

Dem Erstattungsantrag sind die **Steuerbescheinigungen** des Vergütungsschuldners im Original beizufügen. Das Muster einer Steuerbescheinigung ist auf der Homepage des BZSt unter »*Steuern International / Abzugsteuern gem. §§ 50, 50a EStG / Formulare, Merkblätter und Vorschriften*« abrufbar. Weitere Voraussetzung für die Erstattung deutscher Abzugsteuer ist, dass die entstandenen Steuerabzugsbeträge auch tatsächlich an das BZSt abgeführt wurden. Eine Bestätigung der Abführung sowie der Angaben in der Steuerbescheinigung durch das BZSt ist gesetzlich nicht vorgesehen und wird seit dem 01.03.2015 auch nicht mehr vorgenommen (vereinfachter Verfahrensablauf).

Für Vergütungen, die vor dem 01.01.2014 gezahlt wurden, ist jedoch weiterhin eine Bestätigung des Zahlungseingangs durch das (vormals) für die Steueranmeldung nach § 50a EStG zuständige Finanzamt erforderlich.

Beruht ein Erstattungsanspruch nicht auf den Bestimmungen eines Abkommens zur Vermeidung der Doppelbesteuerung bzw. nach Maßgabe von § 50g EStG (z. B. bei Einbehalt der Abzugsteuer trotz vorhandener Freistellungsbescheinigung in dem Zeitpunkt, in dem die Vergütung dem Gläubiger zufließt; doppelte Abführung der Abzugsteuer; Fehler bei der Berechnung der Abzugsteuer und somit Übermittlung einer nicht korrekten Steueranmeldung), ist ein Antrag auf Erstattung nicht möglich. Vielmehr ist eine **Korrektur der Steueranmeldung** nach § 168 AO i. V. m. § 164 Abs. 2 AO vorzunehmen und die zu Unrecht einbehaltenen und abgeführten Beträge bei dem zuständigen BZSt entsprechend § 37 Abs. 2 Satz 1 AO zurückzufordern.

> **Rückforderung ohne rechtlichen Grund gezahlter Steuern (§ 37 Abs. 2 Satz 1 AO)**
> Ist eine Steuer, eine Steuervergütung, ein Haftungsbetrag oder eine steuerliche Nebenleistung ohne rechtlichen Grund gezahlt oder zurückgezahlt worden, so hat derjenige, auf dessen Rechnung die Zahlung bewirkt worden ist, an den Leistungsempfänger einen Anspruch auf Erstattung des gezahlten oder zurückgezahlten Betrags.

3.3.2 Entscheidung über den Erstattungsantrag

Das BZSt entscheidet über das Bestehen oder Nichtbestehen eines Erstattungsanspruchs durch Erlass eines **Freistellungsbescheids** (§ 50d Abs. 1 Satz 3 EStG) oder durch **Ablehnungsbescheid**. Gegen diese Bescheide können innerhalb eines Monats nach deren Zugang Einspruch eingelegt werden (§§ 122, 347 AO). Der Erstattungsbetrag ist dem Abrechnungsteil des Freistellungsbescheids zu entnehmen (§ 50d Abs. 1 Satz 3 EStG). Der Erstattungsbetrag wird nach Bekanntgabe des Freistellungsbescheids an den Vergütungsgläubiger oder an den von diesem Inkassobevollmächtigten ausgezahlt.

Der Erstattungsbetrag unterliegt nur dann der **Verzinsung** i. H. v. 0,5 % pro Monat, wenn der Erstattungsanspruch auf § 50g EStG basiert (§ 50d Abs. 1a Satz 1 und 6 EStG). Der Zinslauf beginnt zwölf Monate nach Ablauf des Monats, in dem der Antrag auf Erstattung und alle für die Entscheidung erforderlichen Nachweise vorliegen, frühestens am Tag der Entrichtung der Steuer durch den Schuldner der Vergütungen (§ 50d Abs. 1a Satz 2 und 3 EStG).

3.3.3 Erstattung in besonderen Fällen

Liegt im Zeitpunkt der Zahlung der Vergütung keine Freistellungsbescheinigung vor, so ist die Abzugsteuer nach § 50a EStG ungeachtet einer möglichen Entlastungsberechtigung des Vergütungsgläubigers in voller Höhe einzubehalten und an das BZSt abzuführen (§ 50d Abs. 1 Satz 1 EStG). In Fällen, in denen im Zeitraum zwischen Einreichung des Antrags auf Erteilung einer Freistellungsbescheinigung und der tatsächlichen Erteilung einer Freistellungsbescheinigung Vergütungen geflossen sind, für die der Steuerabzug vorgenommen und die Abzugsteuer tatsächlich abgeführt worden ist, besteht im Hinblick auf die Erstattung der Steuerabzugsbeträge ein Wahlrecht:

- der Vergütungsschuldner kann die Anmeldung über den Steuerabzug berichtigen (§ 164 Abs. 2 AO) oder
- der Gläubiger der Vergütung kann einen Antrag auf Erstattung stellen (§ 50d Abs. 1 Satz 2 ff. EStG.

Beispiel

Abführung der Abzugsteuer im Zeitraum zwischen Antragstellung und der Erteilung einer Freistellungsbescheinigung

Ein steuerlich im Ausland ansässiger Lizenzgeber überlässt einer deutschen GmbH – zeitlich befristet – gewerbliche Schutzrechte (z. B. Patente), die seitens der deutschen GmbH zur Erzielung von Einkünften im Inland verwertet werden. Am 20.01.2017 stellt der Lizenzgeber einen Antrag auf Erlass einer Freistellungsbescheinigung (§ 50d Abs. 2 EStG). Am 20.02.2017 zahlt die deutsche GmbH an den Lizenzgeber eine Gebühr i. H. v. 100.000 EUR unter Einbehalt deutscher Abzugsteuer inkl. Solidaritätszuschlag von insgesamt 15.825 EUR (Auszahlungsbetrag = 84.175 EUR). Die Anmeldung und Abführung der einbehaltenen Abzugsteuern erfolgt am 10.04.2017. Mit Schreiben vom 20.04.2017 erlässt das BZSt eine Freistellungsbescheinigung mit dem Gültigkeitszeitraum 20.01.2017 bis 19.01.2020.

Lösung

Die Freistellungsbescheinigung wurde vor der Lizenzzahlung am 20.02.2017 beantragt und am 20.04.2017 erteilt. In Bezug auf die am 10.04.2017 angemeldete und abgeführte Abzugsteuer i. H. v. 15.825 EUR besteht ein Wahlrecht:
Der Vergütungsschuldner kann die Anmeldung über den Steuerabzug berichtigen (§ 164 Abs. 2 AO). In diesem Fall wird die abgeführte Steuer dem Vergütungsschuldner überwiesen. Dieser hätte somit den »Erstattungsbetrag« an den Vergütungsgläubiger weiterzuleiten.
Alternativ kann der Gläubiger der Vergütung einen Antrag auf Erstattung nach § 50d Abs. 1 Satz 2 ff. EStG stellen. In diesem Fall wird der Betrag direkt dem Vergütungsgläubiger erstattet. Der Erstattungsantrag setzt u. a. voraus, dass der Vergütungsschuldner dem Gläubiger der Vergütung die Original-Steuerbescheinigung übermittelt.

Sind im Zeitraum zwischen Einreichung des Antrags auf Erteilung einer Freistellungsbescheinigung und der tatsächlichen Erteilung einer Freistellungsbescheinigung Vergütungen geflossen, für die der Steuerabzug vorgenommen worden ist, aber noch keine Abführung an das BZSt erfolgte, kann der einbehaltene Betrag nachträglich an den Vergütungsgläubiger ausgezahlt werden.

Beispiel

Abführung der Abzugsteuer im Zeitraum zwischen Antragstellung und der Erteilung einer Freistellungsbescheinigung (Abwandlung)

Ein steuerlich im Ausland ansässiger Lizenzgeber überlässt einer deutschen GmbH – zeitlich befristet – gewerbliche Schutzrechte (z. B. Patente), die seitens der deutschen GmbH zur Erzielung von Einkünften im Inland verwertet werden. Am 20.01.2017 stellt der Lizenzgeber einen Antrag auf Erlass einer Freistellungsbescheinigung (§ 50d Abs. 2 EStG). Am 20.02.2017 zahlt die deutsche GmbH an den Lizenzgeber eine Gebühr i. H. v. 100.000 EUR unter Einbehalt deutscher Abzugsteuer inkl. Solidaritätszuschlag von insgesamt 15.825 EUR (Auszahlungsbetrag = 84.175 EUR). Mit Schreiben vom **20.04.2017** erlässt das BZSt eine Freistellungsbescheinigung mit dem Gültigkeitszeitraum 20.01.2017 bis 19.01.2020.

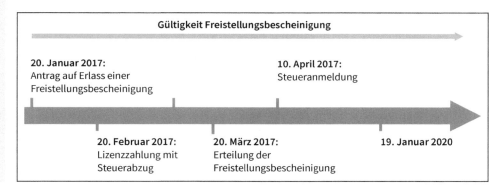

Lösung

Die Freistellungsbescheinigung wurde vor der Lizenzzahlung am 20.02.2017 beantragt und am 20.03.2017 – und damit vor Anmeldung und Abführung am 10.04.2017 – erteilt. Die einbehaltene Abzugsteuer von 15.825 EUR ist nicht bis zum 10.04.2017 an das BZSt abzuführen. Vielmehr kann dieser Betrag an den Vergütungsgläubiger ausgezahlt werden.
Trotz der vorhandenen Freistellungsbescheinigung ist bis zum 10.04.2017 eine Steueranmeldung (§ 50a Abs. 5 Satz 3 EStG, § 73e Satz 2 EStDV) elektronisch an das BZSt zu übermitteln.

Wurde eine Freistellungsbescheinigung erteilt, kann die angemeldete und abgeführte Steuer auf Vergütungen, die **vor** der Gültigkeit der Freistellungsbescheinigung gezahlt wurden, innerhalb von zwölf Monaten nach Erteilung der Freistellungsbescheinigung in einem formlosen Schreiben beim BZSt beantragt werden (sog. **vereinfachter Erstattungsantrag**).

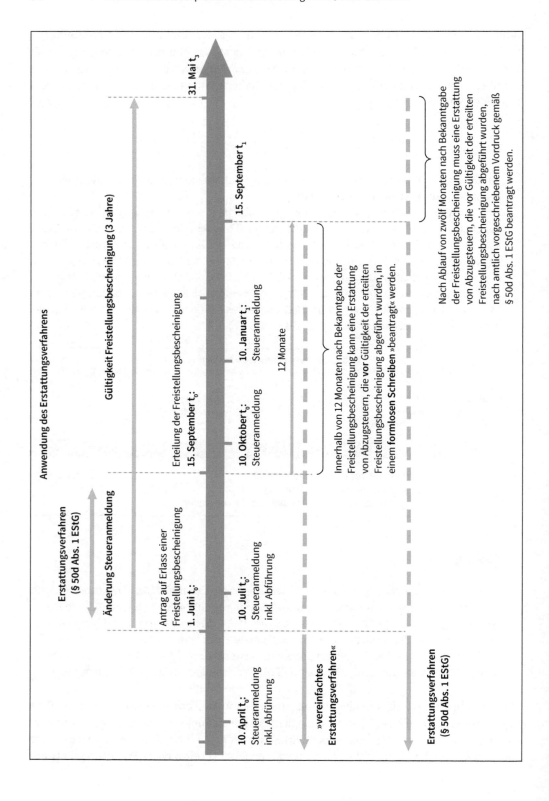

Nach Ablauf der zwölf Monate ist ein »regulärer« Erstattungsantrag nach amtlich vorgeschriebenem Vordruck erforderlich.

Die verschiedenen Konstellationen zur Anwendung des Erstattungsverfahrens können der Übersicht entnommen werden.

3.4 Das Kontrollmeldeverfahren (§ 50d Abs. 5 EStG)

Das Kontrollmeldeverfahren (**KMV**) ist ein **vereinfachtes Verfahren** bei dem der Vergütungsschuldner auf Antrag nach amtlichem Muster vom BZSt dazu ermächtigt wird, den Steuerabzug in Fällen von geringer steuerlicher Bedeutung von sich aus zu unterlassen oder zu reduzieren. Das KMV ist seit dem 01.01.2009 **ausschließlich bei Vergütungen aus Lizenzen** i. S. d. § 50a Abs. 1 Nr. 3 EStG zulässig (zur Anwendung bei Kapitalerträgen i. S. d. § 43 Abs. 1 Satz 1 Nr. 1 EStG siehe Kap. VII.4.4.4).

Eine geringe steuerliche Bedeutung liegt vor, wenn die beschränkte Steuerpflicht nach § 49 EStG gegeben ist, aufgrund des im Einzelfall anwendbaren DBA aber eindeutig dem Wohnsitzstaat das Besteuerungsrecht zusteht und somit die Vergütungen im Inland nicht oder zu einem ermäßigten Steuersatz besteuert werden können.

Die Vereinfachung gegenüber dem formellen Freistellungsverfahren nach § 50d Abs. 2 EStG besteht darin, dass der sonst erforderliche Antrag des ausländischen Vergütungsgläubigers auf Freistellung und damit die Bestätigung seiner ausländischen Steuerbehörde über die Berechtigung zur Inanspruchnahme der Steuerentlastung nach dem Abkommen (§ 50d Abs. 4 EStG) entfällt. Der zur Teilnahme am KMV Ermächtigte hat jedoch bei jeder einzelnen Vergütung anhand des einschlägigen DBA zu prüfen, ob er den Steuerabzug nach § 50a Abs. 1 Nr. 3 EStG ganz oder teilweise unterlassen darf. Eine Übersicht über das Besteuerungsrecht Deutschlands bei Lizenzvergütungen (sog. Reststeuersatzliste) ist auf der Homepage des BZSt zu finden. Die Haftung nach § 50a Abs. 5 EStG bleibt trotz Ermächtigung zum KMV unberührt.

Die Ermächtigung zur Teilnahme am KMV erfolgt durch das BZSt mit **Ermächtigungsbescheid** nach § 50d Abs. 5 EStG und zwar im Allgemeinen **unbefristet**, jedoch unter dem Vorbehalt des jederzeitigen Widerrufs. Die Ermächtigung kann rückwirkend auf den Jahresbeginn erteilt werden, in dem die Teilnahme am KMV beantragt wurde. Die rückwirkende Ermächtigung wirkt sich jedoch nur in Fällen aus, in denen die Abzugsteuer nicht bereits angemeldet und angeführt ist.

Das KMV findet Anwendung bei Vergütungsgläubigern, bei denen die Einzelzahlung den Bruttobetrag von **5.500 EUR (leistungsbezogen)** und die während eines Kalenderjahres geleisteten gesamten Zahlungen den Bruttobetrag von **40.000 EUR (personenbezogen)** nicht übersteigen. Unter Einzelzahlung ist nicht eine einzelne Zahlung, sondern die Summe aller Zahlungen für dieselbe Leistung zu verstehen inklusive Vorschüsse, Abschlags- und Abschlusszahlungen sowie Kostenerstattungen. Wird für eine Leistung in Raten abgerechnet, so sind alle diesbezüglichen Ratenzahlungen zusammenzurechnen. Wird hierbei die Grenze von 5.500 EUR überschritten, ist in diesem Zeitpunkt eine formelle Freistellungsbescheinigung zu beantragen. Wird die Höchstgrenze von 40.000 EUR in einem Jahr überschritten und kann der Vergütungsgläubiger keine Freistellungsbescheinigung vorlegen, so hat der Schuldner von der die Jahreshöchstgrenze überschreitenden Vergütung die gesetzliche Steuer einzubehalten und abzuführen. Ist bereits bei Vertragsabschluss mit hoher Wahrscheinlichkeit anzunehmen, dass die Grenze (wenn auch erst im nächsten Jahr) überschritten wird, ist von vornherein eine formelle Freistellungsbescheinigung erforderlich.

Alle unter Anwendung des KMV geleisteten Zahlungen sind dem BZSt jährlich bis zum 30.04. für das vorherige Kalenderjahr zu melden (Jahreskontrollmeldung). Die **Jahreskontrollmeldung** hat die folgenden Informationen zu enthalten:

- Name, Vorname sowie Wohnort oder Geschäftsleitung des Vergütungsschuldners
- Name, Vorname, Staat sowie Wohnort oder Geschäftsleitung des Vergütungsschuldners
- Bei Zahlungsempfänger mit Wohnsitz in den USA ist zusätzlich die Angabe der Social Security Number, Employer‹s Identification Number oder Tax Payer Identification Number
- Bruttobetrag der Lizenzvergütung
- Von den Vergütungen einbehaltener Steuerbetrag

Das BZSt informiert die ausländischen Steuerbehörden über die Zahlungen, damit die Abkommensberechtigung der Vergütungsgläubiger überprüft werden kann. Der Vergütungsschuldner hat den Vergütungsgläubiger spätestens bei Zahlung der Vergütung über die Anwendung des Kontrollmeldeverfahrens und diese Überprüfung seitens der Finanzbehörden zu informieren.

Auch bei Teilnahme am Kontrollmeldeverfahren bleiben bestehende Anmeldeverpflichtungen (insbes. § 50a Abs. 5 Satz 3 EStG, § 73e Satz 2 EStDV) unberührt. Wird keine Abzugsteuer einbehalten, ist dem BZSt eine Nullmeldung zu übermitteln

> **WICHTIG**
>
> Nimmt ein Vergütungsschuldner am Kontrollmeldeverfahren teil, ist er verpflichtet, für jeden einzelnen Vergütungsgläubiger nach Ablauf eines Kalenderjahres spätestens **bis zum 30.04. des Folgejahres** beim BZSt eine Jahreskontrollmeldung einzureichen. Weiterhin bleiben bestehende Anmeldeverpflichtungen (insbes. § 50a Abs. 5 Satz 3 EStG, § 73e Satz 2 EStDV) unberührt. Wird keine Abzugsteuer einbehalten, ist dem BZSt eine Nullmeldung zu übermitteln.

Die Teilnahme am Kontrollmeldeverfahren und die dafür erteilte Ermächtigung lassen die Haftung des Vergütungsschuldners nach § 50a Abs. 5 EStG unberührt. Wird bei Anwendung des Kontrollmeldeverfahrens eine Steuer nicht oder nicht in der korrekten Höhe einbehalten oder abgeführt, haftet gem. § 50a Abs. 5 Satz 4 EStG weiterhin der Vergütungsschuldner. Von einer Haftungsinanspruchnahme des Vergütungsschuldners wird regelmäßig abgesehen, wenn dieser von dem Gläubiger der Vergütung hinsichtlich seiner Person oder seines Wohnsitzes getäuscht wurde und der Vergütungsschuldner dies nicht hätte erkennen müssen.

Das Antragsformular auf Teilnahme am Kontrollmeldeverfahren sowie ein Muster der Jahreskontrollmeldung über Lizenzgebührender ist auf der Homepage des BZSt (www.bzst.de) unter »*Steuern International / Abzugsteuerentlastung / Kontrollmeldeverfahren / Formulare*« zu finden.

4 Entlastungsberechtigung ausländischer Gesellschaften

4.1 Überblick

---

§ 50d EStG Besonderheiten im Fall von Doppelbesteuerungsabkommen und der §§ 43b und 50g EStG

(...)

(3) ¹Eine ausländische Gesellschaft hat keinen Anspruch auf völlige oder teilweise Entlastung nach Absatz 1 oder Absatz 2, soweit Personen an ihr beteiligt sind, denen die Erstattung oder Freistellung nicht zustände, wenn sie die Einkünfte unmittelbar erzielten, und die von der ausländischen Gesellschaft im betreffenden Wirtschaftsjahr erzielten Bruttoerträge nicht aus eigener Wirtschaftstätigkeit stammen, sowie
1. in Bezug auf diese Erträge für die Einschaltung der ausländischen Gesellschaft wirtschaftliche oder sonst beachtliche Gründe fehlen oder
2. die ausländische Gesellschaft nicht mit einem für ihren Geschäftszweck angemessen eingerichteten Geschäftsbetrieb am allgemeinen wirtschaftlichen Verkehr teilnimmt.

²Maßgebend sind ausschließlich die Verhältnisse der ausländischen Gesellschaft; organisatorische, wirtschaftliche oder sonst beachtliche Merkmale der Unternehmen, die der ausländischen Gesellschaft nahe stehen (§ 1 Absatz 2 des Außensteuergesetzes) bleiben außer Betracht. ³An einer eigenen Wirtschaftstätigkeit fehlt es, soweit die ausländische Gesellschaft ihre Bruttoerträge aus der Verwaltung von Wirtschaftsgütern erzielt oder ihre wesentlichen Geschäftstätigkeiten auf Dritte überträgt. ⁴Die Feststellungslast für das Vorliegen wirtschaftlicher oder sonst beachtlicher Gründe im Sinne von Satz 1 Nummer 1 sowie des Geschäftsbetriebs im Sinne von Satz 1 Nummer 2 obliegt der ausländischen Gesellschaft. ⁵Die Sätze 1 bis 3 sind nicht anzuwenden, wenn mit der Hauptgattung der Aktien der ausländischen Gesellschaft ein wesentlicher und regelmäßiger Handel an einer anerkannten Börse stattfindet oder für die ausländische Gesellschaft die Vorschriften des Investmentsteuergesetzes gelten.

(...)

Voraussetzung für die Entlastung vom deutschen Steuerabzug nach Maßgabe der Bestimmungen eines DBA (insbes. Art. 12 Abs. 1 OECD-MA) oder nach § 50g EStG im Freistellungs- bzw. Erstattungsverfahren ist die sog. **Entlastungsberechtigung der ausländischen Gesellschaft**.

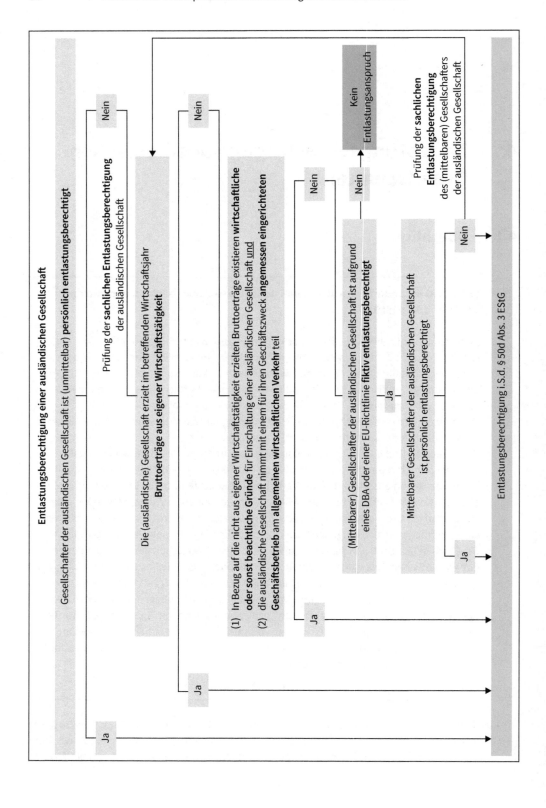

Nach § 50d Abs. 3 Satz 1 EStG hat eine ausländische Gesellschaft – positiv formuliert – Anspruch auf Befreiung, Ermäßigung oder Erstattung (**Entlastung**) vom deutschen Steuerabzug, soweit
- den Gesellschaftern der ausländischen Gesellschaft die Steuerentlastung selbst zustände, wenn sie die Einkünfte unmittelbar erzielten (sog. **persönliche Entlastungsberechtigung**) **oder**
- die ausländische Gesellschaft die Funktionsvoraussetzungen i. S. d. § 50d Abs. 3 Satz 1 EStG erfüllt (sog. **sachliche Entlastungsberechtigung**).

Eine ausländische Gesellschaft ist sachlich entlastungsberechtigt, **soweit**
- sie im betreffenden Wirtschaftsjahr Bruttoerträge aus eigener Wirtschaftstätigkeit erzielt oder
- in Bezug auf die nicht aus eigener Wirtschaftstätigkeit erzielten Bruttoerträge wirtschaftliche oder sonst beachtliche Gründe für die Einschaltung der ausländischen Gesellschaft vorhanden sind (§ 50d Abs. 3 Satz 1 Nr. 1 EStG).

Sind in Bezug auf die nicht aus eigener Wirtschaftstätigkeit erzielten Bruttoerträge für die Einschaltung der ausländischen Gesellschaft wirtschaftliche oder sonst beachtliche Gründe vorhanden, muss darüber hinaus nachgewiesen werden, dass die ausländische Gesellschaft mit einem für ihren Geschäftszweck **angemessen eingerichteten Geschäftsbetrieb** am **allgemeinen wirtschaftlichen Verkehr** teilnimmt (§ 50d Abs. 3 Satz 1 Nr. 2 EStG).

Durch die Vorschrift soll verhindert werden, dass im Ausland ansässige (natürliche oder juristische) Personen durch die »künstliche« **Zwischenschaltung »substanz- bzw. funktionsloser« Gesellschaften** eine Entlastung vom deutschen Steuerabzug erreichen, die ihnen auf Basis abkommensrechtlicher Vorschriften oder auf Basis der Zins- und Lizenzgebührenrichtlinie nicht zustünde, wenn sie die Vergütungen direkt beziehen würden (sog. »Treaty Shopping« bzw. »Directive Shopping«). Der Anwendungsbereich des § 50d Abs. 3 EStG soll demnach insbes. die folgenden (abstrakten) Gestaltungen erfassen (*Frotscher/Geurts*, § 50d EStG, Tz. 65a; *Luckey*, § 50d Abs. 3 EStG, Tz. 95):
- Bei dem originären Vergütungsgläubiger handelt es sich um eine **natürliche Person**, eine (vollständige) Entlastungsberechtigung steht aber nur Körperschaften zu. Durch die Zwischenschaltung einer Körperschaft kann eine (vollständige) Entlastung vom Steuerabzug erreicht werden;
- Bei dem originären Vergütungsgläubiger handelt es sich um eine natürliche oder juristische Person, die steuerlich in einem Staat ansässig ist, mit dem die Bundesrepublik Deutschland **kein DBA** abgeschlossen hat. Durch die Zwischenschaltung einer Körperschaft, die in einem DBA-Staat ansässig ist, kann eine Entlastung vom Steuerabzug erreicht werden;
- Bei dem originären Vergütungsgläubiger handelt es sich um eine natürliche oder juristische Person, die steuerlich in einem Staat ansässig ist, mit dem die Bundesrepublik Deutschland zwar ein DBA abgeschlossen hat, dieses DBA aber **keine oder nur eine geringere Entlastung** vom deutschen Steuerabzug vorsieht, als die, welche einer (zwischengeschalteten) ausländischen Gesellschaft abkommensrechtlich oder nach Maßgabe des § 50g EStG zustünde. Auch hier kann durch die Zwischenschaltung einer ausländischen Gesellschaft eine (höhere) Entlastung vom Steuerabzug erreicht werden.

> **WICHTIG**
>
> Der Zweck des § 50d Abs. 3 EStG besteht darin, die »künstliche« und damit missbräuchliche Entlastung vom deutschen Steuerabzug auf Basis abkommensrechtlicher Vorschriften (»Treaty Shopping«) oder der Zins- und Lizenzgebührenrichtlinie (»Directive Shopping«) zu verhindern.

§ 50d Abs. 3 EStG findet ebenfalls Anwendung bei einer möglichen Entlastung vom Steuerabzug vom Kapitalertrag (»**Kapitalertragsteuer**«) bei inländischen Einkünften aus Kapitalvermögen (insbes. § 49 Abs. 1 Nr. 5 Buchst. a EStG). Einzelheiten hierzu sind dem Kap. VII. zu entnehmen.

Vom Anwendungsbereich des § 50d Abs. 3 Satz 1 EStG sind ausländische Gesellschaften ausgenommen, für deren Hauptgattung der Aktien ein wesentlicher und regelmäßiger Handel an einer anerkannten Börse stattfindet (**Börsenklausel**) oder für die ausländische Gesellschaft die Vorschriften des Investmentsteuergesetzes gelten (§ 50d Abs. 3 Satz 5 EStG).

Besonderheiten, die im Zusammenhang mit der Entlastungsberechtigung ausländischer Gesellschaften bei Anträgen auf Erstattung bereits einbehaltener und abgeführter Abzugsteuer i. S. d. § 50a EStG bzw. bei Anträgen auf Freistellung vom deutschen Steuerabzug zu berücksichtigen sind, können den nachfolgenden Kapiteln entnommen werden.

4.2 Persönliche Entlastungsberechtigung

4.2.1 Gesellschafterbezogene Prüfung

Eine ausländische Gesellschaft, die nach Maßgabe der Bestimmungen eines DBA (insbes. Art. 12 Abs. 1 OECD-MA) oder nach § 50g EStG Anspruch auf Befreiung, Ermäßigung oder Erstattung vom deutschen Steuerabzug hat, ist gem. § 50d Abs. 3 Satz 1 EStG persönlich entlastungsberechtigt, soweit den an der ausländischen Gesellschaft beteiligten **natürlichen Personen** die Steuerentlastung selbst zustünde, wenn sie die Einkünfte unmittelbar erzielten (**Prüfung der mittelbaren Entlastungsberechtigung des Gesellschafters**) (BMF vom 24.01.2012, BStBl I 2012, 171, Rz. 4.1).

> **Beispiel**
>
> Eine steuerlich in den USA ansässige natürliche Person hält unmittelbar sämtliche Gesellschaftsanteile an der in Großbritannien ansässigen IP Limited, die einer deutschen Gesellschaft mit beschränkter Haftung (GmbH) entsprechen soll. Die IP Limited überlässt einer deutschen GmbH (= fremder Dritter aus Sicht der IP Limited) – zeitlich befristet – selbstentwickelte gewerbliche Schutzrechte (z. B. Patente), die seitens der deutschen GmbH zur Erzielung von Einkünften im Inland verwertet werden.

Lösung

Ertragsteuerrechtliche Würdigung
Die IP Limited ist gem. § 2 Nr. 1 KStG i. V. m. § 49 Abs. 1 Nr. 2 Buchst. f Doppelbuchst. aa EStG in Deutschland beschränkt steuerpflichtig. Die Körperschaftsteuer wird gem. § 50a Abs. 1 Nr. 3 EStG im Wege des Steuerabzugs (15 % zzgl. 5,5 % SolZ darauf) erhoben.

Abkommensrechtliche Würdigung
Der **persönliche** und **sachliche Anwendungsbereich** des DBA zwischen der Bundesrepublik Deutschland und dem Vereinigten Königreich Großbritannien und Nordirland (**DBA Großbritannien**) sind eröffnet (Art. 1 und 2 Abs. 3 Buchst. a DBA Großbritannien).
Nach Art. 12 Abs. 1 DBA Großbritannien können **Lizenzgebühren** ausschließlich in Großbritannien besteuert werden. Die IP Limited hat abkommensrechtlich einen Anspruch auf vollständige Entlastung von deutscher Abzugsteuer.

Würdigung § 50d Abs. 3 EStG
Würde die steuerlich in den USA ansässige natürliche Person die Lizenzgebühren unmittelbar erzielen, stünde ihr gem. Art. 12 Abs. 1 des DBA zwischen der Bundesrepublik Deutschland und den Vereinigten Staaten von Amerika ebenfalls eine Steuerentlastung in voller Höhe (d. h. Reduktion des Quellensteuersatzes auf 0 %) zu. Die ausländische Gesellschaft (hier: IP Limited) ist demnach persönlich entlastungsberechtigt i. S. d. § 50d Abs. 3 EStG.

Die Entlastungsberechtigung ist entsprechend dem Gesetzeswortlaut (»soweit«) für jeden Gesellschafter gesondert zu prüfen. Nach Auffassung der Finanzverwaltung sind Gesellschafter mit Wohnsitz, Sitz oder Geschäftsleitung im Inland (sog. **Mäander-Struktur**) nicht persönlich entlastungsberechtigt (BMF vom 24.01.2012, BStBl I 2012, 171, Rz. 4.1).

> **PRAXISHINWEIS**
>
> Mit Beschluss vom 17.05.2017 (2 K 773/16) hat das FG Köln erhebliche Zweifel geäußert, ob § 50d Abs. 3 EStG in der aktuell geltenden Fassung mit der Niederlassungsfreiheit und der Mutter-Tochter-Richtlinie vereinbar ist. Es hat dem EuGH entsprechende Fragen (auch in Bezug auf Mäander-Strukturen) zur Entscheidung vorgelegt (C-440/17). Mit Beschluss des EUGH vom 14.06.2018 ist nunmehr klargestellt, dass § 50d Abs. 3 EStG sowohl gegen die Mutter-Tochterrichtlinie als auch gegen die Niederlassungsfreiheit verstößt.

4.2.2 Mittelbare persönliche Entlastungsberechtigung

Handelt es sich bei dem Gesellschafter der ausländischen Gesellschaft nicht um eine natürliche Person, sondern um eine Gesellschaft, ist zu prüfen, ob diese nach Maßgabe der Bestimmungen eines DBA oder nach § 50g EStG grundsätzlich hypothetisch (persönlich) entlastungsberechtigt wäre. Soweit die mittelbar beteiligte Gesellschaft diese Voraussetzung erfüllt, jedoch nicht auch sachlich entlastungsberechtigt ist (s. hierzu nachfolgend

Kap. I.4.3), ist wiederum darauf abzustellen, ob deren Gesellschafter hypothetisch (persönlich) entlastungsberechtigt wäre (**fiktiver Entlastungsanspruch**) (BMF vom 24.01.2011, BStBl I 2012, 171 Rz. 4.2).

Im Hinblick auf die Prüfung der mittelbaren persönlichen Entlastungsberechtigung muss jede Gesellschaft in einer Beteiligungskette fiktiv (persönlich) entlastungsberechtigt sein (BMF vom 24.01.2012, BStBl I 2012, 171, Rz. 4.2). Eine Entlastung vom Steuerabzug ist somit zu gewähren, soweit jede (unmittelbar oder mittelbare) beteiligte Gesellschaft in der Beteiligungskette jeweils fiktiv (persönlich) entlastungsberechtigt ist und letztendlich die Gesellschafter der Obergesellschaft persönlich entlastungsberechtig sind. Alternativ ist eine Entlastung vom Steuerabzug zu gewähren, soweit die ausländische Gesellschaft selbst oder ein unmittelbarer oder mittelbarer Gesellschafter sowohl persönlich als auch sachlich entlastungsberechtigt ist (siehe hierzu nachfolgend Kap. I.4.3).

Beispiel

Eine steuerlich in den USA ansässige natürliche Person hält unmittelbar sämtliche Gesellschaftsanteile an der in Frankreich ansässigen Holding S.à r.l., einer Kapitalgesellschaft französischen Rechts. Die Holding S.à r.l. hält wiederum sämtliche Gesellschaftsanteile an der in Großbritannien ansässigen IP Limited. Die IP Limited überlässt einer deutschen GmbH (= fremder Dritter aus Sicht der IP Limited) – zeitlich befristet – selbstentwickelte gewerbliche Schutzrechte (z. B. Patente), die seitens der deutschen GmbH zur Erzielung von Einkünften im Inland verwertet werden.

Lösung

Der **persönliche** und **sachliche Anwendungsbereich** des DBA zwischen der Bundesrepublik Deutschland und dem Vereinigten Königreich Großbritannien und Nordirland (**DBA Großbritannien**) sind eröffnet, (Art. 1 und 2 Abs. 3 Buchst. a DBA Großbritannien).
Nach Art. 12 Abs. 1 DBA Großbritannien können **Lizenzgebühren** ausschließlich in Großbritannien besteuert werden. Die IP Limited hat abkommensrechtlich einen Anspruch auf vollständige Entlastung von deutscher Abzugsteuer.
Da es sich bei der Holding S.à r.l. als Gesellschafter der ausländischen Gesellschaft nicht um eine natürliche Person, sondern um eine Gesellschaft handelt, ist vor dem Hintergrund der persönlichen Entlastungsberechtigung i. S. d. § 50d Abs. 3 Satz 1 EStG zu prüfen, ob diese nach Maßgabe der Bestimmungen eines DBA grundsätzlich hypothetisch (persönlich) entlastungsberechtigt wäre.
Würde die steuerlich in Frankreich ansässige Holding S.à r.l. die Lizenzgebühren unmittelbar erzielen, stünde ihr gem. Art. 15 Abs. 1 des DBA zwischen der Bundesrepublik Deutschland und der Französischen Republik ebenfalls eine vollständige Entlastung vom Steuerabzug zu.
Sämtliche Gesellschaftsanteile an der Holding S.à r.l. werden von einer steuerlich in den USA ansässige natürliche Person gehalten. Würde diese die Lizenzgebühren unmittelbar erzielen, stünde ihr gem. Art. 12 Abs. 1 des DBA zwischen der Bundesrepublik Deutschland und den

Vereinigten Staaten von Amerika ebenfalls eine vollständige Steuerentlastung vom deutschen Steuerabzug zu. Die ausländische Gesellschaft (hier: IP Limited) ist demnach persönlich entlastungsberechtigt i. S. d. § 50d Abs. 3 EStG.

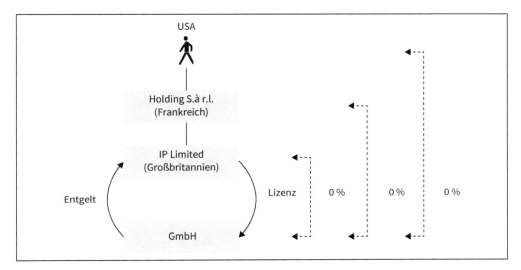

Bei der Prüfung der mittelbaren persönlichen Entlastungsberechtigung kommt es nicht darauf an, ob Gesellschaften in der Beteiligungskette im gleichen Umfang entlastungsberechtigt sind. Allerdings begrenzen die fiktiven Entlastungsansprüche der in der Beteiligungskette voranstehenden Gesellschafter die Höhe des Entlastungsanspruchs nachfolgender Gesellschafter (BMF vom 24.01.2012, BStBl I 2012, 171, Rz. 4.2).

Beispiel (Abwandlung)

Eine steuerlich in den USA ansässige natürliche Person hält unmittelbar sämtliche Gesellschaftsanteile an der in **Luxemburg** ansässigen Holding S.à r.l. (»Société à responsabilité limitée«), einer Kapitalgesellschaft luxemburgischen Rechts. Die Holding S.à r.l. hält wiederum sämtliche Gesellschaftsanteile an der in Großbritannien ansässigen IP Limited. Die IP Limited überlässt einer deutschen GmbH (= fremder Dritter aus Sicht der IP Limited) – zeitlich befristet – gewerbliche Schutzrechte (z. B. Patente), die seitens der deutschen GmbH zur Erzielung von Einkünften im Inland verwertet werden.

Lösung

Nach Art. 12 Abs. 1 DBA Großbritannien können **Lizenzgebühren** ausschließlich in Großbritannien besteuert werden. Die IP Limited hat abkommensrechtlich einen Anspruch auf vollständige Entlastung von deutscher Abzugsteuer.

Da es sich bei der in **Luxemburg** ansässigen Holding S.à r.l. als Gesellschafter der ausländischen Gesellschaft nicht um eine natürliche Person, sondern um eine Gesellschaft handelt, ist vor dem Hintergrund der persönlichen Entlastungsberechtigung i. S. d. § 50d Abs. 3 Satz 1 EStG zu prüfen, ob diese nach Maßgabe der Bestimmungen eines DBA grundsätzlich hypothetisch (persönlich) entlastungsberechtigt wäre.

Würde die steuerlich in Luxemburg ansässige Holding S.à r.l. die Lizenzgebühren unmittelbar erzielen, stünde ihr gem. Art. 12 Abs. 2 des DBA zwischen der Bundesrepublik Deutschland und dem Großherzogtum Luxemburg eine **teilweise** Entlastung vom Steuerabzug zu (hier: Reduktion des Quellensteuersatzes auf 5 %).

Auch wenn der steuerlich in den USA ansässige natürliche Person einen Anspruch auf vollständige Entlastung vom deutschen Steuerabzug zustünde, hat die ausländische Gesellschaft (hier: IP Limited) unter Berücksichtigung der persönlichen entlastungsberechtigt i. S. d. § 50d Abs. 3 EStG lediglich einen Anspruch auf teilweise Entlastung vom Steuerabzug (**Reststeuersatz = 5 %**).

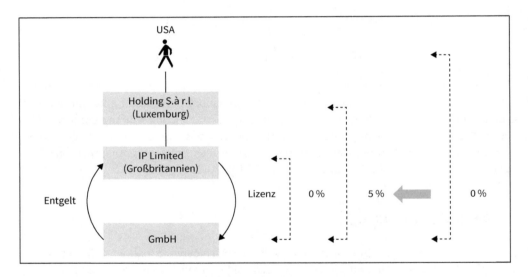

Die Prüfung der mittelbaren persönlichen Entlastungsberechtigung endet innerhalb der Beteiligungskette, sobald ein mittelbarer Gesellschafter nicht mehr selbst fiktiv entlastungsberechtigt ist. Dies ist insbes. der Fall, wenn der Gesellschafter der ausländischen Gesellschaft (BMF vom 24.01.2012, BStBl I 2012, 171, Rz. 4.3):

- in einem Nicht-DBA-Staat ansässig ist;
- als eine außerhalb der EU ansässige Person nicht die Voraussetzungen der einschlägigen Richtlinie erfüllt;
- selbst eine juristische Person ist, diese nicht sachlich entlastungsberechtigt ist und deren Gesellschafter ihrerseits in einem Nicht-DBA-Staat ansässig sind bzw. als außerhalb der EU ansässige Personen nicht die Voraussetzungen der einschlägigen EU-Richtlinie erfüllen.

PRAXISHINWEIS

Sind die Gesellschafter der ausländischen Gesellschaft (mittelbar) persönlich entlastungsberechtigt, kommt es insoweit nicht mehr auf die sachliche Entlastungsberechtigung der ausländischen Gesellschaft an. Aufgrund der hohen Dokumentations- und Nachweispflichten hinsichtlich der sachlichen Entlastungsberechtigung bietet es sich an, zunächst die (mittelbare) persönliche Entlastungsberechtigung zu prüfen und diese im Rahmen auf Erstattung bereits abgeführter bzw. Freistellung von deutscher Abzugsteuer darzulegen.

4.3 Sachliche Entlastungsberechtigung

4.3.1 Allgemeines

Eine ausländische Gesellschaft ist sachlich entlastungberechtigt, soweit
- sie im betreffenden Wirtschaftsjahr **Bruttoerträge aus eigener Wirtschaftstätigkeit** erzielt **oder**
- in Bezug auf die nicht aus eigener Wirtschaftstätigkeit erzielten Bruttoerträge **wirtschaftliche oder sonst beachtliche Gründe** für die Einschaltung der ausländischen Gesellschaft vorhanden sind (§ 50d Abs. 3 Satz 1 Nr. 1 EStG).

Sind in Bezug auf die nicht aus eigener Wirtschaftstätigkeit erzielten Bruttoerträge für die Einschaltung der ausländischen Gesellschaft wirtschaftliche oder sonst beachtliche Gründe vorhanden, muss darüber hinaus nachgewiesen werden, dass die ausländische Gesellschaft mit einem für ihren Geschäftszweck **angemessen eingerichteten Geschäftsbetrieb** am **allgemeinen wirtschaftlichen Verkehr** teilnimmt (§ 50d Abs. 3 Satz 1 Nr. 2 EStG).

Sofern die ausländische Gesellschaft selbst bereits sachlich entlastungsberechtigt ist, kommt es auf eine persönliche Entlastungsberechtigung der Anteilseigner der ausländischen Gesellschaft nicht mehr an.

Gem. § 50d Abs. 3 Satz 2 EStG sind hinsichtlich der Beurteilung, ob die ausländische Gesellschaft Bruttoerträge aus eigener Wirtschaftstätigkeit erzielt bzw. über einen für ihren Geschäftszweck angemessen eingerichteten Geschäftsbetrieb verfügt, nur die Verhältnisse der ausländischen Gesellschaft maßgebend. Merkmale nahe stehender Unternehmen i. S. d. § 1 Abs. 2 AStG bleiben außer Betracht. Als Reaktion auf die Entscheidungen des Europäischen Gerichtshofs (EuGH) vom 20.12.2017 (siehe hierzu nachfolgend) vertritt die Finanzverwaltung in Bezug auf einen Steuerabzug vom Kapitalertrag die Auffassung, dass § 50d Abs. 3 EStG 2012 in Fällen, in denen der Gläubiger der Kapitalerträge einen Anspruch auf Entlastung nach § 43b EStG geltend macht, mit der Maßgabe anzuwenden ist, dass Satz 2 keine Anwendung findet (BMF vom 04.04.2018, BStBl I 2018, 589).

4.3.2 Eigene Wirtschaftstätigkeit der ausländischen Gesellschaft

Eine ausländische Gesellschaft hat Anspruch auf Entlastung von deutscher Abzugsteuer, soweit die von der Gesellschaft im betreffenden Wirtschaftsjahr erzielten Bruttoerträge aus eigener Wirtschaftätigkeit stammen. Eine eigene Wirtschaftstätigkeit setzt eine über den Rahmen der Vermögensverwaltung hinausgehende Teilnahme am allgemeinen wirtschaftlichen Verkehr voraus (»**wirkliche wirtschaftliche Tätigkeit**«) (BMF vom 24.01.2012, BStBl I 2012, 171, Rz. 5.1). An einer eigenen Wirtschaftstätigkeit soll es weiter fehlen, soweit die ausländische Gesellschaft ihre Bruttoerträge aus der Verwaltung von (eigenen und/oder fremden) Wirtschaftsgütern erzielt (§ 50d Abs. 3 Satz 3 EStG).

> **PRAXISHINWEIS**
>
> Mit Urteilen vom 20.12.2017 (C-504/16 und C-613/16) hat der EuGH entschieden, dass § 50d Abs. 3 EStG 2007 nicht mit der Niederlassungsfreiheit und der Mutter-Tochter-Richtlinie vereinbar ist. Als Reaktion auf diese Entscheidungen vertritt die Finanzverwaltung in Bezug auf einen Steuerabzug vom Kapitalertrag die Auffassung, dass eine ausländische Gesellschaft auch insoweit am allgemeinen wirtschaftlichen Verkehr (i. S. d. § 50d Abs. 3 Satz 1 Nr. 2 EStG) teilnimmt, als sie ihre Bruttoerträge aus der Verwaltung von Wirtschaftsgütern erzielt. Ein angemessen eingerichteter Geschäftsbetrieb setzt in diesem Zusammenhang nicht zwingend voraus, dass die ausländische Gesellschaft im Ansässigkeitsstaat für die Ausübung ihrer Tätigkeit ständig sowohl geschäftsleitendes als auch anderes Personal beschäftigt (BMF vom 04.04.2018, BStBl I 2018, 589).
> Mit Beschluss vom 14.06.2018 (C-440/17) hat der EuGH darüber hinaus klargestellt, dass § 50d Abs. 3 EStG ebenfalls in der aktuellen Fassung sowohl gegen die Mutter-Tochter-Richtlinie als auch gegen die Niederlassungsfreiheit verstößt. Es bleibt abzuwarten, ob bzw. inwieweit die Finanzverwaltung auf diese Entscheidung reagieren wird.

Eine über den Rahmen der Vermögensverwaltung hinausgehende Teilnahme am allgemeinen wirtschaftlichen Verkehr liegt vor, wenn Leistungen am Markt gegen Entgelt und für Dritte äußerlich erkennbar angeboten werden (BFH vom 09.07.0986, I R 85/83, BStBl II 1986, 851 m.w.N; BFH vom 02.09.1988, III R 58/85, BStBl II 1989, 24 m. w. N.). Der am allgemeinen wirtschaftlichen Verkehr Teilnehmende muss mit Gewinnerzielungsabsicht nachhaltig am Leistungs- und Güteraustausch teilnehmen, sich an eine – wenn auch begrenzte – Allgemeinheit wenden und dadurch für Dritte zu erkennen geben, ein Gewerbe zu betreiben. Hierbei ist es ausreichend, wenn sich der Steuerpflichtige entweder beim Verkauf oder beim Einkauf der Ware an eine unbestimmte Zahl von Personen wendet (*Rödel*, in: Kraft, § 8 AStG, Rz. 243 bis 247).

Hingegen ist für die Beurteilung der Bruttoerträge einer ausländischen Gesellschaft als Erträge aus einer eigenen Wirtschaftstätigkeit nicht entscheidend, ob es sich um aktive Einkünfte i. S. d. § 8 Abs. 1 AStG handelt. So dürfte es z. B. im Zusammenhang mit der Erzielung von Erträgen aus der kommerziellen Verwertung von Rechten somit nicht darauf ankommen, ob die ausländische Gesellschaft Ergebnisse eigener Forschungs- oder Entwicklungstätigkeit auswertet. Praktische Erfahrungen zeigen jedoch, dass das BZSt zur gegenteiligen Auffassung tendiert (insbesondere wenn die ausländische Gesellschaft selbst nicht für die Erhaltung, Weiterentwicklung, Vermarktung und den Schutz der erworbenen Rechte verantwortlich ist).

Nach Ansicht der Finanzverwaltung liegt eine Beteiligung am allgemeinen wirtschaftlichen Verkehr ebenfalls vor, wenn **Dienstleistungen** gegenüber einer oder mehreren Konzerngesellschaften erbracht werden. Voraussetzung ist, dass die Leistungen gegen gesondertes Entgelt erbracht und wie gegenüber fremden Dritten abgerechnet werden (BMF vom 24.01.2012, BStBl I 2012, 171, Rz. 5.1).

Eine Beteiligung am allgemeinen wirtschaftlichen Verkehr ist ebenfalls i. R. d. **aktiven Beteiligungsverwaltung** durch Ausübung geschäftsleitender Funktionen gegeben. Abzugrenzen ist diese Tätigkeit von der reinen Ausübung von Gesellschafterrechten (passive Beteiligungsverwaltung). Voraussetzung für die aktive Beteiligungsverwaltung ist nach Ansicht der Finanzverwaltung, dass die ausländische Gesellschaft gegenüber ihren Tochtergesellschaften (gegenüber mehr als nur einer Tochterbeteiligung) geschäftsleitende Funktionen wahrnimmt, die sich durch Führungsentscheidungen von langfristiger Natur, Grundsätzlichkeit und Bedeutung für den Bestand der Beteiligungsgesellschaft (geleitete Gesellschaft) auszeichnen (BMF vom 24.01.2012, BStBl I 2012, 171, Rz. 5.2 und 5.3).

Zu den Bruttoerträgen aus eigener Wirtschaftstätigkeit (zum Begriff der Bruttoerträge siehe Tz. 9.0.1 des BMF-Schreibens vom 14.05.2004) zählen nach Auffassung der Finanzverwaltung auch die mit der eigenen Wirtschaftstätigkeit derselben Gesellschaft in einem wirtschaftlich funktionalen Zusammenhang stehenden Erträge sowie Zinserträge einer Gesellschaft, die aus der verzinslichen Anlage entlastungsberechtigter Gewinne derselben Gesellschaft erzielt werden. Weiterhin zählen Dividenden und andere Erträge (insbes. Zinsen und Lizenzgebühren) von geleiteten Gesellschaften zu den Bruttoerträgen des Bereichs der eigenen Wirtschaftstätigkeit (BMF vom 24.01.2012, BStBl I 2012, 171, Rz. 5).

4.3.3 Wirtschaftliche oder sonst beachtliche Gründe für die Einschaltung der ausländischen Gesellschaft

Eine ausländische Gesellschaft ist in Bezug auf die **nicht** aus eigener Wirtschaftstätigkeit erzielten Bruttoerträge (z. B. Dividenden von nicht geleiteten Tochtergesellschaften) sachlich entlastungsberechtigt, wenn für die Einschaltung der ausländischen Gesellschaft wirtschaftliche oder sonst beachtliche Gründe vorhanden sind (§ 50d Abs. 3 Satz 1 Nr. 1 EStG). Ein wirtschaftlicher Grund liegt nach Auffassung der Finanzverwaltung insbes. dann vor, wenn mit der ausländischen Gesellschaft die Aufnahme einer eigenwirtschaftlichen Tätigkeit geplant ist und entsprechende Aktivitäten eindeutig nachgewiesen werden können. An einem wirtschaftlichen Grund soll es hingegen fehlen, wenn die ausländische Gesellschaft überwiegend der Sicherung von Inlandsvermögen in Krisenzeiten dient, für eine künftige Erbregelung oder für den Aufbau der Alterssicherung der Gesellschafter eingesetzt werden soll (BMF vom 24.01.2012, BStBl I 2012, 171, Rz. 6).

Als sonst beachtliche Gründe können nach Auffassung der Finanzverwaltung unter anderem rechtliche, politische oder religiöse Gründe in Betracht kommen. Umstände, die sich aus den Verhältnissen des Konzernverbunds ergeben, wie z. B. Gründe der Koordination, Organisation, Aufbau der Kundenbeziehung, Kosten, örtliche Präferenzen, gesamtunternehmerische Konzeption, sollen hingegen keine wirtschaftlichen oder sonst beachtlichen Gründe in diesem Sinne darstellen.

Sind für die Einschaltung der ausländischen Gesellschaft wirtschaftliche oder sonst beachtliche Gründe vorhanden, muss darüber hinaus nachgewiesen werden, dass die ausländische Gesellschaft mit einem für ihren Geschäftszweck angemessen eingerichteten Geschäftsbetrieb am allgemeinen wirtschaftlichen Verkehr teilnimmt (§ 50d Abs. 3 Satz 1 Nr. 2 EStG). Dieses Merkmal überschneidet sich teilweise mit den Anforderungen, die an die Erzielung von Bruttoerträgen aus eigener Wirtschaftätigkeit als Nachweis der sachlichen Entlastungsberechtigung gestellt werden. Auch hier wird die Teilnahme am allgemeinen wirtschaftlichen Verkehr gefordert (zur Definition siehe bereits Kap. I.4.3.2). Darüber hinaus wird bei der Erzielung von Bruttoerträgen aus eigener Wirtschaftätigkeit auch regelmäßig davon auszugehen sein, dass die ausländische Gesellschaft über einen entsprechend eingerichteten Geschäftsbetrieb verfügt.

Die Unterhaltung eines »**angemessen eingerichteten Geschäftsbetriebs**« setzt regelmäßig voraus, dass eine ausländische Gesellschaft im Ansässigkeitsstaat über qualifiziertes Personal, Geschäftsräume und technische Kommunikationsmittel verfügt (BMF vom 24.01.2012, BStBl I 2012, 171, Rz. 7). In diesem Zusammenhang führt die Finanzverwaltung aus, dass ein »greifbares Vorhandensein« nachweisbar sein muss (BMF vom 24.01.2012, BStBl I 2012, 171, Rz. 7; einschränkend BMF vom 04.04.2018, BStBl I 2018, 589). Indizien für ein solches »greifbares Vorhandensein« liegen vor, wenn
- die Gesellschaft dort für die Ausübung ihrer Tätigkeit ständig sowohl geschäftsleitendes als auch anderes Personal beschäftigt,
- das Personal der Gesellschaft über die Qualifikation verfügt, um die der Gesellschaft übertragenen Aufgaben eigenverantwortlich und selbständig zu erfüllen,
- die Geschäfte zwischen nahe stehenden Personen i. S. d. § 1 Abs. 2 AStG einem Fremdvergleich (wie unter fremden Dritten) standhalten.

Zu beachten ist, dass sich die erforderliche Ausstattung eines Geschäftsbetriebs grundsätzlich nach der spezifischen Geschäftstätigkeit zu richten hat, so dass Art und Umfang der spezifischen Geschäftstätigkeit einer Gesellschaft ausschlaggebend dafür sind, über welche personellen und sachlichen Ressourcen der spezifische Geschäftsbetrieb verfügen muss. Hinsichtlich der Ausstattung mit »eigenem Personal« ist in der Praxis festzustellen, dass die Mitnutzung von Mitarbeitern aus einem konzerninternen »Personalpool« mit Verrechnung der Personalaufwendungen durch Umlageverträge bzw. der konzerninterne Einkauf von Services vom BZSt regelmäßig als unzureichend angesehen und eine angemessene Personalausstattung der Antragstellerin in diesen Konstellationen häufig in Abrede gestellt wird.

4.4 Börsenklausel

Gem. § 50d Abs. 3 Satz 5 EStG fallen Gesellschaften, für deren Hauptgattung der Aktien ein wesentlicher und regelmäßiger Handel an einer anerkannten Börse stattfindet, nicht in den Anwendungsbereich von § 50d Abs. 3 Satz 1 bis 3 EStG. Der Begriff »anerkannte Börse« bedeutet organisierter Markt i. S. d. § 2 Abs. 5 Wertpapierhandelsgesetz und vergleichbare Märkte mit Sitz außerhalb der EU und des Europäischen Wirtschaftsraumes (BMF vom 24.01.2012, BStBl I 2012, 171, Rz. 9.1).

Vom Anwendungsbereich des § 50d Abs. 3 Satz 1 bis 3 EStG sind ebenfalls ausländische Gesellschaften ausgenommen, für die die **Vorschriften des Investmentsteuergesetzes** gelten (d. h. mit einer Investmentaktiengesellschaft i. S. d. § 2 Abs. 5 Investmentgesetz vergleichbare Konstruktionen).

Handelt es sich bei der nach einem DBA oder einer EU-Richtlinie persönlich entlastungsberechtigten ausländischen Gesellschaft nicht um eine solche i. S. d. § 50d Abs. 3 Satz 5 EStG, ist darauf abzustellen, ob eine an ihr unmittelbar oder mittelbar beteiligte Gesellschaft einen der Tatbestände des § 50d Abs. 3 Satz 5 EStG erfüllt. Nach Auffassung der Finanzverwaltung setzt dies wiederum voraus, dass diese ebenfalls in gleicher Höhe fiktiv entlastungsberechtigt ist (BMF vom 24.01.2012, BStBl I 2012, 171, Rz. 9.2).

> **PRAXISHINWEIS**
>
> Zum Teil wird in der steuerlichen Fachliteratur vertreten, dass es bei (mittelbarer) Anwendung der Börsenklausel i. S. d. § 50d Abs. 3 Satz 5 EStG nicht auf die fiktive Entlastungsberechtigung der an der ausländischen Gesellschaft unmittelbar oder mittelbar beteiligte Gesellschaft ankommt (siehe unter anderem *Frotscher/Geurts*, § 50d EStG, Tz. 119a):
> Die steuerlich in Großbritannien ansässige IP Limited überlässt einer deutschen GmbH (= fremder Dritter aus Sicht der IP Limited) – zeitlich befristet – selbstentwickelte gewerbliche Schutzrechte (z. B. Patente), die seitens der deutschen GmbH zur Erzielung von Einkünften im Inland verwertet werden. Sämtliche Geschäftsanteile an der IP Limited werden von der ebenfalls in Großbritannien ansässigen Holding Limited gehalten. Sowohl die IP Limited als auch die Holding Limited sind funktionslos i. S. d. § 50d Abs. 3 Satz 1 bis 3 EStG.
> Die Gesellschaftsanteile an der Holding Limited werden wiederum von der in Mexiko ansässigen TopCo S.A.B. de C.V. (**Sociedad Anónima Bursátil de Capital Variable**) gehalten. Die Anteile an der TopCo S.A.B. de C.V. werden an einer anerkannten Börse gehandelt.
> Die in Großbritannien ansässige IP Limited hat ebenso wie die Holding Limited nach Art. 12 Abs. 1 des DBA zwischen der Bundesrepublik Deutschland und dem Vereinigten Königreich Großbritannien und Nordirland Anspruch auf vollständige Entlastung von deutscher Abzugsteuer. Da die Börsenklausel i. S. d. § 50d Abs. 3 Satz 5 EStG auf Ebene der TopCo S.A.B. de C.V. greift, findet § 50d Abs. 3 Satz 1 bis 3 EStG insgesamt keine Anwendung. Auf die Höhe der abkommensrechtlichen fiktiven Entlastungsberechtigung der TopCo S.A.B. de C.V. (hier: Reststeuersatz 10 %) soll es nach der oben genannten Auffassung nicht mehr ankommen.

Sofern im Erstattungs- bzw. Freistellungsverfahren die Entlastungsberechtigung der ausländischen Gesellschaft auf § 50d Abs. 3 Satz 5 EStG gestützt wird, sollten dem BZSt mit Einreichung des eigentlichen Antragsformulars weitere Informationen zur Verfügung gestellt werden. Diese sollten insbesondere Angaben zu der Börse enthalten, an der mit der Hauptaktiengattung ein wesentlicher und regelmäßiger Handel stattfinden (z. B. New York Stock Exchange). Weiterhin sollte die Wertpapierkennnummer (ISIN) sowie Informationen über Handelsvolumina zur Verfügung gestellt werden. In Fällen, in denen der Antrag auf einen mittelbaren, börsennotierten Gesellschafter gestützt wird, wird es zwingend erforderlich sein die Beteiligungsstruktur vom Antragsteller bis zur börsennotierten Gesellschaft offenzulegen.

4.5 Höhe des Anspruchs auf Steuerentlastung (»Aufteilungsklausel«)

Eine ausländische Gesellschaft hat nach § 50d Abs. 3 Satz 1 EStG Anspruch auf Entlastung vom deutschen Steuerabzug, **soweit**
- an ihr unmittelbar oder mittelbar persönlich entlastungsberechtigte Personen beteiligt sind

  oder
- die ausländische Gesellschaft nachweist, dass für die dem Steuerabzug unterliegenden Einkünfte eine **sachliche Entlastungsberechtigung** vorliegt

  oder
- § 50d Abs. 3 Satz 5 EStG Anwendung findet.

Sind an der ausländischen Gesellschaft auch nicht persönlich entlastungsberechtigte Personen beteiligt und kann der Nachweis einer sachlichen Entlastungsberechtigung nicht erbracht werden, ist zur Feststellung der Höhe des Steuerentlastungsanspruchs für jeden Gesellschafter gesondert zu prüfen, wie hoch sein Entlastungsanspruch wäre, wenn er die Einkünfte unmittelbar erzielen würde (**fiktiver Entlastungsanspruch**). Der Steuerentlastungsanspruch der ausländischen Gesellschaft ergibt sich aus der Summe der fiktiven Entlastungsansprüche der Gesellschafter, die unmittelbar oder mittelbar an der ausländischen Gesellschaft beteiligt sind (BMF vom 24.01.2012, BStBl I 2012, 171, Rz. 12).

Beispiel

(in Anlehnung an BMF vom 24.01.2012, BStBl I 2012, 171, Rz. 12)
An einer im Hinblick auf Lizenzgebühren zu **100 % entlastungsberechtigten** (Art. 12 Abs. 1 OECD-MA) ausländischen Gesellschaft A sind zwei Gesellschaften B und C zu 40 % bzw. 60 % beteiligt.
Die ausländische Gesellschaft A soll zu 70 % Bruttoerträge erzielen, die nicht aus einer eigenen Wirtschaftstätigkeit (i. S. d. § 50d Abs. 3 Satz 1 EStG) der Gesellschaft stammen (**schädliche**

Bruttoerträge). In Bezug auf diese nicht aus eigener Wirtschaftstätigkeit erzielten Bruttoerträge sind für die Einschaltung der ausländischen Gesellschaft A keine wirtschaftlichen oder sonst beachtlichen Gründe vorhanden. 30 % der Bruttoerträge stammen aus dem aktiven Geschäft der ausländischen Gesellschaft A als Produktions- und Vertriebsgesellschaft. Die Erträge beinhalten Lizenzzahlungen einer deutschen Tochtergesellschaft, die für A den Vertrieb der Produkte auf dem deutschen Markt übernommen hat (funktional wirtschaftlicher Zusammenhang der Lizenzzahlung mit der Produktions- und Vertriebstätigkeit der A).

An der im Hinblick auf Lizenzgebühren ebenfalls zu 100 % (fiktiv) entlastungsberechtigten Gesellschaft B, die ausschließlich schädliche Bruttoerträge erzielt, sind die abkommensrechtlich nicht entlastungsberechtigte natürliche Person D sowie die (im Hinblick auf Lizenzgebühren) zu 100 % entlastungsberechtigte börsennotierte AG zu je 50 % beteiligt.

An der Gesellschaft C, deren Erträge zu 20 % dem unschädlichen und zu 80 % dem schädlichen Bereich zugerechnet werden, sind die natürlichen Personen E und F zu je 50 % beteiligt. Beiden natürlichen Personen steht im Hinblick auf Lizenzgebühren abkommensrechtlich eine Ermäßigung der Quellensteuer auf 10 % zu. Die Gesellschaft C selbst könnte nach DBA eine Ermäßigung der Quellensteuer auf 5 % beanspruchen.

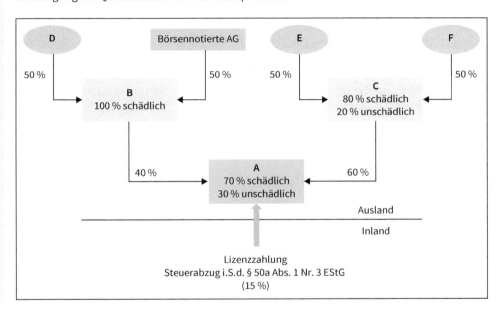

Lösung

Die Entlastungsberechtigung der ausländischen Gesellschaft A hinsichtlich der abzugsteuerpflichtigen Lizenzzahlung ergibt sich wie folgt:

Sachliche Entlastungsberechtigung der ausländischen Gesellschaft A

Die abzugsteuerpflichtigen Einkünfte sind zu **30 %** entlastungsberechtigt, da sich aus dem Verhältnis der im betreffenden Wirtschaftsjahr erzielten eigenwirtschaftlichen Bruttoerträge zu den Gesamtbruttoerträgen eine auf die abzugsteuerpflichtigen Einkünfte anzuwendende Quote von 30 (unschädliche Erträge) zu 70 (schädliche Erträge) ergibt.

Persönliche Entlastungsberechtigung der ausländischen Gesellschaft A
Die Gesellschaft B ist zwar im Hinblick auf Lizenzgebühren zu 100 % fiktiv entlastungsberechtigt, erzielt aber ausschließlich schädliche Erträge i. S. d. § 50d Abs. 3 Satz 1 EStG. Entsprechend ist der (mittelbare) Entlastungsanspruch der an B beteiligten Gesellschafter maßgeblich. Während die mittelbar zu 50 % beteiligte börsennotiere Aktiengesellschaft gem. § 50d Abs. 3 Satz 5 EStG (Börsenklausel) vollumfänglich entlastungsberechtigt ist, erfüllt die natürliche Person D nicht die Kriterien der persönlichen Entlastungsberechtigung. Somit steht der ausländischen Gesellschaft A im Hinblick auf die anteilig i. H. v. 70 % erzielten schädlichen Bruttoerträge – soweit die Gesellschaft B beteiligt ist (hier: 40 %) – zunächst ein (zusätzlicher) Ermäßigungsanspruch i. H. v. **14 %** (=70 % * 40 %* 50 %) zu.

Die Gesellschaft C ist im Hinblick auf Lizenzgebühren aufgrund des abkommensrechtlichen Reststeuersatzes von 5 % lediglich zu 66,67 % fiktiv entlastungsberechtigt (=10/15). Soweit die Gesellschaft C (unschädliche) Bruttoerträge aus eigener Wirtschaftstätigkeit erzielt (hier: 20 %), steht der ausländischen Gesellschaft A hinsichtlich der anteilig i. H. v. 70 % erzielten schädlichen Bruttoerträge – soweit die Gesellschaft C beteiligt ist (hier: 60 %) – ein (zusätzlicher) Ermäßigungsanspruch i. H. v. **5,6 %** (=70 % * 60 %* [10/15 * 20 %]) zu.

Soweit die Gesellschaft C schädliche Erträge i. S. d. § 50d Abs. 3 Satz 1 EStG erzielt (hier: 80 %), ist der (mittelbare) Entlastungsanspruch der an der Gesellschaft C beteiligten Gesellschafter E und F maßgeblich. Diese sind aufgrund des abkommensrechtlichen Reststeuersatzes von 10 % lediglich zu 33,33 % fiktiv entlastungsberechtigt (=5/15). Der ausländischen Gesellschaft A steht hinsichtlich der anteilig i. H. v. 70 % erzielten schädlichen Bruttoerträge – soweit die Gesellschaft C beteiligt ist (hier: 60 %) – ein (zusätzlicher) Ermäßigungsanspruch i. H. v. **11,2 %** (=70 % * 60 %* [5/15 * (80 %]) zu.

Insgesamt ergibt sich auf Ebene der ausländischen Gesellschaft A hinsichtlich der abzugsteuerpflichtigen Lizenzzahlung ein Ermäßigungsanspruch von **60,8 %** (=30 % + 14 % + 5,6 % + 11,2 %).

4.6 Darlegung der Entlastungsberechtigung im Freistellungs- bzw. Erstattungsverfahren

Voraussetzung für die Entlastung vom deutschen Steuerabzug nach Maßgabe der Bestimmungen eines DBA (insbes. Art. 12 Abs. 1 OECD-MA) oder nach § 50g EStG ist die Entlastungsberechtigung der ausländischen Gesellschaft. Entsprechend ist es erforderlich, im Rahmen des Freistellungs- bzw. Erstattungsverfahrens detailliert die Entlastungsberechtigung i. S. d. § 50d Abs. 3 EStG darzulegen.

Vor diesem Hintergrund sind neben dem eigentlichen Antragsformular inkl. der Bestätigung der steuerlichen Ansässigkeit des Vergütungsgläubigers die folgenden (Standard-) Dokumente dem BZSt zur Verfügung zu stellen:
- Handelsregisterauszug des Vergütungsgläubigers;
- Darstellung der Gruppenstruktur inklusive der Beteiligungsverhältnisse;
- Bilanz sowie Gewinn- und Verlustrechnung des Vergütungsgläubigers des betreffenden Wirtschaftsjahres.

Regelmäßig werden die genannten Dokumente für die Prüfung der Entlastungsberechtigung i. S. d. § 50d Abs. 3 EStG nicht ausreichend sein. Zusätzliche Informationen fordert das BZSt regelmäßig mit einem **Fragebogen** an. Mit Beantwortung der einzelnen Fragen sind sodann Nachweise über die Teilnahme am allgemeinen wirtschaftlichen Verkehr sowie einen im Ausland vorhandenen Geschäftsbetrieb einzureichen. Zu nennen sind hier insbesondere:

- Mietverträge über Büroräume o. Ä. sowie Abrechnung über Verbrauch von Wasser, Strom etc.;
- aktuelle Aufnahmen von den Geschäftsräumen;
- Nachweis von Kommunikationsmitteln (z. B. Telefonrechnungen);
- Nachweis des Außenauftritts des Vergütungsgläubigers (Firmenschild, Homepage, Visitenkarten, E-Mail Adressen);
- Jobbeschreibungen / Profile von Mitarbeitern (ggf. inklusive Arbeitsverträge und Lohnabrechnungen);
- Dokumente, die eine Teilnahme am ausländischen Markt nachweisen (z. B. Rechnungen).

PRAXISHINWEIS

Um eine zeitnahe Bearbeitung eines Antrags auf Erstattung bereits abgeführter Abzugsteuer bzw. auf Erlass eines Freistellungsbescheinigung zu gewährleisten, sollte mit Übermittlung der Antragsformulare im Detail dargelegt werden, auf welcher Grundlage die Entlastungsberechtigung der ausländischen Gesellschaft begründet wird (persönliche vs. sachliche Entlastungsberechtigung; eventuelle Berücksichtigung der fiktiven Entlastungsberechtigung mittelbarer Gesellschafter der ausländischen Gesellschaft). Gleichzeitig wären die entsprechenden Dokumente dem Antrag beizufügen. Hierdurch können regelmäßig zusätzliche Rückfragen seitens des BZSt vermieden werden.

WICHTIG

Das FG Köln hatte Bedenken, ob § 50d Abs. 3 EStG in der bis 2011 geltenden Fassung hinsichtlich der Entlastung von deutscher Kapitalertragsteuer auf Gewinnausschüttungen mit der europäischen Niederlassungsfreiheit und mit der Mutter-Tochter-Richtlinie vereinbar ist. Mit Beschlüssen vom 08.07.2016 (2 K 2995/12) und vom 31.08.2016 (2 K 721/13) wurden die Fragen dem Europäischen Gerichtshof in Luxemburg (**EuGH**) zur Entscheidung vorgelegt.
Der EuGH hat beide Vorlagen zu einem Verfahren verbunden und mit Urteil vom 20.12.2017 (C-504/16 und C-613/16) die Zweifel des FG Köln bestätigt: nach Auffassung des EuGH ist § 50d Abs. 3 EStG in der Fassung von 2007 mit der Mutter-Tochter-Richtlinie unvereinbar, da die Vorschrift bestimmte Gruppen von Steuerpflichtigen automatisch vom Steuervorteil ausnimmt ohne dass die Steuerbehörde einen Anfangsbeweis oder ein Indiz für den Missbrauch beizubringen oder der Steuerpflichtige die Möglichkeit eines Gegenbeweises hätte. Des Weiteren hat der EuGH festgestellt, dass die Vorschrift gegen die Niederlassungsfreiheit (Art. 49 AEUV) verstößt.

> Aufgrund des Anwendungsvorrangs des Unionsrechts vor nationalem Recht bindet die Entscheidung des EuGH die nationalen Gerichte und Verwaltungsbehörden. Das BZSt kann folglich die Ablehnung der Quellensteuerentlastung auf Dividenden nicht mit Verweis auf die nationale Missbrauchsvorschrift begründen. Dies gilt zumindest dann, wenn eine Entlastung nach der Mutter-Tochter-Richtlinie beantragt wurde. Als Reaktion hat die Finanzverwaltung mittlerweile klargestellt, dass § 50d Abs. 3 EStG in Fällen, in denen der Gläubiger der Kapitalerträge einen Anspruch auf Entlastung nach § 43b EStG geltend macht, nicht mehr anzuwenden ist (BMF vom 04.04.2018, BStBl I 2018, 589).
>
> Auch hinsichtlich der nachgebesserten Fassung des § 50d Abs. 3 EStG (2012) hat das FG Köln europarechtliche Bedenken. Zwar habe der Gesetzgeber mit der seit dem 01.01.2012 geltenden aktuellen Fassung der Norm gerade die Vereinbarkeit mit EU-Recht nachbessern wollen, dennoch sieht das FG Köln weiterhin Gründe für eine mögliche Verletzung der Niederlassungsfreiheit und der Unvereinbarkeit mit der Mutter-Tochter-Richtlinie (Beschluss vom 17.05.2017, 2 K 773/16). Mit Beschluss vom 14.06.2018 (C-440/17) hat der EuGH mittlerweile klargestellt, dass § 50d Abs. 3 EStG auch in der aktuellen Fassung sowohl gegen die Mutter-Tochter-Richtlinie als auch gegen die Niederlassungsfreiheit verstößt.
>
> Zu beachten ist jedoch, dass die aktuelle Entscheidung des EuGH hinsichtlich der Entlastung von deutscher Abzugsteuer i. S. d. § 50a Abs. 1 EStG bei Lizenzgebühren **nicht** unmittelbar anwendbar sein dürfte, da sich das Urteil auf die Niederlassungsfreiheit und die Mutter-Tochter-Richtlinie bezieht. Lizenzgebühren unterliegen aber dem Schutzbereich der Zins- und Lizenzgebührenrichtlinie sowie der Kapitalverkehrsfreiheit, so dass die Missbrauchsvorschrift hier trotz unionsrechtlicher Bedenken weiterhin anwendbar sein sollte. Weiterhin sollte das Urteil nicht unmittelbar anwendbar sein, wenn die Entlastung nach Maßgabe eines DBA erfolgt. Ungeachtet dessen sollte in entsprechenden Fällen auf die aktuelle Entscheidung hingewiesen werden.

4.7 Abkommensrechtliche Besonderheiten

4.7.1 Vereinigte Staaten von Amerika

Voraussetzung für die Entlastung vom deutschen Steuerabzug im Freistellungs- bzw. Erstattungsverfahren ist die Entlastungsberechtigung der ausländischen Gesellschaft i. S. d. § 50d Abs. 3 EStG. Beinhaltet ein einschlägiges DBA eine abschließende Regelung zur Missbrauchsvermeidung, ist diese vorrangig zu § 50d Abs. 3 EStG anzuwenden (BMF vom 24.01.2012, BStBl I 2012, 171, Rz. 10).

Mit Art. 28 beinhaltet z. B. das DBA zwischen der Bundesrepublik Deutschland und den Vereinigten Staaten von Amerika vom 04.06.2008 (**DBA USA**) eine entsprechende Regelung zur Missbrauchsvermeidung (sog. **Limitation on Benefits Klausel**). Das BZSt wendet in solchen Fällen § 50d Abs. 3 EStG nicht an und prüft vielmehr die Voraussetzungen i. S. d. Art. 28 DBA USA.

> **WICHTIG**
>
> Im Verhältnis zu den USA verdrängt Art. 28 DBA USA die nationale Vorschrift § 50d Abs. 3 EStG. In diesem Zusammenhang verwendet die Finanzverwaltung einen speziellen Fragebogen.

Gem. Art. 28 Abs. 1 des DBA USA hat eine in den USA ansässige Person, die Einkünfte aus Deutschland bezieht (insbes. Lizenzgebühren i. S. d. Art. 12 Abs. 1 DBA USA) nur dann Anspruch auf alle Vergünstigungen nach dem Abkommen, wenn sie eine »berechtigte Person« i. S. v. Art. 28 Abs. 2 DBA USA ist.

Eine in einem Vertragsstaat ansässige Person ist unter anderem nur dann eine berechtigte Person, wenn sie
- eine **natürliche Person** ist (Art. 28 Abs. 2 Buchst. a DBA USA);
- eine Gesellschaft ist, sofern
  - ihre Hauptaktiengattung regelmäßig an einer oder mehreren anerkannten Börsen gehandelt wird, **und entweder** (i) ihre Hauptaktiengattung hauptsächlich an einer in den USA gelegenen Börse gehandelt wird oder (ii) der hauptsächliche Ort der Geschäftsführung und Überwachung der Gesellschaft sich in den USA befindet (**Börsenhandelstest**; Art. 28 Abs. 2 Buchst. c Doppelbuchst. aa DBA USA) **oder**
  - Aktien, die mindestens 50 % der gesamten Stimmrechte und des Werts der Gesellschaft darstellen, unmittelbar oder mittelbar von fünf oder weniger Gesellschaften gehalten werden, die Anspruch auf Vergünstigungen gem. Doppelbuchst. aa haben, vorausgesetzt, dass bei mittelbarer Beteiligung jeder zwischengeschaltete Beteiligte in einem der beiden Vertragsstaaten ansässig ist (**mittelbarer Börsenhandelstest**; Art. 28 Abs. 2 Buchst. c Doppelbuchst. bb DBA USA);
- eine andere als eine natürliche Person ist, sofern
  - an mindestens der Hälfte der Tage des Steuerjahrs mindestens 50 % jeder Aktiengattung an der Person unmittelbar oder mittelbar von in den USA ansässigen Personen gehalten werden, die wiederum gem. Art. 28 Abs. 2 **Buchst. a** DBA USA oder Art. 28 Abs. 2 **Buchst. c Doppelbuchst. aa** DBA USA Anspruch auf die Vergünstigungen nach dem Abkommen haben, sofern bei mittelbarer Beteiligung jeder zwischengeschaltete Beteiligte ebenfalls in den USA ansässig ist (sog. »**Ownership Test**«; Art. 28 Abs. 2 Buchst. f Doppelbuchst. aa DBA USA), **und**
  - weniger als 50 % des Rohgewinns der Person für das Steuerjahr unmittelbar oder mittelbar in Form von Zahlungen, die für Zwecke der unter das Abkommen fallenden Steuern in den USA abzugsfähig sind, an Personen gezahlt werden oder diesen geschuldet sind, die in keinem der Vertragsstaaten ansässig sind und keinen Anspruch auf die Vergünstigungen nach dem Abkommen gem. Art. 28 Abs. 2 **Buchst. a** DBA USA oder Art. 28 Abs. 2 **Buchst. c Doppelbuchst. aa** DBA USA haben (sog. »**Base Erosion Test**«; Art. 28 Abs. 2 Buchst. f Doppelbuchst. bb DBA USA).

Ist eine in den USA ansässige Person keine berechtigte Person, so hat sie gem. **Art. 28 Abs. 3 DBA USA** dennoch Anspruch auf alle Vergünstigungen nach dem Abkommen, wenn sie alle anderen Voraussetzungen für den Erhalt dieser Vergünstigungen erfüllt **und**

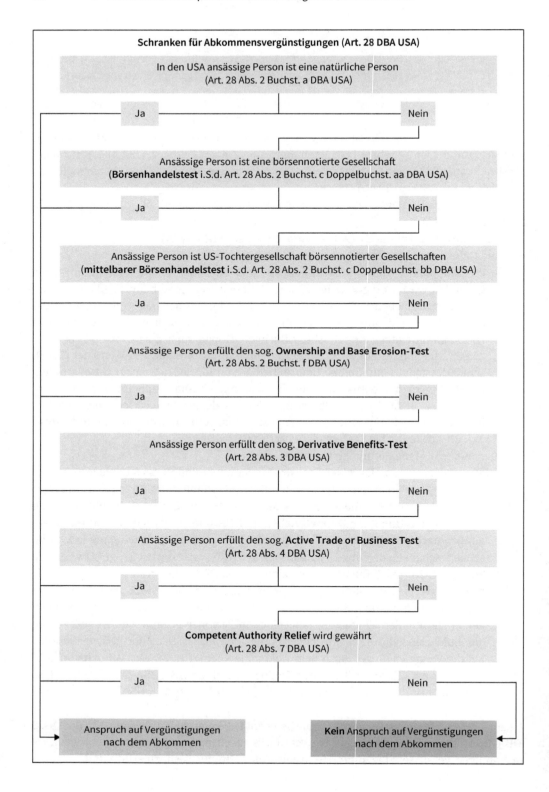

- Anteile, die mindestens 95 % der gesamten Stimmrechte und des Werts (und mindestens 50 % aller Vorzugsaktiengattungen) der Gesellschaft darstellen, unmittelbar oder mittelbar von sieben oder weniger Personen gehalten werden, die gleichberechtigte Begünstigte sind, **und**
- weniger als 50 % des Rohgewinns der Gesellschaft für das Steuerjahr, in dem die Einkünfte erzielt werden, unmittelbar oder mittelbar in Form von Zahlungen, die für Zwecke der unter das Abkommen fallenden Steuern im Ansässigkeitsstaat der Gesellschaft abzugsfähig sind, an Personen gezahlt werden oder diesen geschuldet sind, die keine gleichberechtigten Begünstigten sind (sog. »**Derivative Benefits-Test**«; Ableitung der Begünstigung von gleichberechtigt Begünstigten i. S. d. Art. 28 Abs. 8 e) DBA USA).

Weiterhin hat eine in den USA ansässige Person, die keine berechtigte Person ist, gem. **Art. 28 Abs. 4 Buchst. a DBA USA** Anspruch auf alle Vergünstigungen nach dem Abkommen, wenn
- die ansässige Person in den USA aktiv gewerblich tätig ist,
- die aus Deutschland bezogenen Einkünfte im Zusammenhang mit dieser gewerblichen Tätigkeit bezogen werden oder aus Anlass dieser Tätigkeit anfallen und
- die in den USA ansässige Person alle anderen Voraussetzungen für den Erhalt dieser Vergünstigungen erfüllt (sog. »**Active Trade or Business Test**«).

Übt eine in den USA ansässige Person oder eines ihrer verbundenen Unternehmen in Deutschland eine gewerbliche Tätigkeit aus, durch die Einkünfte erzielt werden, gilt Art. 28 Abs. 4 Buchst. a DBA USA nur dann für diese Einkünfte, wenn die gewerbliche Tätigkeit in den USA gegenüber der gewerblichen Tätigkeit in Deutschland **erheblich** ist (**Substanztest** i. S. d. Art. 28 Abs. 4 Buchst. b DBA USA). S. Abb. S. 78.

Erfüllt eine in den USA ansässige Person die oben genannten Voraussetzungen nicht, besteht abschließend die Möglichkeit, die Vergünstigungen des DBA USA im Wege einer **Billigkeitsentscheidung des BZSt** zu beantragen (sog. »**Competent Authority Relief**«; Art. 28 Abs. 7 DBA USA).

4.7.2 Japan

Eine vergleichbare Regelung enthält das DBA zwischen der Bundesrepublik Deutschland und Japan vom 17.12.2015 (»**DBA Japan**«). Nach **Art. 21 Abs. 1 DBA Japan** hat eine in einem Vertragsstaat ansässige Person, die Einkünfte aus dem anderen Vertragsstaat bezieht, in einem Steuerjahr nur dann Anspruch auf alle Vergünstigungen nach dem Abkommen, wenn sie eine berechtigte Person i. S. d. Art. 21 Abs. 2 DBA Japan ist.

Gem. Art. 21 Abs. 2 DBA Japan ist eine in einem Vertragsstaat ansässige Person unter anderem dann eine **berechtigte Person**, wenn sie entweder
- eine **natürliche Person** ist (Art. 21 Abs. 2 Buchst. a DBA Japan);

- eine Gesellschaft ist, sofern ihre Hauptaktiengattung an einer oder mehreren anerkannten Börsen notiert oder eingetragen ist und dort regelmäßig gehandelt wird (**börsennotierte Gesellschaft**; Art. 21 Abs. 2 Buchst. c DBA Japan);
- eine andere als eine natürliche Person ist, sofern mindestens 65 Prozent der Stimmrechtsaktien oder sonstigen Eigentumsrechte der Person unmittelbar oder mittelbar in Japan ansässigen Personen gehören, die auf Grund des Art. 21 Abs. 2 Buchst. a DBA Japan oder Art. 21 Abs. 2 Buchst. c DBA Japan berechtigte Personen sind (Art. 21 Abs. 2 Buchst. f DBA Japan).

Ist eine in Japan ansässige Person keine berechtigte Person, so hat sie gem. **Art. 21 Abs. 3 DBA Japan** dennoch Anspruch auf eine Vergünstigung nach dem Abkommen, wenn
- mindestens 65 % der Stimmrechtsaktien oder sonstigen Eigentumsrechte der Person unmittelbar oder mittelbar Personen gehören, die, wenn sie die Einkünfte unmittelbar bezogen hätten, nach dem Abkommen Anspruch auf gleichwertige oder vorteilhaftere Vergünstigungen hätten, **oder**
- mindestens 90 % der Stimmrechtsaktien oder sonstigen Eigentumsrechte der Person unmittelbar oder mittelbar Personen gehören, die, wenn sie die Einkünfte unmittelbar bezogen hätten, nach dem Abkommen oder einem von dem Vertragsstaat, aus dem die Einkünfte stammen, mit einem anderen Staat geschlossenen Abkommen Anspruch auf gleichwertige oder vorteilhaftere Vergünstigungen hätten.

Wird ein Anspruch auf Vergünstigungen mit Art. 21 Abs. 2 Buchst. f bzw. Art. 21 Abs. 3 DBA Japan begründet, sind zusätzlich die zeitlichen Voraussetzungen i. S. d. **Art. 21 Abs. 4 DBA Japan** zu berücksichtigen.

Ist eine in Japan ansässige Person keine berechtigte Person, so hat sie gem. **Art. 21 Abs. 5 Buchst. a DBA Japan** dennoch Anspruch auf alle Vergünstigungen nach dem Abkommen, wenn
- sie in Japan aktiv eine Geschäftstätigkeit ausübt,
- die Einkünfte aus Deutschland im Zusammenhang mit dieser Geschäftstätigkeit bezogen werden oder mit ihr verbunden sind und
- sie alle in den einschlägigen Bestimmungen des Abkommens genannten sonstigen Voraussetzungen für die Erlangung dieser Vergünstigung erfüllt.

Bezieht eine in Japan ansässige Person Einkünfte aus einer in Deutschland von ihr ausgeübten Geschäftstätigkeit oder bezieht sie in Deutschland erzielte Einkünfte von einem verbundenen Unternehmen, gilt Art. 21 Abs. 5 Buchst. a DBA Japan nur dann, wenn die in Japan ausgeübte Geschäftstätigkeit im Verhältnis zu der in Deutschland ausgeübten Geschäftstätigkeit **erheblich** ist. Ob die Geschäftstätigkeit im Sinne dieses Absatzes erheblich ist, soll dabei anhand der Gesamtumstände festgestellt werden (**Art. 21 Abs. 5 Buchst. b DBA Japan**).

Erfüllt eine in Japan ansässige Person die oben genannten Voraussetzungen nicht, besteht abschließend die Möglichkeit, die Vergünstigungen des DBA Japan im Wege einer **Billigkeitsentscheidung des BZSt** zu beantragen (Art. 21 Abs. 6 DBA Japan).

4 Entlastungsberechtigung ausländischer Gesellschaften

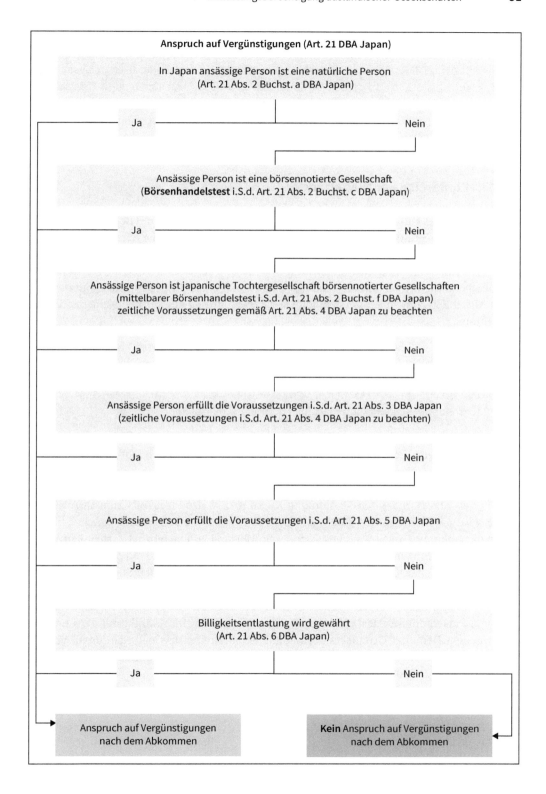

Zu beachten ist, dass Art. 21 DBA Japan zunächst lediglich bestimmt, welche Personen **abkommensberechtigt** sind. Dies bedeutet, dass trotz bestehender Abkommensberechtigung nach Art. 21 DBA Japan die Entlastungsberechtigung der ausländischen Gesellschaft i. S. d. § 50d Abs. 3 EStG zu prüfen ist: nach Art. 21 Abs. 9 DBA Japan steht Deutschland die Anwendung des § 50d Abs. 3 EStG als Rechtsvorschrift zur Verhinderung der Steuerumgehung ausdrücklich zu (Merkblatt des BZSt zur Entlastungsberechtigung nach Art. 21 des DBA zwischen Deutschland und Japan).

4.7.3 Königreich der Niederlande

Art. 23 Abs. 1 des DBA zwischen der Bundesrepublik Deutschland und dem Königreich der Niederlande vom 12.04.2012 (**DBA Niederlande**) stellt zunächst klar, dass innerstaatliche Rechtsvorschriften zur Verhinderung der Steuerumgehung oder Steuerhinterziehung ungeachtet des Abkommens anzuwenden sind. Gem. Abs. 1 der Bestimmung XV zu Art. 23 des Protokolls zum DBA Niederlande handelt es sich aus deutscher Sicht unter anderem bei § 50d Abs. 3 EStG um eine innerstaatliche Rechtsvorschriften zur Verhinderung der Steuerumgehung.

> **WICHTIG**
>
> Ein Protokoll zu einem DBA ist eine Ergänzung des Abkommens, dessen Bestimmungen den Abkommenstext erläutern. Ein Protokoll ist Bestandteil des Abkommens und entfaltet somit Bindungswirkung gegenüber den beteiligten Staaten.

Entsprechend setzt die Entlastung vom deutschen Steuerabzug nach Maßgabe der Bestimmungen des DBA Niederlande weiterhin die Entlastungsberechtigung der ausländischen Gesellschaft i. S. d. § 50d Abs. 3 EStG voraus (BR-Drs. 479/12, 60, zu Art. 23.).

Mit den Abs. 3 und 4 der Bestimmung XV zu Art. 23 des Protokolls zum DBA Niederlande wird die Wirkung des § 50d Abs. 3 EStG in gewissen Sachverhaltskonstellationen erstmalig abkommensseitig eingeschränkt. Soweit ersichtlich gibt es bisher keine vergleichbare Regelung in anderen, durch die Bundesrepublik Deutschland mit anderen Staaten abgeschlossenen DBA (s. auch Kommentar des niederländischen Staatssecretaris, in: Kamerstukken II 2012-2013, Nr. 33 615, Nr. 3, 33 f.).

Die abkommensrechtliche, ausschließlich für deutsch-niederländische Sachverhalte geltende Einschränkung des § 50d Abs. 3 EStG dürfte nicht im Konflikt mit dem Europarecht stehen. Denn der Grundsatz der Kapitalverkehrsfreiheit zwingt nicht dazu, Vorteile die aus einem bilateralen Abkommen entstehen auch auf andere Staaten auszuweiten (EuGH vom 05.07.2005, C-376/03).

Die Abs. 3 und 4 der Bestimmung XV zu Art. 23 des Protokolls zum DBA Niederlande lautet wie folgt:

(3) Hält eine in den Niederlanden ansässige natürliche Person durch eine oder mehrere in den Niederlanden ansässige Gesellschaften Anteile an einer in der Bundesrepublik Deutschland ansässigen Gesellschaft, finden die in Artikel 23 genannten deutschen Rechtsvorschriften keine Anwendung, wenn die deutsche Steuerverwaltung nicht nachweisen kann, dass es sich bei der Zwischenschaltung der vorgenannten niederländischen Gesellschaft um eine aus steuerlichen Gründen gewählte Gestaltung handelt. Die Zwischenschaltung ist nicht aus steuerlichen Gründen gewählt, wenn Einkünfte bei ihrer Ausschüttung an die natürliche Person in den Niederlanden besteuert werden.
(4) Für Zwecke der Anwendung des deutschen Steuerrechts auf eine niederländische Gesellschaft auf Grundlage des Artikels 23 behandelt die Bundesrepublik Deutschland verbundene Unternehmen in den Niederlanden auf konsolidierter Basis

Während Absatz 3 insbes. hinsichtlich einer möglichen Entlastung von deutscher **Kapitalertragsteuer** bei inländischen Einkünften aus Kapitalvermögen (insbes. §49 Abs. 1 Nr. 5 Buchst. a EStG) relevant sein dürfte (s. hierzu Kap. VII.), dürfte Absatz 4 im Zusammenhang mit der Entlastung vom Steuerabzug i. S. d. § 50d Abs. 3 EStG von hoher praktischer Bedeutung sein.

Gemäß Protokollbestimmung XV Abs. 4 verpflichtet sich die Bundesrepublik Deutschland für Zwecke der Beurteilung einer sachlichen Entlastungsberechtigung der ausländischen Gesellschaft verbundene Unternehmen in den Niederlanden auf konsolidierter Basis zu behandeln.

Diese Vorschrift kommt vor allem in solchen Fällen zum Tragen, in denen zwar die in den Niederlanden ansässige ausländische Gesellschaft die Funktionsvoraussetzungen i. S. d. §50d Abs. 3 EStG nicht erfüllt, diese jedoch über ebenfalls in den Niederlanden ansässige Tochter- bzw. Schwestergesellschaften verfügt, die ihrerseits als sachlich entlastungsberechtigt i. S. d. §50d Abs. 3 EStG anzusehen sind.

Dies ist insoweit bemerkenswert, da gem. § 50d Abs. 3 Satz 2 EStG für die Prüfung der sachlichen Entlastungsberechtigung ausschließlich die Verhältnisse der ausländischen Gesellschaft maßgebend sein sollen; organisatorische, wirtschaftliche oder sonst beachtliche Merkmale der Unternehmen, die der ausländischen Gesellschaft i. S. d. § 1 Abs. 2 AStG nahe stehen, sollen außer Betracht bleiben. Die Protokollbestimmung XV Abs. 4 erweitert somit den Umfang der Gesellschaften, die im Zuge der Prüfung der sachlichen Entlastungsberechtigung einzubeziehen sind.

Soweit ersichtlich wird seitens der Finanzverwaltung die Auffassung vertreten, dass diese Regelung für niederländische Unternehmen gedacht ist, die sich in einer niederländischen Organschaft (**fiscale eenheid**) befinden. Diese Auffassung wird offenbar damit begründet, dass die niederländische Konsolidierung der Einkommen praktisch nicht durch die Zurechnung des Einkommens zwischen Organgesellschaft und Organträger durchgeführt wird, sondern durch bilanzielle Vollkonsolidierung der von der fiscalen eenheid umfassten Rechtsträger. Diese Auffassung wird jedoch weder durch den deutschen, noch durch den niederländischen Wortlaut des Protokolls gestützt, der da lautet:

Voor de toepassing van de Duitse nationale belasting wetgeving op een Nederlands lichaam op grond van artikel 23 van het verdrag behandelt de Bondsrepubliek Duitsland gelieerde ondernemingen in Nederland op geconsolideerde basis.

Der offizielle und im fachlichen Sprachgebrauch übliche Begriff der »fiscalen eenheid« wird dem Augenschein nach auch nicht in der niederländischen Fassung des Abkommens verwendet, sodass davon auszugehen ist, dass die seitens der Finanzverwaltung geäußerte Einschränkung offenbar unzutreffend ist.

Vielmehr dürfte Abs. 4 der Bestimmung XV zu Art. 23 des Protokolls zum DBA Niederlande entsprechend Art. 28 Abs. 4 Buchst. c DBA USA auszulegen sein:

Bei der Feststellung, ob eine Person gemäß Buchstabe a in einem Vertragsstaat aktiv gewerblich tätig ist, gelten Tätigkeiten von mit dieser Person verbundenen Personen als Tätigkeiten dieser Person. Eine Person gilt als mit einer anderen Person verbunden, wenn einer Person mindestens 50 vom Hundert des wirtschaftlichen Eigentums an der anderen Person (oder im Fall einer Gesellschaft Anteile, die mindestens 50 vom Hundert der gesamten Stimmrechte und des Werts der Gesellschaft oder des wirtschaftlichen Eigentums an der Gesellschaft darstellen) gehören oder einer anderen Person unmittelbar oder mittelbar mindestens 50 vom Hundert des wirtschaftlichen Eigentums an jeder Person (oder im Fall einer Gesellschaft Anteile, die mindestens 50 vom Hundert der gesamten Stimmrechte und des Werts der Gesellschaft oder des wirtschaftlichen Eigentums an der Gesellschaft darstellen) gehören.

Es ist somit zu vermuten, dass im Rahmen der Verhandlungen des DBA Niederlande mit der Aufnahme der Formulierung »auf konsolidierter Basis« eine vergleichbare Regelung angestrebt worden ist.

II. Darbietungen und deren Verwertung im Inland

1 Überblick

---

§ 50a EStG Steuerabzug bei beschränkt Steuerpflichtigen
(1) Die Einkommensteuer wird bei beschränkt Steuerpflichtigen im Wege des Steuerabzugs erhoben
  1. bei Einkünften, die durch im Inland **ausgeübte künstlerische, sportliche, artistische, unterhaltende oder ähnliche Darbietungen** erzielt werden, einschließlich der Einkünfte aus anderen mit diesen Leistungen zusammenhängenden Leistungen, unabhängig davon, wem die Einkünfte zufließen (§ 49 Absatz 1 Nummer 2 bis 4 und 9), es sei denn, es handelt sich um Einkünfte aus nichtselbständiger Arbeit, die bereits dem Steuerabzug vom Arbeitslohn nach § 38 Absatz 1 Satz 1 Nummer 1 unterliegen,
  2. bei Einkünften aus der inländischen **Verwertung von Darbietungen** im Sinne der Nummer 1 (§ 49 Absatz 1 Nummer 2 bis 4 und 6),
  (…)

Bei beschränkt Steuerpflichtigen ist die Erhebung der Einkommen- bzw. Körperschaftsteuer zumeist schwierig, da diese sich bei Ausübung ihrer Tätigkeit regelmäßig nicht oder nur vorübergehend im Inland aufhalten bzw. im Inland regelmäßig keine Vermögensgegenstände vorhanden sind, auf die zur Durchsetzung des Besteuerungsanspruchs zugegriffen werden könnte. Zur unilateralen Durchsetzung des deutschen Besteuerungsanspruchs sieht der Gesetzgeber daher bei **bestimmten inländischen Einkünften** von **beschränkt Steuerpflichtigen** i. S. d. § 49 EStG vor, dass die Einkommen- bzw. Körperschaftsteuer nach § 50a Abs. 1 EStG im Wege des **Steuerabzugs an der Quelle** erhoben wird. Der zivilrechtliche Vergütungsschuldner behält in diesen Fällen von der Vergütung die inländische Steuer für Rechnung des im Ausland ansässigen Vergütungsgläubigers (Steuerschuldner) ein und führt diese an das Bundeszentralamt für Steuern (**BZSt**) ab. Der zum Steuerabzug verpflichtete Vergütungsschuldner muss dabei nicht zwangsläufig im Inland ansässig sein, da es bei der Beurteilung einer möglichen Abzugsteuerverpflichtung auf die beschränkte Steuerpflicht des im Ausland ansässigen Vergütungsempfängers ankommt und nicht auf den Steuerstatus des Vergütungsschuldners (BMF vom 25.11.2010, BStBl I 2010, 1350, Rz. 42).

Ein Steuerabzug erfolgt gem. § 50a Abs. 1 Nr. 1 und Nr. 2 EStG unter anderem bei Einkünften, die erzielt werden
- durch im Inland ausgeübte **künstlerische, sportliche, artistische, unterhaltende oder ähnliche Darbietungen** (einschließlich der Einkünfte aus anderen mit diesen Leistungen zusammenhängende Leistungen) sowie
- durch die **inländische Verwertung** der im Inland ausgeübten Darbietungen.

Eine **Darbietung** i. S. v. § 50a Abs. 1 Nr. 1 (bzw. Nr. 2) EStG liegt vor, wenn eigene oder fremde Werke, Kenntnisse oder Fähigkeiten vor oder für Publikum im Inland aufgeführt, gezeigt, vorgeführt oder zu Gehör gebracht werden. Typische Beispiele für Darbietungen sind etwa Ausstellungen, Konzerte, Theateraufführungen, Shows, Turniere oder Wettkämpfe (BMF vom 25.11.2010, BStBl I 2010, 1350, Rz. 17). Der Begriff der Darbietung ist weit auszulegen. Entscheidend soll allein der **Unterhaltungscharakter** der Darbietung sein, nicht jedoch das Niveau der Darbietung oder der Status des Vergütungsgläubigers als Künstler, Sportler oder Artist. Wissenschaftliche Aktivitäten, wie z. B. Vorträge und Seminare sowie unterrichtende Tätigkeiten sind keine Darbietungen i. S. d. § 50a Abs. 1 EStG und werden von der Steuerabzugsverpflichtung demnach nicht erfasst.

Voraussetzung für die Erhebung der Einkommen- bzw. Körperschaftsteuer im Wege des Steuerabzugs nach § 50a Abs. 1 EStG ist zunächst die sog. **beschränkte Steuerpflicht** des im Ausland ansässigen Vergütungsgläubigers.

Natürliche Personen, die im Inland weder einen Wohnsitz (§ 8 AO) noch ihren gewöhnlichen Aufenthalt (§ 9 AO) haben, unterliegen mit ihren **inländischen Einkünften** i. S. d. § 49 EStG der beschränkten Steuerpflicht (§ 1 Abs. 4 EStG).

Gleiches gilt für Körperschaften, Personenvereinigungen und Vermögensmassen, die weder ihre Geschäftsleitung (§ 10 AO) noch ihren Sitz (§ 11 AO) im Inland haben; auch sie unterliegen mit ihren inländischen Einkünften i. S. d. § 49 EStG (i. V. m. § 8 Abs. 1 KStG) der beschränkten Steuerpflicht (§ 2 Nr. 1 KStG).

> **WICHTIG**
>
> Bei der deutschen Abzug- bzw. Quellensteuer i. S. d. § 50a Abs. 1 EStG handelt es sich nicht um eine eigene Steuerart, sondern lediglich um eine besondere Form der Steuererhebung in Form des Steuerabzugs »an der Quelle« der Einkünfte (**Steuerabzugsverfahren**). Weiterhin definiert § 50a Abs. 1 EStG nicht, was inländische Einkünfte sind. Die Anwendung des Steuerabzugsverfahrens setzt vielmehr voraus, dass der im Ausland ansässige Vertragspartner inländische Einkünfte i. S. d. § 49 EStG erzielt, auf die § 50a Abs. 1 EStG verweist.

Im Zusammenhang mit der Ausübung oder Verwertung von Darbietungen können die nachfolgend dargestellten inländischen Einkunftstatbestände vorliegen:
- **Einkünfte aus Gewerbebetrieb**, für den im Inland eine Betriebsstätte unterhalten oder ein ständiger Vertreter bestellt ist (§ 49 Abs. 1 Nr. 2 Buchst. a EStG);
- **Einkünfte aus Gewerbebetrieb**, die durch im Inland ausgeübte oder verwertete künstlerische, sportliche, artistische, unterhaltende oder ähnliche Darbietungen erzielt wer-

den, einschließlich der Einkünfte aus anderen mit diesen Leistungen zusammenhängenden Leistungen, unabhängig davon, wem die Einnahmen zufließen (§ 49 Abs. 1 Nr. 2 Buchst. d EStG);
- **Einkünfte aus selbständiger Arbeit**, die im Inland ausgeübt oder verwertet wird oder worden ist, oder für die im Inland eine feste Einrichtung oder eine Betriebsstätte unterhalten wird (§ 49 Abs. 1 Nr. 3 EStG);
- **Einkünfte aus nichtselbständiger Arbeit**, die im Inland ausgeübt oder verwertet wird oder worden ist (§ 49 Abs. 1 Nr. 4 EStG);
- **Einkünfte aus Vermietung und Verpachtung** von Rechten, die in ein inländisches Register eingetragen sind oder die in einer inländischen Betriebsstätte bzw. anderen Einrichtung verwertet werden, soweit sie nicht zu den Einkünften aus Gewerbebetrieb gehören (§ 49 Abs. 1 Nr. 6 EStG);
- **Sonstige Einkünfte**, soweit es sich um Einkünfte aus inländischen unterhaltenden Darbietungen handelt (§ 49 Abs. 1 Nr. 9 EStG).

Für den Steuerabzug ist es unerheblich, welcher der relevanten und in § 49 EStG aufgeführten Einkunftsarten die Darbietung zuzuordnen ist. Neben der gewerblichen Darbietung werden auch Darbietungen im Rahmen einer freiberuflichen oder nichtselbständigen Tätigkeit oder als sonstige Leistung i. S. d. § 22 Nr. 3 EStG erfasst (BMF vom 25.11.2010, BStBl I 2010, 1350, Rz. 16). Die Verwertung einer Darbietung kann ebenfalls im Rahmen einer gewerblichen, freiberuflichen oder nichtselbständigen Tätigkeit erfolgen. Weiterhin kommt die Erfassung als Einkünfte aus Vermietung und Verpachtung (§ 21 EStG) in Frage.

Dem Steuerabzug unterliegen nicht nur die Einkünfte der ausübenden Person aus der Erbringung der Darbietung, sondern vielmehr auch die Einkünfte, die andere Vergütungsempfänger »**durch**« **die im Inland ausgeübte Tätigkeit** des Darbietenden erzielen. Typische Anwendungsfälle sind Einkünfte zwischengeschalteter Veranstalter und Künstlerverleihgesellschaften, die im eigenen Namen und auf eigene Rechnung als Vertragspartner auftreten. Gleiches gilt für Sportmannschaften / -vereine, die nicht selbst Veranstalter sind, aber Sportler als Arbeitnehmer einsetzen, wie z. B. Fußballvereine oder Motorrennteams (BFH vom 06.06.2012, I R 3/11, BStBl II 2013, 430).

Des Weiteren unterliegen Einkünfte aus anderen mit diesen Darbietungsleistungen **zusammenhängenden Leistungen** dem Steuerabzug. Eine Leistung hängt mit einer Darbietung zusammen, soweit sie im **sachlichen** oder **zeitlichen** Zusammenhang mit der jeweiligen Darbietung steht (BMF vom 25.11.2010, BStBl I 2010, 1350, Rz. 30) und von der Person erbracht wird, der die Einkünfte aus der Darbietung zuzurechnen sind. Von Dritten erbrachte Nebenleistungen unterliegen dem Steuerabzug nur, soweit
- der Darbietende Einfluss auf die Wahl und den Umfang der Leistungen des Dritten nehmen kann oder
- der Darbietende oder eine ihm nahestehende Person i. S. d. § 1 Abs. 2 AStG an dem die Nebenleistungen erbringenden Unternehmen unmittelbar oder mittelbar zu mindestens 25 % beteiligt ist oder
- eine wirtschaftliche Abhängigkeit zwischen dem Darbietenden und dem Dritten besteht (BMF vom 25.11.2010, BStBl I 2010, 1350, Rz. 34).

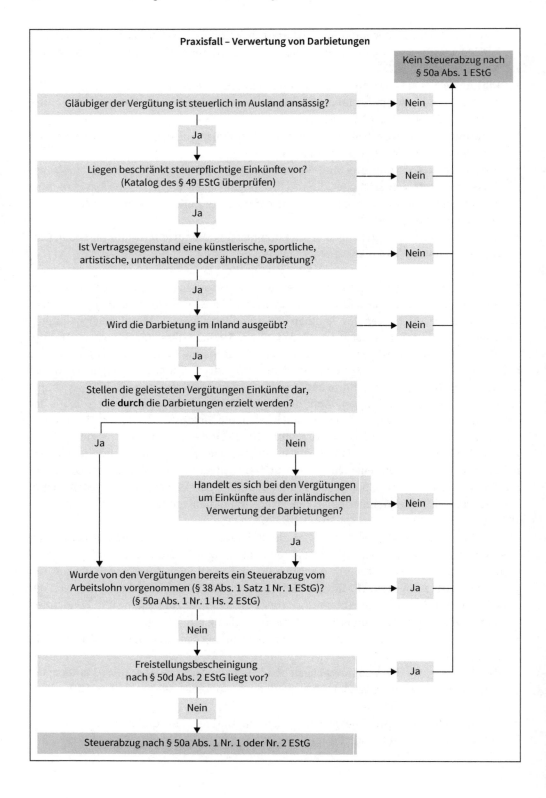

Eine zu abzugsteuerpflichtigen Einkünften führende **Verwertung** dieser Darbietungen ist ein Vorgang, bei dem der Darbietende oder ein Dritter, der die inländische Darbietung nicht selbst erbracht hat, sich die Ergebnisse der Darbietung durch eine zusätzliche Handlung finanziell nutzbar macht (BMF vom 25.11.2010, BStBl I 2010, 1350, Rz. 19). Durch die Verwertung werden die Darbietungen (weiteren) Personen zugänglich gemacht, die nicht physisch bei der (eigentlichen) Darbietung anwesend waren. Der erforderliche Inlandsbezug wird bei der Verwertung regelmäßig durch die Einräumung oder Überlassung von Nutzungsrechten an einen inländischen Vertragspartner hergestellt (*Wied/Reimer*, in: Blümich, § 49 EStG, Rn. 117). Stammen die Einkünfte sowohl aus der tatsächlichen Darbietung als auch aus deren Verwertung, ist der Verwertungstatbestand nachrangig (BMF vom 25.11.2010, BStBl I 2010, 1350, Rz. 19; *Wied/Reimer*, in: Blümich, § 49 EStG, Rn. 117).

Erzielt der im Ausland ansässige Vergütungsgläubiger inländische Einkünfte aus nichtselbständiger Arbeit (§ 19 EStG i. V. m. § 49 Abs. 1 Nr. 4 EStG) und ist bereits ein **Lohnsteuerabzug** (§§ 38 ff. EStG) auf Ebene des inländischen Arbeitgebers erfolgt, ist der Steuerabzug nach § 50a EStG nicht vorzunehmen (§ 50a Abs. 1 Nr. 1 letzter Hs. EStG).

2 Beschränkte Steuerpflicht des Vergütungsgläubigers

2.1 Ansässigkeit des Vergütungsgläubigers (persönliche Steuerpflicht)

Voraussetzung für die Erhebung der Einkommen- bzw. Körperschaftsteuer im Wege des Steuerabzugs nach § 50a Abs. 1 Nr. 1 und Nr. 2 EStG auf Ebene des Schuldners der Vergütung ist zunächst die **persönliche beschränkte Steuerpflicht** des Vergütungsgläubigers, dem die Einkünfte aus der Darbietung bzw. deren Verwertung zuzurechnen sind. Natürliche Personen, die im Inland

- weder einen Wohnsitz (§ 8 AO) noch
- ihren gewöhnlichen Aufenthalt (§ 9 AO) haben,

sind mit ihren inländischen Einkünften i. S. d. § 49 EStG beschränkt steuerpflichtig (§ 1 Abs. 4 EStG), sofern sie nicht nach § 1 Abs. 2 EStG unbeschränkt einkommensteuerpflichtig sind.

Wohnsitz im Sinne des § 8 AO
Einen Wohnsitz hat jemand dort, wo er eine Wohnung unter Umständen innehat, die darauf schließen lassen, dass er die Wohnung behalten und benutzen wird.

Gewöhnlicher Aufenthalt im Sinne des § 9 AO
[1]Den gewöhnlichen Aufenthalt hat jemand dort, wo er sich unter Umständen aufhält, die erkennen lassen, dass er an diesem Ort oder in diesem Gebiet nicht nur vorübergehend verweilt. [2]Als gewöhnlicher Aufenthalt im Geltungsbereich dieses Gesetzes ist stets und von Beginn an ein zeitlich zusammenhängender Aufenthalt **von mehr als sechs Monaten Dauer** anzusehen; kurzfristige Unterbrechungen bleiben unberücksichtigt.[3]Satz 2 gilt nicht, wenn der Aufenthalt ausschließlich zu Besuchs-, Erholungs-, Kur- oder ähnlichen privaten Zwecken genommen wird und nicht länger als ein Jahr dauert.

Wird eine natürliche Person als im Ausland ansässiger Vergütungsgläubiger auf Antrag nach § 1 Abs. 3 Satz 1 EStG als unbeschränkt einkommensteuerpflichtig behandelt (**§ 1 Abs. 3 Satz 6 EStG**), findet gleichwohl das Steuerabzugsverfahren Anwendung (BMF vom 25.11.2010, BStBl I 2010, 1350, Rz. 03).

Gleiches gilt, wenn die steuerlich im Ausland ansässige natürliche Person **erweitert beschränkt steuerpflichtig** i. S. d. § 2 AStG ist (§ 2 Abs. 5 Satz 2 AStG): auch in diesen Fällen ist das Steuerabzugsverfahren grundsätzlich anwendbar.

Natürliche Personen sind nach § 2 Abs. 1 Satz 1 AStG erweitert beschränkt steuerpflichtig, wenn sie:
- ihren Wohnsitz in ein Niedrigsteuerland (wie in § 2 Abs. 2 AStG definiert) verlegt haben;
- innerhalb der letzten 10 Jahre vor der Wohnsitzverlegung mindestens 5 Jahre in Deutschland unbeschränkt steuerpflichtig waren und
- weiterhin wesentliche wirtschaftliche Interessen in Deutschland haben.

Die erweitert beschränkte Steuerpflicht findet im Jahr des Wohnsitzwechsels und während der folgenden zehn Jahre Anwendung (§ 2 Abs. 1 Satz 1 AStG).

Darüber hinaus sind auch Körperschaften, Personenvereinigungen und Vermögensmassen, die
- weder ihre Geschäftsleitung (§ 10 AO) noch
- ihren Sitz (§ 11 AO) im Inland haben,

mit ihren inländischen Einkünften i. S. d. § 49 EStG (i. V. m. § 8 Abs. 1 KStG) beschränkt steuerpflichtig (§ 2 Nr. 1 KStG).

Geschäftsleitung im Sinne des § 10 AO
Geschäftsleitung ist der Mittelpunkt der geschäftlichen Oberleitung.

Sitz im Sinne des § 11 AO
Den Sitz hat eine Körperschaft, Personenvereinigung oder Vermögensmasse an dem Ort, der durch Gesetz, Gesellschaftsvertrag, Satzung, Stiftungsgeschäft oder dergleichen bestimmt ist.

Ob eine ausländische Gesellschaft als Körperschaft qualifiziert, bestimmt sich danach, ob das nach ausländischem Recht errichtete Rechtsgebilde nach seiner Struktur und seiner wirtschaftlichen Stellung mit einer deutschen Körperschaft vergleichbar ist (sog. **Typen-**

vergleich).[3] Eine Übersicht über die mit deutschen Körperschaften vergleichbaren Rechtsgebilde findet sich in der Tabelle 1 und 2 des BMF-Schreibens vom 24.12.1999 (BMF vom 24.12.1999, BStBl. I 1999, 1075). Die Einstufung des im Ausland ansässigen Zahlungsempfängers als steuerlich transparente Personengesellschaft oder als steuerlich intransparente Kapitalgesellschaft ist insbes. zur Beantwortung der Frage, wem die Einkünfte für abkommensrechtliche Zwecke zuzurechnen sind, von Bedeutung (siehe hierzu Kap. III.5.4.4).

2.2 Inländische Einkünfte durch Darbietungen (sachliche Steuerpflicht)

2.2.1 Überblick

Die Vorschrift des § 50a Abs. 1 EStG definiert keine eigene Einkunftsart und begründet demnach auch keine Steuerpflicht. Voraussetzung für eine mögliche Anwendung des Steuerabzugsverfahrens ist vielmehr, dass die in § 50a Abs. 1 EStG aufgeführten **inländische Einkünfte** i. S. d. § 49 EStG erzielt werden (sachlicher Anwendungsbereich).

Im Zusammenhang mit der Ausübung oder Verwertung von Darbietungen können die nachfolgend dargestellten inländischen Einkunftstatbestände vorliegen:
- Einkünfte aus Gewerbebetrieb (§ 49 Abs. 1 Nr. 2 Buchst. a bzw. d EStG);
- Einkünfte aus selbständiger Arbeit (§ 49 Abs. 1 Nr. 3 EStG);
- Einkünfte aus nichtselbständiger Arbeit (§ 49 Abs. 1 Nr. 4 EStG);
- Einkünfte aus Vermietung und Verpachtung (§ 49 Abs. 1 Nr. 6 EStG);
- Sonstige Einkünfte (§ 49 Abs. 1 Nr. 9 EStG).

Der Katalog inländischer Einkünfte i. S. d. beschränkten Steuerpflicht knüpft an die Einkunftsarten nach § 2 Abs. 1 EStG und deren inhaltliche Abgrenzung an. Entsprechend sind bei den inländischen Einkünften i. S. d. § 49 Abs. 1 EStG neben dem Inlandsbezug (z. B. in Form der Ausübung einer Darbietung im Inland oder der Verwertung von Rechten in einer inländischen Betriebsstätte) auch die inhaltlichen Voraussetzungen der §§ 13 bis 23 EStG zu berücksichtigen (*Wied/Reimer*, in: Blümich, § 49 EStG, Rz. 33).

> **WICHTIG**
>
> Die Erzielung inländischer Einkünfte i. S. d. § 49 Abs. 1 EStG setzt voraus, dass auch die inhaltlichen Anknüpfungspunkte der §§ 13 bis 23 EStG erfüllt sind.

---

3   Zu wesentlichen Strukturmerkmalen des Typenvergleichs siehe auch den sog. LLC Erlass (BMF vom 19.03.2004, BStBl I 2004, 411) sowie OFD Frankfurt vom 15.06.2016, IStR 2016, 860.

2.2.2 (Betriebsstätten-)Einkünfte aus Gewerbebetrieb

§ 50a EStG Steuerabzug bei beschränkt Steuerpflichtigen
(1) Die Einkommensteuer wird bei beschränkt Steuerpflichtigen im Wege des Steuerabzugs erhoben
1. bei Einkünften, die durch im Inland **ausgeübte künstlerische, sportliche, artistische, unterhaltende oder ähnliche Darbietungen** erzielt werden, einschließlich der Einkünfte aus anderen mit diesen Leistungen zusammenhängenden Leistungen, unabhängig davon, wem die Einkünfte zufließen (§ 49 Absatz 1 **Nummer 2** bis 4 und 9), es sei denn, es handelt sich um Einkünfte aus nichtselbständiger Arbeit, die bereits dem Steuerabzug vom Arbeitslohn nach § 38 Absatz 1 Satz 1 Nummer 1 unterliegen,
(…)

§ 49 EStG Beschränkt steuerpflichtige Einkünfte
(1) Inländische Einkünfte im Sinne der beschränkten Einkommensteuerpflicht (§ 1 Absatz 4) sind
(…)
2. **Einkünfte aus Gewerbebetrieb** (§§ 15 bis 17),
   a) für den im **Inland** eine **Betriebsstätte** unterhalten wird oder ein **ständiger Vertreter** bestellt ist,
(…)

Die erforderliche beschränkte Steuerpflicht des im Ausland ansässigen Vergütungsgläubigers (§ 1 Abs. 4 EStG, § 2 Nr. 1 KStG) kann sich nach der Systematik des § 49 Abs. 1 EStG zunächst aus § 49 Abs. 1 Nr. 2 **Buchst. a** EStG ergeben. Danach gehören zu den inländischen Einkünften aus Gewerbebetrieb solche, für den der im Ausland ansässige Vergütungsgläubiger im Inland eine **Betriebsstätte** unterhält oder ein **ständiger Vertreter** bestellt ist.

Für die Annahme inländischer Einkünfte in diesem Sinne ist zunächst die Erzielung originär gewerblicher Einkünfte (§§ 15 bis 17 EStG) notwendig. Der Begriff der **gewerblichen Einkünfte** ist i. R. d. beschränkten und unbeschränkten Steuerpflicht – wie sich aus dem Klammerzusatz im Einleitungssatz des § 49 Abs. 1 Nr. 2 EStG ergibt – deckungsgleich (*Roth*, in: Herrmann/Heuer/Raupach, § 49 EStG, Rz. 144). Demnach ist vorliegend für die Einordnung der erzielten Einkünfte insbes. auf § 15 Abs. 1 Satz 1 Nr. 1 i. V. m. Abs. 2 EStG zurückzugreifen. Voraussetzung für die Erzielung gewerblicher Einkünfte ist danach eine selbstständige nachhaltige Betätigung, die mit der Absicht, Gewinn zu erzielen, unternommen wird und sich als Beteiligung am allgemeinen wirtschaftlichen Verkehr darstellt (Gewerbebetrieb) (R 15.7 Abs. 1 Satz 3 EStR). Negativ wird der Gewerbebetrieb in § 15 Abs. 2 EStG dadurch abgegrenzt, dass es sich nicht um eine Tätigkeit handeln darf, die weder als Ausübung von Land- und Forstwirtschaft noch als Ausübung eines freien Berufs noch als eine andere selbständige Arbeit oder als private Vermögensverwaltung anzusehen ist. Die Einkünfteerzielungsabsicht muss hinsichtlich der in- und ausländischen Gesamttätigkeit gegeben sein (*Wied/Reimer*, in: Blümich, § 49 EStG, Rn. 59).

Weiterhin setzt die Erzielung inländischer Einkünfte i. S. d. § 49 Abs. 1 Nr. 2 Buchst. a EStG – und damit die beschränkte Steuerpflicht des im Ausland ansässigen Vergütungsgläubigers – voraus, dass für den Gewerbebetrieb im Inland eine Betriebsstätte unterhalten wird oder ein ständiger Vertreter bestellt ist. Für den Begriff der Betriebsstätte und des Vertreters wird auf die allgemeine Begriffsdefinition der §§ 12 und 13 AO abgestellt:

---

§ 12 AO Betriebsstätte
¹Betriebsstätte ist jede feste Geschäftseinrichtung oder Anlage, die der Tätigkeit eines Unternehmens dient.²Als Betriebsstätten sind insbesondere anzusehen:
1. die Stätte der Geschäftsleitung,
2. Zweigniederlassungen,
3. Geschäftsstellen
(…)

Eine Betriebsstätte ist jede feste und auf Dauer angelegte Geschäftseinrichtung oder Anlage, die der Tätigkeit eines Unternehmens dient. Eine Geschäftseinrichtung kann wiederum jeder körperliche Gegenstand oder jede Zusammenfassung körperlicher Gegenstände sein, die geeignet sind, Grundlage einer Unternehmenstätigkeit zu sein. Die Einrichtung muss fest i. S. einer örtlichen »Verwurzelung« sein und der Unternehmer muss darin seine eigene gewerbliche Tätigkeit ausüben. Eine feste Verbindung mit der Erdoberfläche sowie die Sichtbarkeit der Einrichtung sind jedoch nicht notwendig. Darüber hinaus muss der Unternehmer eine gewisse, nicht nur vorübergehende Verfügungsmacht über die Einrichtung haben (s. zum Betriebsstättenbegriff u. a. BMF vom 24.12.1999, BStBl I 1999, 1076, Rz. 1.1.1.1; OFD Karlsruhe vom 16.9.2014, IStR 2015, 887). Ob eine Betriebsstätte vorliegt, entscheidet sich nach den Umständen des Einzelfalls und der Ausprägung der genannten zeitlichen und räumlichen Tatbestandsmerkmale.

Beispiel

Im Bereich der gewerblichen Darbietungseinkünfte kann eine inländische Betriebsstätte vorliegen, wenn eine im Ausland ansässige Künstleragentur im Inland eine Niederlassung eröffnet, die Künstler im eigenen Namen und für eigene Rechnung an Dritte für Veranstaltungen zur Verfügung stellt.

Wird im Inland keine Betriebsstätte begründet, kann der erforderliche Inlandsbezug für die Erzielung inländischer Einkünfte aus Gewerbebetrieb auch durch die Bestellung eines ständigen Vertreters im Inland gegeben sein.

> **§ 13 AO Ständiger Vertreter**
> ¹Ständiger Vertreter ist eine Person, die nachhaltig die Geschäfte eines Unternehmens besorgt und dabei dessen Sachweisungen unterliegt. ²Ständiger Vertreter ist insbesondere eine Person, die für ein Unternehmen nachhaltig
> 1. Verträge abschließt oder vermittelt oder Aufträge einholt oder
> 2. einen Bestand von Gütern oder Waren unterhält und davon Auslieferungen vornimmt.

Der ständige Vertreter kann eine natürliche oder juristische Person sein. Erforderliches Merkmal ist, dass der Vertreter nachhaltig, also nicht nur gelegentlich oder vorübergehend für das Unternehmen tätig wird und dessen sachlicher Weisung unterliegt. Der Vertreter muss seinerseits über eine Betriebsstätte oder feste Einrichtung im Inland verfügen.

2.2.3 »Betriebsstättenlose« Einkünfte aus Gewerbebetrieb

> **§ 50a EStG Steuerabzug bei beschränkt Steuerpflichtigen**
> (1) Die Einkommensteuer wird bei beschränkt Steuerpflichtigen im Wege des Steuerabzugs erhoben
> 1. bei Einkünften, die **durch** im Inland **ausgeübte künstlerische, sportliche, artistische, unterhaltende oder ähnliche Darbietungen** erzielt werden, einschließlich der Einkünfte aus anderen mit diesen Leistungen zusammenhängenden Leistungen, unabhängig davon, wem die Einkünfte zufließen (§ 49 Absatz 1 **Nummer 2** bis 4 und 9), es sei denn, es handelt sich um Einkünfte aus nichtselbständiger Arbeit, die bereits dem Steuerabzug vom Arbeitslohn nach § 38 Absatz 1 Satz 1 Nummer 1 unterliegen,
> 2. bei Einkünften aus der inländischen **Verwertung von Darbietungen** im Sinne der Nummer 1 (§ 49 Absatz 1 Nummer 2 bis 4 und 6),
> (…)

> **§ 49 EStG Beschränkt steuerpflichtige Einkünfte**
> (1) Inländische Einkünfte im Sinne der beschränkten Einkommensteuerpflicht (§ 1 Absatz 4) sind
> (…)
> 2. Einkünfte aus Gewerbebetrieb (§§ 15 bis 17),
> (…)
>   d) die, soweit sie nicht zu den Einkünften im Sinne der Nummern 3 und 4 gehören, **durch im Inland ausgeübte oder verwertete künstlerische, sportliche, artistische, unterhaltende oder ähnliche Darbietungen** erzielt werden, einschließlich der Einkünfte aus anderen mit diesen Leistungen **zusammenhängenden Leistungen**, unabhängig davon, wem die Einnahmen zufließen,
> (…)

Unterhält der im Ausland ansässige Vergütungsgläubiger **keine eigene (Vertreter-)Betriebsstätte** im Inland bzw. können die durch im Inland erbrachte oder verwertete Darbietungen erzielten Einkünfte nicht dieser Betriebsstätte zugeordnet werden, kann sich die für einen Steuerabzug nach § 50a Abs. 1 Nr. 1 EStG erforderliche beschränkte Steuerpflicht (§ 1 Abs. 4 EStG, § 2 Nr. 1 KStG) weiterhin aus § 49 Abs. 1 Nr. 2 **Buchst. d** EStG ergeben. Danach gehören zu den inländischen Einkünften aus Gewerbebetrieb solche, die durch im Inland ausgeübte oder verwertete künstlerische, sportliche, artistische, unterhaltende oder ähnliche **Darbietungen** erzielt werden (einschließlich der Einkünfte aus anderen mit diesen Leistungen zusammenhängenden Leistungen). Dies gilt unabhängig davon, wem die Einnahmen zufließen. Eine Darbietung i. S. v. § 50a Abs. 1 Nr. 1 (bzw. Nr. 2) EStG liegt vor, wenn eigene oder fremde Werke, Kenntnisse oder Fähigkeiten vor oder für Publikum im Inland aufgeführt, gezeigt, vorgeführt oder zu Gehör gebracht werden.

Eine Darbietung wird im Inland **ausgeübt**, wenn sich der beschränkt Steuerpflichtige physisch im Inland aufhält und dort seine (für die Leistung wesentliche) Tätigkeit verrichtet bzw. die Darbietung im Inland erbringt (BMF vom 25.11.2010, BStBl I 2010, 1350, Rz. 18). Die Nachhaltigkeit der Tätigkeit im Inland ist nicht erforderlich. Unter der **Verwertung** einer Darbietung ist ein Vorgang zu verstehen, mit dem die Ergebnisse der Darbietung durch eine **zusätzliche Handlung** finanziell nutzbar gemacht werden (BMF vom 25.11.2010, BStBl I 2010, 1350, Rz. 19 und 20). Dies ist regelmäßig bei der Einräumung von (Nutzungs-)Rechten der Fall (BFH vom 04.03.2009, I R 6/07, BStBl II 2009, 625).

Von § 49 Abs. 1 Nr. 2 Buchst. d EStG werden zum einen persönlich Darbietende, die nicht die Voraussetzungen der selbständigen künstlerischen Tätigkeit i. S. d. § 18 Abs. 1 Nr. 1 EStG erfüllen, erfasst. Hierzu gehören bspw. Berufssportler. Zum anderen umfasst die Vorschrift Darbietungen, die der beschränkt Steuerpflichtige **nicht selbst und persönlich** ausführt, ihm die Darbietung aber zugerechnet wird. Dies ist typischerweise der Fall bei
- Event-, Vermarktungs-, Künstlerverleih- und Promotionsgesellschaften,
- Konzertdirektionen,
- Agenturen und
- Künstler- und Sportlergesellschaften, die ihren Vertragspartnern die Leistungen des persönlich Darbietenden im eigenen Namen und auf eigene Rechnung zur Verfügung stellen.

Weiterhin werden von der Vorschrift auch Sportteams bzw. Sportvereine erfasst, die selbst keine Veranstalter sind, aber Sportler als Arbeitnehmer einsetzen (BFH vom 06.06.2012, I R 3/11, BStBl II 2013, 430). Gleiches gilt für Dachverbände des Sports (Olympische Komitee, UEFA, etc.).

Auch für die Annahme inländischer Einkünfte i. S. d. § 49 Abs. 1 Nr. 2 Buchst. d EStG ist die Erzielung originär gewerblicher Einkünfte (§§ 15 bis 17 EStG) notwendig.

Die Vorschrift ist **subsidiär** im Verhältnis zu § 49 Abs. 1 Nr. 2 Buchst. a Nr. 3 und Nr. 4 EStG. Entsprechend erzielt der im Ausland ansässige Vergütungsgläubiger keine gewerblichen Einkünfte, soweit diese bei natürlichen Personen aufgrund ihres künstlerischen Niveaus den Einkünften aus selbständiger Arbeit (§ 49 Abs. 1 Nr. 3 EStG) oder aufgrund eines Arbeitnehmerverhältnisses den Einkünften aus nichtselbständiger Arbeit (§ 49 Abs. 1 Nr. 4 EStG) zuzuordnen sind.

2.2.4 Einkünfte aus selbständiger Tätigkeit

2.2.4.1 Allgemeines

§ 50a EStG Steuerabzug bei beschränkt Steuerpflichtigen
(1) Die Einkommensteuer wird bei beschränkt Steuerpflichtigen im Wege des Steuerabzugs erhoben
1. bei Einkünften, die durch **im Inland ausgeübte oder verwertete künstlerische, sportliche, artistische, unterhaltende oder ähnliche Darbietungen** erzielt werden, einschließlich der Einkünfte aus anderen mit diesen Leistungen **zusammenhängenden Leistungen**, unabhängig davon, wem die Einkünfte zufließen (§ 49 Absatz 1 **Nummer 2 bis 4** und 9), es sei denn, es handelt sich um Einkünfte aus nichtselbständiger Arbeit, die bereits dem Steuerabzug vom Arbeitslohn nach § 38 Absatz 1 Satz 1 Nummer 1 unterliegen,
(...)

§ 49 EStG Beschränkt steuerpflichtige Einkünfte
(1) Inländische Einkünfte im Sinne der beschränkten Einkommenssteuerpflicht (§ 1 Absatz 4) sind
(...)
3. **Einkünfte aus selbständiger Arbeit** (§ 18), die im Inland **ausgeübt** oder **verwertet** wird oder worden ist, oder für die im Inland eine **feste Einrichtung** oder eine **Betriebsstätte** unterhalten wird;

§ 18 EStG Selbständige Arbeit
(1) Einkünfte aus selbständiger Arbeit sind
1. Einkünfte aus freiberuflicher Tätigkeit. Zu der freiberuflichen Tätigkeit gehören die **selbständig ausgeübte** wissenschaftliche, **künstlerische**, schriftstellerische, unterrichtende oder erzieherische **Tätigkeit**, die selbständige Berufstätigkeit der Ärzte, Zahnärzte, Tierärzte, Rechtsanwälte, Notare, Patentanwälte, Vermessungsingenieure, Ingenieure, Architekten, Handelschemiker, Wirtschaftsprüfer, Steuerberater, beratenden Volks- und Betriebswirte, vereidigten Buchprüfer, Steuerbevollmächtigten, Heilpraktiker, Dentisten, Krankengymnasten, Journalisten, Bildberichterstatter, Dolmetscher, Übersetzer, Lotsen und ähnlicher Berufe.
(...)

Im Zusammenhang mit der Ausübung oder Verwertung von Darbietungen kann sich die für den Steuerabzug nach § 50a Abs. 1 Nr. 1 (bzw. Nr. 2) EStG erforderliche beschränkte Steuerpflicht des im Ausland ansässigen Vergütungsgläubigers (§ 1 Abs. 4 EStG) bei **natürlichen Personen** weiterhin aus § 49 Abs. 1 Nr. 3 EStG ergeben.

Nach § 49 Abs. 1 **Nr. 3** EStG gehören zu den inländischen (Darbietungs-)Einkünften solche aus selbständiger Arbeit, die im Inland ausgeübt oder verwertet wird oder für die im Inland eine feste Geschäftseinrichtung oder Betriebsstätte unterhalten wird.

Durch den Verweis von § 49 Abs. 1 Nr. 3 EStG auf § 18 EStG wird klargestellt, dass die natürliche Person als Vergütungsgläubiger für die Erzielung inländischer Einkünfte eine freiberufliche Tätigkeit i. S. d. § 18 Abs. 1 Nr. 1 EStG ausüben muss. Sportlichen Darbietungen von Berufssportlern qualifizieren als gewerbliche und nicht als selbständige Tätigkeit (BMF vom 25.11.2010, BStBl I 2010, 1350, Rz. 94; BFH vom 11.10.2000, I R 44–51/99, BStBl II 2002, 271). Charakteristisch für Einkünfte aus selbständiger Arbeit ist, dass diese der wirtschaftliche Erfolg **persönlicher qualifizierter Arbeitsleistung** sind. (Im Ausland ansässige) Körperschaften können daher keine inländischen Einkünfte aus selbstständiger Arbeit erzielen (*Wied/Reimer*, in: Blümich, § 49 EStG, Rz. 141).

2.2.4.2 Kunst bzw. künstlerische Tätigkeit

Im Zusammenhang mit einem möglichen Steuerabzug nach § 50a Abs. 1 Nr. 1 (bzw. Nr. 2) EStG ist insbes. die Einstufung einer Tätigkeit als **künstlerisch selbständige Tätigkeit** von Bedeutung.

Der Begriff der **Kunst** bzw. **künstlerische Tätigkeit** ist im Gesetz nicht definiert. Regelmäßig ergeben sich daher Abgrenzungsschwierigkeiten zur den Einkünften aus einer gewerblichen Tätigkeit. Nach ständiger Rechtsprechung des BFH ist die künstlerische Tätigkeit gekennzeichnet durch das Vollbringen einer **eigenschöpferischen Leistung**, in der die individuelle Anschauungsweise und Gestaltungskraft zum Ausdruck kommt, und eine über die hinreichende Beherrschung der Technik hinausgehende **gewisse künstlerische Gestaltungshöhe** erreicht (BFH vom 11.07.1991, IV R 33/90, BStBl II 1992, 353; BFH vom 11.07.1991, IV R 102/90, BStBl II 1992, 413; BFH vom 02.12.1980, VIII R 32/75, BStBl II 1981, 170). Das eigenschöpferische Moment allein reicht für eine künstlerische Tätigkeit grundsätzlich nicht aus. Eine eigenschöpferische Leistung kann jedoch auch in einer bloß reproduzierenden Tätigkeit liegen. Dies ist etwa bei Musikern der Fall, wenn die Darbietungen einen bestimmten Qualitätsstandard erreichen (BFH vom 19.08.1982, IV R 64/69, BStBl II 1983, 7; BFH vom 27.06.1985, I R 22/81, BFH/NV 1985, 17).

Darüber hinaus kann eine Tätigkeit künstlerisch sein, wenn sie die eigentliche künstlerische Haupttätigkeit unterstützt und ergänzt, soweit sie Teil des gesamten künstlerischen Geschehens ist (BFH vom 18.04.2007, XI R 21/06, BStBl II 2007, 702 betreffend die Tätigkeit eines Statisten an einer Oper).

Im Bereich der **(zweck-)freien Kunst**, deren Arbeitsergebnisse keinen Gebrauchszweck haben, sondern auf die Erzielung einer ästhetischen Wirkung ausgerichtet sind (z. B. bei Musikern, Komponisten), ist jedoch grundsätzlich auch ohne Feststellung einer ausreichenden künstlerischen Gestaltungshöhe von einer künstlerischen Tätigkeit auszugehen (*Hutter*, in: Blümich, § 18 EStG, Rz. 94).

Hingegen ist im Bereich der **Gebrauchskunst**, deren Arbeitsergebnisse einen praktischen Gebrauchswert haben (z. B. die der Gebrauchsgraphiker, Modezeichner, Grafik- und Industrie-Designer), von einer künstlerischen Tätigkeit nur dann auszugehen, wenn sie auf einer eigenschöpferischen Leistung beruht, d. h. auf Leistungen, in denen sich eine individuelle Anschauungsweise / besondere Gestaltungsweise widerspiegelt und die Arbeitsergebnisse eine gewisse künstlerische Gestaltungshöhe erreichen. Diese ist nicht mehr gegeben, wenn aufgrund der vom Auftraggeber erteilten Anweisungen kein Raum mehr zu einer eigenschöpferischen Leistung bleibt, wie dies regelmäßig bei **Werbeaufnahmen** der Fall ist. Entsprechend sind weder Fotomodelle bei Modeaufnahmen (BMF vom 09.01.2009, DStR 2009, 375), noch Schauspieler bei der Aufzeichnung von Werbespots (FG München vom 16.10.2003, 5 K 1166/00, DStRE 2004, 754; FG München vom 25.11.2006, 8 K 1197/03, DStRE 2007, 21; BFH vom 11.07.1991, IV R 33/90, BStBl II 1992, 353) künstlerisch tätig.

Auch Werbefotografen erbringen (in Abgrenzung zum Fotodesigner) nur im Ausnahmefall eine künstlerische Leistung (BFH vom 19.02.1998, IV R 50-96, BStBl II 1998, 441; FG Hamburg vom 18.06.2007, 2 K 248/05, EFG 2008, 58). Bei

- Video-Editoren / Cuttern (FG Hamburg vom 16.12.2004, VI 263/02, EFG 2005, 697),
- Regisseuren und Kameraleuten (FG Hamburg vom 19.03.2007, 5 K 193/05, EFG 2007, 1437) sowie
- Casting-Direktoren (FG München vom 23.09.2011, 1 K 3200/09, EFG 2012, 159)

kommt es entscheidend auf die Umstände des Einzelfalls an. Liegt keine künstlerische Tätigkeit vor, werden regelmäßig gewerbliche Einkünften erzielt.

2.2.4.3 Ausübung oder Verwertung der Darbietung im Inland

Die Erzielung inländischer Einkünfte i. S. d. § 49 Abs. 1 Nr. 3 EStG (i. V. m. § 18 EStG) setzt voraus, dass die Tätigkeit **im Inland ausgeübt** wird. Dies ist der Fall, wenn sich der beschränkt Steuerpflichtige physisch im Inland aufhält und dort seine (für die Leistung wesentliche) Tätigkeit verrichtet bzw. die Darbietung im Inland erbringt (BMF vom 25.11.2010, BStBl I 2010, 1350, Rz. 17).

Eine selbständige Tätigkeit wird alternativ im Inland **verwertet**, wenn der Vergütungsgläubiger das Ergebnis seiner Arbeitsleistung (d. h. ein körperliches oder geistiges Arbeitsprodukt) dem Inland zuführt und durch diese **zusätzliche Handlung finanziellen Nutzen** aus seiner Arbeit zieht. Dies ist regelmäßig bei der Einräumung von (Nutzungs-) Rechten der Fall (BFH vom 04.03.2009, I R 6/07, BStBl II 2009, 625). Verwerten i. S. v. § 49 Abs. 1 Nr. 3 EStG kann immer nur derjenige, der die verwertete Tätigkeit selbst erbracht hat **(Personengleichheit)**. Wird das Ergebnis einer selbständigen Tätigkeit von einem Dritten verwertet, der die Rechte erworben hat, erzielt dieser keine Einkünfte aus selbständiger Tätigkeit, sondern allenfalls solche nach § 49 Abs. 1 Nr. 6 EStG oder § 49 Abs. 1 Nr. 2 Buchst. f EStG. Eine persönliche Anwesenheit des beschränkt Steuerpflichtigen im Inland ist bei dem Verwertungstatbestand nicht erforderlich. Vielmehr ist für den erforderlichen Inlandsbezug regelmäßig ausreichend, wenn der Vertragspartner im Inland ansässig ist. (BFH vom 20.07.1988, I R 174/85, BStBl II 1989, 87).

2.2.4.4 Darbietungen und Betriebsstätten bzw. feste Einrichtungen

Inländische Einkünfte i. S. d. § 49 Abs. 1 Nr. 3 EStG (i. V. m. § 18 EStG) können auch dann erzielt werden, wenn der im Ausland ansässige Vergütungsgläubiger eine **Betriebsstätte oder feste Einrichtung** im Inland unterhält.

Eine Betriebsstätte ist jede feste und auf Dauer angelegte Geschäftseinrichtung oder Anlage, die der Tätigkeit eines Unternehmens dient. Eine Geschäftseinrichtung kann wiederum jeder körperliche Gegenstand oder jede Zusammenfassung körperlicher Gegenstände sein, die geeignet sind, Grundlage einer Unternehmenstätigkeit zu sein. Die Einrichtung muss fest i. S. einer örtlichen »Verwurzelung« sein und der Unternehmer muss darin seine eigene gewerbliche Tätigkeit ausüben. Eine feste Verbindung mit der Erdoberfläche sowie die Sichtbarkeit der Einrichtung sind jedoch nicht notwendig. Darüber hinaus muss der Unternehmer eine gewisse, nicht nur vorübergehende Verfügungsmacht über die Einrichtung haben (s. zum Betriebsstättenbegriff u. a. BMF vom 24.12.1999, BStBl I 1999, 1076, Rz. 1.1.1.1; OFD Karlsruhe vom 16.9.2014, IStR 2015, 887). Ob eine Betriebsstätte vorliegt, entscheidet sich nach den Umständen des Einzelfalls und der Ausprägung der genannten zeitlichen und räumlichen Tatbestandsmerkmale.

2.2.5 Einkünfte aus nichtselbständiger Arbeit

---

§ 50a EStG Steuerabzug bei beschränkt Steuerpflichtigen

(1) Die Einkommensteuer wird bei beschränkt Steuerpflichtigen im Wege des Steuerabzugs erhoben

1. bei Einkünften, die durch **im Inland ausgeübte oder verwertete künstlerische, sportliche, artistische, unterhaltende oder ähnliche Darbietungen** erzielt werden, einschließlich der Einkünfte aus anderen mit diesen Leistungen **zusammenhängenden Leistungen**, unabhängig davon, wem die Einkünfte zufließen (§ 49 Absatz 1 Nummer **2 bis 4** und 9), es sei denn, es handelt sich um Einkünfte aus nichtselbständiger Arbeit, die bereits dem Steuerabzug vom Arbeitslohn nach § 38 Absatz 1 Satz 1 Nummer 1 unterliegen,

(…)

---

§ 49 EStG Beschränkt steuerpflichtige Einkünfte

(1) Inländische Einkünfte im Sinne der beschränkten Einkommensteuerpflicht (§ 1 Absatz 4) sind

(…)

4. Einkünfte aus nichtselbständiger Arbeit (§ 19), die
    a) im Inland **ausgeübt** oder **verwertet** wird oder worden ist,

(…)

> **§ 19 EStG Nichtselbständige Arbeit**
> (1) Zu den Einkünften aus nichtselbständiger Arbeit gehören
> 1. Gehälter, Löhne, Gratifikationen, Tantiemen und andere Bezüge und Vorteile für eine Beschäftigung im öffentlichen oder privaten Dienst;
> (...)

Weiterhin kann sich die für den Steuerabzug nach § 50a Abs. 1 Nr. 1 (bzw. Nr. 2 EStG) erforderliche beschränkte Steuerpflicht des im Ausland ansässigen Vergütungsgläubigers (§ 1 Abs. 4 EStG) bei natürlichen Personen aus § 49 Abs. 1 Nr. 4 EStG ergeben. Danach gehören zu den inländischen Einkünften solche aus nichtselbständiger Arbeit, die im Inland ausgeübt oder verwertet wird bzw. worden ist. Eine **nichtselbständige Arbeit** liegt vor, wenn die tätige Person (Arbeitnehmer) in der Betätigung ihres geschäftlichen Willens unter der Leitung eines Arbeitgebers steht oder in den geschäftlichen Organismus des Arbeitgebers eingegliedert und dessen Weisungen zu folgen verpflichtet ist (**Dienstverhältnis**) (§ 1 Lohnsteuer-Durchführungsverordnung).

Folgende Merkmale (Auszug) können für eine Arbeitnehmereigenschaft sprechen (BFH vom 22.02.2012, X R 14/10, BStBl II 2012, 511):
- persönliche Abhängigkeit;
- Weisungsgebundenheit hinsichtlich Ort, Zeit und Inhalt der Tätigkeit;
- feste Arbeitszeiten;
- feste Bezüge;
- Urlaubsanspruch;
- Fortzahlung der Bezüge im Krankheitsfall.

Inländische Einkünfte i. S. d. § 49 Abs. 1 Nr. 4 EStG (i. V. m. § 19 EStG) sind alle Einnahmen, die dem Arbeitnehmer aus einem Dienstverhältnis zufließen (§ 1 Abs. 2 LStDV).

Die Erzielung inländischer Einkünfte i. S. d. § 49 Abs. 1 Nr. 4 EStG (i. V. m. § 19 EStG) setzt voraus, dass die Tätigkeit **im Inland ausgeübt** oder **verwertet** wird. Die Begriffe entsprechen grundsätzlich denen im Rahmen der Erzielung inländischer Einkünfte aus selbständiger Tätigkeit. Auch Verwerten i. S. v. § 49 Abs. 1 Nr. 4 EStG kann nur derjenige, der die verwertete Tätigkeit selbst erbracht hat (**Personengleichheit**) (BFH vom 12.11.1986, I R 38/83, BStBl II 1987, 377). Verwertet ein Dritter, der die Rechte erworben hat, erzielt dieser keine Einkünfte aus nichtselbständiger Tätigkeit. Vielmehr liegen Einkünfte aus der Nutzungsüberlassung von Rechten nach § 49 Abs. 1 Nr. 6 EStG bzw. § 49 Abs. 1 Nr. 2 Buchst. f EStG vor.

Ein Arbeitnehmer verwertet das Ergebnis seiner nichtselbständigen Arbeit dort, wo er es seinem Arbeitgeber zuführt (BFH vom 12.11.1986, I R 69/83, BStBl II 1987, 379). Unerheblich ist, wie der Arbeitgeber das Arbeitsergebnis nutzt (BFH vom 12.11.1986, I R 38/83, BStBl II 1987, 377).

> **Beispiel (BMF vom 25.11.2010, BStBl I 2010, 1350, Rn. 106)**
>
> Ein im Ausland ansässiger Filmschauspieler wirkt als Angestellter für einen inländischen Produzenten an einem im Ausland produzierten Film mit. Er hat keine Urheberrechte am Film. Der Film wird im Inland ausgestrahlt.
> Da der Filmschauspieler seine Tätigkeit im Ausland ausübt, erzielt er keine beschränkt steuerpflichtigen Einkünfte i. S. d. § 49 Abs. 1 Nr. 4 EStG.

In der Praxis ergeben sich bei Künstlern oftmals Abgrenzungsfragen zwischen einer selbständigen Tätigkeit und nichtselbständiger Arbeit. Hierzu hat das BMF mit Schreiben vom 05.10.1990 ausführlich Stellung genommen (BMF vom 05.10.1990, BStBl I 1990, 638).

Ist ein im Ausland ansässiger Vergütungsgläubiger für einen **inländischen Arbeitgeber** tätig, wird die Einkommensteuer im Wege des Lohnsteuerabzugs nach § 38 Abs. 1 Nr. 1 EStG erhoben (zum Lohnsteuerabzug bei Künstlern siehe BMF vom 31.07.2002, BStBl I 2002, 707, geändert durch BMF vom 28.03.2013, BStBl I 2013, 443). Der Steuerabzug nach § 50a Abs. 1 Nr. 1 EStG findet insoweit keine Anwendung (§ 50a Abs. 1 Nr. 1 letzter Hs. EStG).

2.2.6 Einkünfte aus Vermietung und Verpachtung

> **§ 50a EStG Steuerabzug bei beschränkt Steuerpflichtigen**
> (1) Die Einkommensteuer wird bei beschränkt Steuerpflichtigen im Wege des Steuerabzugs erhoben
> (…)
> 2. bei Einkünften aus der inländischen **Verwertung von Darbietungen** im Sinne der Nummer 1 (§ 49 Absatz 1 **Nummer** 2 bis 4 und **6**),
> (…)

> **§ 49 EStG Beschränkt steuerpflichtige Einkünfte**
> (1) Inländische Einkünfte im Sinne der beschränkten Einkommensteuerpflicht (§ 1 Absatz 4) sind
> (…)
> 6. **Einkünfte aus Vermietung und Verpachtung (§ 21),** soweit sie nicht zu den Einkünften im Sinne der Nummern 1 bis 5 gehören, wenn das unbewegliche Vermögen, die Sachinbegriffe oder **Rechte** im Inland **belegen** oder in ein inländisches öffentliches Buch oder Register **eingetragen** sind oder **in einer inländischen Betriebsstätte** oder in einer anderen Einrichtung **verwertet** werden;
> (…)

Im Zusammenhang mit der Verwertung von Darbietungen im Inland verweist § 50a Abs. 1 Nr. 2 EStG hinsichtlich der Erzielung inländischer Einkünfte auch auf § 49 Abs. 1 Nr. 6 EStG. Zu den inländischen Einkünften gehören nach § 49 Abs. 1 Nr. 6 EStG (i. V. m. § 21 Abs. 1 Nr. 3 EStG) insbes. Einkünfte aus der zeitlich begrenzten Überlassung von Rechten (insbes. schriftstellerische, künstlerische und gewerbliche Urheberrechte sowie gewerbliche Erfahrungen), die in ein inländisches Register eingetragen sind oder in einer inländischen Betriebsstätte oder in einer anderen Einrichtung verwertet werden. Die Vorschrift des § 49 Abs. 1 Nr. 6 EStG ist subsidiär gegenüber § 49 Abs. 1 Nr. 1 bis 5 EStG und daher in der Praxis von untergeordneter Bedeutung. Darüber hinaus ist der Steuerabzug nach § 50a Abs. 1 Nr. 2 EStG bei der Überlassung von Rechten ausgeschlossen. Vielmehr ist der Steuerabzug nach § 50a Abs. 1 Nr. 3 EStG vorzunehmen (BMF vom 25.11.2010, BStBl I 2010, 1350, Rz. 21).

2.2.7 Sonstige Einkünfte

§ 50a EStG Steuerabzug bei beschränkt Steuerpflichtigen
(1) Die Einkommensteuer wird bei beschränkt Steuerpflichtigen im Wege des Steuerabzugs erhoben
1. bei Einkünften, die durch im Inland **ausgeübte künstlerische, sportliche, artistische, unterhaltende oder ähnliche Darbietungen** erzielt werden, einschließlich der Einkünfte aus anderen mit diesen Leistungen zusammenhängenden Leistungen, unabhängig davon, wem die Einkünfte zufließen (§ 49 Absatz 1 **Nummer** 2 bis 4 und **9**), es sei denn, es handelt sich um Einkünfte aus nichtselbständiger Arbeit, die bereits dem Steuerabzug vom Arbeitslohn nach § 38 Absatz 1 Satz 1 Nummer 1 unterliegen,
(…)

§ 49 EStG Beschränkt steuerpflichtige Einkünfte
(1) Inländische Einkünfte im Sinne der beschränkten Einkommensteuerpflicht (§ 1 Absatz 4) sind
(…)
9. **sonstige Einkünfte im Sinne des § 22 Nummer 3**, auch wenn sie bei Anwendung dieser Vorschrift einer anderen Einkunftsart zuzurechnen wären, soweit es sich um Einkünfte **aus inländischen unterhaltenden Darbietungen**, aus der Nutzung beweglicher Sachen im Inland oder aus der Überlassung der Nutzung oder des Rechts auf Nutzung von gewerblichen, technischen, wissenschaftlichen und ähnlichen Erfahrungen, Kenntnissen und Fertigkeiten, zum Beispiel Plänen, Mustern und Verfahren, handelt, die im Inland genutzt werden oder worden sind; dies gilt nicht, soweit es sich um steuerpflichtige Einkünfte im Sinne der Nummern 1 bis 8 handelt;
(…)

§ 22 EStG Arten der sonstigen Einkünfte
Sonstige Einkünfte sind
3. Einkünfte aus Leistungen, soweit sie weder zu anderen Einkunftsarten (§ 2 Absatz 1 Satz 1 Nummer 1 bis 6) noch zu den Einkünften im Sinne der Nummern 1, 1a, 2 oder 4 gehören, z. B. Einkünfte aus gelegentlichen Vermittlungen und aus der Vermietung beweglicher Gegenstände.

(…)

Die beschränkte Steuerpflicht des im Ausland ansässigen Vergütungsgläubigers (§ 1 Abs. 4 EStG, § 2 Nr. 1 KStG) kann sich abschließend aus § 49 Abs. 1 **Nr. 9** EStG ergeben, wenn dieser **sonstige Einkünfte** aus inländischen **unterhaltenden Darbietungen i. S. d. § 22 Nr. 3 EStG** erzielt (Voraussetzung: es handelt sich nicht bereits um Einkünfte nach § 49 Abs. 1 Nr. 1 bis 8 EStG).

Die Vorschrift des § 49 Abs. 1 Nr. 9 EStG ist eine Auffangvorschrift und in der Praxis von untergeordneter Bedeutung. Ziel der Vorschrift ist es, Einkünfte aus unterhaltenden Darbietungen (ohne eigenschöpferische Leistung) zu erfassen, wie sie z. B. Amateurmusiker erzielen können.

3 Der Steuerabzug nach § 50a Abs. 1 Nr. 1 und Nr. 2 EStG

§ 50a Abs. 1 Nr. 1 (bzw. Nr. 2) EStG knüpft hinsichtlich der Steuerabzugsverpflichtung auf Ebene des Schuldners der Vergütung an die Ausübung bzw. Verwertung einer **Darbietung** im Inland an. Neben der beschränkten Steuerpflicht des im Ausland ansässigen Vergütungsgläubigers muss die der Zahlung zugrunde liegende Tätigkeit somit zunächst eine »Darbietung« darstellen. Dies ist insbesondere von Bedeutung, wenn der Gläubiger der Vergütung inländische Einkünfte aus selbständiger Tätigkeit erzielt (Kap. II.3.1.1).

Weiterhin stellt § 50a Abs. 1 Nr. 1 (bzw. Nr. 2 EStG) auf Einkünfte ab, die **durch** eine Darbietung erzielt werden bzw. die aus Leistungen resultieren, die mit einer Darbietung **zusammenhängen**. Die sich hieraus ergebenden Konsequenzen gilt es in der Praxis ebenfalls zu berücksichtigen (Kap. II.3.3 und 3.4).

Diese und weitere wichtige Aspekte sollen in den nachfolgenden Abschnitten im Detail dargestellt werden.

3.1 Begriff der Darbietung

3.1.1 Ausgangslage

Ein Steuerabzug ist nach § 50a Abs. 1 Nr. 1 (bzw. Nr. 2) EStG nur bei Einkünften vorzunehmen, die durch bestimmte im Inland ausgeübte (bzw. verwertete) **Darbietungen** erzielt werden. Bei einer (insbes. selbstständigen) Tätigkeit handelt es sich um eine Darbietung i. S. d. § 50a Abs. 1 Nr. 1 (bzw. Nr. 2) EStG, wenn eigene oder fremde Werke, Kenntnisse oder Fähigkeiten **vor oder für Publikum** im Inland aufgeführt, gezeigt, vorgeführt oder zu Gehör gebracht werden. Dabei kommt es weniger auf den Status des Vergütungsgläubigers als Künstler, Sportler oder Artist an, als vielmehr auf den unterhaltenden Charakter der Darbietung. Typische Beispiele für Darbietungen sind (BMF vom 25.11.2010, BStBl I 2010, 1350, Rz. 17):
- Konzerte,
- Theateraufführungen,
- Shows,
- Turniere oder Wettkämpfe,

- Talkshows und
- besonders choreographisch gestaltete Modeschauen.

Die Darbietung muss dazu bestimmt sein, von Zuschauern bzw. Zuhörern wahrgenommen zu werden. Erforderlich ist zwar, dass der persönlich Darbietende physisch im Inland anwesend ist und dort seine Tätigkeit ausübt, nicht jedoch, dass auch die Zuschauer bzw. Zuhörer bei der Darbietung zugegen sind. Insofern handelt es sich auch bei Studioaufnahmen für Film, Funk und Fernsehen sowie bei der Herstellung von Bild- und Tonträgern, die vor Publikum abgespielt werden sollen, um Darbietungen i. S. d. § 50a Abs. 1 Nr. 1 (bzw. Nr. 2) EStG. Unerheblich ist weiterhin, ob die Darbietung öffentlich oder nicht-öffentlich ist und wie groß bzw. klein der Kreis der zugelassenen Zuschauer ist.

> **WICHTIG**
>
> Eine Darbietung liegt nur dann vor, wenn sie dazu bestimmt ist, von Zuschauern wahrgenommen zu werden. Unerheblich ist, ob die eigentliche Veranstaltung öffentlich oder nicht-öffentlich ist.

Beispiel

Ein inländisches Unternehmen engagiert für seine Betriebsfeier eine in den USA ansässige Sängerin, die vor der Belegschaft ein Konzert gibt. Mit dem Auftritt erzielt die Sängerin inländische Einkünfte aus einer selbständigen Tätigkeit i. S. d. § 49 Abs. 1 Nr. 3 EStG (i. V. m. § 18 Abs. 1 Nr. 1 EStG). Da das Konzert ebenfalls eine künstlerische Darbietung darstellt, unterliegt die für das Konzert an die Sängerin gezahlte Vergütung dem Steuerabzug nach § 50a Abs.1 Nr. 1 EStG.

Weiterhin muss die Darbietung einen künstlerischen, artistischen, unterhaltenden oder ähnlichen Charakter aufweisen. Ein Steuerabzug ist demnach bei **wissenschaftlichen** Vorträgen und Seminaren sowie **unterrichtenden** Tätigkeiten (von Künstlern bzw. Sportlern) ausgeschlossen (BMF vom 25.11.2010, BStBl I 2010, 1350, Rz. 17).

3.1.2 Künstlerische Tätigkeiten

Eine künstlerische **Tätigkeit** stellt eine Darbietung dar, wenn der Künstler eine **eigenschöpferische Leistung** erbringt, in der die individuelle Anschauungsweise und Gestaltungskraft zum Ausdruck kommt und die über eine hinreichende Beherrschung der Technik hinaus grundsätzlich eine **gewisse künstlerische Gestaltungshöhe** erreicht (BFH vom 11.07.1991, IV R 33/90, BStBl II 1992, 353; BFH vom 11.07.1991, IV R 102/90, BStBl II 1992, 413; BFH vom 02.12.1980, VIII R 32/75, BStBl II 1981, 170). Darbietende Künstler sind bspw.
- Musiker,
- Schauspieler,
- Sänger,

- Tänzer und
- Dirigenten.

Eine eigenschöpferische Leistung und damit künstlerische Darbietung kann auch in einer bloß reproduzierenden Tätigkeit bestehen. Dies ist etwa bei »Cover-Musikern« der Fall, wenn die Tätigkeit einen bestimmten Qualitätsstandard erreicht (BFH vom 19.08.1982, IV R 64/69, BStBl II 1983, 7; BFH vom 27.06.1985, I R 22/81, BFH/NV 1985, 17). Gleiches gilt für Musiker, die nicht live, sondern lediglich »Playback« spielen: auch sie erbringen eine künstlerische Darbietung (FG Nürnberg vom 06.03.2013, 3 K 1469/11).

Zu beachten ist, dass **werkschaffende Künstler** in ihrer Schaffensphase keine künstlerische Darbietung erbringen (BMF vom 25.11.2010, BStBl I 2010, 1350, Rz. 80). Werkschaffende Künstler können etwa sein:
- Maler,
- Bildhauer,
- Komponisten,
- Schriftsteller,
- Dichter,
- Kunsthandwerker,
- Kunstfotografen,
- Bühnenbildner,
- Regisseure und
- Choreographen.

Erst das fertige Werk ist einer Darbietung zugänglich. Werden die erschaffenen Werke künstlerisch dargestellt (Dichterlesung oder Verkaufsvernissage eines Künstlers unter Einschaltung eines Kunsthauses), kann hingegen eine künstlerische Darbietung vorliegen.

> **WICHTIG**
>
> Werkschaffende Künstler erzielen bei Ausübung einer (künstlerischen) selbständigen Tätigkeit im Inland inländische Einkünfte i. S. d. § 49 Abs. 1 Nr. 3 EStG (i. V. m. § 18 Abs. 1 Nr. 1 EStG). Da es sich bei der künstlerischen Tätigkeit jedoch nicht um eine Darbietung handelt, findet das Steuerabzugsverfahren i. S. d. § 50a Abs. 1 Nr. 1 EStG trotz beschränkter Steuerpflicht des ausländischen Vergütungsgläubigers keine Anwendung.

Fotomodelle und Schauspieler erbringen im Rahmen von Aufnahmen für **Werbezwecke** keine künstlerische (bzw. unterhaltende) Tätigkeit, da bei Werbeaufnahmen kein oder kein genügender Spielraum für eine eigenschöpferische Leistung bestehen solle (BMF vom 09.01.2009; BFH vom 11.07.1991, IV R 102/90, BStBl II 1992, 413). Die Annahme inländischer Einkünfte aus selbständiger Arbeit i. S. d. § 49 Abs. 1 Nr. 3 EStG scheidet damit aus. Eine beschränkte Steuerpflicht könnte sich allenfalls aus der Erzielung gewerblicher Einkünfte i. S. d. § 49 Abs. 1 Nr. 2 Buchst. d EStG ergeben. Die Mitwirkung bei Werbeaktivitäten sollte regelmäßig keine Darbietung darstellen, sodass insoweit auch keine Einkünfte aus Gewerbebetrieb vorliegen sollten.

3.1.3 Sportliche Tätigkeiten

Eine **sportliche Tätigkeit bzw. Darbietung** ist geprägt durch körperliche Bewegung in Form von Spiel, Einzel- oder Wettkampfleistungen und auf eine über den alltäglichen Rahmen hinausgehende körperliche Anstrengung der beteiligten Menschen ausgerichtet (*Loschelder*, in Schmidt, § 49 EStG, Rn. 39). Kennzeichnend für die Einstufung einer sportlichen Tätigkeit (bzw. Betätigung) als Darbietung ist der Wettbewerb zwischen mehreren Teilnehmern (*Maßbaum*, in: Herrmann/Heuer/Raupach, § 49 EStG, Rz. 531). Natürliche Personen erbringen daher z. B. sportliche Darbietungen i. R. d. folgenden Veranstaltungen:
- Fußballmeisterschaften,
- Leichtathletikwettkämpfe,
- Kampfsportturniere.

Ob auch geistige Tätigkeiten, wie z. B. bei Berufsschachspielern, eine sportliche Darbietung darstellen, ist strittig (»Denksport«). Bei »geistigen Wettkämpfen« vor oder für Publikum kann alternativ eine unterhaltende Darbietung angenommen werden (BFH vom 20.12.2017, I R 98/15, IStR 2018, 238 sowie nachfolgend).

Auch im Ausland ansässige **Kapitalgesellschaften** können (zumindest nach nationalem Recht) eine eigenständige sportliche Darbietung erbringen (z. B. **Motorsport-Rennteam**, BFH vom 06.06.2012, I R 3/11, BStBl II 2013, 430).

> **WICHTIG**
>
> Auch Kapitalgesellschaften können nach nationalem Recht eine eigenständige sportliche Darbietung erbringen.

Sportliche Darbietungen können grundsätzlich sowohl von **Berufssportlern** als auch von **Amateuren** erbracht werden. Bei Letzteren führen diese jedoch nur dann zu abzugsteuerpflichtigen Einkünften aus Gewerbebetrieb i. S. d. § 49 Abs. 1 Nr. 2 Buchst. d EStG, wenn diese mit der erforderlichen Gewinnerzielungsabsicht auftreten. Diese wird regelmäßig anzunehmen sein, wenn der Sportler Preisgelder, Siegprämien und Startgelder erhält, die nicht nur Aufwandsersatz sind (BMF vom 25.11.2010, BStBl I 2010, 1350, Rz. 51).

Schiedsrichter, Linienrichter, Balljungen, Sporttrainer und nicht eingesetzte Ersatzspieler erbringen **keine** sportlichen Darbietungen.

3.1.4 Artistische Tätigkeiten

Bei **artistischen Darbietungen** handelt es sich um künstlerisch-sportliche Tätigkeiten (*Maßbaum*, in: Herrmann/Heuer/Raupach, § 49 EStG, Rz. 534), die unter Einsatz von Körperkraft und Gewandtheit erbracht werden. Charakteristisch ist, dass sie einstudiert sind und vor einem Publikum zu Showzwecken erbracht werden (*Frotscher/Geurts*, in: Frotscher, § 49 EStG, Rz. 129). In Abgrenzung zur künstlerischen Tätigkeit überwiegt die kör-

perliche Höchstleistung und zur sportlichen Tätigkeit fehlt der Wettbewerb. Zu den artistischen Darbietungen zählen etwa:
- Trapezvorführungen,
- Jonglieren,
- Zauberei,
- Seiltanz,
- Tätigkeiten eines (Film-)Stuntman.

3.1.5 Unterhaltende und ähnliche Tätigkeiten

Auch Darbietungen ohne spezifischen künstlerischen, sportlichen oder artistischen Gehalt können eine Steuerabzugsverpflichtung i. S. d. § 50a Abs. 1 Nr. 1 (bzw. Nr. 2) EStG begründen. Voraussetzung hierfür ist, dass die Darbietungen (unabhängig vom Niveau) einen unterhaltenden oder ähnlichen Charakter aufweisen.

Der (Auffang-)Tatbestand der **unterhaltenden** Darbietung umfasst das gesamte Show- und Unterhaltungsgeschäft, wie z. B.
- Bühnenshows,
- Quizsendungen,
- Talkshows,
- Gewinnspiele,
- Casting-Shows,
- Interviews oder
- sog. »Homestories«.

Zu den unterhaltenden Darbietungen zählen darüber hinaus auch **Wissenssendungen**, bei denen nicht die Wissensvermittlung oder die Aufarbeitung politischer bzw. wissenschaftlicher Fragestellungen im Vordergrund steht (*Wied/Reimer*, in: Blümich, § 49 EStG, Rn. 113). Die aktiven Teilnehmer an derartigen Veranstaltungen erzielen – ebenso wie die jeweiligen Moderatoren – abzugsteuerrelevante Einkünfte aus unterhaltenden Darbietungen.

Unter den weit auszulegenden Begriff der unterhaltenden Darbietung fallen aber auch die folgenden Veranstaltungen, sofern sie bestimmungsgemäß vor, für oder mit Zuschauern stattfinden:
- Modenschauen mit besonderer Chorographie,
- Auftritte von DJs,
- Turnier mit Karten- oder Brettspielen,
- Billard-, Dart- und Snooker-Turniere.

Weiterhin sollten **Feuerwerke** und **Laser-Shows** unterhaltende Darbietungen darstellen (BMF vom 25.11.2010, BStBl I 2010, 1350, Rz. 17). Fotomodelle und Schauspieler erbringen im Rahmen von Aufnahmen für **Werbezwecke** keine unterhaltende (bzw. künstlerische) Tätigkeit (siehe hierzu bereits Kap. II.3.1.2).

Charakteristisches Merkmal einer unterhaltenden Darbietung ist, dass diese speziell für Zuschauer oder Zuhörer konzipiert ist. Der unterhaltende Charakter der Darbietung muss grundsätzlich überwiegen, braucht jedoch nicht alleiniger Zweck zu sein (z. B. Benefizveranstaltungen, bei denen mittels unterhaltender Darbietungen die Zuschauer zu Spenden animiert werden sollen; *Frotscher/Geurts*, in: Frotscher, § 49 EStG, Rz. 132). Auftretende Prominente, Künstler und Sportler erzielen bei derartigen Veranstaltungen neben dem Moderator insoweit Einkünfte aus einer unterhaltenden Darbietung.

Abschließend handelt es sich bei **ähnlichen** Darbietungen um solche, die Schnittstellen zu künstlerischen, sportlichen, artistischen oder unterhaltenden Darbietungen aufweisen, ohne diesen jedoch qualitativ zu entsprechen (*Gosch*, in: Kirchhof, § 49 EStG, Rn. 29). Seit Ergänzung des § 50a Abs. 1 Nr. 1 EStG (sowie § 49 Abs. 1 Nr. 2 Buchst. d EStG) um den Tatbestand der »unterhaltenden Darbietung« mit Wirkung für Veranlagungszeiträume ab 2009 läuft dieser Anknüpfungspunkt für den Steuerabzug zumeist ins Leere. In der Praxis könnte über den Tatbestand der ähnlichen Darbietung nachgedacht werden, wenn eine (entgeltliche) Leistung schlicht in der Anwesenheit bei Veranstaltungen besteht und sich hierbei nicht einmal mehr ein unterhaltender Charakter erkennen lässt. Dies wäre bei Prominenten der Fall, die als Gäste an Einweihungsfeiern oder als »Fake-Kunden« bei Shop-Eröffnungen teilnehmen und hierfür ein Entgelt erhalten (»Appearance Fee«). In derartigen Fällen ist unseres Erachtens bereits fraglich, ob entsprechende Aktivitäten als Darbietung angesehen werden können.

3.2 Ausübung oder Verwertung der Darbietung im Inland

Weitere Voraussetzung für den Steuerabzug nach § 50a Abs. 1 **Nr. 1** EStG (i. V. m. § 49 Abs. 1 Nr. 2 bis 4 bzw. 9 EStG) ist, dass die künstlerische, artistische, unterhaltende oder ähnliche Darbietung im Inland ausgeübt wird.

Eine Darbietung wird im Inland **ausgeübt**, wenn sich der beschränkt Steuerpflichtige physisch im Inland aufhält und dort seine (für die Leistung wesentliche) Tätigkeit verrichtet bzw. die Darbietung im Inland erbringt (BMF vom 25.11.2010, BStBl I 2010, 1350, Rz. 18). Die Nachhaltigkeit der Tätigkeit im Inland ist nicht erforderlich.

Bei **Filmaufnahmen** ist Ort der Darbietung der Ort der Dreharbeiten und bei **Tonaufnahmen** der tatsächliche Aufnahmeort. Unerheblich ist, wo sich dann das Publikum befindet, das später die Aufzeichnungen wahrnimmt. Bei **Live-Übertragungen** bleibt der Ort der Darbietung der Ort der tatsächlichen Handlung (BMF vom 25.11.2010, BStBl I 2010, 1350, Rz. 26 bis 29). Andere Personen, denen inländische Darbietungen zugerechnet werden (z. B. Künstlerverleihgesellschaften), brauchen hingegen nicht selbst im Inland physisch tätig zu werden.

§ 50a Abs. 1 **Nr. 2** EStG knüpft die Steuerabzugsverpflichtung an die Verwertung einer Darbietung im Inland. Unter der **Verwertung** einer Darbietung ist ein Vorgang zu verstehen, mit dem die Ergebnisse der Darbietung durch eine **zusätzliche Handlung** finanziell nutzbar gemacht werden (BMF vom 25.11.2010, BStBl I 2010, 1350, Rz. 19 und 20). Dies ist regelmäßig bei der Einräumung von (Nutzungs-)Rechten der Fall (BFH vom 04.03.2009, I R 6/07, BStBl II 2009, 625). Erforderlich ist ein unmittelbarer sachlicher Zusammenhang mit der Darbietung (BFH vom 04.03.2009, I R 6/07, BStBl II 2009, 625). Durch die Verwertung werden die Darbietungen Personen zugänglich gemacht, die bei der eigentlichen Darbietung physisch nicht anwesend waren oder sind.

> **Beispiel**
>
> Eine Verwertung i. S. d. § 50a Abs. 1 Nr. 2 EStG liegt vor, wenn von einer Sportveranstaltung aufgenommene **Live-Signale** zeitgleich, ohne dass es zu einer weiteren Bearbeitung (Kommentare, Zusammenschnitte verschiedener Kameraperspektiven etc.) kommt, an Dritte übertragen werden (BMF vom 25.11.2010, BStBl I 2010, 1350, Rz. 28). Gleiches gilt bei einer nicht urheberrechtlich geschützten Live-Übertragung eines im Inland stattfindenden Musikkonzerts durch einen inländischen Privatsender (BMF vom 25.11.2010, BStBl I 2010, 1350, Rz. 102). Zum Steuerabzug bei Live-Übertragungsrechten siehe auch Kap. VI.1.

Erforderlich ist, dass die Verwertung gegenüber der Ausübung eine eigenständige Bedeutung hat und zu weiteren unmittelbaren Einkünften führt. Dies ist nicht der Fall, wenn die Verwertung bereits durch die für die Ausübung der Darbietung selbst gezahlte Vergütung abgegolten ist. Wird für die Ausübung und die Verwertung ein **Gesamtentgelt** gezahlt, so ist dieses auf die beiden Tatbestände aufzuteilen. Liegen keine Anhaltspunkte für eine Aufteilung vor, so sind gemäß BMF-Schreiben vom 25.11.2010 (BStBl I 2010, 1350, Rz. 87) 80 % der persönlich ausgeübten Tätigkeit und 20 % deren Verwertung zuzuordnen. Bei werkschaffenden Künstlern können hingegen 40 % der persönlichen Tätigkeit und 60 % deren Verwertung zugeordnet werden.

Verwerten kann grundsätzlich der Darbietende selber oder ein **Dritter**, der die inländische Darbietung nicht selbst erbracht hat. Eine persönliche Anwesenheit des beschränkt Steuerpflichtigen im Inland ist bei dem Verwertungstatbestand nicht erforderlich. Vielmehr ist für den erforderlichen Inlandsbezug regelmäßig ausreichend, wenn der Vertragspartner im Inland ansässig ist (BFH vom 20.07.1988, I R 174/85, BStBl II 1989, 87).

Die Abzugsteuerpflicht nach § 50a Abs. 1 Nr. 2 EStG ist beschränkt auf die inländische Verwertung von im Inland ausgeübten Darbietungen (**doppelter Inlandsbezug**).

> WICHTIG
>
> Der Steuerabzug i. S. d. § 50a Abs. 1 **Nr. 2** EStG setzt voraus, dass eine inländische Darbietung im Inland verwertet wird (sog. doppelter Inlandsbezug).

Im Gegensatz dazu setzt die Erzielung inländischer Einkünfte aus Gewerbebetrieb i. S. d. § 49 Abs. 1 Nr. 2 Buchst. d EStG lediglich einen einfachen Inlandsbezug voraus. Entsprechend erzielt ein im Ausland ansässiger Vergütungsgläubiger bspw. inländische Einkünfte, wenn eine im Ausland ausgeübte Darbietung im Inland verwertet wird. Trotz beschränkter Steuerpflicht erfolgt in diesem Fall kein Steuerabzug i. S. d. § 50a Abs. 1 Nr. 2 EStG.

Abschließend ist zu berücksichtigen, dass der Verwertungstatbestand i. S. d. § 50a Abs. 1 Nr. 2 EStG **subsidiär** gegenüber § 50a Abs. 1 **Nr. 3** EStG ist (BMF vom 25.11.2010, BStBl I 2010, 1350, Rz. 21). Dies bedeutet, dass im Fall der Verwertung z. B. durch die Einräumung urheberrechtlich geschützter (Nutzungs-) Rechte ein Steuerabzug nach § 50a Abs. 1 Nr. 3 EStG erfolgt (Nutzung von Konzertmitschnitten für die Produktion von Bild- und Tonträgern; BMF vom 25.11.2010, BStBl. I 2010, 1350, Rz. 102).

3.3 Einkünfte »durch« Darbietungen

Weiterhin stellt § 50a Abs. 1 Nr. 1 (bzw. Nr. 2 EStG) auf Einkünfte ab, die »**durch**« eine (und nicht »aus« einer) Darbietung erzielt werden. Dem Steuerabzug unterliegende Einkünfte können demnach nicht nur unmittelbar von der darbietenden Person selbst (aus ihrer darbietenden Tätigkeit) erzielt werden, sondern auch von einem **Dritten**, der an dieser Darbietung beteiligt ist. Die Darbietung bzw. die daraus resultierenden Einkünfte werden dann dieser Person zugerechnet. Typische Beispiele sind
- Event-Veranstalter,
- Vermarktungs-, Künstlerverleih-, Promotions- und Produktionsgesellschaften,
- Konzertdirektionen,
- Konzert-, Künstler, und Sportagenturen,

die ihren Vertragspartnern die Leistungen des persönlich Darbietenden im eigenen Namen und auf eigene Rechnung zur Verfügung stellen. Sie erzielen demnach Einkünfte **durch** die darbietende Tätigkeit einer anderen Person. Unter die Vorschrift können auch Sportmannschaften oder Sportvereine (z. B. Radsport) fallen, die selbst keine Veranstalter sind aber (Berufs-) Sportler als Arbeitnehmer angestellt haben (BFH vom 06.06.2012, I R 3/11, BStBl II 2013, 430 zu Rennsport-Teams). Gleiches gilt für Dachverbände des Sports (z. B. Olympisches Komitee, UEFA) (BMF vom 25.11.2010, BStBl I 2010, 1350, Rz. 110).

3.4 Zusammenhangsleistungen

Neben Einkünften, die durch im Inland ausgeübte Darbietungen bzw. deren inländischer Verwertung erzielt werden, erfolgt ein Steuerabzug nach § 50a Abs. 1 Nr. 1 EStG ebenfalls bei Einkünften, die aus Leistungen resultieren, die mit einer Darbietung zusammenhängen (**Zusammenhangsleistungen**). Eine Leistung hängt mit einer Darbietung zusammen, soweit sie im **sachlichen** oder **zeitlichen** Zusammenhang mit der jeweiligen Darbietung steht. Dies ist z. B. bei vorangehenden, vorbereitenden oder begleitenden technischen und kaufmännischen Dienstleistungen der Fall (BMF vom 25.11.2010, BStBl I 2010, 1350, Rz. 30, 33). Unbeachtlich ist, wem die Einkünfte zufließen. Dies kann der Darbietende selbst oder ein Dritter (Konzertagentur, die den Darbietenden für eine Veranstaltung zur Verfügung stellt) sein.

Typische Beispiele für Leistungen, die mit einer Darbietung zusammenhängen können, sind (in Anlehnung an *Maßbaum*, in: Herrmann/Heuer/Raupach, § 49 EStG, Rz. 549 bis 554; *Wied/Reimer*, in: Blümich, § 49 EStG, Rz. 110, 118):

- Zusammenhangsleistungen im **künstlerischen und artistischen** Bereich:
  - Technische und kaufmännische Organisation;
  - Beleuchtung;
  - Bühnenbild;
  - Ton- und Bildtechnik;
  - Maskenbildner;
  - Kostüme;
  - Regieleistungen;
  - Kartenverkauf;
  - Merchandising des Event-Veranstalters (**nicht:** Warenverkäufe, wie z. B. Getränke);
  - Transportleistungen;
  - Anmietung von Räumen und sonstiger Wirtschaftsgüter;
  - **Fraglich**: Regisseure, Choreographen, Komponisten, Bühnenbildner, Autoren.
- Zusammenhangsleistungen im **sportlichen** Bereich:
  - Betreuung des Sportlers (medizinische, technische und psychologische) während der Darbietung und des Trainings;
  - Ausrüstungsverträge (Trikotwerbung, Werbehelm);
  - Werbung auf Startnummern;
  - Interviews;
  - Talkshow-Auftritte;
  - Autogrammstunden im Anschluss an Sportveranstaltungen.

Ein Steuerabzug setzt weiterhin voraus, dass ein **tatsächlicher, konkreter und untrennbarer** Zusammenhang der Nebenleistung (Zusammenhangsleistung) mit der Darbietung besteht (BFH vom 16.05.2001, I R 64/99, BStBl II 2003, 641; BFH vom 17.11.2004, I R 20/04, BFH/NV 2005, 892). Dies ist regelmäßig der Fall, wenn die Nebenleistung auf Grund des bestehenden Vertragsverhältnisses Teil der von dem Vergütungsgläubiger zu erbringenden Gesamtleistung ist, für die eine Gesamtvergütung gezahlt wird (BMF vom 25.11.2010, BStBl I 2010, 1350, Rz. 33).

Die Nebenleistung muss von dem Darbietenden oder einem Dritten, dem die Darbietung zuzurechnen ist (z. B. Konzertveranstalter oder Künstlerverleihgesellschaft), erbracht werden (**Personenidentität**). Hiervon kann ebenfalls ausgegangen werden, wenn sich der Darbietende oder der Dritte (dem die Darbietung zuzurechnen ist), zur Erbringung der geschuldeten Nebenleistung eines Subunternehmers bedient.

Vom Steuerabzug i. S. d. § 50a Abs. 1 Nr. 1 (bzw. Nr. 2) EStG nicht erfasst werden Einkünfte aus Nebenleistungen, die von **wirtschaftlich unabhängigen Dritten** (z. B. Servicegesellschaften) auf der Grundlage gesonderter Verträge erbracht werden. In derartigen Fällen mangelt es regelmäßig an dem erforderlichen tatsächlichen, konkreten, unmittelbaren und untrennbarem Zusammenhang zwischen Haupt- und Nebenleistung. Gleiches gilt für Einkünfte aus reinen Vermittlungsleistungen: auch diese qualifizieren nicht als Nebenleistungen (BMF vom 25.11.10, BStBl I 2010, 1350, Rz. 99).

Etwas anderes gilt, wenn der Darbietende **unmittelbaren Einfluss** auf die Wahl und den Umfang der Leistungen des Dritten ausüben kann. Ein Steuerabzug ist in diesen Fällen auch gegenüber dem Dritten vorzunehmen (BMF vom 25.11.2010, BStBl I 2010, 1350, Rz. 34).

Weiterhin sind Nebenleistungen eines Dritten auch dann dem Darbietenden zuzurechnen, soweit
- der Darbietende oder eine ihm nahestehende Person i. S. d. § 1 Abs. 2 AStG an dem die Nebenleistungen erbringenden Unternehmen unmittelbar oder mittelbar zu mindestens 25 % beteiligt ist oder
- eine wirtschaftliche Abhängigkeit zwischen dem Darbietenden und dem Dritten besteht.

In den genannten Fällen nimmt die Finanzverwaltung eine (missbräuchliche) Trennung von zusammenhängenden Haupt- und Nebenleistungen an.

Beispiel (in Anlehnung an FG Köln vom 06.11.2008, 15 K 4515/02, EFG 2009, 255)

Ein inländischer Konzertveranstalter schließt mit dem steuerlich im Ausland ansässigen **Künstler K** einen Vertrag über einen Auftritt (Darbietung i. S. d. § 50a Abs. 1 Nr. 1 EStG) im Inland ab. Voraussetzung für den Vertragsabschluss ist, dass der Konzertveranstalter die **Produktionsgesellschaft P** mit der Erbringung technischer Leistungen (z. B. Bühnenbau, Tonanlagen, Beleuchtung, etc.) im Zusammenhang mit dem Konzert beauftragt. Alleiniger Gesellschafter der Produktionsfirma P ist der Manager des Künstlers K.

Lösung

K übt unmittelbar Einfluss auf die Auswahl der Produktionsgesellschaft durch den Konzertveranstalter aus. Es liegt ein missbräuchliches Vertragssplitting vor. Die Vergütung an die Produktionsgesellschaft P für technische Leistungen qualifiziert als Zusammenhangsleistung und unterliegt (wie die Vergütung an K) dem Steuerabzug nach § 50a Abs. 1 Nr. 1 EStG.

3.5 Berufssportler

3.5.1 Ausgangslage

Die verschiedenen Facetten des Steuerabzugs i. S. d. § 50a Abs. 1 EStG werden insbesondere bei Tätigkeiten sog. Berufssportler deutlich. Berufssportler sind natürliche Personen, die ihren Lebensunterhalt durch professionelle sportliche Betätigung verdienen. Diese umfasst auf den Sieg ausgerichtete Bewegung in Form von Spiel-, Einzel- und Mannschaftsleistung und ist gekennzeichnet durch eine, über den alltäglichen Rahmen hinausgehende körperliche Anstrengung der beteiligten Menschen (*Loschelder*, in: Schmidt, § 49 EStG, Rz. 39).

Die Tätigkeit eines Berufssportlers kann als selbständige Tätigkeit oder nichtselbständig Arbeit ausgeübt werden. Mannschaftssportler, wie z. B. Fußball-, Handball- oder Eishockeyprofis, sind regelmäßig in den Sportbetrieb ihres Vereins eingegliedert, haben dessen Weisungen zu folgen und beziehen ein festes Gehalt sowie Erfolgsprämien. Aber auch Individualsportler, wie z. B. Rennfahrer, können organisatorisch in ihren Rennstall eingegliedert sein. Diese Berufssportler erzielen aus ihrer sportlichen Betätigung bzw. sportlichen Darbietungen regelmäßig **Einkünfte aus nichtselbständiger Arbeit** i. S. d § 49 Abs. 1 Nr. 4 EStG (i. V. m. § 19 EStG).

Individualsportler, wie z. B. Tennis- oder Golfprofis, stehen hingegen regelmäßig nicht in einem (arbeitsrechtlichen) Dienstverhältnis. Da bei Sportlern darüber hinaus keine künstlerische Tätigkeit i. S. d. § 18 Abs. 1 Nr. 1 EStG vorliegen dürfte, erzielen sie aus ihrer sportlichen Betätigung bzw. ihren sportlichen Darbietungen **Einkünfte aus Gewerbebetrieb** i. S. d. § 49 Abs. 1 Nr. 2 Buchst. d EStG) (i. V. m. § 15 EStG).

Neben den Einnahmen aus der eigentlichen sportlichen Darbietungen erzielen Berufssportler häufig auf Grundlage eigenständiger Verträge auch Einkünfte aus **Werbetätigkeit**, die auch im Rahmen eines Arbeitnehmerverhältnisses als Einkünfte aus Gewerbebetrieb i. S. d. § 49 Abs. 1 Nr. 2 Buchst. d EStG (i. V. m. § 15 EStG) qualifizieren (BFH vom 22.02.2012, X R 14/10, BStBl II 2012, 511).

3.5.2 Erzielung inländischer Einkünfte und Steuerabzug

Berufssportler, die im Inland weder einen Wohnsitz noch ihren gewöhnlichen Aufenthalt haben, sind mit ihren inländischen Einkünften i. S. d. § 49 EStG beschränkt steuerpflichtig (§ 1 Abs. 4 EStG).

Einnahmen aus der Ausübung des Sports, die z. B. ein steuerlich im Ausland ansässiger Tennisspieler durch die Teilnahme an einem inländischen Turnier erzielt, führen bei dem Berufssportler zu gewerblichen Einkünften aus sportlichen Darbietungen i. S. d. § 49 Abs. 1 Nr. 2 Buchst. d EStG (BMF vom 25.11.2010, BStBl I 2010, 1350, Rz. 94). Die Einkünfte umfassen regelmäßig **Preisgelder, Siegprämien, Erfolgsprämien, Startgelder sowie Sachleistungen** und sind nach § 50a Abs. 1 Nr. 1 EStG dem Steuerabzug zu unterwerfen.

Einkünfte, die der Sportler in sachlichem oder zeitlichem Zusammenhang mit seinen inländischen Darbietungen erzielt (z. B. **Interviews** mit inländischen Fernsehsendern anlässlich des Turniers), unterliegen ebenso dem Steuerabzug nach § 50a Abs. 1 Nr. 1 EStG (i. V. m. § 49 Abs. 1 Nr. 2 Buchst. d EStG).

Ist der steuerlich im Ausland ansässige Berufssportler aus nationaler Steuersicht als **Angestellter** einzustufen (z. B. Rennfahrer), erzielt dieser Einkünfte aus nichtselbständiger Arbeit i. S. d. § 49 Abs. 1 Nr. 4 EStG (i. V. m. § 19 EStG). Handelt es sich bei dem Rennteam um einen inländischen Arbeitgeber i. S. d. § 38 Abs. 1 Nr. 1 EStG, ist ein Lohnsteuerabzug vorzunehmen. § 50a Abs. 1 Nr. 1 EStG findet keine Anwendung. Handelt es sich bei dem Rennteam hingegen um einen **ausländischen** Arbeitgeber, ist kein Lohnsteuerabzug vorzunehmen. Vergütungen, die auf inländische Darbietungen des Berufssportlers entfallen (z. B. im Inland ausgetragenes Rennen), unterliegen sodann dem Steuerabzug nach § 50a Abs. 1 Nr. 1 EStG (i. V. m. § 49 Abs. 1 Nr. 4 EStG). Der ausländische Rennstall hat in diesem Fall als Vergütungsschuldner die Steueranmeldung und -abführung vorzunehmen (§ 50a Abs. 5 Satz 3 EStG; BMF vom 25.11.2010, BStBl I 2010, 1350, Rz. 38 und 42).

Einkünfte aus der **Verwertung der sportlichen Darbietung** im Inland (z. B. in Form der Rechteüberlassung an der Aufzeichnung der sportlichen Darbietung zur Ausstrahlung im inländischen Fernsehen) führen bei dem Berufssportler zu Einkünften aus der Überlassung von Rechten i. S. d. § 49 Abs. 1 Nr. 2 Buchst. f Doppelbuchst. aa EStG. Die Einkommensteuer wird im Wege des Steuerabzugs nach § 50a Abs. 1 Nr. 3 EStG erhoben. Der Steuerabzug nach § 50a Abs. 1 Nr. 2 EStG ist subsidiär gegenüber § 50a Abs. 1 Nr. 3 EStG (BMF vom 25.11.2010, BStBl I 2010, 1350, Rz. 21).

Berufssportler können eine Vielzahl von Werbeleistungen erbringen, die regelmäßig in **Werbeverträgen** und auch in **Ausrüstungsverträgen** geregelt sein können:
- Überlassung von Nutzungsrechten an Name und Bild (Persönlichkeitsrechte), Namenszug und Unterschrift;
- Teilnahme des Sportlers an Werbe-, Verkaufsförderungs- und Öffentlichkeitsmaßnahmen (Interview, Messeauftritte, Autogrammstunden, Gästebetreuung, Tragen von Kleidung mit Firmenlogo bei offiziellen Anlässen);
- Teilnahme an der Herstellung von Werbemitteln (Fotoshooting, TV-Spot);
- Teilnahme an Produkttests;
- Teilnahme an innerbetrieblichen Veranstaltungen des Werbepartners (Firmenevents, Werksbesichtigungen);
- Verwendung der Sportgeräte und Tragen der Kleidung mit dem Logo des Herstellers / Werbepartners bei Ausübung des Sports.

Ungeachtet der jeweiligen vertraglichen Gestaltung sind die einzelnen Leistungen und die daraus resultierenden Einkünfte für Zwecke der Beurteilung einer möglichen beschränkten Steuerpflicht (bzw. einer resultierenden Steuerabzugsverpflichtung) unabhängig voneinander zu beurteilen. Folglich können sich aus einem einheitlichen Vertragswerk unterschiedliche inländische Einkünfte i. S. d. § 49 EStG ergeben. Sind die einzelnen Leistungen untrennbar miteinander verbunden und kommt ihnen nicht jeweils ein eigenständiger Charakter zu bzw. ist eine Leistung nur von untergeordneter Bedeutung, kommt eine Aufteilung hingegen nicht in Betracht (BFH vom 07.09.2011, I B 157/10, BStBl II 2012, 590; BFH vom 28.01.2004, I R 73/02, BStBl II 2005, 550; BMF vom 25.11.2010, BStBl I 2010, 1350, Rz. 96). Von einer untergeordneten Bedeutung einer Leistung ist auszugehen, sofern die Teilvergütung nicht mehr als 10 % der Gesamtvergütung beträgt.

Wurde ein **Pauschalhonorar** vereinbart, ist dieses gegebenenfalls im Schätzweg nach § 162 AO auf die eigenständigen Einzelleistungen plausibel und nachvollziehbar aufzuteilen. Der angewandte Aufteilungsmaßstab ist dann auch auf die Vergütung für die Nebenleistung anzuwenden (BMF vom 25.11.2010, BStBl. I 2010, 1350, Rz. 32).

Vergütungen, die der Berufssportler aus der **Überlassung der Nutzungsrechte** an Bild, Name (Persönlichkeitsrechte) sowie Namenszug und Unterschrift erzielt, führen bei diesem (eine Verwertung im Inland angenommen) zu inländischen Einkünften i. S. d. § 49 Abs. 1 Nr. 2 Buchst. f Doppelbuchst. aa EStG. Ein Steuerabzug ist nach § 50a Abs. 1 Nr. 3 EStG vorzunehmen.

Einnahmen aus **werbebezogenen Auftritten** sowie aus der Teilnahme an der Herstellung von Werbemitteln (Fotoshooting, TV-Spot) sowie an Produkttests, führen bei dem Berufssportler zu gewerblichen Einkünften i. S. d. § 15 EStG. Mangels Qualifikation der Teilnahme als Darbietung sowie nicht vorhandener inländischer Betriebsstätte bzw. inländischem Vertreter des Sportlers, liegen keine inländischen Einkünfte nach § 49 Abs. 1 Nr. 2 Buchst. a bzw. Buchst. d EStG vor. Ein Steuerabzug ist für diese Vergütungen nicht vorzunehmen.

Bezüglich der Teilnahme an **innerbetrieblichen Veranstaltungen** des Werbepartners (Firmenevents, Werksbesichtigungen) kann nach den konkreten Umständen des Einzelfalles eine unterhaltende oder ähnliche Darbietung i. S. d. § 49 Abs.1 Nr. 2 Buchst. d EStG vorliegen, die einen Steuerabzug nach § 50a Abs.1 Nr. 1 EStG zur Folge hat. Kann eine unterhaltende oder ähnliche Darbietung nicht angenommen werden, erzielt der Berufssportler gewerbliche Einkünfte i. S. d. § 15 EStG, die mangels inländischer Betriebsstätte bzw. inländischem Vertreter nicht zu inländischen Einkünften nach § 49 Abs.1 Nr. 2 EStG führen. Ein Steuerabzug kommt hier folglich nicht in Betracht.

Die durch die **Verwendung der Sportgeräte** und das **Tragen der Kleidung** mit dem Logo des Herstellers / Werbepartners erbrachte Werbeleistung, führt zu gewerblichen Einkünften i. S. d. § 15 EStG. Mangels inländischer Betriebsstätte bzw. inländischem Vertreter des Sportlers erzielt dieser keine inländischen Einkünfte i. S. d. § 49 Abs. 1 Nr. 2 Buchst. a EStG. Ein Steuerabzug ist insoweit nicht vorzunehmen.

Die genannten Werbeleistungen können aber mit der erbrachten sportlichen Darbietung des Berufssportlers derart verbunden sein, dass sie als **mit der sportlichen Darbietung zusammenhängende Leistungen** qualifizieren (§ 49 Abs. 1 Nr. 2 Buchst. d EStG). Die ist insbes. der Fall, wenn der Sportler die Sportgeräte und Kleidung seines Werbepartners bei seiner sportlichen Darbietungen im Inland verwendet (Trikotwerbung, Werbung auf Kopfbedeckung oder am verwendeten Sportgerät – Werbeleistungen »am Mann« bzw. vom Sportler »aus einer Hand«). Das betrifft dann jedoch nicht nur den Sportler selbst, sondern vielmehr auch ein Sportteam, sofern es als Sportdarbietender zu qualifizieren ist (z. B. Motorsport-Rennteams; BFH vom 06.06.2012, I R 3/11, BStBl II 2013, 430). Die Werbeleistung wird hier im sachlichen, persönlichen und zeitlichen Zusammenhang mit der sportlichen Darbietung erbracht und ist mit dieser tatsächlich und untrennbar verbunden (unmittelbarer Neben-Effekt der sportlichen Darbietung). Die Vergütung für diese Art der Werbeleistung führt, soweit sie auf sportliche Darbietungen im Inland entfällt, zu abzugsteuerpflichtigen inländischen Einkünften i. S. d. § 50a Abs. 1 Nr. 1 EStG (i. V. m. § 49 Abs. 1 Nr. 2 Buchst. d EStG) (BMF vom 25.11.2010, BStBl I 2010, 1350, Rz. 94).

Beispiel

Der im Ausland wohnhafte **Tennisspieler T** nimmt an einem Turnier im Inland teil. Während seiner Spiele trägt er ein Trikot mit dem Logo seines Ausrüstungspartners, einem inländischen Sportartikelhersteller. Anlässlich seines Turniersieges gibt er einem örtlichen Fernsehsender ein bezahltes Interview. Während des Interviewtermins trägt T eine Kappe mit dem Logo seines Werbepartners, einer inländischen Bank.

Lösung

Die **Trikotwerbung** des T während seiner Spiele qualifiziert als mit seiner sportlichen Darbietung zusammenhängende Werbeleistung. Das Interview anlässlich seines Turniersieges steht ebenfalls in zeitlichem, persönlichem und sachlichem Zusammenhang mit der Darbietung des T. Die durch das Tragen der Kappe bewirkte Werbeleistung wird ebenso in unmittelbarem Zusammenhang mit der sportlichen Darbietung erbracht. Die (anteiligen) Vergütungen für die drei Zusammenhangsleistungen unterliegen folglich dem Steuerabzug nach § 50a Abs. 1 Nr. 1 EStG (i. V. m. § 49 Abs. 1 Nr. 2 Buchst. d EStG). Der Abzug ist durch den jeweiligen Vergütungsschuldner vorzunehmen, d. h. von dem Ausrüstungspartner, dem Werbepartner und dem Fernsehsender.

Werden hingegen Werbeflächen in einer inländischen Sportstätte durch einen ausländischen Veranstalter an einen inländischen Werbetreibenden entgeltlich überlassen **(Bandenwerbung)**, ohne dass ein Bezug der eingeräumten Werbemöglichkeit zu einer konkreten sportlichen Veranstaltung besteht, liegt bezüglich der Überlassung der Werbeflächen kein mit einer sportlichen Darbietung konkreter und untrennbarer **sachlicher und zeitlicher Zusammenhang** vor. Die Vergütung für die Nutzung der Werbeflächen führt folglich nicht zu Einkünften i. S. d. § 49 Abs. 1 Nr. 2 Buchst. d EStG. Ein Steuerabzug nach § 50a Abs. 1 Nr. 1 EStG kommt nicht in Betracht (BFH vom 16.05.2001, I R 64/99, BStBl II 2003, 641).

Beispiel (in Anlehnung an BFH vom 16.05.2001, I R 64/99, BStBl II 2003, 641)

Der internationale Skiverband FIS veranstaltet im Inland eine Weltmeisterschaft. Die Nutzungs- und Werberechte hinsichtlich bestimmter Werbemöglichkeiten (**Bandenwerbung**) anlässlich der Meisterschaft werden entgeltlich an eine AG mit Sitz in Liechtenstein vergeben. Diese wiederum überlässt diese Rechte für eine entsprechende Vergütung an den inländischen Sportartikelhersteller S.

Lösung

Die Vergütungen, die S an die AG für die Überlassung der Rechte entrichtet, stehen nicht in persönlichem Zusammenhang mit den während der Weltmeisterschaft erbrachten sportlichen Darbietungen. Die AG tritt als **selbständige Leistungserbringerin** neben die jeweiligen Darbietenden (Sportler bzw. FIS), so dass die erforderliche Identität des Leistenden fehlt. Der Tatbestand des § 49 Abs.1 Nr. 2 Buchst. d EStG ist nicht erfüllt.
Auch eine Erfassung der Vergütung als inländische Einkünfte i. S. d. § 49 Abs.1 Nr. 2 Buchst. f bzw. Nr. 6 EStG scheidet aus, da die Nutzungs- und Werberechte sich mit Abschluss der Weltmeisterschaft **wirtschaftlich erschöpfen** und mithin keine zeitlich begrenzte Überlassung von Rechten sondern eine endgültige Übertragung (Rechteverkauf) vorliegt.

> **WICHTIG**
>
> Der erforderliche persönliche Zusammenhang zu einer sportlichen Darbietung ist erfüllt, wenn der Darbietende bzw. der Veranstalter die Werbeeinkünfte unmittelbar erzielt und somit die geforderte Personenidentität bzgl. der mit der sportlichen Darbietung zusammenhängenden Nebenleistung gegeben ist (BMF vom 25.11.2010, BStBl I 2010, 1350, Rz. 111).

3.6 Erlass der Abzugsteuer bei besonderem öffentlichen Interesse

---

§ 50 EStG Sondervorschriften für beschränkt Steuerpflichtige

...

(4) Die obersten Finanzbehörden der Länder oder die von ihnen beauftragten Finanzbehörden können mit Zustimmung des Bundesministeriums der Finanzen die Einkommensteuer bei beschränkt Steuerpflichtigen **ganz oder zum Teil erlassen** oder in einem **Pauschbetrag** festsetzen, wenn dies im **besonderen öffentlichen Interesse** liegt; ein besonderes öffentliches Interesse besteht

1. an der inländischen Veranstaltung international bedeutsamer **kultureller und sportlicher Ereignisse**, um deren Ausrichtung ein internationaler Wettbewerb stattfindet, oder
2. am inländischen Auftritt einer ausländischen **Kulturvereinigung,** wenn ihr Auftritt wesentlich aus öffentlichen Mitteln gefördert wird.

Die obersten Finanzbehörden der Länder oder die von Ihnen beauftragten Finanzbehörden können mit Zustimmung des Bundesministeriums für Finanzen die Einkommen- bzw. Körperschaftsteuer bei beschränkt Steuerpflichtigen ganz oder zum Teil erlassen bzw. in einem Pauschbetrag festsetzen, wenn dies im besonderen **öffentlichen Interesse** liegt (§ 50 Abs. 4 EStG). Ein besonderes öffentliches Interesse besteht an

- an der inländischen Veranstaltung international bedeutsamer **kultureller** und **sportlicher Ereignisse** oder
- am inländischen Auftritt einer ausländischen **Kulturvereinigung**.

Die betreffende Veranstaltung hat die Voraussetzungen selbst und unmittelbar zu erfüllen (BT-Drucksache 17/3549, 26). Veranstaltungen, die lediglich in Verbindung mit einer solchen Veranstaltungen stehen, sind nicht begünstigt.

Bei der Beurteilung der Frage, ob ein besonderes öffentliches Interesse vorliegt, sind auch wettbewerbs-, kultur- und sportpolitische Aspekte zu berücksichtigen (BMF vom 25.11.2010, BStBl I 2010, 1350, Rz. 89).

Sportliche Ereignisse, an denen das geforderte besondere öffentliche Interesse besteht, sind **sportliche Großereignisse**, wie z. B. Weltmeisterschaften oder europäische Vereinswettbewerbe von Mannschaftssportarten, wie z. B. Fußball, Basketball und Eishockey. So wurde der FIFA (nicht jedoch den teilnehmenden Nationalmannschaften) anlässlich der Fußball-WM 2006 in Deutschland die beantragte Steuerbefreiung gewährt (OFD Münster vom 10.02. 2006, DStR 2006, 376).

Bei Auftritten von ausländischen Kulturvereinigungen ist die erforderliche wesentliche Förderung aus öffentlichen Mitteln anzunehmen, wenn die Kosten für den Auftritt im Inland zu wenigstens **einem Drittel** durch die in- oder ausländischen Fördermittel gedeckt sind (BMF vom 20.07.1983, BStBl I 1983, 382).

Antragsberechtigt ist der beschränkt steuerpflichtige Vergütungsgläubiger. Seinen schriftlichen Antrag hat er vor Beginn des Ereignisses an die oberste Landesfinanzbehörde zu richten, die die Entscheidung auf andere Finanzbehörden delegieren kann. Die Entscheidung der Finanzbehörde erfordert eine Ermessensentscheidung auf drei Stufen (*Reimer*, in: Blümich, § 50 EStG, Rz. 131):

- Entschließungsermessen in der Frage, ob überhaupt eine Abweichungsentscheidung ergeht,
- Auswahlermessen in der Frage, ob es zu einem Erlass, einem Teilerlass oder einer Pauschalierung kommt,
- Quantifizierungsermessen in der Frage der Höhe des Teilerlasses und der Pauschalierung.

Die getroffene Entscheidung bedarf der Zustimmung des BMF. Bei Erlass der Steuer in voller Höhe entfällt der Steuerabzug nach § 50a Abs.1 EStG (BMF vom 25.11.2010, BStBl I 2010, 1350, Rz. 04), nicht jedoch die Erklärungspflicht (Steueranmeldung mit einem Steuerbetrag i. H. v. 0 EUR).

Die Entscheidung über einen (Teil-)Erlass der Steuer sowie Pauschalierung ist ein Verwaltungsakt, der von dem beschränkt steuerpflichtigen Vergütungsgläubiger mit Einspruch und Klage angefochten werden kann. Die Gerichte können eine Überprüfung der Entscheidung jedoch lediglich im Hinblick auf eine Ermessenüberschreitung oder einen Ermessensfehlgebrauch überprüfen. Eine Ablehnung des Antrages ist kein vollziehbarer Verwaltungsakt. Daher könnte nur durch Antrag auf Erlass einer einstweiligen Anordnung ein vorläufiger Rechtsschutz erlangt werden. Fraglich ist jedoch ob es an einem Anordnungsanspruch fehlt (*Reimer*, in: Blümich, § 50 EStG, Rz. 131).

4 Besonderheiten im Steuerabzugsverfahren

4.1 Verfahren und Beteiligte

Die Einkommen- bzw. Körperschaftsteuer wird i. R. d. beschränkten Steuerpflicht bei den in § 50a Abs. 1 EStG genannten Einkünften im Wege des Steuerabzugs erhoben. Ein Steuerabzug erfolgt gem. § 50a Abs. 1 Nr. 1 und 2 EStG bei Einkünften, die erzielt werden durch im Inland ausgeübte künstlerische, sportliche, artistische, unterhaltende oder ähnliche Darbietungen, einschließlich aus anderen mit diesen Leistungen zusammenhängenden Leistungen sowie aus der Verwertung dieser Darbietungen.

Die Abzugsteuer entsteht in dem Zeitpunkt, in dem die Vergütung i. S. d. § 50a Abs. 1 EStG dem Gläubiger **zufließt** (§ 50a Abs. 5 Satz 1 EStG) und dieser Verfügungsmacht über die Vergütung erlangt. Zu diesem Zeitpunkt hat der zivilrechtliche Schuldner der Vergütung nach § 50a Abs. 5 Satz 2 EStG den Steuerabzug für Rechnung des beschränkt Steuerpflichtigen Vergütungsgläubigers (= **Steuerschuldner**) vorzunehmen.

Unerheblich ist, ob der Vergütungsschuldner seinen Wohnsitz oder gewöhnlichen Aufenthalt bzw. seinen Sitz oder Ort der Geschäftsleitung im Inland hat (BMF vom 25.11.2010, BStBl I 2010, 1350, Rz. 42), da der erforderliche Inlandsbezug nicht über die unbeschränkte bzw. beschränkte Steuerpflicht des Vergütungsschuldners, sondern vielmehr durch die beschränkte Steuerpflicht des Vergütungsgläubigers begründet wird. Ein Steuerabzug wäre somit auch dann vorzunehmen, wenn ein (zwischengeschalteter) Vergütungsschuldner weder beschränkt noch unbeschränkt steuerpflichtig ist.

> **Beispiel**
>
> Eine in London ansässige Künstleragentur promotet die weitweite Tournee eines US-amerikanischen Künstlers. Hierzu schließt die Agentur mit der in den Niederlanden ansässigen Managementgesellschaft des Künstlers einen Vertrag ab, auf dessen Grundlage auch die Gage für den Auftritt in der Frankfurter Messehalle gezahlt wird. Die Zahlung wird von einem Bankkonto der Agentur bei einer Londoner Bank auf das niederländische Konto der Managementgesellschaft vorgenommen. Diese Zahlung unterliegt dem Steuerabzug nach § 50a Abs. 1 Nr. 1 EStG, da diese mit einer künstlerischen Darbietung, die im Inland ausgeführt worden ist, im Zusammenhang steht.

Bei Veranstaltungen, wie z. B. Konzerten oder Meisterschaften ist regelmäßig der Veranstalter der Vergütungsschuldner, sofern dieser die organisatorische Verantwortung für Vorbereitung und Durchführung sowie das finanzielle Risiko trägt (BMF vom 25.11.2010, BStBl I 2010, 1350, Rz. 41). Die abzugsteuerpflichtigen Leistungen umfassen regelmäßig die Einnahmen aus dem Kartenverkauf, Werbung und Merchandising. Sofern bei öffentlichen Veranstaltungen der Veranstalter bei dem Kartenverkauf unmittelbar mit dem Publikum in Kontakt tritt, wäre jeder Eintrittskartenkäufer der Vergütungsschuldner. Da die Einbehaltung der Abzugsteuer in diesem Fall jedoch faktisch unmöglich ist, wird die Abzugsteuer durch Nachforderungsbescheid vom ausländischen Darbietenden bzw. dem Veranstalter als Vergütungsgläubiger erhoben (BMF vom 25.11.2010, BStBl I 2010, 1350, Rz. 42 und 111).

Der Steuerabzug nach § 50a Abs. 1 EStG hat für den Vergütungsgläubiger grundsätzlich **abgeltende Wirkung** (§ 50 Abs. 2 Satz 1 EStG).

Erzielt der im Ausland ansässige Vergütungsgläubiger inländische Einkünfte aus nichtselbständiger Arbeit (§ 19 EStG i. V. m. § 49 Abs. 1 Nr. 4 EStG) und ist bereits ein **Lohnsteuerabzug** (§§ 38ff. EStG) auf Ebene des inländischen Arbeitgebers erfolgt, ist der Steuerabzug nach § 50a EStG nicht vorzunehmen (§ 50a Abs. 1 Nr. 1 letzter Hs. EStG).

4.2 Höhe des Steuerabzugs

4.2.1 Bemessungsgrundlage

Dem Steuerabzug unterliegt grundsätzlich der **volle Betrag der Einnahmen** (§ 8 Abs. 1 EStG), die dem Vergütungsgläubiger aus und im Zusammenhang mit seiner Leistung zufließen. Hierunter fallen Geld- und Sachleistungen sowie vom Vergütungsschuldner übernommene Aufwendungen bzw. zugewendete geldwerte Vorteile.

Vom Vergütungsgläubiger übernommene **Reisekosten** gehören insoweit zu den Einnahmen, als das diese für Fahrt- und Übernachtungskosten die tatsächlichen Kosten und für Verpflegungsmehraufwand die Pauschbeträge nach § 4 Abs. 5 Nr. 5 EStG übersteigen (§ 50a Abs. 2 EStG) (BMF vom 25.11.2010, BStBl I 2010, 1350, Rz. 05). Sachleistungen sind mit den um übliche Preisnachlässe geminderten üblichen Endpreisen (d. h. inklusive Umsatzsteuer, sofern diese von dem Vergütungsgläubiger geschuldet wird) am Abgabeort anzusetzen (§ 8 Abs. 2 EStG).

Ein **Abzug von Betriebsausgaben oder Werbungskosten** ist grundsätzlich nicht möglich. Ungeachtet dessen sieht § 50a Abs. 3 Satz 2 und 3 EStG in den Fällen des Steuerabzugs nach § 50a Abs. 1 **Nr. 1, 2** und 4 EStG eine Nettobesteuerung vor, wenn es sich bei dem beschränkt steuerpflichtigen Vergütungsgläubiger um einen
- Staatsangehörigen eines Mitgliedsstaates der EU oder des EWR handelt und
- dieser in einem der genannten Staaten seinen Wohnsitz oder gewöhnlichen Aufenthalt hat.

Gleiches gilt für beschränkt steuerpflichtige Körperschaften, Personenvereinigungen und Vermögensmassen, die
- nach dem Recht eines Mitgliedsstaates der EU oder des EWR gegründet wurden und
- ihren Sitz oder Ort der Geschäftsleitung in einem der genannten Staaten haben (§ 50a Abs. 3 Satz 3 EStG i. V. m. § 32 Abs. 4 KStG).

Voraussetzung für einen Abzug von Betriebsausgaben oder Werbungskosten in den genannten Fällen ist, dass diese
- in einem unmittelbaren wirtschaftlichen Zusammenhang mit den Einnahmen stehen;
- dem Vergütungsschuldner in nachprüfbarer Form nachgewiesen oder vom Schuldner der Vergütung übernommen werden und
- im Zeitpunkt des Steuerabzugs bereits tatsächlich geleistet sind (BMF vom 25.11.2010, BStBl I 2010, 1350, Rz. 48).

Ein **unmittelbarer wirtschaftlicher Zusammenhang** ist nur dann gegeben, wenn die Kosten nach ihrer Entstehung oder Zweckbindung mit den betreffenden steuerpflichtigen Einnahmen in einem unlösbaren Zusammenhang stehen (BMF vom 25.11.2010, BStBl I 2010, 1350, Rz. 47). Ein bloßer Veranlassungszusammenhang (wie z. B. bei Abschreibungsaufwand) ist für die geforderte Unmittelbarkeit nicht ausreichend. Dagegen ist es unerheblich, ob die Kosten im In- oder Ausland angefallen sind. Werden die Kosten nach dem Zeitpunkt des Steuerabzugs geleistet, ist eine nachträgliche Berücksichtigung im Rahmen der Korrektur der Steueranmeldung möglich (§ 73e EStDV).

4.2.2 Steuersatz

In den Fällen des § 50a Abs. 1 Nr. 1 und 2 EStG beträgt der reguläre Steuerabzug **15 % der Einnahmen** (§ 50a Abs. 2 Satz 1 EStG). Der Solidaritätszuschlag wird i. H. v. 5,5 % der Abzugsteuer erhoben, so dass sich ein effektiver Steuersatz i. H. v. 15,825 % ergibt.

Wurde ein Abzug von Betriebsausgaben oder Werbungskosten nach § 50a Abs. 3 Satz 2 und Satz 3 EStG vorgenommen, so beträgt bei natürlichen Personen als Vergütungsgläubiger der Steuersatz 30 % (statt 15 %) zzgl. 5,5 % Solidaritätszuschlag (effektiver Steuersatz 31,65 %). Ist der Gläubiger der Vergütung eine Körperschaft, Personenvereinigung oder Vermögensmasse, bleibt es bei dem Steuersatz von 15 % zzgl. 5,5 % Solidaritätszuschlag (§ 50a Abs. 3 Satz 4 EStG).

Haben die Vertragsparteien explizit vereinbart, dass der Schuldner der Vergütung die auf die Einnahmen entfallende Abzugsteuer nach § 50a EStG übernimmt (sog. **Nettovereinbarung**), so führt dies beim Vergütungsgläubiger zu zusätzlichen Einnahmen, die damit ebenfalls dem Steuerabzug unterliegen. Die effektiven Steuersätze erhöhen sich hierdurch von 15,825 % auf 18,8 % und von 31,65 % auf 46,3 %.

> **WICHTIG**
>
> Im Rahmen der Berechnung der Abzugsteuer i. S. d. § 50a Abs. 1 EStG ist zwischen sog. **Brutto- und Nettovereinbarungen** zu unterscheiden. Haben die Vertragsparteien explizit vereinbart, dass der Vergütungsschuldner zusätzlich zur geschuldeten Vergütung die Abzugsteuer wirtschaftlich trägt, entrichtet der Vergütungsschuldner neben der zu leistenden Vergütung die Abzugsteuer unter Anwendung der höheren Nettosteuersätze an das BZSt.

Auf Einkünfte aus im Inland ausgeübten künstlerischen, sportlichen, artistischen, unterhaltenden oder ähnlichen Darbietungen, die die Geringfügigkeitsgrenze von **250 EUR je Darbietung** nicht übersteigen, ist die sogenannte **Milderungsregelung** nach § 50a Abs. 2 Satz 3 EStG anwendbar: auf diese Einkünfte wird der Steuerabzug nicht erhoben. Begünstigt sind nur die unmittelbaren Einkünfte aus der Ausübung der Darbietung, nicht jedoch die Einkünfte aus der Verwertung von Darbietungen. Die Freigrenze gilt sowohl für persönlich darbietende Personen als auch für nicht persönlich Darbietende, wie Sportvereine oder Konzertveranstalter. Die Vorschrift ist jedoch nicht anwendbar, wenn ein Abzug von Werbungskosten bzw. Betriebsausgaben nach § 50a Abs. 3 EStG geltend gemacht wird (*Loschelder*, in Schmidt, § 50a EStG, Rz. 18).

Die Geringfügigkeitsgrenze gilt je Darbietung, d. h. bezogen auf den einzelnen Auftritt (BMF vom 25.11.2010, BStBl I 2010, 1350, Rz. 55). Werden an einem Tag mit einem oder mehreren Veranstaltern mehrere Auftritte absolviert, so ist die Freigrenze auf jeden dieser Auftritte anwendbar. Ein Gesamthonorar für mehrere Auftritte ist aufzuteilen, wobei Proben grundsätzlich keine Auftritte darstellen. Sind mehrere Personen an einer Darbietung beteiligt und erhalten sie hierfür eine Gesamtvergütung, so ist diese nach Köpfen aufzuteilen, es sei denn, die Darbietenden legen einen anderen Aufteilungsmaßstab dar. Handelt es sich bei dem Vergütungsempfänger um eine beschränkt steuerpflichtige Körperschaft (Sportverein oder Konzertveranstalter) so ist jedoch eine Aufteilung nicht zulässig (BMF vom 25.11.2010, BStBl I 2010, 1350, Rz. 54).

Beispiel

a) Ein in Frankreich ansässiger Leichtathlet nimmt im Inland an einem Weitsprungwettbewerb teil. Er erhält von dem Veranstalter ein Preisgeld i. H. v. 250 EUR.
b) Eine Woche später startet der Athlet zusammen mit drei weiteren Vereinskollegen für seinen Verein bei einem Staffellauf im Inland. Der französische Sportverein erhält von dem Veranstalter für den Sieg der Staffel ein Preisgeld i. H. v. 1.000 EUR, das er gleichmäßig an die Sportler verteilt.

Lösung

a) Da das Preisgeld die Freigrenze von 250 EUR nicht übersteigt, ist die Milderungsregel des § 50a Abs. 2 Satz 3 EStG anwendbar. Der inländische Veranstalter kann vom Steuerabzug nach § 50a Abs. 1 Nr. 1 EStG absehen.

b) Der französische Sportverein ist Vergütungsgläubiger für das von seinem Team durch die sportliche Darbietung erzielte Preisgeld i. H. v. 1.000 EUR. Eine Aufteilung des Preisgelds auf die vier darbietenden Sportler ist für Zwecke der Milderungsregel des § 50a Abs. 2 Satz 3 EStG nicht zulässig, sodass die Freigrenze i. H. v. 250 EUR je Darbietung überschritten wird. Der inländische Veranstalter ist verpflichtet, den Steuerabzug nach § 50a Abs.1 Nr. 1 EStG vorzunehmen.

Für Zwecke der Milderungsregelung qualifizieren Proben bzw. im Bereich des Sports Trainingseinheiten grundsätzlich nicht als Auftritt, da diese so untrennbar miteinander zusammenhängen, dass sie als einheitliche Gesamtleistung anzusehen sind (BMF vom 25.11.2010, BStBl I 2010, 1350, Rz. 55; BFH vom 30.03.2011, I B 178/10, BFH/NV 2011, 1132; FG Sachsen vom 24.08.2010, 2 K 1022/10). Werden die Trainingseinheiten jedoch so inszeniert, dass sie »Eventcharakter« haben und als eine weitere Darbietung vor Publikum anzusehen sind, können diese gleichwohl als Auftritt qualifizieren (FG Hessen vom 24.07.2012, 4 K 2979/11).

Beispiel

Die im Inland ansässige New Sports GmbH hat sich zum Ziel gesetzt, Paddle Tennis im Inland als Trendsportart zu etablieren. Sie veranstaltet daher regelmäßig Turniere im Inland und engagiert hierfür im Ausland wohnhafte Spieler. Die Spieler werden jeweils dazu verpflichtet, für eine Gesamtvergütung i. H. v. 2.500 EUR innerhalb von zwei Wochen zwei Spiele sowie acht Trainingseinheiten zu absolvieren. Um den Sport im Inland bekannter zu machen, sind die Trainingseinheiten für alle Interessierten öffentlich zugänglich. Die Zuschauer werden im Internet und über Flyer und Plakate zu diesen Trainingseinheiten eingeladen. Von diesem Angebot wird rege Gebrauch gemacht, sodass die Zuschauerränge bei den Trainingseinheiten regelmäßig voll belegt sind.

Lösung

Die Trainingseinheiten vor Publikum dienen nicht nur der Vorbereitung der Spieler auf die Spiele, sondern vornehmlich der Steigerung des Bekanntheitsgrades des Paddle Tennis im Inland. Sie haben eine eigenständige Bedeutung, so dass kein untrennbarer Zusammenhang zwischen Trainingseinheit und Matches angenommen werden kann.
Für Zwecke der Milderungsregelung qualifizieren die Trainingseinheiten folglich als selbständiger Auftritt. Da die Vergütung pro Auftritt die Freigrenze i. H. v. 250 EUR nicht überschreitet (2.500 EUR / 10 Auftritte), kann die New Sports GmbH vom Steuerabzug nach § 50a Abs. 1 Nr. 1 EStG absehen.

4.2.3 Steuerabzug auf zweiter Stufe

Eine Besonderheit des Steuerabzugs besteht in den Fällen, in denen die Leistungs- und Vergütungskette aus mehr als zwei Personen besteht.

Reicht ein Vergütungsgläubiger die erhaltene Vergütung (anteilig) an einen anderen beschränkt steuerpflichtigen Vergütungsgläubiger weiter, ist gem. § 50a Abs. 4 EStG der Steuerabzug grundsätzlich **auf jeder Vergütungsstufe** vorzunehmen, auf der der Tatbestand des § 50a EStG verwirklicht ist. Die Abzugsverpflichtung gilt unabhängig davon, ob die jeweiligen Vergütungsschuldner im In- oder Ausland ansässig sind (BMF vom 25.11.2010, BStBl I 2010, 1350, Rz. 35 und 42). Die Regelung des § 50a Abs. 4 Satz 1 EStG findet nicht nur Anwendung auf zweistufige Vergütungsverhältnisse, sondern entsprechend auch für mehrstufige Vergütungsketten. Häufiger Anwendungsfall für den Steuerabzug auf der nachgelagerten (zweiten) Stufe sind Vergütungsstrukturen, bei denen die im Inland persönlich auftretenden Künstler ihre Vergütung nicht unmittelbar von dem Veranstalter sondern über eine vertraglich zwischengeschaltete Konzertgesellschaft erhalten.

Beispiel

Die im Inland ansässige Event GmbH beauftragt die niederländische Konzertagentur Konzert B.V. mit der Organisation und Durchführung eines Rockkonzerts in Deutschland. In diesem Zusammenhang engagiert die Konzert B.V. diverse ausländische Künstler. Die Event GmbH zahlt der niederländischen Konzert B.V. für die Ausrichtung des Rockkonzerts insgesamt 100.000 EUR. Die Konzert B.V. wiederum vergütet die ausländischen Künstler mit insgesamt 60.000 EUR.

Lösung

Auf der ersten Stufe ist die Event GmbH Vergütungsschuldner und die Konzert B.V. der Vergütungsgläubiger. Auf der zweiten Stufe ist die Konzert B.V. Vergütungsschuldner und die einzelnen Künstler sind die Vergütungsgläubiger. Nach § 50a Abs. 4 EStG sind sowohl die Event GmbH als auch die Konzert B.V. grundsätzlich zur Vornahme des Steuerabzugs verpflichtet.

Da wirtschaftlich betrachtet die an den ersten Vergütungsgläubiger entrichtete Vergütung auch den an den nachgeschalteten Vergütungsgläubiger durchgeleiteten Vergütungsteil beinhaltet, unterliegt dieser der doppelten Besteuerung (»Kaskadeneffekt«). Zur Vermeidung einer Übersteuerung kann bei hintereinander geschalteten beschränkt Steuerpflichtigen der Vergütungsschuldner der zweiten Stufe (= Vergütungsgläubiger der ersten Stufe) ausnahmsweise vom Steuerabzug absehen, wenn die an ihn gezahlte Vergütung bereits auf der ersten Stufe in voller Höhe dem Steuerabzug unterlegen hat (§ 50a Abs. 4 Satz 1 EStG). Bei mehrstufigen Vergütungsketten gilt dies dann auch für alle nachgeschalteten Stufen. Erforderlich ist, dass der Steuerabzug auf ersten Stufe tatsächlich und i. H. v. 15 % erfolgt ist, d. h. vom Vergütungsgläubiger wurde keine vom BZSt auf Grundlage des einschlägigen DBA erteilte (Teil-) Freistellungsbescheinigung vorgelegt. Wurde auf der ersten Stufe eine (Teil-)Freistellung in Anspruch genommen, lebt die Steuerabzugspflicht auf der zweiten Stufe wieder auf. Hierdurch soll verhindert werden, dass der Vergütungsempfänger der zweiten Stufe an der Entlastungsberechtigung des ihm vorgeschalteten Vergütungsempfänger partizipiert, ohne eventuell selbst entlastungsberechtigt zu sein (*Frotscher/Geurts*, in: Frotscher, § 50a EStG, Rz. 137).

Die Abzugsverpflichtung lebt des Weiteren (auch rückwirkend) nach § 50a Abs. 4 Satz 2 EStG wieder auf, wenn die Abzugsteuer auf der ersten Stufe reduziert wird, indem der Vergütungsgläubiger der ersten Stufe
- bei dem Steuerabzug Betriebsausgaben oder Werbungskosten geltend macht;
- gem. § 50 Abs. 2 Satz 2 Nr. 5 EStG die Veranlagung zur Einkommen- oder Körperschaftsteuer (mit entsprechendem Abzug von Betriebsausgaben oder Werbungskosten) oder
- die Erstattung der Abzugsteuer nach § 50d Abs. 1 EStG beantragt.

Der Steuerabzug ist in den beiden letzten Fällen auf der zweiten Stufe bereits dann vorzunehmen, wenn die Veranlagung oder die Erstattung beantragt wurde. Auf die tatsächliche Veranlagung des Vergütungsgläubigers der ersten Stufe oder die Erstattung der Abzugsteuer durch das BZSt kommt es nicht an. Die Abzugsteuer der zweiten Stufe entsteht jedoch nach der allgemeinen Regelung des § 50a Abs. 5 Satz 1 EStG frühestens mit Zahlung der Vergütung an den Vergütungsempfänger der zweiten Stufe.

Bei mehrstufigen Vergütungsketten führt das Vorliegen eines der drei Ausschlusstatbestände auf der zweiten Stufe nicht automatisch zum Wiederaufleben der Abzugsteuerpflicht für alle nachgelagerten Vergütungsstufen. Es ist vielmehr auf die jeweils vorgelagerte Vergütungsstufe abzustellen (*Frotscher/Geurts*, in: Frotscher, § 50a EStG, Rz. 143).

4.3 Anmeldung und Abführung der Steuer

4.3.1 Steueranmeldung nach § 50a EStG

Der Schuldner der Vergütung hat die innerhalb eines Kalendervierteljahres einbehaltene Steuer i. S. d. § 50a Abs. 1 EStG nach § 50a Abs. 5 Satz 3 EStG, § 73e Satz 2 EStDV jeweils bis zum zehnten des dem Kalendervierteljahr folgenden Monats (d. h. 10.04., 10.07., 10.10. und 10.01.) an das BZSt abzuführen und eine entsprechende Steueranmeldung einzureichen. Das entsprechende Formular der Steueranmeldung ist auf der Homepage des BZSt (www.bzst.de) unter »*Steuern International / Abzugsteuern gem. §§ 50, 50a EStG / Formulare, Merkblätter und Vorschriften*« zu finden.

Die Anmeldung ist nach amtlich vorgeschriebenem Vordruck auf **elektronischem Weg zu übermitteln** (§ 73e Satz 4 EStDV). Hierfür steht das BZSt-Online-Portal (www.elsteronline.de/bportal) oder das ElsterOnline-Portal (www.elsteronline.de) zur Verfügung. Auf (formlosen) Antrag kann das BZSt im Einzelfall zur Vermeidung unbilliger Härten auf eine elektronische Übermittlung verzichten. In diesem Fall ist die Steueranmeldung vom Vergütungsschuldner oder seinem Vertretungsberechtigten zu unterzeichnen.

Für die Übermittlung bzw. Abgabe der Steueranmeldung ist eine vom BZSt auf Antrag erteilte **Steuernummer** erforderlich. Der Antrag auf Zuteilung einer Steuernummer für die Abgabe von Steueranmeldungen ist auf der Homepage des BZSt unter der Rubrik »*Steuern International – Abzugsteuern gem. §§ 50, 50a EStG – Steuernummer*« zu finden.

In der Steueranmeldung sind folgende Angaben zu machen (§ 73e Satz 2 EStDV):
- Name und Anschrift des Vergütungsgläubigers;
- Zuflusstag;
- Art und Höhe der vereinbarten Vergütungen i. S. d. § 50a Abs. 1 EStG, ausgezahlter Betrag und dem Steuerabzug unterliegender Anteil der Vergütung in Prozent;
- Übernommene Kosten;
- Höhe und Art der ggf. von den Vergütungen i. S. d. § 50a Abs. 1 EStG abgezogenen Betriebsausgaben bzw. Werbungskosten;
- Bestehen einer Brutto- oder Nettovereinbarung;
- Entlastung aufgrund DBA;
- Höhe des Steuerabzugs und Solidaritätszuschlags.

Die zum Abzug gebrachten Betriebsausgaben bzw. Werbungskosten sind in einer gesonderten Anlage zur Anmeldung darzustellen. Des Weiteren sind der Anmeldung entsprechend Nachweise der EU/EWR-Ansässigkeit (z. B. Kopie des Reisepasses oder Handelsregisterauszugs, Ansässigkeitsbescheinigung der ausländischen Finanzverwaltung) beizufügen.

Eine Steueranmeldung ist auch dann einzureichen, wenn ein Steuerabzug aufgrund einer Freistellungsbescheinigung des BZSt i. S. d. § 50d Abs. 2 EStG, der Geringfügigkeitsgrenze des § 50a Abs. 2 Satz 3 EStG oder der Abstandnahme nach § 50a Abs. 4 EStG nicht vorzunehmen ist (§ 73e Satz 3 EStDV). Die anzumeldende Steuer ist dann entweder Null oder auf den niedrigeren Steuersatz gem. Doppelbesteuerungsabkommen (DBA) begrenzt. Solidaritätszuschlag wird bei einer völligen oder teilwesen DBA-Freistellung nicht erhoben (§ 5 SolZG). In die Anmeldung sind dann zusätzliche Angaben zum Entlastungsgrund aufzunehmen.

4.3.2 Steuerbescheinigung

Der Schuldner der Vergütung ist nach § 50a Abs. 5 Satz 6 EStG verpflichtet, dem Gläubiger auf Verlangen die folgenden Angaben nach amtlich vorgeschriebenem Muster zu bescheinigen:
- Name und Anschrift des Vergütungsgläubigers;
- Art der Tätigkeit und Höhe der Vergütung in Euro;
- Zahlungstag der Vergütung;
- Betrag der einbehaltenen und abgeführten Steuer.

Das Muster der Steuerbescheinigung ist auf der Homepage des BZSt unter der Rubrik »Steuern International / Abzugsteuer gem. §§ 50, 50a EStG / Formulare, Merkblätter und Vorschriften« zu finden.

Der Schuldner der Vergütung kann die Steuerbescheinigung demnach direkt nach Ausstellung an den Gläubiger der Vergütung versenden, damit dieser einen Nachweis für Zwecke der Erstattung beim BZSt oder der Anrechnung in seinem Ansässigkeitsstaat erhält. Wenn und soweit beim BZSt, bei einem Finanzamt oder bei einer ausländischen Finanzbehörde eine Überprüfung der angemeldeten und abgeführten Beträge erforderlich wird, etwa im Rahmen eines Erstattungsverfahrens des Gläubigers oder im Rahmen einer Anrechnung im Ausland, wird der hierfür notwendige Datenabgleich unmittelbar zwischen den jeweiligen Behörden vorgenommen.

4.3.3 Besondere Aufzeichnungspflichten

Der Schuldner der Vergütungen hat gem. § 73d EStDV besondere Aufzeichnungen zu führen, aus denen die folgenden Informationen ersichtlich sein müssen:
- Name und Anschrift des Vergütungsgläubigers (Steuerschuldner);
- Art der Tätigkeit und Höhe der Vergütung in Euro;
- Höhe und Art der von der Vergütung abgezogenen Betriebsausgaben oder Werbungskosten;
- Tag, an dem die Vergütung dem Vergütungsgläubiger zugeflossen ist;
- Höhe und Zeitpunkt der Abführung der einbehaltenen Steuer.

In den Fällen des § 50a Abs. 3 EStG sind gem. § 73d EStDV des Weiteren die von der Bemessungsgrundlage des Steuerabzugs abgezogenen Betriebsausgaben oder Werbungskosten und die Staatsangehörigkeit des beschränkt steuerpflichtigen Vergütungsgläubigers in einer für das BZSt nachprüfbaren Form zu dokumentieren (Rechnungskopien, Überweisungen, Kopie des Reisepasses oder Handelsregisterauszugs, Ansässigkeitsbescheinigung der ausländischen Finanzverwaltung).

Ist der Schuldner der Vergütungen zum Steuerabzug verpflichtet, ist es sinnvoll, den ausländischen Vergütungsgläubiger vorab über den erforderlichen Steuerabzug und dessen Umfang in Kenntnis zu setzen.

> **PRAXISTIPP**
>
> **Mitteilung der Steuerabzugsverpflichtung**
> Bei bestehender Steuerabzugsverpflichtung kann es sinnvoll sein, den Vergütungsgläubiger hierüber zu informieren. Im Zusammenhang mit inländischen Darbietungen und deren Verwertung würde sich bspw. folgende Formulierung anbieten:
>
> *... We would like to inform you that cross border payments of a German tax resident with respect to provision of (entertaining) performances and its exploitation in Germany are in general subject to tax withholding amounting to 15 % plus 5.5 % solidarity surcharge (effective rate = 15,825 %) according to domestic tax law (here: Section 50a (1) No. 1 respectively No. 2 German Income Tax Act [‹Einkommensteuergesetz›]).*

In certain circumstances German tax withholding can be reduced by the provisions of the double tax treaty.

Withholding tax relief can be achieved either by way of an exemption certificate (i. e. tax withholding obligation is waived) or by refund (i. e. application for refund after withholding tax have been paid due to lacking exemption certificate in the moment of royalty payment).

For more information please see the English web page of German Federal Central Tax Office [Bundeszentralamt für Steuern].

Since a valid exemption certificate is currently not in place we are obliged to withhold 15 % German withholding tax plus 5.5 % solidarity surcharge. However, we would be glad to assist you in the application for refund of withheld taxes respectively in the application for an exemption certificate…

5 Entlastung vom Steuerabzug nach § 50a Abs. 1 Nr. 1 und Nr. 2 EStG

5.1 Überblick

Zur Aufteilung von Besteuerungsrechten bei grenzüberschreitenden Sachverhalten hat die Bundesrepublik Deutschland bilaterale Abkommen zur Vermeidung der Doppelbesteuerung, sog. **Doppelbesteuerungsabkommen (DBA)** mit ca. 100 Nationen abgeschlossen. Bei in Deutschland beschränkt steuerpflichtigen Künstlern und Sportlern erfolgt die Zuordnung des Besteuerungsrechts insbes. nach **Art. 17** des OECD-Musterabkommens zur Vermeidung der Doppelbesteuerung auf dem Gebiet der Steuern vom Einkommen und vom Vermögen (**OECD-MA**). Danach können Einkünfte, die in einem Staat ansässige Künstler und Sportler aus ihrer in dem anderen Vertragsstaat persönlich ausgeübten Tätigkeit erzielen, in dem anderen Vertragsstaat besteuert werden (Art. 17 Abs. 1 OECD-MA). Fließen Einkünfte aus der von einem Künstler oder Sportler persönlich ausgeübten Tätigkeit nicht dem Künstler oder Sportler selbst, sondern einer anderen Person zu, können die Einkünfte ebenfalls in dem anderen Vertragsstaat besteuert werden (Art. 17 Abs. 2 OECD-MA).

Einkünfte aus der Verwertung der Tätigkeiten eines Künstlers oder Sportlers werden hingegen nicht von Art. 17 OECD-MA erfasst. Die Zuordnung des Besteuerungsrechts erfolgt in diesen Fällen vielmehr nach Art. 7 OECD-MA (Unternehmensgewinne) oder nach Art. 12 OECD-MA (Lizenzgebühren). Handelt es sich bei den Einkünften um Unternehmensgewinne, wird das Besteuerungsrecht gem. Art. 7 Abs. 1 OECD-MA regelmäßig dem Ansässigkeitsstaat des Künstlers bzw. Sportlers zugewiesen (Ausnahme: die Einkünfte sind einer im Inland belegenen Betriebsstätte zuzuordnen). In der Praxis dürfte es sich bei den Einkünften aus der Verwertung der Tätigkeit eines Künstlers oder Sportlers abkommensrechtlich jedoch eher um Lizenzgebühren handeln (die Verwertung erfolgt insoweit durch die Einräumung von Nutzungsrechten). Eine Zuordnung des Besteuerungsrechts ergibt sich sodann aus **Art. 12 OECD-MA**.[4] Nach Art. 12 Abs. 1 OECD-MA können Lizenzgebühren, soweit sie aus einem Vertragsstaat stammen und deren Nutzungsberechtigter eine im anderen Vertragsstaat ansässige Person ist, nur im anderen Staat (d.h. im Ansässigkeitsstaat des Vergütungsgläubigers / Nutzungsberechtigten) besteuert werden. Abweichend hiervon sehen

---

[4] In einigen DBA bestehen Ausnahmen insbesondere in Bezug auf Persönlichkeitsrechte sowie Rundfunk- und Fernsehaufzeichnungen bzw. -übertragungen (Stockmann, in: Vogel/Lehner, DBA, Art. 17 OECD-MA, Rz. 80-83).

jüngere DBA der Bundesrepublik für grenzüberschreitende Lizenzzahlungen ein (eingeschränktes) Besteuerungsrecht des Quellenstaates i. H. v. regelmäßig 5 % vor.

5.2 Abkommensrechtliche Zuweisung des Besteuerungsrechts

5.2.1 Künstler und Sportler im Sinne des Art. 17 Abs. 1 OECD-MA

Art. 17 OECD-MA: (Unterhaltungs-)Künstler und Sportler
(1) Ungeachtet des Artikels 15 können Einkünfte, die eine in einem Vertragsstaat ansässige Person als Künstler, wie Bühnen-, Film-, Rundfunk- und Fernsehkünstler sowie Musiker, oder als Sportler aus ihrer im anderen Vertragsstaat persönlich ausgeübten Tätigkeit bezieht, **im anderen Staat** besteuert werden.
(2) (…)

Gem. Art. 17 Abs. 1 OECD-MA können Einkünfte, die in einem Staat ansässige Person als Künstler oder als Sportler aus ihrer im anderen Vertragsstaat persönlich ausgeübten Tätigkeit bezieht, ungeachtet des Art. 15 OECD-MA im anderen Staat (**Tätigkeits- bzw. Quellenstaat**) besteuert werden. Der Ausdruck »**Künstler**« umfasst u. a. Bühnen-, Film-, Rundfunk- und Fernsehkünstler sowie Musiker. Die Vorschrift bezieht sich nur auf Künstler, die unmittelbar oder mittelbar (über die Medien) in der Öffentlichkeit auftreten und dabei Darbietungen erbringen, die künstlerischen oder unterhaltenden Charakter besitzen (**vortragende Künstler**) (*Stockmann*, in: Vogel/Lehner, Art. 17 OECD-MA, Rz. 22). Unerheblich ist, ob der Künstler haupt- oder nebenberuflich, selbständig oder als Arbeitnehmer tätig ist. Nicht erfasst werden werkschaffende Künstler (z. B. Maler, Bildhauer, Komponisten, Bühnenbildner, Choreographen, Drehbuchautoren, Regisseure, Kameramänner, Cutter, Tontechniker, Filmproduzenten und Schriftsteller) (BMF vom 25.11.2010, BStBl I 2010, 1350, Rz. 80). Gleiches gilt für Hilfs- und Verwaltungspersonal (z. B. im technischen und kaufmännischen Bereich): auch sie erbringen keine künstlerische oder darbietende Tätigkeit. Lassen sich zu beurteilende Tätigkeiten nicht eindeutig zuordnen bzw. voneinander abgrenzen (z. B. weil die Herstellung eines Werks mit einer künstlerischen Darstellung ineinanderfließt) (**Mischfälle**), ist auf den Schwerpunkt der Tätigkeit im Tätigkeitsstaat abzustellen. Gegebenenfalls sind die Einkünfte aufzuteilen (*Stockmann*, in: Vogel/Lehner, Art. 17 OECD-MA, Rz. 25, 25a, 26).

Ein »**Sportler**« ist eine Person, die unmittelbar oder mittelbar (über die Medien) in der Öffentlichkeit eine körperliche oder geistige Tätigkeit ausübt. Der Begriff ist weit auszulegen und umfasst Freizeitsportler ebenso wie Hochleistungssportler, Einzel- und Mannschaftssportarten, Wettkämpfe und Sportveranstaltungen mit Unterhaltungscharakter (z. B. Schaukampf oder Eisrevue). Er ist nicht begrenzt auf die klassischen Disziplinen (wie Fußball, Tennis, Motorsport), sondern erfasst auch weniger übliche Aktivitäten und Denksportarten (Billard, Schach oder Bridge) (*Wassermeyer*, in: Wassermeyer, Art. 17 OECD-MA, Rz. 28 mit weiteren Beispielen). Unerheblich ist, ob der Sportler seine sportliche Betätigung selbständig oder als Arbeitnehmer ausübt. Sporttrainer und Schiedsrichter werden nicht von der Vorschrift erfasst. Sie betätigen sich zwar sportlich, treten jedoch nicht als Wettkämpfer auf (BFH vom 20.12.2017, I R 98/15, IStR 2018, 238). Auch zusätzliche Tätigkeiten wie nicht-öffentliche Testfahrten fallen nicht unter die Vorschrift.

Von Art. 17 Abs. 1 OECD-MA erfasst werden insbesondere
- Gagen und Honorare,
- Löhne und Gehälter,
- Startgelder, Preisgelder und Siegprämien (inklusive Sachleistungen),
- Erfolgsprämien,
- Ablösegelder und
- Aufwandsersatz bzw. Aufwandspauschalen.

Einkünfte aus **Vermittlungsleistungen** fallen hingegen nicht unter Art. 17 Abs. 1 OECD-MA. Art. 17 Abs. 1 OECD-MA stellt nicht darauf ab, ob ein Entgelt von dem Veranstalter oder einem Dritten (z. B. Sponsor) geleistet wird. Unerheblich ist auch, ob die Zahlung unmittelbar an den Künstler bzw. Sportler oder an eine von ihm beauftragte Person erfolgt. Entscheidend ist lediglich, dass die Zahlung dem Künstler oder Sportler steuerlich zuzurechnen ist. Die entsprechende Beurteilung erfolgt nach den nationalen Vorschriften des Anwenderstaates (*Wassermeyer*, in: Wassermeyer, Art. 17 OECD-MA, Rz. 35). Auch nachträglich geleistete Vergütungen zählen zu den Einkünften i. S. d. Art. 17 Abs. 1 OECD-MA. Voraussetzung ist, dass diese im Zeitpunkt der Darbietung bereits vertraglich vereinbart war und sich ausdrücklich auf diese bezogen hat (*Stockmann*, in: Vogel/Lehner, Art. 17 OECD-MA, Rz. 42a).

Nicht zu den Einkünften i. S. d. Art. 17 Abs. 1 OECD-MA zählen hingegen Vergütungen für »passive« Leistungen, wie z. B. Entschädigungen oder Versicherungsprämien für ausgefallene Veranstaltungen und Vergütungen für vertraglich vereinbarte Konkurrenz- oder Wettbewerbsverbote (*Wassermeyer*, in: Wassermeyer, Art. 17 OECD-MA, Rz. 36).

Voraussetzung für die abkommensrechtliche Zuweisung des Besteuerungsrechts ist zunächst, dass es sich bei dem Vergütungsgläubiger um eine Person handelt, die i. S. d. jeweiligen DBA im anderen Vertragsstaat ansässig ist (**persönlicher Anwendungsbereich, Art. 1 OECD-MA**). Der Ausdruck »Person« umfasst insbes. natürliche Personen sowie Gesellschaften, d. h. juristische Personen oder Rechtsträger, die für die Besteuerung wie juristische Personen behandelt werden (Art. 3 Abs. 1 Buchst. a und b OECD-MA). Da Art. 17 Abs. 1 OECD-MA eine **persönlich ausgeübte** künstlerische oder sportliche Tätigkeit erfordert, werden **juristische Personen** grundsätzlich nicht von Art. 17 Abs. 1 OECD-MA erfasst. Etwas anderes gilt bei gesellschaftsrechtlich verbundenen Rechtsträgern (Orchester, Chöre, Ballette, Theater oder Sportmannschaften). Bezieht demnach ein Musiker aus dem Innenverhältnis zu einem gesellschaftsrechtlich organisierten Orchester indirekt Einkünfte aus dem Auftritt des Orchesters, steht dem Tätigkeitsstaat das Besteuerungsrecht ebenso zu, als hätte der Musiker direkt eine Vergütung für den Auftritt im Inland erhalten (*Stockmann*, in: Vogel/Lehner, Art. 17 OECD-MA, Rz. 20).

In einem Vertragsstaat »ansässig« ist eine Person, wenn sie nach dem Recht dieses Staates dort auf Grund ihres Wohnsitzes, ihres ständigen Aufenthalts, des Ortes ihrer Geschäftsleitung oder eines anderen ähnlichen Merkmals steuerpflichtig ist (Art. 4 Abs. 1 OECD-MA).

Weitere Voraussetzung für die Entlastung von deutscher Abzugsteuer auf abkommensrechtlicher Basis ist, dass der sog. **sachliche Anwendungsbereich** des jeweiligen DBA eröffnet ist. Nach Art. 2 Abs. 1 OECD-MA soll das jeweilige DBA – ohne Rücksicht auf die Art der Erhebung – für Steuern vom Einkommen, die für Rechnung eines Vertragsstaats erhoben werden, Anwendung finden. Aus Sicht der Bundesrepublik Deutschland sind dies die Einkommensteuer, die Körperschaftsteuer sowie die Gewerbesteuer. Der sachliche Anwendungsbereich des jeweiligen DBA dürfte demnach regelmäßig eröffnet sein.

Beispiel

Ein steuerlich in den Niederlanden ansässiger Schauspieler wirkt für eine ebenfalls in den Niederlanden ansässige Produktionsgesellschaft an einer Filmproduktion im Inland mit. Der Schauspieler erbringt seine Tätigkeit an den Drehtagen im Inland im Rahmen eines Arbeitsverhältnisses mit der Produktionsgesellschaft. Bei der Produktionsgesellschaft handelt es sich nicht um einen inländischen Arbeitgeber i. S. d. § 38 Abs. 1 Nr. 1 EStG.

Lösung

Ertragsteuerrechtliche Würdigung
Der Schauspieler ist. gem. § 1 Abs. 4 EStG in Deutschland beschränkt steuerpflichtig. Aufgrund der Ausübung einer (künstlerischen) Darbietung im Inland erzielt er inländische Einkünfte aus nichtselbständiger Arbeit i. S. d. § 49 Abs.1 Nr. 4 EStG (i. V. m. § 19 EStG). Da es sich bei der Produktionsgesellschaft nicht um einen inländischen Arbeitgeber i. S. d. § 38 Abs. 1 Nr. 1 EStG handelt, besteht keine Pflicht zur Einbehaltung von deutscher Lohnsteuer. Die Einkommensteuer wird vielmehr im Wege des Steuerabzugs nach § 50a Abs. 1 Nr. 1 EStG erhoben. Der Steuersatz beträgt grundsätzlich 15 % der Einnahmen (§ 50a Abs. 2 Satz 1 EStG) zzgl. 5,5 % Solidaritätszuschlag darauf.

Abkommensrechtliche Würdigung
Der **persönliche Anwendungsbereich** des Doppelbesteuerungsabkommens zwischen der Bundesrepublik Deutschland und dem Königreich der Niederlande (**DBA Niederlande**) ist eröffnet, da es sich bei dem Schauspieler um in eine in den Vertragsstaaten (hier: Niederlande) ansässige Person i. S. d. Art. 4 Abs. 1 DBA Niederlande handelt (Art. 1 DBA Niederlande). Weiterhin ist der **sachliche Anwendungsbereich** eröffnet: bei der deutschen Einkommensteuer handelt es sich um eine Steuer, für die gem. Art. 2 Abs. 3 Buchst. a Doppelbuchst. aa DBA Niederlande das Abkommen gilt.
Nach Art. 16 Abs. 1 DBA Niederlande (entspricht im Wesentlichen Art. 17 Abs. 1 OECD-MA) können (ungeachtet der Art. 7 und 14) Einkünfte, die eine in einem Vertragsstaat ansässige Person als Künstler (hier: Film- bzw. Fernsehkünstler) aus ihrer im anderen Vertragsstaat persönlich ausgeübten Tätigkeit bezieht, im anderen Staat (hier: Deutschland) besteuert werden.

Entsprechend der Regelung in Art. 17 Abs. 1 OECD MA weisen derzeit alle von der Bundesrepublik Deutschland abgeschlossenen DBA das Besteuerungsrecht hinsichtlich der Vergütungen an beschränkt steuerpflichtige darbietende Künstler sowie an Sportler für Inlandsauftritte Deutschland zu.

In einigen DBA hat Deutschland jedoch auf sein Besteuerungsrecht verzichtet, sofern
- der Künstler oder Sportler im Inland i. R. d. von beiden Vertragsstaaten gebilligten offiziellen Kulturaustausch auftritt oder
- der Auftritt des Künstlers oder Sportlers aus öffentlichen Mitteln des Entsendestaates subventioniert wird. Der Umfang der erforderlichen Subventionierung ist in dem jeweiligen DBA geregelt.

Eine weitere Ausnahme befindet sich im DBA mit den **Vereinigten Staaten von Amerika**. Bei in den USA ansässigen Künstlern und Sportlern macht Deutschland von seinem Besteuerungsrecht nur Gebrauch, wenn die jährliche Gage inklusive Kostenersatz und sonstigen Zuwendungen den Betrag von 20.000 USD überschreitet. Eine Freistellung wird jedoch nicht gewährt, vielmehr kann nach Ablauf des Kalenderjahres ein Erstattungsantrag beim BZSt gestellt werden.

Art. 17 Abs. 1 OECD-MA hat als **Spezialvorschrift** Vorrang vor Art. 15 OECD-MA (Einkünfte aus unselbständiger Arbeit). Entsprechend bleibt das Besteuerungsrecht des Quellenstaates auch dann bestehen, wenn der Künstler oder Sportler die Einkünfte als Arbeitnehmer erzielt (insbes. findet insoweit die 183-Tage Regelung keine Anwendung).

5.2.2 Andere Person im Sinne des Art. 17 Abs. 2 OECD-MA

Art. 17 OECD-MA: (Unterhaltende) Künstler und Sportler
(1) (…)
(2) Fließen Einkünfte aus einer von einem Künstler oder Sportler in dieser Eigenschaft persönlich ausgeübten Tätigkeit nicht dem Künstler oder Sportler selbst, sondern **einer anderen Person** zu, so können diese Einkünfte ungeachtet des Artikels 15 in dem Vertragsstaat besteuert werden, in dem der Künstler oder Sportler seine Tätigkeit ausübt.

Gem. Art. 17 **Abs. 2** OECD-MA können Einkünfte aus einer von einem Künstler oder Sportler in dieser Eigenschaft persönlich ausgeübten Tätigkeit auch dann im Quellen- bzw. Tätigkeitsstaat besteuert werden, wenn die Vergütungen einer **dritten Person** zufließen. Dies können natürliche oder auch juristische Personen sein.

Art. 17 Abs. 2 OECD-MA erfasst insbes. Fälle, in denen das Entgelt für inländische Auftritte von Künstlern oder Sportlern an eine juristische Person gezahlt wird, die zwischen den Veranstalter und die persönlich auftretenden Künstler und Sportler geschaltet ist.

Dies betrifft insbes.
- Management-Gesellschaften,
- Künstlervermittlungs- bzw. Künstlerverleihgesellschaften oder
- Künstlergesellschaften (Zusammenschluss auftretenden Künstler),

die im eigenen Namen und auf eigene Rechnung mit Veranstaltern Verträge über den Auftritt von Künstlern und Sportlern abschließen (BMF vom 25.10.2010, BStBl I 2010, 1350, Rz. 84).

Das Besteuerungsrecht wird dem Quellen- bzw. Tätigkeitsstaat unabhängig davon zugewiesen, in welcher (gesellschaftsrechtlichen) Beziehung die dritte Person und der Künstler bzw. Sportler zueinander stehen oder auf welcher vertraglichen Basis der Künstler bzw. Sportler für den Dritten tätig wird (*Stockmann*, in: Vogel/Lehner, Art. 17 OECD-MA, Rz. 116). Für die Anwendung des Art. 17 Abs. 2 OECD-MA ist es weiterhin unbeachtlich, ob bzw. in welcher Form eine Vergütung an den persönlich Auftretenden weitergeleitet wird (z. B. in Form von Gehältern, Boni, Tantiemen oder Dividenden) (*Maßbaum*, in Gosch/Kroppen/Grotherr: Art. 17 OECD-MA, Rz. 255).

Der Begriff der Einkünfte i. S. d. Art. 17 Abs. 2 OECD-MA ist identisch mit dem in Art. 17 Abs. 1 OECD-MA. Art. 17 Abs. 2 OECD-MA erweitert folglich nicht den Umfang der Einkünfte, die von Art. 17 OECD-MA erfasst werden.

Werden einer dritten Person Vergütungen für **eigene wirtschaftliche Tätigkeiten** gezahlt, findet Art. 17 Abs. 2 OECD-MA keine Anwendung (*Wassermeyer*, in: Wassermeyer, Art. 17 OECD-MA, Rz. 59). Vielmehr erfolgt eine Zuweisung des Besteuerungsrechts nach Art. 7 OECD-MA (Unternehmensgewinne). Mangels inländischer Betriebsstätte wird der Bundesrepublik Deutschland in derartigen Fällen das Besteuerungsrecht regelmäßig nicht zugewiesen.

Beispiel

Die steuerlich im Ausland ansässige Künstlervermittlungsgesellschaft K stellt dem inländischen Veranstalter V im eigenen Namen und für eigene Rechnung den Künstler A für ein Konzert im Inland zur Verfügung. K stellt dem Veranstalter die Gage für den Auftritt des A sowie ein zusätzliches Entgelt für die Vermittlungsleistung (Provision) in Rechnung.

Lösung

Nach Art. 17 Abs. 2 OECD-MA wird für die Einkünfte aus der persönlich von A im Inland ausgeübten künstlerischen Tätigkeit das Besteuerungsrecht der Bundesrepublik Deutschland als Quellen- bzw. Tätigkeitsstaat zugewiesen.
Auf das Entgelt für die Vermittlungsleistung ist Art. 17 Abs. 2 OECD-MA hingegen nicht anwendbar. Es handelt sich insoweit um ein Entgelt für die eigene wirtschaftliche Tätigkeit der Künstlervermittlungsgesellschaft. Das Besteuerungsrecht ist entsprechend Art. 7 OECD-MA zuzuweisen. Unterhält die Gesellschaft keine Betriebsstätte im Inland, steht das Besteuerungsrecht dem Ansässigkeitsstaat und nicht der Bundesrepublik Deutschland zu.

Diese Regelung ist jedoch in zahlreichen von Deutschland abgeschlossenen DBA nicht enthalten (eine Übersicht findet sich z. B. bei *Stockmann*, in Vogel/Lehner: Art. 17 OECD-MA, Rz. 136 bis 146). Enthält das jeweilige DBA keine Art. 17 Abs. 2 OECD-MA entsprechende Regelung, erzielen (zwischengeschaltete) Personen, wie Managementgesellschaften regelmäßig Einkünfte i. S. d. Art. 7 OECD-MA (Unternehmensgewinne). Mangels inländischer Betriebsstätte hat Deutschland bei Zahlungen an (zwischengeschaltete) Gesellschaften regelmäßig kein Besteuerungsrecht an Einkünften aus den im Inland ausgeübten Darbietungen.

Erfolgt bei Zahlungen an eine ausländische Gesellschaft auf Basis einer Art. 17 Abs. 2 OECD-MA entsprechenden Regelung eine Entlastung vom deutschen Steuerabzug, kann bei Weiterleitung der Vergütung an die persönlich auftretenden Künstler oder Sportler ein Steuerabzug auf zweiter Stufe vorzunehmen sein (§ 50a Abs. 4 Satz 1 EStG).

> **WICHTIG**
>
> Enthält der einschlägige Artikel des im Einzelfall anzuwendenden DBA keine Art. 17 Abs. 2 OECD-MA entsprechende Regelung, wird bei Zahlungen an (zwischengeschaltete) Gesellschaften das Besteuerungsrecht regelmäßig dem Ansässigkeitsstaat zugewiesen (Ausnahme: die Gesellschaft unterhält eine Betriebsstätte in Deutschland, der die Einkünfte zugerechnet werden können). Bei Weiterleitung der Vergütung sind die Regelungen zum Steuerabzug auf der zweiten Stufe (§ 50a Abs. 4 Satz 1 EStG) zu beachten.

5.2.3 Abgrenzung zwischen Art. 17 OECD-MA und Art. 12 OECD-MA

Einkünfte, die ein Künstler oder Sportler aus der **Verwertung** seiner inländischen künstlerischen oder sportlichen Darbietung erzielt, werden **nicht** von Art. 17 OECD-MA erfasst. Regelmäßig handelt es sich sodann um Lizenzgebühren i. S. d. Art. 12 Abs. 2 OECD-MA (hierzu im Detail Kap. III.5.2). In Ausnahmefällen können Verwertungseinkünfte auch Unternehmensgewinne i. S. d. Art. 7 OECD-MA darstellen.

Die Abgrenzung von Darbietungseinkünften i. S. d. Art. 17 OECD-MA und Lizenzgebühren aus der Verwertung von Darbietungen i. S. d. Art. 12 OECD-MA bereitet in der Praxis häufig Schwierigkeiten. Nach Ansicht der Finanzverwaltung ist eine Abgrenzung wie folgt vorzunehmen:

- **Live-Übertragungen von künstlerischen oder sportlichen Auftritten:**
  Bei Vergütungen an Künstler bzw. Sportler für eine Live-Übertragung im Fernsehen handelt es sich um Einkünfte für eine persönlich ausgeübte Tätigkeit i. S. d. Art. 17 OECD-MA, da die Tätigkeit des Künstlers bzw. Sportlers im Vordergrund steht (BMF vom 25.11.2010, BStBl I 2010, 1350, Rz. 87 Buchst. e sowie Rz. 102). Dies gilt auch, wenn die Übertragung mit einer zeitlichen Verzögerung erfolgt und davon auszugehen ist, dass die Übertragung mit der Gesamtvergütung abgegolten ist (*Wassermeyer*, in: Wassermeyer, Art. 17 OECD-MA, Rz. 19).
- **Nachverwertung von künstlerischen oder sportlichen Auftritten:**
  Werden die Auftritte (signifikant) zeitversetzt oder ggf. später auch als Wiederholung gesendet, ist eine hierfür geleistete gesonderte Vergütung an den Künstler bzw. Sportler

als Lizenzgebühr i. S. d. Art. 12 Abs. 2 OECD-MA zu qualifizieren (*Wassermeyer*, in: Wassermeyer, Art. 17 OECD-MA, Rz. 19).
- **Drittverwertung von Fernsehübertragungsrechten:**
Werden Übertragungsrechte an einer künstlerischen oder sportlichen Veranstaltung vom Veranstalter an einen Dritten überlassen, soll Art. 17 OECD-MA keine Anwendung finden. Nach den Umständen des jeweiligen Einzelfalls kann Art. 12 OECD-MA anwendbar sein. Dies ist der Fall, wenn die Veranstaltung auf einer Vielzahl von organisatorischen, technischen, kaufmännischen und sonstige Tätigkeiten, die vom Veranstalter erbracht bzw. koordiniert werden, beruht. Der Veranstalter erbringt folglich eine eigenständige Leistung, deren Verwertung er dem Dritten überlässt. Die Einkünfte entstammen dem Wesen nach aus der Tätigkeit des Veranstalters und weniger aus der persönlich ausgeübten Tätigkeit des Künstlers oder Sportlers (*Wassermeyer*, in: Wassermeyer, Art. 17 OECD-MA, Rz. 60; BFH vom 04.03.2009, I R 6/07; BStBl II 2009, 625).
- **Öffentlicher künstlerischer oder sportlicher Auftritt mit anschließender Verwertung auf Bild- und Tonträgern:**
Vergütungen für den öffentlichen Auftritt sind Einkünfte i. S. d. Art 17 OECD-MA. Soweit die Einkünfte aus der Verwertung des Auftritts (Erstellung von Bild- und Tonträgern) erzielt werden, handelt es sich um Lizenzgebühren i. S. d. Art. 12 OECD-MA (BMF vom 25.11.2010, BStBl I 2010, 1350, Rz. 87 Beispiel c und Rz. 102).
- **Tonträgeraufnahmen im Studio ohne öffentlichen Auftritt:**
Da kein persönlich ausgeübter künstlerischer Auftritt vor einem Publikum stattfindet, kommt Art. 17 OECD-MA nicht zu Anwendung. Die Einkünfte unterliegen als Verwertungseinkünfte Art. 12 OECD-MA (Wassermeyer, DBA, OECD-MA 2014 Art. 12 Rz. 62).
- **Filmaufnahmen sowie Fernsehstudioaufnahmen ohne Bühnenauftritt:**
Die Vergütung an den Filmschauspieler erfolgt für seine persönlich ausgeübte künstlerische Tätigkeit. Der öffentliche Auftritt erfolgt über das Medium Fernsehen vor Publikum. Filmschauspieler haben regelmäßig kein Urheberrecht an den Filmen, an denen sie mitwirken. Vergütungen an Filmschauspieler für die persönlich ausgeübte künstlerische Tätigkeit unterliegen daher vollumfänglich Art. 17 OECD-MA (BMF vom 25.11.2010, BStBl I 2010, 1350, Rz. 87 Bsp. f und Rz. 103, 106).

Wird für die Ausübung und die Verwertung ein **Gesamtentgelt** gezahlt (sog. gemischte Verträge), ist dieses nach den Verhältnissen des Einzelfalles auf die Tatbestände aufzuteilen. Liegen keine Anhaltspunkte für eine Aufteilung auf Tätigkeitsvergütung und Lizenzgebühr vor, sind gem. BMF-Schreiben vom 25.10.2010 (BStBl I 2010, 1350, Rz. 87) 80 % der persönlich ausgeübten Tätigkeit und 20 % deren Verwertung zuzuordnen. Bei werkschaffenden Künstlern können hingegen 40 % der persönlichen Tätigkeit und 60 % deren Verwertung zugeordnet werden.

Neben den Einkünften aus der persönlichen Ausübung der künstlerischen und sportlichen Tätigkeit erzielen insbesondere Sportler regelmäßig auch Einkünfte aus **Werbe- sowie Sponsoringverträgen**. Diese beinhalten i. d. R. die folgenden Leistungen:
- Überlassung von Nutzungsrechten an Name und Bild (Persönlichkeitsrechte), Namenszug und Unterschrift;

- Teilnahme an Werbe-, Verkaufsförderungs- und Öffentlichkeitsmaßnahmen (Interviews, Messeauftritte, Autogrammstunden, Gästebetreuung, Tragen von Kleidung mit Firmenlogo bei offiziellen Anlässen);
- Teilnahme bei der Produktion von Werbemitteln (Fotoshooting, TV-Spots);
- Teilnahme an Produkttests;
- Verwendung der Sportgeräte und Tragen von Kleidung mit dem Logo des Herstellers / Werbepartners.

Ungeachtet der vertraglichen Gestaltung sind für Abkommenszwecke die einzelnen Werbeleistungen und die daraus resultierenden Einkünfte unabhängig voneinander unter die einzelnen Vorschriften des DBA zu subsumieren.

Stehen Werbeleistungen **unmittelbar oder mittelbar** im **Zusammenhang mit dem persönlichen Auftritt** des Künstlers oder Sportlers im Inland, gehören auch die Einkünfte aus Werbe-, Ausrüstungs- und ähnlichen Verträgen insoweit zu den Einkünften des individuellen Auftritts (BMF vom 25.11.2010, BStBl I 2010, 1350, Rz. 82 und 83). Bei Einkünften aus Werbeverträgen, die das Image und den Namen des Künstlers bzw. Sportlers verwerten, ist ein **unmittelbarer** Zusammenhang erforderlich.

Beispiel

Der steuerlich im Ausland ansässige Tennisspieler T nimmt an einem Turnier im Inland teil. T gestattet dem Veranstalter mit seinem Namen und Bild für das Turnier gegen Entgelt zu werben. Ferner hat T einen Werbevertrag mit einem inländischen Bankhaus, der die Bank unabhängig von diesem Turnier zur Verwendung seines Namens und Bildes berechtigt.

Lösung

Das von dem Veranstalter entrichtete Entgelt für die Nutzung der Persönlichkeitsrechte (Name und Bild) des T stehen in unmittelbaren Zusammenhang mit seiner Teilnahme am Turnier. Das Nutzungsentgelt fällt folglich unter Art. 17 OECD-MA (und nicht unter Art. 12 OECD-MA). Bezüglich des von dem Bankhaus entrichteten Werbeentgelts ist kein Zusammenhang zu dem sportlichen Auftritt des T im Inland gegeben. Das Nutzungsentgelt stellt Einkünfte i. S. d. Art. 12 OECD-MA dar.

Wurde für die auftrittsbezogene Werbeleistung im Inland kein gesondertes Entgelt vereinbart, ist ein pauschal und zeitbezogenes für alle Werbeleistungen vereinbartes Gesamtentgelt plausibel und nachvollziehbar (im Schätzwege) aufzuteilen.

> **Beispiel**
>
> Der steuerlich im Ausland ansässige Tennisspieler T nimmt an einem Turnier im Inland teil. Während seiner Spiele trägt er ein Trikot mit dem Logo seines Ausrüstungspartners, einem inländischen Sportartikelhersteller. Anlässlich seines Turniersieges gibt er einem örtlichen Fernsehsender ein bezahltes Interview. Während des Interviewtermins trägt T eine Kappe mit dem Logo seines Werbepartners, einer inländischen Bank.

> **Lösung**
>
> Die Trikotwerbung des T während seiner Spiele ist eine Werbeleistung, die unmittelbar mit seinem sportlichen Auftritt zusammenhängend. Ebenso stehen das Interview und die durch das Tragen der Kappe während des Interviews bewirkte Werbeleistung in unmittelbarem Zusammenhang mit der sportlichen Tätigkeit im Inland. Die (anteiligen) Vergütungen für die drei Zusammenhangsleistungen sind folglich unter Art. 17 Abs. 1 OECD-MA zu subsumieren. Wurde ein Pauschalhonorar vereinbart, ist die auf die im Inland erbrachten Werbeleistungen (Trikot und Kappe) entfallende Vergütung plausibel und nachvollziehbar aufzuteilen. Als Aufteilungsmaßstab kommt z. B. das Verhältnis der von T im In- und Ausland gespielten Turniere bzw. Spieltage in Betracht.

5.3 Verfahrensrechtliche Besonderheiten

5.3.1 Überblick

Grundsätzlich hat der Steuerabzug nach § 50a Abs. 1 EStG ungeachtet der Begünstigungen auf Basis eines DBA bzw. des § 50g EStG in voller Höhe zu erfolgen (§ 50d Abs. 1 Satz 1 EStG), d. h. dass eine unmittelbare Anwendung der Steuerbefreiung des jeweils einschlägigen DBA nicht möglich ist. Die Steuerbefreiung ist vielmehr antragsabhängig ausgestaltet. Liegt eine Begrenzung des deutschen Besteuerungsrechts vor, stehen dem Steuerpflichtigen die folgenden Verfahren für die (teilweise) Entlastung vom deutschen Steuerabzug zur Verfügung:
- Freistellungsverfahren (§ 50d Abs. 2 EStG);
- Erstattungsverfahren (§ 50d Abs. 1 EStG).

> **WICHTIG**
>
> Der Steuerabzug hat, ungeachtet eventuell anzuwendender abkommensrechtlicher Begünstigungen, in voller Höhe für Rechnung des Vergütungsgläubigers zu erfolgen, sofern im Zeitpunkt der Zahlung keine vom BZSt für die relevante Vergütung erteilte und für diesen Zeitpunkt gültige Freistellungsbescheinigung vorliegt oder das Kontrollmeldeverfahren Anwendung findet.

Zuständig für die Entlastung von deutscher Abzugsteuer i. S. d. § 50a Abs. 1 EStG aufgrund eines DBA oder der Zins- und Lizenzgebührenrichtlinie und für die Überprüfung der Missbrauchsvorschrift des § 50d Abs. 3 EStG ist das BZSt.

Bei Künstlern und Sportlern steht regelmäßig der Bundesrepublik Deutschland das Besteuerungsrecht zu (Art. 17 Abs. 1 und Abs. 2 OECD-MA). Eine Entlastung vom deutschen Steuerabzug kommt lediglich in den folgenden Konstellationen in Betracht:
- Zahlungen an Dritte, sofern in dem einschlägigen DBA eine Art. 17 Abs. 2 OECD-MA entsprechende Regelung fehlt;
- Zahlungen an Dritte stellen Unternehmensgewinne i. S. d. Art. 7 OECD-MA dar;
- Zahlungen stellen Lizenzgebühren i. S. d. Art. 12 Abs. 1 OECD-MA dar.

Im Fall der Zahlung an Dritte ist eine Entlastung von deutscher Abzugsteuer nur möglich, wenn es sich nicht um eine rechtsmissbräuchliche Gestaltung handelt (§ 42 AO, § 50d Abs. 3 EStG).

Im Zusammenhang mit Zahlungen für die Ausübung oder Verwertung von inländischen Darbietungen ist regelmäßig auszugehen, wenn eine zwischengeschaltete Gesellschaft kein Unternehmerrisiko trägt und bei wirtschaftlicher Betrachtungsweise die Auftrittseinkünfte nicht der Gesellschaft, sondern dem Künstler bzw. Sportler zuzurechnen sind. Kein Missbrauch sollte bei Gesellschaften vorliegen, zu denen sich die auftretenden Sportler oder Künstler selbst zusammengeschlossen haben (z. B. Ensembles, Orchester, Tourneetheater, Eisrevue). Bei Künstler- bzw. /Sportlerverleihgesellschaften geht das BZSt von einer missbräuchlichen rechtlichen Gestaltung aus, wenn die zwischengeschaltete Gesellschaft und die Künstler bzw. Sportler wirtschaftlich voneinander abhängig sind und die Künstler bzw. Sportler an der Gesellschaft beteiligt sind. Als schädlich dürfte ein Beteiligung von mindestens 25 % anzusehen sein (analog zu BMF vom 25.11.2010, BStBl I 2010, 1350, Rz. 34).

5.3.2 Das Freistellungsverfahren (§ 50d Abs. 2 EStG)

Nach § 50d Abs. 2 EStG kann der Schuldner der Vergütungen den Steuerabzug nach § 50a Abs. 1 EStG nach den Bestimmungen eines DBA unterlassen oder nach einem niedrigeren Steuersatz nur dann vornehmen, wenn ihm der Vergütungsgläubiger eine vom BZSt **erteilte Freistellungsbescheinigung** vorlegt, mit welcher dem Vergütungsgläubiger bescheinigt wird, dass die Voraussetzungen für die Unterlassung eines Steuerabzugs vorliegen (sog. **Freistellung im Steuerabzugsverfahren**).

Die Erteilung einer Freistellungsbescheinigung ist an einen Freistellungsantrag gebunden, der nach amtlich vorgeschriebenem Vordruck in Papierform bei dem BZSt einzureichen ist. Für **jeden Vergütungsschuldner** ist ein gesonderter Antrag des Vergütungsgläubigers erforderlich.

Für die Entlastung der Einkünfte aus Darbietungen steht das Antragsformular in **unterschiedlichen Sprachfassungen** zur Verfügung. Da aufgrund spezifischer Regelungen im DBA auch Abweichungen in Form und Inhalt bestehen können, sollte – soweit möglich – die Sprachfassung verwendet werden, die dem Ansässigkeitsstaat des Vergütungsgläubigers entspricht. Ist ein länderspezifisches Formular nicht vorhanden, so kann auf die englische Sprachfassung zurückgegriffen werden.

Antragsteller im Rahmen des Freistellungsverfahrens ist grundsätzlich der Vergütungsgläubiger. Der Antrag kann auch von einem **Dritten** (insbes. vom Vergütungsschuldner) gestellt werden. Voraussetzung hierfür ist, dass der Vergütungsgläubiger schriftlich eine entsprechende Vollmacht ausstellt und diese dem BZSt im Original vorgelegt wird.

Nach den amtlich vorgeschriebenen Vordrucken sind von dem Antragsteller zunächst die folgenden Angaben zu machen:
- Gläubiger der Vergütung;
- Schuldner der Vergütung;
- Gegenstand des Vertrags (eine Kopie ist beizufügen);
- Begründung des Freistellungsantrages;
- Angaben zum beantragten Gegenstand des Verfahrens (hier: Freistellung).

Weiterhin ist die Richtigkeit und Vollständigkeit der gemachten Angaben zu versichern. Das Antragsformular ist vor diesem Hintergrund vom Antragsteller bzw. seinem Bevollmächtigten eigenhändig zu **unterschreiben**.

Abschließend muss auf dem einzureichenden Antragsformular in »*Abschnitt IX*« von der zuständigen ausländischen Steuerbehörde der steuerliche (Wohn-) Sitz (d. h. die **Ansässigkeit**) des Vergütungsgläubigers bestätigt werden. Bestätigungen auf einem gesonderten Blatt werden regelmäßig nicht anerkannt.

Ist der Gläubiger der Vergütung in den **USA** ansässig, erfolgt der Nachweis der Ansässigkeit durch eine gesonderte Bescheinigung (**Form 6166**) der amerikanischen Steuerbehörde Internal Revenue Service (**IRS**). Darüber hinaus sind die »*Social Security Number*« (bei natürlichen Personen) bzw. die »*Employer Identification Number*« (bei juristischen Personen) in dem Antragsformular anzugeben.

In Fällen, in denen das einschlägige DBA keine dem Art. 17 Abs. 2 OECD-MA entsprechende Vorschrift enthält und eine ausländische Gesellschaft (z. B. Künstlerverleihgesellschaft) eine Freistellung für Vergütungen aus im Inland erbrachter künstlerischer bzw. sportlicher Tätigkeit beantragt, kann die Erteilung der Freistellung nach § 50d Abs. 2 Satz 3 EStG davon abhängig gemacht werden, dass die Gesellschaft nachweist, dass bei Weiterleitung der Vergütung an die Künstler bzw. Sportler ein Steuerabzug auf der zweiten Stufe nach § 50a Abs. 4 Satz 1 EStG vorgenommen wird.

Als Nachweis der Abführung auf zweiter Stufe sind für bis zum 31.12.2013 weitergeleitete Vergütungen folgende Unterlagen vorzulegen:
- Kopie der Steueranmeldung;
- Zahlungsnachweis;
- Kopie des Vertrages zwischen dem selbständigen Künstler / Sportler und dem Vergütungsgläubiger.

Für nach dem 31.12.2013 weitergeleitete Vergütungen ist die Vorlage einer Kopie des Vertrages zwischen dem selbständigen Künstler oder Sportler und dem Vergütungsgläubiger ausreichend.

Der Antrag auf Erlass einer Freistellungsbescheinigung ist an **keine Frist** gebunden. Da ein Steuerabzug jedoch ungeachtet eventuell anzuwendender abkommensrechtlicher Begünstigungen in voller Höhe zu erfolgen hat, sofern im Zeitpunkt der Zahlung keine vom BZSt erteilte und für diesen Zeitpunkt gültige Freistellungsbescheinigung vorliegt, kann der Antrag nur dann die gewünschte Wirkung entfalten, wenn er rechtzeitig vor der (ersten) Zahlung gestellt wird.

Über den Antrag auf Erteilung einer Freistellungsbescheinigung ist nach § 50d Abs. 2 Satz 6 EStG innerhalb von **drei Monaten** zu entscheiden. Das BZSt überprüft i. R. d. Antragsverfahrens ob die in dem einschlägigen DBA genannten Tatbestandsvoraussetzungen für eine Steuerentlastung gegeben sind. Darüber hinaus wird geprüft, ob auch eine Entlastungsberechtigung nach der nationalen Missbrauchsvorschrift des § 50d Abs. 3 EStG gegeben ist.

Die 3-Monatsfrist beginnt mit der Vorlage aller für die Entscheidung erforderlichen Nachweise (§ 50d Abs. 2 Satz 7 EStG). Erfahrungen zeigen, dass die **Bearbeitungsdauer** insbes. durch die Überprüfung der Entlastungsberechtigung des ausländischen Vergütungsgläubigers i. S. d. § 50d Abs. 3 EStG und entsprechende Rückfragen des BZSt mehr als sechs Monate betragen kann.

Gem. § 50d Abs. 2 Satz 8 EStG bleiben trotz vorhandener Freistellungsbescheinigungen bestehende Anmeldeverpflichtungen unberührt (hier: § 50a Abs. 5 Satz 3 EStG, § 73e Satz 2 EStDV). Dies bedeutet, dass auch in den Fällen, in denen keine Abzugsteuer einbehalten wird, eine Steueranmeldung an das BZSt zu übermitteln ist (sog. **Nullmeldung**).

5.3.3 Das Erstattungsverfahren (§ 50d Abs. 1 EStG)

Liegt im Zeitpunkt der Zahlung der Vergütung keine Freistellungsbescheinigung vor, so ist die Abzugsteuer nach § 50a EStG ungeachtet einer möglichen Entlastungsberechtigung des Vergütungsgläubigers in voller Höhe einzubehalten und an das BZSt abzuführen (§ 50d Abs. 1 Satz 1 EStG). Die einbehaltene und abgeführte Steuer kann sodann in einem zweiten Schritt auf der Grundlage eines entsprechenden Antrags des Vergütungsgläubigers nach Maßgabe eines DBA nach § 50d Abs. 1 Satz 2 ff. EStG ganz oder teilweise erstattet werden (**Erstattungsverfahren**). Im Rahmen des Erstattungsverfahrens überprüft das BZSt, ob die Voraussetzungen zur Entlastung vom Steuerabzug auf Basis abkommensrechtlicher Bestimmungen vorliegen. Darüber hinaus erfolgt eine Prüfung der Entlastungsberechtigung nach der nationalen Missbrauchsvorschrift des § 50d Abs. 3 EStG.

Der Erstattungsantrag ist gem. § 50d Abs. 1 Satz 3 Hs. 2 EStG nach amtlich vorgeschriebenem **Vordruck** in Papierform bei dem zuständigen BZSt einzureichen. Für jeden Vergütungsschuldner ist ein gesonderter Antrag des Vergütungsgläubigers erforderlich.

Die Antragsformulare sind auf der Homepage des BZSt unter der Rubrik »*Steuern International – Abzugsteuerentlastung – Freistellung / Erstattung – Formulare*« zu finden und sind identisch mit den i. R. d. Freistellungsverfahrens zu verwendenden Antragsformularen.

Auch im Erstattungsverfahren ist zu berücksichtigen, dass die Antragsformulare in **unterschiedlichen Sprachfassungen** verfügbar sind. Da aufgrund spezifischer Regelungen im DBA auch Abweichungen in Form und Inhalt bestehen können, sollte – soweit möglich – die Sprachfassung verwendet werden, die dem Ansässigkeitsstaat des Vergütungsgläubigers entspricht. Ist ein länderspezifisches Formular nicht vorhanden, so kann auf die englische Sprachfassung zurückgegriffen werden.

Auch im Rahmen des Erstattungsverfahrens ist **Antragsteller** grundsätzlich der Vergütungsgläubiger. Der Antrag kann auch von einem **Dritten** (insbes. vom Vergütungsschuldner) gestellt werden. Voraussetzung hierfür ist, dass der Vergütungsgläubiger schriftlich eine entsprechende Vollmacht ausstellt und diese dem BZSt im Original vorgelegt wird.

Analog zum Freistellungsverfahren sind nach den amtlich vorgeschriebenen Vordrucken von dem Antragsteller die folgenden Angaben zu machen:
- Gläubiger der Vergütung;
- Schuldner der Vergütung;
- Gegenstand des Vertrags (eine Kopie ist beizufügen);
- Begründung des Freistellungsantrages;
- Angaben zum beantragten Gegenstand des Verfahrens (hier: Erstattung).

Weiterhin sind die Antragsformulare im Erstattungsverfahren um den zu erstattenden Steuerbetrag und um die Angabe einer **Bankverbindung** für die Überweisung des Erstattungsbetrags zu ergänzen (»*Abschnitt VI*« des Antragsformulars).

Der Erstattungsbetrag steht grundsätzlich dem Vergütungsgläubiger als Steuerschuldner zu. Eine Abtretung des Erstattungsbetrages z. B. an den Vergütungsschuldner ist möglich, wenn die entsprechende **Inkassovollmacht** in dem Antragsformular erteilt wird (»*Abschnitt VIII*« des Antragsformulars) oder eine Abtretungserklärung im Original vorgelegt wird.

Der Erstattungsantrag kann mit dem Antrag auf Erlass einer Freistellungsbescheinigung verbunden werden. In diesem Fall ist eine entsprechende Angabe in »*Abschnitt V*« des Antragsformulars vorzunehmen.

Analog zum Freistellungsverfahren ist auch im Erstattungsverfahren die Richtigkeit und Vollständigkeit der gemachten Angaben zu versichern. Das Antragsformular ist vor diesem Hintergrund vom Antragsteller bzw. seinem Bevollmächtigten zu **unterschreiben**.

Abschließend muss auch im Erstattungsverfahren auf dem einzureichenden Antragsformular (»*Abschnitt IX*«) von der zuständigen ausländischen Steuerbehörde der steuerliche (Wohn-) Sitz (d. h. die **Ansässigkeit**) des Vergütungsgläubigers bestätigt werden. Bestätigungen auf einem gesonderten Blatt werden regelmäßig nicht anerkannt.

Ist der Gläubiger der Vergütung in den **USA** ansässig, erfolgt der Nachweis der Ansässigkeit auch im Erstattungsverfahren durch eine gesonderte Bescheinigung (**Form 6166**) der amerikanischen Steuerbehörde Internal Revenue Service (**IRS**). Darüber hinaus sind die »*Social Security Number*« (bei natürlichen Personen) bzw. die »*Employer Identification Number*« (bei juristischen Personen) in dem Antragsformular anzugeben.

In Fällen, in denen das einschlägige DBA keine dem Art. 17 Abs. 2 OECD-MA entsprechende Vorschrift enthält und eine ausländische Gesellschaft (z. B. Künstlerverleihgesellschaft) eine Erstattung von Abzugsteuer auf Vergütungen für aus im Inland erbrachter künstlerischer oder sportlicher Tätigkeit beantragt, kann die Erstattung nach § 50d Abs. 1 Satz 6 EStG davon abhängig gemacht werden, dass die Gesellschaft nachweist, bei Weiterleitung der Vergütung an die Künstler / Sportler den Steuerabzug auf der zweiten Stufe nach § 50a Abs. 4 Satz 1 EStG vorgenommen zu haben.

Als Nachweis der Abführung auf zweiter Stufe sind für bis zum 31.12.2013 weitergeleitete Vergütungen folgende Unterlagen vorzulegen:
- Kopie der Steueranmeldung;
- Zahlungsnachweis;
- Kopie des Vertrages zwischen dem selbständigen Künstler/Sportler und dem Vergütungsgläubiger.

Für nach dem 31.12.2013 weitergeleitete Vergütungen ist die Vorlage einer Kopie des Vertrages zwischen dem selbständigen Künstler oder Sportler und dem Vergütungsgläubiger ausreichend. Alternativ zur Erbringung des geforderten Nachweises kann der Antragsteller eine Sicherheit für den Steuerabzug auf der zweiten Stufe leisten oder unwiderruflich die Zustimmung zur Verrechnung seines Erstattungsanspruchs mit seiner Steuerzahlungsschuld erklären.

Die **Frist** zur Antragstellung beträgt gem. § 50d Abs. 1 Satz 9 EStG grundsätzlich vier Jahre nach Ablauf des Kalenderjahres, in dem die Vergütungen bezogen worden sind. Die Frist endet jedoch nicht vor Ablauf von sechs Monaten nach dem Zeitpunkt der Entrichtung der Steuer. Diese Regelung wird häufig in Anspruch genommen, wenn im Rahmen von Außenprüfungen Haftungsbescheide erlassen werden, für die die reguläre Frist von vier Jahren bereits abgelaufen ist. Sieht ein anzuwendendes DBA eine kürzere Antragsfrist vor, so wird die abkommensrechtliche Regelung durch die nationale Vorschrift verdrängt.

Dem Erstattungsantrag sind die **Steuerbescheinigungen** des Vergütungsschuldners im Original beizufügen. Das Muster einer Steuerbescheinigung ist auf der Homepage des BZSt unter »*Steuern International / Abzugsteuern gem. §§ 50, 50a EStG / Formulare, Merkblätter und Vorschriften*« abrufbar. Weitere Voraussetzung für die Erstattung deutscher Abzugsteuer ist, dass die entstandenen Steuerabzugsbeträge auch tatsächlich an das BZSt abgeführt wurden. Eine Bestätigung der Abführung sowie der Angaben in der Steuerbescheinigung durch das BZSt ist gesetzlich nicht vorgesehen und wird seit dem 01.03.2015 auch nicht mehr vorgenommen (vereinfachter Verfahrensablauf).

Für Vergütungen, die vor dem 01.01.2014 gezahlt wurden, ist jedoch weiterhin eine Bestätigung des Zahlungseingangs durch das (vormals) für die Steueranmeldung nach § 50a EStG zuständige Finanzamt erforderlich.

III. Steuerabzug bei grenzüberschreitenden Rechteüberlassungen (§ 50a Abs. 1 Nr. 3 EStG)

1 Überblick

§ 50a EStG Steuerabzug bei beschränkt Steuerpflichtigen
(1) Die Einkommensteuer wird bei beschränkt Steuerpflichtigen im Wege des Steuerabzugs erhoben
(…)
   3. bei Einkünften, die aus Vergütungen für die Überlassung der Nutzung oder des Rechts auf Nutzung von Rechten, insbesondere von Urheberrechten und gewerblichen Schutzrechten, von gewerblichen, technischen, wissenschaftlichen und ähnlichen Erfahrungen, Kenntnissen und Fertigkeiten, zum Beispiel Plänen, Mustern und Verfahren, herrühren, (…) (§ 49 Absatz 1 Nummer 2, 3, 6 und 9).
(…)

Bei beschränkt Steuerpflichtigen ist die Erhebung der Einkommen- bzw. Körperschaftsteuer zumeist schwierig, da diese sich bei Ausübung ihrer Tätigkeit regelmäßig nicht oder nur vorübergehend im Inland aufhalten bzw. im Inland regelmäßig keine Vermögensgegenstände vorhanden sind, auf die zur Durchsetzung des Besteuerungsanspruchs zugegriffen werden könnte. Zur unilateralen Durchsetzung des deutschen Besteuerungsanspruchs sieht der Gesetzgeber daher bei **bestimmten inländischen Einkünften** von **beschränkt Steuerpflichtigen** i. S. d. § 49 EStG vor, dass die Einkommen- bzw. Körperschaftsteuer nach § 50a Abs. 1 EStG im Wege des **Steuerabzugs an der Quelle** erhoben wird. Der zivilrechtliche Vergütungsschuldner behält in diesen Fällen von der Vergütung die inländische Steuer für Rechnung des im Ausland ansässigen Vergütungsgläubigers (Steuerschuldner) ein und führt diese an das Bundeszentralamt für Steuern (**BZSt**) ab. Der zum Steuerabzug verpflichtete Vergütungsschuldner muss dabei nicht zwangsläufig im Inland ansässig sein, da es bei der Beurteilung einer möglichen Abzugsteuerverpflichtung auf die beschränkte Steuerpflicht des im Ausland ansässigen Vergütungsempfängers ankommt und nicht auf den Steuerstatus des Vergütungsschuldners (BMF vom 25.11.2010, BStBl I 2010, 1350, Rz. 42).

Ein Steuerabzug erfolgt u. a. bei Einkünften, die aus Vergütungen für die zeitlich befristete Überlassung der Nutzung oder des Rechts auf Nutzung von Rechten herrühren (§ 50a Abs. 1 Nr. 3 EStG). Zu den **Rechten** i. S. d. § 50a Abs. 1 Nr. 3 EStG gehören insbes. die nach Maßgabe des Urheberrechtsgesetzes oder nach anderen gewerblichen Schutzgesetzen (z. B. Geschmacksmustergesetz, Patentgesetz, Markengesetz, Gebrauchsmustergesetz) geschützten Rechte. Hierzu können auch sonstige Rechte zählen, wenn sie mit dem Urheberrechtsgesetz oder den gewerblichen Schutzrechten vergleichbar sind, insbes. wenn sie eine rechtliche Ausformung in einem Schutzgesetz erfahren haben (§ 73a Abs. 2 und 3 EStDV; BMF vom 25.11.2010, BStBl I 2010, 1350, Rz. 22). Dies ist z. B. bei der Überlassung von Persönlichkeitsrechten eines Künstlers oder Sportlers zu Werbezwecken der Fall (BMF vom 25.11.2010, BStBl I 2010, 1350, Rz. 22) (s. hierzu auch Kap. VI.2).

Weiterhin erfolgt ein Steuerabzug bei Vergütungen für die Überlassung der Nutzung oder des Rechts auf Nutzung von gewerblichen, technischen, wissenschaftlichen und ähnlichen Erfahrungen, Kenntnissen und Fertigkeiten, wie zum Beispiel Plänen, Mustern und Verfahren (sog. **ungeschütztes Wissen**).

Voraussetzung für die Erhebung der Einkommen- bzw. Körperschaftsteuer im Wege des Steuerabzugs nach § 50a Abs. 1 EStG ist zunächst die sog. **beschränkte Steuerpflicht** des im Ausland ansässigen Vergütungsgläubigers.

Natürliche Personen, die im Inland weder einen Wohnsitz (§ 8 AO) noch ihren gewöhnlichen Aufenthalt (§ 9 AO) haben, unterliegen mit ihren **inländischen Einkünften** i. S. d. § 49 EStG der beschränkten Steuerpflicht (§ 1 Abs. 4 EStG).

Gleiches gilt für Körperschaften, Personenvereinigungen und Vermögensmassen, die weder ihre Geschäftsleitung (§ 10 AO) noch ihren Sitz (§ 11 AO) im Inland haben; auch sie unterliegen mit ihren inländischen Einkünften i. S. d. § 49 EStG (i. V. m. § 8 Abs. 1 KStG) der beschränkten Steuerpflicht (§ 2 Nr. 1 KStG).

> **WICHTIG**
>
> Bei der deutschen Abzug- bzw. Quellensteuer i. S. d. § 50a Abs. 1 EStG handelt es sich nicht um eine eigene Steuerart, sondern lediglich um eine besondere Form der Steuererhebung in Form des Steuerabzugs »an der Quelle« der Einkünfte (**Steuerabzugsverfahren**). Weiterhin definiert § 50a Abs. 1 EStG nicht, was inländische Einkünfte sind. Die Anwendung des Steuerabzugsverfahrens setzt vielmehr voraus, dass der im Ausland ansässige Vertragspartner inländische Einkünfte i. S. d. § 49 EStG erzielt, auf die § 50a Abs. 1 EStG verweist.

Im Zusammenhang mit der zeitlich befristeten (Nutzungs-)Überlassung von Rechten oder ungeschütztem Wissen können die nachfolgend dargestellten inländischen Einkunftstatbestände vorliegen:
- **Einkünfte aus Gewerbebetrieb**, für den im Inland eine Betriebsstätte unterhalten wird oder ein ständiger Vertreter bestellt ist (§ 49 Abs. 1 Nr. 2 Buchst. a EStG);
- **Einkünfte aus Gewerbebetrieb** aus der Vermietung und Verpachtung von Rechten, die in ein inländisches Register eingetragen sind oder deren Verwertung in einer inländischen Betriebsstätte oder anderen Einrichtung erfolgt (§ 49 Abs. 1 Nr. 2 Buchst. f EStG);
- **Einkünfte aus selbständiger Arbeit**, die im Inland ausgeübt oder verwertet wird oder worden ist, oder für die im Inland eine feste Einrichtung oder eine Betriebsstätte unterhalten wird (§ 49 Abs. 1 Nr. 3 EStG);
- **Einkünfte aus Vermietung und Verpachtung** von Rechten, die in ein inländisches Register eingetragen sind oder die in einer inländischen Betriebsstätte bzw. anderen

Einrichtung verwertet werden, soweit sie nicht zu den Einkünften aus Gewerbebetrieb gehören (§ 49 Abs. 1 Nr. 6 EStG);
- **Sonstige Einkünfte**, soweit es sich um Einkünfte aus der Überlassung der Nutzung bzw. des Rechts auf Nutzung von gewerblichen, technischen, wissenschaftlichen und ähnlichen Erfahrungen, Kenntnissen und Fertigkeiten, z. B. Plänen, Mustern und Verfahren (Know-how), handelt, die im Inland genutzt werden oder genutzt worden sind (§ 49 Abs. 1 Nr. 9 EStG).

Damit die erzielten Vergütungen inländische Einkünfte i. S. d. § 49 Abs. 1 Nr. 2 Buchst. f, Nr. 6 bzw. Nr. 9 EStG darstellen, müssen die überlassenen Rechte entweder
- in ein inländisches Register eingetragen sein **oder**
- die überlassenen Rechte bzw. das überlassene (ungeschützte) Wissen in einer (fremden) inländischen Betriebsstätte oder in einer anderen Einrichtung verwertet bzw. genutzt werden.

Für die Eintragung in ein **inländisches Register** kommen insbes. in Frage:
- das Patentregister (§ 30 Patentgesetz);
- das Designregister (§ 19 Designgesetz);
- das Markenregister (§ 41 Markengesetz) sowie
- das Gebrauchsmusterregister (§ 8 Gebrauchsmustergesetz).

Unter dem Begriff »**Verwertung**« (i. S. d. § 50a Abs. 1 Nr. 3 EStG i. V. m. § 49 Abs. 1 Nr. 2 Buchst. f, Nr. 6 bzw. Nr. 9 EStG) in einer (fremden) inländischen Betriebsstätte oder anderen Einrichtung versteht man ein Nutzen, Benutzen oder Gebrauchen der überlassenen Rechte bzw. des (ungeschützten) Wissens im Rahmen einer eigenen Tätigkeit durch eigenes Tätigwerden (BFH vom 23.05.1973, I R 163/71, BStBl II 1974, 287; *Klein*, in: Herrmann/Heuer/Raupach, § 49 EStG, Rz. 955), um daraus einen finanziellen Nutzen zu ziehen (*Weingartner*, in: Fuhrmann/Kraeusel/Schiffers, eKomm, VZ 2015, § 49 EStG, Rz. 107; wohl auch *Ackermann*, ISR 2016, 258).

Ein Steuerabzug ist nach § 50a Abs. 1 Nr. 3 EStG abschließend nur bei Einkünften vorzunehmen, die aus Vergütungen für die »*Überlassung der Nutzung oder des Rechts auf Nutzung von Rechten*« herrühren. Ein Nutzungsrecht in diesem Sinne wird nicht überlassen, wenn es veräußert wird (FG Köln vom 28.09.2016, 3 K 2206/13, EFG 2017, 298). Für die Vornahme eines Steuerabzugs ist somit zwischen der **zeitlich befristeten** Überlassung eines Rechts zur Nutzung (z. B. als Verwertungsrecht oder als Lizenz) und der endgültigen Überlassung (**Rechtekauf**) zu unterscheiden (BMF vom 25.11.2010, BStBl I 2010, 1350, Rz. 23).

> **WICHTIG**
>
> Ein Steuerabzug nach § 50a Abs. 1 Nr. 3 EStG kommt nur bei der zeitlich befristeten Überlassung eines Rechts zur Nutzung in Betracht, nicht hingegen bei einer endgültigen Rechtertragung (Rechtekauf).

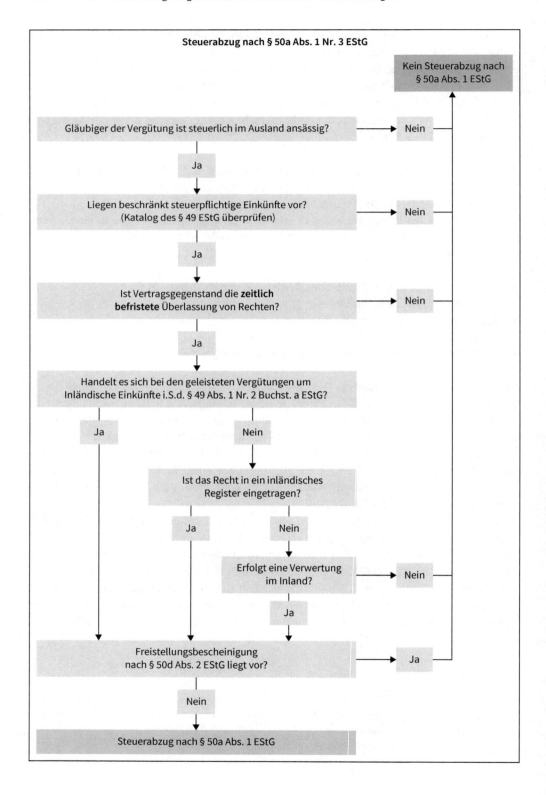

Eine zeitlich begrenzte Überlassung von Rechten liegt vor, wenn:
- das Nutzungsrecht dem durch Vertrag Berechtigten **nicht** endgültig verbleibt;
- sein Rückfall kraft Gesetzes oder Vertrages **nicht** ausgeschlossen ist oder
- eine vollständige Übertragung, wie bei urheberrechtlich geschützten Rechten, **nicht** zulässig ist (§ 29 Abs. 1 UrhG) (BMF vom 25.11.2010, BStBl I 2010, 1350, Rz. 23).

In Abgrenzung zu einer zeitlich befristeten Überlassung wird bei der Veräußerung von Rechten (Rechtekauf) von einer (aus zivilrechtlicher Sicht) endgültigen Übertragung ausgegangen. Von einer nicht dem Steuerabzug nach § 50a Abs. 1 EStG unterliegenden Rechteveräußerung ist entsprechend auszugehen, wenn:
- das Recht beim Berechtigten durch Vertrag **endgültig** verbleibt oder
- ein Rückfall kraft Gesetzes oder Vertrags ausgeschlossen ist.

Von einem Rechtekauf ist ferner auszugehen, wenn das Recht zwar zeitlich befristet überlassen wird, sich allerdings während der Nutzungsüberlassung vollständig verbraucht (sog. **verbrauchende Rechteüberlassung**) (BMF vom 25.11.2010, BStBl I 2010, 1350, Rz. 24; FG Köln vom 28.09.2016, 3 K 2206/13, EFG 2017, 298 sowie FG Köln vom 25.08.2016, 13 K 2205/13, EFG 2017, 311 jeweils m. w. N.).

2 Beschränkte Steuerpflicht des Vergütungsgläubigers

2.1 Ansässigkeit des Vergütungsgläubigers (persönlicher Anwendungsbereich)

Voraussetzung für die Erhebung der Einkommen- bzw. Körperschaftsteuer im Wege des Steuerabzugs nach § 50a Abs. 1 Nr. 3 EStG auf Ebene des Schuldners der Vergütung ist zunächst die **beschränkte Steuerpflicht** des im Ausland ansässigen Vergütungsgläubigers. Natürliche Personen, die im Inland
- weder einen Wohnsitz (§ 8 AO) noch
- ihren gewöhnlichen Aufenthalt (§ 9 AO) haben,

sind mit ihren inländischen Einkünften i. S. d. § 49 EStG beschränkt steuerpflichtig (§ 1 Abs. 4 EStG), sofern sie nicht nach § 1 Abs. 2 EStG unbeschränkt einkommensteuerpflichtig sind.

Wohnsitz im Sinne des § 8 AO

Einen Wohnsitz hat jemand dort, wo er eine Wohnung unter Umständen innehat, die darauf schließen lassen, dass er die Wohnung behalten und benutzen wird.

Gewöhnlicher Aufenthalt im Sinne des § 9 AO

¹Den gewöhnlichen Aufenthalt hat jemand dort, wo er sich unter Umständen aufhält, die erkennen lassen, dass er an diesem Ort oder in diesem Gebiet nicht nur vorübergehend verweilt. ²Als gewöhnlicher Aufenthalt im Geltungsbereich dieses Gesetzes ist stets und von Beginn an ein zeitlich zusammenhängender Aufenthalt **von mehr als sechs Monaten Dauer** anzusehen; kurzfristige Unterbrechungen bleiben unberücksichtigt. ³Satz 2 gilt nicht, wenn der Aufenthalt ausschließlich zu Besuchs-, Erholungs-, Kur- oder ähnlichen privaten Zwecken genommen wird und nicht länger als ein Jahr dauert.

Wird eine natürliche Person als im Ausland ansässiger Vergütungsgläubiger auf Antrag nach § 1 Abs. 3 Satz 1 EStG als unbeschränkt einkommensteuerpflichtig behandelt (**§ 1 Abs. 3 Satz 6 EStG**), findet gleichwohl das Steuerabzugsverfahren Anwendung (BMF vom 25.11.2010, BStBl I 2010, 1350, Rz. 03).

Gleiches gilt, wenn die steuerlich im Ausland ansässige natürliche Person **erweitert beschränkt steuerpflichtig** i. S. d. § 2 AStG ist (§ 2 Abs. 5 Satz 2 AStG): auch in diesen Fällen ist das Steuerabzugsverfahren grundsätzlich anwendbar.

Natürliche Personen sind nach § 2 Abs. 1 Satz 1 AStG erweitert beschränkt steuerpflichtig, wenn sie:

- ihren Wohnsitz in ein Niedrigsteuerland (wie in § 2 Abs. 2 AStG definiert) verlegt haben;
- innerhalb der letzten 10 Jahre vor der Wohnsitzverlegung mindestens 5 Jahre in Deutschland unbeschränkt steuerpflichtig waren und
- weiterhin wesentliche wirtschaftliche Interessen in Deutschland haben.

Die erweitert beschränkte Steuerpflicht findet im Jahr des Wohnsitzwechsels und während der folgenden zehn Jahre Anwendung (§ 2 Abs. 1 Satz 1 AStG).

Darüber hinaus sind auch Körperschaften, Personenvereinigungen und Vermögensmassen, die

- weder ihre Geschäftsleitung (§ 10 AO) noch
- ihren Sitz (§ 11 AO) im Inland haben,

mit ihren inländischen Einkünften i. S. d. § 49 EStG (i. V. m. § 8 Abs. 1 KStG) beschränkt steuerpflichtig (§ 2 Nr. 1 KStG).

Geschäftsleitung im Sinne des § 10 AO
Geschäftsleitung ist der Mittelpunkt der geschäftlichen Oberleitung.

Sitz im Sinne des § 11 AO
Den Sitz hat eine Körperschaft, Personenvereinigung oder Vermögensmasse an dem Ort, der durch Gesetz, Gesellschaftsvertrag, Satzung, Stiftungsgeschäft oder dergleichen bestimmt ist.

Ob eine ausländische Gesellschaft als Körperschaft qualifiziert, bestimmt sich danach, ob das nach ausländischem Recht errichtete Rechtsgebilde nach seiner Struktur und seiner wirtschaftlichen Stellung mit einer deutschen Körperschaft vergleichbar ist (sog. **Typenvergleich**).[5] Eine Übersicht über die mit deutschen Körperschaften vergleichbaren Rechts-

---

5 Zu wesentlichen Strukturmerkmalen des Typenvergleichs siehe auch den sog. LLC Erlass (BMF vom 19.03.2004, BStBl I 2004, 411) sowie OFD Frankfurt vom 15.06.2016, IStR 2016, 860.

gebilde findet sich in der Tabelle 1 und 2 des BMF-Schreibens vom 24.12.1999 (BMF vom 24.12.1999, BStBl I 1999, 1075). Die Einstufung des im Ausland ansässigen Zahlungsempfängers als steuerlich transparente Personengesellschaft oder als steuerlich intransparente Kapitalgesellschaft ist insbes. zur Beantwortung der Frage, wem die Einkünfte für abkommensrechtliche Zwecke zuzurechnen sind, von Bedeutung (siehe hierzu Kap. III.5.2.4).

2.2 Erzielung inländischer Einkünfte (sachlicher Anwendungsbereich)

2.2.1 Überblick

Die Vorschrift des § 50a Abs. 1 EStG definiert keine eigene Einkunftsart und begründet demnach auch keine Steuerpflicht. Voraussetzung für eine mögliche Anwendung des Steuerabzugsverfahrens ist vielmehr, dass die in § 50a Abs. 1 EStG aufgeführten **inländische Einkünfte** i. S. d. § 49 EStG erzielt werden (sachlicher Anwendungsbereich).

Im Zusammenhang mit der zeitlich befristeten (Nutzungs-)Überlassung von Rechten oder ungeschütztem Wissen können die nachfolgend dargestellten inländischen Einkunftstatbestände vorliegen:
- Einkünfte aus Gewerbebetrieb (§ 49 Abs. 1 Nr. 2 Buchst. a bzw. f EStG);
- Einkünfte aus selbständiger Arbeit (§ 49 Abs. 1 Nr. 3 EStG);
- Einkünfte aus Vermietung und Verpachtung (§ 49 Abs. 1 Nr. 6 EStG);
- Sonstige Einkünfte (§ 49 Abs. 1 Nr. 9 EStG).

Der Katalog inländischer Einkünfte i. S. d. beschränkten Steuerpflicht knüpft an die Einkunftsarten nach § 2 Abs. 1 EStG und deren inhaltliche Abgrenzung an. Entsprechend sind bei den inländischen Einkünften i. S. d. § 49 Abs. 1 EStG neben dem Inlandsbezug (z. B. in Form der Ausübung einer Darbietung im Inland oder der Verwertung von Rechten in einer inländischen Betriebsstätte) auch die inhaltlichen Voraussetzungen der §§ 13 bis 23 EStG zu berücksichtigen (*Wied/Reimer*, in: Blümich, § 49 EStG, Rz. 33).

> **WICHTIG**
>
> Die Erzielung inländischer Einkünfte i. S. d. § 49 Abs. 1 EStG setzt voraus, dass auch die inhaltlichen Anknüpfungspunkte der §§ 13 bis 23 EStG erfüllt sind.

2.2.2 (Betriebsstätten-)Einkünfte aus Gewerbebetrieb

§ 50a EStG Steuerabzug bei beschränkt Steuerpflichtigen
(1) Die Einkommensteuer wird bei beschränkt Steuerpflichtigen im Wege des Steuerabzugs erhoben
(...)
3. bei Einkünften, die aus Vergütungen für die **Überlassung der Nutzung oder des Rechts auf Nutzung von Rechten**, insbesondere von Urheberrechten und gewerblichen Schutzrechten, von gewerblichen, technischen, wissenschaftlichen und ähnlichen Erfahrungen, Kenntnissen und Fertigkeiten (....) herrühren (...) (§ 49 Absatz 1 **Nummer 2**, 3, 6 und 9).
(...)

§ 49 EStG Beschränkt steuerpflichtige Einkünfte
(1) Inländische Einkünfte im Sinne der beschränkten Einkommensteuerpflicht (§ 1 Absatz 4) sind
(...)
2. Einkünfte aus Gewerbebetrieb (§§ 15 bis 17)
   a) für den im Inland eine **Betriebsstätte** unterhalten wird oder ein **ständiger Vertreter** bestellt ist,
(...)

Die erforderliche beschränkte Steuerpflicht (§ 1 Abs. 4 EStG, § 2 Nr. 1 KStG) des im Ausland ansässigen Vergütungsgläubigers kann sich nach der Systematik des § 49 Abs. 1 EStG hierbei zunächst aus § 49 Abs. 1 Nr. 2 **Buchst. a** EStG ergeben. Danach gehören zu den inländischen Einkünften aus Gewerbebetrieb solche, für den der im Ausland ansässige Vergütungsgläubiger im Inland eine **Betriebsstätte** unterhält oder ein **ständiger Vertreter** bestellt ist.

Für die Annahme inländischer Einkünfte in diesem Sinne ist die Erzielung originär gewerblicher Einkünfte (§§ 15 bis 17 EStG) notwendig. Der Begriff der **gewerblichen Einkünfte** ist im Rahmen der beschränkten und unbeschränkten Steuerpflicht – wie sich aus dem Klammerzusatz im Einleitungssatz des § 49 Abs. 1 Nr. 2 EStG ergibt – deckungsgleich (*Roth*, in: Herrmann/Heuer/Raupach, § 49 EStG, Rz. 144). Demnach ist vorliegend für die Einordnung der erzielten Einkünfte insbes. auf § 15 Abs. 1 Satz 1 Nr. 1 i. V. m. Abs. 2 EStG zurückzugreifen. Voraussetzung für die Erzielung gewerblicher Einkünfte ist danach eine selbstständige nachhaltige Betätigung, die mit der Absicht, Gewinn zu erzielen, unternommen wird und sich als Beteiligung am allgemeinen wirtschaftlichen Verkehr darstellt (Gewerbebetrieb) (R 15.7 Abs. 1 Satz 3 EStR). Negativ wird der Gewerbebetrieb in § 15 Abs. 2 EStG dadurch abgegrenzt, dass es sich nicht um eine Tätigkeit handeln darf, die weder als Ausübung von Land- und Forstwirtschaft noch als Ausübung eines freien Berufs, noch als eine andere selbständige Arbeit oder als private Vermögensverwaltung anzusehen ist.

Weiterhin setzt die Erzielung inländischer Einkünfte i. S. d. § 49 Abs. 1 Nr. 2 Buchst. a EStG – und damit die beschränkte Steuerpflicht des im Ausland ansässigen Vergütungsgläubigers – voraus, dass für den Gewerbebetrieb im Inland eine Betriebsstätte unterhalten wird oder ein ständiger Vertreter bestellt ist. Für den Begriff der Betriebsstätte und des Vertreters wird auf die allgemeine Begriffsdefinition der §§ 12 und 13 AO abgestellt:

Betriebsstätte im Sinne des § 12 AO
¹Betriebsstätte ist jede feste Geschäftseinrichtung oder Anlage, die der Tätigkeit eines Unternehmens dient.²Als Betriebsstätten sind insbesondere anzusehen:
1. die Stätte der Geschäftsleitung,
2. **Zweigniederlassungen**,
3. Geschäftsstellen
(…)

Eine Betriebsstätte ist jede feste und auf Dauer angelegte Geschäftseinrichtung oder Anlage, die der Tätigkeit eines Unternehmens dient. Eine Geschäftseinrichtung kann wiederum jeder körperliche Gegenstand oder jede Zusammenfassung körperlicher Gegenstände sein, die geeignet sind, Grundlage einer Unternehmenstätigkeit zu sein. Die Einrichtung muss fest i. S. einer örtlichen »Verwurzelung« sein und der Unternehmer muss darin seine eigene gewerbliche Tätigkeit ausüben. Eine feste Verbindung mit der Erdoberfläche sowie die Sichtbarkeit der Einrichtung sind jedoch nicht notwendig. Darüber hinaus muss der Unternehmer eine gewisse, nicht nur vorübergehende Verfügungsmacht über die Einrichtung haben (s. zum Betriebsstättenbegriff u. a. BMF vom 24.12.1999, BStBl I 1999, 1076, Tz. 1.1.1.1; OFD Karlsruhe vom 16.09.2014, IStR 2015, 887). Ob eine Betriebsstätte vorliegt, entscheidet sich nach den Umständen des Einzelfalls und der Ausprägung der genannten zeitlichen und räumlichen Tatbestandsmerkmale.

Ein Steuerabzug nach § 50a Abs. 1 Nr. 3 EStG ergibt sich bei der zeitlich befristeten (Nutzungs-) Überlassung von Rechten in dieser Hinsicht insbes. dann, wenn Zahlungen an inländische **Zweigniederlassungen** von im Ausland ansässigen Vergütungsgläubigern geleistet werden. Im Umkehrschluss bedeutet dies, dass ein Steuerabzug nach § 50a Abs. 1 Nr. 3 EStG auch dann vorzunehmen ist, wenn die Einnahmen im Rahmen einer inländischen Betriebsstätte des Vergütungsgläubigers anfallen (BMF vom 25.11.2010, BStBl I 2010, 1350, Rz. 03). Der ausländische Vergütungsgläubiger erzielt insoweit Betriebseinnahmen eines inländischen Betriebs (§ 50 Abs. 2 Satz 2 Nr. 1 EStG, § 32 Abs. 1 Nr. 2 KStG). Die abgeltende Wirkung des Steuerabzugs greift nicht. Vielmehr sind die nach § 50a EStG einbehaltenen Steuerabzugsbeträge im Rahmen der durchzuführenden Veranlagung zur beschränkten Steuerpflicht auf die Einkommen- bzw. Körperschaftsteuer gem. § 36 Abs. 2 Nr. 2 EStG anzurechnen (BMF vom 25.11.2010, BStBl I 2010, 1350, Rz. 09).

Beispiel

Steuerabzug bei Zahlungen an Zweigniederlassungen

Die steuerlich in den Niederlanden ansässige Patent B.V. (»**Besloten Vennootschap met beperkte aansprakelijkheid**«), einer der deutschen GmbH vergleichbaren Kapitalgesellschaft niederländischen Rechts, überlässt einer deutschen GmbH – zeitlich befristet – gewerbliche Schutzrechte (z. B. Patente). Die deutsche GmbH verwertet die Patente zur Erzielung von Einkünften im Inland. Der entsprechende Vertrag wird über eine deutsche Zweigniederlassung (ZN) der Patent B.V. abgeschlossen.

Die Patente sind durch Mitarbeiter der ZN eigenständig entwickelt worden und sind demnach auch der ZN zuzurechnen. Die ZN verfügt über Geschäftsräume in Deutschland und ist für die Verwaltung, Erhaltung, den Schutz und die Vermarktung der gewerblichen Schutzrechte der Patent B.V. zuständig.

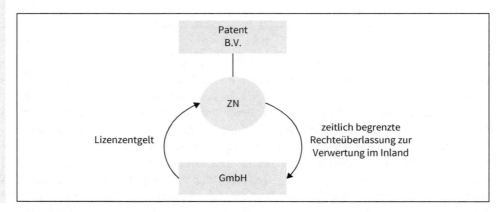

Lösung

Die Patent B.V. ist gem. § 2 Nr. 1 KStG i. V. m. § 49 EStG in Deutschland beschränkt steuerpflichtig: mit der Zweigniederlassung unterhält die Patent B.V. eine im Inland belegene Betriebsstätte i. S. d. § 12 AO und erzielt vorliegend inländische Einkünfte i. S. d. § 49 Abs. 1 Nr. 2 Buchst. a EStG.

Da die Vergütungen für die Überlassung gewerblicher Schutzrechte geleistet werden, findet gemäß § 50a Abs. 1 Nr. 3 EStG (i. V. m. § 49 Abs. 1 Nr. 2 Buchst. a EStG) das Steuerabzugsverfahren Anwendung. Der Steuersatz beträgt 15 % der Einnahmen (§ 50a Abs. 2 Satz 1 EStG) zuzüglich 5,5 % Solidaritätszuschlag darauf.

Gem. § 50 Abs. 2 Satz 2 Nr. 1 EStG i. V. m. § 32 Abs. 1 Nr. 2 KStG hat der Steuerabzug jedoch keine abgeltende Wirkung. Die einbehaltenen Steuerabzugsbeträge werden vielmehr im Rahmen der durchzuführenden Veranlagung auf die Körperschaftsteuer angerechnet (§ 36 Abs. 2 Nr. 2 EStG).

Durch den (allgemeinen) Verweis von § 50a Abs. 1 Nr. 3 EStG auf § 49 Abs. 1 **Nr. 2** EStG ist ein Steuerabzug ebenfalls bei **grenzüberschreitenden Sondervergütungen** vorzunehmen:

Beispiel

Steuerabzug bei grenzüberschreitenden Sondervergütungen
Die steuerlich in Frankreich ansässige IP S.A. (»**Société Anonyme**«), einer der deutschen AG vergleichbaren Kapitalgesellschaft französischen Rechts, überlässt ihrer deutschen Tochtergesellschaft (KG) – zeitlich befristet – gewerbliche Schutzrechte (z. B. Patente). Die KG verwertet die Patente zur Erzielung von Einkünften im Inland.

Lösung

Die IP S.A. ist als Kapitalgesellschaft gem. § 2 Nr. 1 KStG i. V. m. § 49 EStG in Deutschland beschränkt steuerpflichtig: die Beteiligung an der KG vermittelt der IP S.A. aus deutscher ertragsteuerrechtlicher Sicht wegen der steuerlichen Transparenz der KG eine im Inland belegene (Personengesellschafts-) Betriebsstätte i. S. d. § 12 AO, aus der sie inländische Einkünfte i. S. d. § 49 Abs. 1 Nr. 2 Buchst. a EStG erzielt.

Auch wenn die Vergütungen für die Überlassung gewerblicher Schutzrechte Sondervergütungen i. S. d. § 15 Abs. 1 Satz 1 Nr. 2 Satz 1 Hs. 2 EStG (i. V. m. § 50d Abs. 10 EStG) darstellen, findet gem. § 50a Abs. 1 Nr. 3 EStG (i. V. m. § 49 Abs. 1 Nr. 2 Buchst. a EStG) das Steuerabzugsverfahren Anwendung.

Gem. § 50 Abs. 2 Satz 2 Nr. 1 EStG i. V. m. § 32 Abs. 1 Nr. 2 KStG hat der Steuerabzug jedoch keine abgeltende Wirkung. Die einbehaltenen Steuerabzugsbeträge werden vielmehr im Rahmen der durchzuführenden Veranlagung auf die Körperschaftsteuer angerechnet (§ 36 Abs. 2 Nr. 2 EStG). Zu beachten in vergleichbaren Konstellationen ist, dass regelmäßig dem Ansässigkeitsstaat (hier: Frankreich) das uneingeschränkte Besteuerungsrecht auf Basis des anzuwendenden Doppelbesteuerungsabkommens zugewiesen wird. Ein deutsches Besteuerungsrecht kann sich insoweit aber infolge der in **§ 50d Abs. 10 EStG** angeordneten Umqualifizierung von Sondervergütungen i. S. v. § 15 Abs. 1 Satz 1 Nr. 2 Satz 1 Hs. 2 EStG in abkommensrechtliche Unternehmensgewinne ergeben (auf das beim Bundesverfassungsgericht unter dem Aktenzeichen 2 BvL 15/14 anhängige Verfahren wird hingewiesen). In Frankreich gezahlte Steuern wären nach § 50d Abs. 10 Satz 5 und 6 EStG in Deutschland anzurechnen.

Wird im Inland keine Betriebsstätte begründet, kann der erforderliche Inlandsbezug für die Erzielung inländischer Einkünfte aus Gewerbebetrieb auch durch die Bestellung eines ständigen Vertreters im Inland gegeben sein.

Ständiger Vertreter im Sinne des § 13 AO
¹Ständiger Vertreter ist eine Person, die nachhaltig die Geschäfte eines Unternehmens besorgt und dabei dessen Sachweisungen unterliegt. ²Ständiger Vertreter ist insbesondere eine Person, die für ein Unternehmen nachhaltig
  1. Verträge abschließt oder vermittelt oder Aufträge einholt oder
  2. einen Bestand von Gütern oder Waren unterhält und davon Auslieferungen vornimmt.

Der ständige Vertreter kann eine natürliche oder juristische Person sein. Erforderliches Merkmal ist, dass der Vertreter nachhaltig, also nicht nur gelegentlich oder vorübergehend für das Unternehmen tätig wird und dessen sachlicher Weisung unterliegt. Der Vertreter muss seinerseits über eine Betriebsstätte oder feste Einrichtung im Inland verfügen.

2.2.3 »Betriebsstättenlose« Einkünfte aus Gewerbebetrieb

§ 50a EStG Steuerabzug bei beschränkt Steuerpflichtigen
(1) Die Einkommensteuer wird bei beschränkt Steuerpflichtigen im Wege des Steuerabzugs erhoben
(…)
 3. bei Einkünften, die aus Vergütungen für die **Überlassung der Nutzung oder des Rechts auf Nutzung von Rechten**, insbesondere von Urheberrechten und gewerblichen Schutzrechten, von gewerblichen, technischen, wissenschaftlichen und ähnlichen Erfahrungen, Kenntnissen und Fertigkeiten (….) herrühren (…) (§ 49 Absatz 1 **Nummer 2**, 3, 6 und 9),
(…)

§ 49 EStG Beschränkt steuerpflichtige Einkünfte
(1) Inländische Einkünfte im Sinne der beschränkten Einkommensteuerpflicht (§ 1 Absatz 4) sind
(…)
 2. Einkünfte aus Gewerbebetrieb (§§ 15 bis 17),
   (…)
   f) die, soweit sie nicht zu den Einkünften im Sinne des Buchstaben a gehören, durch
      aa) **Vermietung und Verpachtung** oder
      bb) Veräußerung
      von inländischem unbeweglichem Vermögen, von Sachinbegriffen oder **Rechten**, die im Inland belegen oder in ein **inländisches öffentliches Buch oder Register eingetragen** sind **oder** deren **Verwertung in einer inländischen Betriebsstätte oder anderen Einrichtung erfolgt**, erzielt werden.
(…)

Unterhält der im Ausland ansässige Vergütungsgläubiger **keine eigene Betriebsstätte** im Inland bzw. können die erzielten Einkünfte dieser Betriebsstätte nicht zugeordnet werden, kann sich die für einen Steuerabzug nach § 50a Abs. 1 Nr. 3 EStG erforderliche beschränkte Steuerpflicht weiterhin aus § 49 Abs. 1 Nr. 2 Buchst. f Doppelbuchst. aa EStG ergeben. Danach gehören zu den inländischen Einkünften aus Gewerbebetrieb solche aus der Vermietung und Verpachtung von Rechten, die im Inland belegen oder in ein inländisches Register eingetragen sind (**Belegenheitstatbestand**) oder deren Verwertung in einer (fremden) inländischen Betriebsstätte oder anderen Einrichtung erfolgt (**Verwertungstatbestand**). Zu den **Rechten** i. S. d. § 50a Abs. 1 Nr. 3 EStG gehören insbes. die nach Maßgabe des Urheberrechtsgesetzes oder nach anderen gewerblichen Schutzgesetzen (z. B. Geschmacksmustergesetz, Patentgesetz, Markengesetz, Gebrauchsmustergesetz) geschützten Rechte. Hierzu können auch sonstige Rechte zählen, wenn sie mit dem Urheberrechtsgesetz oder den gewerblichen Schutzrechten vergleichbar sind, insbes. wenn sie eine rechtliche Ausformung in einem Schutzgesetz erfahren haben (§ 73a Abs. 2 und 3 EStDV; BMF vom 25.11.2010, BStBl I 2010, 1350, Rz. 22). Dies ist etwa bei Persönlichkeitsrechten (Recht am eigenen Namen i. S. d. § 12 BGB; Recht am eigenen Bild i. S. d. § 22 Kunsturhebergesetz) der Fall.

Für die Eintragung in ein **inländisches Register** kommen insbes. in Frage:
- das Patentregister (§ 30 Patentgesetz);
- das Designregister (§ 19 Designgesetz);
- das Markenregister (§ 41 Markengesetz) sowie das
- Gebrauchsmusterregister (§ 8 Gebrauchsmustergesetz).

Unter dem Begriff »**Verwertung**« in einer (fremden) inländischen Betriebsstätte oder anderen Einrichtung versteht man ein Nutzen, Benutzen oder Gebrauchen der überlassenen Rechte bzw. des (ungeschützten) Wissens im Rahmen einer eigenen Tätigkeit durch eigenes Tätigwerden (BFH vom 23.05.1973, I R 163/71, BStBl II 1974, 287; *Klein*, in: Herrmann/Heuer/Raupach, § 49 EStG, Rz. 955), um daraus einen finanziellen Nutzen zu ziehen (*Weingartner*, in: Fuhrmann/Kraeusel/Schiffers, eKomm, VZ 2015, § 49 EStG, Rz. 107; wohl auch *Ackermann*, ISR 2016, 258). Hinsichtlich der Frage, ob die Verwertung in einer (fremden) inländischen Betriebsstätte erfolgt, wird auf die allgemeine Begriffsdefinition des § 12 Satz 1 AO zurückgegriffen.

Beispiel

Die in Dortmund ansässige Sport GmbH stellt hochwertige Freizeitbekleidung her. Im Rahmen des Herstellungsprozesses kommt ein geschütztes Fertigungsverfahren zur Anwendung. Hierfür zahlt die Sport GmbH eine umsatzabhängige Vergütung an die in Luxemburg steuerlich ansässige Patent S.A. (= fremder Dritter aus Sicht der Sport GmbH).
Die Patent S.A. ist gem. § 2 Nr. 1 KStG i. V. m. § 49 Abs. 1 Nr. 2 Buchst. f Doppelbuchst. aa EStG im Inland beschränkt steuerpflichtig. Aufgrund der Verwertung von Rechten in einer (fremden) inländischen Betriebsstätte (hier: inländische Betriebsstätte der Sport GmbH) handelt es sich bei der zu zahlenden Vergütung um inländische Einkünfte i. S. d. § 49 Abs. 1 Nr. 2 Buchst. f Doppelbuchst. aa EStG.

Der Verwertung in einer inländischen Betriebsstätte steht die Verwertung in einer sog. »anderen Einrichtung« gleich. Eine andere Einrichtung ist eine feste Geschäftseinrichtung oder Anlage i. S. d. § 12 AO, die nicht einem Betrieb i. S. d. Gewinneinkünfte dient und nur deshalb keine Betriebsstätte darstellt (*Gosch*, in: Kirchhof, EStG, 2015, § 49 EStG, Rz. 86). Ebenso handelt es sich bei öffentlich-rechtliche Rundfunkanstalten um »andere Einrichtungen« (R 50a.1 EStR).

Für die Annahme inländischer Einkünfte in diesem Sinne ist die Erzielung originär gewerblicher Einkünfte (§§ 15 bis 17 EStG) **nicht** notwendig, soweit es sich bei dem Empfänger der Einkünfte um eine ausländische Körperschaft i. S. d. § 2 Nr. 1 KStG handelt, die mit einer inländischen Kapitalgesellschaft oder sonstigen juristischen Person i. S. d. § 1 Abs. 1 Nr. 1 bis 3 KStG vergleichbar ist: nach § 49 Abs. 1 Nr. 2 Buchst. f Satz 2 EStG gelten die Einkünfte aus Nutzungsüberlassungen i. S. d. Satzes 1 der Vorschrift, die von einer der vorgenannten ausländischen Körperschaften erzielt werden, stets als gewerblich.

2.2.4 Einkünfte aus selbständiger Arbeit

---

§ 50a EStG Steuerabzug bei beschränkt Steuerpflichtigen
(1) Die Einkommensteuer wird bei beschränkt Steuerpflichtigen im Wege des Steuerabzugs erhoben
(…)
3. bei Einkünften, die aus Vergütungen für die **Überlassung der Nutzung oder des Rechts auf Nutzung von Rechten,** insbesondere von Urheberrechten und gewerblichen Schutzrechten, von gewerblichen, technischen, wissenschaftlichen und ähnlichen Erfahrungen, Kenntnissen und Fertigkeiten (….) herrühren (…) (§ 49 Absatz 1 **Nummer** 2, **3**, 6 und 9).
(…)

---

§ 49 EStG Beschränkt steuerpflichtige Einkünfte
(1) Inländische Einkünfte im Sinne der beschränkten Einkommensteuerpflicht (§ 1 Absatz 4) sind
(…)
3. Einkünfte aus selbständiger Arbeit (§ 18), die im Inland **ausgeübt** oder **verwertet** wird oder worden ist, oder für die im Inland eine feste Einrichtung oder eine Betriebsstätte unterhalten wird;
(…)

---

§ 18 EStG Selbständige Arbeit
(1) Einkünfte aus selbständiger Arbeit sind
1. Einkünfte aus freiberuflicher Tätigkeit. Zu der freiberuflichen Tätigkeit gehören die selbständig ausgeübte wissenschaftliche, **künstlerische**, **schriftstellerische**, unterrichtende oder erzieherische **Tätigkeit** die selbständige Berufstätigkeit der Ärzte, Zahnärzte, Tierärzte, Rechtsanwälte, Notare, Patentanwälte, Vermessungsingenieure, Ingenieure, Architekten, Handelschemiker, Wirtschaftsprüfer, Steuerberater, beraten-

> den Volks- und Betriebswirte, vereidigten Buchprüfer, Steuerbevollmächtigten, Heilpraktiker, Dentisten, Krankengymnasten, Journalisten, Bildberichterstatter, Dolmetscher, Übersetzer, Lotsen und ähnlicher Berufe.
> (...)

Im Zusammenhang mit der zeitlich befristeten (Nutzungs-)Überlassung von Rechten kann sich die für den Steuerabzug nach § 50a Abs. 1 Nr. 3 EStG erforderliche beschränkte Steuerpflicht des im Ausland ansässigen Vergütungsgläubigers (§ 1 Abs. 4 EStG) bei **natürlichen Personen** weiterhin aus § 49 Abs. 1 Nr. 3 EStG ergeben.

Nach § 49 Abs. 1 **Nr. 3** EStG gehören zu den inländischen Einkünften unter anderem solche aus **selbständiger Arbeit**, die im Inland ausgeübt oder verwertet wird oder für die im Inland eine feste Geschäftseinrichtung oder Betriebsstätte unterhalten wird. Durch den Verweis von § 49 Abs. 1 Nr. 3 EStG auf § 18 EStG wird klargestellt, dass der Vergütungsgläubiger für die Erzielung inländischer Einkünfte eine freiberufliche Tätigkeit i. S. d. § 18 Abs. 1 Nr. 1 EStG ausüben muss (s. hierzu im Detail Kap. II.2.2.4). Der im Ausland ansässige Vergütungsgläubiger erzielt als Berufsträger i. S. d. § 18 EStG gem. § 49 Abs. 1 Nr. 3 EStG u. a. inländische Einkünfte, wenn das Ergebnis seiner selbständigen Tätigkeit im Inland **verwertet** wird. Eine selbständige Tätigkeit wird (vor dem Hintergrund des § 50a Abs. 1 Nr. 3 EStG) im Inland verwertet, wenn der Vergütungsgläubiger durch zusätzliche Handlungen einen finanziellen Nutzen aus seiner Arbeit zieht. Dies ist regelmäßig bei der Einräumung von **(Nutzungs-)Rechten** der Fall (BFH vom 04.03.2009, I R 6/07, BStBl II 2009, 625). Erfasst werden hierbei insbes. Verwertungshandlungen nach § 15 Urheberrechtsgesetz (Vervielfältigung, Verbreitung und Ausstellung) sowie § 22 des Gesetzes betreffend das Urheberrecht an Werken der bildenden Künste und der Photographie (Bildveröffentlichungen) (*Loschelder*, in: Schmidt, § 49 EStG, § 49 Rz. 74).

Verwerten i. S. v. § 49 Abs. 1 Nr. 3 EStG kann immer nur derjenige, der die verwertete Tätigkeit selbst erbracht hat **(Personengleichheit)**. Wird das Ergebnis einer selbständigen Tätigkeit von einem Dritten verwertet, der die Rechte erworben hat, erzielt dieser keine Einkünfte aus selbständiger Tätigkeit, sondern allenfalls solche nach § 49 Abs. 1 Nr. 6 EStG oder § 49 Abs. 1 Nr. 2 Buchst. f EStG (s. hierzu nachfolgend).

Eine persönliche Anwesenheit des Vergütungsgläubigers im Inland ist bei dem Verwertungstatbestand nicht erforderlich. Vielmehr ist für den erforderlichen Inlandsbezug regelmäßig ausreichend, dass der Vertragspartner im Inland ansässig ist (BFH vom 20.07.1988, I R 174/85, BStBl II 1989, 87).

Typische Beispiele für einen Steuerabzug nach § 50a Abs. 1 Nr. 3 EStG bei inländischen Einkünften aus selbständiger Arbeit sind etwa:
- Überlassung von **Autorenrechten**, die regelmäßig am Ort der Geschäftsleitung des Verlags verwertet werden (BFH vom 20.07.1988, I R 174/85, BStBl II 87);
- **Verwertung der Tätigkeit eines Filmschauspielers** am Sitz des Filmherstellungsunternehmens (BFH vom 22.10.1986, I R 128/83, BStBl II 87, 253).

2.2.5 Einkünfte aus Vermietung und Verpachtung

§ 50a EStG Steuerabzug bei beschränkt Steuerpflichtigen
(1) Die Einkommensteuer wird bei beschränkt Steuerpflichtigen im Wege des Steuerabzugs erhoben
(…)
3. bei Einkünften, die aus Vergütungen für die **Überlassung der Nutzung oder des Rechts auf Nutzung von Rechten**, insbesondere von Urheberrechten und gewerblichen Schutzrechten, von gewerblichen, technischen, wissenschaftlichen und ähnlichen Erfahrungen, Kenntnissen und Fertigkeiten (….) herrühren (…) (§ 49 Absatz 1 **Nummer** 2, 3, **6** und 9),
(…)

§ 49 EStG Beschränkt steuerpflichtige Einkünfte
(1) Inländische Einkünfte im Sinne der beschränkten Einkommensteuerpflicht (§ 1 Absatz 4) sind
(…)
6. Einkünfte aus Vermietung und Verpachtung (§ 21) **soweit sie nicht zu den Einkünften im Sinne der Nummern 1 bis 5 gehören**, wenn das unbewegliche Vermögen, die Sachinbegriffe oder **Rechte** im Inland belegen oder in ein inländisches öffentliches Buch oder Register eingetragen sind oder **in einer inländischen Betriebsstätte oder in einer anderen Einrichtung verwertet werden;**
(…)

§ 21 EStG Vermietung und Verpachtung
(1) ¹Einkünfte aus Vermietung und Verpachtung sind
(…)
3. Einkünfte aus **zeitlich begrenzter Überlassung von Rechten**, insbesondere von schriftstellerischen, künstlerischen und gewerblichen Urheberrechten, von gewerblichen Erfahrungen und von Gerechtigkeiten und Gefällen;
(…)

Abschließend kann sich im Zusammenhang mit der zeitlich befristeten (Nutzungs-)Überlassung von Rechten die erforderliche beschränkte Steuerpflicht des im Ausland ansässigen Vergütungsgläubigers aus § 49 Abs. 1 **Nr. 6** EStG ergeben.

Zu den inländischen Einkünften gehören nach § 49 Abs. 1 Nr. 6 EStG (i. V. m. § 21 Abs. 1 Nr. 3 EStG) insbes. Einkünfte aus der zeitlich begrenzten Überlassung von Rechten (d. h. schriftstellerische, künstlerische und gewerbliche Urheberrechte sowie gewerbliche Erfahrungen), die in ein inländisches Register eingetragen sind (**Belegenheitstatbestand**) oder in einer inländischen Betriebsstätte oder in einer anderen Einrichtung verwertet werden (**Verwertungstatbestand**).

Mit dem Jahressteuergesetz 2009 wurde der Tatbestand der inländischen Einkünfte aus Gewerbebetrieb um Einkünfte aus Vermietung und Verpachtung ergänzt (§ 49 Abs. 1 Nr. 2 Buchst. f EStG). Entsprechend erzielt ein im Ausland ansässiger Vergütungsgläubiger inländische Einkünfte i. S. d. § 49 Abs. 1 Nr. 6 EStG, soweit die Einkünfte nicht zu denen i. S. d. § 49 Abs. 1 Nr. 1 bis 5 EStG gehören (Subsidiarität von § 49 Abs. 1 Nr. 6 EStG).

Überlässt eine im Ausland ansässige ausländische Körperschaft i. S. d. § 2 Nr. 1 KStG zeitlich befristet Rechte, die in ein inländisches Register eingetragen sind bzw. im Inland verwertet werden, erzielt die Gesellschaft aufgrund der Gewerblichkeitsfiktion des § 49 Abs. 1 Nr. 2 Buchst. f Satz 2 Einkünfte aus Gewerbebetrieb i. S. d. § 49 Abs. 1 **Nr. 2 Buchst. f** EStG. Gleiches gilt, wenn ein im Ausland ansässiger Berufsträger i. S. d. § 18 EStG die Ergebnisse seiner selbständigen Tätigkeit durch die (Nutzungs-) Überlassung von Rechten im Inland verwertet: insoweit werden inländische Einkünfte aus selbständiger Arbeit gem. § 49 Abs. 1 Nr. 3 EStG erzielt.

In der Praxis führt die Überlassung derivativ erworbener Rechte unseres Erachtens zu Einkünften i. S. d. § 49 Abs. 1 Nr. 6 EStG. Überlässt bspw. eine Agentur (keine Kapitalgesellschaft) erworbene Rechte zur Verwertung des Bilds eines Künstlers oder Sportlers, können Einkünfte nach § 49 Abs. 1 Nr. 6 EStG vorliegen, sofern keine vorrangige Einkunftsart anwendbar ist (BFH vom 05.11.1992, I R 41/92, BStBl II 1993, 407; BFH vom 28.01.2004, I R 73/02; BStBl II 2005, 550).

2.2.6 Sonstige Einkünfte

---

§ 50a EStG Steuerabzug bei beschränkt Steuerpflichtigen
(1) Die Einkommensteuer wird bei beschränkt Steuerpflichtigen im Wege des Steuerabzugs erhoben
(…)

3. bei Einkünften, die aus Vergütungen für die **Überlassung der Nutzung oder des Rechts auf Nutzung von (…) gewerblichen, technischen, wissenschaftlichen und ähnlichen Erfahrungen, Kenntnissen und Fertigkeiten**, zum Beispiel Plänen, Mustern und Verfahren, herrühren, sowie bei Einkünften, die aus der Verschaffung der Gelegenheit erzielt werden, einen Berufssportler über einen begrenzten Zeitraum vertraglich zu verpflichten (§ 49 Absatz 1 **Nummer** 2, 3, 6 und **9**),
(…)

---

§ 49 EStG Beschränkt steuerpflichtige Einkünfte
(1) Inländische Einkünfte im Sinne der beschränkten Einkommensteuerpflicht (§ 1 Absatz 4) sind
(…)
9. sonstige Einkünfte im Sinne des § 22 Nummer 3, auch wenn sie bei Anwendung dieser Vorschrift einer anderen Einkunftsart zuzurechnen wären, soweit es sich um Einkünfte aus (…) der **Überlassung der Nutzung oder des Rechts auf Nutzung von gewerblichen, technischen, wissenschaftlichen und ähnlichen Erfahrungen, Kenntnissen und Fertigkeiten**, zum Beispiel Plänen, Mustern und Verfahren, handelt, die **im Inland genutzt werden oder worden sind**; dies gilt nicht, soweit es sich um steuerpflichtige Einkünfte im Sinne der Nummern 1 bis 8 handelt;

(…)

§ 22 EStG Arten der sonstigen Einkünfte
Sonstige Einkünfte sind
(…)
3. Einkünfte aus Leistungen, soweit sie weder zu anderen Einkunftsarten (§ 2 Absatz 1 Satz 1 Nummer 1 bis 6) noch zu den Einkünften im Sinne der Nummern 1, 1a, 2 oder 4 gehören, z. B. Einkünfte aus gelegentlichen Vermittlungen und aus der Vermietung beweglicher Gegenstände. ²Solche Einkünfte sind nicht einkommensteuerpflichtig, wenn sie weniger als 256 Euro im Kalenderjahr betragen haben …

(…)

Ein Steuerabzug nach § 50a Abs. 1 Nr. 3 EStG erfolgt weiterhin bei Einkünften, die aus Vergütungen für die zeitlich befristete Überlassung der Nutzung oder des Rechts auf Nutzung von gewerblichen, technischen, wissenschaftlichen und ähnlichen Erfahrungen, Kenntnissen und Fertigkeiten, wie z. B. Plänen, Mustern und Verfahren (sog. **ungeschütztes Wissen** bzw. **Know-how**) herrühren. Die erforderliche beschränkte Steuerpflicht des im Ausland ansässigen Vergütungsgläubigers ergibt sich hierbei aus § 49 Abs. 1 Nr. 9 EStG.

§ 49 Abs. 1 Nr. 9 EStG dehnt die beschränkte Steuerpflicht auf sonstige Einkünfte i. S. d. § 22 Nr. 3 EStG aus, soweit es sich um Vergütungen für die Überlassung der Nutzung oder des Rechts auf Nutzung von gewerblichen, technischen, wissenschaftlichen und ähnlichen Erfahrungen, Kenntnissen und Fertigkeiten (z. B. Pläne, Muster, Verfahren), die im Inland genutzt werden oder genutzt worden sind, handelt.

Vergütungen im Zusammenhang mit der Überlassung von Wissen, das urheberrechtlich geschützt ist (z. B. Zeichnungen, Pläne, Karten oder Skizzen), führt nicht zu inländischen Einkünften i. S. d. § 49 Abs. 1 Nr. 9 EStG. In diesen Fällen ist vielmehr § 49 Abs. 1 Nr. 2, 3 bzw. 6 EStG einschlägig (Subsidiarität von § 49 Abs. 1 Nr. 9 EStG). Gleiches gilt z. B. auch für Autorenrechte (BFH vom 20.07.1988, I R 174/85, BStBl II 1989, 87).

3 Der Steuerabzug nach § 50a Abs. 1 Nr. 3 EStG

3.1 Rechte und ungeschütztes Wissen

3.1.1 Urheberrechte und gewerbliche Schutzrechte

3.1.1.1 Urheberrechte und verwandte Schutzrechte

Ein Steuerabzug nach § 50a Abs. 1 Nr. 3 EStG erfolgt bei Einkünften, die aus Vergütungen für die zeitlich befristete Überlassung der Nutzung oder des Rechts auf Nutzung von Rechten herrühren. Zu den Rechten i. S. d. § 50a Abs. 1 Nr. 3 EStG (i. V. m. § 49 Abs. 1 Nr. 2, 3 bzw. 6 EStG) gehören insbes. Urheberrechte sowie gewerbliche Schutzrechte.

Urheberrechte sind Rechte, die nach Maßgabe des Urheberrechtsgesetzes geschützt sind (§ 73a Abs. 2 EStDV). Nach dem Urhebergesetz (UrhG) genießen die Schöpfer (Urheber, § 7 UrhG) von Werken der Literatur, Wissenschaft und Kunst für ihre Werke Schutz (§ 1 UrhG). Zu den geschützten Werken gehören insbes. (§ 2 UrhG):
- Sprachwerke, wie Schriftwerke, Reden und Computerprogramme (§ 69a UrhG);
- Werke der Musik;
- pantomimische Werke einschl. der Werke der Tanzkunst;
- Werke der bildenden Künste einschl. der Werke der Baukunst und der angewandten Kunst und Entwürfe solcher Werke (z. B. Gemälde);
- Lichtbildwerke einschl. der Werke, die ähnlich wie Lichtbildwerke geschaffen werden (z. B. professionelle Fotografien);
- Filmwerke einschl. der Werke, die ähnlich wie Filmwerke geschaffen werden;
- Darstellungen wissenschaftlicher oder technischer Art, wie Zeichnungen, Pläne, Karten, Skizzen, Tabellen und plastische Darstellungen.

Dem Urheber stehen die Urheberpersönlichkeitsrechte (§§ 12 bis 14 UrhG) sowie die **Verwertungsrechte** an den geschützten Werken zu (§ 15 UrhG). Hierzu zählen insbes.:
- Vervielfältigungsrechte (§ 16 UrhG);
- Verbreitungsrechte (§ 17 UrhG);
- Veröffentlichungsrechte (§§ 19, 19a UrhG);
- Bearbeitungsrechte (§ 23 UrhG).

Nach § 29 Abs. 1 UrhG sind Urheberpersönlichkeitsrechte sowie Verwertungsrechte **nicht übertragbar**. Sie stehen allein dem Urheber zu. Dieser kann jedoch einem anderen das Recht (**Nutzungsrecht** bzw. **Lizenz**) einräumen, das (urheberrechtlich) geschützte Werk zu nutzen (§ 31 Abs. 1 Satz 1 UrhG i. V. m. § 29 Abs. 2 UrhG). Das Nutzungsrecht kann nach § 31 Abs. 1 Satz 2 UrhG als einfaches oder ausschließliches Recht sowie räumlich, zeitlich oder inhaltlich beschränkt eingeräumt werden. Sowohl das Verwertungs- als auch das Nutzungsrecht berechtigen den originären bzw. derivativen Rechteinhaber das urheberrechtlich geschützte Werk zu verwerten (d. h. zu vervielfältigen, verbreiten, veröffentlichen oder zu bearbeiten).

> WICHTIG
>
> Das Urhebergesetz unterscheidet im Wesentlichen zwischen Verwertungs- und Nutzungsrechten. Das Verwertungsrecht steht ausschließlich dem Urheber zu und kann nicht übertragen werden. Ungeachtet dessen kann der Urheber einem anderen ein Nutzungsrecht (**Lizenz**) an dem Werk einräumen.

Ein Nutzungsrecht (Lizenz) ist die einem Dritten vom Inhaber urheberrechtlicher Verwertungsrechte (bzw. gewerblicher Schutzrechte) eingeräumte Befugnis, die dem originären Rechteinhaber zustehenden Verwertungsrechte auszuüben. Nutzungsrechte werden schuldrechtlich durch den Abschluss eines **Lizenzvertrags** zwischen dem Inhaber des Verwertungsrechts (Lizenzgeber) und dem Empfänger des (abgespaltenen) Nutzungsrechts (Lizenznehmer) vergeben.

Vom Urhebergesetz geschützt – und damit ebenfalls für den Steuerabzug nach § 50a Abs. 1 Nr. 3 EStG von Bedeutung – sind sog. **verwandte Schutzrechte**. Hierzu zählen etwa
- Lichtbilder (§ 72 UrhG);
- Rechte des ausübenden Künstlers (§§ 73 ff. UrhG);
- Rechte der Hersteller von Tonträgern;
- **Datenbanken** (§§ 87a ff UrhG)
- Verfilmungen (§ 88 ff. UrhG).

Nach § 72 UrhG werden Lichtbilder und Erzeugnisse, die ähnlich wie Lichtbilder hergestellt werden (z. B. Urlaubsfotos, Schnappschüsse), in entsprechender Anwendung der für Lichtbildwerke (professionelle Fotografien) geltenden Vorschriften des ersten Teils des Urhebergesetzes geschützt.

Auch wenn in Inbound-Konstellationen die überlassenen Rechte oftmals dem Immaterialgüterschutz einer ausländischen Rechtsordnung unterliegen, ist hinsichtlich einer möglichen Steuerabzugsverpflichtung **nicht** auf das ausländische Immaterialgüterrecht abzustellen. Vielmehr ist zu prüfen, ob der Vorgang bei Anwendung der deutschen Schutzvorschriften einen Steuerabzug ausgelöst hätte (*Ackermann*, ISR 2016, *Fecht/Lampert*, FR 2009, 1127).

3.1.1.2 Gewerbliche Schutzrechte

Weiterhin zählen zu den Rechten i. S. d. § 50a Abs. 1 Nr. 3 EStG (i. V. m. § 49 Abs. 1 Nr. 2, 3 bzw. 6 EStG) Rechte nach anderen gewerblichen Schutzgesetzen. **Gewerbliche Schutzrechte** in diesem Sinne sind Rechte, die nach Maßgabe des Designgesetzes, des Patentgesetzes, des Gebrauchsmustergesetzes und des Markengesetzes geschützt sind (§ 73a Abs. 3 EStDV). Hierzu zählen
- Design bzw. Geschmacksmuster;
- Patente;
- Gebrauchsmuster;
- Marken.

Ein **Design** (bzw. Geschmacksmuster) ist die zweidimensionale oder dreidimensionale Erscheinungsform eines ganzen Erzeugnisses oder eines Teils davon, die sich insbes. aus den Merkmalen der Linien, Konturen, Farben, der Gestalt, Oberflächenstruktur oder der Werkstoffe des Erzeugnisses selbst oder seiner Verzierung ergibt (§ 1 Designgesetz). Der Rechtsinhaber kann Lizenzen für das gesamte Gebiet oder einen Teil des Gebiets der Bundesrepublik Deutschland erteilen. Analog zu den Urheberrechten kann einem Dritten ebenfalls eine Lizenz (Nutzungsrecht) an dem Design eingeräumt werden. Eine Lizenz kann ausschließlich oder nicht ausschließlich sein (§ 31 Designgesetz).

Patente werden für Erfindungen auf allen Gebieten der Technik erteilt, sofern sie neu sind, auf einer erfinderischen Tätigkeit beruhen und gewerblich anwendbar sind (§ 1 Abs. 1 Patentgesetz). Keine Erfindungen i. S. d. Patentgesetzes sind etwa Pläne, Regeln und Verfahren für gedankliche Tätigkeiten, für Spiele oder für geschäftliche Tätigkeiten sowie Programme für Datenverarbeitungsanlagen (§ 1 Abs. 2 Nr. 3 Patentgesetz). Diese können aber als sog. ungeschütztes Wissen eingestuft werden und somit ebenfalls zu einem Steuerabzug nach § 50a Abs. 1 Nr. 3 EStG führen (s. hierzu nachfolgend). Ein Patent hat die Wirkung, dass allein der Patentinhaber befugt ist, die patentierte Erfindung zu benutzen. Jedem Dritten ist es damit verboten, ohne Zustimmung des Patentinhabers ein Erzeugnis aufgrund des Patents herzustellen, anzubieten, in Verkehr zu bringen oder zu gebrauchen (§ 9 Patentgesetz). Auch bei Patenten kann einem Dritten ebenfalls ein Nutzungsrecht bzw. eine Lizenz an dem Patent eingeräumt werden.

Als **Gebrauchsmuster** werden – analog zum Patent – (technische) Erfindungen geschützt, die neu sind, auf einem erfinderischen Schritt beruhen und gewerblich anwendbar sind (§ 1 Gebrauchsmustergesetz). Das Gebrauchsmuster ist für alle Bereiche der Technik offen, für die auch ein Patentschutz möglich ist.

Zu den gewerblichen Schutzrechten zählen ebenfalls Marken sowie geschäftliche Bezeichnungen und geografische Herkunftsangaben (§ 1 Markengesetz). Als **Marke** können alle Zeichen, insbes. Wörter einschließlich Personennamen, Abbildungen, Buchstaben, Zahlen, Hörzeichen, dreidimensionale Gestaltungen einschl. der Form einer Ware oder ihrer Verpackung sowie sonstige Aufmachungen einschl. Farben und Farbzusammenstellungen geschützt werden, die geeignet sind, *Waren oder Dienstleistungen* eines Unternehmens von denjenigen anderer Unternehmen zu unterscheiden (§ 3 Abs. 1 Markengesetz). Als geschäftliche Bezeichnungen werden Unternehmenskennzeichen und Werktitel geschützt (§ 5 Abs. 1 Markengesetz). Das durch die Eintragung, die Benutzung oder die Bekanntheit einer Marke begründete Recht kann für die Waren oder Dienstleistungen, für die die Marke Schutz genießt, Gegenstand von ausschließlichen oder nicht ausschließlichen Lizenzen für das Gebiet der Bundesrepublik Deutschland insgesamt oder einen Teil dieses Gebiets sein (§ 30 Markengesetz).

Abschließend können zu den Rechten i. S. d. § 50a Abs. 1 Nr. 3 EStG (i. V. m. § 49 Abs. 1 Nr. 2, 3 bzw. 6 EStG) auch sonstige Rechte zählen, wenn sie mit dem Urheberrecht oder den gewerblichen Schutzrechten vergleichbar sind, insbes. wenn sie eine rechtliche Ausformung in einem Schutzgesetz erfahren haben. Hierzu zählen etwa **Persönlichkeitsrechte** (insbes. von Künstlern oder Sportlern), die für Werbezwecke überlassen werden (BMF vom 25.11.2010, BStBl I 2010, 1350, Rz. 22). Für den Steuerabzug nach § 50a Abs. 1 Nr. 3 EStG sind in der Praxis regelmäßig die folgenden Ausprägungen des allgemeinen Persönlichkeitsrechts (§ 2 Abs. 2 Grundgesetz) von Bedeutung:

- Recht am eigenem Namen (§ 12 BGB);
- Recht am eigenen Bild (§ 22 Kunsturhebergesetz).

Das **Recht am eigenen Namen** erstreckt sich auf den Vor- und Nachnamen. Wird das Recht zum Gebrauch eines Namens dem Berechtigten von einem anderen bestritten oder wird das Interesse des Berechtigten dadurch verletzt, dass ein anderer unbefugt den gleichen Namen gebraucht, so kann der Berechtigte von dem anderen Beseitigung der Beeinträchtigung verlangen (§ 12 BGB).

Das **Recht am eigenen Bild** gibt jedem Menschen die Möglichkeit, selbst zu entscheiden, ob und wie sein Bildnis verbreitet wird. § 22 des Kunsturhebergesetzes führt hierzu wie folgt aus:

---

§ 22 Kunsturhebergesetz
Bildnisse dürfen nur mit Einwilligung des Abgebildeten verbreitet oder öffentlich zur Schau gestellt werden. Die Einwilligung gilt im Zweifel als erteilt, wenn der Abgebildete dafür, dass er sich abbilden ließ, eine Entlohnung erhielt. Nach dem Tode des Abgebildeten bedarf es bis zum Ablaufe von 10 Jahren der Einwilligung der Angehörigen des Abgebildeten. Angehörige im Sinne dieses Gesetzes sind der überlebende Ehegatte oder Lebenspartner und die Kinder des Abgebildeten und, wenn weder ein Ehegatte oder Lebenspartner noch Kinder vorhanden sind, die Eltern des Abgebildeten.

3.1.2 Erfahrungen, Kenntnisse und Fertigkeiten (ungeschütztes Wissen)

Ein Steuerabzug nach § 50a Abs. 1 Nr. 3 EStG (i. V. m. § 49 Abs. 1 Nr. 9 EStG) erfolgt abschließend bei Einkünften, die aus Vergütungen für die zeitlich befristete Überlassung der Nutzung oder des Rechts auf Nutzung von gewerblichen, technischen, wissenschaftlichen und ähnlichen Erfahrungen, Kenntnissen und Fertigkeiten, wie z. B. Plänen, Mustern und Verfahren (sog. **ungeschütztes Wissen** bzw. **Know-how**) herrühren.

Ungeschütztes Wissen kann Spezialwissen als Ergebnis erfinderischer Tätigkeiten (nicht geschützte Erfindungen) oder sonstiges Erfahrungswissen sein, wie es jeder andere ebenfalls auf diesem Gebiet machen könnte, wenn er genügend Zeit, Arbeit, Fachkräfte, Kosten usw. aufwenden würde (BFH vom 23.11.1988, II R 209/82, BStBl II 1989, 82). Der Wert ungeschützten Wissens besteht darin, einem Dritten, dem es zur Verfügung gestellt wird, Zeit und Kosten zu ersparen (BFH vom 13.11.2002, I R 90/01, BStBl II 2003, 249).

Das Wesen der Überlassung von ungeschütztem Wissen besteht darin, dass der überlassende Unternehmer dem Vertragspartner ein Benutzungsrecht in Bezug auf das Know-how einräumt. Dem Vertragspartner soll die Möglichkeit eröffnet werden, mithilfe der ihm vermittelten gewerblichen oder betriebswirtschaftlichen Erfahrungen die bei ihm anstehenden technischen oder betriebswirtschaftlichen Fragen selbst zu lösen. Die Überlassung von Know-how liegt deshalb dort nicht vor, wo Erfahrungswissen nicht vermittelt, sondern vom Auftragnehmer selbst angewendet wird und er bei der Erfüllung dieses Auftrags sein Erfahrungs- oder Spezialwissen anwendet (FG München vom 27.05.2013, 7 K 3552/10, EFG 2013, 1412 m.w.N.).

Die Abgrenzung zwischen der Überlassung von (geschützten) Rechten und ungeschütztem Wissen bzw. Know-how ist im Ergebnis unbeachtlich: in beiden Konstellationen ist – den notwendigen Inlandsbezug vorausgesetzt – ein Steuerabzug nach § 50a Abs. 1 Nr. 3 EStG vorzunehmen.

Keine Überlassung von ungeschütztem Wissen ist etwa die **Durchführung einer klinischen Studie** durch ausländische Ärzte. Hierbei handelt es sich vielmehr um eine wissensorientierte Dienstleistung, die – trotz inländischer Einkünfte i.S.d. § 49 Abs. 1 Nr. 3 EStG – nicht dem Steuerabzug nach § 50a Abs. 1 Nr. 3 EStG unterliegt (FG München vom 27.05.2013, 7 K 3552/10, EFG 2013, 1412). Gleiches gilt bei der der Nutzungsüberlassung »**selektierter**« **Kundenadressen**: diese stellen lediglich Datenbestände und kein Know-how dar (BFH vom 13.11.2002, I R 90/01, BStBl II 2003, 249).

3.2 Zeitlich befristete Überlassung versus endgültige Übertragung

3.2.1 Ausgangspunkt

Ein Steuerabzug ist nach § 50a Abs. 1 Nr. 3 EStG nur bei Einkünften vorzunehmen, die aus Vergütungen für die »*Überlassung der Nutzung oder des Rechts auf Nutzung von Rechten*« herrühren. Ein Nutzungsrecht in diesem Sinne wird nicht überlassen, wenn es veräußert wird (FG Köln vom 28.09.2016, 3 K 2206/13, EFG 2017, 298 m.w.N.). Für die Vornahme eines Steuerabzugs ist somit zwischen der **zeitlich befristeten** Überlassung eines Rechts zur Nutzung (z.B. als Verwertungsrecht oder als Lizenz) und der endgültigen Überlassung (**Rechtekauf**) zu unterscheiden (BMF vom 25.11.2010, BStBl I 2010, 1350, Rz. 23).

> **WICHTIG**
>
> Ein Steuerabzug nach § 50a Abs. 1 Nr. 3 EStG kommt nur bei der zeitlich befristeten Überlassung eines Rechts zur Nutzung (z. B. als Verwertungsrecht oder als Lizenz) in Betracht, nicht hingegen bei einer endgültigen Rechteübertragung (**Rechtekauf**). Ungeachtet dessen erzielt der im Ausland ansässige Vergütungsgläubiger inländische Einkünfte i. S. d. § 49 Abs. 1 Nr. 2 Buchst. f Doppelbuchst. bb EStG.

Mangels gesetzlicher Definition ergeben sich oftmals **Abgrenzungsprobleme** zwischen der zeitlich befristeten Überlassung eines Rechts zur Nutzung und der endgültigen Rechteübertragung. Ausgangspunkt für die Abgrenzung einer zeitlich befristeten Nutzungsüberlassung von der endgültigen Rechteübertragung ist zunächst der im Einzelfall zwischen den Parteien getroffene Vertrag, denn dieser Vertrag ist die Rechtsgrundlage für die Überlassung der Rechte und damit auch maßgeblich für die Rechtsnatur der Überlassung (FG Münster vom 15.12.2010, 8 K 1543/07 E, DStRE 2011, 1309). Unter einem **Lizenzvertrag** (im engeren Sinne) versteht man einen Vertrag, in dem der Inhaber z. B. eines gewerblichen Schutzrechtes als Lizenzgeber gegenüber einem Dritten (Lizenznehmer) die Benutzung eines geschützten Rechts (z. B. Patent, Markenzeichen etc.) auf Zeit gegen Entgelt gewährt (FG München vom 02.04.2014, 1 K 1807/10).

Zu beachten ist in diesem Zusammenhang, dass der »Lizenzvertrag« bürgerlich-rechtlich nicht geregelt ist, sondern einen Vertrag eigener Art bildet, der Elemente des Kauf-, Miet- und/oder Pachtvertrages enthalten kann. Ob ein Kauf- oder Lizenzvertrag vorliegt, richtet sich somit nicht nach den von den Vertragspartnern verwendeten Ausdrücken. Vielmehr sind der Gesamtinhalt der Vereinbarung sowie das wirtschaftliche Ziel des Vertrags entscheidend (FG München vom 02.04.2014, 1 K 1807/10; FG Münster vom 15.12.2010, 8 K 1543/07 E, DStRE 2011, 1309).

Die für den Steuerabzug entscheidende Abgrenzung zwischen Übertragung und Überlassung ist in der Praxis mangels gesetzlicher Definition häufig mit Schwierigkeiten verbunden. Die folgenden in der Rechtsprechung entwickelten Kriterien und Anhaltspunkte sollten bei der Prüfung von Verträgen für diesen Zweck herangezogen werden:
- Dauer und Ende der Nutzungsüberlassung (insbes. auch mit Blick auf die tatsächliche absolute Lebensdauer des Rechts);
- **Exklusivität** der »Rechteüberlassung«;
- Kündigungsmöglichkeiten;
- Ausgestaltung des Verfügungsrechts;
- Rückgabeverpflichtung.

Weitere geeignete Kriterien zur Abgrenzung können auch Vertragsverlängerungsmöglichkeit und die Weiterveräußerbarkeit eines Rechts sein (*Engerl/Kachur* in: Vögele/Borstell/Engler, Verrechnungspreise, 4. Aufl. 2015, Kap. O, Rz. 141). Die Vergütungsklausel bzw. der Zahlungsmodus sind hingegen keine geeigneten Indizien, da ein Kauf auch dann vorliegen kann, wenn ein Teil des Kaufpreises als fester Betrag und der andere Teil als jährliche (umsatzabhängige) Lizenz zu zahlen ist (FG Münster vom 15.12.2010, 8 K 1543/07 E, DStRE 2011, 1309).

3.2.2 Zeitlich befristete Überlassung

Eine zeitlich befristete Überlassung von Rechten wird angenommen, wenn bei Vertragsabschluss ungewiss ist, ob und wann die (Nutzungs-)Überlassung endet (zuletzt FG Köln vom 28.09.2016, 3 K 2206/13, EFG 2017, 298 sowie FG Köln vom 25.09.2016, 13 K 2205/13, EFG 2017, 311 jeweils m.w.N). Dies ist insbes. der Fall, wenn die Überlassung durch Rückrufsrecht (z. B. § 34 Abs. 3 UrhG) oder durch Kündigung aus wichtigem Grund (§ 314 BGB) beendet werden kann oder die Rechte unter gewissen Bedingungen an das überlassende Unternehmen zurückfallen.

Weiterhin ist von einer zeitlich befristeten Überlassung auszugehen, wenn sich bei wirtschaftlicher Betrachtungsweise das Recht während der Dauer der Überlassung **nicht** verbraucht. Dies ist etwa der Fall, wenn die Nutzungsüberlassung nicht die gesamte Schutzfrist des Rechts umfasst (FG München vom 02.04.2014, 1 K 1807/10). Darüber hinaus ist bei vertraglichen Auskunfts- bzw. Geheimhaltungspflichten von einer zeitlich befristeten Überlassung auszugehen, da insoweit ein Dauerschuldverhältnis unterstellt werden kann (FG Berlin-Brandenburg vom 14.06.2012, 9 K 156/05, EFG 2013, 934).

Bei der Überlassung von Persönlichkeitsrechten (u. a. Recht am eigenen Bild nach § 22 KunstUrhG) liegt ungeachtet der vertraglich Gestaltung (z. B. Total Buyout mit zeitlich und örtlich unbeschränktem Nutzungsrecht) stets eine zeitlich befristete Überlassung vor, da bei Persönlichkeitsrechten die erforderlichen Voraussetzungen für eine Veräußerung nicht eintreten können (BMF vom 25.11.2010, BStBl I 2010, 1350 Rz. 25; OFD Karlsruhe vom 29.04.2014, DStR 2014, 1554).

Zusammenfassend kann festgehalten werden, dass eine zeitlich befristete Überlassung von Rechten – und damit eine Steuerabzugsverpflichtung auf Ebene des im Inland ansässigen Vergütungsschuldners – vorliegt, wenn (BMF vom 25.11.2010, BStBl I 2010, 1350, Rz. 23):
- das Nutzungsrecht dem durch Vertrag Berechtigten **nicht** endgültig verbleibt;
- sein Rückfall kraft Gesetzes oder Vertrages **nicht** ausgeschlossen ist oder
- eine vollständige Übertragung, wie bei urheberrechtlich geschützten Rechten, **nicht** zulässig ist (§ 29 Absatz 1 UrhG).

3.2.3 Endgültige Übertragung

In Abgrenzung zu einer zeitlich befristeten Überlassung wird bei der Veräußerung von Rechten (Rechtekauf) von einer (aus zivilrechtlicher Sicht) endgültigen Übertragung ausgegangen. Von einer nicht dem Steuerabzug nach § 50a Abs. 1 EStG unterliegenden Rechteveräußerung ist entsprechend auszugehen, wenn:
- das Recht beim Berechtigten durch Vertrag **endgültig** verbleibt oder
- ein Rückfall kraft Gesetzes oder Vertrags ausgeschlossen ist.

Eine Veräußerung liegt aus ertragsteuerlicher Sicht auch dann vor, wenn mit der zeitlich beschränkten Nutzungsüberlassung das **wirtschaftliche Eigentum** an dem Recht endgültig auf den Lizenznehmer übergeht. Dies kann etwa bei der Einräumung eines exklusiven

Alleinvertriebsrechts der Fall sein (BFH vom 27.02.2002, I R 62/01; BFH vom 27.07.1988, I R 87/85 und I R 130/84).

Von einem Rechtekauf ist ferner auszugehen, wenn das Recht zwar zeitlich befristet überlassen wird, sich allerdings während der Nutzungsüberlassung vollständig verbraucht (sog. **verbrauchende Rechteüberlassung**) (BMF vom 25.11.2010, BStBl I 2010, 1350, Rz. 24; sowie zuletzt FG Köln vom 28.09.2016, 3 K 2206/13, EFG 2017, 298 und FG Köln vom 25.09.2016, 13 K 2205/13, EFG 2017, 311 jeweils m.w.N.).

Eine – nicht dem Steuerabzug unterliegende – verbrauchende Rechteüberlassung ist dadurch gekennzeichnet, dass selbst bei einem zivilrechtlichen Rückfall des Rechts nach Ende der vertraglich vereinbarten Nutzungsdauer jenes über keinen erheblichen wirtschaftlichen Wert mehr verfügt, weil die Verwertung des Rechts auf einen Zeitpunkt oder Zeitraum beschränkt gewesen ist, der im Zeitpunkt des Rückfalls zum zivilrechtlichen Rechteinhaber in der Vergangenheit liegt.

Als Beispiel für eine verbrauchende Rechteüberlassung nennt die Finanzverwaltung das exklusive Recht zur Übertragung einer Uraufführung eines Theaterstücks (BMF vom 25.11.2010, BStBl I 2010, 1350, Rz. 24). Darüber hinaus stellt die Überlassung von Werbemöglichkeiten im Rahmen von Sportveranstaltungen (»Bandenwerbung«) eine verbrauchende Rechteüberlassung dar, weil das Recht zur Nutzung einer Bande für Werbezwecke während einer konkreten sportlichen Veranstaltung nach deren Durchführung aufgrund des wirtschaftlichen Verbrauchs nicht an den Rechteinhaber zurückfallen kann (BFH vom 16.05.2001, BStBl II 2003, 641).

Im Zusammenhang mit der Ausrichtung und Vermarktung der Eishockey Weltmeisterschaft 2001 hat das FG München mit Urteil vom 14.11.2005 entschieden, dass bei der Einräumung **veranstaltungsbezogener Rechte** keine zeitlich befristete Rechteüberlassung, sondern vielmehr eine endgültige Rechteübertragung in Form einer verbrauchenden Rechteüberlassung vorliegt. Ein Rückfall des Rechts nach Durchführung der Weltmeisterschaft an das Besitzunternehmen sei ausgeschlossen, da sich das Recht mit der Ausrichtung und Vermarktung des Ereignisses erschöpft (FG München vom 14.11.2005, 7 K 37/03, EFG 2013, 934).

Weiterhin dürfte – entgegen der Auffassung der Finanzverwaltung – unter Berücksichtigung der Urteile des BFH vom 04.03.2009 (I R 6/07, BStBl II 2009, 625) sowie vom 13.06.2012 (I R 41/11, BStBl II 2012, 880) bei der Überlassung von Live-Übertragungsrechten von einer nicht dem Steuerabzug unterliegenden verbrauchenden Rechteüberlassung auszugehen sein. In den genannten Urteilen stuft der BFH die Vergütung für die Überlassung von Live-Übertragungsrechten aufgrund ihres »verbrauchenden« Charakters als Veräußerung i. S. d. Art. 13 OECD-MA ein.

Bei der endgültigen Übertragung von Rechten sowie im Zusammenhang mit dem wirtschaftlichen Konzept der verbrauchenden Rechteüberlassung ist jedoch zu beachten, dass ein Quellensteuerabzug auch bei einer nicht zeitlich befristeten Überlassung vorzunehmen ist, wenn und soweit das überlassene Recht seiner Natur nach nicht veräußert werden kann bzw. eine vollständige Übertragung nicht möglich ist (BMF vom 25.11.2010, BStBl I 2010, 1350, Rz. 23). Zu nennen sind hier etwa die Überlassung von Persönlichkeitsrechten (OFD Karlsruhe vom 29.04.2014, DStR 2014, 1554; BMF vom 09.09.2009, BStBl I 2009, 362) sowie die Überlassung von Urheberrechten von Journalisten, Schriftstellern, Regisseuren,

Bildberichterstatter und Auslandskorrespondenten (OFD Karlsruhe vom 29.04.2014, DStR 2014, 1554; BMF vom 09.09.2009, BStBl I 2009, 362).

> **WICHTIG**
>
> Auch wenn die endgültige Übertragung von Rechten nicht zu einem Steuerabzug i. S. d. § 50a Abs. 1 Nr. 3 EStG führt, erzielt der ausländische Vergütungsgläubiger inländische Einkünfte i. S. d. § 49 Abs. 1 Nr. 2 Buchst. f Doppelbuchst. bb EStG. Die Steuererhebung erfolgt im Wege der Veranlagung.

3.3 Belegenheit oder Verwertung der überlassenen Rechte im Inland

Weitere Voraussetzung für den Steuerabzug nach § 50a Abs. 1 Nr. 3 EStG (i. V. m. § 49 Abs. 1 Nr. 2 Buchst. f, 3, 6 bzw. 9 EStG) ist, dass die durch einen ausländischen Vergütungsgläubiger überlassenen Rechte in ein inländisches Register eingetragen sind oder in einer (fremden) inländischen Betriebsstätte verwertet werden.

> **WICHTIG**
>
> Voraussetzung für den Steuerabzug nach § 50a Abs. 1 Nr. 3 EStG ist, dass die durch den steuerlich im Ausland ansässigen Vergütungsgläubiger zeitlich befristet überlassenen Rechte entweder
> - im Inland belegen oder in ein inländisches öffentliches Buch oder Register eingetragen sind oder
> - in einer (fremden) inländischen Betriebsstätte oder in einer anderen Einrichtung verwertet werden.

Für die Eintragung in ein **inländisches Register** kommen insbes. in Frage:
- das Patentregister (§ 30 Patentgesetz);
- das Designregister (§ 19 Designgesetz);
- das Markenregister (§ 41 Markengesetz) sowie das
- Gebrauchsmusterregister (§ 8 Gebrauchsmustergesetz).

Unter dem Begriff »**Verwertung**« in einer (fremden) inländischen Betriebsstätte oder anderen Einrichtung versteht man ein Nutzen, Benutzen oder Gebrauchen der überlassenen Rechte bzw. des (ungeschützten) Wissens im Rahmen einer eigenen Tätigkeit durch eigenes Tätigwerden (BFH vom 23.05.1973, I R 163/71, BStBl II 1974, 287; *Klein*, in: Herrmann/Heuer/Raupach, § 49 EStG, Rz. 955), um daraus einen **finanziellen Nutzen** zu ziehen (*Weingartner*, in: Fuhrmann/Kraeusel/Schiffers, eKomm, VZ 2015, § 49 EStG, Rz. 107; wohl auch *Ackermann*, ISR 2016, 258).

Ein »Verwerten« setzt dabei nicht zwangsläufig voraus, dass der beschränkt Steuerpflichtige seine Rechte persönlich im Inland verwertet. Die Erzielung inländische Einkünfte i. S. d. § 49 Abs. 1 Nr. 2, 6 und 9 EStG setzt vielmehr die Verwertung von Rechten oder ungeschütztem Wissen durch einen Dritten, wie z. B. eine Vermarktungsagentur, voraus (*Klein*, in: Herrmann/Heuer/Raupach, § 49 EStG, Rz. 955).

> **WICHTIG**
>
> Ein »Verwerten« setzt nicht zwangsläufig voraus, dass der beschränkt Steuerpflichtige seine Rechte persönlich im Inland verwertet. Die Erzielung inländischer Einkünfte i. S. d. § 49 Abs. 1 Nr. 2, 6 und 9 EStG setzt vielmehr die Verwertung von Rechten oder ungeschütztem Wissen durch einen Dritten voraus.

Eine Verwertung von Rechten kann grundsätzlich durch aktive Selbstnutzung, Fremdnutzung oder Übertragung erfolgen. Nach der hier vertretenen Auffassung (siehe auch *Hidien*, in Kirchhoff/Mellinghoff/Söhn, § 49 EStG, RdNr. I 129, 134, *Klein*, in: Herrmann/Heuer/Raupach, § 49 EStG, Rz. 955; *Lüdicke*, in: Lademann, § 49 EStG, Rz. 752) ist der Tatbestand der Verwertung in einer inländischen Betriebsstätte (im Kontext des § 49 Abs. 1 Nr. 2, 6 und 9 EStG) nicht erfüllt, wenn der Nutzungsberechtigte sein Ausübungsrecht lediglich an einen Dritten zur Ausübung einer Nutzung weiterleitet (d. h. **Sublizensierung** bzw. Untervermietung), ohne seinerseits durch eigenes Handeln das Recht aktiv und tatsächlich zu nutzen. Eine Verwertung im Inland liegt im Fall der Sublizensierung erst dann vor, wenn der Sublizenznehmer seinerseits (oder ein anderer Dritter) das Recht in einer inländischen Betriebsstätte durch Selbstnutzung verwertet.

Ungeklärt und in den einschlägigen Kommentierungen nicht diskutiert ist die Frage, wo genau im Fall der Sublizensierung die Grenze zwischen quellensteuerfreier Sublizensierung und quellensteuerrelevanter Nutzung eines Rechts zur Erzielung eines finanziellen Vorteils zu ziehen ist. In der Praxis erfolgen Sublizensierungen auch innerhalb eines Konzerns regelmäßig unter Berechnung eines Aufschlags (sog. **Mark up**), der einerseits Gemeinkosten abgedeckt aber auch eine Gewinnkomponente enthalten kann. Fraglich ist, ob trotz fehlender aktiver Selbstnutzung einer Lizenz im Falle der Berechnung eines (Gewinn-)Aufschlags zwingend von einer Verwertung des Rechts durch den (Sub-)Lizenzgeber auszugehen ist. Bei Gewinnaufschlägen von bis zu 5 % scheint nach Ansicht des FG Köln vom 24.10.1996 (2 K 3358/93, EFG 1998, 176) zumindest in bestimmten Durchleitungskonstellationen keine Verwertung vorzuliegen.

Verwerten im Inland setzt die Verwertung in einer inländischen Betriebsstätte voraus. Dies kann die inländische Betriebsstätte des Lizenzgebers, des Lizenznehmers oder einer anderen Person – unabhängig von deren Steuerpflicht – sein. Entsprechend kann eine Verwertung nicht angenommen werden, wenn es sich beim Vergütungsschuldner um eine Privatperson handelt (sog. **B2C Transaktionen**).

Beispiel

Eine im Inland wohnhafte natürliche Person lädt sich von einer im Ausland ansässigen Bildagentur in deren Online-Shop ein Bild gegen ein entsprechendes Entgelt herunter. Die natürliche Person nutzt das Bild für Privatzwecke.

Lösung

Die im Ausland ansässige Bildagentur erzielt (unabhängig von einer zeitlich befristeten Überlassung bzw. endgültigen Übertragung) mangels Verwertung keine inländischen Einkünfte i. S. d. § 49 Abs. 1 EStG. Ein Steuerabzug nach § 50a Abs.1 Nr. 3 EStG ist ausgeschlossen.

3.4 Software und Datenbanken

3.4.1 Überblick

Bei der grenzüberschreitenden (Nutzungs-)Überlassung von Software und Datenbanken bestand lange Jahre in der Praxis Unsicherheit darüber, in welchen Fällen der Nutzer nach § 50a Abs. 1 Nr. 3 EStG zu einem Abzug deutscher Quellensteuer verpflichtet war. Als Abgrenzungskriterium wurde regelmäßig die Art der überlassenen Software herangezogen. In diesem Zusammenhang wurde argumentiert, dass bei der Nutzung von Standardsoftware nicht die Überlassung eines Urheberrechts, sondern vielmehr die funktionale Anwendung der Software im Vordergrund stehe. Da die Überlassung insoweit einem Kauf der Software gleich komme, sei mangels inländischer Einkünfte aus der zeitlich befristeten (Nutzungs-)Überlassung von Rechten (insbes. i. S. d. § 49 Abs. 1 Nr. 2 Buchst. f bzw. Nr. 6 EStG) kein Steuerabzug vorzunehmen. Im Gegensatz dazu stehe bei der Nutzung von Individualsoftware die Überlassung eines (urheberrechtlich) geschützten Werks im Vordergrund. Die geleisteten Vergütungen seien insoweit als abzugsteuerpflichtige Einkünfte i. S. d. § 50a Abs. 1 Nr. 3 EStG (i. V. m. § 49 Abs. 1 Nr. 2 Buchst. f bzw. Nr. 6 EStG) anzusehen.

Die Differenzierung zwischen Standard- und Individualsoftware bereitete in der Praxis regelmäßig Schwierigkeiten und wurde zudem der fortschreitenden Digitalisierung der Wirtschaft und der damit einhergehenden neuen Formen der Softwareüberlassung (z. B. Cloud-Computing, Software as a Service) nicht gerecht. Auf diese Entwicklung hat das Bundesministerium der Finanzen reagiert und nimmt mit Schreiben vom 27.10.2017 (BMF vom 27.10.2017, BStBl I 2017, 1448) nunmehr erstmals umfassend zur beschränkten Steuerpflicht und zum Steuerabzug nach § 50a Abs. 1 Nr. 3 EStG bei der grenzüberschreitenden Überlassung von Software und Datenbanken Stellung.

Nach der zu begrüßenden Meinungsäußerung der Finanzverwaltung kommt es hinsichtlich einer möglichen Steuerabzugsverpflichtung zukünftig nicht mehr darauf an, ob die (überlassene) Software speziell auf die Bedürfnisse des jeweiligen Kunden zugeschnitten ist. Vielmehr ist zukünftig zwischen dem bestimmungsgemäßen Gebrauch der Software und der Überlassung umfassender Nutzungsrechte zur wirtschaftlichen Weiterverwertung zu differenzieren. Auf das Medium der Überlassung (z. B. Datenträger, Download, Nutzung auf fremden Server) soll es nicht ankommen.

> **WICHTIG**
>
> Bei der Beurteilung einer möglichen Steuerabzugsverpflichtung im Zuge der grenzüberschreitenden Überlassung von Software und Datenbanken ist zwischen dem bestimmungsgemäßen Gebrauch der Software und der Überlassung umfassender Nutzungsrechte zur wirtschaftlichen Weiterverwertung zu differenzieren. Auf die Anpassung der Software an die Bedürfnisse des Kunden sowie die Art der Überlassung (z. B. Datenträger, Download, Nutzung auf fremden Server) kommt es hingegen nicht an.

Zu berücksichtigen ist, dass die seitens der Finanzverwaltung dargestellten Grundsätze ausschließlich die Beurteilung von Software- und Datenbanküberlassungen durch im Ausland ansässige Anbieter an inländische Kunden bezogen auf die Regelungen zur beschränkten Steuerpflicht (§ 49 Abs.1 Nr. 2 Buchst. f Doppelbuchst. aa und Nr. 6 EStG) und zum Steuerabzug nach § 50a Abs. 1 Nr. 3 EStG betreffen. Die Ausführungen können daher z. B. nicht auf die Beurteilung der Überlassung von urheberrechtlich geschützten Sprachwerken, Lichtwerken oder Lichtbildern übertragen werden. Ebenso versäumt es die Finanzverwaltung, auf mögliche Auswirkungen hinsichtlich der gewerbesteuerrechtlichen Zurechnung von Lizenzaufwendungen (§ 8 Nr. 1 Buchst. f GewStG) einzugehen.

> **WICHTIG**
>
> Die seitens der Finanzverwaltung dargestellten Grundsätze (BMF vom 27.10.2017, BStBl I 2017, 1448) betreffen ausschließlich die grenzüberschreitende Überlassung von Software und Datenbanken. Die Ausführungen können daher z. B. nicht auf die Beurteilung der Überlassung von urheberrechtlich geschützten Sprachwerken, Lichtwerken oder Lichtbildern übertragen werden.

3.4.2 Begriffsabgrenzung

Mit dem Begriff **Software** bezeichnet man im Allgemeinen Programme und die zugehörigen Daten, die für den Betrieb und den Gebrauch von Datenverarbeitungsanlagen (wie etwa einem Computer) zur Verfügung stehen bzw. benötigt werden. Es wird zwischen System- und Anwendersoftware unterschieden. Während die Systemsoftware für den Betrieb einer Datenverarbeitungsanlage (d. h. der Hardware) notwendig ist, ermöglicht Anwendersoftware den eigentlichen Gebrauch einer Datenverarbeitungsanlage zur Lösung spezifischer Probleme des jeweiligen Nutzers. Bei Anwendersoftware wird ferner zwischen sog. Standard- und Individualsoftware unterschieden. Bei Standard-Software handelt es sich um serienmäßig hergestellte Programme, die von einem großen Benutzerkreis für die Ausführung bzw. Bewältigung gleichartiger Anwendungen und Probleme erworben werden können. Die Überlassung von Standard-Software kann ebenfalls Dienstleistungen im Zusammenhang mit dem Aufbau, der Ausbildung und der Wartung einschließen. Typische Beispiele von Standard-Software sind Programme für Textverarbeitung, Tabellenkalkulation oder Erstellung von Präsentationsgrafiken, wie sie etwa in den von Microsoft angebotenen Office-Paketen enthalten sind. Ferner gehören hierzu Programmpakete, die auf Wunsch so angepasst sind, dass sie Sicherheits- oder ähnliche Vorrichtungen enthalten. Standard-Software liegt auch dann vor, wenn die Software auf einen bestimmten Anwender-/ Benutzerkreis zugeschnitten ist. Im Gegensatz dazu wird Individual-Software speziell nach den Anforderungen eines einzelnen Anwenders erstellt bzw. eine bereits vorhandene Software wird den Bedürfnissen eines Anwenders individuell angepasst.

Bei **Datenbanken** handelt es sich um Sammelwerke z. B. von Finanzmarktdaten, Börsenkursen, wissenschaftlichen Daten, Analysen, deren Elemente systematisch oder methodisch angeordnet und einzeln mithilfe elektronischer Mittel oder auf andere Weise zugänglich sind.

3.4.3 Zeitlich befristete Überlassung urheberrechtlicher Nutzungsrechte

Ein Steuerabzug nach § 50a Abs. 1 Nr. 3 EStG (i. V. m. § 49 Abs. 1 Nr. 2 Buchst. f bzw. Nr. 6 EStG) erfolgt u. a. bei Einkünften, die aus Vergütungen für die zeitlich befristete Überlassung der Nutzung oder des Rechts auf Nutzung von Urheberrechten herrühren. Software (Computerprogramme) genießt urheberrechtlichen Schutz (§§ 2 Abs. 1, 69a UrhG). Gleiches gilt für Datenbanken. Auch sie unterliegen als verwandte Schutzrechte urheberrechtlichem Schutz (§ 87a UrhG). Urheber von Software ist grundsätzlich der Programmierer, da nur natürliche Personen Schöpfer eines Werkes sein können. Wird ein Computerprogramm von einem Arbeitnehmer in Wahrnehmung seiner Aufgaben oder nach Anweisungen seines Arbeitgebers geschaffen, ist der Arbeitgeber zur Ausübung der verwertungsrechtlichen Befugnisse berechtigt (§ 69b Abs. 1 UrhG).

Nach § 29 Abs. 1 UrhG sind Urheberpersönlichkeitsrechte sowie Verwertungsrechte nicht übertragbar. Sie stehen allein dem Urheber zu. Dieser kann jedoch einem anderen das Recht (Nutzungsrecht bzw. Lizenz) einräumen, das (urheberrechtlich) geschützte Werk zu nutzen (§ 31 Abs. 1 Satz 1 UrhG i. V. m. § 29 Abs. 2 UrhG). Hinsichtlich der konkreten Ausgestaltung der einzelnen Nutzungsrechte kommt bei Computerprogrammen i. d. R. die Vervielfältigung, Bearbeitung, Verbreitung oder Veröffentlichung des Programms bzw. die zeitlich begrenzte Nutzungsüberlassung in Frage.

Die Einräumung eines oder mehrerer dieser urheberrechtlichen Nutzungsrechte ist nach Auffassung der Finanzverwaltung **stets eine zeitlich begrenzte Rechteüberlassung**, da die endgültige Übertragung urheberrechtlicher Nutzungsrechte nach § 29 Abs. 1 UrhG ausgeschlossen ist (BMF vom 27.10.2017, BStBl I 2017, 1448, Rz. 11 i. V. m. BMF vom 25.11.2010, BStBl I 2010, 1350, Rz. 23).

> **PRAXISHINWEIS**
>
> Nach Auffassung der Finanzverwaltung sowie des FG Köln vom 28.09.2016 (3 K 2206/13, EFG 2017, 298 sowie FG Köln vom 25.08.2016, 13 K 2205/13, EFG 2017, 311) ist eine endgültige Übertragung urheberrechtlicher Verwertungsrechte nicht möglich. Zu dieser Frage sind zwei Verfahren beim BFH anhängig (I R 69/16 und I R 83/16).

Auch wenn nach Auffassung der Finanzverwaltung die endgültige Übertragung urheberrechtlicher Verwertungsrechte nicht möglich ist, kann unseres Erachtens (zumindest) hinsichtlich der sich aus dem Verwertungsrecht abgeleiteten Nutzungsrechte in den folgenden Fällen eine endgültige Übertragung angenommen werden:
- Übergang des wirtschaftlichen Eigentums auf den Lizenznehmer, indem diesem z.B. das ausschließliche (und nicht nur das einfache) Nutzungsrecht nach § 31 Abs. 3 UrhG eingeräumt wird (wie etwa eine exklusive Vertriebslizenz) und der Lizenzgeber hierdurch für die gewöhnliche Nutzungsdauer von der Nutzung (der Software) ausgeschlossen wird;
- Verbrauchende Rechteüberlassung, bei der nach Ablauf der Nutzungsüberlassung das Recht wirtschaftlich wertlos ist, weil z.B. die Software nicht mehr den Anforderungen des Marktes genügt (BFH vom 27.02.1976, III R 64/74, BStBl II 1976, 529).

3.4.4 Bestimmungsgemäßer Gebrauch versus wirtschaftliche Weiterverwertung

Bei der grenzüberschreitenden Überlassung von Software und Datenbanken erzielt der im Ausland ansässige Vergütungsgläubiger nur dann inländische Einkünfte i.S.d. § 49 Abs. 1 Nr. 2 Buchst. f bzw. Nr. 6 EStG, wenn dem Nutzer
- umfassende Nutzungsrechte an der Software bzw. Datenbank
- zur wirtschaftlichen Weiterverwertung eingeräumt werden.

Umfassende Nutzungsrechte sind gem. § 15 UrhG insbes. Vervielfältigungs-, Verbreitungs-, Veröffentlichungs- oder Bearbeitungsrechte (BMF vom 27.10.2017, BStBl I 2017, 1448, Rz. 3, 33). Die für die Annahme inländischer Einkünfte i.S.d. § 49 Abs. 1 Nr. 2 Buchst. f bzw. Nr. 6 EStG notwendige »Verwertung« der umfassenden Nutzungsrechte in einer (fremden) inländischen Betriebsstätte oder anderen Einrichtung meint ein zielgerichtetes Tätigwerden, um aus den überlassenen Rechten selbst einen wirtschaftlichen Nutzen zu ziehen (**wirtschaftliche Weiterverwertung**) (BMF vom 27.10.2017, BStBl I 2017, 1448, Rz. 6).

Beispiel

(BMF vom 27.10.2017, BStBl I 2017, 1448, Rz. 19)

Die Y-Software Group ist einer der Marktführer im Bereich der Herstellung und dem Vertrieb von Unternehmenssoftware. Verantwortlich für die Entwicklung ist die in den USA ansässige Y-Software Inc. Die Y-Software Inc. gestattet ihrer in Frankfurt ansässigen Tochtergesellschaft der Y-Software GmbH, die von der Y-Software Inc. entwickelten Softwareprodukte in Deutschland fortzuentwickeln und kommerziell zu vertreiben. Rechtliche Grundlage für den Vertrieb ist ein **Software Distribution Agreement**. Der Y-Software GmbH werden in Bezug auf die Softwareprodukte gegen Zahlung von Lizenzgebühren Vervielfältigungs-, Bearbeitungs- sowie Verbreitungsrechte eingeräumt. Die Y-Software Inc. selbst unterhält im Inland weder eine Betriebsstätte, noch ist ein ständiger Vertreter bestellt.

Lösung

Die von der Y-Software GmbH gezahlten Lizenzgebühren stellen inländische Einkünfte der Y-Software Inc. i. S. d. § 49 Abs. 1 Nr. 2 Buchst. f Doppelbuchst. aa EStG dar. Die Y-Software Inc. hat der Y-Software GmbH **umfassende Nutzungsrechte** (Vervielfältigungs-, Bearbeitungs- und Verbreitungsrechte) eingeräumt. Die Y-Software GmbH als Nutzungsberechtigte wird dadurch nicht nur zum bestimmungsgemäßen Gebrauch der Software berechtigt, sondern auch zur Verwertung durch Fortentwicklung der Software und Verbreitung in bearbeiteter Form. Bearbeitungen, die über den bestimmungsgemäßen Gebrauch hinausgehen, sind nach Urheberrecht zustimmungsbedürftig (§ 69d Abs. 1 i. V. m. § 69c Nr. 2 UrhG). Die Y-Software GmbH hat für die Lizenzzahlung einen Steuerabzug nach § 50a Abs. 1 Nr. 3 EStG vorzunehmen.

Der im Ausland ansässige Vergütungsgläubiger soll hingegen **keine** inländischen Einkünfte i. S. d. § 49 Abs. 1 Nr. 2 Buchst. f bzw. Nr. 6 EStG erzielen, wenn die Überlassung der Funktionalität einer Software im Vordergrund des Vertrages steht (**bestimmungsgemäßer Gebrauch**) (BMF vom 27.10.2017, BStBl I 2017, 1448, Rz. 4). Zum bestimmungsgemäßen Gebrauch gehören u. a. die Software-Installation, das Herunterladen in den Arbeitsspeicher und die Anwendung der Software zum bestimmungsgemäßen Gebrauch einer Software bzw. Datenbank (insbes. Zugriffs-, Lese- und Druckfunktion).

Begründet wird dies seitens der Finanzverwaltung damit, dass die Überlassung zum bestimmungsgemäßen Gebrauch von Software für sich genommen keine Überlassung von umfassenden Nutzungsrechten zur Verwertung i. S. d. § 49 Abs. 1 Nr. 2 Buchst. f bzw. Nr. 6 EStG darstellt. Vertraglich vereinbarte Nutzungsrechte sind in diesem Zusammenhang **nicht** umfassend bzw. **nicht** auf eine wirtschaftliche Weiterverwertung gerichtet, wenn nach dem Urheberrecht (insbes. §§ 69c ff. sowie §§ 87b ff. UrhG) eine Zustimmung des Rechtsinhabers zur spezifischen Nutzung **nicht** erforderlich ist (BMF vom 27.10.2017, BStBl I 2017, 1448, Rz. 4, 5). Der bestimmungsgemäße Gebrauch von Software erfordert urheberrechtlich keine Zustimmung des Urhebers, da der Vertragspartner mit der Nutzung nicht in die Verwertungsrechte des Urhebers eingreift (§§ 69c, 69d UrhG). Für den Gebrauch eines Computerprogramms gilt insoweit nichts anderes als für das Lesen eines Buches oder das Hören eines Musikstücks (*Thiele*, DStR 2018, 274; *Ackermann*, ISR 2016, 258).

Beispiel

(BMF vom 27.10.2017, BStBl I 2017, 1448, Rz. 13)
Die X-Software Inc. ist eine ausländische Kapitalgesellschaft mit Sitz und Geschäftsleitung in den USA, die im Inland weder eine Betriebsstätte unterhält noch einen ständigen Vertreter bestellt hat. Die Bau GmbH ist ein Unternehmen mit Sitz und Geschäftsleitung in Deutschland. Die Bau GmbH bezieht von der X-Software Inc. entgeltlich standardisierte Textverarbeitungssoftware für den eigenen Geschäftsbetrieb. Nach der zugrunde liegenden Softwarenutzungsvereinbarung ist die Bau GmbH berechtigt, **5.000 Kopien** des Programms für Mitarbeiter zu erzeugen und zu nutzen (Betriebslizenz).

Lösung

Die Zahlung der Bau GmbH für die Software stellt für die X-Software Inc. keine inländischen Einkünfte i. S. d. § 49 Abs. 1 Nr. 2 Buchst. f Doppelbuchst. aa EStG aus der Überlassung von Rechten dar. Die vertraglich eingeräumten Nutzungsrechte sind nicht umfassend. Sie ermöglichen nur den bestimmungs- und funktionsgemäßen Gebrauch der Software durch die Bau GmbH bzw. ihre Mitarbeiter. Bloße Vervielfältigungshandlungen sind grundsätzlich urheberrechtlich nicht von der Zustimmung des Rechtsinhabers (hier: X-Software Inc.) abhängig, soweit sie für den bestimmungsgemäßen Gebrauch einer Software erforderlich sind (§ 69d Abs. 1 i. V. m. § 69c Nr. 1 UrhG).

Einkünfte aus einer Überlassung von Rechten i. S. d. § 49 Abs. 1 Nr. 2 Buchst. f bzw. Nr. 6 EStG liegen auch dann nicht vor, wenn sich die grenzüberschreitend überlassenen Nutzungsrechte auf die Weiterüberlassung und den bestimmungsgemäßen **Gebrauch einer Software innerhalb eines Konzerns** i. S. d. § 18 AktG beschränken. Das gilt unabhängig davon, ob die Weiterüberlassung der Nutzungsrechte im Konzern kostendeckend erfolgt oder ob eine Gegenleistung gezahlt wird, die über die entstandenen Kosten hinausgeht (BMF vom 27.10.2017, BStBl I 2017, 1448, Rz. 16).

Eine abzugsteuerrelevante Rechteüberlassung liegt nach Auffassung der Finanzverwaltung ebenfalls nicht vor, wenn sich die Rechteüberlassung auf die Verbreitung bestimmter Kopien einer Software beschränkt, ohne dass dem **Zwischenhändler** weitergehende Rechte an der Software selbst eingeräumt werden (BMF vom 27.10.2017, BStBl I 2017, 1448, Rz. 20).

Beispiel

(BMF vom 27.10.2017, BStBl I 2017, 1448, Rz. 21).
Die in Kanada ansässige Z-Ltd. entwickelt downloadbasierte Software. Der Vertrieb wird von der in Deutschland ansässigen Z-Vertriebs GmbH übernommen. Die Z-Ltd. stellt der Z-Vertriebs GmbH dazu Kopien der Software gegen eine einmalige Lizenzzahlung pro Kopie bereit. Der Z-Vertriebs GmbH wird in Bezug auf diese Softwarekopien das Vertriebsrecht eingeräumt. Der Z-Vertriebs GmbH ist es nicht gestattet, Vervielfältigungen von der Software anzufertigen, sie zu bearbeiten oder umzugestalten. Die Z-Ltd. unterhält im Inland weder eine Betriebsstätte, noch ist ein ständiger Vertreter bestellt.

Lösung

Die Lizenzzahlung der Z-Vertriebs-GmbH stellt für die Z-Ltd. keine inländischen Einkünfte i. S. d. § 49 Abs. 1 Nr. 2 Buchst. f Doppelbuchst. aa EStG dar. Der Z-Vertriebs GmbH wurden keine umfassenden Rechte zur wirtschaftlichen Weiterverwertung überlassen. Der ausschließliche Vertrieb der Softwarekopien durch einen Zwischenhändler begründet für sich genommen keine Verwertung von Rechten im Inland. Zudem hat sich das Verbreitungsrecht der Z-Ltd. im Hinblick auf die konkreten Softwarekopien nach Maßgabe des Urheberrechts erschöpft – einen Weitervertrieb dieser Kopien kann die Z-Ltd. urheberrechtlich nicht beschränken (s. § 69c Nr. 3 Satz 2 UrhG).

Für die Beurteilung unerheblich ist, ob die Überlassung z. B. auf Datenträgern oder internetbasiert (insbes. Download, Software as a Service, Application Service Providing) erfolgt und ob es sich um Software handelt, welche an die Bedürfnisse des Kunden angepasst wurde (BMF vom 27.10.2017, BStBl I 2017, 1448, Rz. 3, 12).

4 Besonderheiten im Steuerabzugsverfahren

4.1 Verfahren und Beteiligte

Die Einkommen- bzw. Körperschaftsteuer wird im Rahmen der beschränkten Steuerpflicht bei den in § 50a Abs. 1 EStG genannten Einkünften im Wege des Steuerabzugs erhoben. Ein Steuerabzug erfolgt gem. § 50a Abs. 1 Nr. 3 EStG bei Einkünften, die aus Vergütungen für die Überlassung der Nutzung oder des Rechts auf Nutzung von Rechten, insbes. von Urheberrechten und gewerblichen Schutzrechten, von gewerblichen, technischen, wissenschaftlichen und ähnlichen Erfahrungen, Kenntnissen und Fertigkeiten, z. B. Plänen, Mustern und Verfahren, herrühren.

Die Abzugsteuer entsteht in dem Zeitpunkt, in dem die Vergütung i. S. d. § 50a Abs. 1 EStG dem Gläubiger **zufließt** (§ 50a Abs. 5 Satz 1 EStG) und dieser Verfügungsmacht über die Vergütung erlangt. Zu diesem Zeitpunkt hat der zivilrechtliche Schuldner der Vergütung nach § 50a Abs. 5 Satz 2 EStG den Steuerabzug für Rechnung des beschränkt Steuerpflichtigen Vergütungsgläubigers (= **Steuerschuldner**) vorzunehmen.

Ist der Schuldner der Vergütungen zum Steuerabzug verpflichtet, ist es sinnvoll, den ausländischen Vergütungsgläubiger vorab über den erforderlichen Steuerabzug und dessen Umfang in Kenntnis zu setzen.

Der Steuerabzug nach § 50a Abs. 1 EStG hat grundsätzlich **abgeltende Wirkung** (§ 50 Abs. 2 Satz 1 EStG).

Der Steuerabzug nach § 50a Abs. 1 Nr. 3 EStG ist gegenüber dem Steuerabzug nach § 50a Abs. 1 Nr. 2 EStG vorrangig. Daher ist bspw. ein Steuerabzug nach § 50a Abs. 1 Nr. 3 EStG vorzunehmen, wenn die Überlassung im Rahmen einer Betätigung i. S. d. § 49 Abs. 1 Nr. 2 Buchst a oder Nr. 3 EStG erfolgt. Ein Steuerabzug nach § 50a Abs. 1 Nr. 2 EStG ist in diesen Fällen ausgeschlossen (BMF vom 25.11.2010, BStBl I 2010, 1350, Rz. 21).

4.2 Höhe des Steuerabzugs

4.2.1 Bemessungsgrundlage

Dem Steuerabzug unterliegt grundsätzlich der **volle Betrag der Einnahmen** (§ 8 Abs. 1 EStG), die dem Vergütungsgläubiger aus und im Zusammenhang mit seiner Leistung zufließen. Hierunter fallen Geld- und Sachleistungen sowie vom Vergütungsschuldner übernommene Aufwendungen bzw. zugewendete geldwerte Vorteile.

Ein **Abzug von Betriebsausgaben oder Werbungskosten** ist grundsätzlich nicht möglich. Ungeachtet dessen sieht § 50a Abs. 3 Satz 2 und 3 EStG in den Fällen des Steuerabzugs nach § 50a Abs. 1 **Nr. 1, 2 und 4** EStG eine Nettobesteuerung vor, wenn es sich bei dem beschränkt steuerpflichtigen Vergütungsgläubiger um einen

- Staatsangehörigen eines Mitgliedsstaates der EU oder des EWR handelt **und**
- dieser in einem der genannten Staaten seinen Wohnsitz oder gewöhnlichen Aufenthalt hat.

Gleiches gilt für beschränkt steuerpflichtige Körperschaften, Personenvereinigungen und Vermögensmassen, die

- nach dem Recht eines Mitgliedsstaates der EU oder des EWR gegründet wurden **und**
- ihren Sitz oder Ort der Geschäftsleitung in einem der genannten Staaten haben (§ 50a Abs. 3 Satz 3 EStG i. V. m. § 32 Abs. 4 KStG).

Voraussetzung für einen Abzug von Betriebsausgaben oder Werbungskosten in den genannten Fällen ist, dass diese

- in einem unmittelbaren wirtschaftlichen Zusammenhang mit den Einnahmen stehen,
- dem Vergütungsschuldner in nachprüfbarer Form nachgewiesen oder vom Schuldner der Vergütung übernommen werden und
- im Zeitpunkt des Steuerabzugs bereits tatsächlich geleistet sind (BMF vom 25.11.2010, BStBl I 2010, 1350, Rz. 48).

Ein **unmittelbarer wirtschaftlicher Zusammenhang** ist nur dann gegeben, wenn die Kosten nach ihrer Entstehung oder Zweckbindung mit den betreffenden steuerpflichtigen Einnahmen in einem unlösbaren Zusammenhang stehen (BMF vom 25.11.2010, BStBl I 2010, 1350, Rz. 47). Ein bloßer Veranlassungszusammenhang (wie z. B. bei Abschreibungsaufwand) ist für die geforderte Unmittelbarkeit nicht ausreichend. Dagegen ist es unerheblich, ob die Kosten im In- oder Ausland angefallen sind. Werden die Kosten nach dem Zeitpunkt des Steuerabzugs geleistet, ist eine nachträgliche Berücksichtigung i. R. d. Korrektur der Steueranmeldung möglich (§ 73e EStDV).

Mangels Verweis auf **§ 50a Abs. 1 Nr. 3 EStG** ist ein Abzug von Betriebsausgaben oder Werbungskosten im Zusammenhang mit der zeitlich befristeten Überlassung von Rechten bzw. ungeschütztem Wissen auf Basis des derzeitigen Gesetzeswortlauts nicht möglich. Gleichwohl lässt die Finanzverwaltung aufgrund der BFH Urteile vom 27.07.2011 sowie 25.04.2012 einen Abzug von Betriebsausgaben bzw. Werbungskosten zu, soweit sie in einem unmittelbaren wirtschaftlichen Zusammenhang mit den inländischen Einnahmen stehen (sog. **Nettoabzug**) (BMF vom 17.06.2014, BStBl I 2014, 887, Rz. 1; BFH vom 27.07.2011, I R 32/10, BStBl II 2014, 513; BFH vom 25.04.2012, I R 76/10, BFH/NV 2012, 1444). Ein unmittelbarer Zusammenhang bei der Überlassung von Rechten besteht nur, wenn die Betriebsausgaben oder Werbungskosten den Gläubiger der Vergütung erst in die Lage versetzen, die konkrete Überlassungsleistung zu erbringen und diese **exklusiv** für den Schuldner der Vergütung erfolgt. An einer Exklusivität soll es nach Auffassung der Finanzverwaltung fehlen, wenn die Aufwendungen den Vergütungsgläubiger nicht nur zu einer ausschließlichen Rechteverwertung gegenüber dem Vergütungsschuldner berechtigen, sondern auch eine Rechteverwertung gegenüber weiteren Personen ermöglichen. Auf die tatsächliche mehrmalige Rechteverwertung soll es nicht ankommen (BMF vom 17.06.2014, BStBl I 2014, 887, Rz. 2).

Im Gegensatz dazu führt der BFH in seinen Urteilen vom 27.07.2011 sowie 25.04.2012 aus, dass ein Abzug von Betriebsausgaben oder Werbungskosten möglich ist, sofern es sich bei den Betriebsausgaben bzw. Werbungskosten **nicht** um **Gemeinkosten** handelt, eine mehrmalige (Sub-) Lizenzierung demnach nicht stattgefunden hat. Auf die theoretische Möglichkeit einer weiteren Lizenzvergabe stellt der BFH – entgegen der Auffassung der Finanzverwaltung – nicht ab (BFH vom 27.07.2011, I R 32/10 BStBl II 2014, 513; BFH vom 25.04.2012, I R 76/10, BFH/NV 2012, 1444).

Vergütungen an **Fotomodelle** ohne Wohnsitz oder gewöhnlichen Aufenthalt im Inland unterliegen nach § 50a Abs. 1 Nr. 3 EStG i. V. m. § 49 Abs. 1 Nr. 2 Buchst. f EStG dem Steuerabzug, soweit sie für die Überlassung der Persönlichkeitsrechte der Modelle (**Buy-out**) zur Verwertung in einer inländischen Betriebsstätte gezahlt werden. Erhält ein Fotomodell für seine Teilnahme an einer Werbekampagne ein Tageshonorar (Gesamthonorar) wird damit in aller Regel sowohl die aktive Teilnahme an der Werbekampagne (Fotoshooting) als auch die Überlassung der Persönlichkeitsrechte abgegolten. Für Zwecke des Steuerabzugs nach § 50a Abs. 1 Nr. 3 EStG ist deshalb die Vergütung regelmäßig aufzuteilen in einen dem Steuerabzug unterliegenden Anteil für die Überlassung der Persönlichkeitsrechte und einen nicht dem Steuerabzug unterliegenden Anteil für die aktive Tätigkeit des Modells. Aus Vereinfachungsgründen kann bei **Tageshonoraren bis 10.000 EUR** angenommen werden, dass der Anteil der Rechteüberlassung am Tageshonorar
- für Honorare bzw. Honorarteile bis einschließlich 5.000 EUR 20 % und
- für Honorarteile über 5.000 EUR 45 % beträgt,

wenn nicht im Einzelfall eine andere Aufteilung aufgrund der konkreten Umstände angemessen ist. Beträgt das Tageshonorar mehr als 10.000 EUR, ist in jedem Einzelfall eine Aufteilung unter Berücksichtigung der konkreten Umstände vorzunehmen (BMF vom 09.01.2009, BStBl I 2009, 362; OFD Karlsruhe vom 29.04.2014, DStR 2014, 1554).

Bei der Überlassung von **ungeschütztem Wissen** sollte die Freigrenze des § 22 Nr. 3 EStG i. H. v. 256 € nicht im Rahmen des Steuerabzugs, aber im Erstattungsverfahren zu berücksichtigen sein.

4.2.2 Steuersatz

In Fällen des § 50a Abs. 1 Nr. 3 EStG beträgt der Steuerabzug **15 % der Einnahmen** (§ 50a Abs. 2 Satz 1 EStG). Der Solidaritätszuschlag wird i. H. v. 5,5 % der Abzugsteuer erhoben, so dass sich ein effektiver Steuersatz i. H. v. 15,825 % ergibt.

Übernimmt der Schuldner der Vergütung die auf die Einnahmen entfallende Abzugsteuer nach § 50a EStG (sog. **Nettovereinbarung**), so führt dies beim Vergütungsgläubiger zu zusätzlichen Einnahmen, die damit ebenfalls dem Steuerabzug unterliegen. Zur Ermittlung der Abzugsteuer ist sodann ein Berechnungssatz von insgesamt 18,80 % auf den ausgezahlten Betrag zuzüglich ggf. übernommener Kosten anzuwenden.

> **WICHTIG**
>
> Im Rahmen der Berechnung der Abzugsteuer i. S. d. § 50a Abs. 1 EStG ist zwischen sog. **Brutto- und Nettovereinbarungen** zu unterscheiden. Haben die Vertragsparteien explizit vereinbart, dass der Vergütungsschuldner zusätzlich zur geschuldeten Vergütung die Abzugsteuer wirtschaftlich trägt, entrichtet der Vergütungsschuldner neben der zu leistenden Vergütung die Abzugsteuer unter Anwendung der höheren Nettosteuersätze an das BZSt.

4.3 Anmeldung und Abführung der Steuer

4.3.1 Steueranmeldung nach § 50a EStG

Der Schuldner der Vergütung hat die innerhalb eines Kalendervierteljahres einbehaltene Steuer i. S. d. § 50a Abs. 1 EStG nach § 50a Abs. 5 Satz 3 EStG, § 73e Satz 2 EStDV jeweils bis zum zehnten des dem Kalendervierteljahr folgenden Monats (d. h. 10.04., 10.07., 10.10. und 10.01.) an das BZSt abzuführen und eine entsprechende Steueranmeldung einzureichen. Das entsprechende Formular der Steueranmeldung ist auf der Homepage des BZSt (www.bzst.de) unter »*Steuern International / Abzugsteuern gem. §§ 50, 50a EStG / Formulare, Merkblätter und Vorschriften*« zu finden.

Die Anmeldung ist nach amtlich vorgeschriebenem Vordruck auf **elektronischem Weg zu übermitteln** (§ 73e Satz 4 EStDV). Hierfür steht das BZSt-Online-Portal (www.elsteronline.de/bportal) oder das ElsterOnline-Portal (www.elsteronline.de) zur Verfügung. Auf (formlosen) Antrag kann das BZSt im Einzelfall zur Vermeidung unbilliger Härten auf eine elektronische Übermittlung verzichten. In diesem Fall ist die Steueranmeldung vom Vergütungsschuldner oder seinem Vertretungsberechtigten zu unterzeichnen.

Für die Übermittlung bzw. Abgabe der Steueranmeldung ist eine vom BZSt auf Antrag erteilte **Steuernummer** erforderlich. Der Antrag auf Zuteilung einer Steuernummer für die Abgabe von Steueranmeldungen ist auf der Homepage des BZSt unter der Rubrik »*Steuern International – Abzugsteuern gem. §§ 50, 50a EStG – Steuernummer*« zu finden.

In der Steueranmeldung sind folgende Angaben zu machen (§ 73e Satz 2 EStDV):
- Name und Anschrift des Vergütungsgläubigers;
- Zuflusstag;
- Art und Höhe der vereinbarten Vergütungen i. S. d. § 50a Abs. 1 EStG, ausgezahlter Betrag und dem Steuerabzug unterliegender Anteil der Vergütung in Prozent;
- Übernommene Kosten;
- Höhe und Art der ggf. von den Vergütungen i. S. d. § 50a Abs. 1 EStG abgezogenen Betriebsausgaben bzw. Werbungskosten;
- Bestehen einer Brutto- oder Nettovereinbarung;
- Entlastung aufgrund DBA;
- Höhe des Steuerabzugs und Solidaritätszuschlags.

Die zum Abzug gebrachten Betriebsausgaben bzw. Werbungskosten sind in einer gesonderten Anlage zur Anmeldung darzustellen. Des Weiteren sind der Anmeldung entsprechend Nachweise der EU/EWR-Ansässigkeit (z. B. Kopie des Reisepasses oder Handelsregisterauszugs, Ansässigkeitsbescheinigung der ausländischen Finanzverwaltung) beizufügen.

Eine Steueranmeldung ist auch dann einzureichen, wenn ein Steuerabzug aufgrund einer Freistellungsbescheinigung des BZSt i. S. d. § 50d Abs. 2 EStG, der Geringfügigkeitsgrenze des § 50a Abs. 2 Satz 3 EStG oder der Abstandnahme nach § 50a Abs. 4 EStG nicht vorzunehmen ist (§ 73e Satz 3 EStDV). Die anzumeldende Steuer ist dann entweder Null oder auf den niedrigeren Steuersatz gem. Doppelbesteuerungsabkommen (DBA) begrenzt. Solidaritätszuschlag wird bei einer völligen oder teilweisen DBA-Freistellung nicht erhoben (§ 5 SolZG). In die Anmeldung sind dann zusätzliche Angaben zum Entlastungsgrund aufzunehmen.

4.3.2 Steuerbescheinigung

Der Schuldner der Vergütung ist nach § 50a Abs. 5 Satz 6 EStG verpflichtet, dem Gläubiger auf Verlangen die folgenden Angaben nach amtlich vorgeschriebenem Muster zu bescheinigen:
- Name und Anschrift des Vergütungsgläubigers;
- Art der Tätigkeit und Höhe der Vergütung in Euro;
- Zahlungstag der Vergütung;
- Betrag der einbehaltenen und abgeführten Steuer.

Das Muster der Steuerbescheinigung ist auf der Homepage des BZSt unter der Rubrik »Steuern International / Abzugsteuer gem. §§ 50, 50a EStG / Formulare, Merkblätter und Vorschriften« zu finden.

Der Schuldner der Vergütung kann die Steuerbescheinigung demnach direkt nach Ausstellung an den Gläubiger der Vergütung versenden, damit dieser einen Nachweis für Zwecke der Erstattung beim BZSt oder der Anrechnung in seinem Ansässigkeitsstaat erhält. Wenn und soweit beim BZSt, bei einem Finanzamt oder bei einer ausländischen Finanzbehörde eine Überprüfung der angemeldeten und abgeführten Beträge erforderlich wird, etwa im Rahmen eines Erstattungsverfahrens des Gläubigers oder im Rahmen einer Anrechnung im Ausland, wird der hierfür notwendige Datenabgleich unmittelbar zwischen den jeweiligen Behörden vorgenommen.

4.3.3 Besondere Aufzeichnungspflichten

Der Schuldner der Vergütungen hat gem. § 73d EStDV besondere Aufzeichnungen zu führen, aus denen die folgenden Informationen ersichtlich sein müssen:
- Name und Anschrift des Vergütungsgläubigers (Steuerschuldner);
- Art der Tätigkeit und Höhe der Vergütung in Euro;
- Höhe und Art der von der Vergütung abgezogenen Betriebsausgaben oder Werbungskosten;
- Tag, an dem die Vergütung dem Vergütungsgläubiger zugeflossen ist;
- Höhe und Zeitpunkt der Abführung der einbehaltenen Steuer.

In den Fällen des § 50a Abs. 3 EStG sind gem. § 73d EStDV des Weiteren die von der Bemessungsgrundlage des Steuerabzugs abgezogenen Betriebsausgaben oder Werbungskosten und die Staatsangehörigkeit des beschränkt steuerpflichtigen Vergütungsgläubigers in einer für das BZSt nachprüfbaren Form zu dokumentieren (Rechnungskopien, Überweisungen, Kopie des Reisepasses oder Handelsregisterauszugs, Ansässigkeitsbescheinigung der ausländischen Finanzverwaltung).

> **PRAXISHINWEIS**
>
> Mitteilung der Steuerabzugsverpflichtung
> Bei bestehender Steuerabzugsverpflichtung kann es sinnvoll sein, den Vergütungsgläubiger hierüber zu informieren. Im Zusammenhang mit grenzüberschreitenden Lizenzzahlungen würde sich bspw. folgende Formulierung anbieten:
>
> … We would like to inform you that cross border royalty payments of a German company are in general subject to tax withholding amounting to 15 % plus 5.5 % solidarity surcharge (effective rate = 15,825 %) according to domestic tax law (here: Section 50a (1) No. 3 German Income Tax Act [›Einkommensteuergesetz‹]). However, German tax withholding can be reduced by the provisions of the double tax treaty or the provisions of the EC Interest and Royalty Directive.
>
> Withholding tax relief can be achieved either by way of an exemption certificate (i. e. tax withholding obligation is waived) or by refund (i. e. application for refund after withholding tax have been paid due to lacking exemption certificate in the moment of royalty payment).
>
> For more information please see the English web page of German Federal Central Tax Office [Bundeszentralamt für Steuern].

Since a valid exemption certificate is currently not in place we are obliged to withhold 15 % German withholding tax plus 5.5 % solidarity surcharge. However, we would be glad to assist you in the application for refund of withheld taxes respectively in the application for an exemption certificate…

4.3.4 Besonderheiten bei Zahlungen an einen Beauftragten

Nach § 50a Abs. 6 EStG kann die Bundesregierung durch Rechtsverordnung mit Zustimmung des Bundesrates bestimmen, dass bei Vergütungen für die Überlassung von Urheberrechten i. S. d. § 50a Abs. 1 Nr. 3 EStG, die nicht unmittelbar an den Vergütungsgläubiger, sondern an einen **Beauftragten** geleistet werden, dass der Beauftragte die Steuern einzubehalten und abzuführen hat und auch für die Einbehaltung und Abführung haftet. Ein solcher Beauftragter ist u. a. die Gesellschaft für musikalische Aufführungsrechte (**GEMA**) (§ 73f Satz 1 EStDV).

Weitere Einwilligungen liegen vor für:
- Gesellschaft zur Verwertung von Leistungsschutzrechten mbH (GVL);
- Verwertungsgesellschaft Bild-Kunst rechtsfähiger Verein;
- Verwertungsgesellschaft Wort.

Für den Beauftragten gelten § 50a Abs. 5 EStG sowie §§ 73d und 73e EStDV entsprechend (§ 73f Satz 2 EStDV).

Die **Bemessungsgrundlage** für die Abzugsteuer ergibt sich bei Zahlungen an einen Beauftragten (Verwertungsgesellschaft) auf Basis des Verteilungsplans, auf dessen Grundlage die Verwertungsgesellschaft Zahlungen an den beschränkt Steuerpflichtigen zu leisten hat (BFH vom 24.06.1964, I 166/61 U, BStBl III 1964, 544).

5 Entlastung vom Steuerabzug nach § 50a Abs. 1 Nr. 3 EStG

5.1 Überblick

Zur Aufteilung von Besteuerungsrechten bei grenzüberschreitenden Sachverhalten hat die Bundesrepublik Deutschland bilaterale Abkommen zur Vermeidung der Doppelbesteuerung, sog. Doppelbesteuerungsabkommen (**DBA**) mit ca. 100 Nationen abgeschlossen.[6] Bei Lizenzzahlungen an beschränkt steuerpflichtige Vergütungsgläubiger ergibt sich eine Begrenzung des deutschen Besteuerungsrechts aus **Art. 12** des OECD-Musterabkommens zur Vermeidung der Doppelbesteuerung auf dem Gebiet der Steuern vom Einkommen und vom Vermögen (**OECD-MA**). Nach Art. 12 Abs. 1 OECD-MA können Lizenzgebühren, soweit sie aus einem Vertragsstaat stammen und deren Nutzungsberechtigter eine im anderen Vertragsstaat ansässige Person ist, nur im anderen Staat (d. h. im Ansässigkeitsstaat des Vergütungsgläubigers / Nutzungsberechtigten) besteuert werden. Abweichend hiervon sehen insbes. jüngere DBA der Bundesrepublik Deutschland für grenzüberschreitende Lizenzzahlungen ein (eingeschränktes) Besteuerungsrecht des Quellenstaates i. H. v. regelmäßig 5 % vor. Die Inanspruchnahme von Abkommensvergünstigungen setzt voraus, dass die in dem jeweiligen DBA definierte persönliche und sachliche Abkommensberechtigung des beschränkt Steuerpflichtigen gegeben ist und nachgewiesen werden kann.

Bei in der Europäischen Union (**EU**) ansässigen verbundenen Unternehmen ergibt sich eine vollständige Suspendierung des deutschen Besteuerungsrechts bei Lizenzgebühren durch die **Zins- und Lizenzgebührenrichtlinie** (R 2003/49/EG des Rates vom 03.06.2003, ABl. 2003 Nr. L 157, 49), deren Umsetzung in nationales Recht mit der Ergänzung des § 50g EStG durch das EG-Amtshilfe-Anpassungsgesetz vom 02.12.2004 (BGBl I 2004, 3112) erfolgte.

---

6 Eine aktuelle Übersicht der derzeit gültigen DBA ist dem BMF vom 17.01.2018 (BStBl I 2018, 239) zu entnehmen.

5.2 Abkommensrechtliche Beschränkungen des deutschen Besteuerungsrechts

5.2.1 Allgemeines

Art. 12 OECD-MA: Lizenzgebühren
(1) Lizenzgebühren, die aus einem Vertragsstaat stammen und deren Nutzungsberechtigter eine im anderen Vertragsstaat ansässige Person ist, **können nur** im anderen Staat besteuert werden.
(2) Der in diesem Artikel verwendete Ausdruck »**Lizenzgebühren**« bedeutet Vergütungen jeder Art, die für die Benutzung oder für das Recht auf Benutzung von Urheberrechten an literarischen, künstlerischen oder wissenschaftlichen Werken, einschließlich kinematographischer Filme, von Patenten, Marken, Mustern oder Modellen, Plänen, geheimen Formeln oder Verfahren oder für die Mitteilung gewerblicher, kaufmännischer oder wissenschaftlicher Erfahrungen gezahlt werden.
(3) Absatz 1 ist nicht anzuwenden, wenn der in einem Vertragsstaat ansässige Nutzungsberechtigte im anderen Vertragsstaat, aus dem die Lizenzgebühren stammen, eine Geschäftstätigkeit durch eine dort gelegene **Betriebstätte** ausübt und die Rechte oder Vermögenswerte, für die die Lizenzgebühren gezahlt werden, tatsächlich zu dieser Betriebstätte gehören. In diesem Fall ist Artikel 7 anzuwenden.
(…)

Gem. Art. 12 Abs. 1 OECD-MA **können** Lizenzgebühren, die aus einem Vertragsstaat stammen und deren Nutzungsberechtigter eine im anderen Vertragsstaat ansässige Person ist, **nur** im anderen Staat besteuert werden. Der Begriff »**Lizenzgebühren**« umfasst nach Art. 12 Abs. 2 OECD-MA Vergütungen jeder Art, die für die Benutzung oder für das Recht auf Benutzung von Urheberrechten an literarischen, künstlerischen oder wissenschaftlichen Werken, einschließlich kinematographischer Filme, von Patenten, Marken (Warenzeichen), Mustern oder Modellen, Plänen, geheimen Formeln oder Verfahren oder für die Mitteilung gewerblicher, kaufmännischer oder wissenschaftlicher Erfahrungen gezahlt werden.

Voraussetzung für die abkommensrechtliche Entlastung von deutscher Abzugsteuer i. S. d. § 50a Abs. 1 Nr. 3 EStG ist zunächst, dass es sich bei dem Vergütungsgläubiger um eine Person handelt, die i. S. d. jeweiligen DBA im anderen Vertragsstaat ansässig ist (**persönlicher Anwendungsbereich, Art. 1 OECD-MA**). Der Ausdruck »Person« umfasst insbes. natürliche Personen sowie Gesellschaften, d. h. juristische Personen oder Rechtsträger, die für die Besteuerung wie juristische Personen behandelt werden (Art. 3 Abs. 1 Buchst. a und b OECD-MA). In einem Vertragsstaat »ansässig« ist eine Person, wenn sie nach dem Recht dieses Staates dort auf Grund ihres Wohnsitzes, ihres ständigen Aufenthalts, des Ortes ihrer Geschäftsleitung oder eines anderen ähnlichen Merkmals steuerpflichtig ist (Art. 4 Abs. 1 OECD-MA).

Weitere Voraussetzung für die Entlastung von deutscher Abzugsteuer auf abkommensrechtlicher Basis ist, dass der sog. **sachliche Anwendungsbereich** des jeweiligen DBA eröffnet ist. Nach Art. 2 Abs. 1 OECD-MA soll das jeweilige DBA – ohne Rücksicht auf die Art der Erhebung – für Steuern vom Einkommen, die für Rechnung eines Vertragsstaats erhoben werden, Anwendung finden. Aus Sicht der Bundesrepublik Deutschland sind dies die Einkommensteuer, die Körperschaftsteuer sowie die Gewerbesteuer. Der sachliche Anwendungsbereich des jeweiligen DBA dürfte demnach regelmäßig eröffnet sein.

Beispiel

Die steuerlich in den Niederlanden ansässige Patent B.V. (»**Besloten Vennootschap met beperkte aansprakelijkheid**«), eine Kapitalgesellschaft niederländischen Rechts, überlässt einer deutschen GmbH (= fremder Dritter aus Sicht der Patent B.V.) – zeitlich befristet – selbst entwickelte gewerbliche Schutzrechte (z. B. Patente), die seitens der deutschen GmbH zur Erzielung von Einkünften im Inland verwertet werden.

Lösung

Ertragsteuerrechtliche Würdigung
Die Patent B.V. ist gem. § 2 Nr. 1 KStG i. V. m. § 49 EStG in Deutschland beschränkt steuerpflichtig. Aufgrund der Verwertung der überlassenen Schutzrechte im Inland handelt es sich bei der zu zahlenden Vergütung um inländische Einkünfte i. S. d. § 49 Abs. 1 Nr. 2 Buchst. f Doppelbuchst. aa EStG. Die Körperschaftsteuer wird gem. § 50a Abs. 1 Nr. 3 EStG (i. V. m. § 49 Abs. 1 Nr. 2 Buchst. f Doppelbuchst. aa EStG) im Wege des Steuerabzugs erhoben. Der Steuersatz beträgt grundsätzlich 15 % der Einnahmen (§ 50a Abs. 2 Satz 1 EStG) zuzüglich 5,5 % Solidaritätszuschlag darauf.

Abkommensrechtliche Würdigung
Der persönliche Anwendungsbereich des DBA zwischen der Bundesrepublik Deutschland und dem Königreich der Niederlande (DBA Niederlande) ist eröffnet, da es sich sowohl bei der Patent B.V. als auch bei der deutschen GmbH um in einem der Vertragsstaaten (hier: Deutschland und Niederlande) ansässige Personen i. S. d. Art. 4 Abs. 1 DBA Niederlande handelt (Art. 1 DBA Niederlande).
Weiterhin ist der sachliche Anwendungsbereich eröffnet: bei der deutschen Körperschaftsteuer handelt es sich um eine Steuer, für die gem. Art. 2 Abs. 3 Buchst. a Doppelbuchst. bb DBA Niederlande das Abkommen gilt.
Nach Art. 12 Abs. 1 DBA Niederlande können Lizenzgebühren, die aus einem Vertragsstaat stammen (hier: Deutschland) und an eine in dem anderen Vertragsstaat (hier: Niederlande) ansässige Person gezahlt werden, nur in dem anderen Staat (hier: Niederlande) besteuert werden. Art. 12 DBA Niederlande räumt damit Niederlande das ausschließliche Besteuerungsrecht ein. Die Patent B.V. hat somit einen vollständigen Entlastungsanspruch von deutscher Abzugsteuer gem. Art. 12 Abs. 1 DBA Niederlande.

Abweichend zu Art. 12 Abs. 1 OECD-MA sehen insbes. jüngere DBA der Bundesrepublik für grenzüberschreitende Lizenzzahlungen ein (eingeschränktes) Besteuerungsrecht des Quellenstaates i. H. v. regelmäßig 5 % vor. Eine Übersicht über das residuale deutsche Besteuerungsrecht für grenzüberschreitende Lizenzgebühren ist in der »Reststeuersatzliste« auf der Homepage des BZSt unter der Rubrik »*Steuern International – Abzugsteuerentlastung – Freistellung / Erstattung – Merkblätter*« zu finden.

5.2.2 Ansässigkeit des Nutzungsberechtigten

Art. 12 Abs. 1 OECD-MA macht die (vollständige) Entlastung von deutscher Abzugsteuer i. S. d. § 50a Abs. 1 Nr. 3 EStG zusätzlich davon abhängig, dass der im anderen Vertragsstaat ansässige Empfänger der Lizenzgebühren gleichzeitig auch deren **Nutzungsberechtigter** (Beneficial Owner) ist. Durch die Anknüpfung an die Ansässigkeit des Nutzungsberechtigten soll verhindert werden, dass durch die missbräuchliche Zwischenschaltung von Mittelspersonen (z. B. Vertreter, Treuhänder oder Bevollmächtigter) als tatsächliche Zahlungsempfänger eine Entlastung vom deutschen Steuerabzug erreicht wird (*Bozza-Bodden*, in Schönfeld/Ditz, Doppelbesteuerungsabkommen, Art. 12, Rz. 47).

Der Begriff des »Nutzungsberechtigten« ist im Abkommensrecht nicht definiert und somit nach nationalem Recht auszulegen (Art. 3 Abs. 2 OECD-MA). Nach nationalem Recht ist Nutzungsberechtigter (der Lizenzgebühren) die Person, die den Tatbestand der betreffenden Einkunftsart i. S. d. **§ 2 Abs. 1 EStG** verwirklicht und der infolgedessen die Lizenzeinnahmen zuzurechnen sind (§ 50g Abs. 3 Satz 2 EStG). Den Tatbestand verwirklicht, wer die rechtliche oder tatsächliche Macht hat, die den Lizenzeinnahmen zugrundeliegenden Vermögenswerte anderen entgeltlich auf Zeit zur Nutzung zu überlassen. Der Nutzungsberechtigte muss Träger der Rechte und Pflichten aus dem Vertrag sein (FG Köln vom 08.06.2000, 2 K 9337/97, EFG 2000, 1331 mit Verweis auf BFH vom 27.01.1993, IX R 269/87, BStBl II 1994, 615 und vom 17.12.1996, II R 30/94, BStBl II 1997, 406). Er muss Unternehmerinitiative entfalten, in der Leistungskette eine eigene wirtschaftliche Funktion entfalten und dabei wirtschaftliches Risiko tragen (*Musil*, in Herrmann/Heuer/Raupach, § 2 EStG, Rz. 132).

Die Zurechnung von Lizenzeinnahmen für (nationale) ertragsteuerrechtliche Zwecke orientiert sich demnach nicht an der zivilrechtlichen Verfügungsmacht über die Lizenzgebühren im Zeitpunkt ihrer Zahlung. Abzustellen ist vielmehr auf die Person, der die Lizenzgebühren wirtschaftlich zustehen / wer das den Lizenzgebühren zugrundeliegende Recht zur Nutzung überlässt (*Wassermeyer/Kaeser*, in: Wassermeyer, Art. 12 OECD-MA, Rn. 33).

> **WICHTIG**
>
> Nutzungsberechtigter im abkommensrechtlichen Sinne sollte regelmäßig die Person sein, der auch die Einkünfte i. S. d. § 2 Abs. 1 EStG nach nationalem Verständnis zuzurechnen sind.

Der Quellenstaat ist nicht verpflichtet, Besteuerungsrechte nur deshalb aufzugeben, weil die Lizenzgebühren unmittelbar an eine Person geleistet werden, die im anderen Staat ansässig ist. Der Ausdruck »Nutzungsberechtigter« soll demnach nicht rein technisch verstanden werden, sondern ist im Zusammenhang mit dem Sinn und Zwecks des DBA – d. h. der Vermeidung der Doppelbesteuerung sowie der Verhinderung von Steuervermeidung bzw. Steuerumgehung – auszulegen. Insbesondere würde es nicht dem Sinn und Zweck von DBA entsprechen, wenn der Quellenstaat eine Entlastung vom Steuerabzug nur auf Grund der Stellung des unmittelbaren Empfängers der Lizenzgebühren als eine in dem anderen Vertragsstaat ansässige Person gewährt, dieser Person (nach nationalem Steuerrecht) die Einkünfte jedoch nicht zugerechnet werden.

Sind dem (zivilrechtlichen) Zahlungsempfänger der Lizenzgebühren die Einkünfte i. S. d. § 2 Abs. 1 EStG zuzurechnen, sollte er regelmäßig auch als Nutzungsberechtigter im abkommensrechtlichen Sinne anzusehen sein, so dass der Nutzungsberechtigung – zumindest theoretisch – kaum praktische Bedeutung zukommen dürfte (*Wassermeyer/Kaeser*, in: Wassermeyer, Art. 12 OECD-MA, Rn. 33). Ungeachtet dessen ist in der Praxis zu erkennen, dass seitens des BZSt im Freistellungs- bzw. Erstattungsverfahren vermehrt die Nutzungsberechtigung des ausländischen Vergütungsgläubigers – insbes. in Fällen der Sublizensierung – hinterfragt wird. Kritisch gesehen werden vor allem Fälle, in denen
- der Lizenzgeber wirtschaftlich gesehen lediglich eine »**cash collector**« Funktion hat und die Lizenzgebühren an den originären Rechteinhaber weiterleitet;
- der originäre Rechteinhaber dem Lizenzgeber lediglich das Recht zur Sub-Lizensierung an einen bestimmten Lizenznehmer einräumt (**back-to-back Strukturen**);
- der Lizenzgeber aus der Sub-Lizensierung **keine Marge** erzielt, auch wenn die Rechteüberlassung in ein profitables Leistungspaket eingebettet ist.

In derartigen Fällen ist vor dem Hintergrund einer möglichen Entlastung vom deutschen Steuerabzug im Detail zu untersuchen, ob dem Vergütungsgläubiger die Einkünfte i. S. d. § 2 Abs. 1 EStG zuzurechnen sind.

5.2.3 Betriebsstättenvorbehalt

Gem. Art. 12 Abs. 3 OECD-MA wird abweichend von Art. 12 Abs. 1 OECD-MA nicht dem Ansässigkeitsstaat des Vergütungsgläubigers das Besteuerungsrecht zugewiesen, wenn der in einem Vertragsstaat ansässige Nutzungsberechtigte im anderen Vertragsstaat, aus dem die Lizenzgebühren stammen, eine Geschäftstätigkeit durch eine dort gelegene Betriebsstätte ausübt und die Rechte oder Vermögenswerte, für die die Lizenzgebühren gezahlt werden, tatsächlich zu dieser Betriebsstätte gehören. In diesem Fall ist Art. 7 anzuwenden.

Beispiel

Steuerabzug bei Zahlungen an Zweigniederlassungen:
Die steuerlich in den Niederlanden ansässige Patent B.V. (»**Besloten Vennootschap met beperkte aansprakelijkheid**«), einer der deutschen GmbH vergleichbaren Kapitalgesellschaft niederländischen Rechts, überlässt einer deutschen GmbH – zeitlich befristet – gewerbliche Schutzrechte (z. B. Patente). Die deutsche GmbH verwertet die Patente zur Erzielung von Einkünften im Inland. Der entsprechende Vertrag wird über eine deutsche Zweigniederlassung (ZN) der Patent B.V. abgeschlossen.
Die Patente sind durch Mitarbeiter der ZN eigenständig entwickelt worden und sind demnach auch der ZN zuzurechnen. Die ZN verfügt über Geschäftsräume in Deutschland und ist für die Verwaltung, Erhaltung, den Schutz und die Vermarktung der gewerblichen Schutzrechte der Patent B.V. zuständig.

Lösung

Die Patent B.V. ist gem. § 2 Nr. 1 KStG i. V. m. § 49 EStG in Deutschland beschränkt steuerpflichtig: mit der Zweigniederlassung unterhält die Patent B.V. eine im Inland belegene Betriebsstätte i. S. d. § 12 AO und erzielt vorliegend inländische Einkünfte i. S. d. § 49 Abs. 1 Nr. 2 Buchst. a EStG. Da die Vergütungen für die Überlassung gewerblicher Schutzrechte geleistet werden, findet gem. § 50a Abs. 1 Nr. 3 EStG (i. V. m. § 49 Abs. 1 Nr. 2 Buchst. a EStG) das Steuerabzugsverfahren Anwendung. Sofern es sich bei der Zweigniederlassung ebenfalls um eine Betriebsstätte i. S. d. Art. 5 DBA Niederlande handelt, stünde das Besteuerungsrecht gem. Art. 7 Abs. 1 DBA Niederlande der Bundesrepublik Deutschland zu.

5.2.4 Besonderheiten bei transparenten bzw. hybriden ausländischen Gesellschaften

Entlastung vom deutschen Steuerabzug auf Basis abkommensrechtlicher Vorschriften kann grundsätzlich nur Personen gewährt werden, die in einem der betroffenen Staaten ansässig i. S. d. Art. 4 Abs. 1 OECD-MA sind.

Personengesellschaften sind nach deutschem Steuerrecht weder einkommen- noch körperschaftsteuerpflichtig. Die von Ihnen erzielten Einkünfte sind vielmehr den jeweiligen Gesellschaftern (anteilig) zuzurechnen (**Transparenzprinzip**). Für abkommensrechtliche Zwecke bedeutet dies, dass eine ausländische Personengesellschaft zwar eine Person i. S. d. jeweiligen DBA sein kann (Art. 3 Abs. 1 Buchst. a OECD-MA), jedoch mangels eigener Einkommen- bzw. Körperschaftsteuerpflicht regelmäßig im anderen Vertragsstaat nicht ansässig wird und damit auch nicht entlastungsberechtigt sein kann (Art. 4 Abs. 1 OECD-MA) (BMF vom 26.09.2014, BStBl I 2014, 1258, Rz. 2.1.1). Entlastungsberechtigt sind vielmehr die Gesellschafter der Personengesellschaften, wenn sie im anderen Vertragsstaat ansässig sind (BMF vom 26.09.2014, BStBl I 2014, 1258, Rz. 2.1.2).

Ob eine ausländische Gesellschaft als Personengesellschaft oder als Körperschaft zu behandeln ist, bestimmt sich für Zwecke der deutschen Besteuerung ausschließlich nach deutschem Steuerrecht. Hierbei gelten die allgemeinen Grundsätze des Rechtstypenvergleichs.

Beispiel

Die steuerlich in den Niederlanden ansässige Patent C.V. (»**Commanditaire Vennootschap**«), die nach dem Rechtstypenvergleich einer deutschen Kommanditgesellschaft (KG) entsprechen soll, überlässt einer deutschen GmbH – zeitlich befristet – gewerbliche Schutzrechte (z. B. Patente), die seitens der deutschen GmbH zur Erzielung von Einkünften im Inland verwertet werden. An der Patent C.V. ist die in Belgien ansässige natürliche Person A beteiligt.

Lösung

Die Patent C.V. ist zwar eine Person i. S. d. DBA zwischen der Bundesrepublik Deutschland und dem Königreich der Niederlande (**DBA Niederlande**), jedoch mangels Einkommen- bzw. Körperschaftsteuerpflicht aus deutscher Warte nicht in den Niederlanden ansässig i. S. d. Art. 4 Abs. 1 DBA Niederlande. Hinsichtlich einer möglichen Entlastungsberechtigung ist auf die in Belgien ansässige natürliche Person A abzustellen.

Die Ausführungen gelten grundsätzlich auch für sog. hybride Gesellschaften. Hierbei handelt es sich um Rechtsgebilde, die aus Sicht des einen Staates für steuerliche Zwecke als transparent und im anderen Staat als intransparent behandelt werden. Besonderheiten ergeben sich, wenn die Einkünfte nach dem Recht des betreffenden Vertragsstaates der Personengesellschaft als Einkünfte einer ansässigen Person zugerechnet werden. Entlastung vom Steuerabzug ist in derartigen Fällen nur der Personengesellschaft und nicht deren Gesellschaftern zu gewähren (§ 50d Abs. 1 Satz 11 EStG).

Da die meisten von der Bundesrepublik Deutschland abgeschlossenen DBA die Entlastung von deutscher Abzugsteuer nicht von der Behandlung des ausländischen Vergütungsgläubigers als natürliche bzw. juristische Person oder Personengesellschaft abhängig machen, ergeben sich in der Praxis regelmäßig kaum materielle Konsequenzen. Lediglich im Hinblick auf das jeweils anzuwendende DBA gilt es die oben dargestellten Grundsätze zu berücksichtigen (zu den möglichen materiellen Auswirkungen beim Steuerabzug vom Kapitalertrag s. Kap. VII.4.2.4).

5.3 Zins- und Lizenzgebührenrichtlinie (§ 50 g EStG)

Bei in der Europäischen Union (**EU**) ansässigen verbundenen Unternehmen ergibt sich eine vollständige Suspendierung des deutschen Besteuerungsrechts bei Lizenzgebühren durch die **Zins- und Lizenzgebührenrichtlinie** (Richtlinie 2003/49/EG des Rates vom 03.06.2003, ABl. 2003 Nr. L 157, 49), deren Umsetzung in nationales Recht mit der Ergänzung des § 50g EStG durch das EG-Amtshilfe-Anpassungsgesetz vom 02.12.2004 (BGBl I 2004, 3112) erfolgte.

Nach **§ 50g Abs. 1 Satz 1 EStG** wird auf Antrag u. a. die Steuer aufgrund des § 50a EStG für Lizenzgebühren, die von einem Unternehmen der Bundesrepublik Deutschland als Schuldner an ein Unternehmen eines anderen Mitgliedstaates der EU als Gläubiger gezahlt werden, nicht erhoben. Voraussetzung für die Anwendung der Zins- und Lizenzgebührenrichtlinie ist gem. § 50g Abs. 1 Satz 3 EStG, dass es sich bei dem Schuldner und dem Gläubiger der Lizenzgebühren um sog. verbundene Unternehmen handeln muss. Ein **verbundenes Unternehmen** ist nach § 50g Abs. 3 Nr. 5 Buchst. b EStG jedes Unternehmen, das dadurch mit einem zweiten Unternehmen verbunden ist, dass

- das erste Unternehmen unmittelbar mindestens zu 25 % an dem Kapital des zweiten Unternehmens beteiligt ist, oder
- das zweite Unternehmen unmittelbar mindestens zu 25 % an dem Kapital des ersten Unternehmens beteiligt ist oder
- ein drittes Unternehmen unmittelbar mindestens zu 25 % an dem Kapital des ersten Unternehmens und dem Kapital des zweiten Unternehmens beteiligt ist.

Neben Lizenzzahlungen zwischen Mutter- und Tochtergesellschaften sind von § 50g EStG somit auch Lizenzzahlungen zwischen sog. **Schwestergesellschaften** begünstigt.

Weiterhin muss es sich sowohl bei dem Vergütungsschuldner als auch bei dem Gläubiger der Vergütungen um eine Gesellschaft handeln,

- die eine der in **Anlage 3 (Nr. 1) des EStG** genannte Form aufweist,
- nach dem Steuerrecht eines Mitgliedstaats in diesem Staat ansässig ist und nicht nach einem zwischen dem betreffenden Staat und einem Staat außerhalb der EU geschlossenen DBA als außerhalb der EU ansässig gilt und
- einer der in **Anlage 3 (Nr. 2) des EStG** aufgeführten Steuern unterliegt und nicht von ihr befreit ist (§ 50g Abs. 3 Nr. 5 Buchst. a EStG).

Die Begünstigungen der Zins- und Lizenzgebührenrichtlinie setzt abschließend voraus, dass der Gläubiger der Lizenzgebühren auch der Nutzungsberechtigte ist. **Nutzungsberechtigter** ist ein Unternehmen, wenn es die Einkünfte i. S. d. § 2 Abs. 1 EStG erzielt (§ 50g Abs. 3 Nr. 1 Satz 2 Buchst. a EStG).

5.4 Verfahrensrechtliche Besonderheiten

5.4.1 Überblick

Grundsätzlich hat der Steuerabzug nach § 50a Abs. 1 EStG ungeachtet der Begünstigungen auf Basis eines DBA bzw. des § 50g EStG in voller Höhe zu erfolgen (§ 50d Abs. 1 Satz 1 EStG), d.h. dass eine unmittelbare Anwendung der Steuerbefreiung des jeweils einschlägigen DBA nicht möglich ist. Die Steuerbefreiung ist vielmehr antragsabhängig ausgestaltet. Liegt eine Begrenzung des deutschen Besteuerungsrechts vor, stehen dem Steuerpflichtigen die folgenden Verfahren für die (teilweise) Entlastung vom deutschen Steuerabzug zur Verfügung:
- Freistellungsverfahren (§ 50d Abs. 2 EStG);
- Erstattungsverfahren (§ 50d Abs. 1 EStG);
- Kontrollmeldeverfahren bei Lizenzgebühren i.S.d. § 50a Abs. 1 Nr. 3 EStG (§ 50d Abs. 5 EStG).

> **WICHTIG**
>
> Der Steuerabzug hat, ungeachtet eventuell anzuwendender abkommensrechtlicher Begünstigungen, in voller Höhe für Rechnung des Vergütungsgläubigers zu erfolgen, sofern im Zeitpunkt der Zahlung keine vom BZSt für die relevante Vergütung erteilte und für diesen Zeitpunkt gültige Freistellungsbescheinigung vorliegt oder das Kontrollmeldeverfahren Anwendung findet.

Voraussetzung für die Entlastung vom deutschen Steuerabzug im Freistellungs- bzw. Erstattungsverfahren ist die sog. **Entlastungsberechtigung der ausländischen Gesellschaft** (§ 50d Abs. 3 EStG). Neben der Entlastungsberechtigung nach den Bestimmungen eines DBA bzw. des § 50g EStG muss hierbei nachgewiesen werden, dass die Begünstigungen nicht missbräuchlich in Anspruch genommen werden. Da es sich bei § 50d Abs. 3 EStG um eine nationale Regelung handelt, die eine mögliche Entlastung auf Basis eines DBA bzw. der Zins- und Lizenzgebührenrichtlinie einschränkt, spricht man in diesem Zusammenhang auch von einem sog. »**Treaty- bzw. Directive-Override**«.

Sofern ein anzuwendendes DBA eigene Regelungen zur Entlastungsberechtigung beinhaltet (z.B. Art. 28 »*Schranken für Abkommensvergünstigungen*« des DBA zwischen der Bundesrepublik Deutschland und den Vereinigten Staaten von Amerika), gehen diese den nationalen Missbrauchsregelungen vor. § 50d Abs. 3 EStG findet insoweit keine Anwendung.

Zuständig für die Entlastung von deutscher Abzugsteuer i.S.d. § 50a Abs. 1 EStG aufgrund eines DBA oder der Zins- und Lizenzgebührenrichtlinie und für die Überprüfung der Missbrauchsvorschrift des § 50d Abs. 3 EStG ist das BZSt.

5.4.2 Das Freistellungsverfahren (§ 50d Abs. 2 EStG)

Nach § 50d Abs. 2 EStG kann der Schuldner der Vergütungen den Steuerabzug nach § 50a Abs. 1 EStG nach Maßgabe von § 50g EStG oder den Bestimmungen eines DBA unterlassen oder nach einem niedrigeren Steuersatz vornehmen, wenn das BZSt dem Vergütungsgläubiger bescheinigt, dass die Voraussetzungen für die Unterlassung eines Steuerabzugs vorliegen (sog. **Freistellung im Steuerabzugsverfahren**). Im Rahmen des Freistellungsverfahrens überprüft das BZSt ebenfalls, ob eine Entlastungsberechtigung nach § 50d Abs. 3 EStG gegeben ist.

Sofern nach den Bestimmungen eines DBA ein niedrigerer Steuersatz (bspw. 5 %) angewendet wird, ist der **Solidaritätszuschlag** nicht zusätzlich zu erheben (§ 5 SolZG).

Der Freistellungsantrag ist nach amtlich vorgeschriebenem Vordruck in Papierform bei dem zuständigen BZSt einzureichen. Für **jeden Vergütungsschuldner** ist ein gesonderter Antrag des Vergütungsgläubigers erforderlich.

Um eine Entlastung vom deutschen Steuerabzug für Lizenzzahlungen an einen nicht verbundenen Vergütungsgläubiger auf Basis eines DBA zu erreichen, sind die auf der Homepage des BZSt unter der Rubrik »*Steuern International – Abzugsteuerentlastung – Freistellung / Erstattung – Formulare*« in der Kategorie »*Lizenzen*« zu findenden Antragsformulare relevant.

Soll eine Entlastung auf Basis der Zins- und Lizenzgebührenrichtlinie beantragt werden, wären die in deutscher und englischer Sprache in der Rubrik »*verbundene Unternehmen*« zur Verfügung stehenden Formulare zu verwenden.

Neben den allgemeinen Angaben zum Gläubiger und Schuldner der Vergütung sind im Antragsformular genaue Angaben über den **Gegenstand des Vertrages** erforderlich. Zu nennen sind hier insbes. Details zu den überlassenen gewerblichen Schutzrechten (eischließlich Erfahrungen und Kenntnissen) bzw. Urheberrechten.

Eine Kopie des Lizenzvertrages ist beizufügen. Sofern der Vergütungsgläubiger nicht originärer Inhaber des vertragsgegenständlichen Rechts ist, ist zudem als Nachweis der erforderlichen Nutzungsberechtigung eine Kopie des Vertrages über den Erwerb des Rechts durch den Vergütungsgläubiger oder das Recht zur Nutzungsüberlassung beizufügen (sog. **Oberlizenzvertrag**).

Antragsteller im Rahmen des Freistellungsverfahrens ist grundsätzlich der Vergütungsgläubiger. Der Antrag kann auch von einem **Dritten** (insbes. vom Vergütungsschuldner) gestellt werden. Voraussetzung hierfür ist, dass der Vergütungsgläubiger schriftlich eine entsprechende Vollmacht ausstellt und diese dem BZSt im Original vorgelegt wird.

Ist der zivilrechtliche Empfänger der Lizenzgebühren nicht der Nutzungsberechtigte (etwa weil es sich lediglich um einen Vertreter oder eine Durchleitungsgesellschaft handelt), sollte der Antrag vom Nutzungsberechtigten und nicht vom dem Empfänger der Lizenzgebühren zu stellen sein. In der Praxis ist dies bei Lizenzgebühren regelmäßig unbeachtlich, da nach deutschem nationalen Steuerrecht auch dem Nutzungsberechtigten die Einkünfte i. S. d. § 2 Abs 1 EStG zuzurechnen sind.

5.4.3 Das Erstattungsverfahren (§ 50d Abs. 1 EStG)

Liegt im Zeitpunkt der Zahlung der Vergütung keine Freistellungsbescheinigung vor, so ist die Abzugsteuer nach § 50a EStG ungeachtet einer möglichen Entlastungsberechtigung des Vergütungsgläubigers in voller Höhe einzubehalten und an das BZSt abzuführen (§ 50d Abs. 1 Satz 1 EStG). Die einbehaltene und abgeführte Steuer kann sodann in einem zweiten Schritt auf der Grundlage eines entsprechenden Antrags des Vergütungsgläubigers nach Maßgabe von § 50g EStG oder eines DBA nach § 50d Abs. 1 Satz 2 ff. EStG ganz oder teilweise erstattet werden (**Erstattungsverfahren**). Im Rahmen des Erstattungsverfahrens überprüft das BZSt, ob die Voraussetzungen zur Entlastung vom Steuerabzug auf Basis abkommensrechtlicher Bestimmungen oder des § 50g EStG vorliegen. Darüber hinaus erfolgt eine Prüfung der Entlastungsberechtigung nach § 50d Abs. 3 EStG.

Die Antragsformulare sind auf der Homepage des BZSt unter der Rubrik »*Steuern International – Abzugsteuerentlastung – Freistellung / Erstattung – Formulare*« zu finden und sind identisch mit den im Rahmen des Freistellungsverfahrens zu verwendenden Antragsformularen.

Auch im Erstattungsverfahren sind im Zusammenhang mit der Überlassung von Rechten genaue Angaben zum Gegenstand des Vertrags sowie ggf. Ausführungen zur Nutzungsberechtigung zu machen.

Die **Frist** zur Antragstellung beträgt gem. § 50d Abs. 1 Satz 9 EStG grundsätzlich vier Jahre nach Ablauf des Kalenderjahres, in dem die Vergütungen bezogen worden sind. Die Frist endet jedoch nicht vor Ablauf von sechs Monaten nach dem Zeitpunkt der Entrichtung der Steuer. Diese Regelung wird häufig in Anspruch genommen, wenn im Rahmen von Außenprüfungen Haftungsbescheide erlassen werden für die die reguläre Frist von vier Jahren bereits abgelaufen ist. Sieht ein anzuwendendes DBA eine kürzere Antragsfrist vor, so wird die abkommensrechtliche Regelung durch die nationale Vorschrift verdrängt.

Antragsteller ist im Erstattungsverfahren ebenfalls der Vergütungsgläubiger. Der Antrag kann auch von einem **Dritten** (insbes. vom Vergütungsschuldner) gestellt werden. Voraussetzung hierfür ist, dass der Vergütungsgläubiger schriftlich eine entsprechende Vollmacht ausstellt und diese dem BZSt im Original vorgelegt wird.

Zur Erstattung in besonderen Fällen siehe im Detail Kap. I.3.3.3.3.

5.4.4 Transparente und hybride Gesellschaften

Ist der Gläubiger der Vergütungen eine Person, der die Vergütungen nach dem Einkommen- bzw. Körperschaftsteuergesetz oder nach dem Steuerrecht des anderen Vertragsstaats nicht zugerechnet werden, steht der nach **§ 50d Abs. 1 Satz 11 EStG** der Anspruch auf völlige oder teilweise Erstattung des Steuerabzugs i. S. d. § 50a Abs. 1 EStG auf Grund eines DBA nur der Person zu, der die Vergütungen nach den Steuergesetzen des anderen Vertragsstaats als Einkünfte oder Gewinne einer ansässigen Person zugerechnet werden. Dies gilt es bei Antragstellung entsprechend zu berücksichtigen. Der Vorschrift kommt eine reinverfahrensrechtliche Wirkung zu (ebenso *Kempf/Losse/Oskamp*, IStR 2017, 735).

6 Entlastungsberechtigung ausländischer Gesellschaften

6.1 Überblick

> **§ 50d EStG Besonderheiten im Fall von Doppelbesteuerungsabkommen und der §§ 43b und 50g EStG**
> (…)
> (3) [1]Eine ausländische Gesellschaft hat keinen Anspruch auf völlige oder teilweise Entlastung nach Absatz 1 oder Absatz 2, soweit Personen an ihr beteiligt sind, denen die Erstattung oder Freistellung nicht zustände, wenn sie die Einkünfte unmittelbar erzielten, und die von der ausländischen Gesellschaft im betreffenden Wirtschaftsjahr erzielten Bruttoerträge nicht aus eigener Wirtschaftstätigkeit stammen, sowie
> 1. in Bezug auf diese Erträge für die Einschaltung der ausländischen Gesellschaft wirtschaftliche oder sonst beachtliche Gründe fehlen oder
> 2. die ausländische Gesellschaft nicht mit einem für ihren Geschäftszweck angemessen eingerichteten Geschäftsbetrieb am allgemeinen wirtschaftlichen Verkehr teilnimmt.
>
> [2]Maßgebend sind ausschließlich die Verhältnisse der ausländischen Gesellschaft; organisatorische, wirtschaftliche oder sonst beachtliche Merkmale der Unternehmen, die der ausländischen Gesellschaft nahe stehen (§ 1 Absatz 2 des Außensteuergesetzes) bleiben außer Betracht. [3]An einer eigenen Wirtschaftstätigkeit fehlt es, soweit die ausländische Gesellschaft ihre Bruttoerträge aus der Verwaltung von Wirtschaftsgütern erzielt oder ihre wesentlichen Geschäftstätigkeiten auf Dritte überträgt. [4]Die Feststellungslast für das Vorliegen wirtschaftlicher oder sonst beachtlicher Gründe im Sinne von Satz 1 Nummer 1 sowie des Geschäftsbetriebs im Sinne von Satz 1 Nummer 2 obliegt der ausländischen Gesellschaft. [5]Die Sätze 1 bis 3 sind nicht anzuwenden, wenn mit der Hauptgattung der Aktien der ausländischen Gesellschaft ein wesentlicher und regelmäßiger Handel an einer anerkannten Börse stattfindet oder für die ausländische Gesellschaft die Vorschriften des Investmentsteuergesetzes gelten.
> (…)

Voraussetzung für die Entlastung von deutscher Abzugsteuer nach Maßgabe der Bestimmungen eines DBA (insbesondere Art. 12 Abs. 1 OECD-MA) oder nach § 50g EStG im

Freistellungs- bzw. Erstattungsverfahren ist die sog. **Entlastungsberechtigung der ausländischen Gesellschaft**.

Nach § 50d Abs. 3 Satz 1 EStG hat eine ausländische Gesellschaft – positiv formuliert – Anspruch auf Befreiung, Ermäßigung oder Erstattung (**Entlastung**) vom deutschen Steuerabzug, soweit
- den Gesellschaftern der ausländischen Gesellschaft die Steuerentlastung selbst zustände, wenn sie die Einkünfte unmittelbar erzielten (sog. **persönliche Entlastungsberechtigung**) **oder**
- die ausländische Gesellschaft die Funktionsvoraussetzungen i. S. d. § 50d Abs. 3 Satz 1 EStG erfüllt (sog. **sachliche Entlastungsberechtigung**).

Eine ausländische Gesellschaft ist sachlich entlastungberechtigt, **soweit**
- sie im betreffenden Wirtschaftsjahr **Bruttoerträge aus eigener Wirtschaftstätigkeit** erzielt **oder**
- in Bezug auf die nicht aus eigener Wirtschaftstätigkeit erzielten Bruttoerträge **wirtschaftliche oder sonst beachtliche Gründe** für die Einschaltung der ausländischen Gesellschaft vorhanden sind (§ 50d Abs. 3 Satz 1 Nr. 1 EStG).

Sind in Bezug auf die nicht aus eigener Wirtschaftstätigkeit erzielten Bruttoerträge für die Einschaltung der ausländischen Gesellschaft wirtschaftliche oder sonst beachtliche Gründe vorhanden, muss darüber hinaus nachgewiesen werden, dass die ausländische Gesellschaft mit einem für ihren Geschäftszweck **angemessen eingerichteten Geschäftsbetrieb** am **allgemeinen wirtschaftlichen Verkehr** teilnimmt (§ 50d Abs. 3 Satz 1 Nr. 2 EStG).

Durch die Vorschrift soll verhindert werden, dass im Ausland ansässige (natürliche oder juristische) Personen durch die »künstliche« **Zwischenschaltung »substanz- bzw. funktionsloser« Gesellschaften** eine Entlastung von deutscher Kapitalertragsteuer erreichen, die ihnen auf Basis abkommensrechtlicher Vorschriften oder auf Basis der Mutter-Tochter-Richtlinie nicht zustünde, wenn sie die Vergütungen direkt beziehen würden (sog. »Treaty Shopping« bzw. »Directive Shopping«).

> **WICHTIG**
>
> Der Zweck des § 50d Abs. 3 EStG besteht darin, die »künstliche« und damit missbräuchliche Entlastung vom deutschen Steuerabzug auf Basis abkommensrechtlicher Vorschriften (»Treaty Shopping«) oder der Zins- und Lizenzgebührenrichtlinie (»Directive Shopping«) zu verhindern.

Vom Anwendungsbereich des § 50d Abs. 3 Satz 1 EStG sind ausländische Gesellschaften ausgenommen, für deren Hauptgattung der Aktien ein wesentlicher und regelmäßiger Handel an einer anerkannten Börse stattfindet (**Börsenklausel**) oder für die ausländische Gesellschaft die Vorschriften des Investmentsteuergesetzes gelten (§ 50d Abs. 3 Satz 5 EStG).

6.2 Persönliche Entlastungsberechtigung

Eine ausländische Gesellschaft, die nach Maßgabe der Bestimmungen eines DBA (Art. 12 Abs. 1 OECD-MA) oder nach § 50 g EStG Anspruch auf Befreiung, Ermäßigung oder Erstattung vom deutschen Steuerabzug hat, ist gem. § 50d Abs. 3 Satz 1 EStG persönlich entlastungsberechtigt, soweit den an der ausländischen Gesellschaft beteiligten **natürlichen Personen** die Steuerentlastung selbst zustünde, wenn sie die Einkünfte unmittelbar erzielten (**Prüfung der mittelbaren Entlastungsberechtigung des Gesellschafters**) (BMF vom 24.01.2012, BStBl I 2012, 171, Rz. 4.1). Die Entlastungsberechtigung ist entsprechend dem Gesetzeswortlaut (»soweit«) für jeden Gesellschafter gesondert zu prüfen.

Handelt es sich bei dem Gesellschafter der ausländischen Gesellschaft nicht um eine natürliche Person, sondern um eine Gesellschaft, ist zu prüfen, ob diese nach Maßgabe der Bestimmungen eines DBA oder nach § 50 g EStG grundsätzlich hypothetisch (persönlich) entlastungsberechtigt wäre. Soweit die mittelbar beteiligte Gesellschaft diese Voraussetzung erfüllt, jedoch nicht auch sachlich entlastungsberechtigt ist, ist wiederum darauf abzustellen, ob deren Gesellschafter hypothetisch (persönlich) entlastungsberechtigt wäre (**fiktiver Entlastungsanspruch**) (BMF vom 24.01.2011, BStBl I 2012, 171, Rz. 4.2).

Im Hinblick auf die Prüfung der mittelbaren persönlichen Entlastungsberechtigung muss jede Gesellschaft in einer Beteiligungskette fiktiv (persönlich) entlastungsberechtigt sein (BMF vom 24.01.2012, BStBl I 2012, 171, Rz. 4.2). Eine Entlastung vom Steuerabzug ist somit zu gewähren, soweit jede (unmittelbar oder mittelbare) beteiligte Gesellschaft in der Beteiligungskette jeweils fiktiv (persönlich) entlastungsberechtigt ist und letztendlich die Gesellschafter der Obergesellschaft persönlich entlastungsberechtig sind. Alternativ ist eine Entlastung vom Steuerabzug zu gewähren, soweit die ausländische Gesellschaft selbst oder ein unmittelbarer oder mittelbarer Gesellschafter sowohl persönlich als auch sachlich entlastungsberechtigt ist.

Die Prüfung der mittelbaren persönlichen Entlastungsberechtigung endet innerhalb der Beteiligungskette, sobald ein mittelbarer Gesellschafter nicht mehr selbst fiktiv entlastungsberechtigt ist. Dies ist insbes. der Fall, wenn der Gesellschafter der ausländischen Gesellschaft (BMF vom 24.01.2012, BStBl I 2012, 171, Rz. 4.3):
- in einem Nicht-DBA-Staat ansässig ist;
- als eine außerhalb der EU ansässige Person nicht die Voraussetzungen der einschlägigen Richtlinie erfüllt;
- selbst eine juristische Person ist, diese nicht sachlich entlastungsberechtigt ist und deren Gesellschafter ihrerseits in einem Nicht-DBA-Staat ansässig sind bzw. als außerhalb der EU ansässige Personen nicht die Voraussetzungen der einschlägigen EU-Richtlinie erfüllen.

6.3 Sachliche Entlastungsberechtigung

6.3.1 Allgemeines

Eine ausländische Gesellschaft ist sachlich entlastungberechtigt, soweit
- sie im betreffenden Wirtschaftsjahr Bruttoerträge aus eigener Wirtschaftstätigkeit erzielt oder
- in Bezug auf die nicht aus eigener Wirtschaftstätigkeit erzielten Bruttoerträge wirtschaftliche oder sonst beachtliche Gründe für die Einschaltung der ausländischen Gesellschaft vorhanden sind (§ 50d Abs. 3 Satz 1 Nr. 1 EStG).

Sind in Bezug auf die nicht aus eigener Wirtschaftstätigkeit erzielten Bruttoerträge für die Einschaltung der ausländischen Gesellschaft wirtschaftliche oder sonst beachtliche Gründe vorhanden, muss darüber hinaus nachgewiesen werden, dass die ausländische Gesellschaft mit einem für ihren Geschäftszweck **angemessen eingerichteten Geschäftsbetrieb** am **allgemeinen wirtschaftlichen Verkehr** teilnimmt (§ 50d Abs. 3 Satz 1 Nr. 2 EStG).

Sofern die ausländische Gesellschaft selbst bereits sachlich entlastungsberechtigt ist, kommt es auf eine persönliche Entlastungsberechtigung der Anteilseigner der ausländischen Gesellschaft nicht mehr an.

6.3.2 Lizenzgebühren als Bruttoerträge aus eigener Wirtschaftstätigkeit der ausländischen Gesellschaft

6.3.2.1 Überblick

Eine ausländische Gesellschaft hat Anspruch auf Entlastung von deutscher Abzugsteuer, soweit die von der Gesellschaft im betreffenden Wirtschaftsjahr erzielten Bruttoerträge aus eigener Wirtschaftätigkeit stammen. Soweit ersichtlich qualifiziert die Finanzverwaltung die (zeitlich befristete) Überlassung von Rechten oder ungeschütztem Wissen als reine **Vermögensverwaltung**. Entsprechend stellen Lizenzgebühren zunächst **keine** Bruttoerträge aus eigener Wirtschaftstätigkeit dar (BMF vom 24.01.2012, BStBl I 2012, 171, Rz. 5).

Um bei grenzüberschreitenden Lizenzzahlungen – unter Berücksichtigung der »Aufteilungsklausel« des § 50d Abs. 3 Satz 1 EStG – die nach Maßgabe der Bestimmungen eines DBA (insbes. Art. 12 Abs. 1 OECD-MA) oder nach § 50g EStG maximal möglichen Entlastung von deutscher Abzugsteuer zu beanspruchen, ist es erforderlich, jene Lizenzgebühren als unschädliche Bruttoerträge aus eigener Wirtschaftstätigkeit zu klassifizieren, um deren Entlastung es im jeweiligen Antragsverfahren geht.

In der Praxis kommen hierbei regelmäßig die folgenden Konstellationen bzw. Argumentationsmöglichkeiten in Betracht:
- die Tätigkeit der ausländischen Gesellschaft geht über die einer reinen Vermögensverwaltung hinaus;
- die Lizenzgebühren stehen in einem wirtschaftlich funktionalen Zusammenhang zu den Erträgen aus eigener Wirtschaftstätigkeit der ausländischen Gesellschaft;
- die Lizenzgebühren stammen von sog. geleiteten Gesellschaften.

6.3.2.2 Rechteüberlassung als über die Vermögensverwaltung hinausgehende Tätigkeit

Lizenzgebühren stellen unseres Erachtens Bruttoerträge aus eigener Wirtschaftstätigkeit dar, wenn die Tätigkeit der ausländischen Gesellschaft im Zusammenhang mit der Überlassung von Rechten oder ungeschütztem Wissen eine Teilnahme am allgemeinen wirtschaftlichen Verkehr darstellt. Eine über den Rahmen der Vermögensverwaltung hinausgehende Teilnahme am allgemeinen wirtschaftlichen Verkehr liegt vor, wenn Leistungen am Markt gegen Entgelt und für Dritte äußerlich erkennbar angeboten werden (BFH vom 09.07.0986, I R 85/83, BStBl II 1986, 851 m.w.N; BFH vom 02.09.1988, III R 58/85, BStBl II 1989, 24 m.w.N.). Der am allgemeinen wirtschaftlichen Verkehr Teilnehmende muss mit Gewinnerzielungsabsicht nachhaltig am Leistungs- und Güteraustausch teilnehmen, sich an eine – wenn auch begrenzte – Allgemeinheit wenden und dadurch für Dritte zu erkennen geben, ein Gewerbe zu betreiben. Hierbei ist es ausreichend, wenn sich der Steuerpflichtige entweder beim Verkauf oder beim Einkauf der Ware an eine unbestimmte Zahl von Personen wendet (*Rödel*, in: Kraft, § 8 AStG, Rn. 243 bis 247).

Hinsichtlich der Überlassung von Rechten und ungeschütztem Wissen bedeutet dies, dass die ausländische Gesellschaft neben der reinen Überlassungshandlung ein gewisses Maß an **Zusatzleistungen** erbringt (BFH vom 13.07.1967, VI R 185/66, BStBl III 1967, 674). Dies können etwa technische oder andere Dienstleistungen sein. Weiterhin sollten Geschäftsmodelle, die auf die gezielte Beschaffung von Rechten und nachgelagerte Weitergabe spezifisch zusammengestellter »Rechtepakete« ausgerichtet sind, zu einer über die Vermögensverwaltung hinausgehenden Tätigkeit führen.

Vergleichbar zu den Regelungen in § 8 Abs. 1 AStG sollten unseres Erachtens bei eigener Forschungs- und Entwicklungstätigkeit der ausländischen Gesellschaft Bruttoerträge aus eigener Wirtschaftstätigkeit vorliegen (insbes. wenn die ausländische Gesellschaft für die Erhaltung, Weiterentwicklung, Vermarktung und den Schutz der erworbenen Rechte verantwortlich ist und über einen dementsprechenden Geschäftsbetrieb verfügt).

6.3.2.3 Wirtschaftlich funktionaler Zusammenhang

Lizenzgebühren zählen ebenfalls zu den Bruttoerträgen aus eigener Wirtschaftstätigkeit, wenn sie mit der eigenen Wirtschaftstätigkeit der ausländischen Gesellschaft in einem wirtschaftlich funktionalen Zusammenhang stehen (BMF vom 24.01.2012, BStBl I 2012, 171, Rz. 5). Wann von einem funktional wirtschaftlichen Zusammenhang ausgegangen werden kann, ist anhand des im Zusammenhang mit § 8 AStG entwickelten Begriffs der »funktionalen Betrachtungsweise« zu bestimmen (*Frotscher*, in: Frotscher/Geurts, § 50d EStG, Rz. 86). Nach *Rödel* wird ein wirtschaftlicher Zusammenhang als gegeben angesehen, wenn die Erträge nach ihrer Entstehung und Zweckbestimmung durch eine einheitliche wirtschaftliche Betätigung veranlasst sind (*Rödel*, in: Kraft AStG, 2009, § 8, Rz. 34 unter Hinweis auf *Wassermeyer/Schönfeld*, in: FWB AStG, 73. Lfg., § 8, Rz. 35). Hiernach sowie unter Berücksichtigung der Ausführungen von *Wassermeyer/Schönfeld* kann insbes. dann von einem wirtschaftlichen Zusammenhang ausgegangen werden, wenn die Tätigkeiten aufeinander abgestimmt sind, sich wirtschaftlich ergänzen bzw. in einem Über-Unterordnungs-Verhältnis (bzw. im Verhältnis von Haupt- und Nebentätigkeit) zueinander stehen (*Rödel*, in: Kraft AStG, 2009, § 8, Rz. 34; *Wassermeyer/Schönfeld*, in: FWB AStG, 73. Lfg., § 8, Rz. 32). Ein wirtschaftlich funktionaler Zusammenhang kann z. B. bei Lizenzzahlungen einer inländischen Vertriebsgesellschaft an eine im Ausland ansässige Produktionsgesellschaft angenommen werden (BMF vom 24.01.2012, BStBl I 2012, 171, Rz. 12).

6.3.2.4 Aktive Beteiligungsverwaltung

Lizenzgebühren stellen weiterhin Bruttoerträge aus eigener Wirtschaftstätigkeit dar, wenn sie von sog. geleiteten Gesellschaften stammen, die im Ausland ansässige Muttergesellschaft mithin eine aktive Beteiligungsverwaltung gegenüber dem Lizenznehmer ausübt.

Eine aktive Beteiligungsverwaltung setzt nach Auffassung der Finanzverwaltung voraus, dass die ausländische Gesellschaft gegenüber ihren Tochtergesellschaften geschäftsleitende Funktionen wahrnimmt. Hierbei soll es nicht ausreichen, dass eine Gesellschaft ohne sonstige unternehmerische Betätigung lediglich Anteile an einer oder mehreren Tochtergesellschaften hält und sich dabei auf die Ausübung der Gesellschafterrechte beschränkt (passive Beteiligungsverwaltung) (BMF vom 24.01.2012, BStBl I 2012, 171, Rz. 5.2).

Zwingende Voraussetzung ist demnach ein Mutter-Tochter-Verhältnis zwischen Lizenzgeber und Lizenznehmer. Für detaillierte Ausführungen zur aktiven Beteiligungsverwaltung sei daher auf Kap. VII.5.3.3 hingewiesen.

6.3.3 Angemessen eingerichteter Geschäftsbetrieb

Im Erstattungs- und Freistellungsverfahren muss weiterhin dargelegt werden, dass die ausländische Gesellschaft über einen für ihren Geschäftszweck angemessen eingerichteten Geschäftsbetrieb verfügt. Dies setzt regelmäßig voraus, dass die ausländische Gesellschaft im Ansässigkeitsstaat über qualifiziertes Personal, Geschäftsräume und technische Kommunikationsmittel verfügt (BMF vom 24.01.2012, BStBl I 2012, 171, Rz. 7). In diesem Zusammenhang führt die Finanzverwaltung aus, dass ein »greifbares Vorhandensein« nachweisbar sein muss (BMF vom 24.01.2012, BStBl I 2012, 171, Rz. 7). Indizien für ein solches »greifbares Vorhandensein« liegen vor, wenn

- die Gesellschaft dort für die Ausübung ihrer Tätigkeit ständig sowohl geschäftsleitendes als auch anderes Personal beschäftigt,
- das Personal der Gesellschaft über die Qualifikation verfügt, um die der Gesellschaft übertragenen Aufgaben eigenverantwortlich und selbstständig zu erfüllen,
- die Geschäfte zwischen nahe stehenden Personen i. S. d. § 1 Abs. 2 AStG einem Fremdvergleich (wie unter fremden Dritten) standhalten.

Zu beachten ist, dass sich die erforderliche Ausstattung eines Geschäftsbetriebs grundsätzlich nach der spezifischen Geschäftstätigkeit zu richten hat, so dass Art und Umfang der spezifischen Geschäftstätigkeit einer Gesellschaft ausschlaggebend dafür sind, über welche personellen und sachlichen Ressourcen der spezifische Geschäftsbetrieb verfügen muss.

In Abhängigkeit davon, auf welcher Basis dargelegt wird, dass es sich bei Lizenzgebühren um Bruttoerträge aus eigener Wirtschaftstätigkeit handelt, ist die Existenz von entsprechendem Personal nachzuweisen.

6.4 Darlegung der Entlastungsberechtigung im Freistellungs- bzw. Erstattungsverfahren

Voraussetzung für die Entlastung von deutscher Abzugsteuer nach Maßgabe der Bestimmungen eines DBA (insbes. Art. 12 Abs. 1 OECD-MA) oder nach § 50g EStG ist die Entlastungsberechtigung der ausländischen Gesellschaft. Entsprechend ist es erforderlich, im Rahmen des Freistellungs- bzw. Erstattungsverfahrens detailliert die Entlastungsberechtigung i. S. d. § 50d Abs. 3 EStG darzulegen.

Vor diesem Hintergrund sind neben dem eigentlichen Antragsformular inklusive der Bestätigung der steuerlichen Ansässigkeit des Vergütungsgläubigers die folgenden (Standard-)Dokumente dem BZSt zur Verfügung zu stellen:
- Handelsregisterauszug des Vergütungsgläubigers;
- Darstellung der Gruppenstruktur inklusive der Beteiligungsverhältnisse;
- Bilanz sowie Gewinn- und Verlustrechnung des Vergütungsgläubigers des betreffenden Wirtschaftsjahres.

Regelmäßig werden die genannten Dokumente für die Prüfung der Entlastungsberechtigung i. S. d. § 50d Abs. 3 EStG nicht ausreichend sein. Zusätzliche Informationen fordert das BZSt regelmäßig mit einem **Fragebogen** an. Mit Beantwortung der einzelnen Fragen sind sodann Nachweise über die Teilnahme am allgemeinen wirtschaftlichen Verkehr sowie einen im Ausland vorhandenen Geschäftsbetrieb einzureichen. Zu nennen sind hier insbesondere:
- Mietverträge über Büroräume o. Ä. sowie Abrechnung über Verbrauch von Wasser, Strom etc.;
- Aktuelle Aufnahmen von den Geschäftsräumen;
- Nachweis von Kommunikationsmitteln (z. B. Telefonrechnungen);
- Nachweis des Außenauftritts des Vergütungsgläubigers (Firmenschild, Homepage, Visitenkarten, E-Mail Adressen);
- Jobbeschreibungen / Profile von Mitarbeitern (ggf. inklusive Arbeitsverträge und Lohnabrechnungen);
- Dokumente, die eine Teilnahme am ausländischen Markt nachweisen (z. B. Rechnungen).

Weiterhin können Nachweise für die Nutzungsberechtigung der ausländischen Gesellschaft dem Antrag beizufügen sein. Dies ist insbes. von Bedeutung, wenn der Antragsteller nicht der originäre Rechteinhaber ist.

IV. Steuerabzug bei Vergütungen an Aufsichtsrats- und Verwaltungsratsmitglieder (§ 50a Abs. 1 Nr. 4 EStG)

1 Überblick

§ 50a EStG Steuerabzug bei beschränkt Steuerpflichtigen
(1) Die Einkommensteuer wird bei beschränkt Steuerpflichtigen im Wege des Steuerabzugs erhoben
(…)
    4. bei Einkünften, die Mitgliedern des Aufsichtsrats, Verwaltungsrats, Grubenvorstands oder anderen mit der Überwachung der Geschäftsführung von Körperschaften, Personenvereinigungen und Vermögensmassen im Sinne des § 1 des Körperschaftsteuergesetzes beauftragten Personen sowie von anderen inländischen Personenvereinigungen des privaten und öffentlichen Rechts, bei denen die Gesellschafter nicht als Unternehmer (Mitunternehmer) anzusehen sind, **für die Überwachung der Geschäftsführung gewährt werden** (§ 49 Absatz 1 Nummer 3).
(…)

Bei beschränkt Steuerpflichtigen ist die Erhebung der Einkommen- bzw. Körperschaftsteuer zumeist schwierig, da diese sich bei Ausübung ihrer Tätigkeit regelmäßig nicht oder nur vorübergehend im Inland aufhalten bzw. im Inland regelmäßig keine Vermögensgegenstände vorhanden sind, auf die zur Durchsetzung des Besteuerungsanspruchs zugegriffen werden könnte. Zur unilateralen Durchsetzung des deutschen Besteuerungsanspruchs sieht der Gesetzgeber daher bei **bestimmten inländischen Einkünften** von **beschränkt Steuerpflichtigen** i. S. d. § 49 EStG vor, dass die Einkommen- bzw. Körperschaftsteuer nach § 50a Abs. 1 EStG im Wege des **Steuerabzugs an der Quelle** erhoben wird. Der zivilrechtliche Vergütungsschuldner behält in diesen Fällen von der Vergütung die inländische Steuer für Rechnung des im Ausland ansässigen Vergütungsgläubigers (Steuerschuldner) ein und führt diese an das Bundeszentralamt für Steuern (**BZSt**) ab.

Ein Steuerabzug erfolgt u. a. bei Einkünften, die Mitgliedern
- des Aufsichtsrats,
- des Verwaltungsrats,
- des Grubenvorstands oder
- anderen mit der Überwachung der Geschäftsführung von Körperschaften, Personenvereinigungen und Vermögensmassen beauftragten Personen

für die Überwachung der Geschäftsführung gewährt werden (§ 50a Abs. 1 Nr. 4 EStG).

Da ein Steuerabzug regelmäßig bei Mitgliedern von Aufsichtsräten Anwendung findet, wird die Abzugsteuer im Fall des § 50a Abs. 1 Nr. 4 EStG auch als »**Aufsichtsratssteuer**« bezeichnet.

> **WICHTIG**
>
> Bei der Aufsichtsratssteuer i. S. d. § 50a Abs. 1 Nr. 4 EStG handelt es sich nicht um eine eigene Steuerart, sondern lediglich um eine besondere Form der Steuererhebung in Form des Steuerabzugs »an der Quelle« der Einkünfte (**Steuerabzugsverfahren**).

Voraussetzung für die Erhebung der Einkommensteuer im Wege des Steuerabzugs nach § 50a Abs. 1 EStG ist die sog. **beschränkte Steuerpflicht** des im Ausland ansässigen Vergütungsgläubigers.

Natürliche Personen, die im Inland weder einen Wohnsitz (§ 8 AO) noch ihren gewöhnlichen Aufenthalt (§ 9 AO) haben, unterliegen mit ihren **inländischen Einkünften** i. S. d. § 49 EStG der beschränkten Steuerpflicht (§ 1 Abs. 4 EStG).

Im Zusammenhang mit Vergütungen, die Mitgliedern des Aufsichtsrats oder anderen, mit der Überwachung der Geschäftsführung beauftragten Personen gewährt werden, sind grundsätzlich inländische **Einkünfte aus selbständiger Arbeit** der Anknüpfungspunkt für eine mögliche beschränkte Steuerpflicht des Vergütungsgläubigers in Deutschland (§ 49 Abs. 1 Nr. 3 EStG i. V. m. § 18 Abs. 1 Nr. 3 EStG).

Von § 49 Abs. 1 Nr. 3 EStG (i. V. m. § 18 Abs. 1 Nr. 3 EStG) werden – analog zur Beschränkung des Betriebsausgabenabzugs nach **§ 10 Nr. 4 KStG** sowie der Formulierung in § 50a Abs. 1 Nr. 4 EStG – Vergütungen erfasst, die Mitgliedern des Aufsichtsrats, des Verwaltungsrats, des Grubenvorstands oder anderen mit der Überwachung der Geschäftsführung von Körperschaften, Personenvereinigungen und Vermögensmassen beauftragten Personen **für** die Überwachung der Geschäftsführung gewährt werden (BFH vom 28.08.2003, IV R 1/03, BStBl II 2004, 112; BFH vom 31.01.1978, VIII R 159/73, BStBl II 1978, 352).

Die Aufzählung der Kontrollgremien (in § 50a Abs. 1 Nr. 4 EStG sowie § 10 Nr. 4 KStG) ist, wie sich aus der Ergänzung »*anderen mit der Überwachung der Geschäftsführung von Körperschaften, Personenvereinigungen und Vermögensmassen beauftragten Personen*« ergibt, rein exemplarisch und nicht technisch (i. S. d. Aktiengesetzes) zu verstehen. Auf die tatsächliche Bezeichnung des zur Überwachung und Kontrolle der Geschäftsführung berufenen Gremiums als Aufsichtsrat, Verwaltungsrat, Beirat oder Ausschuss kommt es nicht an. Entscheidend für die beschränkte Steuerpflicht (und den Steuerabzug nach § 50a Abs. 1 Nr. 4 EStG) ist vielmehr, dass die Vergütungen für die Überwachung der Geschäftsführung gewährt werden (BFH vom 11.03.1981, I R 8/77, BStBl II 1981, 623).

Der Begriff »**Überwachung der Geschäftsführung**« ist weit auszulegen und erfasst jede Tätigkeit, die Mitglieder des Aufsichtsrats einer Aktiengesellschaft noch ausüben können, ohne damit den möglichen Rahmen des erteilten Beaufsichtigungs- und Kontrollauftrags zu überschreiten (u. a. BFH vom 15.11.1978, I R 65/76, BStBl II 1979, 193; BFH vom 20.09.1966, I 265/62, BStBl III 1966, 688).

Die Erzielung inländischer Einkünfte i. S. d. § 49 Abs. 1 Nr. 3 EStG (i. V. m. § 18 Abs. 1 Nr. 3 EStG) setzt weiterhin voraus, dass die selbständige Arbeit im Inland ausgeübt oder verwertet wird oder worden ist.

Selbständige Arbeit wird im Inland **ausgeübt**, wenn sich der Steuerpflichtige bei Ausübung der für seine Arbeit wesentlichen Tätigkeit (hier: Überwachungstätigkeit) tatsächlich **physisch im Inland** aufhält (z. B. Teilnahme an einer Aufsichtsratssitzung im Inland) (*Loschelder*, in: Schmidt, § 49 EStG, Rz. 73). Eine gelegentliche (auch einmalige) Tätigkeit im Inland ist für die Annahme inländischer Einkünfte ausreichend (*Weingartner*, in: Fuhrmann/Kraeusel/Schiffers, § 49 EStG, Rz. 76).

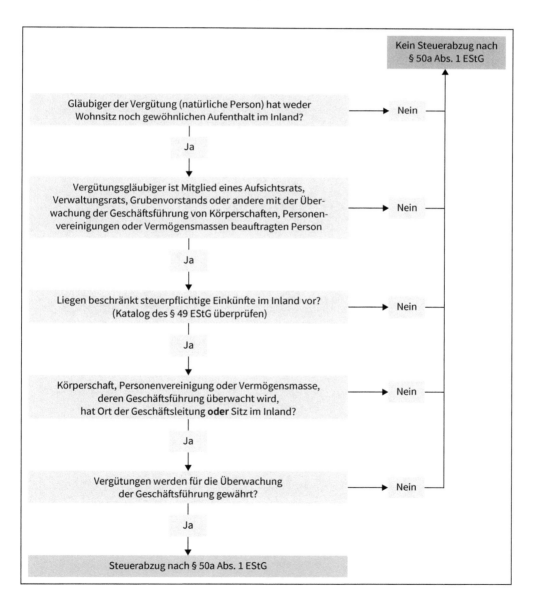

Von einer »**Verwertung**« der selbständigen Arbeit ist auszugehen, wenn die Ergebnisse der (Überwachungs-)Tätigkeit durch eine **zusätzliche Handlung** im Inland nutzbar gemacht werden (*Loschelder*, in: Schmidt, § 49 EStG, Rz. 74). Vergütungen für die Überwachung der Geschäftsführung gelten grundsätzlich als inländische Einkünfte i. S. d. § 49 Abs. 1 Nr. 3 EStG (i. V. m. § 18 Abs. 1 Nr. 3 EStG), wenn die Körperschaft oder die Personenvereinigung, deren Geschäftsführung überwacht wird, ihren Ort der Geschäftsleitung (§ 10 AO) oder Sitz (§ 11 AO) im Inland hat (§ 73a Abs. 1 EStDV, *Maßbaum*, in: Hermann/Heuer/Raupach, § 50a EStG, Rz. 77).

Vergütungen, die **nicht** für die Überwachung der Geschäftsführung gewährt werden, unterliegen nicht dem Steuerabzug nach § 50a Abs. 1 Nr. 4 EStG. Eine Aufteilung der Vergütung ist regelmäßig jedoch nur dann möglich, wenn eine klare Trennung der Tätigkeiten möglich ist (BFH vom 15.11.1978, I R 65/76, BStBl II 1979, 193; *Maßbaum*, in: Hermann/Heuer/Raupach, § 50a EStG, Rz. 80).

2 Beschränkte Steuerpflicht des Vergütungsgläubigers

2.1 Ansässigkeit des Vergütungsgläubigers (persönlicher Anwendungsbereich)

Voraussetzung für einen Steuerabzug i. S. d. § 50a Abs. 1 Nr. 4 EStG auf Ebene des Schuldners der Vergütung ist die **beschränkte Steuerpflicht** des im Ausland ansässigen Vergütungsgläubigers. Natürliche Personen, die im Inland
- weder einen Wohnsitz (§ 8 AO) noch
- ihren gewöhnlichen Aufenthalt (§ 9 AO) haben,

sind mit ihren inländischen Einkünften i. S. d. § 49 EStG beschränkt steuerpflichtig (§ 1 Abs. 4 EStG), sofern sie nicht nach § 1 Abs. 2 EStG unbeschränkt einkommensteuerpflichtig sind.

Wohnsitz im Sinne des § 8 AO
Einen Wohnsitz hat jemand dort, wo er eine Wohnung unter Umständen innehat, die darauf schließen lassen, dass er die Wohnung behalten und benutzen wird.

Gewöhnlicher Aufenthalt im Sinne des § 9 AO
¹Den gewöhnlichen Aufenthalt hat jemand dort, wo er sich unter Umständen aufhält, die erkennen lassen, dass er an diesem Ort oder in diesem Gebiet nicht nur vorübergehend verweilt. ²Als gewöhnlicher Aufenthalt im Geltungsbereich dieses Gesetzes ist stets und von Beginn an ein zeitlich zusammenhängender Aufenthalt **von mehr als sechs Monaten Dauer** anzusehen; kurzfristige Unterbrechungen bleiben unberücksichtigt.³Satz 2 gilt nicht, wenn der Aufenthalt ausschließlich zu Besuchs-, Erholungs-, Kur- oder ähnlichen privaten Zwecken genommen wird und nicht länger als ein Jahr dauert.

Wird eine natürliche Person als im Ausland ansässiger Vergütungsgläubiger auf Antrag nach § 1 Abs. 3 Satz 1 EStG als unbeschränkt einkommensteuerpflichtig behandelt (**§ 1 Abs. 3 Satz 6 EStG**), findet das Steuerabzugsverfahren ebenfalls Anwendung (BMF vom 25.11.2010, BStBl I 2010, 1350, Rz. 03).

Gleiches gilt, wenn die steuerlich im Ausland ansässige natürliche Person **erweitert beschränkt steuerpflichtig** i. S. d. § 2 AStG ist (§ 2 Abs. 5 Satz 2 AStG): auch in diesen Fällen ist das Steuerabzugsverfahren grundsätzlich anwendbar.

Natürliche Personen sind nach § 2 Abs. 1 Satz 1 AStG erweitert beschränkt steuerpflichtig, wenn sie:
- ihren Wohnsitz in ein Niedrigsteuerland (wie in § 2 Abs. 2 AStG definiert) verlegt haben;
- innerhalb der letzten zehn Jahre vor der Wohnsitzverlegung mindestens fünf Jahre in Deutschland unbeschränkt steuerpflichtig waren und
- weiterhin wesentliche wirtschaftliche Interessen in Deutschland haben.

Die erweitert beschränkte Steuerpflicht findet im Jahr des Wohnsitzwechsels und während der folgenden zehn Jahre Anwendung (§ 2 Abs. 1 Satz 1 AStG).

Werden die Vergütungen von inländischen Personenvereinigungen des privaten und öffentlichen Rechts geleistet, bei denen die Gesellschafter als Unternehmer (**Mitunternehmer**) anzusehen sind, findet das Steuerabzugsverfahren nach § 50a Abs. 1 Nr. 4 EStG **keine Anwendung**.

2.2 Erzielung inländischer Einkünfte aus selbständiger Arbeit (sachlicher Anwendungsbereich)

2.2.1 Tätigkeit als Aufsichtsratsmitglied

Die Vorschrift des § 50a Abs. 1 EStG definiert keine eigene Einkunftsart und begründet demnach auch keine Steuerpflicht. Voraussetzung für eine mögliche Anwendung des Steuerabzugsverfahrens ist vielmehr, dass die in § 50a Abs. 1 EStG aufgeführten **inländische Einkünfte** i. S. d. § 49 EStG erzielt werden (sachlicher Anwendungsbereich).

Im Zusammenhang mit Vergütungen, die Mitgliedern des Aufsichtsrats oder anderen, mit der Überwachung der Geschäftsführung beauftragten Personen gewährt werden, sind grundsätzlich inländische **Einkünfte aus selbständiger Arbeit** der Anknüpfungspunkt für eine mögliche beschränkte Steuerpflicht des Vergütungsgläubigers in Deutschland (§ 49 Abs. 1 Nr. 3 EStG).

> **§ 49 EStG Beschränkt steuerpflichtige Einkünfte**
> (1) Inländische Einkünfte im Sinne der beschränkten Einkommensteuerpflicht (§ 1 Absatz 4) sind
> (...)
> 3. Einkünfte aus selbständiger Arbeit (§ 18), die im Inland **ausgeübt** oder **verwertet** wird oder worden ist, oder für die im Inland eine feste Einrichtung oder eine Betriebsstätte unterhalten wird;
> (...)

> **§ 18 EStG Selbständige Arbeit**
> (1) Einkünfte aus selbständiger Arbeit sind
> (...)
> 3. Einkünfte aus sonstiger selbständiger Arbeit (§ 18), z. B. Vergütungen für die Vollstreckung von Testamenten, für Vermögensverwaltung und für die Tätigkeit als **Aufsichtsratsmitglied**;
> (...)

Aufsichtsratsmitgliedern kann für ihre Tätigkeit eine Vergütung gewährt werden. Sie kann in der Satzung festgesetzt oder von der Hauptversammlung bewilligt werden und soll in einem angemessenen Verhältnis zu den Aufgaben der Aufsichtsratsmitglieder und zur Lage der Gesellschaft stehen (§ 113 Abs. 1 AktG).

Was unter einer Tätigkeit als Aufsichtsratsmitglied i. S. v. § 18 Abs. 1 Nr. 3 EStG (i. V. m. § 49 Abs. 1 Nr. 3 EStG sowie § 50a Abs. 1 Nr. 4 EStG) zu verstehen ist, ergibt sich nicht unmittelbar aus dem EStG. Nach Auffassung des BFH werden von dieser Vorschrift – analog zur Beschränkung des Betriebsausgabenabzugs nach **§ 10 Nr. 4 KStG** – Vergütungen erfasst, die Mitgliedern des Aufsichtsrats, des Verwaltungsrats, des Grubenvorstands oder anderen mit der Überwachung der Geschäftsführung von Körperschaften, Personenvereinigungen und Vermögensmassen beauftragten Personen **für** die Überwachung der Geschäftsführung gewährt werden (BFH vom 28.08.2003, IV R 1/03, BStBl II 2004, 112; BFH vom 31.01.1978, VIII R 159/73, BStBl II 1978, 352).

Die Aufzählung der Kontrollgremien (in § 50a Abs. 1 Nr. 4 EStG sowie § 10 Nr. 4 KStG) ist, wie sich aus der Ergänzung »*anderen mit der Überwachung der Geschäftsführung von Körperschaften, Personenvereinigungen und Vermögensmassen beauftragten Personen*« ergibt, rein exemplarisch und nicht technisch (i. S. d. Aktiengesetzes) zu verstehen. Auf die tatsächliche Bezeichnung des zur Überwachung und Kontrolle der Geschäftsführung berufenen Gremiums als Aufsichtsrat, Verwaltungsrat, Beirat oder Ausschuss kommt es nicht an. Entscheidend für die beschränkte Steuerpflicht (und den Steuerabzug nach § 50a Abs. 1 Nr. 4 EStG) ist vielmehr, dass die Vergütungen für die Überwachung der Geschäftsführung gewährt werden (BFH vom 11.03.1981, I R 8/77, BStBl II 1981, 623).

Dies gilt unabhängig davon, ob ein Aufsichtsrat aufgrund gesetzlicher Regelung vorgesehen ist oder freiwillig eingerichtet wird. Einen Aufsichtsrat zu bestellen haben grundsätzlich Aktiengesellschaften (AG) und Kommanditgesellschaften auf Aktien (KGaA) (§§ 95 ff. AktG) sowie Genossenschaften (§§ 36 ff. GenG). Auch bei Gesellschaften mit beschränkter Haftung (GmbH) kann ein Aufsichtsrat notwendig sein (regelmäßig, bei mehr als 500 Arbeitnehmern, § 1 ff. DrittelBG). Aufgrund des Gesellschaftsvertrags kann die Kontrollbefugnis auch auf ein anderes Gesellschaftsorgan, z. B. auf einen Beirat, übertragen werden (OFD Magdeburg vom 12.11.2002, S 2755 – 1 – St 216).

Der Begriff »**Überwachung der Geschäftsführung**« ist weit auszulegen und erfasst jede Tätigkeit, die Mitglieder des Aufsichtsrats einer Aktiengesellschaft noch ausüben können, ohne damit den möglichen Rahmen des erteilten Beaufsichtigungs- und Kontrollauftrags zu überschreiten (u. a. BFH vom 15.11.1978, I R 65/76, BStBl II 1979, 193; BFH vom 20.09.1966, I 265/62, BStBl III 1966, 688). Bei einem gesetzlich vorgesehenen Aufsichtsrat ist davon auszugehen, dass die Tätigkeit regelmäßig in der Überwachung der Geschäftsführung besteht (*Maßbaum*, in: Hermann/Heuer/Raupach, § 50a EStG, Rz. 80). Bei anderen Gremien (z. B. Beirat oder Verwaltungsrat) kommt es darauf an, ob diese auf gesellschaftsrechtlicher bzw. einzelvertraglicher Basis eine Überwachungstätigkeit ausüben, die bei der AG dem Aufsichtsrat obliegen würde (*Maßbaum*, in: Hermann/Heuer/Raupach, § 50a EStG, Rz. 80).

Die Erzielung inländischer Einkünfte i. S. d. § 49 Abs. 1 Nr. 3 EStG (i. V. m. § 18 Abs. 1 Nr. 3 EStG) setzt dabei nicht voraus, dass die Tätigkeit ausschließlich auf die Überwachung der Geschäftsleitung gerichtet ist. Voraussetzung ist jedoch, dass die beauftragte Person auf Grund der Überwachungsfunktion auch gesellschaftsrechtlich verantwortlich und ggf. schadensersatzpflichtig ist (FG Düsseldorf vom 08.03.2005, 6 K 5037/01 K, DStRE 2006, 340).

Von einer die Geschäftsführung überwachenden Tätigkeit ist allerdings dann **nicht** mehr auszugehen, wenn im Wesentlichen Aufgaben der Geschäftsführung selbst wahrgenommen werden (BFH vom 28.08.2003, IV R 1/03, BStBl II 2004, 112). Eine Tätigkeit hat ebenfalls keine überwachende Funktion, wenn jemand gegenüber der Geschäftsführung einer Kapitalgesellschaft lediglich beratend tätig wird (BFH vom 28.08.2003, IV R 1/03, BStBl II 2004, 112).

> WICHTIG
>
> Vergütungen für Tätigkeiten einer mit der Überwachung der Geschäftsführung beauftragten Person sollten dann **keine** inländischen Einkünfte i. S. d. § 49 Abs. 1 Nr. 3 EStG (i. V. m. § 18 Abs. 1 Nr. 3 EStG) darstellen, wenn sich diese Tätigkeit außerhalb des Rahmens der überwachenden Tätigkeit abspielt, also über die Aufgaben eines Aufsichtsratsmitglieds klar hinausgeht, sich dabei eindeutig von ihr abgrenzen lässt, auf einer besonderen Vereinbarung beruht und hierfür eine besondere Vergütung geleistet wird (FG Düsseldorf vom 08.03.2005, 6 K 5037/01 K mit Verweis auf BFH vom 20.09.1966, I 265/62, BStBl III 1966, 688).

Wird die Überwachungsfunktion in einem **engen ursächlichen Zusammenhang mit einer nichtselbständigen Haupttätigkeit** wahrgenommen, gehören die Vergütungen nach Auffassung der Finanzverwaltung zu den Einkünften aus dieser Haupttätigkeit (§ 19 EStG). Dies ist insbes. dann anzunehmen, wenn die Verpflichtung besteht, die Aufsichtsratsvergütung vollständig oder teilweise an den Arbeitgeber abzuführen. (OFD Frankfurt vom 23.09.2013, DB 2013, 2771).

2.2.2 Ausüben oder Verwerten der selbständigen Arbeit im Inland

Die Erzielung inländischer Einkünfte i. S. d. § 49 Abs. 1 Nr. 3 EStG (i. V. m. § 18 Abs. 1 Nr. 3 EStG) setzt weiterhin voraus, dass die selbständige Arbeit im Inland ausgeübt oder verwertet wird oder worden ist.

Selbständige Arbeit wird im Inland **ausgeübt**, wenn sich der Steuerpflichtige bei Ausübung der für seine Arbeit wesentlichen Tätigkeit (hier: Überwachungstätigkeit) tatsächlich **physisch im Inland** aufhält (z. B. Teilnahme an einer Aufsichtsratssitzung im Inland) (*Loschelder*, in: Schmidt, § 49 EStG, Rz. 73). Eine gelegentliche (auch einmalige) Tätigkeit im Inland ist für die Annahme inländischer Einkünfte ausreichend (*Weingartner*, in: Fuhrmann/Kraeusel/Schiffers, § 49 EStG, Rz. 76).

Von einer »**Verwertung**« der selbständigen Arbeit ist auszugehen, wenn die Ergebnisse der (Überwachungs-) Tätigkeit durch eine **zusätzliche Handlung** im Inland nutzbar gemacht werden (*Loschelder*, in: Schmidt, § 49 EStG, Rz. 74). Vergütungen für die Überwachung der Geschäftsführung gelten grundsätzlich als inländische Einkünfte i. S. d. § 49 Abs. 1 Nr. 3 EStG (i. V. m. § 18 Abs. 1 Nr. 3 EStG), wenn die Körperschaft, deren Geschäftsführung überwacht wird, ihren Ort der Geschäftsleitung (§ 10 AO) oder Sitz (§ 11 AO) im Inland hat (*Maßbaum*, in: Hermann/Heuer/Raupach, § 50a EStG, Rz. 77).

> **WICHTIG**
>
> Die Erzielung inländischer Einkünfte i. S. d. § 49 Abs. 1 Nr. 3 EStG (i. V. m. § 18 Abs. 1 Nr. 3 EStG) setzt bei Vergütungen für die Überwachung der Geschäftsführung nicht zwangsläufig ein Ausüben im Inland voraus. Vielmehr werden inländische Einkünfte angenommen, wenn die Körperschaft, deren Geschäftsführung überwacht wird, ihren Ort der Geschäftsleitung (§ 10 AO) oder Sitz (§ 11 AO) im Inland hat.

In Ausnahmefällen kann kein Inlandsbezug vorliegen, wenn gem. einer gesonderten Vereinbarung der Aufsichtsrat nur ausländische Zweigstellen des inländischen Unternehmens überwachen soll.

3 Besonderheiten beim Steuerabzug nach § 50a Abs. 1 Nr. 4 EStG

3.1 Verfahren und Beteiligte

Die Einkommensteuer wird i. R. d. beschränkten Steuerpflicht bei den in § 50a Abs. 1 EStG genannten Einkünften im Wege des Steuerabzugs erhoben. Ein Steuerabzug erfolgt gem. § 50a Abs. 1 Nr. 4 EStG bei Einkünften, die Mitgliedern des Aufsichtsrats oder anderen, mit der Überwachung der Geschäftsführung beauftragten Personen, gewährt werden.

Die Abzugsteuer entsteht in dem Zeitpunkt, in dem die Vergütung i. S. d. § 50a Abs. 1 EStG dem Gläubiger **zufließt** (§ 50a Abs. 5 Satz 1 EStG) und dieser Verfügungsmacht über die Vergütung erlangt. Zu diesem Zeitpunkt hat der zivilrechtliche Schuldner der Vergütung nach § 50a Abs. 5 Satz 2 EStG den Steuerabzug für Rechnung des beschränkt Steuerpflichtigen Vergütungsgläubigers (= **Steuerschuldner**) vorzunehmen.

Anders als bei § 50a Abs. 1 Nr. 1 bis 3 EStG muss im Fall des § 50a Abs. 1 **Nr. 4** EStG der zum Steuerabzug verpflichtete **Vergütungsschuldner** seinen Ort der Geschäftsleitung (§ 10 AO) oder Sitz (§ 11 AO) im Inland haben: ein Steuerabzug nach § 50a Abs. 1 Nr. 4 EStG betrifft nur Vergütungen, die für die Überwachung der Geschäftsführung von inländischen Körperschaften, Personenvereinigungen und Vermögensmassen gewährt werden. **Inländisch** i. S. d. § 50a Abs. 1 Nr. 4 EStG sind solche Körperschaften, Personenvereinigungen und Vermögensmassen, die ihre Geschäftsleitung (§ 10 AO) oder ihren Sitz (§ 11 AO) im Inland haben (§ 73a Abs. 1 EStDV).

Ist der Schuldner der Vergütungen zum Steuerabzug verpflichtet, ist es sinnvoll, den ausländischen Vergütungsgläubiger vorab über den erforderlichen Steuerabzug und dessen Umfang in Kenntnis zu setzen.

Der Steuerabzug nach § 50a Abs. 1 EStG hat grundsätzlich **abgeltende Wirkung** (§ 50 Abs. 2 Satz 1 EStG).

3.2 Höhe des Steuerabzugs

3.2.1 Bemessungsgrundlage

Ein Steuerabzug nach § 50a Abs. 1 Nr. 4 EStG setzt zunächst voraus, dass die Vergütung für die Überwachung der Geschäftsführung einer Körperschaft, Personenvereinigungen, Vermögensmasse mit Ort der Geschäftsleitung (§ 10 AO) oder Sitz (§ 11 AO) im Inland sowie von anderen inländischen Personenvereinigungen des privaten und öffentlichen Rechts gewährt wird. Von einer die Geschäftsführung überwachenden Tätigkeit ist nicht mehr auszugehen, wenn im Wesentlichen Aufgaben der Geschäftsführung selbst wahrgenommen werden (BFH vom 28.08.2003, IV R 1/03, BStBl II 2004, 112). Eine Tätigkeit hat ebenfalls keine überwachende Funktion, wenn jemand gegenüber der Geschäftsführung einer Kapitalgesellschaft lediglich beratend tätig wird (BFH vom 28.08.2003, IV R 1/03, BStBl II 2004, 112).

> **WICHTIG**
>
> Der Steuerabzug nach § 50a Abs. 1 Nr. 4 EStG setzt voraus, dass die Vergütungen für die Überwachung der Geschäftsführung gewährt werden.

Dem Steuerabzug unterliegt sodann grundsätzlich der gesamte Betrag der Aufsichtsratsvergütung ohne jeden Abzug (§ 50a Abs. 2 Satz 1 EStG). Die Vergütungen werden somit nicht um Betriebsausgaben, »Aufsichtsratsteuer« oder Umsatzsteuer gekürzt. Zu den abzugsteuerrelevanten Zahlungen zählen nicht nur die in § 113 AktG aufgezählten Vergütungen, sondern auch Sitzungsgelder, Tagesgelder oder Aufwandsentschädigungen. Vom Vergütungsgläubiger übernommene **Reisekosten** gehören insoweit zu den Einnahmen, als diese für Fahrt- und Übernachtungskosten die tatsächlichen Kosten und für Verpflegungsmehraufwand die Pauschbeträge nach § 4 Abs. 5 Nr. 5 EStG übersteigen (§ 50a Abs. 2 EStG).

Die Steuerabzugsverpflichtung greift auch bei **Sachleistungen** wie bspw. der Bereitstellung eines Büros, was zu erheblichen Mehrbelastungen führen kann.

> **Beispiel**
>
> Die Hauptversammlung einer deutschen AG mit Sitz in München bestellt Frau X, eine Rechtsanwältin, die in den Niederlanden ansässig ist, als Mitglied des Aufsichtsrats für die Dauer von vier Jahren. In ihrer Funktion als Aufsichtsratsmitglied ist Frau X dazu beauftragt, die Arbeit des Vorstands der deutschen AG zu überwachen.
> Für ihre Tätigkeiten erhält Frau X eine Vergütung i. H. v. 10.000 EUR. Weiterhin werden ihr Fahrtkosten mit 0,30 EUR je gefahrenen Kilometer für 5 Fahrten (im Zusammenhang mit der Aufsichtsratstätigkeit) ersetzt (Hin- und Rückfahrt). Weiterhin werden tatsächlich entstandene Übernachtungskosten übernommen und die Verpflegungspauschale für eine Abwesenheit von 24 Stunden gem. § 4 Abs. 5 Nr. 5 EStG gewährt.

Lösung

Da die übernommenen Reisekosten die tatsächlichen Kosten und die Verpflegungspauschale die Beträge nach § 4 Abs. 5 Nr. 5 EStG nicht übersteigen, ist der Steuerabzug lediglich auf die Vergütung i. H. V. 10.000 EUR vorzunehmen.

Ein **Abzug von Betriebsausgaben oder Werbungskosten** ist grundsätzlich nicht möglich. Ungeachtet dessen sieht § 50a Abs. 3 Satz 2 und 3 EStG u. a. in den Fällen des Steuerabzugs nach § 50a Abs. 1 **Nr. 4** EStG eine Nettobesteuerung vor, wenn es sich bei dem beschränkt steuerpflichtigen Vergütungsgläubiger um einen
- Staatsangehörigen eines Mitgliedsstaates der EU oder des EWR handelt **und**
- dieser in einem der genannten Staaten seinen Wohnsitz oder gewöhnlichen Aufenthalt hat.

Voraussetzung für einen Abzug von Betriebsausgaben oder Werbungskosten in den genannten Fällen ist, dass diese
- in einem unmittelbaren wirtschaftlichen Zusammenhang mit den Einnahmen stehen;
- dem Vergütungsschuldner in nachprüfbarer Form nachgewiesen oder vom Schuldner der Vergütung übernommen werden und
- im Zeitpunkt des Steuerabzugs bereits tatsächlich geleistet sind (BMF vom 25.11.2010, BStBl I 2010, 1350, Rz. 48).

Nach § 73d Abs. 1 Satz 2 Nr. 3 EStDV hat der Schuldner der Vergütungen **besondere Aufzeichnungen** über die Höhe und Art der von der Bemessungsgrundlage des Steuerabzugs abgezogenen Betriebsausgaben oder Werbungskosten zu machen.

3.2.2 Steuersatz

In Fällen des § 50a Abs. 1 Nr. 4 EStG beträgt der Steuerabzug **30 % der Einnahmen** (§ 50a Abs. 2 Satz 1 EStG). Der Solidaritätszuschlag wird i. H. v. 5,5 % der Abzugsteuer erhoben, so dass sich ein effektiver Steuersatz i. H. v. 31,65 % ergibt.

Übernimmt der Schuldner der Vergütung die auf die Einnahmen entfallende Abzugsteuer nach § 50a EStG (sog. **Nettovereinbarung**), so führt dies beim Vergütungsgläubiger zu zusätzlichen Einnahmen, die damit ebenfalls dem Steuerabzug unterliegen. Zur Ermittlung der Abzugsteuer ist sodann ein Berechnungssatz von insgesamt 46,30 % auf den ausgezahlten Betrag zuzüglich ggf. übernommener Kosten anzuwenden.

> **WICHTIG**
>
> Im Rahmen der Berechnung der Abzugsteuer i. S. d. § 50a Abs. 1 EStG ist zwischen sog. **Brutto- und Nettovereinbarungen** zu unterscheiden. Haben die Vertragsparteien explizit vereinbart, dass der Vergütungsschuldner zusätzlich zur geschuldeten Vergütung die

> Abzugsteuer wirtschaftlich trägt, entrichtet der Vergütungsschuldner neben der zu leistenden Vergütung die Abzugsteuer unter Anwendung der höheren Nettosteuersätze an das BZSt.

3.3 Anmeldung und Abführung der Steuer

3.3.1 Steueranmeldung nach § 50a EStG

Der Schuldner der Vergütung hat die innerhalb eines Kalendervierteljahres einbehaltene Steuer i. S. d. § 50a Abs. 1 EStG nach § 50a Abs. 5 Satz 3 EStG, § 73e Satz 2 EStDV jeweils bis zum zehnten des dem Kalendervierteljahr folgenden Monats (d. h. 10.04., 10.07., 10.10. und 10.01.) an das BZSt abzuführen und eine entsprechende Steueranmeldung einzureichen. Das entsprechende Formular der Steueranmeldung ist auf der Homepage des BZSt (www.bzst.de) unter »*Steuern International / Abzugsteuern gem. §§ 50, 50a EStG / Formulare, Merkblätter und Vorschriften*« zu finden.

Die Anmeldung ist nach amtlich vorgeschriebenem Vordruck auf **elektronischem Weg zu übermitteln** (§ 73e Satz 4 EStDV). Hierfür steht das BZSt-Online-Portal (www.elsteronline.de/bportal) oder das ElsterOnline-Portal (www.elsteronline.de) zur Verfügung. Auf (formlosen) Antrag kann das BZSt im Einzelfall zur Vermeidung unbilliger Härten auf eine elektronische Übermittlung verzichten. In diesem Fall ist die Steueranmeldung vom Vergütungsschuldner oder seinem Vertretungsberechtigten zu unterzeichnen.

Für die Übermittlung / Abgabe der Steueranmeldung ist eine vom BZSt auf Antrag erteilte **Steuernummer** erforderlich. Der Antrag auf Zuteilung einer Steuernummer für die Abgabe von Steueranmeldungen ist auf der Homepage des BZSt unter der Rubrik »*Steuern International – Abzugsteuern gem. §§ 50, 50a EStG – Steuernummer*« zu finden.

In der Steueranmeldung sind folgende Angaben zu machen (§ 73e Satz 2 EStDV):
- Name und Anschrift des Vergütungsgläubigers;
- Zuflusstag;
- Art und Höhe der vereinbarten Vergütungen i. S. d. § 50a Abs. 1 EStG, ausgezahlter Betrag und dem Steuerabzug unterliegender Anteil der Vergütung in Prozent;
- Übernommene Kosten;
- Höhe und Art der ggf. von den Vergütungen i. S. d. § 50a Abs. 1 EStG abgezogenen Betriebsausgaben bzw. Werbungskosten;
- Bestehen einer Brutto- oder Nettovereinbarung;
- Entlastung aufgrund DBA;
- Höhe des Steuerabzugs und Solidaritätszuschlags.

Die zum Abzug gebrachten Betriebsausgaben bzw. Werbungskosten sind in einer gesonderten Anlage zur Anmeldung darzustellen. Des Weiteren sind der Anmeldung entsprechend Nachweise der EU/EWR Ansässigkeit (z. B. Kopie des Reisepasses oder Handelsregisterauszugs, Ansässigkeitsbescheinigung der ausländischen Finanzverwaltung) beizufügen.

3.3.2 Steuerbescheinigung

Der Schuldner der Vergütung ist nach § 50a Abs. 5 Satz 6 EStG verpflichtet, dem Gläubiger auf Verlangen die folgenden Angaben nach amtlich vorgeschriebenem Muster zu bescheinigen:
- Name und Anschrift des Vergütungsgläubigers;
- Art der Tätigkeit und Höhe der Vergütung in Euro;
- Zahlungstag der Vergütung;
- Betrag der einbehaltenen und abgeführten Steuer.

Das Muster der Steuerbescheinigung ist auf der Homepage des BZSt unter der Rubrik »Steuern International / Abzugsteuer gem. §§ 50, 50a EStG / Formulare, Merkblätter und Vorschriften« zu finden.

Der Schuldner der Vergütung kann die Steuerbescheinigung demnach direkt nach Ausstellung an den Gläubiger der Vergütung versenden, damit dieser einen Nachweis für Zwecke der Erstattung beim BZSt oder der Anrechnung in seinem Ansässigkeitsstaat erhält. Wenn und soweit beim BZSt, bei einem Finanzamt oder bei einer ausländischen Finanzbehörde eine Überprüfung der angemeldeten und abgeführten Beträge erforderlich wird, etwa im Rahmen eines Erstattungsverfahrens des Gläubigers (siehe hierzu in Abschnitt 4) oder im Rahmen einer Anrechnung im Ausland, wird der hierfür notwendige Datenabgleich unmittelbar zwischen den jeweiligen Behörden vorgenommen.

3.3.3 Besondere Aufzeichnungspflichten

Der Schuldner der Vergütungen hat gem. § 73d EStDV besondere Aufzeichnungen zu führen, aus denen die folgenden Informationen ersichtlich sein müssen:
- Name und Anschrift des Vergütungsgläubigers (Steuerschuldner);
- Art der Tätigkeit und Höhe der Vergütung in Euro;
- **Höhe und Art der von der Vergütung abgezogenen Betriebsausgaben oder Werbungskosten**;
- Tag, an dem die Vergütung dem Vergütungsgläubiger zugeflossen ist;
- Höhe und Zeitpunkt der Abführung der einbehaltenen Steuer.

In den Fällen des § 50a Abs. 3 EStG sind gem. § 73d EStDV des Weiteren die von der Bemessungsgrundlage des Steuerabzugs abgezogenen Betriebsausgaben oder Werbungskosten und die Staatsangehörigkeit des beschränkt steuerpflichtigen Vergütungsgläubigers in einer für das BZSt nachprüfbaren Form zu dokumentieren (Rechnungskopien, Überweisungen, Kopie des Reisepasses oder Handelsregisterauszugs, Ansässigkeitsbescheinigung der ausländischen Finanzverwaltung).

> **PRAXISHINWEIS**
>
> **Mitteilung der Steuerabzugsverpflichtung**
>
> Bei bestehender Steuerabzugsverpflichtung kann es sinnvoll sein, den Vergütungsgläubiger hierüber vorab zu informieren. Im Zusammenhang mit Vergütungen, die für die Überwachung der Geschäftsleitung einer inländischen Körperschaft gewährt werden, würde sich beispielsweise folgende Formulierung anbieten:
>
> ... We would like to inform you that remuneration of supervisory board members in terms of Sec. 50a (I) No. 4 German Income Tax Act [›Einkommensteuergesetz‹] are subject to tax withholding amounting to 30 % plus 5.5 % solidarity surcharge (effective rate = 31.65 %) according to domestic tax law (here: Section 50a (1) No. 3 German Income Tax Act [›Einkommensteuergesetz‹]). However, German tax withholding can be reduced by the provisions of the double tax treaty.
>
> Withholding tax relief can be achieved **only** by refund (i. e. application for refund after withholding tax have been paid).
>
> For more information please see the English web page of German Federal Central Tax Office [Bundeszentralamt für Steuern].

4 Entlastung vom Steuerabzug nach § 50a Abs. 1 Nr. 4 EStG

4.1 Allgemeines

> **Art. 16 OECD-MA: Aufsichtsrats- und Verwaltungsratsvergütungen**
> Aufsichtsrats- und Verwaltungsratsvergütungen und ähnliche Zahlungen, die eine in einem Vertragsstaat ansässige Person in ihrer Eigenschaft als Mitglied des Aufsichts- oder Verwaltungsrats einer Gesellschaft bezieht, die im anderen Vertragsstaat ansässig ist, können im anderen Staat besteuert werden.

Zur Aufteilung von Besteuerungsrechten bei grenzüberschreitenden Sachverhalten hat die Bundesrepublik Deutschland bilaterale Abkommen zur Vermeidung der Doppelbesteuerung, sog. Doppelbesteuerungsabkommen (**DBA**) mit ca. 100 Nationen abgeschlossen. Bei Zahlungen an im Ausland ansässige Mitglieder eines Aufsichtsrats oder anderer mit der Überwachung der Geschäftsführung von inländischen Körperschaften, Personenvereinigungen und Vermögensmassen beauftragten Personen ergibt sich eine Begrenzung des deutschen Besteuerungsrechts aus **Art. 16** des OECD-Musterabkommens zur Vermeidung der Doppelbesteuerung auf dem Gebiet der Steuern vom Einkommen und vom Vermögen (**OECD-MA**). Danach steht das Besteuerungsrecht für Aufsichtsrats- und Verwaltungsratsvergütungen und ähnliche Zahlungen, die eine in einem Vertragsstaat ansässige Person in ihrer Eigenschaft als Mitglied des Aufsichts- oder Verwaltungsrats einer Gesellschaft bezieht, die im anderen Vertragsstaat ansässig, dem Staat zu, in dem die Gesellschaft ansässig ist, deren Geschäftsführung überwacht wird.

Beispiel

Die Hauptversammlung einer deutschen AG mit Sitz in München bestellt Frau X, eine Rechtsanwältin, die in den Niederlanden ansässig ist, als Mitglied des Aufsichtsrats für die Dauer von vier Jahren. In ihrer Funktion als Aufsichtsratsmitglied ist Frau X dazu beauftragt, die Arbeit des Vorstands der deutschen AG zu überwachen. Für ihre Tätigkeiten erhält Frau X eine Vergütung i. H. v. 10.000 EUR.

Lösung

Ertragsteuerrechtliche Würdigung
Frau X ist gem. § 1 Abs. 4 EStG i. V. m. § 49 EStG in Deutschland beschränkt steuerpflichtig. Bei den für die Überwachung des Vorstands der deutschen AG gewährten Vergütungen handelt es sich um inländische Einkünfte i. S. d. § 49 Abs. 1 Nr. 3 EStG (i. V. m. § 18 Abs. 1 Nr. 3 EStG). Die Einkommensteuer wird gem. § 50a Abs. 1 Nr. 4 EStG (i. V. m. § 49 Abs. 1 Nr. 3 EStG) im Wege des Steuerabzugs erhoben. Der Steuersatz beträgt grundsätzlich 30 % der Einnahmen (§ 50a Abs. 2 Satz 1 EStG) zuzüglich 5,5 % Solidaritätszuschlag darauf.

Abkommensrechtliche Würdigung
Der **persönliche Anwendungsbereich** des DBA zwischen der Bundesrepublik Deutschland und dem Königreich der Niederlande (**DBA Niederlande**) ist eröffnet, da es sich sowohl bei Frau X als auch bei der deutschen AG um in einem der Vertragsstaaten (hier: Deutschland und Niederlande) ansässige Personen i. S. d. Art. 4 Abs. 1 DBA Niederlande handelt (Art. 1 DBA Niederlande).
Weiterhin ist der **sachliche Anwendungsbereich** eröffnet: bei der deutschen Einkommen-steuer handelt es sich um eine Steuer, für die gem. Art. 2 Abs. 3 Buchst. a Doppelbuchst. aa DBA Niederlande das Abkommen gilt.
Nach Art. 15 Abs. 1 DBA Niederlande können **Aufsichtsrats- und Verwaltungsratsvergütungen** und sonstige Vergütungen, die eine in einem Vertragsstaat ansässige Person (hier: Niederlande) in ihrer Eigenschaft als Mitglied des Aufsichts- oder Verwaltungsrats einer Gesellschaft bezieht, die im anderen Vertragsstaat ansässig ist (hier: Deutschland), im anderen Staat besteuert werden (hier: Deutschland). Art. 15 DBA Niederlande räumt damit Deutschland das Besteuerungsrecht ein. Zur Vermeidung der Doppelbesteuerung rechnen die Niederlande die deutsche Einkommensteuer an (Art. 22 Abs. 2 DBA Niederlande).

4.2 Abkommensrechtliche Besonderheiten

4.2.1 Vereinigte Staaten von Amerika

Entsprechend der Regelung in Art. 16 OECD-MA weisen fast alle zurzeit geltenden DBA das Besteuerungsrecht für Aufsichts- und Verwaltungsratsvergütungen dem Staat zu, in dem die zahlende / überwachte Gesellschaft ansässig ist. Einige DBA entsprechen jedoch nicht dem OECD-MA und beinhalten vereinzelt Abweichungen.

Beispielsweise enthält das DBA zwischen der Bundesrepublik Deutschland und den Vereinigten Staaten von Amerika vom 04.06.2008 (**DBA USA**) eine Abweichung zu Art. 16 OECD-MA. Nach Art. 16 DBA USA können Aufsichtsrats- oder Verwaltungsratsvergütungen und ähnliche Zahlungen, die eine in einem Vertragsstaat ansässige Person für Dienste bezieht, die sie **im anderen Vertragsstaat** in ihrer Eigenschaft als Mitglied des Aufsichts- oder Verwaltungsrats einer im anderen Vertragsstaat ansässigen Gesellschaft **leistet**, im anderen Vertragsstaat besteuert werden. Entgegen Art. 16 OECD-MA hat der Quellenstaat hiernach kein umfassendes Besteuerungsrecht an den Vergütungen für die Tätigkeit als

Aufsichts- oder Verwaltungsrat; er darf nur insoweit besteuern, als der Steuerpflichtige die als Aufsichts- oder Verwaltungsrat tatsächlich im Quellenstaat ausübt.

4.2.2 Republik Frankreich

Hinsichtlich der Zuweisung des Besteuerungsrechts für Aufsichts- und Verwaltungsratsvergütungen weicht das DBA zwischen der Bundesrepublik Deutschland und der Französischen Republik vom 21.07.1959 (**DBA Frankreich**) ebenfalls von Art. 16 OECD-MA ab.

Nach Art. 11 Abs. 1 DBA Frankreich können Tantiemen, Anwesenheitsgelder und sonstige Vergütungen, die Mitglieder des Aufsichtsrates von Aktiengesellschaften oder Kommanditgesellschaften auf Aktien oder Mitglieder ähnlicher Organe in dieser Eigenschaft erhalten, vorbehaltlich des Art. 11 Abs. 2 DBA Frankreich nur in dem Vertragsstaat besteuert werden, in dem der Bezugsberechtigte ansässig ist. Aufgrund Art. 11 Abs. 2 DBA Frankreich bleibt das deutsche Recht zur Erhebung der Abzugsteuer i. S. d. § 50a Abs. 1 Nr. 4 EStG dennoch unberührt: jeder der Vertragsstaaten behält das Recht, die Steuer von den in Art. 11 Abs. 1 DBA Frankreich bezeichneten Einkünften nach seinen nationalen Rechtsvorschriften im Abzugsweg (an der Quelle) zu erheben.

4.3 Verfahrensrechtliche Besonderheiten

Grundsätzlich hat der Steuerabzug nach § 50a EStG ungeachtet der Begünstigungen auf Basis eines DBA in voller Höhe zu erfolgen (§ 50d Abs. 1 Satz 1 EStG), d. h. dass eine unmittelbare Anwendung der Steuerbefreiung des jeweils einschlägigen DBA nicht möglich ist. Die Steuerbefreiung ist vielmehr antragsabhängig ausgestaltet. Da das Besteuerungsrecht regelmäßig der Bundesrepublik Deutschland zugewiesen wird, kommt es in der Praxis nur vereinzelt zur Entlastung von deutscher Abzugsteuer.

> **WICHTIG**
>
> Der Steuerabzug hat, ungeachtet eventuell anzuwendender abkommensrechtlicher Begünstigungen, in voller Höhe für Rechnung des Vergütungsgläubigers zu erfolgen.

Liegt eine Begrenzung des deutschen Besteuerungsrechts vor, steht dem Steuerpflichtigen bei einem Steuerabzug nach § 50a Abs. 1 Nr. 4 EStG **ausschließlich** das **Erstattungsverfahren** (§ 50d Abs. 1 EStG) für die (teilweise) Entlastung vom deutschen Steuerabzug zur Verfügung (*BZSt*, Merkblatt zum Antrag nach § 50d EStG auf Erstattung von deutscher Abzugsteuer aufgrund von DBA bei Vergütungen an Aufsichtsrats- und Verwaltungsratsmitglieder). Eine Entlastung vom Steuerabzug nach § 50a Abs. 1 EStG im Wege des Freistellungsverfahrens (§ 50d Abs. 2 EStG) ist bei Aufsichtsratsvergütungen nicht möglich.

> **WICHTIG**
>
> Eine Entlastung vom Steuerabzug nach § 50a Abs. 1 EStG im Wege des Freistellungsverfahrens (§ 50d Abs. 2 EStG) ist bei Aufsichtsratsvergütungen nicht möglich. Dem Steuerpflichtigen steht lediglich das Erstattungsverfahren (§ 50d Abs. 1 EStG) zur Verfügung.

Der Erstattungsantrag ist gem. § 50d Abs. 1 Satz 3 Hs. 2 EStG nach amtlich vorgeschriebenem **Vordruck** in Papierform beim BZSt einzureichen. Für jeden Vergütungsschuldner ist ein gesonderter Antrag des Vergütungsgläubigers erforderlich.

Soweit ersichtlich sind hinsichtlich der Erstattung deutscher Abzugsteuer bei Vergütungen an Aufsichtsrats- und Verwaltungsratsmitglieder keine gesonderten Antragsformulare vorgesehen. Es bietet sich an, die für Künstler / Sportler vorgesehenen Formulare zu verwenden. Die Antragsformulare sind auf der Homepage des BZSt unter der Rubrik »*Steuern International – Abzugsteuerentlastung – Freistellung / Erstattung – Formulare*« zu finden.

Antragsteller ist grundsätzlich der Vergütungsgläubiger. Der Antrag kann auch von einem **Dritten** (insbes. vom Vergütungsschuldner) gestellt werden. Voraussetzung hierfür ist, dass der Vergütungsgläubiger schriftlich eine entsprechende Vollmacht ausstellt und diese dem BZSt im Original vorgelegt wird.

Verwendet man die für Künstler und Sportler vorgesehenen Vordrucke wären von dem Antragsteller die folgenden Angaben zu machen:
- Gläubiger der Vergütung;
- Schuldner der Vergütung;
- Gegenstand des Vertrags (eine Kopie ist beizufügen);
- Angaben zum beantragten Gegenstand des Verfahrens (hier: Erstattung).

Weiterhin wären die Antragsformulare um den zu erstattenden Steuerbetrag und um die Angabe einer **Bankverbindung** für die Überweisung des Erstattungsbetrags zu ergänzen.

Die Richtigkeit und Vollständigkeit der gemachten Angaben ist zu versichern. Das Antragsformular ist vor diesem Hintergrund vom Antragsteller bzw. seinem Bevollmächtigten zu **unterschreiben**.

Dem Erstattungsantrag sind die **Steuerbescheinigungen** des Vergütungsschuldners im Original beizufügen. Das Muster einer Steuerbescheinigung ist auf der Homepage des BZSt unter »*Steuern International / Abzugsteuern gem. §§ 50, 50a EStG / Formulare, Merkblätter und Vorschriften*« abrufbar. Weitere Voraussetzung für die Erstattung deutscher Abzugsteuer ist, dass die entstandenen Steuerabzugsbeträge auch tatsächlich an das BZSt abgeführt wurden. Eine Bestätigung der Abführung sowie der Angaben in der Steuerbescheinigung durch das BZSt ist gesetzlich nicht vorgesehen und wird seit dem 01.03.2015 auch nicht mehr vorgenommen (vereinfachter Verfahrensablauf).

V. Haftungsrisiko und Risikomanagement im Steuerabzugsverfahren

1 Haftungsinanspruchnahme und steuerstraf- sowie ordnungswidrigkeitsrechtliche Risiken

Kommt ein Unternehmen als Vergütungsschuldner seiner Verpflichtung zur Einbehaltung, Anmeldung und Abführung der Abzugsteuer nach § 50a Abs. 5 Satz 2 EStG nicht vorschriftsmäßig nach, trägt es das Risiko, von der Finanzverwaltung unmittelbar für die Abzugsteuer in Anspruch genommen zu werden (§ 50a Abs. 5 Satz 4 EStG). Wird durch dieses Fehlverhalten der Tatbestand der Steuerhinterziehung (§ 370 AO) oder der leichtfertigen Steuerverkürzung (§ 378 AO) verwirklicht, droht dem Unternehmen zusätzlich das Risiko einer Geldbuße (§ 30 OWiG) oder der Abschöpfung von Zinsvorteilen (§ 29a OWiG). Aber auch die Geschäftsleitung kann unter gewissen Umständen mit ihrem Privatvermögen zur Haftung herangezogen werden (§§ 69, 71 AO) sowie persönlich steuerstraf- und bußgeldrechtlich sanktioniert werden (§§ 370, 378, 380 AO, § 130 OWiG).

1.1 Haftungsinanspruchnahme des Vergütungsschuldners

1.1.1 Allgemeines

Die Abzugsteuer entsteht in dem Zeitpunkt, in dem die Vergütung i. S. d. § 50a Abs. 1 EStG dem Gläubiger zufließt (§ 50a Abs. 5 Satz 1 EStG) und dieser Verfügungsmacht über die Vergütung erlangt. Zu diesem Zeitpunkt hat der Vergütungsschuldner den Steuerabzug für Rechnung des beschränkt steuerpflichtigen Vergütungsgläubigers (= Steuerschuldner) vorzunehmen. Der Steuerabzug hat ungeachtet eventuell anzuwendender abkommensrechtlicher Begünstigungen in voller Höhe für Rechnung des Vergütungsgläubigers zu erfolgen, sofern im Zeitpunkt der Zahlung keine vom Bundeszentralamt für Steuern (**BZSt**) erteilte, für diese Vergütung und diesen Zeitpunkt gültige Freistellungsbescheinigung vorliegt oder in Fällen des § 50a Abs. 1 Nr. 3 EStG das Kontrollmeldeverfahren (§ 50d Abs. 5 EStG) Anwendung findet.

Der inländische Schuldner der Vergütung haftet für die Einbehaltung und Abführung der Abzugsteuer (§ 50a Abs. 5 Satz 4 EStG; § 73g EStDV). Bestehen Zweifel hinsichtlich des Status des Vergütungsgläubigers als beschränkt oder unbeschränkt Steuerpflichtiger, hat der Vergütungsschuldner zur Vermeidung eines eigenen **Haftungsrisikos** daher den Steuerabzug grundsätzlich in voller Höhe vorzunehmen (BMF vom 25.11.2010, BStBl I 2010, 1350, Rz. 10).

Wurde der Steuerabzug nicht vorschriftsgemäß vorgenommen, kann der Vergütungsschuldner bis zum Ablauf der Verjährungsfrist für nicht oder nicht in korrekter Höhe einbehaltene bzw. abgeführte Steuern mittels **Haftungsbescheid** (§ 191 Abs. 1 Satz 1 AO) oder mittels **Nachforderungsbescheid** (§ 167 Abs. 1 Satz 1 AO i. V. m. § 155 Abs. 1 AO) unmittelbar in Anspruch genommen werden. Dies gilt grundsätzlich ungeachtet eines möglichen Entlastungsanspruchs des Vergütungsgläubigers aus einem Doppelbesteuerungsabkommen (**DBA**).

Zuständig für den Erlass eines Haftungsbescheides ist das BZSt. Für Vergütungen, die vor dem 01.01.2014 geleistet wurden, wird der Haftungsbescheid durch das lokal zuständige Finanzamt erlassen. Der Zustellung eines Haftungsbescheids an den Vergütungsschuldner bedarf es nicht, wenn der Schuldner der Vergütung die einzubehaltende Steuer dem BZSt bzw. dem lokalen Finanzamt (nachträglich) ordnungsgemäß angemeldet hat oder einem Prüfungsbeamten seine Verpflichtung zur Zahlung der Steuer schriftlich anerkannt hat (§ 73 g Abs. 2 EStDV).

Hat der Schuldner der Vergütung den Steuerabzug nicht vorschriftsmäßig vorgenommen, kann ebenfalls der Steuerschuldner (= **Vergütungsgläubiger**) in Anspruch genommen werden (§ 50a Abs. 5 Satz 5 EStG). Die Inanspruchnahme des Vergütungsgläubigers ist unabhängig davon, ob ihm die nicht ordnungsgemäße Einbehaltung und Abführung der Abzugsteuer bekannt war (BMF vom 25.11.2010, BStBl I 2010, 1350, Rz. 58).

Auch wenn der Vergütungsschuldner und der Gläubiger der Vergütungen grundsätzlich **Gesamtschuldner** i.S d. § 44 Abs. 1 AO sind (BMF vom 25.11.2010, BStBl I 2010, 1350, Rz. 58), wird seitens der Finanzverwaltung von der Möglichkeit, den Vergütungsgläubiger nach § 50a Abs. 5 Satz 5 EStG durch Nachforderungsbescheid in Anspruch zu nehmen, in der Praxis in pflichtgemäßer Ausübung ihres **Auswahlermessens** seltener Gebrauch gemacht: mangels inländischem Wohnsitz bzw. Sitz ergeben sich regelmäßig tatsächliche und rechtliche Schwierigkeiten im Zusammenhang mit der Zustellung und Beitreibung im Ausland, wodurch sich der Steueranspruch daher ungleich schwerer durchsetzen lässt (BFH vom 17.10.2007, I R 81,82/06, BFH/NV 2008, 356). Einer besonderen Darlegung zur Ausübung des Auswahlermessens im an einen Vergütungsschuldner gerichteten Haftungs- oder Nacherhebungsbescheid bedarf es mangels ersichtlicher Zugriffsmöglichkeit nicht; ein Hinweis auf diese Umstände im Bescheid ist ausreichend. Eine Haftungsinanspruchnahme des Vergütungsschuldners ist auch dann ermessensfehlerfrei, wenn der Vergütungsgläubiger nicht mehr existent ist (BFH vom 19.12.2012, I R 81/11, BFH/NV 2013, 698).

1.1.2 Ausnahmen von der Haftungsinanspruchnahme

Von der grundsätzlichen Haftungsinanspruchnahme des Vergütungsschuldners bestehen die folgenden Ausnahmen:
1. Hat der Vergütungsschuldner auf Grundlage einer wirksam erteilten, aber unrichtigen **Freistellungsbescheinigung** den Steuerabzug unterlassen, so ist seine Inanspruch-

nahme nicht möglich, da der Schuldner einer Vergütung i. S. d. § 50a EStG auf die Rechtmäßigkeit einer (wirksamen) Freistellungsbescheinigung vertrauen kann. Eine Haftungsinanspruchnahme nach § 50a Abs. 5 Satz 4 EStG wäre insoweit ermessensfehlerhaft (BFH vom 26.07.1995, I B 200/94, IStR 1995, 580). Bei Widerruf einer Freistellungsbescheinigung nach § 131 AO gilt dies allerdings nur, wenn der Vergütungsschuldner keine Kenntnis von dem Widerruf hatte. War der Vergütungsschuldner an dem Erlass einer rechtswidrigen Freistellungsbescheinigung beteiligt (oder hatte er hiervon zumindest Kenntnis), läge eine Haftungsinanspruchnahme des Vergütungsschuldners im Ermessen der Finanzverwaltung.

2. Eine Haftungsinanspruchnahme des Vergütungsschuldners entfällt ferner, wenn
   – ein Steuerabzug aufgrund eines **entschuldbaren Rechtsirrtums** unterblieben ist (FG Berlin Brandenburg vom 04.04.2012, 12 V 12204/11, EFG 2012, 1352; BFH vom 19.12.2012, I R 81/11, BFH/NV 2013, 698);
   – der Steuer- bzw. Zahlungsanspruch **verjährt** ist (BFH vom 15.05.2005, BFH/NV 2005, 1782) oder
   – der Vergütungsgläubiger **nicht beschränkt steuerpflichtig** ist.

   Ob eine beschränkte Steuerpflicht des Vergütungsgläubigers vorliegt, kann der Vergütungsschuldner überprüfen lassen, indem er gegen den Haftungsbescheid Einspruch einlegt (§ 347 ff. AO). Das zuständige Finanzamt bzw. BZSt hat dann i. R. d. Einspruchsverfahrens über diese Rechtsfrage zu entscheiden und den Haftungsbescheid ggf. aufzuheben. Nach erfolglosem Einspruchsverfahren ist die Klage vor dem Finanzgericht gegeben (§ 40 FGO).

3. Auf Grundlage älterer Rechtsprechung (BFH vom 22.10.1986, I R 261/82, BStBl II 1987, 171), die das Abkommensrecht nach § 2 Abs. 1 AO als höherrangiges Recht einstufte, war eine Haftungsinanspruchnahme des Vergütungsgläubigers im Falle von **vorbehaltloser Steuerfreiheit** nach dem jeweils anzuwendenden DBA – also in Fällen, in denen die Steuerfreiheit im jeweiligen DBA nicht als **antragsabhängige Steuerbefreiung** ausgestaltet ist – ebenfalls nicht zulässig. Der Haftungsschuldner konnte sich somit auch ohne den Erlass einer Freistellungsbescheinigung unmittelbar auf die Steuerbefreiung eines DBA berufen, da die Erhebung von Quellensteuern in diesen Fällen als rechtswidriger Verstoß gegen geltendes Abkommensrecht angesehen wurde (*Loschelder*, in Schmidt: § 50d EStG, Rz. 5, 6).

Eine vorbehaltlose Steuerfreiheit ist in einer Reihe meist älterer DBA vereinbart (s. hierzu die tabellarische Übersicht in *Kempf/Köllmann*, IStR 2014, 286). Mit dem Beschluss des Verfassungsgerichts vom 15.12.2016 (2 BvL 1/12) ist nunmehr höchstrichterlich entschieden, dass eine Einschränkung des DBA-Rechts durch nationale Vorschriften (**Treaty Override**) verfassungsgemäß ist. Die Frage, ob ein DBA eine vorbehaltlose Steuerfreiheit vorsieht, sollte daher für den Vergütungsschuldner nicht länger von praktischer Relevanz sein (*Frotscher*, IStR 2016, 561; noch anhängige Verfahren zur Frage der Verfassungsmäßigkeit von Treaty Overrride: 2 BvL 15/14 und 2 BvL 21/14). Der Vergütungsschuldner kann demzufolge – auch wenn das DBA eine antragsunabhängige Steuerbefreiung vorsieht – rechtmäßig als Haftungsschuldner in Anspruch genommen werden und zwar in Höhe des vollen Steuerabzugsbetrages nach § 50a Abs. 2 EStG.

Unberührt hiervon bleibt das Recht des beschränkt steuerpflichtigen Vergütungsgläubigers sich im Falle einer Nachforderung unmittelbar auf die Steuerbefreiung des einschlägigen DBAs zu berufen (BMF vom 25.11.2010, BStBl I 2010, 1350, Rz. 77).

1.1.3 Frist zur Haftungsinanspruchnahme

Neben der sachlichen Beschränkung besteht auch eine zeitliche Beschränkung der Haftungsinanspruchnahme des Vergütungsschuldners.

Aufgrund der **Akzessorietät** der Haftung von der ihr zugrundeliegenden Steuerschuld kann eine Haftungsinanspruchnahme nur erfolgen, wenn und soweit die Steuerschuld entstanden ist und materiell-rechtlich zum Zeitpunkt des Erlasses des Haftungsbescheides noch besteht (§ 191 Abs. 5 Nr. 1 Satz 1 AO). Die kontrovers diskutierte Rechtsfrage, ob die Akzessorietät sich dabei auf die Entrichtungsschuld des Vergütungsschuldners bezieht (*Wied*, in: Blümich, § 50a EStG, Rz. 127) oder auf die Steuerschuld des Vergütungsgläubigers (BMF vom 24.4.1997, BStBl I 1997, 414; BFH vom 13.12.2011, II R 26/10, BStBl II 2013, 596) ist in Bezug auf die Festsetzungsverjährung obsolet geworden, da nach dem durch das AmtshilfeRLUmsG eingefügten **§ 171 Abs. 15 AO** die Festsetzungsfrist gegenüber dem Steuerschuldner nicht vor Ablauf der gegenüber dem Steuerentrichtungspflichtigen geltenden Festsetzungsfrist endet. Die Vorschrift ist anzuwenden auf alle Fälle, in denen die Festsetzungsfrist am 30.06.2013 noch nicht abgelaufen war (Art. 97 § 10 Abs. 11 EGAO). Der Gleichlauf der Festsetzungsfristen bewirkt, dass sich nunmehr sowohl anlauf- als auch ablaufhemmende Umstände (wie z. B. keine oder verspätete Abgabe der Steueranmeldung oder Beginn der Außenprüfung bei dem Vergütungsschuldner) auf die Festsetzungsfrist des Steuerschuldners auswirken und somit nicht mehr ins Leere laufen.

Den regelmäßigen Beginn der **Festsetzungsfrist** normiert § 170 AO. Da die nach § 50a Abs. 5 EStG vorzunehmende Steueranmeldung gem. § 168 AO einer Steuerfestsetzung unter dem Vorbehalt der Nachprüfung gleichsteht (im Falle einer Erstattung erst nach – formloser – Zustimmung durch die Finanzverwaltung), beginnt die Festsetzungsfrist mit Ablauf des Kalenderjahres, in dem die Steueranmeldung an das BZSt übermittelt wurde (§ 170 Abs. 2 Satz 1 Nr. 1 AO). Wurde keine Steueranmeldung übermittelt, beginnt die Festsetzungsfrist mit Ablauf des dritten Kalenderjahrs, das auf das Kalenderjahr folgt, in dem die Steuer entstanden ist. Die reguläre Festsetzungsfrist beträgt vier Jahre (§ 169 Abs. 2 Satz 1 Nr. 2 AO), bei leichtfertiger Steuerverkürzung fünf Jahre und bei Steuerhinterziehung zehn Jahre (§ 169 Abs. 2 Satz 2 AO). Die in § 171 AO normierten Regelungen der Ablaufhemmung sind zu beachten.

Beispiel

Im Jahr 01 erhält der beschränkt Steuerpflichtige A eine Lizenzzahlung von dem inländischen Vergütungsschuldner B. Die reguläre Festsetzungsfrist für die auf die Lizenzzahlung entfallende Steuer würde gegenüber A nach § 169 Abs. 2 Nr.1 AO mit Ablauf des Jahres 05 enden.

Nach § 171 Abs. 15 AO endet die Festsetzungsfrist gegenüber A jedoch nicht bevor die Festsetzungsfrist gegenüber B abgelaufen ist. Gibt B keine Steueranmeldung für die auf die Lizenzzahlung zu entrichtende Abzugsteuer nach § 50a EStG ab, so endet die Festsetzungsfrist gegenüber A und B erst mit Ablauf des Jahres 08 (bei leichtfertiger Steuerverkürzung mit Ablauf des Jahres 09 und bei Steuerhinterziehung mit Ablauf des Jahres 14).

Für die Festsetzungsverjährung des Haftungsbescheids sind neben den §§ 169 ff. AO auch die speziellen Regelungen des § 191 Abs. 3 Sätze 2 bis 5 AO einschlägig. Danach können Haftungsbescheide auch nach Bestandskraft oder auch nach Ablauf der Festsetzungsfrist aufgehoben oder zugunsten des Haftungsschuldners geändert werden (BFH vom 12.08.1997, BStBl II 1998, 131). Soweit ein Haftungsbescheid aufgehoben wird, hat der Haftungsschuldner nach § 37 Abs. 2 AO einen Anspruch auf Erstattung gegenüber der den Haftungsbescheid erlassenden Finanzbehörde.

Beispiel

Im Jahr 01 erhält der beschränkt Steuerpflichtige A eine Lizenzzahlung von dem inländischen Vergütungsschuldner B. B reicht keine Steueranmeldung für die auf die Lizenzzahlung zu entrichtende Abzugsteuer nach § 50a EStG ein. Die reguläre Festsetzungsfrist ggü. A und B endet mit Ablauf des Jahres 08. Am 27.12.08 erlässt die Finanzverwaltung gegenüber B einen Haftungsbescheid. Dieser Haftungsbescheid kann auch nach dem 31.12.08 noch zugunsten des B geändert werden.

1.2 Haftungsinanspruchnahme der Geschäftsleitung

Die Erfüllung der steuerlichen Pflichten eines Unternehmens obliegt nach § 34 Abs. 1 Satz 1 AO dem gesetzlichen Vertreter, d.h. bei juristischen Personen dem Vorstand bzw. der Geschäftsleitung.

> **Pflichten der gesetzlichen Vertreter und der Vermögensverwalter im Sinne des § 34 AO**
> (1) Die gesetzlichen Vertreter natürlicher und juristischer Personen und die Geschäftsführer von nicht rechtsfähigen Personenvereinigungen und Vermögensmassen haben deren steuerliche Pflichten zu erfüllen. Sie haben insbesondere dafür zu sorgen, dass die Steuern aus den Mitteln entrichtet werden, die sie verwalten.
> (…)

Werden Steueranmeldungen nach § 50a EStG nicht, verspätet, unvollständig oder mit materiell unrichtigen Angaben eingereicht, liegt eine Verletzung der Steuerabzugs-, Steueranmelde- und Abführungsverpflichtung nach § 50a Abs. 5 Satz 2 und 3 EStG bzw. § 73e

EStDV durch die gesetzlichen Vertreter vor. Wurde diese Pflichtverletzung durch die **gesetzlichen Vertreter vorsätzlich oder grob fahrlässig** begangen und wurden hierdurch Steuern nicht oder nicht rechtzeitig festgesetzt oder gezahlt (Kausalität), haften die gesetzlichen Vertreter für die Ansprüche aus dem Steuerschuldverhältnis gesamtschuldnerisch neben dem originären Steuerschuldner (§ 44 AO) und unbeschränkt mit ihrem gesamten **Privatvermögen**. Die Haftung umfasst auch die infolge der Pflichtverletzung ggf. zu zahlenden Säumniszuschläge (§§ 69 Satz 2, 240 AO).

Haftung der Vertreter im Sinne des § 69 AO
Die in den §§ 34 und 35 bezeichneten Personen haften, soweit Ansprüche aus dem Steuerschuldverhältnis (§ 37) infolge vorsätzlicher oder grob fahrlässiger Verletzung der ihnen auferlegten Pflichten nicht oder nicht rechtzeitig festgesetzt oder erfüllt oder soweit infolgedessen Steuervergütungen oder Steuererstattungen ohne rechtlichen Grund gezahlt werden. Die Haftung umfasst auch die infolge der Pflichtverletzung zu zahlenden Säumniszuschläge.

Die Haftung nach § 69 AO findet Anwendung sowohl bei einer leichtfertigen Steuerverkürzung (§ 378 AO) als auch bei einer Steuerhinterziehung (§ 370 AO).

Die Haftung knüpft an die Stellung als Vorstand bzw. Geschäftsführer einer Gesellschaft an, unabhängig davon, ob dieser tatsächlich die Geschicke der Gesellschaft lenkt oder lediglich als »Strohmann« bestellt ist (*Aichberger/Schwartz*, DStR 2015, 1691). Unerheblich ist auch, ob der Vorstand oder Geschäftsführer subjektiv die steuerlichen Pflichten der Gesellschaft kennt oder ob er überhaupt diesbezügliche Einblicke hat.

Neben der objektiven Stellung als Vertreter der Gesellschaft setzt § 69 AO eine **Verletzung der steuerlichen Pflichten** voraus. Nach § 34 Abs. 1 Satz 1 AO hat der Vorstand bzw. Geschäftsführer die steuerlichen Pflichten der Gesellschaft, wie z. B. die Einbehaltungs- und Abführungspflichten nach § 50a Abs. 5 Satz 2 und 3 EStG, zu erfüllen und für die Entrichtung der Steuerschulden aus den Mitteln der Gesellschaft zu sorgen. Sind mehrere Geschäftsführer bestellt, trifft auch bei einer unter den Geschäftsführern vereinbarten Aufgabenteilung grundsätzlich jeden – und damit auch einen sog. technischen Geschäftsführer – die Verantwortlichkeit für die Erfüllung der steuerlichen Pflichten der Gesellschaft (*Jäger*, in: Klein, § 378 AO, Rz. 20-24).

Die Unkenntnis der steuerlichen Pflichten sowie individuelles Unvermögen und daraus resultierende Unwissenheit schließen die Haftung nicht aus (*Aichberger/Schwartz*, DStR 2015, 1693). Delegiert der gesetzliche Vertreter die Erfüllung seiner Pflichten auf andere Mitarbeiter, muss er diese sorgfältig auswählen und überwachen, denn auch ein **Auswahl- oder Überwachungsverschulden** kann seine Haftung nach § 69 AO begründen. Ein Verschulden Dritter ist den gesetzlichen Vertretern jedoch nicht zuzurechnen. Eine Pflichtverletzung kann auch vorliegen, wenn erforderliche Kenntnisse und Fähigkeiten nicht beschafft, ein verlässlicher und sachkundiger Rechtsrat nicht eingeholt (**Übernahmeverschulden**) oder der steuerrechtliche Berater nicht über sämtliche für die Beurteilung erheblichen Umstände ordnungsgemäß informiert wird.

Die Haftung setzt nach § 69 AO des Weiteren ein Verschulden in Form von **Vorsatz oder grober Fahrlässigkeit** im Hinblick auf die Pflichtverletzung voraus. Von Vorsatz ist nur dann auszugehen, wenn die Pflichten und der Steueranspruch dem Grunde und der Höhe nach bekannt sind und eine Verkürzung des Steueranspruchs **gewollt bzw. zumindest billigend in Kauf** genommen wird. Grobe Fahrlässigkeit liegt vor, wenn **die zumutbare Sorgfalt in ungewöhnlich hohem Maße verletzt** wird (d. h. vergleichbar der Leichtfertigkeit i. S. d. § 378 AO). Der Vorwurf der groben Fahrlässigkeit wird dabei auch nicht durch mangelnde Entscheidungskompetenzen des Geschäftsführers aufgrund von Einflussnahme der Gesellschafter, fachliche Inkompetenz oder Unerfahrenheit entkräftet (*Aichberger/Schwartz*, DStR 2015, 1694).

Die Mitglieder der Geschäftsleitung haften des Weiteren nach **§ 71 AO** für verkürzte Steuern, wenn sie **persönlich** eine **Steuerhinterziehung (§ 370 AO)** oder Steuerhehlerei begehen oder an einer solchen als Anstifter oder Gehilfe teilnehmen.

Haftung des Steuerhinterziehers und des Steuerhehlers im Sinne des § 71 AO
Wer eine Steuerhinterziehung oder eine Steuerhehlerei begeht oder an einer solchen Tat teilnimmt, haftet für die verkürzten Steuern und die zu Unrecht gewährten Steuervorteile sowie für die Zinsen nach § 235 AO und die Zinsen nach § 233a AO, soweit diese nach § 235 Abs. 4 AO auf die Hinterziehungszinsen angerechnet werden.

Eine leichtfertige Steuerverkürzung (§ 378 AO) ist für die Haftung nach § 71 AO nicht ausreichend. Die Haftung nach § 71 AO und die Haftung nach § 69 AO können gleichzeitig und nebeneinander bestehen.

Die Haftung erstreckt sich grundsätzlich auch auf Zinsen nach § 233a AO, die auf Abzugsteuer nach § 50a EStG jedoch nicht entstehen können, und Hinterziehungszinsen (§ 235 AO), nicht jedoch auf sonstige steuerliche Nebenleistungen. Die Haftung ist begrenzt auf das eigene Handeln, d. h. eine Zurechnung des Handelns Dritter scheidet aus. Des Weiteren ist die Haftung betragsmäßig begrenzt auf den durch die eigene Handlung verursachten Vermögensschaden des Fiskus.

Im Hinblick auf Abzugsteuern nach § 50a EStG gibt es grundsätzlich drei Schuldner, die in Anspruch bzw. in Haftung genommen werden können:
- der beschränkt Steuerpflichtige als Steuerschuldner (§ 50a Abs. 5 Satz 5 EStG),
- der Steuerabzugsverpflichtete (§ 50a Abs. 5 Satz 4 EStG) und
- bei Vorliegen der Haftungsvoraussetzungen der steuerliche Vertreter (§§ 69, 71 AO).

Die Inanspruchnahme der Schuldner liegt nach § 191 Abs. 1 Satz 1 AO bzw. § 50a Abs. 5 Satz 4 EStG im Ermessen der Finanzverwaltung. Dieses bezieht sich sowohl darauf, ob überhaupt ein Haftungs- oder Nachforderungsbescheid erlassen wird (Entschließungsermessen), als auch darauf, gegen welchen der Schuldner ein Bescheid erlassen wird. In jedem Fall ist das Finanzamt verpflichtet, die Ausübung des Ermessens sachgerecht vorzunehmen und nachvollziehbar zu begründen.

Zusammenfassung: Steuerrechtliche Haftungsrisiken

Schuldner	Rechtsgrundlage	Drohende Sanktion
Vergütungsschuldner	§ 50a Abs. 5 Satz 1 EStG § 44 Abs. 1 AO	Haftung in Höhe der nicht ordnungsgemäß abgeführten Abzugsteuer
Vergütungsgläubiger	§ 50a Abs. 5 Satz 5 EStG § 44 Abs. 1 AO	Inanspruchnahme in Höhe der vom Vergütungsschuldner nicht ordnungsgemäß abgeführten Abzugsteuer
Geschäftsleitung des Vergütungsschuldners	§ 69 AO § 240 AO §§ 370, 378 AO	Haftung in Höhe der verkürzten Steuern und des verwirkten Säumniszuschlags
	§ 71 AO § 235 AO § 370 AO	Haftung in Höhe der verkürzten Steuern und der Hinterziehungszinsen

1.3 Steuerstraf- und ordnungswidrigkeitsrechtliche Risiken

1.3.1 Risiken für die Geschäftsleitung

Enthält eine von der Geschäftsleitung unterzeichnete **Steueranmeldung** nach § 50a EStG unrichtige oder unvollständige Angaben und werden damit Steuern verkürzt oder andere nicht gerechtfertigte Steuervorteile erlangt, kann hierdurch der Steuerstraftatbestand der **Steuerhinterziehung** (§ 370 Abs. 1 AO) oder die Steuerordnungswidrigkeit der **leichtfertigen Steuerverkürzung** (§ 378 Abs. 1 AO) verwirklicht sein. Wurde pflichtwidrig keine Steuererklärung bzw. Steueranmeldung abgegeben, dann liegt ein Verstoß gegen die Erklärungspflicht nach § 149 Abs. 1 Satz 1 AO vor, der ebenfalls als Steuerhinterziehung nach § 370 Abs. 1 Nr. 2 AO oder als leichtfertige Steuerverkürzung nach § 378 Abs. 1 AO qualifizieren kann. Wurde die Abzugsteuer nach § 50a EStG vorsätzlich oder leichtfertig nicht rechtzeitig einbehalten oder abgeführt, ist die Steuerordnungswidrigkeit der **Gefährdung von Steuerabzugsbeträgen** nach § 380 AO einschlägig. Hätte die Verletzung steuerlicher Pflichten durch geeignete Aufsichtsmaßnahmen verhindert oder wesentlich erschwert werden können, liegt unter Umständen eine **Verletzung der unternehmerischen Aufsichtspflicht** vor (§ 130 OWiG). In allen genannten Fällen kann die **Geschäftsleitung persönlich belangt** werden.

Den Straftatbestand der **Steuerhinterziehung** kann verwirklichen, wer in Steueranmeldungen unrichtige oder unvollständige Angaben macht.

Steuerhinterziehung im Sinne des § 370 AO

(1) Mit Freiheitsstrafe bis zu fünf Jahren oder mit Geldstrafe wird bestraft, wer
 1. den Finanzbehörden oder anderen Behörden über steuerlich erhebliche Tatsachen unrichtige oder unvollständige Angaben macht,

2. die Finanzbehörden pflichtwidrig über steuerlich erhebliche Tatsachen in Unkenntnis lässt oder
3. pflichtwidrig die Verwendung von Steuerzeichen oder Steuerstemplern unterlässt und dadurch Steuern verkürzt oder für sich oder einen anderen nicht gerechtfertigte Steuervorteile erlangt.
(…)

Unrichtige oder unvollständige Angaben können bereits dann vorliegen, wenn in der Steueranmeldung von der Rechtsauffassung der Finanzverwaltung oder Rechtsprechung abgewichen wird, ohne dass dies gegenüber der Finanzbehörde offengelegt wird.

Der Tatbestand der Steuerhinterziehung erfordert, dass Steuern mit **Vorsatz** verkürzt wurden. Auch der Versuch, Steuern zu verkürzen, ist strafbar (§ 370 Abs. 2 AO). Vorsatz ist gegeben bei einem **wissentlichen, absichtlichen Handeln** des Täters (direkter Vorsatz). Aber auch **Eventualvorsatz**, bei dem der Täter die Tatbestandsverwirklichung zwar nicht anstrebt jedoch für möglich hält und billigend in Kauf nimmt, ist ausreichend (*Jäger*, in: Klein, § 370 AO, Rz. 175). Von einer billigenden Inkaufnahme sollte grundsätzlich nicht auszugehen sein, wenn der Geschäftsleitung keine konkreten Anhaltspunkte dafür vorliegen, dass die von der internen Steuerabteilung oder einem externen Steuerberater erstellte Steueranmeldung unvollständige oder unrichtige Angaben enthält (*Aichberger/Schwartz*, DStR 2015, 1695). Voraussetzung dafür ist allerdings, dass ein wirksames steuerliches Kontrollsystem (**Tax-CMS**) für die betreffende Steuerart besteht, über dessen Umsetzung und Einhaltung sich die Geschäftsleitung regelmäßig unterrichten lässt (hierzu im Detail Kap. V.3.3).

Neben der Steuerhinterziehung durch aktives Tun (§ 370 Abs. 1 Nr. 1 AO) ist auch eine Verwirklichung des Tatbestands durch **Unterlassen** (§ 370 Abs. 1 Nr. 2 AO) möglich. Besondere praktische Relevanz erlangt die Steuerhinterziehung durch Unterlassen bei der nach § 153 AO bestehenden Pflicht zur Berichtigung von Steuererklärungen (Kap. V.3.1). Erkennt ein Steuerpflichtiger bzw. sein steuerlicher Vertreter (§§ 34, 35 AO) nachträglich und vor Ablauf der Festsetzungsfrist die Unrichtigkeit oder Unvollständigkeit einer von ihm oder für ihn eingereichten Steuererklärung bzw. -anmeldung und die dadurch bedingte (vollzogene oder drohende) Steuerverkürzung, ist er zur **unverzüglichen** Anzeige und nachfolgenden Berichtigung der Erklärung verpflichtet. Unterlässt der Verantwortliche dies bewusst, kann er hierdurch eine eigenständige Steuerhinterziehung durch Unterlassen begehen.

Der Strafrahmen für eine verwirklichte Steuerhinterziehung umfasst eine gegenüber dem Täter zu verhängende **Freiheitsstrafe bis zu fünf Jahren** oder eine **Geldstrafe**. In Fällen der besonders schweren Steuerhinterziehung (§ 370 Abs. 3 AO) droht dem Täter eine Freiheitsstrafe von sechs Monaten bis zu zehn Jahren. Ein besonders schwerer Fall kann in Anlehnung an den Betrugstatbestand u. a. vorliegen, wenn je Besteuerungszeitraum Steuern i. H. v. mehr als 50.000 EUR verkürzt werden (BGH vom 27.10.2015, 1 StR 373/15, NJW 2016, 965). Wichtig ist in diesem Zusammenhang, dass es für die Verurteilung eines Täters nicht allein auf das Übersteigen der Wertgrenze von 50.000 EUR (quantitatives Element) ankommt, sondern darüber hinaus auch in qualitativer Hinsicht Strafmilderungs- und Strafverschärfungsgründe i. R. d. Gesamtabwägung zu berücksichtigen sind.

Ist es zu einer Verwirklichung einer Steuerhinterziehung gekommen, so kann der Täter unter bestimmten Voraussetzungen durch eine **Selbstanzeige** (§ 371 AO) Straf- bzw. Bußgeldfreiheit erlangen (Kap. V.3.2). Hiervon unberührt bleiben jedoch die Sanktionsmöglichkeiten gegen die Geschäftsleitung nach § 380 AO sowie § 130 OWiG.

Handelt der Täter ohne Vorsatz, kommt eine **leichtfertige Steuerverkürzung (§ 378 AO)** in Betracht.

Leichtfertige Steuerverkürzung im Sinne des § 378 AO
(1) Ordnungswidrig handelt, wer als Steuerpflichtiger oder bei Wahrnehmung der Angelegenheiten eines Steuerpflichtigen eine der in § 370 Abs. 1 bezeichneten Taten leichtfertig begeht. § 370 Abs. 4 bis 7 gilt entsprechend.
(...)

Den Tatbestand der leichtfertigen Steuerverkürzung verwirklicht, wer als Steuerpflichtiger oder bei Wahrnehmung der Angelegenheiten eines Steuerpflichtigen eine der in § 370 Abs. 1 AO bezeichneten Taten **leichtfertig (d. h. mit an Vorsatz grenzender grober Fahrlässigkeit)** begeht. Leichtfertig handelt, wer die Sorgfalt außer Acht lässt, zu der er nach den besonderen Umständen des Falles und seinen persönlichen Fähigkeiten und Kenntnissen verpflichtet und imstande ist, obwohl sich ihm aufdrängen musste, dass dadurch eine Steuerverkürzung eintreten wird (*Jäger*, in: Klein, § 378 AO, Rz. 20-24).

Bei einer leichtfertigen Steuerverkürzung (§ 378 Abs.1 AO) droht dem Täter ein **Bußgeld** i. H. v. bis zu 50.000 EUR je Tat (§ 378 Abs. 2 AO). Das Höchstmaß der Geldbuße kann nach § 17 Abs. 4 OWiG überschritten werden, um den wirtschaftlichen Vorteil, den der Täter aus der Ordnungswidrigkeit gezogen hat, abzuschöpfen (*Jäger*, in: Klein, § 378 AO, Rz. 36-37).

Ist es zu einer Verwirklichung einer leichtfertigen Steuerverkürzung gekommen, kann der Täter unter bestimmten Voraussetzungen durch eine **Selbstanzeige** (§ 378 Abs. 3 AO) Straf- bzw. Bußgeldfreiheit erlangen (Kap. V.3.2). Hiervon unberührt bleiben jedoch die Sanktionsmöglichkeiten gegen die Geschäftsleitung nach § 380 AO sowie § 130 OWiG.

Kann den Mitgliedern der Geschäftsleitung hinsichtlich einer im Unternehmen durch andere Personen verwirklichten Steuerhinterziehung oder leichtfertigen Steuerverkürzung persönlich kein vorsätzliches oder leichtfertiges Handeln zur Last gelegt werden, können diese nach **§ 130 OWiG** für die **Verletzung ihrer Aufsichtspflicht**, d. h. Mängel in der betrieblichen Organisation, belangt werden.

Verletzung der Aufsichtspflicht in Betrieben und Unternehmen (§ 130 OWiG)
(1) Wer als Inhaber eines Betriebes oder Unternehmens vorsätzlich oder fahrlässig die Aufsichtsmaßnahmen unterlässt, die erforderlich sind, um in dem Betrieb oder Unternehmen Zuwiderhandlungen gegen Pflichten zu verhindern, die den Inhaber treffen und

deren Verletzung mit Strafe oder Geldbuße bedroht ist, handelt ordnungswidrig, wenn eine solche Zuwiderhandlung begangen wird, die durch gehörige Aufsicht verhindert oder wesentlich erschwert worden wäre. Zu den erforderlichen Aufsichtsmaßnahmen gehören auch die Bestellung, sorgfältige Auswahl und Überwachung von Aufsichtspersonen.
(...)

Diese Auffangvorschrift sanktioniert das **vorsätzliche oder fahrlässige Unterlassen von Kontrollmaßnahmen der Geschäftsleitung**, die erforderlich sind, um Zuwiderhandlungen einer anderen Person gegen strafrechtlich sanktionierte, betriebsbezogene Pflichten (sog. Anknüpfungstat) zu verhindern oder zu erschweren. Die Vorschrift findet auch Anwendung auf diejenigen Personen, auf die die Aufsichtspflichten delegiert wurden (z. B. Leiter der Steuerabteilung).

Schuldhaftes Verletzen der Aufsichtspflicht setzt voraus, dass die Geschäftsleitung weiß bzw. infolge mangelnder Sorgfalt nicht weiß, dass sie Aufsichtsmaßnahmen unterlässt und dies die Gefahr einer Zuwiderhandlung gegen steuerliche Pflichten durch dritte Personen begründet. Welche Kontrollmaßnahmen von der Geschäftsleitung zu ergreifen sind, hängt von der individuellen Unternehmenssituation ab, wie z. B. die Größe des Unternehmens. Zu den erforderlichen Aufsichtsmaßnahmen gehören in jedem Fall auch die Bestellung, sorgfältige Auswahl und Überwachung von Aufsichtspersonen.

Das Strafmaß bei einem Verstoß gegen § 130 OWiG richtet sich nach der Schwere der von der dritten Person begangenen Anknüpfungstat. Besteht diese in einer Steuerhinterziehung (§ 370 AO), beträgt die Geldbuße bis zu 1.000.000 EUR je Tat (§ 130 Abs. 3 Satz 1 OWiG). Wurde die Aufsichtspflichtverletzung fahrlässig aber nicht jedoch vorsätzlich begangen, reduziert sich das Höchstmaß auf 500.000 EUR (§ 17 Abs. 2 OWiG). Ist die Anknüpfungstat eine Ordnungswidrigkeit (§ 378 AO), ist das in dieser Vorschrift angedrohte Bußgeld entscheidend (§ 130 Abs. 3 Satz 2 OWiG), d. h. bei einer leichtfertigen Steuerverkürzung bis zu 50.000 EUR je Tat (§ 378 Abs. 2 AO).

Wurde von den Tätern der für § 130 OWiG erforderlichen Anknüpfungstat wirksam Selbstanzeige erstattet, ist in der Praxis umstritten, ob auch die Aufsichtspflichtverletzung nach § 130 OWiG sanktioniert werden kann.

In Bezug auf Abzugsteuern wird der Katalog der Ordnungswidrigkeiten um einen weiteren Tatbestand ergänzt. Die Steuerordnungswidrigkeit nach **§ 380 AO (Gefährdung der Abzugsteuer)** ist gegeben, wenn vorsätzlich oder leichtfertig die Steuerabzugsbeträge nicht, nicht vollständig oder nicht rechtzeitig von der an den Steuerschuldner gezahlten Vergütung einbehalten und an die Finanzverwaltung abgeführt werden.

Gefährdung der Abzugsteuern im Sinne des § 380 AO
(1) Ordnungswidrig handelt, wer vorsätzlich oder leichtfertig seiner Verpflichtung, Steuerabzugsbeträge einzubehalten und abzuführen, nicht, nicht vollständig oder nicht rechtzeitig nachkommt.

> (2) Die Ordnungswidrigkeit kann mit einer Geldbuße bis zu fünfundzwanzigtausend Euro geahndet werden, wenn die Handlung nicht nach § 378 geahndet werden kann.

Der Tatbestand enthält eine Doppelverpflichtung, wobei eine Ordnungswidrigkeit bereits gegeben ist, wenn eine der beiden Verpflichtungen (»einhalten oder abführen«) nicht erfüllt ist. In Fällen einer Nettovereinbarung, in der der Vergütungsschuldner die Abzugsteuer nach § 50a EStG zusätzlich zur geschuldeten Vergütung übernimmt, besteht jedoch keine Verpflichtung zur **Einbehaltung** (wohl aber zur Abführung) der Abzugsteuer, so dass diese nicht verletzt werden kann.

Als Täter für dieses Unterlassungsdelikt kommen bei juristischen Personen insbesondere die gesetzlichen Vertreter (§§ 34, 35 AO), d. h. die Geschäftsführer, in Betracht. Sind mehrere Geschäftsführer vorhanden, kann eine interne Geschäftsverteilung für die Erfüllung steuerlicher Pflichten die Verantwortung zwar begrenzen, aber nicht aufheben (*Jäger*, in: Klein, § 380 AO, Rz. 6). Der subjektive Tatbestand erfordert wie bei der Steuerhinterziehung nach § 370 AO bzw. der leichtfertigen Steuerverkürzung nach § 378 AO Vorsatz oder Leichtfertigkeit.

Die Ordnungswidrigkeit kann nach § 380 Abs. 2 AO gegenüber dem Täter mit einer Geldbuße geahndet werden. Diese beträgt mind. 5 EUR bis zu höchstens 25.000 EUR bei vorsätzlichem und bis zu 12.500 EUR bei leichtfertigem Verhalten (§§ 380 Abs. 2; 377 Abs. 2 AO, § 17 Abs. 1 und 2 OWiG). Genügt diese Sanktion der Höhe nach nicht zur Abschöpfung des wirtschaftlichen Vorteils, den der Täter aus der Ordnungswidrigkeit gezogen hat, kann es nach § 17 Abs. 4 OWiG überschritten werden. Liegt der gefährdete oder verkürzte Steuerabzugsbetrag unter 5.000 EUR und ist kein besonders vorwerfbares Verhalten gegeben, so kann nach § 104 Abs. 3 AStBV von der Verfolgung der Steuerordnungswidrigkeit abgesehen werden. Dies gilt ebenso, wenn der insgesamt gefährdete Betrag unter 10.000 EUR liegt und der gefährdete Zeitraum drei Monate nicht übersteigt (§ 47 Abs. 1 OWiG).

Das Erlangen einer Sanktionsfreiheit durch Selbstanzeige ist bei der Ordnungswidrigkeit nach § 380 AO nicht möglich, da sich die Vorschrift nicht auf eine Erklärungspflicht, sondern auf eine Zahlungspflicht bezieht und folglich für die nach § 371 AO erforderliche Berichtigung und / oder Ergänzung von Angaben kein Raum ist (*Jäger*, in: Klein, § 380 AO, Rz. 22).

Die Gefährdung der Abzugsteuer ist **subsidiär** gegenüber der Steuerhinterziehung gem. § 370 AO oder leichtfertigen Steuerverkürzung gem. § 378 AO (§ 380 Abs. 2 AO). Wird eine Steueranmeldung nicht eingereicht, kann dies als Steuerhinterziehung oder leichtfertige Steuerverkürzung qualifizieren. Mit der Nichtanmeldung wird daneben regelmäßig auch der Tatbestand des § 380 AO erfüllt sein. Da die Ordnungswidrigkeit jedoch hinter die beiden Verkürzungsdelikte zurück tritt, wird diese nicht geahndet, wenn die Nichtabgabe der Steueranmeldung steuerrechtlich verfolgt werden kann. Wird in Bezug auf die Nichtabgabe der Steueranmeldung das Verfahren eingestellt (§§ 398, 398a AO), von der Verhängung einer Geldstrafe abgesehen (§ 47 Abs. 1 OWiG) oder infolge wirksamer Selbstanzeige nach §§ 371, 378 Abs. 3 AO Straf- oder Bußgeldfreiheit erlangt, lebt die subsidiäre Ahndungsmöglichkeit nach § 380 AO jedoch wieder auf.

> **PRAXISHINWEIS**
>
> Erlangt die Geschäftsleitung durch eine Selbstanzeige für die verwirkliche Steuerhinterziehung oder -verkürzung Sanktionsfreiheit, kann sie dennoch für die Gefährdung der Abzugsteuern nach § 380 AO mit einem Bußgeld belangt werden.

1.3.2 Risiken für Unternehmen

In Deutschland existiert derzeit kein Unternehmensstrafrecht, welches bei im Unternehmen begangenen Steuerstraftaten oder Ordnungswidrigkeiten Sanktionen gegen juristische Personen ermöglicht. Ungeachtet dessen kann jedoch nach **§ 30 OWiG** eine Geldbuße (sog. **Verbandsgeldbuße**) gegen eine juristische Person verhängt werden, wenn eine **Leitungsperson eine Straftat oder Ordnungswidrigkeit begangen hat** (sog. Anknüpfungstat), durch welche die Pflichten der juristischen Person verletzt wurden oder durch die die juristische Person einen finanziellen Vorteil erlangt hat oder erlangen sollte.

> **Geldbuße gegen juristische Personen und Personenvereinigungen (§ 30 OWiG)**
> (1) Hat jemand
> 1. als vertretungsberechtigtes Organ einer juristischen Person oder als Mitglied eines solchen Organs,
> 2. als Vorstand eines nicht rechtsfähigen Vereins oder als Mitglied eines solchen Vorstandes,
> 3. als vertretungsberechtigter Gesellschafter einer rechtsfähigen Personengesellschaft,
> 4. als Generalbevollmächtigter oder in leitender Stellung als Prokurist oder Handlungsbevollmächtigter einer juristischen Person oder einer in Nummer 2 oder 3 genannten Personenvereinigung oder
> 5. als sonstige Person, die für die Leitung des Betriebs oder Unternehmens einer juristischen Person oder einer in Nummer 2 oder 3 genannten Personenvereinigung verantwortlich handelt, wozu auch die Überwachung der Geschäftsführung oder die sonstige Ausübung von Kontrollbefugnissen in leitender Stellung gehört,
>
> eine Straftat oder Ordnungswidrigkeit begangen, durch die Pflichten, welche die juristische Person oder die Personenvereinigung treffen, verletzt worden sind oder die juristische Person oder die Personenvereinigung bereichert worden ist oder werden sollte, so kann gegen diese eine Geldbuße festgesetzt werden.
> (…)

Im Ergebnis überträgt diese Vorschrift einen Rechtsverstoß, den eine natürliche Person begangen hat, auf eine juristische Person, um diese möglicherweise zusätzlich sanktionieren zu können. In der Praxis werden Unternehmensbußen aber auch häufig als einzige Sanktion verhängt, insbes. wenn eine persönliche Verantwortung innerhalb der Geschäftsleitung nicht rechtssicher festgestellt werden kann. Als Anknüpfungstat der natürlichen Person kommen insbes. die Steuerhinterziehung (§ 370 AO), leichtfertige Steuerverkürzung (§ 378 AO) sowie die Verletzung der Aufsichtspflicht (§ 130 OWiG) in Betracht. Ob diese Bezugstat geahndet wird, ist für das Verhängen der Verbandsgeldbuße unerheblich, es sei denn die Anknüpfungstat kann aus rechtlichen Gründen nicht verfolgt werden, wie z. B. im Fall der wirksamen Selbstanzeige der Täter (Kap. V.3.2).

Die Höhe der Verbandsgeldbuße richtet sich nach der Schwere der Anknüpfungstat.

Geldbuße gegen juristische Personen und Personenvereinigungen (§ 30 OWiG)
(...)
(2) Die Geldbuße beträgt
1. im Falle einer vorsätzlichen Straftat bis zu zehn Millionen Euro,
2. im Falle einer fahrlässigen Straftat bis zu fünf Millionen Euro.

Im Falle einer Ordnungswidrigkeit bestimmt sich das Höchstmaß der Geldbuße nach dem für die Ordnungswidrigkeit angedrohten Höchstmaß der Geldbuße. Verweist das Gesetz auf diese Vorschrift, so verzehnfacht sich das Höchstmaß der Geldbuße nach Satz 2 für die im Gesetz bezeichneten Tatbestände. Satz 2 gilt auch im Falle einer Tat, die gleichzeitig Straftat und Ordnungswidrigkeit ist, wenn das für die Ordnungswidrigkeit angedrohte Höchstmaß der Geldbuße das Höchstmaß nach Satz 1 übersteigt.
(...)

Im Falle einer vorsätzlichen Straftat (§ 370 AO) beträgt die Geldbuße bis zu 10.000.000 EUR und im Fall einer fahrlässigen Straftat bis zu 5.000.000 EUR (§ 30 Abs. 2 OWiG). Besteht die Anknüpfungstat in einer Ordnungswidrigkeit, so bestimmt sich das Höchstmaß der Geldbuße nach dem für diese Ordnungswidrigkeit angedrohten Höchstmaß der Geldbuße, d. h. bei einer leichtfertigen Steuerverkürzung 50.000 EUR je Tat. Im Falle einer Aufsichtspflichtverletzung nach § 130 OWiG verzehnfacht sich das Höchstmaß (§ 30 Abs. 2 Satz 3 i. V. m. § 130 Abs. 3 Satz 2 OWiG). Da die Geldbuße den wirtschaftlichen Vorteil, den der Täter aus der Ordnungswidrigkeit gezogen hat, übersteigen soll, kann das gesetzliche Höchstmaß der Verbandsgeldbuße nach § 30 Abs. 3 i. V. m. § 17 Abs. 4 OWiG überschritten werden. Die Festsetzung einer Verbandsgeldbuße nach § 30 OWiG ist bereits bei einem Bußgeld von mehr als 200 EUR in das Gewerbezentralregister einzutragen (§ 149 Abs. 2 GewO).

Wird gegen das Unternehmen keine Geldbuße nach § 30 OWiG festgesetzt, kann zur Abschöpfung des wirtschaftlichen Vorteils, den das Unternehmen durch eine von seinem Mitarbeiter begangene Straftat bzw. einer Ordnungswidrigkeit erlangt hat, eine **Verfallsanordnung nach § 29a OWiG** gegen das Unternehmen ergehen.

> **Einziehung des Wertes von Taterträgen (§ 29a OWiG)**
> (1) Hat der Täter durch eine mit Geldbuße bedrohte Handlung oder für sie etwas erlangt und wird gegen ihn wegen der Handlung eine Geldbuße nicht festgesetzt, so kann gegen ihn die Einziehung eines Geldbetrages bis zu der Höhe angeordnet werden, die dem Wert des Erlangten entspricht.
> (2) Die Anordnung der Einziehung eines Geldbetrages bis zu der in Absatz 1 genannten Höhe kann sich gegen einen anderen, der nicht Täter ist, richten, wenn
> 1. er durch eine mit Geldbuße bedrohte Handlung etwas erlangt hat und der Täter für ihn gehandelt hat,
> 2. ihm das Erlangte
>   a) unentgeltlich oder ohne rechtlichen Grund übertragen wurde oder
>   b) übertragen wurde und er erkannt hat oder hätte erkennen müssen, dass das Erlangte aus einer mit Geldbuße bedrohten Handlung herrührt, oder
> 3. das Erlangte auf ihn
>   a) als Erbe übergegangen ist oder
>   b) als Pflichtteilsberechtigter oder Vermächtnisnehmer übertragen worden ist.
>
> Satz 1 Nummer 2 und 3 findet keine Anwendung, wenn das Erlangte zuvor einem Dritten, der nicht erkannt hat oder hätte erkennen müssen, dass das Erlangte aus einer mit Geldbuße bedrohten Handlung herrührt, entgeltlich und mit rechtlichem Grund übertragen wurde.
> (…)

Für das Ergehen einer Verfallsanordnung bedarf es keiner vorherigen Feststellung eines individuellen Verschuldens, das Vorliegen einer Steuerstraftat bzw. Steuerordnungswidrigkeit ist ausreichend. In der Praxis wird über eine Verfallsanordnung regelmäßig der Zinsvorteil aus der Verkürzung des Steuerbetrags abgeschöpft.

> **PRAXISHINWEIS**
> Die Vorschrift des § 29a OWiG gewährt lediglich die Abschöpfung des tatsächlich entstandenen wirtschaftlichen Vorteils. Die Finanzverwaltung tendiert häufig dazu, den entstandenen Zinsvorteil pauschal mit 0,5 % pro Monat in Analogie zur Regelverzinsung nach § 238a AO zu berechnen. Unternehmen sollten eine eigenständige Ermittlung des erlangten Zinsvorteils vornehmen, um der Abschöpfung fiktiver Zinsvorteile wirksam zu begegnen.

Die steuerstraf- und ordnungswidrigkeitsrechtlichen Risiken für Unternehmen und deren Geschäftsleitung lassen sich wie folgt zusammenfassen:

	Rechtsgrundlage	Drohende Sanktion
Vergütungs-schuldner	§ 29a OWiG Verfallsanordnung	• Regelmäßig Abschöpfung des Zinsvorteils aus der Verkürzung des Steuerbetrags. • Die Vorschrift ist auch bei wirksamer Selbstanzeige anwendbar
	§ 30 OWiG Verbandsgeldbuße	• Bei vorsätzlicher Straftat: Geldbuße bis zu 10 Mio. EUR • Bei leichtfertiger Straftat: Geldbuße bis zu 5 Mio. EUR • Bei Ordnungswidrigkeit: Geldbuße bis zu 50.000 EUR je Tat • Im Falle einer Aufsichtspflichtverletzung nach § 130 OWiG verzehnfacht sich das Höchstmaß • Das Höchstmaß kann zur Abschöpfung des wirtschaftlichen Vorteils, den der Täter aus der Ordnungswidrigkeit gezogen hat nach § 17 Abs. 4 OWiG überschritten werden. • Bei wirksamer Selbstanzeige findet die Vorschrift keine Anwendung
Geschäfts-leitung des Vergütungs-schuldners	§§ 370 AO Steuer-hinterziehung	• Freiheitsstrafe bis zu fünf Jahren oder Geldstrafe, In besonders schweren Fällen der Steuerhinterziehung Freiheitsstrafe von sechs Monaten bis zu zehn Jahren • Sanktionsfreiheit bei wirksamer Selbstanzeige, aber § 380 AO
	§ 378 AO Leichtfertige Steuerverkürzung	• Bußgeld bis 50.000 EUR je Tat • Das Höchstmaß kann zur Abschöpfung des wirtschaftlichen Vorteils, den der Täter aus der Ordnungswidrigkeit gezogen hat nach § 17 Abs. 4 OWiG überschritten werden. • Sanktionsfreiheit bei wirksamer Selbstanzeige, aber § 380 AO
	§ 380 AO Gefährdung der Abzugsteuern	• Bei vorsätzlichem Verhalten: Geldbuße zwischen 5 EUR bis zu höchstens 25.000 EUR • Bei leichtfertigem Verhalten: bis zu 12.500 EUR • Das Höchstmaß kann zur Abschöpfung des wirtschaftlichen Vorteils, den der Täter aus der Ordnungswidrigkeit gezogen hat, nach § 17 Abs. 4 OWiG überschritten werden • Keine Selbstanzeige zur Erlangung einer Sanktionsfreiheit möglich
	§ 130 OWiG Verletzung der Aufsichtspflicht	• Ist die Anknüpfungstat eine Steuerhinterziehung (§ 370 AO): Geldbuße bis zu 1 Mio. EUR je Tat bei Vorsatz und bis zu 500.000 EUR bei Fahrlässigkeit • Ist die Anknüpfungstat eine Ordnungswidrigkeit (§ 378 AO): bis zu 50.000 EUR je Tat • Strittig, ob die Vorschrift auch bei wirksamer Selbstanzeige anwendbar ist

2 Management steuerrechtlicher Haftungsrisiken

Kommt ein Unternehmen als Vergütungsschuldner seiner Verpflichtung zur Einbehaltung, Anmeldung und Abführung der Abzugsteuer nach § 50a Abs. 5 Satz 2 EStG nicht vorschriftsmäßig nach, trägt es das Risiko, von der Finanzverwaltung unmittelbar für die Abzugsteuer in Anspruch genommen zu werden (§ 50a Abs. 5 Satz 4 EStG). Der Geschäftsleitung stehen diverse Maßnahmen für das Management und die Minimierung dieser steuerrechtlichen Haftungsrisiken zu Verfügung.

2.1 Vertragliche Regelungen

Der Vergütungsschuldner hat im Zeitpunkt des Zuflusses der Vergütung i. S. d. § 50a Abs. 1 EStG für Rechnung des beschränkt steuerpflichtigen Vergütungsgläubigers (= Steuerschuldner) den Steuerabzug vorzunehmen. Nach § 50a Abs. 5 Satz 4 EStG haftet der Vergütungsschuldner für die Einbehaltung und Abführung der Steuer.

Möchte der Vergütungsschuldner nicht das Risiko tragen, die Steuerabzugsbeträge zusätzlich zur ohnehin geschuldeten Vergütung aus eigenem Vermögen entrichten zu müssen, kann er schon im Rahmen von Vertragsverhandlungen prüfen, ob der Vergütungsgläubiger aus dem Vertrag dem Steuerabzug unterliegende beschränkt steuerpflichtige Einkünfte erzielen wird. Die Parteien sollten sodann im Innenverhältnis regeln, wer wirtschaftlich die nach § 50a EStG entstehende Abzugsteuer zu tragen hat und dies durch eine entsprechende **Steuerklausel im Vertrag** dokumentieren.

> **PRAXISHINWEIS**
>
> **Steuerklausel**
>
> Soll der Vergütungsgläubiger wirtschaftlich die Abzugsteuer nach § 50a EStG tragen, so empfiehlt sich der Abschluss einer Steuerklausel im Vertrag:
>
> *If and to the extent the Licensee is required under its domestic law to withhold tax from any payment due to the Licensor, the Licensee shall be entitled to deduct such tax(es) (»Withholding Tax«) from the amounts payable to the Licensor. However, where Withholding Tax can*

> *be reduced under a tax treaty, directive or other sources of law, Licensor and Licensee herewith agree to take reasonable and appropriate actions in order to comply with formal requirements for a reduction / refund of Withholding Tax incurred by payments stipulated in this agreement.*

Eine Übertragung der Abzugsverpflichtung auf den Vergütungsgläubiger ist mit steuerlicher Wirkung nicht möglich (BMF vom 25.11.2010, BStBl I 2010, 1350, Rz. 40). Die in der Praxis häufig anzutreffende Formulierung in Verträgen, wonach sich der steuerausländische Vergütungsgläubiger für die Entrichtung seiner inländischen Steuern selbst verantwortlich zeichnet, entfaltet daher für den Vergütungsschuldner keine befreiende Wirkung. Er bleibt Abzugs- und Abführungsverpflichteter – bei entsprechender vertraglicher Regelung jedoch mit zivilrechtlichem Rückgriffanspruch gegenüber dem Vergütungsgläubiger.

2.2 Klärung des Steuerstatus des Vergütungsgläubigers durch die Finanzverwaltung

Zur Vermeidung eines eigenen Haftungsrisikos hat der Vergütungsschuldner den Steuerabzug grundsätzlich auch dann in voller Höhe vorzunehmen, wenn **Zweifel** an der beschränkten Steuerpflicht des Vergütungsgläubigers oder der Steuerabzugsverpflichtung bestehen (BMF, 25.11.2010, BStBl I 2010, 1350, Rz. 10).

In dieser Situation steht es sowohl dem Vergütungsschuldner als auch dem Vergütungsgläubiger frei, zur Klärung dieser Zweifelsfrage beim BZSt einen gebührenpflichtigen **Antrag auf Erteilung einer verbindlichen Auskunft** (§ 89 Abs. 2 Satz 1 AO) zu stellen. Voraussetzung für die Erteilung einer verbindlichen Auskunft ist u. a. ist, dass es sich um einen genau bestimmten, noch nicht verwirklichten Sachverhalt oder einen Dauersachverhalt handelt. Unter Berücksichtigung einer Sollentscheidungsfrist von sechs Monaten erweist es sich in der Praxis jedoch regelmäßig als schwierig, vor Vertragsabschluss bzw. Zahlung der abzugsteuerrelevanten Vergütung eine rechtssichere Position zu erlangen (*Goebel/Ungemach/Gehrmann*, IWB 2015, 793). Regelmäßig wird daher der Vergütungsschuldner in Zweifelsfällen den Steuerabzug vornehmen.

Nach erfolgtem Steuerabzug hat der Vergütungsgläubiger die Möglichkeit, die Zweifel an seinem Steuerstatus in einem Besteuerungsverfahren, das die Festsetzung einer Steuerschuld ihm gegenüber zum Gegenstand hat, klären zu lassen (BMF vom 25.11.2010, BStBl I 2010, 1350, Rz. 11). Dies geschieht – soweit möglich – im **Veranlagungsverfahren** (z. B. nach § 50 Abs. 2 Satz 2 Nr. 5 EStG) und in allen anderen Fällen durch **formlosen Antrag auf Erlass eines Freistellungsbescheids** (§ 155 Abs. 1 Satz 3 AO). Dieses Verfahren kann parallel zu einem Erstattungsverfahren nach § 50d Abs. 1 EStG geführt werden.

Der Freistellungsbescheid auf Basis des formlosen Antrags ist zu erlassen und der Steuerabzugsbetrag an den Vergütungsgläubiger zu erstatten, wenn der Steuerabzug ohne rechtlichen Grund erfolgte (z. B. Vorliegen steuerfreier Einkünfte). Gegen einen Ablehnungsbescheid sind dem Antragsteller die Rechtsmittel des Einspruchs (§ 347 ff. AO) und nach erfolglosem Einspruchsverfahren die Klage vor dem Finanzgericht gegeben (§ 40 FGO).

Alternativ kann die Zweifelsfrage des Bestehens der beschränkten Steuerpflicht auch im Rahmen eines **Einspruchs** (§ 347 ff. AO) des Vergütungsschuldners gegen die von ihm eingereichte Steueranmeldung nach § 50a Abs. 5 EStG überprüft werden. Die Steueranmeldung enthält gegenüber dem Vergütungsschuldner eine Festsetzung dessen eigener Entrichtungsschuld unter Vorbehalt der Nachprüfung (§ 168 Satz 1 AO), die die beschränkte Steuerpflicht des Vergütungsgläubigers voraussetzt. Im Rahmen des vom Vergütungsschuldner erhobenen Rechtbehelfs kann dieser daher eine Entscheidung über das Bestehen seiner eigenen Entrichtungssteuerschuld und als deren notwenige Vorfrage das Bestehen der beschränkten Steuerplicht des Vergütungsgläubigers herbeiführen (BFH vom 28.01.2004, I R 73/02, BStBl II 2005, 550; BFH vom 17.11.2004, I R 20/04, BFH/NV 2005, 892). Nach erfolglosem Einspruchsverfahren ist dem Vergütungsschuldner auch die Klage vor dem Finanzgericht gegeben (§ 40 FGO).

2.3 Maßnahmen zum Rechtsschutz

Im Rahmen des Steuerabzugs nach § 50a EStG stehen sowohl dem Vergütungsschuldner als Abzugsverpflichtetem und Haftungsschuldner als auch dem Vergütungsgläubiger als Steuerschuldner diverse Möglichkeiten des Rechtsschutzes offen. Art und Umfang des persönlichen Rechtsschutzes sind jedoch innerhalb der einzelnen Verfahrensstufen unterschiedlich ausgestaltet.

2.3.1 Steueranmeldung nach § 50a EStG

Die vierteljährlich vom Vergütungsschuldner beim BZSt einzureichende Steueranmeldung (§ 50a Abs. 5 EStG) steht einer Steuerfestsetzung unter dem Vorbehalt der Nachprüfung gleich (§ 168 AO), im Falle einer Erstattung erst nach (formloser) Zustimmung durch die Finanzverwaltung. Die Steueranmeldung enthält eine Festsetzung der Entrichtungsschuld des Vergütungsschuldners (BFH vom 28.01.2004, I R 73/02, BStBl II 2005, 550) jedoch keine Steuerfestsetzung gegen den Vergütungsgläubiger (BFH vom 07.11.2007, I R 19/04, BStBl II 2008, 228; BFH vom 13.08.1997, I B 30/97, BStBl II 1997, 700) und kann daher nicht gegen den Vergütungsgläubiger vollzogen werden. Sie entfaltet jedoch insoweit Drittwirkung, als sie den Vergütungsschuldner berechtigt, nur die Gesamtvergütung nach Abzug der Steuer an den Vergütungsgläubiger zu entrichten. Der Vergütungsgläubiger hat den Steuerabzug zu dulden (BFH vom 07.11.2007, BStBl II 2008, 228). Aufgrund dieser Drittwirkung hat nicht nur der Vergütungsschuldner, sondern auch der Vergütungsgläubiger das Recht die Steueranmeldung mit dem **Einspruch** (§ 347 ff AO) anzufechten (BMF vom 25.11.2010, BStBl I 2010, 1350, Rz. 68; *Ehlig*, DStZ 2011, 647). Nach erfolglosem Einspruchsverfahren steht beiden auch die Klage vor dem Finanzgericht offen (§ 40 FGO).

Im Rahmen des vom Vergütungsschuldner erhobenen Rechtbehelfs ist zum einen darüber zu entscheiden, ob Abzug, Anmeldung und Abführung der Steuer vom Vergütungsschuldner vorgenommen werden durfte, und zum anderen ob als Voraussetzung für die

Entrichtungssteuerschuld eine beschränkte (persönliche und sachliche) Steuerpflicht des Vergütungsgläubigers vorliegt bzw. vorgelegen hat (BFH vom 28.01.2004, I R 73/02, BStBl II 2005, 550; BFH vom 17.11.2004, I R 20/04, BFH/NV 2005, 892). Der Vergütungsgläubiger hingegen kann mit seinem Einspruch lediglich hinsichtlich der Frage eine Entscheidung bewirken, ob der Vergütungsschuldner berechtigt war, die Steuerabzugsbeträge einzubehalten, anzumelden und abzuführen (BFH vom 07.11.2007, I R 19/04, BStBl II 2008, 228; BMF vom 25.11.2010, BStBl I 2010, 1350, Rz. 10, 68). Dazu ist dieser zur Vermeidung eines eigenen Haftungsrisikos aber schon dann berechtigt, wenn Zweifel an der persönlichen oder sachlichen Steuerpflicht bestehen (BMF vom 25.11.2010, BStBl I 2010, 1350, Rz. 10). Hat der Vergütungsgläubiger solche Zweifel und möchte er Klarheit über das Bestehen oder Nichtbestehen der eigenen Steuerpflicht gewinnen, ist er darauf angewiesen, dass der Vergütungsschuldner selbst Einspruch gegen die fragliche Steueranmeldung einlegt.

Sowohl Vergütungsgläubiger als auch Vergütungsschuldner haben die Möglichkeit, **Aussetzung bzw. Aufhebung der Vollziehung** des rechtsbehelfsbefangenen Betrags zu beantragen (§ 361 AO bzw. § 69 Abs. 3 und 4 FGO). Eine Aussetzung der Vollziehung bis zur Vorlage der beantragten Freistellungsbescheinigung kann jedoch nicht damit gerechtfertigt werden, dass die materiellen Voraussetzungen für die Erteilung einer Freistellungsbescheinigung vorliegen (FG Hessen vom 26.11.1992, 4 V 4666/92, EFG 1994, 210). Gibt das BZSt bzw. Gericht dem Antrag statt, bedeutet dies, dass der Vergütungsschuldner als der anmeldende Steuerpflichtige (§ 33 AO) die Steuerbeträge einstweilen nicht an das BZSt abzuführen verpflichtet ist bzw. bereits abgeführte Steuerabzugsbeträge an ihn erstattet werden. Eine Erstattung des abgeführten Steuerbetrags durch das BZSt an den Vergütungsgläubiger ist ausgeschlossen (BMF vom 25.11.2010, BStBl I 2010, 1350, Rz. 68). Das BZSt muss die abgeführten Beträge, für die die Vollziehung ausgesetzt wird, an die Person erstatten, der gegenüber die Steueranmeldung (erneut) zu vollziehen ist, wenn die Aussetzung der Vollziehung (wieder) aufgehoben wird oder auslaufen sollte (BFH vom 13.08.1997, I B 30/97, BStBl II 1997, 700). Dies ist nicht der Vergütungsgläubiger, da die Steueranmeldung keine Steuerfestsetzung ihm gegenüber beinhaltet, auch wenn dieser in der Anmeldung namentlich genannt wird, und diese auch ihm gegenüber nicht vollziehbar ist.

Ob der Vergütungsschuldner zivilrechtlich verpflichtet ist, die Steuerabzugsbeträge an den Vergütungsgläubiger auszuzahlen oder ob er bis zur endgültigen Klärung der Rechtslage ein Zurückbehaltungsrecht hat, ist auf Basis der vertraglichen Regelungen zu entscheiden.

2.3.2 Haftungsbescheid gegen den Vergütungsschuldner

Der Vergütungsschuldner kann für nicht oder nicht in korrekter Höhe einbehaltene bzw. abgeführte Steuern mittels vom BZSt zu erlassenden **Haftungsbescheid** (§ 191 Abs. 1 Satz 1 AO) oder **Nachforderungsbescheid** (§ 167 Abs. 1 Satz 1 AO) unmittelbar in Anspruch genommen werden (§ 50a Abs. 5 Satz 4 EStG, § 73g Abs. 1 EStDV). Dies gilt grundsätzlich ungeachtet eines möglichen Entlastungsanspruchs des Vergütungsgläubigers aus einem DBA. Ist der Steuerabzug aufgrund eines wirksamen, aber unrichtigen Freistellungsbescheids unterblieben, scheidet eine Haftungsinanspruchnahme aus (*Frotscher*, in: Frotscher/Geurts, § 50a EStG, Rz. 174). Bei Widerruf der Bescheinigung (§ 131 AO) gilt dies allerdings nicht, wenn der Vergütungsschuldner Kenntnis von dem Widerruf hat oder er an der rechtswidrigen Freistellung beteiligt war oder zumindest davon Kenntnis hatte. Eine Nachforderung beim Vergütungsgläubiger bei Widerruf der Bescheinigung ist nach § 50a Abs. 5 Satz 4 EStG möglich.

Zuständig für den Erlass des Haftungsbescheides ist das BZSt, für Vergütungsfälle vor 2014 das für den Vergütungsschuldner zuständige Finanzamt. Bei schriftlicher Anerkenntnis der Verpflichtung zur Zahlung der Steuer oder bei (nachträglicher) Anmeldung der Steuer kann die Inanspruchnahme ohne Bescheid erfolgen (§ 73g Abs. 2 EStDV). Der Haftungsbescheid ist kein Steuerbescheid, sondern ein sonstiger Verwaltungsakt (§ 119 AO). Folglich sind auf diesen die Korrekturvorschriften der §§ 129 ff AO anwendbar.

Grundsätzlich sind der Vergütungsschuldner und der Vergütungsgläubiger **Gesamtschuldner** i. S. d. § 44 Abs. 1 AO, d. h. die Finanzbehörde kann den Steueranspruch gegen jeden der Gesamtschuldner geltend machen (BMF vom 25.11.2010, BStBl I 2010, 1350, Rz. 58). Dies hat ein Auswahlermessen des BZSt zur Folge. Zur Begründung des Auswahlermessens ist ein Hinweis im Bescheid auf die beschränkte Steuerpflicht des Vergütungsgläubigers erforderlich, die regelmäßig zu tatsächlichen und rechtlichen Schwierigkeiten im Zusammenhang mit der Zustellung und Beitreibung im Ausland führen.

Der gegenüber dem Vergütungsschuldner erlassene Haftungsbescheid muss hinreichend bestimmt sein (§ 119 AO), d. h. Angaben zur erlassenden Behörde, den Haftungsschuldner, den Betrag der Haftungsschuld und die Art der Steuer enthalten. Die Angabe des Namens des Vergütungsgläubigers (= Steuerschuldners) ist nicht in jedem Fall zwingende Begründungsvoraussetzung, solange die Haftungsschuld in tatsächlicher und rechtlicher Hinsicht in anderer Weise ausreichend konkretisiert werden kann (BFH vom 03.12.1996, I B 44/96, BStBl II 1997, 306). Nach § 73e Satz 2 EStDV obliegt es dem Vergütungsschuldner, die Namen der Vergütungsgläubiger zu ermitteln.

Gegen den Haftungsbescheid stehen dem Vergütungsschuldner die Rechtsmittel des **Einspruchs** (§ 347 ff. AO), der **Klage** (§ 40 FGO) und **Aussetzung der Vollziehung** (§ 361 AO bzw. § 69 Abs. 3 und 4 FGO) offen. Im Rahmen des Rechtsbehelfsverfahrens ist zu prüfen, ob Abzug, Anmeldung und Abführung der Steuer vom Vergütungsschuldner vorgenommen werden durfte und ob als Voraussetzung für die Entrichtungssteuerschuld eine beschränkte (sachliche und persönliche) Steuerpflicht des Vergütungsgläubigers vorliegt. Der Umfang der Überprüfung bei Anfechtung der Steueranmeldung und des Haftungsbescheids ist somit identisch.

Der Haftungsbescheid enthält keine Steuerfestsetzung gegenüber dem Vergütungsgläubiger. Gleichwohl hat dieser grundsätzlich dieselben Möglichkeiten des Rechtsschutzes wie der Vergütungsschuldner (*Ehlig*, DZSt 2010, 617), da der Haftungsbescheid Drittwirkung im Verhältnis zwischen Vergütungsgläubiger und -schuldner entfaltet, indem er die Einbehaltung der Quellensteuer bzw. der Rückforderung im Verhältnis zwischen beiden rechtfertigt. Da der Haftungsbescheid dem Vergütungsgläubiger nicht bekannt gegeben wird, ist gesetzlich nicht geregelt, zu welchem Zeitpunkt für ihn die Anfechtungsfrist endet. Der Rechtsbehelf sollte daher ohne Einhalten einer Frist eingelegt werden können (*Frotscher,* in: Frotscher/Geurts, § 50a EStG, Rz. 181). Der Umfang der Prüfung ist wie bei der Anfechtung der Steueranmeldung beschränkt darauf, ob ein Steuereinbehalt hätte erfolgen müssen und ob der Haftungsbescheid demzufolge rechtmäßig war.

2.3.3 Nachforderungsbescheid gegen den Vergütungsgläubiger

Hat der Vergütungsschuldner Abzug und Abführung der Steuer nicht oder nicht in korrekter Höhe vorgenommen, kann nach § 50a Abs. 5 Satz 5 EStG der Vergütungsgläubiger in gleicher Weise wie der Vergütungsschuldner durch einen **Nachforderungsbescheid** in Anspruch genommen werden. Zuständig für den Erlass des Nachforderungsbescheides ist das BZSt, für Vergütungsfälle mit Zufluss vor dem 01.01.2014 das für den Vergütungsschuldner zuständige Finanzamt. Eine Inanspruchnahme des Steuerschuldners wird jedoch i. d. R. ermessensmissbräuchlich sein, wenn der Vergütungsschuldner den Steuerabzug zwar vorgenommen hat, den Steuerabzugsbetrag jedoch nicht an das BZSt abgeführt hat (*Loschelder*, in: Schmidt, § 50a EStG, Rz. 38). Hat hingegen der Vergütungsgläubiger unter falschen Angaben eine Freistellungsbescheinigung erwirkt, die nach Auszahlung der Vergütung ohne Steuerabzug seitens des BZSt widerrufen wird (§ 131 AO), so soll die Inanspruchnahme des Vergütungsgläubigers rechtmäßig sein (*Frotscher*, in: Frotscher/Geurts, § 50a EStG, Rz. 181). Hatte jedoch der Vergütungsschuldner von dem Widerruf Kenntnis oder war er an der rechtswidrigen Freistellung beteiligt oder hatte zumindest davon Kenntnis, kann auch der Vergütungsschuldner zur Haftung herangezogen werden (BFH vom 26.7.1995, I B 200/94, BFH/NV 1996, 311).

Bei der Ermittlung der Höhe der Nachforderung sind etwaige bestehende DBA-Vergünstigungen unmittelbar zu beachten (BMF vom 25.11.2010, BStBl I 2010, 1350, Rz. 77). Das BZSt hat daher im Nachforderungsverfahren sowohl das Bestehen der beschränkten Steuerpflicht des Vergütungsgläubigers als auch die Höhe der Nachforderung zu prüfen.

Gegen den Nachforderungsbescheid stehen dem Vergütungsgläubiger die Rechtsmittel des Einspruchs (§ 347ff AO) der Klage (§ 40 FGO) und Aussetzung der Vollziehung (§ 361 AO bzw. § 69 Abs. 3 und 4 FGO) offen.

3 Management der steuerstraf- und ordnungswidrigkeitsrechtlichen Risiken

3.1 Berichtigung von Steuererklärungen nach § 153 AO

Die Erfüllung der steuerlichen Pflichten eines Unternehmens (z. B. Steuererklärungspflichten), obliegt nach § 34 Abs. 1 Satz 1 AO dem gesetzlichen Vertreter, d. h. bei juristischen Personen dem Vorstand bzw. der Geschäftsleitung. Erkennt ein Steuerpflichtiger bzw. sein steuerlicher Vertreter (§§ 34, 35 AO) nachträglich und vor Ablauf der Festsetzungsfrist die objektive Unrichtigkeit oder Unvollständigkeit einer von ihm oder für ihn eingereichten Steuererklärung bzw. -anmeldung nach § 50a EStG und die dadurch bedingte (vollzogene oder drohende) Steuerverkürzung, ist er nach § 153 Abs. 1 AO zur unverzüglichen Anzeige und nachfolgenden Berichtigung der Erklärung verpflichtet. Ein bloßes Erkennen-Können oder Erkennen-Müssen reicht für das Entstehen einer im Falle des bewussten Unterlassens strafbewehrten Anzeige- und Berichtigungspflicht nicht aus.

Berichtigung von Erklärungen im Sinne von § 153 AO
(1) Erkennt ein Steuerpflichtiger nachträglich vor Ablauf der Festsetzungsfrist,
   1. dass eine von ihm oder für ihn abgegebene Erklärung unrichtig oder unvollständig ist und dass es dadurch zu einer Verkürzung von Steuern kommen kann oder bereits gekommen ist oder
   2. dass eine durch Verwendung von Steuerzeichen oder Steuerstemplern zu entrichtende Steuer nicht in der richtigen Höhe entrichtet worden ist,
   so ist er verpflichtet, dies unverzüglich anzuzeigen und die erforderliche Richtigstellung vorzunehmen. Die Verpflichtung trifft auch den Gesamtrechtsnachfolger eines Steuerpflichtigen und die nach den §§ 34 und 35 für den Gesamtrechtsnachfolger oder den Steuerpflichtigen handelnden Personen.
(…)

Unterlässt der Verantwortliche die Anzeige oder Berichtigung, kann dies ab einem bestimmten Zeitpunkt in eine eigenständige Steuerhinterziehung durch Unterlassen umschlagen (§ 370 Abs. 1 Nr. 2 AO; BMF vom 23.05.2016, BStBl I 2016, Rz. 5.3). Kein Fall von § 153 Abs. 1 Satz 1 Nr. 1 AO liegt jedoch vor, wenn pflichtwidrig keine Steuererklärung bzw.

Steueranmeldung abgegeben wurde. Dann liegt ein Verstoß gegen die Erklärungspflicht nach § 149 Abs. 1 Satz 1 AO vor, der als Steuerhinterziehung nach § 370 Abs. 1 Nr. 2 AO qualifizieren kann.

Die gesetzlichen Vertreter sollten, um sich persönlich nicht dem Risiko einer Steuerhinterziehung durch Unterlassen auszusetzen, die erforderliche Anzeige unverzüglich, d. h. ohne schuldhaftes Zögern, gegenüber der sachlich und örtlich zuständigen Behörde erstatten. Bei der Abzugsteuer nach § 50a EStG ist für Abzugsfälle bis zum 31.12.2013 das lokale Finanzamt und für alle Abzugsfälle nach diesem Stichtag das BZSt zuständig.

Unverzüglich bedeutet nicht sofort, sondern beinhaltet eine Prüfungs- und Überlegungsfrist, die zu bemessen ist nach der für die Aufbereitung einer Selbstanzeige nach § 371 AO erforderlichen Zeit (BMF vom 23.05.2016, BStBl I 2016, Rz. 5.2). In Abstimmung mit der zuständigen Finanzbehörde besteht ferner die Möglichkeit, die erforderliche Berichtigung später vorzunehmen, wenn hierfür eine gewisse Zeit zur Aufbereitung der Unterlagen erforderlich ist (BMF vom 23.05.2016, BStBl I 2016, Rz. 5.1). Vor diesem Hintergrund ist es verfehlt, die Frist zu unverzüglichem Handeln schematisch an einer festen Zeitspanne festzumachen. Mit Ablauf der Festsetzungsfrist nach §§ 169 ff. AO endet die Anzeige- und Berichtigungspflicht.

Der Fehler, der zu einer Anzeige- und Berichtigungspflicht gem. § 153 AO führt, kann entweder auf einem einfachen, schlichtem Versehen beruhen oder aber auch als Steuerstraftat (§ 370 AO) oder Steuerordnungswidrigkeit (leichtfertige Steuerverkürzung nach § 378 AO) qualifizieren, wenn er – von der Geschäftsleitung oder einem für die Erfüllung der betreffenden steuerlichen Pflichten zuständigen Mitarbeiter – vorsätzlich oder leichtfertig begangen wurde.

Sofern ein schlichter (Arbeits-) Fehler ohne Vorsatz oder Leichtfertigkeit vorliegt, d. h. die Erklärung **gutgläubig** eingereicht wurde, hat die Anzeige und Berichtigung der Erklärung bzw. Steueranmeldung nach § 50a EStG keine straf- oder bußgeldrechtlichen Konsequenzen. Wurde der Fehler jedoch zuvor vorsätzlich oder leichtfertig begangen, d. h. die Erklärung **bösgläubig** eingereicht, ist dies straf- und bußgeldrechtlich unter Anwendung der allgemeinen Regelungen des Straf- bzw. Ordnungswidrigkeitsrechts (§§ 369 Abs. 2, 377 Abs. 2 AO) relevant. In diesem Fall sollte geprüft werden, ob zur Abwendung drohender straf- oder bußgeldrechtlicher Konsequenzen, eine Selbstanzeige nach § 371 AO bzw. § 378 Abs. 3 AO möglich ist. Ist der Sachverhalt nicht eindeutig, kann eine **selbstanzeigefeste Anzeige und Berichtigung** in Frage kommen (*Geuenich/Kiesel*, BB 2012, 159). Zu beachten ist, dass die Geschäftsleitung durch eine Selbstanzeige zwar Sanktionsfreiheit für die verwirklichte Steuerhinterziehung oder leichtfertigen Steuerverkürzung erlangen kann, aber dennoch für die eingetretene Gefährdung von Abzugsteuern nach § 380 AO mit einem Bußgeld belangt werden kann. Ob bei einer wirksamen Selbstanzeige auch weiterhin eine Sanktionierung nach § 130 OWiG für die Aufsichtspflichtverletzung zulässig ist, ist in der Praxis umstritten.

Die Abgrenzung einer steuerstrafrechtlich irrelevanten Berichtigungserklärung nach § 153 AO von einer strafbefreienden oder bußgeldbefreienden Selbstanzeige (§§ 371, 378 Abs. 3 AO) bereitet in der Praxis regelmäßig Probleme. Das BMF hat mit Schreiben vom 23.05.2016 (BStBl I 2016, 490) Abgrenzungskriterien aufgestellt, die sich an den steuerstrafrechtlichen Voraussetzungen von Vorsatz und Leichtfertigkeit orientieren.

Laut Auffassung der Finanzverwaltung bedarf es in jedem Berichtigungsfall einer sorgfältigen Prüfung durch die zuständige Finanzbehörde, ob der Anfangsverdacht einer vorsätzlichen oder leichtfertigen Steuerverkürzung gegeben ist (BMF vom 23.05.2016, BStBl I 2016, 490, Rz. 2.5) und die Bußgeld- und Strafsachenstelle einzuschalten ist, die ggf. ein Strafverfahren einleitet. Die Höhe der steuerlichen Auswirkung der Unrichtigkeit der abgegebenen Erklärung sowie die Anzahl der abgegebenen Berichtigungen bzw. Vielzahl der betroffenen Besteuerungszeiträume führen allein nicht zur Begründung eines Anfangsverdachts (*Geuenich*, NWB 2016, 2564). Nach Auffassung der Finanzverwaltung kann das Vorliegen eines **innerbetrieblichen Kontrollsystems** (**Tax Compliance Management System**) (**Tax-CMS**), als Indiz gegen das Vorliegen von Vorsatz oder Leichtfertigkeit sprechen.

Anwendungserlass zu § 153 AO
Rz. 2.6 Satz 6
(…) Hat der Steuerpflichtige ein innerbetriebliches Kontrollsystem eingerichtet, das der Erfüllung der steuerlichen Pflichten dient, kann dies ggf. ein Indiz darstellen, das gegen das Vorliegen eines Vorsatzes oder der Leichtfertigkeit sprechen kann, jedoch befreit dies nicht von der Prüfung des jeweiligen Einzelfalls.

3.2 Strafbefreiende Selbstanzeige

Ist der Tatbestand einer Steuerstraftat (§ 370 AO) oder der leichtfertigen Steuerverkürzung (§ 378 AO) verwirklicht, so drohen dem Täter einer Steuerstraftat Freiheitsstrafe bis zu fünf Jahren oder eine Geldstrafe (in besonders schweren Fällen Freiheitstrafe zwischen sechs Monaten und zehn Jahren) und dem Täter einer leichtfertigen Steuerverkürzung eine Geldstrafe bis zu 50.000 EUR je Tat. Bei Vorliegen bestimmter Wirksamkeitsvoraussetzungen kann der Täter durch Erstattung einer **Selbstanzeige nach § 371 AO bzw. § 378 Abs. 3 AO** Straffreiheit erlangen. Die Haftung des Steuerhinterziehers nach §§ 69, 71 AO bleibt hiervon jedoch unberührt. Ebenso besteht weiterhin grundsätzlich die Möglichkeit der Ahnung der Ordnungswidrigkeit nach § 130 OWiG sowie § 29a OWiG und der Steuergefährdung nach § 380 AO.

Selbstanzeige bei Steuerhinterziehung im Sinne des § 371 AO
(1) Wer gegenüber der Finanzbehörde zu allen Steuerstraftaten einer Steuerart in vollem Umfang die unrichtigen Angaben berichtigt, die unvollständigen Angaben ergänzt oder die unterlassenen Angaben nachholt, wird wegen dieser Steuerstraftaten nicht nach § 370 bestraft. Die Angaben müssen zu allen unverjährten Steuerstraftaten einer Steuerart, mindestens aber zu allen Steuerstraftaten einer Steuerart innerhalb der letzten zehn Kalenderjahre erfolgen.
(…)

Leichtfertige Steuerverkürzung im Sinne des § 378 AO

(...)

(3) Eine Geldbuße wird nicht festgesetzt, soweit der Täter gegenüber der Finanzbehörde die unrichtigen Angaben berichtigt, die unvollständigen Angaben ergänzt oder die unterlassenen Angaben nachholt, bevor ihm oder seinem Vertreter die Einleitung eines Straf- oder Bußgeldverfahrens wegen der Tat bekannt gegeben worden ist. Sind Steuerverkürzungen bereits eingetreten oder Steuervorteile erlangt, so wird eine Geldbuße nicht festgesetzt, wenn der Täter die aus der Tat zu seinen Gunsten verkürzten Steuern innerhalb der ihm bestimmten angemessenen Frist entrichtet. § 371 Absatz 4 gilt entsprechend.

Die Erstattung einer wirksamen Selbstanzeige nach § 371 AO ist insbes. durch das Gesetz zur Änderung der AO vom 22.12.2014 ein äußerst komplexes Unterfangen geworden. Mit Wirkung zum 01.01.2015 wurden für den Fall der Steuerhinterziehung sowohl die Voraussetzungen für eine strafbefreiende Selbstanzeige verschärft als auch die Sperrgründe für eine Straffreiheit erheblich erweitert. Eine umfassende Darstellung der Selbstanzeige kann an dieser Stelle nicht erfolgen. Im Folgenden werden daher lediglich allgemeine Ausführungen zu den Voraussetzungen und zu den Sperrgründen gemacht.

Voraussetzung für eine strafbefreiende Selbstanzeige ist zunächst die formlose, vollständige Berichtigungserklärung des Selbstanzeigenden bei der zuständigen Finanzbehörde für alle unverjährten Steuerstraftaten einer Steuerart, mind. aber zu allen Steuerstraftaten einer Steuerart innerhalb der letzten zehn Kalenderjahre (§ 371 Abs. 1 AO). Die Steuerstraftaten verjähren nach der allgemeinen Verjährungsregel in fünf Jahren und in Fällen der besonders schweren Steuerhinterziehung gem. § 376 AO in zehn Jahren. Die Berichtigungserklärung umfasst die Mitteilung der richtigen bzw. noch nicht erklärten Besteuerungsgrundlagen, also der für die zutreffende Besteuerung notwendigen Tatsachen (*Jäger*, in: Klein, § 371 AO, Rz. 50-54). Weitere Voraussetzung für eine strafbefreiende Selbstzeige ist nach § 371 Abs. 3 AO die Nachzahlung der hinterzogenen Steuern, der Hinterziehungszinsen nach § 235 AO und der Zinsen nach § 233a AO (die bei Steuerabzugsbeträgen jedoch nach § 233a Abs. 1 Satz 2 AO nicht entstehen) innerhalb der gegenüber dem Anzeigenden festgesetzten angemessenen Frist.

Eine wirksame Selbstanzeige ist im Fall der Steuerhinterziehung ausgeschlossen und führt lediglich noch zu einer Strafmilderung, wenn einer der in § 371 Abs. 2 AO genannten **Sperrgründe** vorliegt. Dies sind neben prüfungsbezogenen Sperrgründen die Einleitung eines Straf- oder Bußgeldverfahrens, die Tatentdeckung und ein großer Hinterziehungsumfang:

Selbstanzeige bei Steuerhinterziehung im Sinne des § 371 AO
(...)
(2) Straffreiheit tritt nicht ein, wenn
1. bei einer der zur Selbstanzeige gebrachten unverjährten Steuerstraftaten vor der Berichtigung, Ergänzung oder Nachholung
   a) dem an der Tat Beteiligten, seinem Vertreter, dem Begünstigten im Sinne des § 370 Absatz 1 oder dessen Vertreter eine Prüfungsanordnung nach § 196 bekannt gegeben worden ist, beschränkt auf den sachlichen und zeitlichen Umfang der angekündigten Außenprüfung, oder
   b) dem an der Tat Beteiligten oder seinem Vertreter die Einleitung des Straf- oder Bußgeldverfahrens bekannt gegeben worden ist oder
   c) ein Amtsträger der Finanzbehörde zur steuerlichen Prüfung erschienen ist, beschränkt auf den sachlichen und zeitlichen Umfang der Außenprüfung, oder
   d) ein Amtsträger zur Ermittlung einer Steuerstraftat oder einer Steuerordnungswidrigkeit erschienen ist oder
   e) ein Amtsträger der Finanzbehörde zu einer Umsatzsteuer-Nachschau nach § 27b des Umsatzsteuergesetzes, einer Lohnsteuer-Nachschau nach § 42 g des Einkommensteuergesetzes oder einer Nachschau nach anderen steuerrechtlichen Vorschriften erschienen ist und sich ausgewiesen hat oder
2. eine der Steuerstraftaten im Zeitpunkt der Berichtigung, Ergänzung oder Nachholung ganz oder zum Teil bereits entdeckt war und der Täter dies wusste oder bei verständiger Würdigung der Sachlage damit rechnen musste,
3. die nach § 370 Absatz 1 verkürzte Steuer oder der für sich oder einen anderen erlangte nicht gerechtfertigte Steuervorteil einen Betrag von 25.000 Euro je Tat übersteigt, oder
4. ein in § 370 Absatz 3 Satz 2 Nummer 2 bis 6 genannter besonders schwerer Fall vorliegt.

Der Ausschluss der Straffreiheit nach Satz 1 Nummer 1 Buchstabe a und c hindert nicht die Abgabe einer Berichtigung nach Absatz 1 für die nicht unter Satz 1 Nummer 1 Buchstabe a und c fallenden Steuerstraftaten einer Steuerart.
(...)

Bei Vorliegen der Sperrgründe Hinterziehungsumfang über 25.000 EUR je Tat oder besonders schwerer Fall der Steuerhinterziehung kann jedoch nach § 398a AO von der Verfolgung einer Straftat abgesehen werden, sofern neben der Entrichtung der hinterzogenen Steuern und Zinsen nach § 235 AO und § 233a AO (die bei Steuerabzugsbeträge jedoch nach § 233a Abs. 1 Satz 2 AO nicht entstehen) von dem Tatbeteiligten folgende Geldbeträge an den Fiskus entrichtet werden:
- 10 % der hinterzogenen Steuer, wenn der Hinterziehungsbetrag 100.000 EUR nicht übersteigt,
- 15 % der hinterzogenen Steuer, wenn der Hinterziehungsbetrag 100.000 EUR übersteigt und 1.000.000 EUR nicht übersteigt,
- 20 % der hinterzogenen Steuer, wenn der Hinterziehungsbetrag 1.000.000 EUR übersteigt.

Bei den Zuschlägen nach § 398a Abs. 1 AO handelt es sich um einen Betrag, der von dem Täter als natürliche Person und nicht von einem Unternehmen zu entrichten ist. Sind mehrere Täter an der Steuerstraftat beteiligt, hat jeder Teilnehmer und Täter den Zuschlag in voller Höhe zu leisten. Insbesondere bei Sachverhalten in Zusammenhang mit § 50a EStG und einer aus mehreren Personen bestehenden Geschäftsleitung können Zuschläge gem. § 398a AO zu in wirtschaftlicher Hinsicht völlig unangemessenen Ergebnissen führen. Dies insbesondere, weil für die Berechnung des Zuschlags allein auf die vom zahlenden Unternehmen abzuführende Abzugsteuer unter Ausblendung von späteren Erstattungsmöglichkeiten gem. § 50d EStG abgestellt wird.

Die Voraussetzungen und Sperrgründe bei einer eine **leichtfertige Steuerverkürzung** betreffenden Selbstanzeige nach § 378 Abs. 3 AO sind deutlich weniger restriktiv, als bei der Steuerhinterziehung. So erfordert die Selbstanzeige hier lediglich die Abgabe einer formlosen, vollständigen Berichtigungserklärung bei der zuständigen Finanzbehörde sowie die Entrichtung der hinterzogenen Steuern innerhalb der gegenüber dem Anzeigenden festgesetzten angemessenen Frist. Ein Sperrgrund für eine wirksame Selbstanzeige liegt bei einer leichtfertigen Steuerverkürzung nach § 378 Abs. 3 AO nur dann vor, wenn dem Täter die Einleitung eines Straf- oder Bußgeldverfahrens wegen der Tat bekannt gegeben worden ist.

Lässt ein Sachverhalt keine konkrete Abgrenzung zwischen leichtfertiger Steuerverkürzung und Steuerhinterziehung zu, so empfiehlt sich bei Erstattung der Selbstanzeige das Vorliegen Letzterer anzunehmen.

Zu beachten ist, dass die Geschäftsleitung durch eine Selbstanzeige zwar Sanktionsfreiheit für die verwirklichte Steuerhinterziehung oder leichtfertigen Steuerverkürzung erlangen kann, aber dennoch für die eingetretene Gefährdung von Abzugsteuern nach § 380 AO mit einem Bußgeld belangt werden kann. Ob bei einer wirksamen Selbstanzeige auch weiterhin eine Sanktionierung nach § 130 OWiG für die Aufsichtspflichtverletzung zulässig ist, ist in der Praxis umstritten.

3.3 Tax Compliance Management System (Tax-CMS)

Ein präventives Instrument für die Reduzierung von steuerstraf-, bußgeld- und haftungsrechtlichen Risiken (§§ 69, 71, 370, 378 AO) und Risiken im Ordnungswidrigkeitenrecht (§§ 29a, 30, 130 OWiG, § 380 AO), denen Unternehmen und Geschäftsleitung gleichermaßen ausgesetzt sind (vgl. Kap. 1.1.2 und 1.1.3), besteht in der Einrichtung eines **innerbetrieblichen Kontrollsystems,** das der vollständigen und zeitgerechten **Erfüllung steuerlicher Pflichten** und damit der **Verhinderung von wesentlichen Verstößen gegen steuerliche Regelungen** durch im Unternehmen etablierte Prozesse dient (Tax Compliance Management System – **Tax-CMS**).

Die Einrichtung eines solchen steuerlichen Kontrollsystems ist gem. BMF-Schreiben vom 23.05.2016 (AEAO § 153 AO) ein **Indiz, das gegen das Vorliegen von Vorsatz oder Leichtfertigkeit** sprechen kann. Das heißt, dass bei Bestehen eines angemessenen und wirksamen Tax CMS der Vorwurf der Steuerhinterziehung oder leichtfertigen Steuerverkürzung (§§ 370, 378 AO), der Verletzung der Aufsichtspflicht (§ 130 OWiG) und der abgabenrechtlichen Haftung gegenüber der Geschäftsleitung (§§ 69, 71 AO) und anderen handelnden Personen nicht ohne Weiteres erhoben werden kann, sofern kein persönlich vorwerfbares Verhalten vorliegt. Einen Schutz der Geschäftsleitung vor der Sanktionsmöglichkeit des § 380 AO für die Gefährdung der Abzugsteuer bietet ein Tax CMS indes nicht. Für das Unternehmen hat ein Tax CMS abschirmende Wirkung in Bezug auf die Verbandsgeldbuße nach § 30 OWiG, jedoch nicht für die Abschöpfung des erlangten Zinsvorteils nach § 29a OWiG.

Das BMF-Schreiben zielt primär auf die Abgrenzung der sanktionsfreien Berichtigungserklärung nach § 153 AO von einer strafrechtlich relevanten Selbstanzeige nach §§ 371, 378 AO ab und stellt klar, dass die Berichtigung einer Steuererklärung bzw. Steueranmeldung nicht automatisch den Anfangsverdacht einer vorsätzlichen oder leichtfertigen Steuerverkürzung begründet. Berichtigungserklärungen sind folglich nicht zwangsläufig steuerstrafrechtlich zu würdigen, vielmehr bedarf es einer sorgfältigen Prüfung des Einzelfalls durch die Finanzverwaltung.

Das BMF hat den Begriff des innerbetrieblichen Kontrollsystems vorgegeben, verzichtet jedoch bewusst auf die Definition der konkreten Anforderungen an ein solches Tax CMS. Auf Initiative des BMF hat das Institut der Wirtschaftsprüfer in Deutschland e. V. (IDW) auf Grundlage des IDW Prüfungsstandards 980 aus Mai 2011 einen **Praxishinweis** erarbeitet (**IDW PH 980** vom 31.05.2017), der Anforderungen an die Ausgestaltung und Prüfung eines Tax CMS definiert. Dieser IDW-Hinweis regelt freiwillige Standards und freiwillige Prüfungen von Tax CMS, entfaltet keine rechtliche Bindungswirkung und ist auch nicht als verbindliche Empfehlung zu verstehen. Unternehmen sind folglich bei der Wahl ihrer CMS-Grundsätze frei.

Der vom IDW entwickelte Standard weist die folgenden sieben wechselseitigen Grundelemente für ein Tax CMS auf (*Ludwig/Breimann/Kusch*, DStR 2016, 2241):

Die **Tax Compliance Kultur** stellt die Grundlage für ein angemessenes und wirksames Tax-CMS dar. Das Unternehmen und seine Organe prägen durch ihre Grundeinstellung und Verhaltensweise das Compliance-Verständnis der mit steuerlichen Aufgaben betrauten Personen und beeinflussen die Bedeutung, welche diese Mitarbeiter der Beachtung von Regeln beimessen und damit die Bereitschaft zu regelkonformen Verhalten (IDW PH 1/2016, Rz. 26, 27).

Die Geschäftsleitung legt die **Ziele** fest, die mit einem Tax CMS erreicht werden sollen. In der Praxis werden die Ziele und die damit einhergehenden Verantwortlichkeiten der Steuerabteilung regelmäßig in einer Steuerrichtlinie festgehalten (IDW PH 1/2016, Rz. 31). Für den Bereich der Abzugsteuer nach § 50a EStG kann z. B. in einer Quellensteuerrichtlinie geregelt sein, dass die Steuerabteilung für die Erstellung der vierteljährlichen Steueranmeldungen nach § 50a EStG verantwortlich ist und wie diese bei abzugsteuerrelevanten Sachverhalten grundsätzlich vorzugehen hat. Mit der **Tax Compliance-Organisation** werden die Aufbau- und Ablauforganisation und damit die Rollen und Verantwortlichkeiten der Mitarbeiter der Steuerabteilung festgelegt und die für ein wirksames Tax CMS notwendigen Ressourcen zur Verfügung gestellt (IDW PH 1/2016, Rz. 35). In Bezug auf Abzugsteuer nach § 50a EStG ist bspw. zu regeln, welcher Mitarbeiter im Unternehmen für die Identifizierung der abzugsteuerrelevanten Vergütungen verantwortlich ist. Dies können

Compliance Kultur
- Entwicklung/Veröffentlichung einer Tax Policy als Grundlage für das Tax CMS
- Grundeinstellung und Verhaltensweisen des Managements (»Tone from the Top«)
- Ausführungen zu Steuern im Code of Conduct

Compliance Ziele
- **Konzernsteuerrichtlinie:** Definiton der wesentlichen Ziele der Steuerabteilung sowie des Aufgaben- und Verantwortungsbereichs (Steuerarten, regionale und sachliche Zuständigkeit)

Compliance Organisation
- Rollen und Verantwortlichkeiten der Mitarbeiter der Steuerabteilung
- Aufbau- und Ablauforganisation
- Ressourcenplanung/Vertretungsregelungen

Compliance Risiken
- **Identifikation** von wesentlichen Steuerrisiken des Unternehmens/der Gruppe
- Systematische Risikoerkennung mit Risikobeurteilung/Priorisierung

Compliance Überwachung/Verbesserung
- Implementierung von Überwachungs-, Kontroll- und Reportierungprozessen innerhalb der Steuerfunktion/assoziierten Funktionen
- Dokumentation der Überwachung

Compliance Kommunikation
- Betroffene Mitarbeiter und ggfs. Dritte werden über das Tax Compliance Programm sowie über Rollen/Verantwortlichkeiten informiert
- Festlegung eines Berichtsweges für identifizierte Steuerrisiken, festgestellte Regelverstöße sowie eingehende Hinweise

Compliance Programm
- Festlegung von **Kontrollen** (Maßnahmen) zur Risikominimierung auf der Grundlage der identifizierten Steuerrisiken
  - Prozessuale Kontrollen wie z. B. 4-AugenPrinzip, Checklisten, etc.
  - Automatisierte Kontrollen wie z. B. VAT Validierungs-Tool
  - Aufdeckende Kontrollen (Stichproben, Internal Audit, etc.)

Tax-CMS nach IDW PS 980

01 Compliance Kultur
02 Compliance Ziele
03 Compliance Organisation
04 Compliance Risiken
05 Compliance Programm
06 Compliance Kommunikation
07 Compliance Überwachung/Verbesserung

Mitarbeiter der Steuerabteilung sein, aber auch Mitarbeiter der einzelnen Abteilungen, die in abzugsteuerrelevante Vorgänge involviert sind, z. B. Einkaufsabteilung (Buchung von Künstlern für Firmenevents, Produktion (Nutzung einer Herstellungslizenz), Marketing (Buchung von Fotografen und Fotomodellen).

Unter Berücksichtigung der Compliance-Ziele erfolgt eine systematische Analyse der **Tax Compliance-Risiken**, die Verstöße gegen einzuhaltende Regeln und damit eine Verfehlung der Compliance-Ziele zur Folge haben können. Die Risiken sind hierbei zu gewichten und unter Berücksichtigung von Eintrittswahrscheinlichkeit und mögliche Folgen in Risikoklassen einzuordnen (IDW PH 1/2016, Rz. 40). Im Bereich der Abzugsteuer nach § 50a EStG stellt erfahrungsgemäß die Identifikation der abzugsteuerrelevanten Vergütungen das größte Risiko dar. So kann bspw. bei Abschluss eines Vertrags mit einem Werbefotografen durch die Marketingabteilung eines Unternehmens die Abzugsteuerrelevanz der Vergütung nicht erkannt wird.

Auf der Grundlage der Beurteilung der Tax Compliance-Risiken werden i. R. d. **Tax Compliance-Programms** Kontrollen und Maßnahmen festgelegt, die den identifizierten Risiken entgegengesetzt werden. Das Tax Compliance-Programm setzt sich aus den Grundsätzen und Maßnahmen zusammen, die auf die Begrenzung der Tax Compliance-Risiken und damit auf die Vermeidung von Tax Compliance-Verstößen ausgerichtet sind. Die Maßnahmen des Tax Compliance Programms können zum einen präventiven Charakter haben, also auf die Vermeidung des Eintritts eines Fehlers im Vorfeld ausgerichtet sein, oder aber detektivischen Charakter, also Kontrollen und Maßnahmen beinhalten, die auf die Aufdeckung und Berichtigung auftretender Fehler ausgerichtet sind (IDW PH 1/2016, Rz. 42, 43). Eine mögliche präventive Maßnahme im oben erwähnten Fall besteht in der Schulung der Mitarbeiter der Marketingabteilung auf abzugsteuerrelevante Sachverhalte.

Unter **Compliance-Kommunikation** versteht man die Information der jeweils betroffenen Mitarbeiter und ggf. Dritter über das Compliance-Programm sowie die festgelegten Rollen und Verantwortlichkeiten, damit diese ihre Aufgaben im Tax CMS ausreichend verstehen und sachgerecht erfüllen können. (IDW Praxishinweis 1/2016, Rz. 47). Die Rollen und Verantwortlichkeiten in Bezug auf den Steuerabzug nach § 50a EStG sollten in einer Quellensteuerrichtlinie festgelegt sein, die den jeweils betroffenen Mitarbeitern zugänglich gemacht werden sollte.

Compliance-Überwachung und -Verbesserung bezeichnet die systematische, laufende Überwachung der Angemessenheit und Wirksamkeit des Tax CMS. Werden i. R. d. Überwachung Schwachstellen im Tax CMS oder Regelverstöße festgestellt, sind diese zu beseitigen, um solche Vorfälle in der Zukunft zu vermeiden. Zudem ist es wichtig, das eingerichtete Tax CMS weiterzuentwickeln und an neue Vorgaben (z. B. Gesetzesänderungen) fortwährend anzupassen. (IDW PH 1/2016, Rz. 51, 54). Im Bereich der Abzugsteuer nach § 50a EStG sollte bspw. die Quellensteuerrichtlinie fortlaufend an aktuelle Rechtsprechung aber auch an Ergebnisse von Betriebsprüfungen angepasst werden.

Eine **Dokumentation** des angemessen eingerichteten und gelebten Tax CMS ist unerlässlich, um gegenüber der Finanzverwaltung den Nachweis erbringen zu können, dass Tax Compliance vollumfänglich verstanden und alle erforderlichen Prozesse etabliert wurden. Des Weiteren ist es für Unternehmen empfehlenswert, das eingerichtete Tax CMS im Rahmen einer **Angemessenheitsprüfung** und ggf. nachfolgend im Rahmen einer **Wirk-**

samkeitsprüfung durch einen Wirtschaftsprüfer bestätigen zu lassen. Bei Vorliegen eines solchen **Prüfberichts** wird die Finanzverwaltung kaum höhere Anforderung an die Angemessenheit bzw. die Wirksamkeit dieses unternehmensspezifischen Tax CMS stellen können. Ein geprüftes Tax CMS ist daher regelmäßig dazu geeignet, die gewünschte Indizwirkung i. S. d. BMF-Schreibens vom 23.05.2016 (AEAO § 153 AO) zu entfalten und die Risiken für Unternehmen und Geschäftsleitung deutlich zu reduzieren. Eine automatische Entlastungswirkung kann mit der Implementierung eines solchen CMS jedoch nicht erreicht werden, es bedarf weiterhin einer Prüfung des jeweiligen Einzelfalls durch die Finanzverwaltung. Ferner sind die Justizbehörden und Gerichte nicht an die Verwaltungsvorschrift gebunden. Führt das hinreichend effiziente und auf die Vermeidung von Rechtsverstößen ausgelegte Tax CMS im konkreten Einzelfall nicht zu der angestrebten Entlastung, so ist dieses jedoch gem. BGH-Rechtsprechung (Urteil vom 09.05.2017, 1 StR 265/16) zumindest bei der Bemessung der Verbandsgeldbuße nach § 30 OWiG zu berücksichtigen.

VI. Ausgewählte sektorspezifische Praxisfälle

1 Fernsehübertragungen von Sportveranstaltungen

1.1 Hintergrund

Bei der Rechtevergabe für die TV-Vermarktung von Sportveranstaltungen werden stetig neue Rekorderlöse erzielt. In diesem Zusammenhang stellt sich regelmäßig die Frage, ob und in welchem Umfang inländische, dem Steuerabzug nach § 50a EStG unterliegende Einkünfte erzielt werden.

1.2 Sachverhalt

Stichworte: TV-Übertragungsrechte, Lineare Angebote, Nicht-Lineare Angebote, zeitlich befristete Rechteüberlassung, Rechteverbrauch, Steuerabzug nach § 50a Abs. 1 Nr. 2 EStG

Ein in Großbritannien ansässiger Sportverband, der in der Rechtsform einer Kapitalgesellschaft (»Sport Limited«) betrieben wird, vergibt regelmäßig die TV-Vermarktungsrechte an einer Sportveranstaltung, die in verschieden Ländern ausgetragen wird. Die Sport Limited hat mit der in Deutschland ansässigen TV GmbH eine Vereinbarung über die Fernsehübertragung hinsichtlich der Sportveranstaltung in den Jahren 2018 und 2019 abgeschlossen.

Die Vereinbarung sieht vor, dass die Sport Limited der TV GmbH diverses Bildmaterial zur TV-Übertragung in Deutschland, Österreich und der Schweiz zur Verfügung stellt. Die Übertragungsrechte beinhalten zum einen ein sog. Lineares Angebot, d. h. die Live-Übertragung der Sportveranstaltung sowie der Möglichkeit, eine begrenzte Anzahl an Wiederholungen auszustrahlen. In diesem Zusammenhang wird der TV GmbH ein Live-Signal nach zuvor erfolgter Bearbeitung zur Verfügung gestellt. Im Detail wird das übertragene Live-Signal aus dem insgesamt zur Verfügung stehenden Bildmaterial (insbes. aus den Signalen der einzelnen Kameraperspektiven) zunächst von einem von der Sport Limited beauftragten Dienstleister zusammengestellt und um Grafiken (beispielsweise über Spielstände, Tabellen, Name der im Bild sichtbaren Sportler) ergänzt. Die TV GmbH bearbeitet das gelieferte Bild-Signal durch Ergänzung eigener Grafiken (insbes. des Logos) und eines deutschen Kommentars.

Darüber hinaus wird der TV GmbH das Recht zur Produktion eigener Berichte über die Sportveranstaltungen (sog. Nicht-Lineares Angebot) eingeräumt.

Vereinbarungsgemäß zahlt die TV GmbH für die exklusiven Übertragungsrechte eine Gebühr i. H. v. insgesamt 5.000.000 EUR. Die Sport Limited verfügt weder über eine inländische Betriebsstätte (§ 12 AO) noch über einen ständigen Vertreter (§ 13 AO) im Inland.

1.3 Problemstellung

Voraussetzung für die Erhebung der Körperschaftsteuer im Wege des Steuerabzugs nach § 50a Abs. 1 EStG ist zunächst die **beschränkte Steuerpflicht** des im Ausland ansässigen Vergütungsgläubigers. Ein Steuerabzug erfolgt insbesondere bei Einkünften, die aus Vergütungen für die zeitlich befristete Überlassung der Nutzung oder des Rechts auf Nutzung von Rechten herrühren (§ 50a Abs. 1 Nr. 3 EStG). Zu den Rechten i. S. d. § 50a Abs. 1 Nr. 3 EStG gehören insbesondere die nach Maßgabe des Urheberrechtsgesetzes oder nach anderen gewerblichen Schutzgesetzen geschützten Rechte. Weiterhin erfolgt ein Steuerabzug bei Vergütungen für die Überlassung der Nutzung oder des Rechts auf Nutzung von gewerblichen, technischen, wissenschaftlichen und ähnlichen Erfahrungen, Kenntnissen und Fertigkeiten, wie z. B. Plänen, Mustern und Verfahren (sog. ungeschütztes Wissen).

Vor dem genannten Hintergrund stellt sich zunächst die **Frage**, ob die in Großbritannien ansässige Sport Limited mit den vereinbarten Zahlungen inländische Einkünfte i. S. d. § 49 Abs. 1 EStG erzielt. Darüber hinaus ist fraglich, ob vorliegend eine zeitlich befristete Überlassung erfolgt und die Körperschaftsteuer insoweit im Wege des Steuerabzugs i. S. d. § 50a Abs. 1 EStG auf Ebene der TV GmbH erhoben wird.

1.4 Beschränkte Steuerpflicht der Sport Limited

Körperschaften, Personenvereinigungen und Vermögensmassen, die weder ihre Geschäftsleitung (§ 10 AO) noch ihren Sitz (§ 11 AO) im Inland haben, unterliegen mit ihren inländischen Einkünften i. S. d. § 49 Abs. 1 EStG (i. V. m. § 8 Abs. 1 KStG) der beschränkten Steuerpflicht (§ 2 Nr. 1 KStG).

Die Sport Limited unterhält gem. Sachverhaltsbeschreibung weder eine inländische Betriebsstätte (§ 12 AO) noch wurde ein ständiger Vertreter (§ 13 AO) im Inland bestellt. Folglich ist gemäß der Systematik des § 49 Abs. 1 EStG zu prüfen, ob die aus der »Vereinbarung über die TV-Vermarktung« resultierenden Vergütungen inländische Einkünfte aus Gewerbebetrieb (§§ 15 bis 17 EStG) darstellen, die durch die Vermietung und Verpachtung **oder** Veräußerung von Rechten, erzielt werden (§ 49 Abs. 1 Nr. 2 Buchst. f EStG). Voraussetzung hierfür ist, dass die überlassenen Rechte entweder in ein inländisches Register eingetragen sind oder in einer (fremden) inländischen Betriebsstätte bzw. in einer anderen Einrichtung verwertet werden.

Unter dem Begriff »**Verwertung**« in einer (fremden) inländischen Betriebsstätte oder anderen Einrichtung versteht man ein Nutzen, Benutzen oder Gebrauchen der überlassenen bzw. übertragenen Rechte im Rahmen einer eigenen Tätigkeit durch eigenes Tätigwerden (BFH vom 23.05.1973, I R 163/71, BStBl II 1974, 287; *Klein*, in: Herrmann/Heuer/Raupach, §49 EStG, Rz. 955), um daraus einen finanziellen Nutzen zu ziehen (*Weingartner*, in: Fuhrmann/Kraeusel/Schiffers, eKomm, VZ 2015, §49 EStG, Rz. 107; wohl auch *Ackermann*, ISR 2016, 258). Nicht ausreichend dürfte das bloße Weiterüberlassen eines Rechts, z. B. in Form einer Sublizensierung des Rechts an eine Tochtergesellschaft sein, sofern bei der Sublizensierung kein Gewinnaufschlag erhoben wird.

Darüber hinaus ist für die Annahme gewerblicher Einkünfte i. S. d. beschränkten Steuerpflicht die Erzielung **originär** gewerblicher Einkünfte nicht notwendig, soweit es sich bei dem Empfänger der Einkünfte um eine ausländische Körperschaft i. S. d. §2 Nr. 1 KStG handelt, die mit einer inländischen Kapitalgesellschaft oder sonstigen juristischen Person i. S. d. §1 Abs. 1 Nr. 1 bis 3 KStG vergleichbar ist: nach §49 Abs. 1 Nr. 2 Buchst. f Satz 3 EStG gelten die Einkünfte aus der Veräußerung bzw. Vermietung und Verpachtung i. S. d. Satzes 1 der Vorschrift, die von einer ausländischen Körperschaft erzielt werden, stets als gewerblich.

Ausgehend davon, dass die Sport Limited nach dem sog. Rechtstypenvergleich einer inländischen Kapitalgesellschaft i. S. d. §1 Abs. 1 Nr. 1 KStG entspricht (BMF vom 19.03.2004, BStBl I 2004, 411), kann vorliegend auf eine Prüfung der subsidiären Tatbestandsmerkmale (d. h. Erzielung inländischer Einkünfte i. S. d. §49 Abs. 1 Nr. 3, 6 und 9 EStG) der beschränkten Steuerpflicht verzichtet werden.

1.5 Steuerabzugsverpflichtung auf Ebene der TV GmbH

1.5.1 Tatbestandsvoraussetzungen

Ein Steuerabzug ist nach §50a Abs. 1 Nr. 3 EStG nur bei Einkünften vorzunehmen, die aus Vergütungen für die »*Überlassung der Nutzung oder des Rechts auf Nutzung von Rechten*« herrühren. Ein Nutzungsrecht in diesem Sinne wird nicht überlassen, wenn es übertragen, d. h. veräußert wird.

Für die Vornahme eines Steuerabzugs ist somit zwischen der **zeitlich befristeten** Überlassung eines Rechts zur Nutzung (z. B. als Verwertungsrecht oder als Lizenz) und der endgültigen Überlassung (**Rechtekauf**) zu unterscheiden (BMF vom 25.11.2010, BStBl I 2010, 1350, Rz. 23).

Ausgangspunkt für die Abgrenzung einer zeitlich befristeten Nutzungsüberlassung von der endgültigen Rechteübertragung ist zunächst der im Einzelfall zwischen den Parteien getroffene Vertrag, denn dieser Vertrag ist die Rechtsgrundlage für die Überlassung der Rechte und damit auch maßgeblich für die Rechtsnatur der Überlassung (FG Münster vom 15.12.2010, 8 K 1543/07 E, DStRE 2011, 1309). Unter einem **Lizenzvertrag** (im engeren Sinne) versteht man einen Vertrag, in dem der Inhaber z. B. eines gewerblichen Schutzrechtes als Lizenzgeber gegenüber einem Dritten (Lizenznehmer) die Benutzung eines geschützten Rechts (z. B. Patent, Markenzeichen etc.) auf Zeit gegen Entgelt gewährt (FG München vom 02.04.2014, 1 K 1807/10).

Eine zeitlich begrenzte Überlassung von Rechten – und damit eine Steuerabzugsverpflichtung auf Ebene des im Inland ansässigen Vergütungsschuldners – liegt vor, wenn:
- das Nutzungsrecht dem durch Vertrag Berechtigten nicht endgültig verbleibt;
- sein Rückfall kraft Gesetzes oder Vertrages nicht ausgeschlossen ist oder
- eine vollständige Übertragung, wie bei urheberrechtlich geschützten Rechten, nicht zulässig ist (§ 29 Abs. 1 UrhG).

In Abgrenzung hierzu wird bei einer Veräußerung von Rechten (**Rechtekauf**) von einer endgültigen Übertragung ausgegangen. Von einem Rechtekauf ist ferner auszugehen, wenn das Recht zwar zeitlich befristet überlassen wird, sich allerdings während der Nutzungsüberlassung vollständig verbraucht (sog. **verbrauchende Rechteüberlassung**) (BMF vom 25.11.2010, BStBl I 2010, 1350, Rz. 23 sowie zuletzt FG Köln vom 28.09.2016, 3 K 2206/13, EFG 2017, 298 sowie FG Köln vom 25.08.2016, 13 K 2205/13, EFG 2017, 311 jeweils m. w. N.).

1.5.2 Verbrauchende Rechteüberlassung

Eine – nicht dem Steuerabzug unterliegende – endgültige Rechteüberlassung bzw. Übertragung von Rechten liegt u. a. dann vor, wenn sich der Wert des Rechts während der Nutzungsdauer wirtschaftlich erschöpft oder verbraucht, d. h. selbst bei einem zivilrechtlichen Rückfall des Rechts nach Ende der vertraglich vereinbarten Nutzungsdauer jenes über keinen erheblichen wirtschaftlichen Wert mehr verfügt, weil seine Verwertung auf einen Zeitpunkt oder Zeitraum beschränkt gewesen ist, der im Zeitpunkt des Rückfalls zum zivilrechtlichen Rechteinhaber in der Vergangenheit liegt.

Als Beispiel für eine verbrauchende Rechteüberlassung nennt die Finanzverwaltung z. B. das exklusive Recht zur Übertragung einer Uraufführung eines Theaterstücks (BMF vom 25.11.2010, BStBl I 2010, 1350, Rz. 24). Mit Urteil vom 16.05.2001 hat der BFH entschieden, dass die Überlassung von Werbemöglichkeiten im Rahmen von Sportveranstaltungen (»Bandenwerbung«) eine verbrauchende Rechteüberlassung darstellt, weil das Recht zur Nutzung einer Bande für Werbezwecke während einer konkreten sportlichen Veranstaltung nach deren Durchführung aufgrund des wirtschaftlichen Verbrauchs nicht an den Rechteinhaber zurückfallen kann (BFH vom 16.05.2001, I R 64/99, BStBl II 2003, 641).

Abschließend kann aus den Urteilen des BFH vom 04.03.2009 sowie 13.05.2012 abgeleitet werden, dass die Überlassung von Live-Übertragungsrechten ebenfalls als Überlassung mit »verbrauchendem« Charakter anzusehen ist (BFH vom 04.03.2009, I R 6/07, BStBl II 2009, 625; BFH vom 13.05.2012, I R 41/11, BStBl II 2012, 880).

1.5.3 Rundfunk- und Fernsehübertragungen

Bei Rundfunk- und Fernsehübertragungen unterscheidet die Finanzverwaltung für Zwecke des §50a EStG zwischen **Live- und zeitversetzten Übertragungen**. Bei Live-Übertragungen ist ferner zu unterscheiden, ob die überlassenen Signale urheberrechtlich geschützt sind oder nicht, wobei regelmäßig aufgrund der Bearbeitung der Live-Signale vom Bestehen eines urheberrechtlichen Schutzes ausgegangen werden muss (BMF vom 25.11.2010, BStBl I 2010, 1350, Rz. 26).

Werden die aufgenommenen Live-Signale zeitgleich, ohne dass es zu einer weiteren Bearbeitung (Kommentare, Zusammenschnitte verschiedener Kameraperspektiven etc.) kommt, an Dritte übertragen, liegt nach Auffassung der Finanzverwaltung ein Fall des §50a Abs. 1 **Nr. 2** EStG vor. Die Übertragung nicht bearbeiteter Live-Signale entspricht der **Verwertung** einer Darbietung i. S. d. §50a Abs. 1 Nr. 1 EStG. Folglich ist ein Steuerabzug nach §50a Abs. 1 Nr. 2 EStG nur dann vorzunehmen, wenn es sich um eine **inländische Darbietung** handelt und diese im Inland verwertet wird (sog. doppelter Inlandsbezug, BMF vom 25.11.2010, BStBl I 2010, 1350, Rz. 28).

Sowohl bei der Übertragung von bearbeiteten Live-Signalen als auch bei der zeitversetzten Übertragung geht die Finanzverwaltung hingegen von einer zeitlich befristeten Rechteüberlassung aus. Es ergibt sich demnach eine Steuerabzugsverpflichtung nach §50a Abs. 1 **Nr. 3** EStG. Im Gegensatz zu einem Steuerabzug nach §50a Abs. 1 Nr. 2 EStG ist bei der zeitlich befristeten Rechteüberlassung ein einfacher Inlandsbezug (d.h. Verwertung) für die Steuerabzugsverpflichtung ausreichend.

1.5.4 Live-Übertragungen als verbrauchende Rechteüberlassung

Während die Annahme einer Rechteüberlassung und damit einer Steuerabzugsverpflichtung bei Vergütungen für zeitversetzte Übertragungen nachvollziehbar ist, ist die Auffassung der Finanzverwaltung hinsichtlich der Behandlung von Vergütungen für (bearbeite) Live-Signale kritisch zu sehen:

Bei der Übertragung von Live-Signalen handelt es sich im Kern um eine verbrauchende Rechteüberlassung, da sich das Recht (zur exklusiven Übertragung) während der Nutzungsdauer wirtschaftlich erschöpft. Selbst bei einem zivilrechtlichen Rückfall des Rechts nach Ende der vertraglich vereinbarten Nutzungsdauer verfügt das Recht zur nicht zeitversetzten Ausstrahlung des Live-Signals über keinen erheblichen wirtschaftlichen Wert mehr.

Nach seiner Natur ist das Recht zur Übertragung eines Live-Signals auf den Zeitpunkt der Veranstaltung beschränkt, der im Zeitpunkt des eventuellen zivilrechtlichen Rückfalls zum Rechteinhaber in der Vergangenheit liegt.

Die Konstellation dürfte somit mit der Übertragung einer Uraufführung eines Theaterstücks vergleichbar sein, die seitens der Finanzverwaltung ausdrücklich als endgültige Rechteüberlassung eingestuft wird. Warum die Übertragung eines Live-Signals als zeitlich befristete Rechteüberlassung i. S. d. §50a Abs. 1 Nr. 3 EStG angesehen wird, ist nicht ersichtlich.

1.6 Zwischenfazit

Gem. Sachverhaltsdarstellung zahlt die TV GmbH für die exklusiven Übertragungsrechte eine Gebühr i. H. v. insgesamt 5.000.000 EUR. Die Gebühr wird für die TV-Übertragung in Deutschland, Österreich und der Schweiz geleistet.

Soweit die Gesamtvergütung auf die Übertragungsrechte in Österreich und der Schweiz entfallen, sollten mangels »Verwertung« im Inland keine inländischen Einkünfte i. S. d. § 49 Abs. 1 EStG vorliegen. Daran sollte sich auch nichts ändern, wenn die TV GmbH die Rechte jeweils an Tochtergesellschaften in Österreich und der Schweiz »durchleitet«.

> **PRAXISHINWEIS**
>
> In den einschlägigen Kommentierungen ungeklärt und nicht diskutiert ist die Frage, wo genau im Fall der Sublizensierung die Grenze zwischen quellensteuerfreier Sublizensierung und quellensteuerrelevanter Nutzung eines Rechts zur Erzielung eines finanziellen Vorteils zu ziehen ist. In der Praxis erfolgen Sublizensierungen auch innerhalb eines Konzerns regelmäßig unter Berechnung eines Aufschlags (sog. **Mark up**), der einerseits Gemeinkosten abgedeckt aber auch eine Gewinnkomponente enthalten kann. Fraglich ist, ob trotz fehlender aktiver Selbstnutzung einer Lizenz im Falle der Berechnung eines (Gewinn-)Aufschlags zwingend von einer Verwertung des Rechts durch den (Sub-)Lizenzgeber auszugehen ist. Bei Gewinnaufschlägen von bis zu 5 % scheint nach Ansicht des FG Köln (Urteil vom 24.10.1996, 2K 3358/93, EFG 1998, 176) zumindest in bestimmten Durchleitungskonstellationen keine Verwertung vorzuliegen.

Soweit die Gesamtvergütung auf die Übertragungsrechte in Deutschland entfällt, ist unter Berücksichtigung der dargestellten Grundsätze wie folgt zu differenzieren:
- Entfällt die Vergütung auf das Recht, eigene Berichte über die Sportveranstaltungen zu produzieren (sog. Nicht-lineares Angebot), dürfte der Tatbestand des § 50a Abs. 1 Nr. 3 EStG erfüllt sein.
- Gleiches gilt für Vergütungen, die für die Möglichkeit, diverse Wiederholungen der Sportveranstaltung (zeitversetzte Übertragung) auszustrahlen (sog. Nachverwertung) gezahlt werden. Auch insoweit ist ein Steuerabzug nach § 50a Abs. 1 Nr. 3 EStG vorzunehmen.
- Soweit die Vergütungen jedoch die **Live-Übertragung** einer Veranstaltung betreffen, ist nach der hier vertretenen Auffassung von einer – nicht dem Steuerabzug unterliegenden – verbrauchenden Rechteüberlassung auszugehen.

> **WICHTIG**
>
> Gem. Sachverhaltsbeschreibung werden der TV GmbH bearbeitete Bildsignale zur Verfügung gestellt. Entsprechend ist ein Steuerabzug nach § 50a Abs. 1 **Nr. 2** EStG – d. h. die inländische Verwertung einer inländischen Darbietung – im vorliegenden Fall nicht zu berücksichtigen.

Die Gesamtvergütung i. H. v. 5.000.000 EUR ist im vorliegendem Fall vor dem Hintergrund des Steuerabzugs nach § 50a Abs. 1 EStG aufzuteilen. Denkbar wäre beispielsweise, eine Aufteilung anhand der Anzahl der Fernsehzuschauer (**Sehbeteiligung**) bei der Live-Übertragung bzw. den Wiederholungen der Sportveranstaltung vorzunehmen.

1.7 Abkommensrechtliche Würdigung

Der **persönliche Anwendungsbereich** gem- Art. 1 Abs. 1 DBA Großbritannien sollte eröffnet sein, da es sich sowohl bei der Sport Limited als auch bei der TV GmbH um in einem der Vertragsstaaten (hier: Deutschland und Großbritannien) ansässige Personen i. S. d. Art. 3 Abs. 1 Buchst. d i. V. m. Art. 4 Abs. 1 Satz 1 DBA Großbritannien handelt. Weiterhin ist der **sachliche Anwendungsbereich** eröffnet: bei der deutschen Körperschaftsteuer handelt es sich um eine Steuer, für die gem. Art. 2 Abs. 3 Buchst. a DBA Großbritannien das Abkommen gilt.

Lizenzgebühren, die eine in einem Vertragsstaat ansässige Person (hier: Großbritannien) als Nutzungsberechtigter bezieht, können gem. Art. 12 Abs. 1 DBA Großbritannien nur in diesem Staat besteuert werden. Der Ausdruck »Lizenzgebühren« umfasst nach Art. 12 Abs. 2 DBA Großbritannien unter anderem Vergütungen für die Benutzung oder für das Recht auf Benutzung von Urheberrechten an literarischen, künstlerischen oder wissenschaftlichen Werken, einschließlich kinematografischer Filme.

Das nationale Besteuerungsrecht i. S. d. § 49 Abs. 1 Nr. 2 Buchst. f EStG i. V. m. § 2 Nr. 1 KStG läuft vorliegend damit ins Leere. Jedoch ist zu beachten, dass gem. Art. 29 Abs. 1 DBA Großbritannien das nationale Recht zur Vornahme des Steuerabzugs (§ 50a EStG) durch das Abkommen nicht berührt wird. Gem. Art. 29 Abs. 1 Satz 2 DBA Großbritannien ist die im Abzugsweg erhobene Steuer auf Antrag zu erstatten, soweit ihre Erhebung durch das Abkommen eingeschränkt wird.

> **WICHTIG**
>
> Soweit Vergütungen auf die Live-Übertragung einer Veranstaltung entfallen, ist nach der hier vertretenen Auffassung von einer verbrauchenden Rechteüberlassung auszugehen. Abkommensrechtlich dürfte insoweit Art. 13 DBA Großbritannien Anwendung finden. Nach Art. 13 Abs. 5 DBA Großbritannien wäre ein Gewinn aus der Veräußerung jedoch auch nur in dem Vertragsstaat zu besteuern ist, in dem der Veräußerer ansässig ist (hier: Großbritannien).

1.8 Verfahrensrechtliche Aspekte

Grundsätzlich hat der Steuerabzug i. S. d. § 50a EStG ungeachtet eventueller Begünstigungen auf Basis eines DBA in voller Höhe zu erfolgen (§ 50d Abs. 1 Satz 1 EStG). Nach § 50d Abs. 2 EStG kann der Schuldner der Vergütungen den Steuerabzug i. S. d. § 50a EStG nach Maßgabe der Bestimmungen eines DBA unterlassen, wenn das Bundeszentralamt für Steuern (**BZSt**) dem Vergütungsgläubiger bescheinigt, dass die Voraussetzungen für die Unterlassung eines Steuerabzugs vorliegen (sog. **Freistellung im Steuerabzugsverfahren**). Sofern die Voraussetzungen für die Freistellung erfüllt sind, wird die Bescheinigung grundsätzlich für einen Zeitraum von drei Zeitjahren sowie frühestens ab Antragseingang gewährt.

Liegt im Zeitpunkt der Zahlung der Vergütung keine Freistellungsbescheinigung vor, ist die Abzugsteuer nach § 50a EStG ungeachtet einer möglichen Entlastungsberechtigung des Vergütungsgläubigers in voller Höhe einzubehalten und an das BZSt abzuführen. Die einbehaltene und abgeführte Steuer kann sodann in einem zweiten Schritt auf der Grundlage eines entsprechenden **Erstattungsantrags** des Vergütungsgläubigers nach § 50d Abs. 1 Satz 2 ff. EStG erstattet werden. Der Antrag ist nach amtlich vorgeschriebenem Vordruck beim BZSt zu stellen. Die Frist zur Antragstellung beträgt gem. § 50d Abs. 1 Satz 9 EStG grundsätzlich vier Jahre nach Ablauf des Kalenderjahrs des Bezugs der Vergütung. Die Frist endet jedoch nicht vor Ablauf von sechs Monaten nach dem Zeitpunkt der Entrichtung der Steuer (§ 50d Abs. 1 Satz 10 EStG). Der Erstattungsantrag kann mit einem Freistellungsantrag verbunden werden.

> **WICHTIG**
>
> Kann von abkommensrechtlichen Begünstigungen Gebrauch gemacht werden, sollte zur Vermeidung eines unnötigen Steuerabzugs ein entsprechender Antrag auf Erlass einer Freistellungsbescheinigung beim BZSt eingereicht werden.

Im Rahmen des Freistellungs- bzw. Erstattungsantrags werden vorliegend die deutschen Missbrauchsvorschriften gem. § 50d Abs. 3 EStG durch das BZSt geprüft.

> **WICHTIG**
>
> Die Anmeldeverpflichtung bleibt im Freistellungsverfahren unberührt, so dass eine Steueranmeldung auch dann einzureichen ist, wenn ein Steuerabzug nicht (d. h. Nullmeldung) vorzunehmen ist (§ 50d Abs. 2 und 5 EStG sowie § 73e Satz 3 EStDV).

2 Lizenzvereinbarungen in der Werbebranche

2.1 Hintergrund

Werbeagenturen beraten Werbekunden bei der Konzeption, Planung, Gestaltung und Realisierung von Werbe- und sonstigen Kommunikationsmaßnahmen. Insbesondere bei Full-Service Agenturen umfassen diese Leistungen auch die Konzeption, Gestaltung und Produktion von Werbemitteln für geplante Kommunikationsmaßnahmen in Massenmedien wie z. B. Anzeigen in Zeitungen, Plakate für Außenwerbung, Spots für TV und Kino sowie Funkspots für die Radiowerbung. Oftmals werden für die Mitwirkung an der Produktion dieser Werbemittel im Ausland lebende Vertragspartner verpflichtet, wie z. B. Fotografen, Komponisten, Sprecher, Prominente, Sportler oder Fotomodelle. Üblicherweise setzt sich die Vergütung dieser Vertragspartner aus zwei Komponenten zusammen:

- Vergütung für ihre Tätigkeit (wie z. B. Fotografenhonorar oder Tageshonorar bei Fotomodellen), sowie
- Vergütung für die Überlassung von Nutzungsrechten (wie z. B. Urheberrechte und Persönlichkeitsrechte).

In diesem Zusammenhang stellt sich regelmäßig die Frage, ob, in welchem Umfang und auf welcher Stufe der Wertschöpfungskette inländische, dem Steuerabzug nach § 50a EStG unterliegenden Einkünfte erzielt werden, sofern es sich bei den Mitwirkenden um beschränkt Steuerpflichtige handelt.

2.2 Fall 1

Stichworte: Werbefotograf, Fotomodell, Modelagentur, Vermittler, Sublizensierung, Rechteverbrauch, Total Buy-out, Steuerabzug nach § 50a Abs. 1 Nr. 3 EStG, Steuerabzug auf der zweiten Stufe (§ 50a Abs. 4 EStG), Kontrollmeldeverfahren (§ 50d Abs. 5 EStG)

2.2.1 Sachverhalt

Die Werbeagentur GmbH wird von einem inländischen Sportartikelhersteller mit der Produktion eines Plakats für die Außenwerbung in deutschen Großstädten beauftragt. Agentur und Kunde sind im Inland unbeschränkt steuerpflichtig. Die Werbeagentur GmbH beauftragt einen in Frankreich wohnhaften Fotografen mit der Aufnahme und Bearbeitung von Fotografien für das Werbeplakat. Aufnahmeort ist Paris. Des Weiteren wird ein in Frankreich wohnhaftes Fotomodell über die in Frankreich ansässige Modelagentur (eine S.à r.l. nach französischem Recht) für das Fotoshooting gebucht.

Der Fotograf erhält von der Werbeagentur GmbH für seine Tätigkeit ein Fotografenhonorar i. H. v. 20.000 EUR sowie eine Vergütung i. H. v. 5.000 EUR für die Überlassung der Nutzungsrechte an den Fotoaufnahmen.

Die Modelagentur erhält für das Fotomodell eine Tagesgage i. H. v. 5.000 EUR sowie eine Vergütung für die Überlassung der Persönlichkeitsrechte (sog. Buy-out) i. H. v. 2.000 EUR. Die Modelagentur berechnet der Werbeagentur GmbH zudem eine Agenturgebühr i. H. v. 4 % der Modellgage.

Die von dem Fotografen und dem Fotomodell überlassenen Nutzungsrechte sind zeitlich auf ein Jahr und geografisch auf die Nutzung innerhalb Deutschlands beschränkt.

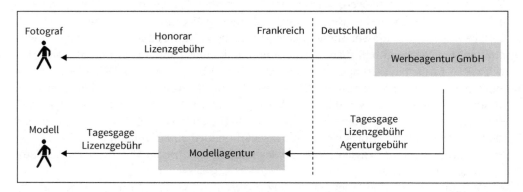

Keiner der drei französischen Vertragspartner verfügt über eine inländische Betriebsstätte (§ 12 AO) oder einen ständigen Vertreter (§ 13 AO) im Inland. Der Fotograf und das Fotomodell haben darüber hinaus in Deutschland weder einen Wohnsitz noch ihren gewöhnlichen Aufenthalt.

2.2.2 Problemstellung

Voraussetzung für die Erhebung der Einkommen- bzw. Körperschaftsteuer im Wege des Steuerabzugs nach § 50a Abs. 1 EStG ist zunächst die **beschränkte Steuerpflicht** des im Ausland ansässigen Vergütungsgläubigers. Ein Steuerabzug erfolgt insbesondere bei Einkünften, die aus Vergütungen für die zeitlich befristete Überlassung der Nutzung oder des Rechts auf Nutzung von Rechten herrühren (§ 50a Abs. 1 Nr. 3 EStG). Zu den Rechten i. S. d. § 50a Abs. 1 Nr. 3 EStG gehören insbes. die nach Maßgabe des Urheberrechtsgesetzes (**UrHG**) oder nach anderen gewerblichen Schutzgesetzen geschützten Rechte.

Vor dem genannten Hintergrund stellt sich zunächst die Frage, ob die in Frankreich wohnhaften bzw. ansässigen Vertragspartner der Werbeagentur GmbH (d. h. der Fotograf, das Fotomodell sowie die Modelagentur) mit den in der Sachverhaltsbeschreibung genannten Vergütungen inländische Einkünfte i. S. d. § 49 Abs. 1 EStG erzielen.

Darüber hinaus ist fraglich, ob vorliegend eine zeitlich befristete Überlassung erfolgt und die Einkommen- bzw. Körperschaftsteuer insoweit im Wege des Steuerabzugs i. S. d. § 50a Abs. 1 EStG auf Ebene der Werbeagentur GmbH bzw. der Modellagentur erhoben wird.

2.2.3 Beschränkte Steuerpflicht der Modellagentur

2.2.3.1 Überblick

Körperschaften, Personenvereinigungen und Vermögensmassen, die weder ihre Geschäftsleitung (§ 10 AO) noch ihren Sitz (§ 11 AO) im Inland haben, unterliegen mit ihren inländischen Einkünften i. S. d. § 49 Abs. 1 EStG (i. V. m. § 8 Abs. 1 KStG) der beschränkten Steuerpflicht (§ 2 Nr. 1 KStG).

Die Modellagentur unterhält gem. Sachverhaltsbeschreibung weder eine inländische Betriebsstätte (§ 12 AO) noch wurde ein ständiger Vertreter (§ 13 AO) im Inland bestellt. Folglich ist gem. der Systematik des § 49 Abs. 1 EStG zu prüfen, ob die erzielten Vergütungen inländische **Einkünfte aus Gewerbebetrieb** (§§ 15 bis 17 EStG) darstellen, die

- durch im Inland ausgeübte oder verwertete künstlerische, sportliche, artistische, unterhaltende oder ähnliche **Darbietungen** erzielt werden, einschließlich der Einkünfte aus anderen mit diesen Leistungen zusammenhängenden Leistungen (§ 49 Abs. 1 Nr. 2 Buchst. d EStG) oder
- durch die **Veräußerung** oder **Vermietung und Verpachtung von Rechten** erzielt werden, die in ein inländisches Register eingetragen sind **oder** deren Verwertung in einer inländischen Betriebsstätte oder anderen Einrichtung erfolgt (§ 49 Abs. 1 Nr. 2 Buchst. f EStG).

Für die Annahme gewerblicher Einkünfte i. S. d. beschränkten Steuerpflicht ist grundsätzlich auf die Voraussetzungen des § 15 EStG abzustellen. Bei Vergütungen, die durch im Inland ausgeübte oder verwertete **Darbietungen** erzielt werden, dürfte aufgrund des fehlenden Elements der persönlichen Betätigung durch die Werbeagentur stets von gewerblichen Einkünften auszugehen sein. Auf eine Prüfung der subsidiären Tatbestandsmerkmale (d. h. Erzielung inländischer Einkünfte aus selbständiger Arbeit i. S. d. § 49 Abs. 1 Nr. 3 EStG bzw. aus nichtselbständiger Arbeit i. S. d. § 49 Abs. 1 Nr. 4 EStG) kann vorliegend somit verzichtet werden.

Auch bei Vergütungen, die durch die **Veräußerung** oder **Vermietung und Verpachtung von Rechten** erzielt werden, ist für die Annahme gewerblicher Einkünfte i. S. d. beschränkten Steuerpflicht die Erzielung **originär** gewerblicher Einkünfte nicht notwendig, soweit es sich bei dem Empfänger der Einkünfte um eine ausländische Körperschaft i. S. d. § 2 Nr. 1 KStG handelt, die mit einer inländischen Kapitalgesellschaft oder sonstigen juristischen Person i. S. d. § 1 Abs. 1 Nr. 1 bis 3 KStG vergleichbar ist: nach § 49 Abs. 1 Nr. 2 Buchst. f Satz 3 EStG gelten die Einkünfte aus der Veräußerung bzw. Vermietung und Verpachtung i. S. d. Satzes 1 der Vorschrift, die von einer ausländischen Körperschaft erzielt werden, stets als gewerblich. Da die Modellagentur nach dem sog. Rechtstypenvergleich einer inländischen Kapitalgesellschaft i. S. d. § 1 Abs. 1 Nr. 1 KStG entsprechen sollte (BMF vom 19.03.2004, BStBl I 2004, 411), kann vorliegend auf eine Prüfung der subsidiären Tatbestandsmerkmale (d. h. Erzielung inländischer Einkünfte i. S. d. § 49 Abs. 1 Nr. 6 und 9 EStG) der beschränkten Steuerpflicht verzichtet werden.

2.2.3.2 Erzielung inländischer Einkünfte

2.2.3.2.1 Übersicht

Gem. Sachverhaltsbeschreibung erhält die Modelagentur von der Werbeagentur GmbH die drei folgenden Vergütungsbestandteile:
- Agenturgebühr,
- Lizenzgebühr (Buy-out) für die Nutzungsüberlassung der Persönlichkeitsrechte des Fotomodells
- Tagesgage für die Teilnahme des Fotomodells an dem Shooting.

Für Zwecke des Steuerabzugs nach § 50a EStG sind diese Vergütungsbestandteile getrennt voneinander zu beurteilen, da den einzelnen Leistungsbestandteilen nicht nur eine untergeordnet Bedeutung zukommt (BFH vom 07.09.2011, I B 157/10, BStBl II 2012, 590). Einen Grundsatz, nach dem Nebenleistungen das Schicksal der Hauptleistung teilen, gibt es für Zwecke von § 50a EStG nicht.

Bei der **Agenturgebühr** handelt es sich um ein Entgelt, das für die Vermittlungsleistung der Modelagentur geleistet wird und insoweit von der Gesellschaft im eigenen Namen und auf eigene Rechnung abgerechnet wird. Da die Vergütungen weder durch im Inland ausgeübte oder verwertete Darbietungen noch durch die Veräußerung oder Vermietung und Verpachtung von Rechten erzielt werden, die im Inland belegen oder in ein inländisches Register eingetragen sind oder deren Verwertung in einer inländischen Betriebsstätte oder anderen Einrichtung erfolgt, handelt es sich nicht um inländische Einkünfte i. S. d. § 49 Abs. 1 Nr. 2 Buchst. d bzw. f EStG.

Da auch die anderen Tatbestandsmerkmale des § 49 Abs. 1 EStG nicht erfüllt sind, ergibt sich aus der Erzielung der Agenturgebühr keine beschränkte Steuerpflicht der Modelagentur in Deutschland.

Für die Frage, ob die verbleibenden Vergütungsbestandteile auf Ebene der Modelagentur inländischen Einkünfte i. S. d. § 49 Abs. 1 EStG darstellen, ist entscheidend, ob diese die den Vergütungen zugrundeliegenden Leistungen im **eigenen Namen und für eigene Rechnung** erbringt oder lediglich als **Vermittler** namens und für Rechnung des Fotomodells gegenüber der Werbeagentur GmbH auftritt und insoweit abrechnet.

2.2.3.2.2 Handeln im eigenen Namen und auf eigene Rechnung

Sind die Vertragsbeziehungen zwischen Fotomodell, Modelagentur und Werbeagentur GmbH derart ausgestaltet, dass die Modelagentur die Teilnahme des Fotomodells am Fotoshooting schuldet und das Persönlichkeitsrecht des Fotomodells als Nutzungsberechtigter an die Werbeagentur GmbH sublizensiert, so rechnet die Modelagentur die Lizenzgebühr (Buy-out) und die Tagesgage im eigenen Namen und für eigene Rechnung gegenüber der Werbeagentur GmbH ab. Ertragsteuerlich sind die Einkünfte aus der Tagesgage und der Lizenzgebühr (Buy-out) somit der Modelagentur zuzurechnen.

Die **Lizenzgebühr** (**Buy-out**) stellt ein Entgelt für die zeitlich beschränkte Vermietung und Verpachtung des Persönlichkeitsrechts des Fotomodells i. S. d. § 22 Kunsturhebergesetzes (**KunstUrhG**) (Recht am eigenen Bild) dar (BMF vom 25.11.2010, BStBl I 2010, 1350, Rz. 22; BMF vom 09.01.2009, BStBl I 2009, 362).

---

§ 22 Kunsturhebergesetz
Bildnisse dürfen nur mit Einwilligung des Abgebildeten verbreitet oder öffentlich zur Schau gestellt werden. Die Einwilligung gilt im Zweifel als erteilt, wenn der Abgebildete dafür, dass er sich abbilden ließ, eine Entlohnung erhielt. Nach dem Tode des Abgebildeten bedarf es bis zum Ablaufe von 10 Jahren der Einwilligung der Angehörigen des Abgebildeten. Angehörige im Sinne dieses Gesetzes sind der überlebende Ehegatte oder Lebenspartner und die Kinder des Abgebildeten und, wenn weder ein Ehegatte oder Lebenspartner noch Kinder vorhanden sind, die Eltern des Abgebildeten.

Sofern eine Verwertung dieses Rechts in einer inländischen Betriebsstätte oder in einer anderen Einrichtung erfolgt, führt das Buy-out zu inländischen Einkünften i. S. d. § 49 Abs. 1 Nr. 2 Buchst. f Doppelbuchst. aa EStG (i. V. m. § 8 Abs. 1 KStG).

Unter dem Begriff »**Verwertung**« in einer (fremden) inländischen Betriebsstätte oder anderen Einrichtung ist ein Nutzen, Benutzen oder Gebrauchen von Rechten im Rahmen eigener Tätigkeit durch **eigenes Tätigwerden** zu verstehen (BFH vom 23.05.1973, I R 163/71, BStBl II 1974, 287; *Klein*, in: Herrmann/Heuer/Raupach, § 49 EStG, Rz. 955), um daraus **finanziellen Nutzen** zu ziehen (*Weingartner*, in: Fuhrmann/Kraeusel/Schiffers, eKomm, VZ 2015, § 49 EStG, Rz. 107; wohl auch *Ackermann*, ISR 2016, 258).

Die Verwertung kann grundsätzlich in einer **inländischen** Betriebsstätte des Lizenzgebers, des Lizenznehmers oder einer anderen Person unabhängig von deren Steuerpflicht erfolgen. Die Verwertung in einer **ausländischen** Betriebsstätte eines inländischen Unternehmens ist nicht ausreichend.

Ein Verwerten im Kontext des § 49 Abs. 1 Nr. 2 Buchst. f EStG erfordert, dass die Verwertung des Rechts durch den Lizenznehmer bzw. einen Dritten und **nicht** durch den Lizenzgeber erfolgt. Letzteres würde zu Einkünften aus Gewerbebetrieb i. S. d. § 49 Abs. 1 Nr. 2 **Buchst. a** EStG oder zu Einkünften aus selbständiger Arbeit i. S. d. § 49 Abs. 1 Nr. 3 EStG führen.

Eine Verwertung von Rechten kann grundsätzlich durch aktive Selbstnutzung, Fremdnutzung oder Übertragung erfolgen. Nach der hier vertretenen Auffassung[7] ist der Tatbestand der Verwertung in einer inländischen Betriebsstätte nicht erfüllt, wenn der Nutzungsberechtigte sein Ausübungsrecht lediglich an einen Dritten zur Ausübung einer Nutzung weiterleitet (d. h. **Sublizensierung** bzw. Untervermietung), ohne seinerseits durch eigenes Handeln das Recht aktiv und tatsächlich zu nutzen. Eine Verwertung im Inland liegt im Fall der Sublizensierung erst dann vor, wenn der Sublizenznehmer seiner-

---

7 Siehe hierzu auch Hidien, in Kirchhoff/Mellinghoff/Söhn, § 49 EStG, Rdnr. I 129, 134, Klein in Herrmann/Heuer/Raupach, § 49 EStG, Anm. 955; Lüdicke, in Lademann, § 49 EStG Rz 752.

seits (oder ein anderer Dritter) das Recht in einer inländischen Betriebsstätte durch Selbstnutzung verwertet.

> **PRAXISHINWEIS**
>
> Ungeklärt und in den einschlägigen Kommentierungen nicht diskutiert ist die Frage, wo genau im Fall der Sublizensierung die Grenze zwischen quellensteuerfreier Sublizensierung und quellensteuerrelevanter Nutzung eines Rechts zur Erzielung eines finanziellen Vorteils zu ziehen ist. In der Praxis erfolgen Sublizensierungen auch innerhalb eines Konzerns regelmäßig unter Berechnung eines Aufschlags (sog. **Mark up**), der einerseits Gemeinkosten abgedeckt aber auch eine Gewinnkomponente enthalten kann. Fraglich ist, ob trotz fehlender aktiver Selbstnutzung einer Lizenz im Falle der Berechnung eines (Gewinn-)Aufschlags zwingend von einer Verwertung des Rechts durch den (Sub-)Lizenzgeber auszugehen ist. Bei Gewinnaufschlägen von bis zu 5 % scheint nach Ansicht des FG Köln (Urteil vom 24.10.1996, 2K 3358/93, EFG 1998, 176) zumindest in bestimmten Durchleitungskonstellationen keine Verwertung vorzuliegen.

Der Verwertungsbegriff im Kontext des § 49 Abs. 1 Nr. 2 Buchst. f EStG umfasst demnach nicht jede Form der wirtschaftlichen Ausnutzung, sondern lediglich die tatsächliche, aktive Selbst- oder Fremdnutzung insbes. durch die Verwertungshandlungen **Vervielfältigung**, **Verbreitung**, **Ausstellung** und **Veröffentlichung** i. S. v. § 15 UrhG und § 22 KunstUrhG.

---

§ 15 Urheberrechtsgesetz
(1) Der Urheber hat das ausschließliche Recht, sein Werk in körperlicher Form zu verwerten; das Recht umfasst insbesondere
 1. das Vervielfältigungsrecht (§ 16),
 2. das Verbreitungsrecht (§ 17),
 3. das Ausstellungsrecht (§ 18).
(2) Der Urheber hat ferner das ausschließliche Recht, sein Werk in unkörperlicher Form öffentlich wiederzugeben (Recht der öffentlichen Wiedergabe). Das Recht der öffentlichen Wiedergabe umfasst insbesondere
 1. das Vortrags-, Aufführungs- und Vorführungsrecht (§ 19),
 2. das Recht der öffentlichen Zugänglichmachung (§ 19a),
 3. das Senderecht (§ 20),
 4. das Recht der Wiedergabe durch Bild- oder Tonträger (§ 21),
 5. das Recht der Wiedergabe von Funksendungen und von öffentlicher Zugänglichmachung (§ 22).
(3) Die Wiedergabe ist öffentlich, wenn sie für eine Mehrzahl von Mitgliedern der Öffentlichkeit bestimmt ist. Zur Öffentlichkeit gehört jeder, der nicht mit demjenigen, der das Werk verwertet, oder mit den anderen Personen, denen das Werk in unkörperlicher Form wahrnehmbar oder zugänglich gemacht wird, durch persönliche Beziehungen verbunden ist.

Im Fall des Fotomodells wird der originäre wirtschaftliche Wert des überlassenen Persönlichkeitsrechts durch Verbreitung und Veröffentlichung seines Bildnisses für Werbezwecke realisiert. Für die Frage der Verwertung sollte auf diese konkrete Verwendung abzustellen sein. Gem. Sachverhaltsbeschreibung sollen die Fotoaufnahmen im Rahmen einer Außenwerbung des inländischen Sportartikelherstellers in deutschen Großstädten sichtbar werden und hierdurch den angestrebten Werbeeffekt erzielen. Die inländische Verwertung der überlassenen Persönlichkeitsrechte erfolgt durch Veröffentlichung und Verbreitung der Fotoaufnahmen in Form von Plakaten zu Werbemaßnahmen in deutschen Großstädten. Je nach vertraglicher Ausgestaltung erfolgt die Verwertung durch die Werbeagentur GmbH oder den Sportartikelhersteller.

Die Modellagentur erzielt mit der **Lizenzgebühr (Buy-out)** folglich **inländische Einkünfte** i. S. d. § 49 Abs. 1 Nr. 2 Buchst. f Doppelbuchst. aa EStG (i. V. m. § 8 Abs. 1 KStG) aus der Vermietung und Verpachtung von Rechten, die in einer fremden inländischen Betriebsstätte verwertet werden.

Bei der **Tagesgage,** die der Modellagentur für die Teilnahme des Fotomodells an dem Shooting gezahlt wird, handelt es sich nicht um Vergütungen, die durch die **Veräußerung** oder **Vermietung und Verpachtung von Rechten** erzielt werden (§ 49 Abs. 1 Nr. 2 Buchst. f EStG).

Regelmäßig stellen entsprechende Gagen ebenfalls keine Einkünfte dar, die **durch** eine ausgeübte künstlerische **Darbietung** i. S. d. § 49 Abs. 1 Nr. 2 Buchst. d EStG erzielt werden, da bei Fotoaufnahmen für Werbezwecke im Regelfall kein oder kein genügender Spielraum für eine eigenschöpferische Leistung (und damit künstlerische Darbietung) besteht (BMF vom 09.01.2009, BStBl I 2009, 362; FG Nürnberg vom 28.01.1998, III 128/95, EFG 1998, 951; ebenso bei Schauspielern: BFH vom 11.07.1991, IV R 102/90, BStBl II 1992, 413; BFH vom 15.10.1998, IV R 1/97, BFH/NV 1999, 464). Gegen den Darbietungscharakter spricht auch, dass die Werbeaufnahmen nicht vor oder für ein Publikum erbracht werden. Die die Werbeaufnahmen wahrnehmende Öffentlichkeit qualifiziert nicht als Publikum im Sinne der Vorschrift (*Frotscher*, in: Frotscher/Geurts, § 49 EStG, Rz. 137).

Die Modellagentur erzielt mit der **Tagesgage** folglich **keine inländischen Einkünfte** i. S. d. § 49 Abs. 1 Nr. 2 Buchst. d EStG (i. V. m. § 8 Abs. 1 KStG).

> **PRAXISHINWEIS**
>
> Mangels eigenschöpferischer Leistung (und damit künstlerischer Darbietung) stellen Gagen, die Fotomodellen für Werbeaufnahmen gezahlt werden, keine inländischen Einkünfte i. S. d. § 49 Abs. 1 Nr. 2 Buchst. d EStG dar. Dies gilt auch, wenn das Fotoshooting in Deutschland stattfindet.
> Anders ist der Fall jedoch zu beurteilen, wenn Fotomodelle im Inland an Modeschauen vor Publikum teilnehmen. Sofern diese Modenschauen besonders choreographisch gestaltet sind und den Fotomodellen eine gewissen Raum für eigenschöpferische Leistung bieten, kann eine künstlerische Darbietung der Fotomodelle vorliegen, die eine inländische Steuerabzugsverpflichtung zur Folge hat (BMF vom 25.11.2010, BStBl I 2010, 1350, Rz. 17). Im Übrigen sollte bei Darbietungen vor und für Publikum regelmäßig von einem unterhaltenden Charakter auszugehen sein.

2.2.3.2.3 Handeln im fremden Namen und für fremde Rechnung

Sind die Vertragsbeziehungen zwischen Modell, Modellagentur und Werbeagentur GmbH derart ausgestaltet, dass das Fotomodell unmittelbar mit der Werbeagentur GmbH einen Vertrag über die Teilnahme am Fotoshooting und die Überlassung seiner Persönlichkeitsrechte zur Nutzung überlässt und die Modellagentur folglich als **Agent bzw. Vermittler** tätig wird und demnach im Namen und für Rechnung des Fotomodells mit der Werbeagentur GmbH abrechnet, so sind die Einkünfte aus dem Buy-out und der Tagesgage ertragsteuerlich unmittelbar dem Fotomodell zuzurechnen.

Konsequenterweise erzielt dann nicht die Modellagentur sondern gegebenenfalls das Fotomodell selbst aus den beiden im fremden Namen und für fremde Rechnung fakturierten Vergütungsbestandteile, d. h. der Tagesgage und dem Buy-out, inländische Einkünfte i. S. d. § 49 Abs. 1 EStG. An der inländischen Abzugsteuerverpflichtung ändert sich hierdurch jedoch nichts, da sowohl das Fotomodell als auch die Modellagentur im Ausland ansässig sind.

> **WICHTIG**
>
> Anders wäre der Fall zu beurteilen, wenn die Modellagentur im Inland ansässig wäre. In diesen Fall würde infolge der Umstellung der Vertragsbeziehung von der Modellagentur auf das Fotomodell die Abzugsteuerverpflichtung von der (inländischen) Modellagentur auf die inländische Werbeagentur übergehen.

2.2.4 Beschränkte Steuerpflicht des Fotomodells

2.2.4.1 Überblick

Natürliche Personen, die im Inland weder einen Wohnsitz (§ 8 AO) noch ihren gewöhnlichen Aufenthalt (§ 9 AO) haben, sind mit ihren inländischen Einkünften i. S. d. § 49 EStG beschränkt steuerpflichtig (§ 1 Abs. 4 EStG), sofern sie nicht nach § 1 Abs. 2 EStG unbeschränkt einkommensteuerpflichtig sind oder auf Antrag nach § 1 Abs. 3 Satz 1 EStG als unbeschränkt einkommensteuerpflichtig behandelt werden.

Das Fotomodell ist in Frankreich ansässig und unterhält gem. Sachverhaltsbeschreibung zudem weder eine inländische Betriebsstätte (§ 12 AO) noch wurde ein ständiger Vertreter (§ 13 AO) im Inland bestellt. Folglich ist gem. der Systematik des § 49 EStG zunächst zu prüfen, ob die erzielten Vergütungen inländische **Einkünfte aus selbständiger Arbeit** (§ 18 EStG) darstellen, die im Inland ausgeübt oder verwertet wird bzw. worden ist.

Weiterhin wäre nach § 49 Abs. 1 EStG zu prüfen, ob die von ihr erzielten Vergütungen (Zahlungen von der Modellagentur) inländische **Einkünfte aus Gewerbebetrieb** (§§ 15 bis 17 EStG) darstellen, die
- durch im Inland ausgeübte oder verwertete künstlerische, sportliche, artistische, unterhaltende oder ähnliche **Darbietungen** erzielt werden, einschließlich der Einkünfte aus

anderen mit diesen Leistungen zusammenhängenden Leistungen (§ 49 Abs. 1 Nr. 2 Buchst. d EStG) oder
- durch die **Veräußerung** oder **Vermietung und Verpachtung** von Rechten erzielt werden, die in ein inländisches Register eingetragen sind **oder** deren Verwertung in einer inländischen Betriebsstätte oder anderen Einrichtung erfolgt (§ 49 Abs. 1 Nr. 2 Buchst. f EStG).

Sollten die erzielten Vergütungen des Fotomodells keiner der genannten Einkunftsarten zugeordnet werden können, wären die subsidiären Tatbestandsmerkmale (d. h. Erzielung inländischer **Einkünfte aus Vermietung und Verpachtung** i. S. d. § 49 Abs. 1 Nr. 6 EStG i. V. m. § 21 EStG bzw. Erzielung **sonstiger Einkünfte** i. S. d. § 49 Abs. 1 Nr. 9 EStG i. V. m. § 22 EStG) der beschränkten Steuerpflicht zu prüfen.

2.2.4.2 Erzielung inländischer Einkünfte

Gem. Sachverhaltsbeschreibung erhält das Fotomodell von der Modelagentur die beiden folgenden Vergütungsbestandteile:
- Tagesgage für die Teilnahme an dem Shooting
- Lizenzgebühr (Buy-out) für die Nutzungsüberlassung der Persönlichkeitsrechte.

In Abhängigkeit von der vertraglichen Gestaltung kann das Fotomodell sich entweder gegenüber der Werbeagentur GmbH oder aber gegenüber der Modelagentur zur Teilnahme an dem Fotoshooting sowie zur Nutzungsüberlassung der Persönlichkeitsrechte verpflichten.

Bei einer unmittelbaren **Verpflichtung des Fotomodells gegenüber der Werbeagentur GmbH** tritt die Modelagentur lediglich als Vermittler gegenüber der Werbeagentur GmbH auf und rechnet die Tagesgage sowie das Buy-out im Namen und für Rechnung des Fotomodells ab und leitet die Vergütungen entsprechend an das Fotomodell weiter.

Verpflichtet sich das Fotomodell hingegen gegenüber der Modelagentur zur Teilnahme an dem Fotoshooting und zur Überlassung der Persönlichkeitsrechte, tritt die Modelagentur insoweit in eigenem Namen und für eigene Rechnung gegenüber der Werbeagentur GmbH auf. Sämtliche Abrechnungen erfolgen jeweils im eigenen Namen und auf eigene Rechnung.

Für die Frage, ob bzw. welche inländischen Einkünfte i. S. d. § 49 Abs. 1 EStG das Fotomodell erzielt, ist die vertragliche Ausgestaltung (d. h. unmittelbare vs. mittelbare Erbringung von Leistungen) unerheblich.

Da die beiden Leistungen des Fotomodells nicht untrennbar miteinander verbunden sind, ihnen vielmehr jeweils ein **eigenständiger Charakter** zukommt, sind die Leistungen und die daraus resultierenden Einkünfte (d. h. Tagesgage und Lizenzgebühr / Buy-out) für Zwecke der Prüfung inländischer Einkünfte unabhängig voneinander zu beurteilen (BMF vom 09.01.2009, BStBl I 2009, 362; BFH vom 07.09.2011, I B 157/10, BStBl II 2012, 590; BFH vom 28.01.2004, I R 73/02, BStBl II 2005, 550).

Bei der **Tagesgage** handelt es sich um eine Vergütung, die für die Tätigkeit des Fotomodells bei dem Fotoshooting geleistet wird. Mit derartigen Vergütungen erzielen Fotomodelle regelmäßig keine Einkünfte aus selbständiger Arbeit i. S. d. § 49 Abs. 1 Abs. 3 EStG, da bei Aufnahmen für Werbezwecke im Regelfall kein oder kein genügender Spielraum für eine eigenschöpferische Leistung (und damit künstlerische Tätigkeit i. S. d. § 18 EStG) besteht (BMF vom 09.01.2009 BStBl I 2009, 362; BFH vom 11.07.1991, IV R 102/90, BStBl II 1992, 413). Die Frage, wo das Fotoshooting stattfindet und damit die Tätigkeit ausgeübt wird, ist folglich nicht von Relevanz. Vergütungen für die Tätigkeit eines Fotomodells im Zusammenhang mit Werbeaufnahmen stellen regelmäßig vielmehr gewerbliche Einkünfte (§§ 15 bis 17 EStG) dar. Da das Fotomodell gem. Sachverhaltsbeschreibung weder eine inländische Betriebsstätte (§ 12 AO) unterhält noch einen ständigen Vertreter (§ 13 AO) im Inland bestellt hat, handelt es sich bei der Tagesgage nicht um inländische Einkünfte aus Gewerbebetrieb i. S. d. § 49 Abs. 1 Nr. 2 Buchst. a EStG. Mangels künstlerischer Darbietung scheidet auch das Vorliegen inländischer Einkünfte i. S. d. § 49 Abs. 1 Nr. 2 Buchst. d EStG aus.

Abschließend ist die Tagesgage auch nicht unter die subsidiären inländischen Einkünfte i. S. d. § 49 Abs. 1 Nr. 6 oder § 49 Abs. 1 Nr. 9 EStG zu subsumieren, da es sich weder um Einkünften aus Vermietung und Verpachtung noch um Einkünfte aus unterhaltenden Darbietungen handelt.

Das Fotomodell erzielt mit der Tagesgage im Ergebnis **keine inländischen Einkünfte** i. S. d. § 49 Abs. 1 EStG.

Die **Lizenzgebühr** (**Buy-out**) stellt ein Entgelt für die zeitlich beschränkte Vermietung und Verpachtung des Persönlichkeitsrechts des Fotomodells i. S. d. § 22 KunstUrhG (Recht am eigenen Bild) dar (BMF vom 25.11.2010, BStBl I 2010, 1350, Rz. 22; BMF vom 09.01.2009, BStBl I 2009, 362.). Da die für die Tätigkeit des Fotomodells bei dem Fotoshooting geleistete Vergütung (Tagesgage) keine Einkünfte aus selbständiger Arbeit i. S. d. § 49 Abs. 1 Abs. 3 EStG darstellt, kann die für die Nutzung der Persönlichkeitsrechte geleistete Lizenzgebühr naturgemäß auch keine Vergütung für die Verwertung einer selbständigen künstlerischen Tätigkeit i. S. d. § 49 Abs. 1 Nr. 3 EStG sein.

Da das Fotomodell gem. Sachverhaltsbeschreibung weder eine inländische Betriebsstätte (§ 12 AO) unterhält noch einen ständigen Vertreter (§ 13 AO) im Inland bestellt hat, handelt es sich bei der Lizenzgebühr auch nicht um inländische Einkünfte aus Gewerbebetrieb i. S. d. § 49 Abs. 1 Nr. 2 Buchst. a EStG. Mangels künstlerischer Darbietung scheidet auch das Vorliegen inländischer Einkünfte i. S. d. § 49 Abs. 1 Nr. 2 Buchst. d EStG aus der inländischen Verwertung einer künstlerischen Darbietung aus.

Bei der für die Nutzung der Persönlichkeitsrechte geleisteten Lizenzgebühr handelt es sich folglich lediglich dann um inländische Einkünfte, wenn die (Bild-)Rechte in einer (fremden) inländischen Betriebsstätte oder in einer anderen Einrichtung verwertet werden (§ 49 Abs. 1 Nr. 2 Buchst. f Doppelbuchst. aa EStG).

Unter dem Begriff »**Verwertung**« in einer (fremden) inländischen Betriebsstätte oder anderen Einrichtung ist ein Nutzen, Benutzen oder Gebrauchen von Rechten im Rahmen eigener Tätigkeit durch eigenes Tätigwerden zu verstehen (BFH vom 23.05.1973, I R 163/71, BStBl II 1974, 287; *Klein*, in: Herrmann/Heuer/Raupach, § 49 EStG, Rz. 955), um daraus finanziellen Nutzen zu ziehen (*Weingartner*, in: Fuhrmann/Kraeusel/Schiffers, eKomm, VZ 2015, § 49 EStG, Rz. 107; wohl auch *Ackermann*, ISR 2016, 258).

Wie bereits oben ausgeführt, kann die Verwertung grundsätzlich in einer inländischen Betriebsstätte des Lizenzgebers, des Lizenznehmers oder einer anderen Person unabhängig von deren Steuerpflicht erfolgen. Die Nutzung in einer **ausländischen** Betriebsstätte eines inländischen Unternehmens sollte keine inländische Verwertung darstellen. Ein Verwerten im Kontext des § 49 Abs. 1 Nr. 2 Buchst. f EStG erfordert, dass die Verwertung des Rechts durch den Lizenznehmer bzw. einen Dritten und **nicht** durch den Lizenzgeber erfolgt. Letzteres würde zu Einkünften aus Gewerbetrieb i. S. d. § 49 Abs.1 Nr. 2 **Buchst. a** EStG oder zu Einkünften aus selbständiger Arbeit i. S. d. § 49 Abs. 1 Nr. 3 EStG führen. Darüber hinaus umfasst der Verwertungsbegriff im Kontext des § 49 Abs. 1 Nr. 2 Buchst. f EStG grundsätzlich nicht jede Form der wirtschaftlichen Ausnutzung, sondern lediglich die tatsächliche, aktive Selbst- oder Fremdnutzung insbesondere durch die Verwertungshandlungen **Vervielfältigung**, **Verbreitung**, **Ausstellung und Veröffentlichung** i. S. v. § 15 UrhG und § 22 KunstUrhG.

Im Fall des Fotomodells wird der originäre wirtschaftliche Wert des überlassenen Persönlichkeitsrechts durch Verbreitung und Veröffentlichung seines Bildnisses für Werbezwecke realisiert. Für die Frage der Verwertung sollte auf diese Verwendungen abzustellen sein. Gem. Sachverhalt sollen die Fotoaufnahmen im Rahmen einer Außenwerbung des inländischen Sportartikelherstellers in deutschen Großstädten sichtbar werden und hierdurch ihren Werbeeffekt erzielen. Die inländische Verwertung der überlassenen Persönlichkeitsrechte erfolgt durch Veröffentlichung und Verbreitung der Fotoaufnahmen in Form von Plakaten zu Werbemaßnahmen.

Das Fotomodell erzielt mit der **Lizenzgebühr** (**Buy-out**) folglich **inländische Einkünfte** i. S. d. § 49 Abs. 1 Nr. 2 Buchst. f Doppelbuchst. aa EStG (i. V. m. § 1 Abs. 4 EStG) aus der Vermietung und Verpachtung von Rechten, die in Abhängigkeit von der vertraglichen Gestaltung in der inländischen Betriebstätte der Werbeagentur GmbH oder des Sportartikelherstellers verwertet werden. Auf eine Prüfung der subsidiären Tatbestandsmerkmale (d. h. Erzielung inländischer Einkünfte aus Vermietung und Verpachtung i. S. d. § 49 Abs. 1 Nr. 6 EStG bzw. Erzielung sonstiger Einkünfte i. S. d. § 49 Abs. 1 Nr. 9 EStG) der beschränkten Steuerpflicht kann folglich verzichtet werden.

> **PRAXISHINWEIS**
>
> Der Umstand, dass sowohl die Modellagentur (im Nicht-Vertreter Fall) als auch das Modell gleichzeitig inländische Einkünfte i. S. d. § 49 Abs. 1 Nr. 2 Buchst. f Doppelbuchst. aa EStG erzielen, bedeutet nicht zwingend, dass auf die Lizenzeinkünfte zweimal der Steuerabzug nach § 50a EStG vorgenommen werden muss. Näheres hierzu ist in Kap. VI.2.2.6.4 ausgeführt.

2.2.5 Beschränkte Steuerpflicht des Fotografen

2.2.5.1 Überblick

Natürliche Personen, die im Inland weder einen Wohnsitz (§ 8 AO) noch ihren gewöhnlichen Auf-enthalt (§ 9 AO) haben, sind mit ihren inländischen Einkünften i. S. d. § 49 EStG beschränkt steuerpflichtig (§ 1 Abs. 4 EStG), sofern sie nicht nach § 1 Abs. 2 EStG unbeschränkt einkommensteuer-pflichtig sind oder auf Antrag nach § 1 Abs. 3 Satz 1 EStG als unbeschränkt einkommensteuer-pflichtig behandelt werden.

Der Fotograf ist in Frankreich ansässig und unterhält gem. Sachverhaltsbeschreibung zudem weder eine inländische Betriebsstätte (§ 12 AO) noch wurde ein ständiger Vertreter (§ 13 AO) im Inland bestellt. Folglich ist gem. der Systematik des § 49 EStG zunächst zu prüfen, ob die erzielten Vergütungen inländische **Einkünfte aus selbständiger Arbeit** (§ 18 EStG) darstellen, die im Inland ausgeübt oder verwertet wird bzw. worden sind.

Weiterhin wäre nach § 49 Abs. 1 EStG zu prüfen, ob die erzielten Vergütungen inländische **Einkünfte aus Gewerbebetrieb** (§§ 15 bis 17 EStG) darstellen, die

- durch im Inland ausgeübte oder verwertete künstlerische, sportliche, artistische, unterhaltende oder ähnliche **Darbietungen** erzielt werden, einschließlich der Einkünfte aus anderen mit diesen Leistungen zusammenhängenden Leistungen (§ 49 Abs. 1 Nr. 2 Buchst. d EStG) oder
- durch die **Veräußerung** oder **Vermietung und Verpachtung** von Rechten erzielt werden, die in ein inländisches Register eingetragen sind **oder** deren Verwertung in einer inländischen Betriebsstätte oder anderen Einrichtung erfolgt (§ 49 Abs. 1 Nr. 2 Buchst. f EStG).

Sollten die erzielten Vergütungen des Fotografen keiner der genannten Einkunftsarten zugeordnet werden können, wären die subsidiären Tatbestandsmerkmale (d. h. Erzielung inländischer **Einkünfte aus Vermietung und Verpachtung** i. S. d. § 49 Abs. 1 Nr. 6 EStG i. V. m. § 21 EStG bzw. Erzielung **sonstiger Einkünfte** i. S. d. § 49 Abs. 1 Nr. 9 EStG i. V. m. § 22 EStG) der beschränkten Steuerpflicht zu prüfen.

2.2.5.2 Erzielung inländischer Einkünfte

Gem. Sachverhaltsbeschreibung erhält der Fotograf von der Werbeagentur GmbH die beiden folgenden Vergütungsbestandteile:
- Fotografenhonorar
- Lizenzgebühr für die Nutzungsüberlassung der Bildrechte.

Da die beiden Leistungen des Fotografen nicht untrennbar miteinander verbunden sind, ihnen vielmehr jeweils ein **eigenständiger Charakter** zukommt, sind die Leistungen und die daraus resultierenden Einkünfte (d. h. Fotografenhonorar und Lizenzgebühr) für Zwecke der Prüfung inländischer Einkünfte unabhängig voneinander zu beurteilen (BFH vom 07.09.2011, I B 157/10, BStBl II 2012, 590).

Bei dem **Fotografenhonorar** handelt es sich um eine Vergütung, die für die Tätigkeit des Fotografen bei dem Fotoshooting geleistet wird. Mit derartigen Vergütungen erzielen (Werbe-)Fotografen regelmäßig keine Einkünfte aus selbständiger Arbeit i. S. d. § 49 Abs. 1 Abs. 3 EStG, da bei Aufnahmen für Werbezwecke die Vorgaben des Auftraggebers keinen nennenswerten Spielraum für eine eigenschöpferische (und damit künstlerische) Gestaltung zulassen (BFH vom 19.02.1998, IV R 50-96, BStBl II 1998, 441). Die Frage, wo das Fotoshooting stattfindet und damit die Tätigkeit ausgeübt wird, ist folglich nicht von Relevanz.

Vergütungen für die Tätigkeit eines Fotografen im Zusammenhang mit Werbeaufnahmen stellen regelmäßig vielmehr gewerbliche Einkünfte (§§ 15 bis 17 EStG) dar. Da der Fotograf gem. Sachverhaltsbeschreibung weder eine inländische Betriebsstätte (§ 12 AO) unterhält noch einen ständigen Vertreter (§ 13 AO) im Inland bestellt hat, handelt es sich bei dem Fotografenhonorar nicht um inländische Einkünfte aus Gewerbebetrieb i. S. d. § 49 Abs. 1 Nr. 2 Buchst. a EStG. Mangels künstlerischer Darbietung scheidet auch das Vorliegen inländischer Einkünfte i. S. d. § 49 Abs. 1 Nr. 2 Buchst. d EStG aus.

Abschließend ist das Fotografenhonorar auch nicht unter die subsidiären inländischen Einkünfte i. S. d. § 49 Abs. 1 Nr. 6 oder § 49 Abs. 1 Nr. 9 EStG zu subsumieren, da es sich weder um Einkünfte aus Vermietung und Verpachtung noch um Einkünfte aus unterhaltenden Darbietungen handelt.

Der Fotograf erzielt mit der Tagesgage im Ergebnis **keine inländischen Einkünfte** i. S. d. § 49 Abs. 1 EStG.

Die **Lizenzgebühr** stellt ein Entgelt für die zeitlich beschränkte Vermietung und Verpachtung der Bildrechte des Fotografen dar (§ 2 Abs. 1 Nr. 5 UrhG).

---

§ 2 Urheberrechtsgesetz

(1) Zu den geschützten Werken der Literatur, Wissenschaft und Kunst gehören insbesondere:
1. Sprachwerke, wie Schriftwerke, Reden und Computerprogramme;
2. Werke der Musik;
3. pantomimische Werke einschließlich der Werke der Tanzkunst;
4. Werke der bildenden Künste einschließlich der Werke der Baukunst und der angewandten Kunst und Entwürfe solcher Werke;
5. Lichtbildwerke einschließlich der Werke, die ähnlich wie Lichtbildwerke geschaffen werden;
6. Filmwerke einschließlich der Werke, die ähnlich wie Filmwerke geschaffen werden;
7. Darstellungen wissenschaftlicher oder technischer Art, wie Zeichnungen, Pläne, Karten, Skizzen, Tabellen und plastische Darstellungen.

(2) Werke im Sinne dieses Gesetzes sind nur persönliche geistige Schöpfungen.

Da die für die Tätigkeit des Fotografen bei dem Fotoshooting geleistete Vergütung (Fotografenhonorar) keine Einkünfte aus selbständiger Arbeit i. S. d. § 49 Abs. 1 Abs. 3 EStG darstellt, kann die für die Nutzung der Bildrechte geleistete Lizenzgebühr naturgemäß auch keine Vergütung für die Verwertung einer selbständigen künstlerischen Tätigkeit i. S. d. § 49 Abs. 1 Nr. 3 EStG sein.

Da der Fotograf gem. Sachverhaltsbeschreibung weder eine inländische Betriebsstätte (§ 12 AO) unterhält noch einen ständigen Vertreter (§ 13 AO) im Inland bestellt hat, handelt es sich bei der Lizenzgebühr auch nicht um Einkünfte aus Gewerbebetrieb i. S. d. § 49 Abs. 1 Nr. 2 Buchst. a EStG. Mangels künstlerischer Darbietung scheidet auch das Vorliegen inländischer Einkünfte i. S. d. § 49 Abs. 1 Nr. 2 Buchst. d EStG aus der inländischen Verwertung einer künstlerischen Darbietung aus.

Bei der für die Nutzung der (Bild-)Rechte geleisteten Lizenzgebühr handelt es sich folglich lediglich dann um inländische Einkünfte, wenn die (Bild-)Rechte in einer (fremden) inländischen Betriebsstätte oder in einer anderen Einrichtung verwertet werden (§ 49 Abs. 1 Nr. 2 Buchst. f Doppelbuchst. aa EStG).

Unter dem Begriff »**Verwertung**« in einer (fremden) inländischen Betriebsstätte oder anderen Einrichtung ist ein Nutzen, Benutzen oder Gebrauchen von Rechten im Rahmen eigener Tätigkeit durch eigenes Tätigwerden zu verstehen (BFH vom 23.05.1973, I R 163/71, BStBl II 1974, 287; *Klein*, in: Herrmann/Heuer/Raupach, § 49 EStG, Rz. 955), um daraus finanziellen Nutzen zu ziehen (*Weingartner*, in: Fuhrmann/Kraeusel/Schiffers, eKomm, VZ 2015, § 49 EStG, Rz. 107; wohl auch *Ackermann*, ISR 2016, 258).

Wie bereits oben ausgeführt, kann die Verwertung grundsätzlich in einer **inländischen** Betriebsstätte des Lizenzgebers, des Lizenznehmers oder einer anderen Person unabhängig von deren Steuerpflicht erfolgen. Die Verwertung in einer **ausländischen** Betriebsstätte eines inländischen Unternehmens ist hingegen nicht ausreichend. Ein Verwerten im Kontext des § 49 Abs. 1 Nr. 2 Buchst. f EStG erfordert, dass die Verwertung des Rechts durch den Lizenznehmer bzw. einen Dritten und **nicht** durch den Lizenzgeber erfolgt. Letzteres würde zu Einkünften aus Gewerbetrieb i. S. d. § 49 Abs.1 Nr. 2 **Buchst. a** EStG oder zu Einkünften aus selbständiger Arbeit i. S. d. § 49 Abs. 1 Nr. 3 EStG führen. Darüber hinaus umfasst der Verwertungsbegriff im Kontext des § 49 Abs. 1 Nr. 2 Buchst. f EStG grundsätzlich nicht jede Form der wirtschaftlichen Ausnutzung, sondern lediglich die tatsächliche, aktive Selbst- oder Fremdnutzung insbesondere durch die Verwertungshandlungen **Vervielfältigung**, **Verbreitung**, **Ausstellung** und **Veröffentlichung** i. S. v. § 15 UrhG und § 22 KunstUrhG.

Im Fall des Fotografen wird der originäre wirtschaftliche Wert des überlassenen Urheberrechts durch Verbreitung und Veröffentlichung seiner Fotoaufnahmen für Werbezwecke realisiert. Für die Frage der Verwertung sollte auf diese konkrete Verwendung abzustellen sein. Gem. Sachverhaltsbeschreibung sollen die Fotoaufnahmen im Rahmen einer Außenwerbung des inländischen Sportartikelherstellers in deutschen Großstädten sichtbar werden und hierdurch den angestrebten Werbeeffekt erzielen. Die inländische Verwertung der überlassenen (Bild-)Rechte erfolgt durch Veröffentlichung und Verbreitung der Fotoaufnahmen in Form von Plakaten zu Werbemaßnahmen im Inland.

Der Fotograf erzielt mit der **Lizenzgebühr** (**Buy-out**) folglich inländische Einkünfte i. S. d. § 49 Abs. 1 Nr. 2 Buchst. f Doppelbuchst. aa EStG (i. V. m. § 1 Abs. 4 EStG) aus der Vermietung und Verpachtung von Rechten, die in Abhängigkeit von der vertraglichen Gestaltung in der inländischen Betriebsstätte der Werbeagentur GmbH oder des Sportartikelherstellers verwertet werden. Auf eine Prüfung der subsidiären Tatbestandsmerkmale (d. h. Erzielung inländischer Einkünfte aus Vermietung und Verpachtung i. S. d. § 49 Abs. 1 Nr. 6 EStG bzw. Erzielung sonstiger Einkünfte i. S. d. § 49 Abs. 1 Nr. 9 EStG) der beschränkten Steuerpflicht kann folglich verzichtet werden.

2.2.6 Steuerabzug nach § 50a Abs. 1 Nr. 3 EStG

2.2.6.1 Überblick

Zur Durchsetzung des deutschen Besteuerungsanspruchs sieht der Gesetzgeber bei bestimmten inländischen Einkünften von beschränkt Steuerpflichtigen vor, dass die Einkommen- bzw. Körperschaftsteuer im Wege des **Steuerabzugs an der Quelle** durch den zivilrechtlichen Schuldner der Vergütung für Rechnung des im Ausland ansässigen Vergütungsgläubigers (Steuerschuldner) erhoben wird. Ein Steuerabzug erfolgt insbes. bei Einkünften, die aus Vergütungen für die »*Überlassung der Nutzung oder des Rechts auf Nutzung von Rechten*« herrühren (§ 50a Abs. 1 Nr. 3 EStG). Ein Nutzungsrecht in diesem Sinne wird nicht überlassen, wenn es veräußert wird (zuletzt FG Köln vom 28.09.2016, 3 K 2206/13, EFG 2017, 298). Für die Vornahme eines Steuerabzugs ist somit zwischen der **zeitlich befristeten** Überlassung eines Rechts zur Nutzung (z. B. als Verwertungsrecht oder als Lizenz) und der endgültigen Überlassung (**Rechtekauf**) zu unterscheiden (BMF vom 25.11.2010, BStBl I 2010, 1350, Rz. 23.).

2.2.6.2 Abgrenzung zwischen zeitlich befristeter Überlassung und endgültiger Übertragung von Rechten

Ausgangspunkt für die Abgrenzung einer zeitlich befristeten Nutzungsüberlassung von der endgültigen Rechteübertragung ist zunächst der im Einzelfall zwischen den Parteien getroffene Vertrag, denn dieser Vertrag ist die Rechtsgrundlage für die Überlassung der Rechte und damit auch maßgeblich für die Rechtsnatur der Überlassung (FG Münster vom 15.12.2010, 8 K 1543/07 E). Unter einem **Lizenzvertrag** (im engeren Sinne) versteht man einen Vertrag, in dem der Inhaber z. B. eines gewerblichen Schutzrechtes als Lizenzgeber gegenüber einem Dritten (Lizenznehmer) die Benutzung eines geschützten Rechts (z. B. Patent, Markenzeichen etc.) auf Zeit gegen Entgelt gewährt (FG München vom 02.04.2004, 1 K 1807/10).

Eine zeitlich befristete Überlassung von Rechten – und damit eine Steuerabzugsverpflichtung auf Ebene des im Inland ansässigen Vergütungsschuldners – liegt vor, wenn:
- das Nutzungsrecht dem durch Vertrag Berechtigten **nicht** endgültig verbleibt;
- sein Rückfall kraft Gesetzes oder Vertrages nicht ausgeschlossen ist oder
- eine vollständige Übertragung, wie bei urheberrechtlich geschützten Rechten, nicht zulässig ist (§ 29 Abs. 1 UrhG) (BMF vom 25.11.2010, BStBl I 2010, 1350, Rz. 23 sowie zuletzt FG Köln vom 28.09.2016, 3 K 2206/13, EFG 2017, 298 sowie FG Köln vom 25.08.2016, 13 K 2205/13, EFG 2017, 311).

In Abgrenzung zu einer zeitlich befristeten Überlassung wird bei der Veräußerung von Rechten (Rechtekauf) zunächst von einer endgültigen Übertragung ausgegangen, wenn das zivilrechtliche Eigentum übertragen wird (sofern dies zulässig ist). Von einer nicht dem Steuerabzug nach § 50a Abs. 1 EStG unterliegenden Rechteveräußerung ist entsprechend auszugehen, wenn:

- das Recht beim Berechtigten durch Vertrag endgültig verbleibt oder
- ein Rückfall kraft Gesetzes oder Vertrags ausgeschlossen ist.

Von einem Rechtekauf ist ferner auszugehen, wenn das Recht zwar zeitlich befristet überlassen wird, sich allerdings während der Nutzungsüberlassung vollständig verbraucht (sog. verbrauchende Rechteüberlassung, BMF vom 25.11.2010, BStBl I 2010, 1350, Rz. 24; FG Köln vom 28.09.2016, 3 K 2206/13, EFG 2017, 298 sowie FG Köln vom 25.08.2016, 13 K 2205/13, EFG 2017, 311).

> **WICHTIG**
>
> Bei der **Überlassung von Persönlichkeitsrechten** (u. a. Recht am eigenen Bild nach § 22 KunstUrhG) liegt ungeachtet der vertraglichen Gestaltung stets eine zeitlich befristete Überlassung vor, da Persönlichkeitsrechte grundsätzlich nicht veräußerbar sind (BMF vom 25.11.2010, BStBl I 2010, 1350 Rz. 25).
> Werden Persönlichkeitsrechte umfassend, d. h. zeitlich und inhaltlich ohne Einschränkung gegen einmalige Pauschalvergütung überlassen (sog. **Total Buy-out**), so kommt es dennoch nicht zu einer endgültigen Rechteüberlassung, da das Persönlichkeitsrecht bei der betreffenden Person fortbesteht (OFD Karlsruhe vom 29.04.2014; FG Köln vom 25.08.2016, 13 K 2205/13, EFG 2017, 298, anhängig beim BFH unter **I R 69/16**; FG Köln vom 28.09.2016, 3K 2206/13, EFG 2017, 311, anhängig beim BFH unter **I R 83/16**).
> Werden Persönlichkeitsrechte durch die vertraglich vereinbarte Nutzung z. B. von Bildern für eine bestimmte Werbekampagne überlassen, so verbraucht sich das überlassene Recht an der Person wirtschaftlich nicht mit Abschluss der Werbekampagne. Die überlassenen Persönlichkeitsrechte bestehen vielmehr fort und es kommt nicht zu einer endgültigen Übertragung des Rechts durch die wirtschaftliche Erschöpfung seines Werts (FG München vom 30.11.2015, 7 K 3840/13; BFH vom 28.01.2004, I R 73/02, BStBl II 2005, 550).
> Auch in Bezug auf **Urheberrechte** dürfte eine umfassende und endgültige Übertragung der Rechte nicht möglich sein FG Köln vom 25.08.2016, 13 K 2205/13, EFG 2017, 298, anhängig beim BFH unter I R 69/16; FG Köln vom 28.09.2016, 3K 2206/13, EFG 2017, 311, anhängig beim BFH unter I R 83/16).

Im vorliegenden Sachverhalt überlassen sowohl der Fotograf als auch das Fotomodell und die Modellagentur Nutzungsrechte nach UrhG und KunstUrhG zeitlich beschränkt auf ein Jahr. Eine zeitlich beschränkte Nutzungsüberlassung, die sich an der Laufzeit der Werbekampagne orientiert, ist in der Werbebranche üblich. Abgrenzungsprobleme bestehen daher im zu beurteilenden Sachverhalt nicht. Das Kriterium einer zeitlich begrenzten Überlassung von Nutzungsrechten i. S. d. § 50a Abs.1 Nr. 3 EStG ist erfüllt.

2.2.6.3 Steuerabzugsverpflichtung auf Ebene der Werbeagentur GmbH

In keinem der nachfolgend dargestellten Fälle wurde eine vom BZSt nach § 50d Abs. 2 EStG erteilte Freistellungsbescheinigung durch den Vergütungsgläubiger vorgelegt noch findet das Kontrollmeldverfahren nach § 50d Abs. 5 EStG Anwendung. Des Weiteren ist zwischen den Vertragsparteien vereinbart, dass der Vergütungsgläubiger die Abzugsteuer wirtschaftlich trägt (sog. Bruttovereinbarung).

2.2.6.3.1 Zahlungen an den Fotografen

Der Fotograf erzielt mit der **Lizenzgebühr** (**Buy-out**) inländische Einkünfte i. S. d. § 49 Abs. 1 Nr. 2 Buchst. f Doppelbuchst. aa EStG (i. V. m. § 1 Abs. 4 EStG) aus der Vermietung und Verpachtung von Rechten i. H. v. 5.000 EUR. Die Einkommensteuer wird gem. § 50a Abs. 1 Nr. 3 EStG im Wege des Steuerabzugs erhoben. Der Steuersatz beträgt 15 % der Einnahmen (§ 50a Abs. 2 Satz 1 EStG) zuzüglich 5,5 % Solidaritätszuschlag darauf (Gesamtsteuersatz 15,825 %).

Die Werbeagentur GmbH hat Abzugsteuern inklusive Solidaritätszuschlag i. H. v. 791,25 EUR für Rechnung des Fotografen einzubehalten und nach Anmeldung an das BZSt abzuführen.

2.2.6.3.2 Zahlungen an die Modellagentur

Sind die Vertragsbeziehungen zwischen Fotomodell, Modellagentur und Werbeagentur GmbH derart ausgestaltet, dass die Modellagentur **im eigenen Namen und für eigene Rechnung** gegenüber der Werbeagentur GmbH auftritt, erzielt die Modellagentur mit der **Lizenzgebühr** (**Buy-out**) inländische Einkünfte i. S. d. § 49 Abs. 1 Nr. 2 Buchst. f Doppelbuchst. aa EStG (i. V. m. § 8 Abs. 1 KStG) aus der Vermietung und Verpachtung von Rechten i. H. v. 2.000 EUR. Die Körperschaftsteuer wird gem. § 50a Abs. 1 Nr. 3 EStG im Wege des Steuerabzugs erhoben. Der Steuersatz beträgt 15 % der Einnahmen (§ 50a Abs. 2 Satz 1 EStG) zuzüglich 5,5 % Solidaritätszuschlag darauf (Gesamtsteuersatz 15,825 %).

Die Werbeagentur GmbH hat Abzugsteuern inklusive Solidaritätszuschlag i. H. v. 316,50 EUR für Rechnung der Modellagentur einzubehalten und nach Anmeldung an das BZSt abzuführen.

Tritt die Modellagentur indes als **Agent bzw. Vermittler** zwischen Fotomodell und Werbeagentur GmbH auf und rechnet daher in Namen und für Rechnung des Fotomodells ab, so erzielt nicht die Modellagentur sondern vielmehr das Fotomodell inländische Einkünfte i. S. d. § 49 Abs. 1 Nr. 2 Buchst. f EStG (i. V. m. § 1 Abs. 4 EStG) aus der Vermietung und Verpachtung von Persönlichkeitsrechten i. H. v. 2.000 EUR. Auch hier hat die Werbeagentur GmbH als zivilrechtlicher Schuldner der Vergütung im Zeitpunkt des Zuflusses der Lizenzvergütung den Steuerabzug gem. § 50a Abs. 1 Nr. 3 EStG **für Rechnung des Fotomodells** vorzunehmen. Der Steuersatz beträgt 15 % der Einnahmen (§ 50a Abs. 2 Satz 1 EStG) zuzüglich 5,5 % Solidaritätszuschlag darauf (Gesamtsteuersatz 15,825 %).

Die Werbeagentur GmbH hat somit auch in dieser Konstellation Abzugsteuern inklusive Solidaritätszuschlag i. H. v. 316,50 EUR für Rechnung der Modellagentur einzubehalten, anzumelden und an das BZSt abzuführen. Je nach Vertragsgestaltung unterscheidet sich damit lediglich der Vergütungsgläubiger (= Steuerschuldner) und folglich auch Adressat der von der Werbeagentur GmbH auf Verlangen auszustellenden Steuerbescheinigung (§ 50a Abs. 5 Satz 6 EStG).

2.2.6.4 Steuerabzugsverpflichtung auf Ebene der Modellagentur

Nach § 50a Abs. 5 Satz 2 EStG hat der Vergütungsschuldner im Zeitpunkt des Zuflusses der Vergütung den Steuerabzug für Rechnung des Vergütungsgläubigers vorzunehmen. Vergütungsschuldner ist, wer zivilrechtlich die Vergütungen schuldet, die zu Einkünften i. S. d. § 50a Abs. 1 EStG (i. V. m. § 49 Abs. 1 EStG) führen (BMF vom 25.11.2010, BStBl I 2010, 1350, Rz. 240).

> **PRAXISHINWEIS**
>
> Die Steuerabzugsverpflichtung eines Vergütungsschuldners setzt nicht dessen inländische Ansässigkeit voraus. Demnach sind auch im Ausland ansässige Unternehmen zum Steuerabzug nach § 50a EStG verpflichtet, sofern sie eine dem Steuerabzug unterliegende Vergütung leisten.

> **WICHTIG**
>
> Vergütungsgläubiger (Steuerschuldner) ist die beschränkt steuerpflichtige Person, die i. d. R. – aber nicht zwingend – zivilrechtlicher Gläubiger der Vergütung ist. Ist der Vergütungsgläubiger gleichzeitig Vergütungsschuldner und reicht die Vergütung an einen (anderen) beschränkt Steuerpflichtigen, den **Vergütungsgläubiger der zweiten Stufe**, weiter, so ist in diesem Fall gem. § 50a Abs. 4 EStG der Steuerabzug **grundsätzlich** auf jeder Stufe vorzunehmen, auf der der Tatbestand des § 50a EStG verwirklich ist (BMF vom 25.11.2010, BStBl I 2010, 1350, Rz. 35). Der Vergütungsschuldner der zweiten Stufe kann ausnahmsweise vom Steuerabzug absehen, wenn die an ihn gezahlte Vergütung bereits einmal dem Bruttosteuerabzug (d. h. ohne Abzug von Werbungskosten/Betriebsausgaben) unterlegen hat.

Hat die Modellagentur mit dem Fotomodell einen Lizenzvertrag über die Nutzung der Persönlichkeitsrechte abgeschlossen (sog. **Modell-Release**) und lizensiert sie diese Rechte als Nutzungsberechtigte im eigenen Namen und für eigene Rechnung an die Werbeagentur GmbH weiter (Sublizensierung), so ist die Modellagentur in Bezug auf die Lizenzvergütung gegenüber dem Fotomodell Vergütungsschuldner und gegenüber der Werbeagentur GmbH Vergütungsgläubiger.

Als Vergütungsschuldner der zweiten Stufe ist die Modellagentur grundsätzlich verpflichtet, bei Zahlung der Lizenzgebühr an das beschränkt steuerpflichtige Fotomodell den Steuerabzug nach § 50a Abs. 1 Nr. 3 EStG vorzunehmen. Die Lizenzgebühr unterliegt folglich ein zweites Mal dem inländischen Steuerabzug. Der Vergütungsschuldner der zweiten Stufe kann jedoch ausnahmsweise vom Steuerabzug absehen, wenn die an ihn gezahlte Vergütung bereits auf der ersten Stufe einmal dem Bruttosteuerabzug (d. h. ohne Abzug von Werbungskosten/Betriebsausgaben) unterlegen hat (§ 50a Abs. 4 EStG).

2.2.7 Abkommensrechtliche Würdigung

Der **persönliche Anwendungsbereich** gem. Art. 1 Abs. 1 DBA Frankreich sollte sowohl für den Fotografen als auch für das Fotomodell und die Modelagentur eröffnet sein, da es sich sowohl bei diesen als auch bei der Werbeagentur GmbH um in einem der Vertragsstaaten (hier: Deutschland und Frankreich) ansässige Personen i. S. d. Art. 2 Abs. 1 Nr. 3 i. V. m. Art. 2 Abs. 1 Nr. 4 DBA Frankeich handelt. Weiterhin ist der **sachliche Anwendungsbereich** eröffnet: bei der deutschen Einkommen- bzw. Körperschaftsteuer handelt es sich um eine Steuer, die gem. Art. 1 Abs. 3 Nr. 2 Buchst. a und b DBA Frankreich in den sachlichen Anwendungsbereich des Abkommens fällt.

Lizenzgebühren, die eine in einem Vertragsstaat ansässige Person (hier: Frankreich) als Nutzungsberechtigter bezieht, können gem. Art. 15 Abs. 1 DBA Frankreich nur in diesem Staat besteuert werden. Der Ausdruck »Lizenzgebühren« umfasst nach Art. 15 Abs. 1 DBA Frankreich Lizenzgebühren und andere Vergütungen für die Benutzung oder das Recht auf Benutzung von Urheberrechten an literarischen, künstlerischen oder wissenschaftlichen Werken einschließlich kinematographischer Filme, von Patenten, Markenrechten, Gebrauchsmustern, Plänen, geheimen Verfahren und Formeln oder ähnlichen Gütern oder Rechten.

Das nationale Besteuerungsrecht i. S. d. § 49 EStG (i. V. m. § 2 Nr. 1 KStG bzw. § 1 Abs. 4 EStG) läuft vorliegend damit ins Leere. Jedoch ist zu beachten, dass ungeachtet der DBA Begünstigung nach § 50d Abs. 1 Satz 1 EStG der Steuerabzug vorzunehmen ist und gem. Art. 25b Abs. 1 Satz 1 DBA Frankreich dieses nationale Recht durch das Abkommen nicht berührt wird. Gem. Art. 29 Abs. 2 Satz 2 DBA Frankreich ist die im Abzugsweg erhobene Steuer auf Antrag zu erstatten, soweit ihre Erhebung durch das Abkommen eingeschränkt wird. Der Empfänger kann jedoch alternativ die unmittelbare Anwendung des Abkommens im Zeitpunkt der Zahlung beantragen, wenn das innerstaatliche Recht des betreffenden Staates dies zulässt.

2.2.8 Verfahrensrechtliche Aspekte

Grundsätzlich hat der Steuerabzug i. S. d. § 50a EStG ungeachtet eventueller Begünstigungen auf Basis eines DBA in voller Höhe zu erfolgen (§ 50d Abs. 1 Satz 1 EStG). Nach § 50d Abs. 2 EStG kann der Schuldner der Vergütungen den Steuerabzug i. S. d. § 50a EStG nach Maßgabe der Bestimmungen eines DBA unterlassen, wenn das BZSt dem Vergütungsgläubiger bescheinigt, dass die Voraussetzungen für die Unterlassung eines Steuerabzugs vorliegen (sog. **Freistellung im Steuerabzugsverfahren**). Sofern die Voraussetzungen für die Freistellung erfüllt sind, wird die Bescheinigung grundsätzlich für einen Zeitraum von drei Zeitjahren sowie frühestens ab Antragseingang gewährt.

Liegt im Zeitpunkt der Zahlung der Vergütung keine Freistellungsbescheinigung vor, ist die Abzugsteuer nach § 50a EStG ungeachtet einer möglichen Entlastungsberechtigung des Vergütungsgläubigers in voller Höhe einzubehalten und an das BZSt abzuführen. Die einbehaltene und abgeführte Steuer kann sodann in einem zweiten Schritt auf der Grundlage eines entsprechenden **Erstattungsantrags** des Vergütungsgläubigers nach § 50d Abs. 1

Satz 2 ff. EStG erstattet werden. Der Antrag ist nach amtlich vorgeschriebenem Vordruck beim BZSt zu stellen. Die Frist zur Antragstellung beträgt gem. § 50d Abs. 1 Satz 9 EStG grundsätzlich vier Jahre nach Ablauf des Kalenderjahrs des Bezugs der Vergütung. Die Frist endet jedoch nicht vor Ablauf von sechs Monaten nach dem Zeitpunkt der Entrichtung der Steuer (§ 50d Abs. 1 Satz 10 EStG). Der Erstattungsantrag kann mit einem Freistellungsantrag verbunden werden.

> **PRAXISHINWEIS**
>
> Kann von abkommensrechtlichen Begünstigungen Gebrauch gemacht werden, sollte zur Vermeidung eines Steuerabzugs und damit eines Liquiditätsnachteils rechtzeitig (!) ein entsprechender Antrag auf Erlass einer Freistellungsbescheinigung beim BZSt gestellt werden, damit spätestens bei Zahlung der Vergütung eine Freistellungsbescheinigung vorliegt und auf deren Grundlage vom Steuerabzug Abstand genommen werden kann.

Im Rahmen des Freistellungs- bzw. Erstattungsantrags werden die deutschen Missbrauchsvorschriften (§ 50d Abs. 3 EStG) durch das BZSt geprüft. Hierzu ist regelmäßig ein umfangreicher amtlicher Fragebogen auszufüllen und beim BZSt einzureichen.

Im Übrigen kann der Schuldner der Vergütungen den Steuerabzug i. S. d. § 50a EStG nach Maßgabe der Bestimmungen eines DBA dann (ganz oder teilweise) unterlassen, wenn das BZSt für Steuern den Vergütungsschuldner zur Teilnahme am sog. **Kontrollmeldeverfahren** (§ 50d Abs. 5 EStG) ermächtigt hat. Das Kontrollmeldeverfahren ist seit dem 01.01.2009 ausschließlich bei Vergütungen aus Lizenzen i. S. d. § 50 Abs. 1 Nr. 3 EStG zulässig. Es findet Anwendung bei Vergütungsgläubigern, bei denen die Einzelzahlung den Bruttobetrag von 5.500 EUR (leistungsbezogen) und die während eines Kalenderjahres geleisteten gesamten Zahlungen den Bruttobetrag von 40.000 EUR (personenbezogen) nicht übersteigen.

> **WICHTIG**
>
> Die Anmeldeverpflichtung bleibt im Freistellungs- und Kontrollmeldeverfahren unberührt, sodass eine Steueranmeldung auch dann abzugeben ist, wenn ein Steuerabzug nicht (d. h. Nullmeldung) oder nicht in voller Höhe vorzunehmen ist (§ 50d Abs. 2 und 5 EStG sowie § 73e Satz 3 EStDV).

2.3 Fall 2

Stichworte: Sportler, Recht am eigenen Bild und Namen, Steuerabzug und Abrechnungsstellen

2.3.1 Sachverhalt

Die im Inland ansässige Sportartikel GmbH schließt mit einem in den USA wohnhaften Profisportler einen Lizenzvertrag über die Nutzung von dessen Bild und Namen für Werbemaßnahmen in Deutschland. Die Sportartikel GmbH verpflichtet sich im Gegenzug für die Rechteüberlassung zur Zahlung eines Buy-out i. H. v. 10.000 EUR an den Sportler sowie zu einer Tagesgage i. H. v. 6.000 EUR für dessen Teilnahme an einem Fotoshooting. Die Überlassung der Nutzungsrechte ist zeitlich auf ein Jahr und geographisch auf Deutschland beschränkt. Mit der im Inland ansässigen Werbeagentur GmbH schließt die Sportartikel GmbH einen Werbevertrag auf dessen Basis die Werbeagentur eine Werbekampagne entwirft und einen Fotografen mit der Aufnahme von Werbefotos mit dem Profisportler beauftragt.

Da die Sportartikel GmbH an einer Reduzierung ihres Verwaltungsaufwands interessiert ist, vereinbart sie mit der Werbeagentur GmbH, dass diese die Zahlung von Buy-out und Tagesgage an den Sportler übernimmt und diese Kosten ohne Aufschlag an sie weiterbelastet.

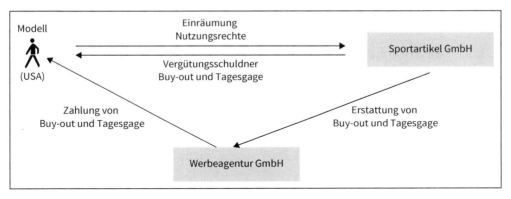

Der Profisportler verfügt weder über eine inländische Betriebsstätte (§ 12 AO) noch über einen ständigen Vertreter (§ 13 AO) im Inland. Er hat darüber hinaus in Deutschland weder seinen Wohnsitz noch gewöhnlichen Aufenthalt.

2.3.2 Problemstellung

Voraussetzung für die Erhebung der Einkommen- bzw. Körperschaftsteuer im Wege des Steuerabzugs nach § 50a Abs. 1 EStG ist zunächst die **beschränkte Steuerpflicht** des im Ausland ansässigen Vergütungsgläubigers. Ein Steuerabzug erfolgt insbes. bei Einkünften, die aus Vergütungen für die zeitlich befristete Überlassung der Nutzung oder des Rechts auf Nutzung von Rechten herrühren (§ 50a Abs. 1 Nr. 3 EStG). Zu den Rechten i. S. d. § 50a Abs. 1 Nr. 3 EStG gehören insbesondere die nach Maßgabe des UrhG oder nach anderen gewerblichen Schutzgesetzen geschützten Rechte.

Gem. Sachverhaltsbeschreibung erbringt der Profisportler die beiden folgenden Leistungen:
- Teilnahme an dem Foto-Shooting
- Nutzungsüberlassung seiner Persönlichkeitsrechte, d. h. Recht am eigenen Bild (§ 22 KunstUrhG) und Namen (§ 12 BGB).

Vor dem genannten Hintergrund stellt sich zunächst die Frage, ob der in den USA wohnhafte Profisportler mit den in der Sachverhaltsbeschreibung genannten Vergütungen inländische Einkünfte i. S. d. § 49 Abs. 1 EStG erzielt. Darüber hinaus ist fraglich, ob vorliegend Darbietungen im Inland ausgeübt bzw. verwertet werden und ob eine zeitlich befristete Überlassung von Rechten erfolgt und die Einkommensteuer insoweit im Wege des Steuerabzugs i. S. d. § 50a Abs. 1 EStG auf Ebene der Werbeagentur GmbH bzw. Sportartikel GmbH erhoben wird.

Da die Leistungen des Profisportlers nicht untrennbar miteinander verbunden sind, ihnen vielmehr jeweils ein **eigenständiger Charakter** zukommt, sind die Leistungen und die daraus resultierenden Einkünfte (d. h. Tagesgage und Lizenzgebühr / Buyout) für Zwecke der Prüfung inländischer Einkünfte unabhängig voneinander zu beurteilen (BFH vom 07.09.2011, I B 157/10, BStBl II 2012, 590; BFH vom 28.01.2004, I R 73/02, BStBl II 2005, 550; BMF vom 25.11.2010, BStBl I 2010, 1350, Rz. 96.).

2.3.3 Beschränkte Steuerpflicht des Profisportlers

2.3.3.1 Überblick

Natürliche Personen, die im Inland weder einen Wohnsitz (§ 8 AO) noch ihren gewöhnlichen Aufenthalt (§ 9 AO) haben, sind mit ihren inländischen Einkünften i. S. d. § 49 EStG beschränkt steuerpflichtig (§ 1 Abs. 4 EStG), sofern sie nicht nach § 1 Abs. 2 EStG unbeschränkt einkommensteuerpflichtig sind oder auf Antrag nach § 1 Abs. 3 Satz 1 EStG als unbeschränkt einkommensteuerpflichtig behandelt werden.

Der in den USA ansässige Profisportler unterhält gem. Sachverhaltsbeschreibung weder eine inländische Betriebsstätte (§ 12 AO) noch wurde ein ständiger Vertreter (§ 13 AO) im Inland bestellt. Folglich ist gem. der Systematik des § 49 EStG zunächst zu prüfen, ob die erzielten Vergütungen inländische **Einkünfte aus selbständiger Arbeit** (§ 18 EStG) darstellen, die im Inland ausgeübt oder verwertet wird bzw. worden sind.

Weiterhin wäre nach § 49 Abs. 1 EStG zu prüfen, ob die erzielten Vergütungen inländische **Einkünfte aus Gewerbebetrieb** (§§ 15 bis 17 EStG) darstellen, die
- durch im Inland ausgeübte oder verwertete künstlerische, sportliche, artistische, unterhaltende oder ähnliche **Darbietungen** erzielt werden, einschließlich der Einkünfte aus anderen mit diesen Leistungen zusammenhängenden Leistungen erzielt werden (§ 49 Abs. 1 Nr. 2 Buchst. d EStG) oder

- durch die **Veräußerung** oder **Vermietung und Verpachtung** von Rechten erzielt werden, die in ein inländisches Register eingetragen sind **oder** deren Verwertung in einer inländischen Betriebsstätte oder anderen Einrichtung erfolgt (§ 49 Abs. 1 Nr. 2 Buchst. f EStG).

Sollten die erzielten Vergütungen des Profisportlers keiner der genannten Einkunftsarten zugeordnet werden können, wären die subsidiären Tatbestandsmerkmale (d. h. Erzielung inländischer **Einkünfte aus Vermietung und Verpachtung** i. S. d. § 49 Abs. 1 Nr. 6 EStG i. V. m. § 21 EStG bzw. Erzielung **sonstiger Einkünfte** i. S. d. § 49 Abs. 1 Nr. 9 EStG i. V. m. § 22 EStG) der beschränkten Steuerpflicht zu prüfen.

2.3.3.2 Erzielung inländischer Einkünfte

Gem. Sachverhaltsbeschreibung erhält der Profisportler von der Werbeagentur GmbH (als Abrechnungsstelle) die beiden folgenden Vergütungsbestandteile:
- Tagesgage und
- Lizenzgebühr (Buy-out) für die Nutzungsüberlassung der Bild- und Persönlichkeitsrechte.

Bei der **Tagesgage** handelt es sich um eine Vergütung, die für die Tätigkeit des Profisportlers bei dem Fotoshooting geleistet wird. Mit derartigen Vergütungen erzielen Profisportler regelmäßig keine Einkünfte aus selbständiger Arbeit i. S. d. § 49 Abs. 1 Abs. 3 EStG, da bei Aufnahmen für Werbezwecke im Regelfall kein oder kein genügender Spielraum für eine eigenschöpferische Leistung (und damit künstlerische Tätigkeit i. S. d. § 18 EStG) besteht (BFH vom 19.12.2007, I R 19/06, BStBl II 2010, 398; BFH vom 03.11.1982, I R 39/80, BStBl II 1983, 182; BFH vom 22.02.2012 X R 14/10, BStBl II 2012, 511). Die Frage, wo das Fotoshooting stattfindet und damit die Tätigkeit ausgeübt wird, ist folglich nicht von Relevanz.

Vergütungen für die Tätigkeit eines Profisportlers im Zusammenhang mit Werbeaufnahmen stellen regelmäßig vielmehr gewerbliche Einkünfte (§§ 15 bis 17 EStG) dar. Da der Profisportler gem. Sachverhaltsbeschreibung weder eine inländische Betriebsstätte (§ 12 AO) unterhält noch einen ständigen Vertreter (§ 13 AO) im Inland bestellt hat, handelt es sich bei der Tagesgage nicht um inländische Einkünfte aus Gewerbebetrieb i. S. d. § 49 Abs. 1 Nr. 2 Buchst. a EStG. Mangels künstlerischer Darbietung scheidet auch das Vorliegen inländischer Einkünfte i. S. d. § 49 Abs. 1 Nr. 2 Buchst. d EStG aus.

Abschließend ist die Tagesgage auch nicht unter die subsidiären inländischen Einkünfte i. S. d. § 49 Abs. 1 Nr. 6 oder § 49 Abs. 1 Nr. 9 EStG zu subsumieren, da es sich weder um Einkünfte aus Vermietung und Verpachtung noch um Einkünfte aus unterhaltenden Darbietungen handelt.

Der Profisportler erzielt mit der Tagesgage im Ergebnis **keine inländischen Einkünfte** i. S. d. § 49 Abs. 1 EStG.

Die **Lizenzgebühr** (**Buy-out**) stellt ein Entgelt für die zeitlich beschränkte Vermietung und Verpachtung der Persönlichkeitsrechte des Profisportlers i. S. d. § 22 KunstUrhG (Recht am eigenen Bild) und § 12 BGB (Recht am eigenen Namen) dar (BMF vom 25.11.2010, BStBl I 2010, 1350, Rz. 22; BMF vom 09.01.2009, BStBl I 2009, 362).

> **§ 12 BGB (Namensrecht)**
> Wird das Recht zum Gebrauch eines Namens dem Berechtigten von einem anderen bestritten oder wird das Interesse des Berechtigten dadurch verletzt, dass ein anderer unbefugt den gleichen Namen gebraucht, so kann der Berechtigte von dem anderen Beseitigung der Beeinträchtigung verlangen. Sind weitere Beeinträchtigungen zu besorgen, so kann er auf Unterlassung klagen.

Da die für die Tätigkeit des Profisportlers bei dem Fotoshooting geleistete Vergütung (Tagesgage) keine Einkünfte aus selbständiger Arbeit i. S. d. § 49 Abs. 1 Abs. 3 EStG darstellt, kann die für die Nutzung der Persönlichkeitsrechte geleistete Lizenzgebühr naturgemäß auch keine Vergütung für die Verwertung einer selbständigen künstlerischen Tätigkeit i. S. d. § 49 Abs. 1 Nr. 3 EStG sein.

Da der Profisportler gem. Sachverhaltsbeschreibung weder eine inländische Betriebsstätte (§ 12 AO) unterhält noch einen ständigen Vertreter (§ 13 AO) im Inland bestellt hat, handelt es sich bei der Lizenzgebühr auch nicht um inländische Einkünfte aus Gewerbebetrieb i. S. d. § 49 Abs. 1 Nr. 2 Buchst. a EStG. Mangels künstlerischer Darbietung scheidet auch das Vorliegen inländischer Einkünfte i. S. d. § 49 Abs. 1 Nr. 2 Buchst. d EStG aus der inländischen Verwertung einer künstlerischen Darbietung aus.

Bei der für die Nutzung der Persönlichkeitsrechte geleisteten Lizenzgebühr handelt es sich folglich lediglich dann um inländische Einkünfte, wenn die Rechte in einer (fremden) inländischen Betriebsstätte oder in einer anderen Einrichtung verwertet werden (§ 49 Abs. 1 Nr. 2 Buchst. f Doppelbuchst. aa EStG).

Unter dem Begriff »**Verwertung**« in einer (fremden) inländischen Betriebsstätte oder anderen Einrichtung ist ein Nutzen, Benutzen oder Gebrauchen von Rechten im Rahmen eigener Tätigkeit durch eigenes Tätigwerden zu verstehen (BFH vom 23.05.1973, I R 163/71, BStBl II 1974, 287; *Klein*, in: Herrmann/Heuer/Raupach, EStG/KStG, 2014, § 49 EStG, Rz. 955), um daraus finanziellen Nutzen zu ziehen (*Weingartner*, in: Fuhrmann/Kraeusel/Schiffers, eKomm, VZ 2015, § 49 EStG, Rz. 107; wohl auch *Ackermann*, ISR 2016, 258).

Die Verwertung kann grundsätzlich in einer **inländischen** Betriebsstätte des Lizenzgebers, des Lizenznehmers oder einer anderen Person unabhängig von deren Steuerpflicht erfolgen. Die Verwertung in einer **ausländischen** Betriebsstätte eines inländischen Unternehmens ist nicht ausreichend.

Ein Verwerten im Kontext des § 49 Abs. 1 Nr. 2 Buchst. f EStG erfordert, dass die Verwertung des Rechts durch den Lizenznehmer bzw. einen Dritten und **nicht** durch den Lizenzgeber erfolgt. Letzteres würde zu Einkünften aus Gewerbebetrieb i. S. d. § 49 Abs.1 Nr. 2 **Buchst. a** EStG oder zu Einkünften aus selbständiger Arbeit i. S. d. § 49 Abs. 1 Nr. 3 EStG führen.

Der Verwertungsbegriff im Kontext des § 49 Abs. 1 Nr. 2 Buchst. f EStG umfasst nach der hier vertretenen Auffassung nicht jede Form der wirtschaftlichen Ausnutzung, sondern lediglich die tatsächliche, aktive Selbst- oder Fremdnutzung insbesondere durch die Verwertungshandlungen **Vervielfältigung**, **Verbreitung**, **Ausstellung** und **Veröffentlichung** i. S. v. § 15 UrhG und § 22 KunstUrhG.

Im Fall des Profisportlers lässt sich der originäre wirtschaftliche Wert der überlassenen Persönlichkeitsrechte durch Verbreitung und Veröffentlichung seines Bildnisses für Werbezwecke realisieren. Für die Frage der Verwertung ist auf diese Verwendung abzustellen. Gem. Sachverhaltsbeschreibung sollen die Fotoaufnahmen im Rahmen einer Werbekampagne der Sportartikel GmbH im Inland sichtbar werden und hierdurch den angestrebten Werbeeffekt erzielen. Die inländische Verwertung der überlassenen Persönlichkeitsrechte wird durch Veröffentlichung und Verbreitung der Fotoaufnahmen (z. B. durch Plakate, Anzeigen im Internet oder Printmedien) im Inland erfolgen.

Der Profisportler erzielt mit der **Lizenzgebühr** (**Buy-out**) folglich **inländische Einkünfte** i. S. d. § 49 Abs. 1 Nr. 2 Buchst. f Doppelbuchst. aa EStG (i. V. m. § 1 Abs. 4 EStG) aus der Vermietung und Verpachtung von Rechten, die in einer fremden inländischen Betriebstätte verwertet werden.

2.3.4 Steuerabzug nach § 50a Abs. 1 Nr. 3 EStG

2.3.4.1 Überblick

Zur Durchsetzung des deutschen Besteuerungsanspruchs sieht der Gesetzgeber bei bestimmten inländischen Einkünften von beschränkt Steuerpflichtigen vor, dass die Einkommen- bzw. Körperschaftsteuer im Wege des **Steuerabzugs an der Quelle** durch den zivilrechtlichen Schuldner der Vergütung für Rechnung des im Ausland ansässigen Vergütungsgläubigers (Steuerschuldner) erhoben wird. Ein Steuerabzug erfolgt insbes. bei Einkünften, die aus Vergütungen für die »*Überlassung der Nutzung oder des Rechts auf Nutzung von Rechten*« herrühren (§ 50a Abs. 1 Nr. 3 EStG). Ein Nutzungsrecht in diesem Sinne wird nicht überlassen, wenn es veräußert wird (zuletzt FG Köln vom 28.09.2016, 3 K 2206/13, EFG 2017, 298). Für die Vornahme eines Steuerabzugs ist somit zwischen der **zeitlich befristeten** Überlassung eines Rechts zur Nutzung (z. B. als Verwertungsrecht oder als Lizenz) und der endgültigen Überlassung (**Rechtekauf**) zu unterscheiden (BMF vom 25.11.2010, BStBl I 2010, 1350, Rz. 23.).

Im vorliegenden Sachverhalt überlässt der Profisportler seine Persönlichkeitsrechte nach BGB und KunstUrhG zeitlich beschränkt auf ein Jahr. Abgrenzungsprobleme bestehen daher im zu beurteilenden Sachverhalt nicht. Das Kriterium einer zeitlich begrenzten Überlassung von Nutzungsrechten i. S. d. § 50 Abs. 1 Nr. 3 EStG ist erfüllt.

2.3.4.2 Steuerabzugsverpflichtung auf Ebene der Sportartikel GmbH

Annahmen: der Profisportler legt keine gültige, vom BZSt nach § 50d Abs. 2 EStG erteilte Freistellungsbescheinigung vor und das Kontrollmeldeverfahren nach § 50d Abs. 5 EStG findet keine Anwendung. Des Weiteren ist zwischen den Vertragsparteien vereinbart, dass der Vergütungsgläubiger die Abzugsteuer wirtschaftlich trägt (sog. Bruttovereinbarung).

Nach § 50a Abs. 5 Satz 2 EStG hat der Vergütungsschuldner im Zeitpunkt des Zuflusses der Vergütung den Steuerabzug für Rechnung des Vergütungsgläubigers vorzunehmen. Vergütungsschuldner ist, wer zivilrechtlich die Vergütungen schuldet, die zu Einkünften i. S. d.

§ 50a Abs. 1 EStG (i. V. m. § 49 Abs. 1 EStG) führen (BMF vom 25.11.2010, BStBl I 2010, 1350, Rz. 240). Vergütungsgläubiger (Steuerschuldner) ist die beschränkt steuerpflichtige Person, die i. d. R. – aber nicht zwingend – zivilrechtlicher Gläubiger der Vergütung ist.

Ist der Vergütungsgläubiger gleichzeitig Vergütungsschuldner und reicht die Vergütung an einen (anderen) beschränkt Steuerpflichtigen, den **Vergütungsgläubiger der zweiten Stufe**, weiter, so ist in diesem Fall gem. § 50a Abs. 4 EStG der Steuerabzug grundsätzlich auf jeder Stufe vorzunehmen, auf der der Tatbestand des § 50a EStG verwirklich ist (BMF vom 25.11.2010, BStBl I 2010, 1350, Rz. 35). Der Vergütungsschuldner der zweiten Stufe kann ausnahmsweise vom Steuerabzug absehen, wenn die an ihn gezahlte Vergütung bereits einmal dem Bruttosteuerabzug (d. h. ohne Abzug von Werbungskosten/Betriebsausgaben) unterlegen hat.

Gem. Sachverhaltsbeschreibung hat die Sportartikel GmbH unmittelbar mit dem Profisportler einen Vertrag über die Überlassung von Nutzungsrechten an dessen Bild und Namen für Werbemaßnahmen in Deutschland sowie die Teilnahme an Foto- und Filmaufnahmen geschlossen. Die Sportartikel GmbH hat sich verpflichtet, für diese Leistungen dem Sportler eine Tagesgage von 6.000 EUR sowie ein Buy-out i. H. v. 10.000 EUR zu zahlen. Da die Sportartikel GmbH zivilrechtlicher Schuldner der Lizenzvergütungen ist, wird sie als Vergütungsschuldner i. S. d. § 50a Abs. 5 Satz 2 EStG qualifiziert. Der Profisportler ist Gläubiger der von der Sportartikel GmbH zu zahlenden Vergütung und wird daher als Steuerschuldner i. S. d. § 50a Abs. 5 Satz 2 EStG qualifiziert.

Die **Werbeagentur GmbH** übernimmt die Funktion der **Abrechnungsstelle**, die die vereinnahmte Vergütung in gleicher Höhe an den Vergütungsgläubiger durchleitet und hieraus selbst keine eigenen Einnahmen erzielt und auch kein wirtschaftliches Risiko trägt (FG Niedersachsen vom 23.04.2015, 14 K 171/13, EFG 2015, 1336). **Die Werbeagentur ist demzufolge weder Vergütungsgläubiger noch Vergütungsschuldner i. S. d. § 50a Abs. 5 Satz 2 EStG.**

In dem Zeitpunkt, in welchem dem Profisportler die von der Werbeagentur GmbH gezahlte Lizenzvergütung i. H. v. 10.000 EUR zufließt, entsteht nach § 50a Abs. 5 Satz 1 EStG die Abzugsteuer. Der auf die Lizenzvergütung anzuwendende Steuersatz beträgt 15 % der Einnahmen zuzüglich 5,5 % Solidaritätszuschlag darauf (§ 50a Abs. 2 Satz 1 EStG) (Gesamtsteuersatz 15,825 %). Die Abzugsteuer inkl. Solidaritätszuschlag i. H. v. 1.582,50 EUR ist von der Sportartikel GmbH als zivilrechtlicher Vergütungsschuldner (und nicht etwa von der Werbeagentur GmbH als Abrechnungsstelle) für den Sportler als Steuerschuldner nach § 50a Abs. 5 Satz 3 EStG anzumelden und an das BZSt abzuführen.

Für die praktische Handhabung empfiehlt es sich, dass die Werbeagentur GmbH die Abzugsteuer von der an den Sportler zu zahlenden Vergütung einbehält und der Sportartikel GmbH für Zwecke der Abführung an das BZSt zukommen lässt.

2.3.5 Abkommensrechtliche Würdigung

Der **persönliche Anwendungsbereich** gem. Art. 1 Abs. 1 DBA USA sollte eröffnet sein, da es sich sowohl bei dem Profisportler als auch bei der Sportartikel GmbH um in einem der Vertragsstaaten (hier: Deutschland und USA) ansässige Personen i. S. d. Art. 3 Abs. 1

Buchst. d i. V. m. Art 4 Abs. 1 Satz 1 DBA USA handelt. Weiterhin ist der **sachliche Anwendungsbereich** eröffnet: bei der deutschen Einkommen- bzw. Körperschaftsteuer handelt es sich um eine Steuer, für die gem. Art. 2 Abs. 1 Buchst. b DBA USA das Abkommen gilt.

Lizenzgebühren, die eine in einem Vertragsstaat ansässige Person (hier: USA) als Nutzungsberechtigter bezieht, können gem. Art. 12 Abs. 1 DBA USA nur in diesem Staat besteuert werden. Der Ausdruck »Lizenzgebühren« umfasst nach Art. 12 Abs. 2 DBA USA unter anderem Vergütungen für die Benutzung oder für das Recht auf Benutzung von Patenten, Warenzeichen, Mustern oder Modellen, Plänen, geheimen Formeln oder Verfahren oder für andere ähnliche Rechte.

Das nationale Besteuerungsrecht i. S. d. § 49 EStG (i. V. m. § 2 Nr. 1 KStG bzw. § 1 Abs. 4 EStG) läuft vorliegend damit ins Leere. Jedoch ist zu beachten, dass gem. Art. 29 Abs. 1 DBA USA das nationale Recht zur Vornahme des Steuerabzugs (§ 50a EStG) durch das Abkommen nicht berührt wird. Gem. Art. 29 Abs. 2 DBA USA ist die im Abzugsweg erhobene Steuer auf Antrag zu erstatten, soweit ihre Erhebung durch das Abkommen eingeschränkt wird.

2.3.6 Verfahrensrechtliche Aspekte

Grundsätzlich hat der Steuerabzug i. S. d. § 50a EStG ungeachtet eventueller Begünstigungen auf Basis eines DBA in voller Höhe zu erfolgen (§ 50d Abs. 1 Satz 1 EStG). Nach § 50d Abs. 2 EStG kann der Schuldner der Vergütungen den Steuerabzug i. S. d. § 50a EStG nach Maßgabe der Bestimmungen eines DBA unterlassen, wenn das BZSt dem Vergütungsgläubiger bescheinigt, dass die Voraussetzungen für die Unterlassung eines Steuerabzugs vorliegen (sog. **Freistellung im Steuerabzugsverfahren**). Sofern die Voraussetzungen für die Freistellung erfüllt sind, wird die Bescheinigung grundsätzlich für einen Zeitraum von drei Zeitjahren sowie frühestens ab Antragseingang gewährt.

Liegt im Zeitpunkt der Zahlung der Vergütung keine Freistellungsbescheinigung vor, ist die Abzugsteuer nach § 50a EStG ungeachtet einer möglichen Entlastungsberechtigung des Vergütungsgläubigers in voller Höhe einzubehalten und an das BZSt abzuführen. Die einbehaltene und abgeführte Steuer kann sodann in einem zweiten Schritt auf der Grundlage eines entsprechenden **Erstattungsantrags** des Vergütungsgläubigers nach § 50d Abs. 1 Satz 2 ff. EStG erstattet werden. Der Antrag ist nach amtlich vorgeschriebenem Vordruck beim BZSt zu stellen. Die Frist zur Antragstellung beträgt gem. § 50d Abs. 1 Satz 9 EStG grundsätzlich vier Jahre nach Ablauf des Kalenderjahrs des Bezugs der Vergütung. Die Frist endet jedoch nicht vor Ablauf von sechs Monaten nach dem Zeitpunkt der Entrichtung der Steuer (§ 50d Abs. 1 Satz 10 EStG). Der Erstattungsantrag kann mit einem Freistellungsantrag verbunden werden.

> **PRAXISHINWEIS**
>
> Kann von abkommensrechtlichen Begünstigungen Gebrauch gemacht werden, sollte zur Vermeidung eines Steuerabzugs und damit eines Liquiditätsnachteils rechtzeitig (!) ein entsprechender Antrag auf Erlass einer Freistellungsbescheinigung beim BZSt gestellt werden, damit spätestens bei Zahlung der Vergütung eine Freistellungsbescheinigung vorliegt und auf deren Grundlage vom Steuerabzug Abstand genommen werden kann.

Im Rahmen des Freistellungs- bzw. Erstattungsantrags werden vorliegend die abkommensrechtlichen Missbrauchsvorschriften gem. Art. 28 DBA USA durch das BZSt geprüft. Die deutschen Missbrauchsvorschriften (§ 50d Abs. 3 EStG) finden im Verhältnis zu den USA keine Anwendung.

Abschließend kann der Schuldner der Vergütungen den Steuerabzug i. S. d. § 50a EStG nach Maßgabe der Bestimmungen eines DBA dann (ganz oder teilweise) unterlassen, wenn das BZSt den Vergütungsschuldner zur Teilnahme am sog. **Kontrollmeldeverfahren** (§ 50d Abs. 5 EStG) ermächtigt hat. Das Kontrollmeldeverfahren ist seit dem 01.01.2009 ausschließlich bei Vergütungen aus Lizenzen i. S. d. § 50 Abs. 1 Nr. 3 EStG zulässig. Es findet Anwendung bei Vergütungsgläubigern, bei denen die Einzelzahlung den Bruttobetrag von 5.500 EUR (leistungsbezogen) und die während eines Kalenderjahres geleisteten gesamten Zahlungen den Bruttobetrag von 40.000 EUR (personenbezogen) nicht übersteigen.

> **WICHTIG**
>
> Die Anmeldeverpflichtung bleibt im Freistellungs- und Kontrollmeldeverfahren unberührt, sodass eine Steueranmeldung auch dann abzugeben ist, wenn ein Steuerabzug nicht (d. h. Nullmeldung) oder nicht in voller Höhe vorzunehmen ist (§ 50d Abs. 2 und 5 EStG sowie § 73e Satz 3 EStDV).

2.4 Fall 3

Stichworte: Fotomodell, Recht am eigenen Bild und Namen, Gemischter Vertrag, Aufteilung eines Pauschalhonorars, Ort der Verwertung von Persönlichkeitsrechten

2.4.1 Sachverhalt

Die Mode International GmbH ist Konzernmutter eines international tätigen Modekonzerns mit Sitz und Geschäftsleitung im Inland. Die Mode International GmbH produziert Kleidung und vertreibt diese über ihre ausländischen Tochtervertriebsgesellschaften in Europa. Sie ist darüber hinaus zuständig für die Entwicklung von Werbekampagnen. In dieser Funktion schließt die Mode International GmbH mit einem in den USA wohnhaften Fotomodell einen Vertrag über ein Fotoshooting im Inland sowie das Recht auf Nutzung von dessen Bildnis für Werbemaßnahmen des Konzerns in Europa ab. Die Mode International GmbH erhält ferner das Recht zur Sublizensierung der gewährten Rechte innerhalb ihres Konzerns. Die Nutzungsdauer für die Fotoaufnahmen ist zeitlich beschränkt auf ein Jahr. Das Fotomodell erhält ein Pauschalhonorar i. H. v. 6.000 EUR für die Teilnahme am Fotoshooting und die Überlassung der Nutzungsrechte. Es verfügt weder über eine inländische Betriebsstätte (§ 12 AO) noch über einen ständigen Vertreter (§ 13 AO) im Inland und hat darüber hinaus in Deutschland weder seinen Wohnsitz noch seinen gewöhnlichen Aufenthalt.

Die Werbemaßnahmen im Inland werden von der Mode International GmbH durchgeführt, die jeweilige Tochtervertriebsgesellschaft übernehmen diese im europäischen Ausland. Hierzu erfolgt eine Sublizensierung (ohne Gewinnaufschlag) der von dem Fotomodell eingeräumten Nutzungsrechte von der Mode International GmbH an ihre Tochtervertriebsgesellschaften.

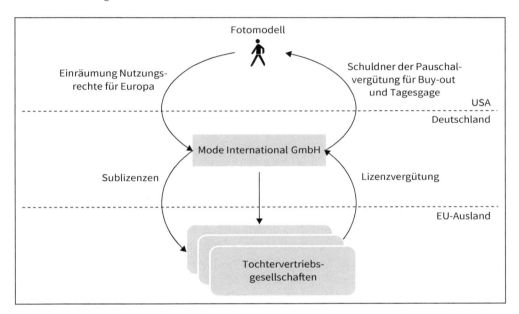

2.4.2 Problemstellung

Voraussetzung für die Erhebung der Einkommen- bzw. Körperschaftsteuer im Wege des Steuerabzugs nach § 50a Abs. 1 EStG ist zunächst die **beschränkte Steuerpflicht** des im Ausland ansässigen Vergütungsgläubigers. Ein Steuerabzug erfolgt insbesondere bei Einkünften, die aus Vergütungen für die zeitlich befristete Überlassung der Nutzung oder des Rechts auf Nutzung von Rechten herrühren (§ 50a Abs. 1 Nr. 3 EStG). Zu den Rechten i. S. d. § 50a Abs. 1 Nr. 3 EStG gehören insbesondere die nach Maßgabe des UrhG oder nach anderen gewerblichen Schutzgesetzen geschützten Rechte.

Gem. Sachverhaltsbeschreibung erbringt das Fotomodell für die **Pauschalvergütung** i. H. v. 6.000 EUR die beiden folgenden Leistungen:
- Teilnahme an dem Foto-Shooting und
- Nutzungsüberlassung seiner Persönlichkeitsrechte, d. h. Recht am eigenen Bild (§ 22 KunstUrhG) und Namen (§ 12 BGB).

Vor dem genannten Hintergrund stellt sich zunächst die Frage, ob das in den USA wohnhafte Fotomodell mit den in der Sachverhaltsbeschreibung genannten Vergütungen inländische Einkünfte i. S. d. § 49 Abs. 1 EStG erzielt. Darüber hinaus ist fraglich, ob vorliegend Darbietungen im Inland ausgeübt bzw. verwertet werden und ob eine zeitlich befristete Überlassung von Rechten erfolgt und die Einkommensteuer insoweit im Wege des Steuerabzugs i. S. d. § 50a Abs. 1 EStG auf Ebene der Mode International GmbH erhoben wird.

Bei dem Vertrag handelt es sich um einen sog. **gemischten Vertrag**. Da die beiden vertragsgemäß zu erbringenden Leistungen des Fotomodells nicht untrennbar miteinander verbunden sind, sondern ihnen vielmehr jeweils ein **eigenständiger Charakter** zukommt, sind die Leistungen unabhängig voneinander zu beurteilen und das Pauschalhonorar für Zwecke der Prüfung inländischer Einkünfte entsprechend aufzuteilen, d. h. in Tagesgage und Lizenzgebühr/Buy-out (BFH vom 07.09.2011, I B 157/10, BStBl II 2012 590; BMF vom 09.01.2009, BStBl I 2009, 362).

2.4.3 Beschränkte Steuerpflicht des Fotomodells

2.4.3.1 Überblick

Natürliche Personen, die im Inland weder einen Wohnsitz (§ 8 AO) noch ihren gewöhnlichen Aufenthalt (§ 9 AO) haben, sind mit ihren inländischen Einkünften i. S. d. § 49 EStG beschränkt steuerpflichtig (§ 1 Abs. 4 EStG), sofern sie nicht nach § 1 Abs. 2 EStG unbeschränkt einkommensteuerpflichtig sind oder auf Antrag nach § 1 Abs. 3 Satz 1 EStG als unbeschränkt einkommensteuerpflichtig behandelt werden.

Das in den USA ansässige Fotomodell unterhält gem. Sachverhaltsbeschreibung ferner weder eine inländische Betriebsstätte (§ 12 AO) noch wurde ein ständiger Vertreter (§ 13 AO) im Inland bestellt. Folglich ist gem. der Systematik des § 49 EStG zunächst zu prüfen, ob die erzielten Vergütungen inländische **Einkünfte aus selbständiger Arbeit** (§ 18 EStG) darstellen, die im Inland ausgeübt oder verwertet wird bzw. worden ist.

Weiterhin wäre nach § 49 Abs. 1 EStG zu prüfen, ob die erzielten Vergütungen inländische **Einkünfte aus Gewerbebetrieb** (§§ 15 bis 17 EStG) darstellen, die
- durch im Inland ausgeübte oder verwertete künstlerische, sportliche, artistische, unterhaltende oder ähnliche **Darbietungen** erzielt werden, einschließlich der Einkünfte aus anderen mit diesen Leistungen zusammenhängenden Leistungen erzielt werden (§ 49 Abs. 1 Nr. 2 Buchst. d EStG) oder
- durch die **Veräußerung** oder **Vermietung und Verpachtung** von Rechten erzielt werden, die in ein inländisches Register eingetragen sind **oder** deren Verwertung in einer inländischen Betriebsstätte oder anderen Einrichtung erfolgt (§ 49 Abs. 1 Nr. 2 Buchst. f EStG).

Sollten die erzielten Vergütungen des Profisportlers keiner der genannten Einkunftsarten zugeordnet werden können, wären die subsidiären Tatbestandsmerkmale (d. h. Erzielung inländischer **Einkünfte aus Vermietung und Verpachtung** i. S. d. § 49 Abs. 1 Nr. 6 EStG i. V. m. § 21 EStG bzw. Erzielung **sonstiger Einkünfte** i. S. d. § 49 Abs. 1 Nr. 9 EStG i. V. m. § 22 EStG) der beschränkten Steuerpflicht zu prüfen.

2.4.3.2 Erzielung inländischer Einkünfte

Bei dem Anteil der Vergütung, der für die Tätigkeit des Fotomodells bei dem Fotoshooting geleistet wird, handelt es sich um eine **Tagesgage**. Mit derartigen Vergütungen erzielen Fotomodelle regelmäßig keine Einkünfte aus selbständiger Arbeit i. S. d. § 49 Abs. 1 Abs. 3 EStG, da bei Aufnahmen für Werbezwecke im Regelfall kein oder kein genügender Spielraum für eine eigenschöpferische Leistung (und damit künstlerische Tätigkeit i. S. d. § 18 EStG) besteht (BMF vom 09.01.2009, BStBl I 2009, 362.).

Vergütungen für die Tätigkeit eines Fotomodells im Zusammenhang mit Werbeaufnahmen stellen regelmäßig vielmehr gewerbliche Einkünfte (§§ 15 bis 17 EStG) dar. Da das Fotomodell gem. Sachverhaltsbeschreibung weder eine inländische Betriebsstätte (§ 12 AO) unterhält noch einen ständigen Vertreter (§ 13 AO) im Inland bestellt hat, handelt es sich bei der Tagesgage nicht um inländische Einkünfte aus Gewerbebetrieb i. S. d. § 49 Abs. 1 Nr. 2 Buchst. a EStG. Mangels künstlerischer Darbietung scheidet auch das Vorliegen inländischer Einkünfte i. S. d. § 49 Abs. 1 Nr. 2 Buchst. d EStG aus.

Abschließend ist die Tagesgage auch nicht unter die subsidiären inländischen Einkünfte i. S. d. § 49 Abs. 1 Nr. 6 oder § 49 Abs. 1 Nr. 9 EStG zu subsumieren, da es sich weder um Einkünfte aus Vermietung und Verpachtung noch um Einkünfte aus unterhaltenden Darbietungen handelt.

Das Fotomodell erzielt mit dem Teil der Pauschalvergütung, der als Tagesgage anzusehen ist, im Ergebnis **keine inländischen Einkünfte** i. S. d. § 49 Abs. 1 EStG.

Soweit die Pauschalvergütung auf die Nutzungsüberlassung von Persönlichkeitsrechte entfällt, stellt diese als **Lizenzgebühr** (**Buy-out**) ein Entgelt für die zeitlich beschränkte Vermietung und Verpachtung des Persönlichkeitsrechts des Fotomodells i. S. d. § 22 KunstUrhG (Recht am eigenen Bild) dar (BMF vom 25.11.2010, BStBl I 2010, 1350, Rz. 22; BMF vom 09.01.2009, BStBl I 2009, 362). Bei der Lizenzgebühr handelt es sich um inländische Einkünfte, wenn die (Bild-)Rechte in einer (fremden) inländischen Betriebsstätte oder in einer anderen Einrichtung verwertet werden (§ 49 Abs. 1 Nr. 2 Buchst. f Doppelbuchst. aa EStG).

Unter dem Begriff »**Verwertung**« in einer (fremden) inländischen Betriebsstätte oder anderen Einrichtung ist ein Nutzen, Benutzen oder Gebrauchen von Rechten im Rahmen eigener Tätigkeit durch eigenes Tätigwerden zu verstehen (BFH vom 23.05.1973, I R 163/71, BStBl II 1974, 287; *Klein*, in: Herrmann/Heuer/Raupach, § 49 EStG, Rz. 955), um daraus finanziellen Nutzen zu ziehen (*Weingartner*, in: Fuhrmann/Kraeusel/Schiffers, eKomm, VZ 2015, § 49 EStG, Rz. 107; wohl auch *Ackermann*, ISR 2016, 258).

Die Verwertung kann grundsätzlich in einer **inländischen** Betriebsstätte des Lizenzgebers, des Lizenznehmers oder einer anderen Person unabhängig von deren Steuerpflicht erfolgen. Die Verwertung in einer **ausländischen** Betriebsstätte eines inländischen Unternehmens ist nicht ausreichend.

Ein Verwerten im Kontext des § 49 Abs. 1 Nr. 2 Buchst. f EStG erfordert, dass die Verwertung des Rechts durch den Lizenznehmer bzw. einen Dritten und **nicht** durch den Lizenzgeber erfolgt. Letzteres würde zu Einkünften aus Gewerbetrieb i. S. d. § 49 Abs.1 Nr. 2 **Buchst. a** EStG oder zu Einkünften aus selbständiger Arbeit i. S. d. § 49 Abs. 1 Nr. 3 EStG führen.

Eine Verwertung von Rechten kann grundsätzlich durch aktive Selbstnutzung, Fremdnutzung oder Übertragung erfolgen. Nach der hier vertretenen Auffassung[8] ist der Tatbestand der Verwertung in einer inländischen Betriebsstätte nicht erfüllt, wenn der Nutzungsberechtigte sein Ausübungsrecht lediglich an einen Dritten zur Ausübung einer Nutzung weiterleitet (d. h. **Sublizensierung** bzw. Untervermietung), ohne seinerseits durch eigenes Handeln das Recht aktiv und tatsächlich zu nutzen. Eine Verwertung im Inland liegt im Fall der Sublizensierung erst dann vor, wenn der Sublizenznehmer seinerseits (oder ein anderer Dritter) das Recht in einer inländischen Betriebsstätte durch Selbstnutzung verwertet.

Der Verwertungsbegriff im Kontext des § 49 Abs. 1 Nr. 2 Buchst. f EStG umfasst demnach nicht jede Form der wirtschaftlichen Ausnutzung, sondern lediglich die tatsächliche, aktive Selbst- oder Fremdnutzung insbesondere durch die Verwertungshandlungen **Vervielfältigung**, **Verbreitung**, **Ausstellung** und **Veröffentlichung** i. S. v. § 15 UrhG und § 22 KunstUrhG.

Im Fall des Fotomodells lässt sich der originäre wirtschaftliche Wert der überlassenen Persönlichkeitsrechte durch Verbreitung und Veröffentlichung seines Bildnisses für Werbezwecke realisieren. Für die Frage der Verwertung ist auf diese Verwendung abzustellen. Gem. Sachverhaltsbeschreibung sollen die Fotoaufnahmen im Rahmen einer Werbekampagne des Modekonzerns **im In- und Ausland** sichtbar werden und hierdurch den angestrebten Werbeeffekt erzielen. Die von dem Fotomodell an die Mode International GmbH lizensierten Rechte umfassen die Verbreitung und Veröffentlichung seines Abbilds nach § 22 KunstUrhG sowie das Recht zur Sublizensierung des überlassenen Rechts an die europäischen Tochtervertriebsgesellschaften des Konzerns.

Soweit die Mode International GmbH die Werbeaufnahmen durch Verbreitung und Veröffentlichung im Rahmen von Werbemaßnahmen (z. B. durch Plakate, Anzeigen im Internet oder Printmedien) im Inland selbst aktiv nutzt, liegt eine Verwertung der überlassenen Rechte in der inländischen Betriebsstätte der Mode International GmbH vor. Das Fotomodell erzielt insoweit mit der **Lizenzgebühr** (**Buy-out**) **inländische Einkünfte** i. S. d. § 49 Abs. 1 Nr. 2 Buchst. f Buchst. aa EStG (i. V. m. § 1 Abs. 4 EStG) aus der Vermietung und Verpachtung von im Inland verwerteten Rechten, die in einer fremden inländischen Betriebsstätte verwertet werden.

Soweit die Mode International GmbH die überlassenen Nutzungsrechte an ihre europäischen Vertriebsgesellschaften – ohne Gewinnaufschlag – sublizensiert und diese die Werbeaufnahmen durch Verbreitung und Veröffentlichung im Rahmen von Werbemaßnahmen im europäischen Ausland selbst nutzen, liegt nach der hier vertretenen Auffassung keine Verwertung der überlassenen Rechte in einer inländischen Betriebsstätte vor. Das Fotomodell erzielt insoweit keine inländischen Einkünfte i. S. d. § 49 Abs. 1 Nr. 2 Buchst. f Doppelbuchst. bb EStG. Mangels Inlandsbezug können auch keine subsidiären Einkünfte i. S. d. § 49 Abs. 1 Nr. 6 bzw. Nr. 9 EStG vorliegen.

---

8   Siehe hierzu auch Hidien, in: Kirchhoff/Mellinghoff/Söhn, § 49 EStG, Rdnr. I 129, 134, Klein in: Herrmann/Heuer/Raupach, § 49 EStG, Rz. 955; Lüdicke, in: Lademann, § 49 EStG Rz 752.

Fraglich ist, ob der Fall anders zu beurteilen wäre, wenn die Mode International GmbH die Sublizensierung an ihre Tochtergesellschaften unter Berechnung eines Gewinnaufschlags vornehmen würde. In diesem Fall würde die Mode International GmbH trotz fehlender aktiver Selbstnutzung des Rechtes einen finanziellen Vorteil aus diesem erzielen und somit ggfs. selbst den Tatbestand der Verwertung erfüllen. Bei Gewinnaufschlägen von bis zu 5 % scheint jedoch nach Ansicht des FG Köln vom 24.10.1998 (2K 3358/93, EFG 1998, 176) zumindest in bestimmten Durchleitungskonstellationen eine abzugsteuerrelevante Verwertung von Rechten i. S. d. Vorschrift nicht gegeben zu sein.

2.4.4 Steuerabzug nach § 50a Abs. 1 Nr. 3 EStG

2.4.4.1 Überblick

Zur Durchsetzung des deutschen Besteuerungsanspruchs sieht der Gesetzgeber bei bestimmten inländischen Einkünften von beschränkt Steuerpflichtigen vor, dass die Einkommen- bzw. Körperschaftsteuer im Wege des **Steuerabzugs an der Quelle** durch den zivilrechtlichen Schuldner der Vergütung für Rechnung des im Ausland ansässigen Vergütungsgläubigers (Steuerschuldner) erhoben wird. Ein Steuerabzug erfolgt insbesondere bei Einkünften, die aus Vergütungen für die »*Überlassung der Nutzung oder des Rechts auf Nutzung von Rechten*« herrühren (§ 50a Abs. 1 Nr. 3 EStG). Ein Nutzungsrecht in diesem Sinne wird nicht überlassen, wenn es veräußert wird (zuletzt FG Köln vom 28.09.2016, 3 K 2206/13, EFG 2017, 298). Für die Vornahme eines Steuerabzugs ist somit zwischen der **zeitlich befristeten** Überlassung eines Rechts zur Nutzung (z. B. als Verwertungsrecht oder als Lizenz) und der endgültigen Überlassung (**Rechtekauf**) zu unterscheiden (BMF vom 25.11.2010, BStBl I 2010, 1350, Rz. 23).

Im vorliegenden Sachverhalt überlässt das Fotomodell seine Persönlichkeitsrechte nach KunstUrhG zeitlich beschränkt auf ein Jahr. Abgrenzungsprobleme bestehen daher im zu beurteilenden Sachverhalt nicht. Das Kriterium einer zeitlich begrenzten Überlassung von Nutzungsrechten i. S. d. § 50 Abs.1 Nr. 3 EStG ist erfüllt.

2.4.4.2 Steuerabzugsverpflichtung auf Ebene der Mode International GmbH

Annahmen: das Fotomodell legt keine gültige, vom BZSt nach § 50d Abs. 2 EStG erteilte Freistellungsbescheinigung vor und das Kontrollmeldeverfahren nach § 50d Abs. 5 EStG findet keine Anwendung. Des Weiteren ist zwischen den Vertragsparteien vereinbart, dass der Vergütungsgläubiger die Abzugsteuer wirtschaftlich trägt (sog. Bruttovereinbarung).

Nach § 50a Abs. 5 Satz 2 EStG hat der Vergütungsschuldner im Zeitpunkt des Zuflusses der Vergütung den Steuerabzug für Rechnung des Vergütungsgläubigers vorzunehmen. Vergütungsschuldner ist, wer zivilrechtlich die Vergütungen schuldet, die zu Einkünften i. S. d. § 50a Abs. 1 EStG (i. V. m. § 49 Abs. 1 EStG) führen (BMF vom 25.11.2010, BStBl 2010, 1350, Rz. 240). Vergütungsgläubiger (Steuerschuldner) ist die beschränkt steuerpflichtige Person, die i. d. R. – aber nicht zwingend – zivilrechtlicher Gläubiger der Vergütung ist.

Gem. Sachverhaltsbeschreibung ist die Mode International GmbH zivilrechtlicher Vergütungsschuldner der an das Fotomodell zu leistenden Vergütung. In dem Zeitpunkt, in welchem dem Fotomodell die von der Mode International GmbH gezahlte (anteilige) Vergütung zufließt, entsteht nach § 50a Abs. 5 Satz 1 EStG die Abzugsteuer. Der auf die Lizenzvergütung anzuwendende Steuersatz beträgt 15 % der Einnahmen zuzüglich 5,5 % Solidaritätszuschlag darauf (§ 50a Abs. 2 Satz 1 EStG) (Gesamtsteuersatz 15,825 %). Die Abzugsteuer ist von der Mode International GmbH als zivilrechtlicher Vergütungsschuldner für das Fotomodell als Steuerschuldner nach § 50a Abs. 5 Satz 3 EStG anzumelden und abzuführen.

Das Fotomodell bezieht eine **Pauschalvergütung** i. H. v. 6.000 EUR für die beiden folgenden Leistungen:
- Teilnahme an dem Foto-Shooting (Tagesgage)
- Nutzungsüberlassung der Persönlichkeitsrechte (Buy-out), d. h. Recht am eigenen Bild (§ 22 KunstUrhG).

Da die Tagesgage sowie das Buy-out – soweit es auf die Verwertung der Nutzungsrechte im Ausland entfällt – nicht zu inländischen Einkünften führt, ist für Zwecke des Steuerabzugs nach § 50a Abs.1 Nr. 3 EStG eine sachgerechte Aufteilung der Pauschalvergütung vorzunehmen.

Gem. BMF-Schreiben vom 09.01.2009 (BStBl I 2009, 362) kann aus Vereinfachungsgründen bei Tageshonoraren bis 10.000 EUR angenommen werden, dass der Anteil der Rechteüberlassung am Tageshonorar
- für Honorare bzw. Honorarteile bis einschließlich 5.000 EUR 20 % und
- für Honorarteile über 5.000 EUR 45 % beträgt,

wenn nicht im Einzelfall eine andere Aufteilung aufgrund der konkreten Umstände angemessen ist.

Bei Tageshonoraren über 10.000 EUR ist der Anteil der Rechteüberlassung immer im Einzelfall für die Gesamtvergütung zu bestimmen und wird regelmäßig höher anzusetzen sein als bei Tageshonoraren unter 10.000 EUR, da in solchen Fällen regelmäßig von einem überdurchschnittlich hohen Bekanntheitsgrad des Fotomodells auszugehen ist.

> **WICHTIG**
>
> Bei Tageshonoraren über 5.000 EUR bis einschließlich 10.000 EUR kann der Anteil für die Rechteüberlassung für den Honorarteil bis einschließlich 5.000 EUR auf 20 % und für den Honorarteil über 5.000 EUR bis einschließlich 10.000 EUR auf 45 % geschätzt werden:
> Tageshonorar: 6.000 EUR
> 20 % von 5.000 EUR = 1.000 EUR
> 45 % von 1.000 EUR = 450 EUR
> Der Anteil der Rechteüberlassung am Tageshonorar von 6.000 EUR beträgt somit 1.450 EUR.

Im vorliegenden Fall beträgt der Anteil der Rechteüberlassung 1.450 EUR. Dieser Betrag entfällt auf die Nutzungsüberlassung der Rechte, die im Inland und Ausland verwertet werden. Da Letztere nicht zu inländischen, dem Steuerabzug unterliegenden Einkünften führen, ist der Betrag des Buy-outs i. H. v. 1.450 EUR sachgerecht auf diese beiden Rechteverwertungen aufzuteilen. Ein sachgerechter Aufteilungsmaßstab wären im konkreten Fall zum Beispiel die Relation der Konzernumsätze im Inland und Ausland. Im Beispielfall soll diese 50 : 50 betragen, so dass die Bemessungsgrundlage für den Steuerabzug 725 EUR beträgt. Die Mode International GmbH hat demnach eine Abzugsteuer i. H. v. 108,75 EUR zuzüglich Solidaritätszuschlag i. H. v. 5,98 EUR für Rechnung des Fotomodells einzubehalten und nach Anmeldung an das BZSt abzuführen.

2.4.5 Abkommensrechtliche Würdigung

Der **persönliche Anwendungsbereich** gem. Art. 1 Abs. 1 DBA USA sollte eröffnet sein, da es sich sowohl bei dem Fotomodell als auch bei der Mode International GmbH um in einem der Vertragsstaaten (hier: Deutschland und USA) ansässige Personen i. S. d. Art. 3 Abs. 1 Buchst. d i. V. m. Art. 4 Abs. 1 Satz 1 DBA USA handelt. Weiterhin ist der **sachliche Anwendungsbereich** eröffnet: bei der deutschen Einkommen- bzw. Körperschaftsteuer handelt es sich um eine Steuer, für die gem. Art. 2 Abs. 1 Buchst. b DBA USA das Abkommen gilt.

Lizenzgebühren, die eine in einem Vertragsstaat ansässige Person (hier: USA) als Nutzungsberechtigter bezieht, können gem. Art. 12 Abs. 1 DBA USA nur in diesem Staat besteuert werden. Der Ausdruck »Lizenzgebühren« umfasst nach Art. 12 Abs. 2 DBA USA unter anderem Vergütungen für die Benutzung oder für das Recht auf Benutzung von Patenten, Warenzeichen, Mustern oder Modellen, Plänen, geheimen Formeln oder Verfahren oder für andere ähnliche Rechte.

Das nationale Besteuerungsrecht i. S. d. § 49 EStG (i. V. m. § 2 Nr. 1 KStG bzw. § 1 Abs. 4 EStG) läuft vorliegend damit ins Leere. Jedoch ist zu beachten, dass gem. Art. 29 Abs. 1 DBA USA das nationale Recht zur Vornahme des Steuerabzugs (§ 50a EStG) durch das Abkommen nicht berührt wird. Gem. Art. 29 Abs. 2 DBA USA ist die im Abzugsweg erhobene Steuer auf Antrag zu erstatten, soweit ihre Erhebung durch das Abkommen eingeschränkt wird.

2.4.6 Verfahrensrechtliche Aspekte

Grundsätzlich hat der Steuerabzug i. S. d. § 50a EStG ungeachtet eventueller Begünstigungen auf Basis eines DBA in voller Höhe zu erfolgen (§ 50d Abs. 1 Satz 1 EStG). Nach § 50d Abs. 2 EStG kann der Schuldner der Vergütungen den Steuerabzug i. S. d. § 50a EStG nach Maßgabe der Bestimmungen eines DBA unterlassen, wenn das BZSt dem Vergütungsgläubiger bescheinigt, dass die Voraussetzungen für die Unterlassung eines Steuerabzugs vorliegen (sog. **Freistellung im Steuerabzugsverfahren**). Sofern die Voraussetzungen für die Freistellung erfüllt sind, wird die Bescheinigung grundsätzlich für einen Zeitraum von drei Zeitjahren sowie frühestens ab Antragseingang gewährt.

Liegt im Zeitpunkt der Zahlung der Vergütung keine Freistellungsbescheinigung vor, ist die Abzugsteuer nach § 50a EStG ungeachtet einer möglichen Entlastungsberechtigung des Vergütungsgläubigers in voller Höhe einzubehalten und an das BZSt abzuführen. Die einbehaltene und abgeführte Steuer kann sodann in einem zweiten Schritt auf der Grundlage eines entsprechenden **Erstattungsantrags** des Vergütungsgläubigers nach § 50d Abs. 1 Satz 2 ff. EStG erstattet werden. Der Antrag ist nach amtlich vorgeschriebenem Vordruck beim BZSt zu stellen. Die Frist zur Antragstellung beträgt gem. § 50d Abs. 1 Satz 9 EStG grundsätzlich vier Jahre nach Ablauf des Kalenderjahres des Bezugs der Vergütung. Die Frist endet jedoch nicht vor Ablauf von sechs Monaten nach dem Zeitpunkt der Entrichtung der Steuer (§ 50d Abs. 1 Satz 10 EStG). Der Erstattungsantrag kann mit einem Freistellungsantrag verbunden werden.

> **PRAXISHINWEIS**
>
> Kann von abkommensrechtlichen Begünstigungen Gebrauch gemacht werden, sollte zur Vermeidung eines Steuerabzugs und damit eines Liquiditätsnachteils rechtzeitig (!) ein entsprechender Antrag auf Erlass einer Freistellungsbescheinigung beim BZSt gestellt werden, damit spätestens bei Zahlung der Vergütung eine Freistellungsbescheinigung vorliegt und auf deren Grundlage vom Steuerabzug Abstand genommen werden kann.

Im Rahmen des Freistellungs- bzw. Erstattungsantrags werden vorliegend die abkommensrechtlichen Missbrauchsvorschriften gem. Art. 28 DBA USA durch das BZSt geprüft. Die deutschen Missbrauchsvorschriften (§ 50d Abs. 3 EStG) finden im Verhältnis zu den USA keine Anwendung.

Abschließend kann der Schuldner der Vergütungen den Steuerabzug i. S. d. § 50a EStG nach Maßgabe der Bestimmungen eines DBA dann (ganz oder teilweise) unterlassen, wenn das BZSt den Vergütungsschuldner zur Teilnahme am **Kontrollmeldeverfahren** (§ 50d Abs. 5 EStG) ermächtigt hat. Das Kontrollmeldeverfahren ist seit dem 01.01.2009 ausschließlich bei Vergütungen aus Lizenzen i. S. d. § 50 Abs. 1 Nr. 3 EStG zulässig. Es findet Anwendung bei Vergütungsgläubigern, bei denen die Einzelzahlung den Bruttobetrag von 5.500 EUR (leistungsbezogen) und die während eines Kalenderjahres geleisteten gesamten Zahlungen den Bruttobetrag von 40.000 EUR (personenbezogen) nicht übersteigen.

> **WICHTIG**
>
> Die Anmeldeverpflichtung bleibt im Freistellungs- und Kontrollmeldeverfahren unberührt, sodass eine Steueranmeldung auch dann abzugeben ist, wenn ein Steuerabzug nicht (d. h. Nullmeldung) oder nicht in voller Höhe vorzunehmen ist (§ 50d Abs. 2 und 5 EStG sowie § 73e Satz 3 EStDV).

3 Lizenz- und Vertriebsvereinbarungen in der Pharma- und Chemiebranche

3.1 Hintergrund

Vor dem Hintergrund einer globalisierten Wirtschaft und weltweiter Forschungs- und Entwicklungsaktivitäten sind Lizenz- und Vertriebsvereinbarungen deutscher Unternehmen mit ausländischen Vertragspartnern in der Pharma- und Chemiebranche gängige Praxis. In diesem Zusammenhang stellt sich regelmäßig die Frage, ob sämtliche »Lizenzzahlungen« an im Ausland ansässige Vertragspartner dem Steuerabzug nach § 50a Abs. 1 Nr. 3 EStG unterliegen. Fraglich ist hier insbesondere, ob mit der Lizenz- bzw. Vertriebsvereinbarung ein Nutzungsrecht zeitlich befristet überlassen oder endgültig übertragen wird.

3.2 Fall 1

Stichworte: Pharmapräparate, Vertriebsvereinbarungen, zeitlich befristete Rechteüberlassung, Rechteverbrauch, Steuerabzug nach § 50a Abs. 1 Nr. 3 EStG

3.2.1 Sachverhalt (Vertragsausschnitte)

Die in den USA ansässige Lizenz Inc. hat ein Pharmapräparat selbst entwickelt und hält für dieses in verschiedenen Ländern (u. a. in Deutschland) ein Patent. Gem. Art. 1 einer als »Lizenzvertrag« bezeichneten Vereinbarung gewährt die Lizenz Inc. der in Deutschland ansässigen und auf den Verkauf von Pharmapräparaten spezialisierten Vertriebs GmbH eine exklusive Lizenz an den Patenten und Markenzeichen des Pharmapräparats, um dieses Produkt in Deutschland weiterzuentwickeln, zu nutzen und zu vertreiben.

Gem. Art. 7 der Lizenzvereinbarung zahlt die Vertriebs GmbH der Lizenz Inc. zunächst eine Vorauszahlung (»Upfront payment«) i. H. v. 20.000.000 USD. Als weitere Gegenleistung für die gewährten Rechte sind weitere Meilenstein-Zahlungen (»Milestone payments«) vorgesehen.

Die Lizenzvereinbarung sieht abschließend in Art. 13 eine Laufzeit bis zum Ablauf der Schutzdauer des lizenzierten Patents vor. Ungeachtet dessen steht der Vertriebs GmbH ein uneingeschränktes Kündigungsrecht zu. Die Lizenz Inc. verfügt weder über eine inländische Betriebsstätte (§ 12 AO) noch über einen ständigen Vertreter (§ 13 AO) im Inland.

3.2.2 Problemstellung

Voraussetzung für die Erhebung der Körperschaftsteuer im Wege des Steuerabzugs nach § 50a Abs. 1 EStG ist zunächst die **beschränkte Steuerpflicht** des im Ausland ansässigen Vergütungsgläubigers. Ein Steuerabzug erfolgt insbes. bei Einkünften, die aus Vergütungen für die zeitlich befristete Überlassung der Nutzung oder des Rechts auf Nutzung von Rechten herrühren (§ 50a Abs. 1 Nr. 3 EStG). Zu den Rechten i. S. d. § 50a Abs. 1 Nr. 3 EStG gehören insbes. die nach Maßgabe des Urheberrechtsgesetzes oder nach anderen gewerblichen Schutzgesetzen geschützten Rechte. Weiterhin erfolgt ein Steuerabzug bei Vergütungen für die Überlassung der Nutzung oder des Rechts auf Nutzung von gewerblichen, technischen, wissenschaftlichen und ähnlichen Erfahrungen, Kenntnissen und Fertigkeiten, wie z. B. Plänen, Mustern und Verfahren (sog. ungeschütztes Wissen).

Vor dem genannten Hintergrund stellt sich zunächst die Frage, ob die in den USA ansässige Lizenz Inc. mit den in Art. 7 der Lizenzvereinbarung genannten Vorauszahlungen sowie Meilenstein-Zahlungen inländische Einkünfte i. S. d. § 49 Abs. 1 EStG erzielt. Darüber hinaus ist fraglich, ob vorliegend eine zeitlich befristete Überlassung erfolgt und die Körperschaftsteuer insoweit im Wege des Steuerabzugs i. S. d. § 50a Abs. 1 EStG auf Ebene der Vertriebs-GmbH erhoben wird.

3.2.3 Beschränkte Steuerpflicht der Lizenz Inc.

Körperschaften, Personenvereinigungen und Vermögensmassen, die weder ihre Geschäftsleitung (§ 10 AO) noch ihren Sitz (§ 11 AO) im Inland haben, unterliegen mit ihren inländischen Einkünften i. S. d. § 49 Abs. 1 EStG (i. V. m. § 8 Abs. 1 KStG) der beschränkten Steuerpflicht (§ 2 Nr. 1 KStG).

Die Lizenz Inc. unterhält gem. Sachverhaltsbeschreibung weder eine inländische Betriebsstätte (§ 12 AO) noch wurde ein ständiger Vertreter (§ 13 AO) im Inland bestellt. Folglich ist gem. der Systematik des § 49 Abs. 1 EStG zu prüfen, ob die aus Art. 7 der »Lizenzvereinbarung« resultierenden Vergütungen inländische Einkünfte aus Gewerbebetrieb (§§ 15 bis 17 EStG) darstellen, die durch die Vermietung und Verpachtung **oder** Veräußerung von Rechten, erzielt werden (§ 49 Abs. 1 Nr. 2 Buchst. f EStG). Voraussetzung hierfür ist, dass die überlassenen Rechte entweder in ein inländisches Register eingetragen sind oder in einer (fremden) inländischen Betriebsstätte bzw. in einer anderen Einrichtung verwertet werden.

Ungeachtet einer eventuellen Eintragung der überlassenen Rechte in ein inländisches Register (insbes. Patentregister bzw. Markenregister) ist davon auszugehen, dass diese in einer inländischen Betriebsstätte (der Vertriebs GmbH) verwertet werden: unter dem Begriff »**Verwertung**« in einer (fremden) inländischen Betriebsstätte oder anderen Einrichtung versteht man ein Nutzen, Benutzen oder Gebrauchen der überlassenen bzw. übertragenen Rechte im Rahmen einer eigenen Tätigkeit durch eigenes Tätigwerden (BFH vom 23.05.1973, I R 163/71, BStBl II 1974, 287; *Klein*, in: Herrmann/Heuer/Raupach, § 49 EStG, Rz. 955), um daraus einen finanziellen Nutzen zu ziehen (*Weingartner*, in: Fuhrmann/Kraeusel/Schiffers, eKomm, VZ 2015, § 49 EStG, Rz. 107; wohl auch *Ackermann*, ISR 2016, 258). Da die Vertriebs GmbH gem. Art. 1 der »Lizenzvereinbarung« berechtigt ist, das Pharmapräparat in Deutschland weiterzuentwickeln, zu nutzen und zu vertreiben, kann im vorliegenden Sachverhalt von einer Verwertung in einer inländischen Betriebsstätte (der Vertriebs GmbH) ausgegangen werden.

Darüber hinaus ist für die Annahme gewerblicher Einkünfte i. S. d. beschränkten Steuerpflicht die Erzielung **originär** gewerblicher Einkünfte nicht notwendig, soweit es sich bei dem Empfänger der Einkünfte um eine ausländische Körperschaft i. S. d. § 2 Nr. 1 KStG handelt, die mit einer inländischen Kapitalgesellschaft oder sonstigen juristischen Person i. S. d. § 1 Abs. 1 Nr. 1 bis 3 KStG vergleichbar ist: nach § 49 Abs. 1 Nr. 2 Buchst. f Satz 3 EStG gelten die Einkünfte aus der Veräußerung bzw. Vermietung und Verpachtung i. S. d. Satzes 1 der Vorschrift, die von einer ausländischen Körperschaft erzielt werden, stets als gewerblich.

Ausgehend davon, dass die Lizenz Inc. nach dem sog. Rechtstypenvergleich einer inländischen Kapitalgesellschaft i. S. d. § 1 Abs. 1 Nr. 1 KStG entspricht (BMF vom 19.03.2004, BStBl I 2004, 411), kann vorliegend auf eine Prüfung der subsidiären Tatbestandsmerkmale (d. h. Erzielung inländischer Einkünfte i. S. d. § 49 Abs. 1 Nr. 3, 6 und 9 EStG) der beschränkten Steuerpflicht verzichtet werden.

3.2.4 Steuerabzugsverpflichtung auf Ebene der Vertriebs-GmbH

3.2.4.1 Abgrenzung zwischen zeitlich befristeter Überlassung und endgültiger Übertragung von Rechten

3.2.4.1.1 Ausgangspunkt

Ein Steuerabzug ist nach § 50a Abs. 1 Nr. 3 EStG nur bei Einkünften vorzunehmen, die aus Vergütungen für die »*Überlassung der Nutzung oder des Rechts auf Nutzung von Rechten*« herrühren. Ein Nutzungsrecht in diesem Sinne wird nicht überlassen, wenn es veräußert wird.

Für die Vornahme eines Steuerabzugs ist somit zwischen der **zeitlich befristeten** Überlassung eines Rechts zur Nutzung (z. B. als Verwertungsrecht oder als Lizenz) und der endgültigen Überlassung (**Rechtekauf**) zu unterscheiden (BMF vom 25.11.2010, BStBl I 2010, 1350, Rz. 23).

Ausgangspunkt für die Abgrenzung einer zeitlich befristeten Nutzungsüberlassung von der endgültigen Rechteübertragung ist zunächst der im Einzelfall zwischen den Parteien getroffene Vertrag, denn dieser Vertrag ist die Rechtsgrundlage für die Überlassung der Rechte und damit auch maßgeblich für die Rechtsnatur der Überlassung (FG Münster vom 15.12.2010, 8 K 1543/07 E). Unter einem **Lizenzvertrag** (im engeren Sinne) versteht man einen Vertrag, in dem der Inhaber z. B. eines gewerblichen Schutzrechtes als Lizenzgeber gegenüber einem Dritten (Lizenznehmer) die Benutzung eines geschützten Rechts (z. B. Patent, Markenzeichen etc.) auf Zeit gegen Entgelt gewährt (FG München vom 02.04.2014, 1 K 1807/10). Zu beachten ist in diesem Zusammenhang, dass der »Lizenzvertrag« bürgerlich-rechtlich nicht geregelt ist, sondern einen Vertrag eigener Art bildet, der Elemente des Kauf-, Miet- und/oder Pachtvertrages enthalten kann. Ob ein Kauf- oder Lizenzvertrag vorliegt, richtet sich somit nicht nach den von den Vertragspartnern verwendeten Ausdrücken. Vielmehr sind der Gesamtinhalt der Vereinbarung sowie das wirtschaftliche Ziel des Vertrags entscheidend (FG München vom 02.04.2014, 1 K 1807/10, FG Münster vom 15.12.2010, 8 K 1543/07 E).

Die für den Steuerabzug entscheidende Abgrenzung zwischen Übertragung und Überlassung ist in der Praxis mangels gesetzlicher Definition häufig mit Schwierigkeiten verbunden. Die folgenden in der Rechtsprechung entwickelten Kriterien bzw. Anhaltspunkte sollten bei der Prüfung von Verträgen für diesen Zweck herangezogen werden:
- Dauer und Ende der Nutzungsüberlassung (insbes. auch mit Blick auf die tatsächliche absolute Lebensdauer des Rechts);
- Exklusivität der »Rechteüberlassung«;
- Kündigungsmöglichkeiten;
- Ausgestaltung des Verfügungsrechts;
- Rückgabeverpflichtung.

Weitere geeignete Kriterien zur Abgrenzung können auch die Vertragsverlängerungsmöglichkeit und die Weiterveräußerbarkeit eines Rechts sein. Die Vergütungsklausel bzw. der Zahlungsmodus sind hingegen keine geeigneten Indizien, da ein Kauf auch dann vorliegen kann, wenn ein Teil des Kaufpreises als fester Betrag und der andere Teil als jährliche (umsatzabhängige) Lizenz zu zahlen ist (FG Münster vom 15.12.2010, 8 K 1543/07 E).

3.2.4.1.2 Zeitlich befristete Überlassung

Eine zeitlich befristete Überlassung von Rechten wird angenommen, wenn bei Vertragsabschluss ungewiss ist, ob und wann die (Nutzungs-) Überlassung endet. Dies ist insbes. der Fall, wenn die Überlassung durch Rückrufsrecht (z. B. § 34 Abs. 3 UrhG) oder durch Kündigung aus wichtigem Grund (§ 314 BGB) beendet werden kann oder die Rechte unter gewissen Bedingungen an das überlassende Unternehmen zurückfallen.

Weiterhin ist von einer zeitlich befristeten Überlassung auszugehen, wenn sich bei wirtschaftlicher Betrachtungsweise das Recht während der Dauer der Überlassung **nicht** verbraucht. Dies ist etwa der Fall, wenn die Nutzungsüberlassung nicht die gesamte Schutzfrist des Rechts umfasst (FG München vom 02.04.2014, 1 K 1807/10). Darüber hinaus ist bei vertraglichen Auskunfts- bzw. Geheimhaltungspflichten von einer zeitlich befristeten Überlassung auszugehen, da insoweit ein Dauerschuldverhältnis unterstellt werden kann (FG Berlin-Brandenburg vom 14.06.2012, 9 K 156/05).

Zusammenfassend kann festgehalten werden, dass eine zeitlich befristete Überlassung von Rechten – und damit eine Steuerabzugsverpflichtung auf Ebene des im Inland ansässigen Vergütungsschuldners – vorliegt, wenn:
- das Nutzungsrecht dem durch Vertrag Berechtigten **nicht** endgültig verbleibt;
- sein Rückfall kraft Gesetzes oder Vertrages **nicht** ausgeschlossen ist oder
- eine vollständige Übertragung, wie bei urheberrechtlich geschützten Rechten, **nicht** zulässig ist (§ 29 Abs. 1 UrhG) (BMF vom 25.11.2010, BStBl I 2010, 1350, Rz. 23; FG Köln

vom 28.09.2016, 3 K 2206/13, EFG 2017, 298 sowie FG Köln vom 25.08.2016, 13 K 2205/13, EFG 2017, 311).

3.2.4.1.3 Endgültige Übertragung

In Abgrenzung zu einer zeitlich befristeten Überlassung wird bei der Veräußerung von Rechten (Rechtekauf) von einer (aus zivilrechtlicher Sicht) endgültigen Übertragung ausgegangen. Von einer nicht dem Steuerabzug nach § 50a Abs. 1 EStG unterliegenden Rechteveräußerung ist entsprechend auszugehen, wenn:
- das Recht beim Berechtigten durch Vertrag **endgültig** verbleibt oder
- ein Rückfall kraft Gesetzes oder Vertrags ausgeschlossen ist.

Von einem Rechtekauf ist ferner auszugehen, wenn das Recht zwar zeitlich befristet überlassen wird, sich allerdings während der Nutzungsüberlassung vollständig verbraucht (sog. verbrauchende Rechteüberlassung) (BMF vom 25.11.2010, BStBl I 2010, 1350, Rz. 24; FG Köln vom 28.09.2016, 3 K 2206/13, EFG 2017, 298; Köln vom 25.08.2016, 13 K 2205/13, EFG 2017, 311). Das heißt, dass selbst bei einem zivilrechtlichen Rückfall des Rechts nach Ende der vertraglich vereinbarten Nutzungsdauer jenes über keinen erheblichen wirtschaftlichen Wert mehr verfügt, weil etwa die Verwertung des Rechts auf einen Zeitpunkt oder Zeitraum beschränkt gewesen ist, der im Zeitpunkt des Rückfalls zum zivilrechtlichen Rechteinhaber in der Vergangenheit liegt, oder die Nutzungsüberlassung die gesamte Schutzfrist des Rechts umfasst (siehe zuletzt FG Köln vom 28.09.2016, 3 K 2206/13, EFG 2017, 298; Köln vom 25.08.2016, 13 K 2205/13, EFG 2017, 311 jeweils m. w. N.).

3.2.5 Zwischenfazit

Gem. Sachverhaltsbeschreibung sieht Art. 13 der Lizenzvereinbarung grundsätzlich eine Laufzeit bis zum Ablauf der Schutzdauer des lizenzierten Patents vor. Es dürfte demnach davon auszugehen sein, dass das wirtschaftliche Eigentum an dem lizenzierten Patent auf die Vertriebs GmbH übergeht. Nach Ablauf der Vertragszeit dürften keine Verwertungsmöglichkeiten von wirtschaftlicher Relevanz verbleiben (vollständiger Rechteverbrauch). Die Zahlungen an die Lizenz Inc. würden demnach **nicht** dem Steuerabzug gem. § 50a Abs. 1 EStG unterliegen.

Zu beachten ist jedoch, dass vorliegend der Vertriebs GmbH ein **uneingeschränktes Kündigungsrecht** zustehen soll.

Mit seinem Urteil vom 23.04.2003 (BFH vom 23.04.2003, IX R 57/99, BFH/NV 2003, 1311) hat der BFH entschieden, dass soweit und solange der Verbleib eines Rechts beim Berechtigten ungewiss ist, etwa weil das Recht an den Übertragenden zurückfallen kann, eine **zeitlich begrenzte Überlassung** vorliegt, unabhängig davon, wer den Rückfall herbeiführen kann. Entsprechend sollte hier Vertragsgegenstand die zeitlich befristete Überlassung von Rechten sein. Zahlungen an die Lizenz Inc. unterliegen damit dem Steuerabzug nach § 50a Abs. 1 Nr. 3 EStG.

3.2.6 Abkommensrechtliche Würdigung

Der **persönliche Anwendungsbereich** gem. Art. 1 Abs. 1 DBA USA sollte eröffnet sein, da es sich sowohl bei der Vertrieb GmbH als auch bei der Lizenz Inc. um in einem der Vertragsstaaten (hier: Deutschland und USA) ansässige Personen i. S. d. Art. 3 Abs. 1 Buchst. d i. V. m. Art. 4 Abs. 1 Satz 1 DBA USA handelt. Weiterhin ist der **sachliche Anwendungsbereich** eröffnet: bei der deutschen Körperschaftsteuer handelt es sich um eine Steuer, für die gem. Art. 2 Abs. 1 Buchst. b DBA USA das Abkommen gilt.

Lizenzgebühren, die eine in einem Vertragsstaat ansässige Person (hier: USA) als Nutzungsberechtigter bezieht, können gem. Art. 12 Abs. 1 DBA USA nur in diesem Staat besteuert werden. Der Ausdruck »Lizenzgebühren« umfasst nach Art. 12 Abs. 2 DBA USA unter anderem Vergütungen für die Benutzung oder für das Recht auf Benutzung von Patenten, Warenzeichen, Mustern oder Modellen, Plänen, geheimen Formeln oder Verfahren oder für andere ähnliche Rechte.

Das nationale Besteuerungsrecht i. S. d. § 49 Abs. 1 Nr. 2 Buchst. f EStG i. V. m. § 2 Nr. 1 KStG läuft vorliegend damit ins Leere. Jedoch ist zu beachten, dass gem. Art. 29 Abs. 1 DBA USA das nationale Recht zur Vornahme des Steuerabzugs (§ 50a EStG) durch das Abkommen nicht berührt wird. Gem. Art. 29 Abs. 2 DBA USA ist die im Abzugsweg erhobene Steuer auf Antrag zu erstatten, soweit ihre Erhebung durch das Abkommen eingeschränkt wird.

> **WICHTIG**
>
> Die abkommensrechtliche Einordnung der Zahlungen als Lizenzgebühren erfolgt nach deutschem Rechtsverständnis. Sollten die USA von einer dauerhaften Überlassung und damit von einer Veräußerung ausgehen, dürfte insoweit Art. 13 DBA USA Anwendung finden.
> Eine unterschiedliche abkommensrechtliche Einordnung wäre jedoch unbeachtlich, da nach Art. 13 Abs. 5 DBA USA ein Gewinn aus der Veräußerung nur in dem Vertragsstaat zu besteuern ist, in dem der Veräußerer ansässig ist (hier: USA).

3.2.7 Verfahrensrechtliche Aspekte

Grundsätzlich hat der Steuerabzug i. S. d. § 50a EStG ungeachtet eventueller Begünstigungen auf Basis eines DBA in voller Höhe zu erfolgen (§ 50d Abs. 1 Satz 1 EStG). Nach § 50d Abs. 2 EStG kann der Schuldner der Vergütungen den Steuerabzug i. S. d. § 50a EStG nach Maßgabe der Bestimmungen eines DBA unterlassen, wenn das Bundeszentralamt für Steuern (**BZSt**) dem Vergütungsgläubiger bescheinigt, dass die Voraussetzungen für die Unterlassung eines Steuerabzugs vorliegen (sog. **Freistellung im Steuerabzugsverfahren**). Sofern die Voraussetzungen für die Freistellung erfüllt sind, wird die Bescheinigung grundsätzlich für einen Zeitraum von drei Zeitjahren sowie frühestens ab Antragseingang gewährt.

Liegt im Zeitpunkt der Zahlung der Vergütung keine Freistellungsbescheinigung vor, ist die Abzugsteuer nach § 50a EStG ungeachtet einer möglichen Entlastungsberechtigung des Vergütungsgläubigers in voller Höhe einzubehalten und an das BZSt abzuführen. Die einbehaltene und abgeführte Steuer kann sodann in einem zweiten Schritt auf der Grundlage eines entsprechenden **Erstattungsantrags** des Vergütungsgläubigers nach § 50d Abs. 1 Satz 2 ff. EStG erstattet werden. Der Antrag ist nach amtlich vorgeschriebenem Vordruck beim BZSt zu stellen. Die Frist zur Antragstellung beträgt gem. § 50d Abs. 1 Satz 9 EStG grundsätzlich vier Jahre nach Ablauf des Kalenderjahres des Bezugs der Vergütung. Die Frist endet jedoch nicht vor Ablauf von sechs Monaten nach dem Zeitpunkt der Entrichtung der Steuer (§ 50d Abs. 1 Satz 10 EStG). Der Erstattungsantrag kann mit einem Freistellungsantrag verbunden werden.

> **WICHTIG**
>
> Kann von abkommensrechtlichen Begünstigungen Gebrauch gemacht werden, sollte zur Vermeidung eines unnötigen Steuerabzugs ein entsprechender Antrag auf Erlass einer Freistellungsbescheinigung beim BZSt eingereicht werden.

Im Rahmen des Freistellungs- bzw. Erstattungsantrags werden vorliegend die abkommensrechtlichen Missbrauchsvorschriften gem. Art. 28 DBA USA durch das BZSt geprüft. Die deutschen Missbrauchsvorschriften (§ 50d Abs. 3 EStG) finden im Verhältnis zu den USA keine Anwendung.

> **WICHTIG**
>
> Die Anmeldeverpflichtung bleibt im Freistellungsverfahren unberührt, so dass eine Steueranmeldung auch dann einzureichen ist, wenn ein Steuerabzug nicht (d. h. Nullmeldung) vorzunehmen ist (§ 50d Abs. 2 und 5 EStG sowie § 73e Satz 3 EStDV).

3.3 Fall 2: Abwandlung: Exklusives Alleinvertriebsrecht

Stichworte: Pharmapräparate, Vertriebsvereinbarungen, zeitlich befristete Rechteüberlassung, Rechteverbrauch, Steuerabzug nach § 50a Abs. 1 Nr. 3 EStG; Alleinvertriebsrecht, Anordnung des Steuerabzugs, Haftungsrisiko, Freistellungsbescheid

3.3.1 Sachverhalt (Vertragsausschnitte)

Die in den USA ansässige Lizenz Inc. hat ein Pharmapräparat selbst entwickelt und hält für dieses in verschiedenen Ländern (u. a. in Deutschland) ein Patent. Gem. Art. 1 der als »Lizenzvertrag« bezeichneten Vereinbarung gewährt die Lizenz Inc. der Vertriebs-GmbH nunmehr ein unbefristetes Alleinvertriebsrecht für Deutschland. Weitere (abgeleitete)

Rechte sind nicht Vertragsgegenstand. Der Vertrag soll keine Kündigungsmöglichkeiten bzw. Rückfallklauseln vorsehen. Auf Basis der Lizenzvereinbarung vertreibt die Vertriebs GmbH das Pharmapräparat in Deutschland.

3.3.2 Fragestellung

In Anlehnung an die bisherigen Ausführungen ist fraglich, ob die in den USA ansässige Lizenz Inc. mit ihren Einkünften aus der Gewährung des unbefristeten Alleinvertriebsrechts der beschränkten Steuerpflicht in Deutschland unterliegt (insbes. § 49 Abs. 1 Nr. 2 Buchst. f EStG i. V. m. § 8 Abs. 1 KStG).

Darüber hinaus stellt sich auch hier die Frage, ob sich bei einer angenommenen beschränkten Steuerpflicht der Lizenz Inc. eine Steuerabzugsverpflichtung i. S. d. § 50a Abs. 1 EStG auf Ebene der Vertriebs-GmbH ergibt.

3.3.3 Beschränkte Steuerpflicht der Lizenz Inc.

Entsprechend der obigen Ausführungen sollte die Lizenz Inc. in Deutschland beschränkt steuerpflichtig sein (§ 2 Nr. 1 KStG), da es sich bei den für das Alleinvertriebsrecht geleisteten Vergütungen um inländische Einkünfte aus Gewerbebetrieb (§§ 15 bis 17 EStG) handelt, die durch die Vermietung und Verpachtung oder Veräußerung von Rechten, erzielt werden (§ 49 Abs. 1 Nr. 2 Buchst. f EStG): die Ausübung des Alleinvertriebsrechts dürfte eine Verwertung in einer (fremden) inländischen Betriebsstätte (der Vertriebs GmbH) darstellen.

3.3.4 Steuerabzugsverpflichtung auf Ebene der Vertriebs-GmbH

3.3.4.1 Abgrenzung zwischen zeitlich befristeter Überlassung und endgültiger Übertragung von Rechten

3.3.4.1.1 Ausgangspunkt

Ein Steuerabzug ist nach § 50a Abs. 1 Nr. 3 EStG nur bei Einkünften vorzunehmen, die aus Vergütungen für die »*Überlassung der Nutzung oder des Rechts auf Nutzung von Rechten*« herrühren. Ein Nutzungsrecht in diesem Sinne wird nicht überlassen, wenn es veräußert wird.

Für die Vornahme eines Steuerabzugs ist somit zwischen der **zeitlich befristeten** Überlassung eines Rechts zur Nutzung (z. B. als Verwertungsrecht oder als Lizenz) und der endgültigen Überlassung (**Rechtekauf**) zu unterscheiden (BMF vom 25.11.2010, BStBl I 2010, 1350, Rz. 23).

Wie bereits dargestellt, ist Ausgangspunkt für die Abgrenzung einer zeitlich befristeten Nutzungsüberlassung von der endgültigen Rechteübertragung zunächst der im Einzelfall zwischen den Parteien getroffene Vertrag, denn dieser Vertrag ist die Rechtsgrundlage für die Überlassung der Rechte und damit auch maßgeblich für die Rechtsnatur der Überlassung (FG Münster vom 15.12.2010, 8 K 1543/07 E).

Auch im vorliegend angepassten Sachverhalt werden grundsätzlich die folgenden in der Rechtsprechung entwickelten Kriterien / Anhaltspunkte bei der Prüfung von Verträgen herangezogen:
- Dauer und Ende der Nutzungsüberlassung (insbesondere auch mit Blick auf die tatsächliche absolute Lebensdauer des Rechts);
- Exklusivität der »Rechteüberlassung«;
- Kündigungsmöglichkeiten;
- Ausgestaltung des Verfügungsrechts;
- Rückgabeverpflichtung.

3.3.4.1.2 Alleinvertriebsrecht als Rechteverkauf

Losgelöst von den dargestellten Abgrenzungskriterien hat der BFH mit Urteilen vom 27.07.1988 (BFH vom 27.07.1988, I R 87/85, BFH/NV 1989, 393 und I R 130/84, BStBl II 1989, 101) entschieden, dass ein exklusives Alleinvertriebsrecht ein **immaterielles Wirtschaftsgut** ist, das derjenige, der zum Alleinvertrieb berechtigt wird, als einen Vermögensgegenstand erwirbt.

Gegenstand der Aktivierung ist in diesen Fällen jedoch nicht das Recht, sondern der hieraus resultierende wirtschaftliche Vorteil (*Schubert/F. Huber* in Beck'scher Bilanzkommentar, 10. Aufl. 2016, § 247, Rz. 390). Ein Alleinvertriebsrecht kann folglich nur im Rahmen einer Veräußerung und nicht im Rahmen einer Nutzungsüberlassung erworben werden (hiervon abweichende frühere Auffassung des BFH vom 23.05.1973, I R 163/71, BStBl II 1974, 287). Der Erwerber nutzt das Alleinvertriebsrecht als eigenes und nicht als fremdes Recht. Voraussetzung neben der Zahlung eines Entgelts ist jedoch, dass alleiniges Ziel des abgeschlossenen Vertrages die Einräumung des Alleinvertriebsrechts ist und nicht auch die umfassende Einräumung abgeleiteter Rechte, so dass nicht von einer einheitlichen Gesamtleistung auszugehen ist (BFH vom 27.02.2002, I R 62/01, BFH/NV 2002, 1142). Eine Anschaffung eines Alleinvertriebsrechts scheidet auch aus, wenn alleiniges Vertragsziel die Abspaltung eines vereinbarten Kaufpreises für die lizenzierten Waren ist. In diesem Fall liegen Warenanschaffungskosten vor (BFH vom 27.07.1988, I R 130/84, BStBl II 1989, 101).

Das FG München (FG München vom 23.05.2001, 1 K 3026/97, EFG 2001, 1374) führt in diesem Zusammenhang aus, dass sich die Rechtsprechung des BFH auf vertragliche Gestaltungen beschränkt, deren alleiniges Ziel die Einräumung eines Alleinvertriebsrechts beinhaltet. Sie kann jedoch dann keine Anwendung finden, wenn einem Dritten das Recht zur gewerblichen Weiterentwicklung und Verwertung des Vertragsgegenstandes eingeräumt wird.

3.3.4.2 Zwischenfazit

Vorliegend liegt eine Vereinbarung über ein exklusives Alleinvertriebsrecht vor, bei der weitere (abgeleitete) Rechte nicht Vertragsgegenstand sind. Unter Berücksichtigung der Rechtsprechung des BFH dürfte es sich demnach – und unabhängig von einer weitergehenden Abgrenzung – um einen Rechtekauf und damit endgültige Übertragung handeln. Die Zahlungen an die Lizenz Inc. unterliegen damit nicht dem Steuerabzug nach § 50a Abs. 1 Nr. 3 EStG.

3.3.5 Exkurs: Anordnung des Steuerabzugs

Auch wenn vorliegend kein Steuerabzug nach § 50a Abs. 1 Nr. 3 EStG vorzunehmen ist, bleibt es dabei, dass die Lizenz Inc. mit den Einkünften aus der Veräußerung des Alleinvertriebsrechts im Inland beschränkt steuerpflichtige Einkünfte i. S. d. § 49 Abs. 1 Nr. 2 Buchst. f EStG i. V. m. § 8 Abs. 1 KStG erzielt.

Da kein Steuerabzug vorzunehmen ist, müsste die Besteuerung der Lizenz Inc. grundsätzlich im Wege des **Veranlagungsverfahrens** durchgeführt werden. In Ausnahmefällen kann nach § 50a Abs. 7 EStG seitens der Finanzverwaltung auch ein **Steuerabzug angeordnet** werden, wenn dies zur Sicherstellung des inländischen Steueranspruchs zweckmäßig erscheint.

Auch wenn der Steuerabzug bei Körperschaften grundsätzlich 15 % (zzgl. 5,5 % SolZ) der gesamten Einnahmen beträgt, kann die Höhe des Steuerabzugs seitens der Finanzverwaltung hiervon abweichend an die voraussichtlich geschuldete Steuer angepasst werden.

3.3.6 Steuerabzug zur Vermeidung eines Haftungsrisikos

Die Finanzverwaltung führt in ihrem Schreiben vom 25.11.2010 (BMF vom 25.11.2010, BStBl I 2010, 1350, Rz. 10.) aus, dass der Vergütungsschuldner (hier: Vertrieb GmbH) den Steuerabzug i. S. d. § 50a Abs. 1 EStG zur Vermeidung eines eigenen Haftungsrisikos in voller Höhe vorzunehmen hat, wenn der Status des Vergütungsgläubigers als beschränkt Steuerpflichtiger zweifelhaft ist.

> **WICHTIG**
>
> Die Klassifikation einer Vereinbarung über ein exklusives Alleinvertriebsrecht als Rechtekauf ist grundsätzlich eine Einzelfallentscheidung, die ein gewisses Restrisiko beinhalten kann. Bestehen Zweifel hinsichtlich der beschränkten Steuerpflicht des Vergütungsgläubigers, sollte der Vergütungsschuldner zur Vermeidung eines Haftungsrisikos den Steuerabzug vorsorglich in voller Höhe vornehmen. Entsprechende Regelungen sollten in der vertraglichen Steuerklausel enthalten sein.
>
> Wurde zur Vermeidung eines Haftungsrisikos ein Steuerabzug vorgenommen, kann der Vergütungsschuldner bestehende Zweifelsfragen hinsichtlich der beschränkten Steuerpflicht des Vergütungsgläubigers im Rahmen eines **Einspruchs** (§ 347 ff. AO) gegen die von ihm eingereichte Steueranmeldung überprüfen lassen. Die Steueranmeldung enthält gegenüber dem Vergütungsschuldner eine Festsetzung dessen eigener Entrichtungsschuld unter Vorbehalt der Nachprüfung (§ 168 Satz 1 AO), die die beschränkte Steuerpflicht des Vergütungsgläubigers voraussetzt. Im Rahmen des vom Vergütungsschuldner erhobenen Rechtsbehelfs kann dieser daher eine Entscheidung über das Bestehen seiner eigenen Entrichtungssteuerschuld und als deren notwendige Vorfrage das Bestehen der beschränkten Steuerplicht herbeiführen.

3.3.7 Abkommensrechtliche Würdigung

Der **persönliche Anwendungsbereich** gem. Art. 1 Abs. 1 DBA USA sollte eröffnet sein, da es sich sowohl bei der Vertrieb GmbH als auch bei der Lizenz Inc. um in einem der Vertragsstaaten (hier: Deutschland und USA) ansässige Personen i. S. d. Art. 3 Abs. 1 Buchst. d i. V. m. Art. 4 Abs. 1 Satz 1 DBA USA handelt. Weiterhin ist der **sachliche Anwendungsbereich** eröffnet: bei der deutschen Körperschaftsteuer handelt es sich um eine Steuer, für die gem. Art. 2 Abs. 2 Buchst. b DBA USA das Abkommen gilt.

Bei einem angenommenen Rechtekauf wäre gem. Art. 13 Abs. 5 DBA USA ein Gewinn aus der Veräußerung nur in dem Vertragsstaat zu besteuern, in dem der Veräußerer ansässig ist (hier: USA). Das nationale Besteuerungsrecht i. S. d. § 49 Abs. 1 Nr. 2 Buchst. f EStG i. V. m. § 2 Nr. 1 KStG läuft vorliegend damit ins Leere.

> **WICHTIG**
> Die abkommensrechtliche Einordnung der Einkünfte als Veräußerungsgewinn erfolgt nach deutschem Rechtsverständnis. Sollten die USA von Lizenzzahlungen ausgehen, dürfte insoweit Art. 12 DBA USA Anwendung finden.
> Eine unterschiedliche abkommensrechtliche Einordnung wäre jedoch unbeachtlich, da nach Art. 12 Abs. 1 DBA USA Lizenzgebühren nur in dem Vertragsstaat zu besteuern sind, in dem der Nutzungsberechtigte ansässig ist (hier: USA).

3.3.8 Verfahrensrechtliche Aspekte

In Fällen, in denen der Vergütungsschuldner (hier: Vertriebs GmbH) zur Vermeidung eines Haftungsrisikos bei Zweifeln an der steuerrechtlichen Beurteilung des Sachverhalts den Steuerabzug vornimmt, kann der Vergütungsgläubiger (hier: Lizenz Inc.) die Zweifelsfrage vielmehr nur in einem Besteuerungsverfahren, dass die Festsetzung einer Steuerschuld ihm gegenüber zum Gegenstand hat, klären lassen (BMF vom 25.11.2010, BStBl I 2010, 1350, Rz. 11).

Geht der Vergütungsschuldner von Zahlungen im Zusammenhang mit der zeitlich befristeten Überlassung von Rechten aus (d. h. Steuerabzug nach § 50a Abs. 1 Nr. 3 EStG), sollte gem. § 50 Abs. 2 Satz 2 Nr. 5 EStG eine Veranlagung nicht möglich sein.

Entsprechend ist über die steuerrechtliche Beurteilung des vorliegenden Sachverhalts (d. h. Erzielung inländischer Einkünfte i. S. d. § 49 EStG) im Rahmen des Erlasses eines **Freistellungsbescheids** i. S. d. § 155 Abs. 1 Satz 3 AO zu entscheiden.

VII. Steuerabzug vom Kapitalertrag bei grenzüberschreitenden Gewinnausschüttungen

1 Überblick

---

§ 43 EStG Kapitalerträge mit Steuerabzug
(1) Bei den folgenden inländischen und in den Fällen der Nummern 5 bis 7 Buchstabe a und Nummern 8 bis 12 sowie Satz 2 auch ausländischen Kapitalerträgen wird die Einkommensteuer durch Abzug vom Kapitalertrag (Kapitalertragsteuer) erhoben:
1. Kapitalerträgen im Sinne des **§ 20 Absatz 1 Nummer 1**, soweit diese nicht nachfolgend in Nummer 1a gesondert genannt sind, und Kapitalerträgen im Sinne des § 20 Absatz 1 Nummer 2. Entsprechendes gilt für Kapitalerträge im Sinne des § 20 Absatz 2 Satz 1 Nummer 2 Buchstabe a und Nummer 2 Satz 2.
(…)

---

§ 43a EStG Bemessung der Kapitalertragsteuer
(1) Die Kapitalertragsteuer beträgt in
1. den Fällen des § 43 Absatz 1 Satz 1 Nummer 1 bis 7a und 8 bis 12 sowie Satz 2:
   25 Prozent des Kapitalertrags;
(…)

Die Einkommen- bzw. Körperschaftsteuer wird u. a. bei inländischen Kapitalerträgen i. S. d. § 20 Abs. 1 Nr. 1 EStG (insbes. **Dividenden**) durch einen Steuerabzug vom Kapitalertrag erhoben (»**Kapitalertragsteuer**«) (§ 43 Abs. 1 Satz 1 Nr. 1 EStG). Kapitalerträge i. S. d. § 43 Abs. 1 Satz 1 Nr. 1 EStG sind inländische, wenn der Schuldner der Vergütung Geschäftsleitung oder Sitz im Inland hat (§ 43 Abs. 3 Satz 1 EStG). Aufgrund identischer Anknüpfungsmerkmale ist Voraussetzung für den Steuerabzug im Fall der in diesem Kapitel dargestellten grenzüberschreitenden Gewinnausschüttungen (**Inbound-Konstellationen**) die beschränkte Steuerpflicht des im Ausland ansässigen Vergütungsgläubigers/Anteilseigners.

Natürliche Personen, die im Inland weder einen Wohnsitz (§ 8 AO) noch ihren gewöhnlichen Aufenthalt (§ 9 AO) haben, unterliegen mit ihren **inländischen Einkünften** i. S. d. § 49 EStG der beschränkten Steuerpflicht (§ 1 Abs. 4 EStG).

Gleiches gilt für Körperschaften, Personenvereinigungen und Vermögensmassen, die weder ihre Geschäftsleitung (§ 10 AO) noch ihren Sitz (§ 11 AO) im Inland haben; auch sie unterliegen mit ihren inländischen Einkünften i. S. d. § 49 EStG (i. V. m. § 8 Abs. 1 KStG) der beschränkten Steuerpflicht (§ 2 Nr. 1 KStG).

Im Zusammenhang mit Gewinnausschüttungen an nicht in Deutschland ansässige natürliche oder juristische Personen liegen inländische Einkünfte vor, wenn der Schuldner der Vergütung Geschäftsleitung oder Sitz im Inland hat (§ 49 Abs. 1 Nr. 5 Buchst. a EStG).

2 Beschränkte Steuerpflicht des Vergütungsgläubigers

2.1 Ansässigkeit des Vergütungsgläubigers (persönlicher Anwendungsbereich)

Die Einkommen- bzw. Körperschaftsteuer wird u. a. bei inländischen Kapitalerträgen i. S. d. § 20 Abs. 1 Nr. 1 EStG (insbes. **Dividenden**) durch einen Steuerabzug vom Kapitalertrag erhoben (§ 43 Abs. 1 Satz 1 Nr. 1 EStG). Voraussetzung für den Steuerabzug im Fall der in diesem Kapitel dargestellten grenzüberschreitenden Gewinnausschüttungen (**Inbound-Konstellationen**) ist die beschränkte Steuerpflicht des im Ausland ansässigen Vergütungsgläubigers/Anteilseigners. Natürliche Personen, die im Inland
- weder einen Wohnsitz (§ 8 AO) noch
- ihren gewöhnlichen Aufenthalt (§ 9 AO) haben,

sind mit ihren inländischen Einkünften i. S. d. § 49 EStG beschränkt steuerpflichtig (§ 1 Abs. 4 EStG), sofern sie nicht nach § 1 Abs. 2 EStG unbeschränkt einkommensteuerpflichtig sind.

Wohnsitz im Sinne des § 8 AO
Einen Wohnsitz hat jemand dort, wo er eine Wohnung unter Umständen innehat, die darauf schließen lassen, dass er die Wohnung behalten und benutzen wird.

Gewöhnlicher Aufenthalt im Sinne des § 9 AO
[1]Den gewöhnlichen Aufenthalt hat jemand dort, wo er sich unter Umständen aufhält, die erkennen lassen, dass er an diesem Ort oder in diesem Gebiet nicht nur vorübergehend verweilt. [2]Als gewöhnlicher Aufenthalt im Geltungsbereich dieses Gesetzes ist stets und von Beginn an ein zeitlich zusammenhängender Aufenthalt **von mehr als sechs Monaten Dauer** anzusehen; kurzfristige Unterbrechungen bleiben unberücksichtigt. [3]Satz 2

gilt nicht, wenn der Aufenthalt ausschließlich zu Besuchs-, Erholungs-, Kur- oder ähnlichen privaten Zwecken genommen wird und nicht länger als ein Jahr dauert.

Darüber hinaus sind auch Körperschaften, Personenvereinigungen und Vermögensmassen, die
- weder ihre Geschäftsleitung (§ 10 AO) noch
- ihren Sitz (§ 11 AO) im Inland haben,

mit ihren inländischen Einkünften i. S. d. § 49 EStG (i. V. m. § 8 Abs. 1 KStG) beschränkt steuerpflichtig (§ 2 Nr. 1 KStG).

Geschäftsleitung im Sinne des § 10 AO
Geschäftsleitung ist der Mittelpunkt der geschäftlichen Oberleitung.

Sitz im Sinne des § 11 AO
Den Sitz hat eine Körperschaft, Personenvereinigung oder Vermögensmasse an dem Ort, der durch Gesetz, Gesellschaftsvertrag, Satzung, Stiftungsgeschäft oder dergleichen bestimmt ist.

Ob eine ausländische Gesellschaft als Körperschaft qualifiziert, bestimmt sich danach, ob das nach ausländischem Recht errichtete Rechtsgebilde nach seiner Struktur und seiner wirtschaftlichen Stellung mit einer deutschen Körperschaft vergleichbar ist (sog. **Typenvergleich**).[9] Eine Übersicht über die mit deutschen Körperschaften vergleichbaren Rechtsgebilde findet sich in der Tabelle 1 und 2 des BMF-Schreibens vom 24.12.1999 (BMF vom 24.12.1999, BStBl I 1999, 1075). Die Einstufung des im Ausland ansässigen Zahlungsempfängers als steuerlich transparente Personengesellschaft oder als steuerlich intransparente Kapitalgesellschaft ist insbes. zur Beantwortung der Frage, wem die Einkünfte für abkommensrechtliche Zwecke zuzurechnen sind, von Bedeutung.

---

9   Zu wesentlichen Strukturmerkmalen des Typenvergleichs siehe auch den sog. LLC Erlass (BMF vom 19.03.2004, BStBl I 2004, 411) sowie OFD Frankfurt vom 15.06.2016, IStR 2016, 860.

2.2 Erzielung inländische Einkünfte aus Kapitalvermögen (sachlicher Anwendungsbereich)

Die Vorschrift des § 43 Abs. 1 EStG definiert keine eigene Einkunftsart und begründet demnach auch keine Steuerpflicht. Voraussetzung für eine Anwendung des Steuerabzugs vom Kapitalertrag bei grenzüberschreitenden Gewinnausschüttungen ist vielmehr, dass der im Ausland ansässige Anteilseigner **inländische Einkünfte aus Kapitalvermögen** erzielt (sachlicher Anwendungsbereich).

---

§ 49 EStG Beschränkt steuerpflichtige Einkünfte
(1) Inländische Einkünfte im Sinne der beschränkten Einkommensteuerpflicht (§ 1 Absatz 4) sind
(…)
    5. Einkünfte aus Kapitalvermögen im Sinne des
        a) § 20 Absatz 1 Nummer 1 (…), **wenn der Schuldner Wohnsitz, Geschäftsleitung oder Sitz im Inland hat** …
(…)

---

§ 20 EStG Kapitalvermögen
(1) Zu den Einkünften aus Kapitalvermögen gehören
  1. **Gewinnanteile (Dividenden)**, Ausbeutungen und sonstige Bezüge aus Aktien, Genussrechten, mit denen das Recht am Gewinn und Liquidationserlös einer Kapitalgesellschaft verbunden ist, aus Anteilen an Gesellschaften mit beschränkter Haftung, …
  ²Zu den sonstigen Bezügen gehören auch verdeckte Gewinnausschüttungen.
(…)

Die Erzielung inländischer Einkünfte aus Kapitalvermögen i. S. d. § 49 Abs. 1 Nr. 5 Buchst. a EStG (i. V. m. § 20 Abs. 1 Nr. 1 EStG) setzt voraus, dass der Schuldner der Vergütungen Wohnsitz, Geschäftsleitung oder Sitz im Inland hat (§ 43 Abs. 3 Satz 1 EStG).

3 Der Steuerabzug vom Kapitalertrag (§ 43 Abs. 1 Satz 1 Nr. 1 EStG)

3.1 Verfahren und Beteiligte

Bei Kapitalerträgen i. S. d. § 20 Abs. 1 Nr. 1 EStG (i. V. m. § 49 Abs. 1 Nr. 5 Buchst. a EStG) wird die Einkommen- bzw. Körperschaftsteuer durch Abzug vom Kapitalertrag (**Kapitalertragsteuer**) erhoben (§ 43 Abs. 1 Satz 1 Nr. 1 EStG). Die Pflicht zur Einbehaltung von Kapitalertragsteuer erstreckt sich auch auf **verdeckte Gewinnausschüttungen** (BFH vom 20.08.2008, I R 29/07, BStBl II 2010, 142).

Die Durchführung des Steuerabzugs vom Kapitalertrag teilt sich – analog zum Steuerabzugsverfahren nach § 50a Abs. 1 EStG – in die folgenden drei vom Vergütungsschuldner vorzunehmenden Schritte auf:

- Steuerabzug bzw. Steuereinbehaltung;
- Steueranmeldung sowie
- Steuerabführung.

In einem ersten Schritt erfolgt zunächst der eigentliche Steuerabzug, d. h. die Einbehaltung der Kapitalertragsteuer bei Zahlung der Gewinnanteile (Dividende) an den ausländischen Anteilseigner (§ 43 Abs. 1 Satz 1 Nr. 1 EStG). In einem zweiten Schritt ist die zunächst einbehaltene Kapitalertragsteuer dem Finanzamt, welches für die Besteuerung des Schuldners der Kapitalerträge nach dem Einkommen zuständig ist, anzumelden (§ 44 Abs. 1 Satz 5 EStG; § 45a Abs. 1 Satz 1 EStG). In einem letzten Schritt ist die einbehaltene und angemeldete Kapitalertragsteuer an das zuständige Finanzamt zu überweisen.

Die Vorschriften über den Steuerabzug bzw. die Steuereinbehaltung sowie die Anmeldung und Abführung der Kapitalertragsteuer sind bei grenzüberschreitenden Gewinnausschüttungen grundsätzlich auch dann anzuwenden, wenn ein Doppelbesteuerungsabkommen die Vergütung im Inland steuerfrei stellt oder die Anwendung eines niedrigeren Steuersatzes vorsieht (§ 45a Abs. 1 Satz 2 EStG; § 50d Abs. 1 Satz 1 EStG).

Der Vergütungsschuldner kann nur dann von einem Steuerabzug absehen bzw. diesen mit einem niedrigeren Steuersatz vornehmen, wenn das sog. Kontrollmeldeverfahren (§ 50d Abs. 6 EStG i. V. m. § 50d Abs. 5 EStG) Anwendung findet oder im Zeitpunkt des Zuflusses der Gewinnanteile eine dem Vergütungsgläubiger erteilte Freistellungsbescheinigung (§ 50d Abs. 2 EStG) vorliegt.

Der bloße Antrag auf Freistellung von deutscher Kapitalertragsteuer ist für das Unterlassen des Steuerabzugs vom Kapitalertrag bis zur tatsächlichen Erteilung der beantragten Freistellungsbescheinigung nicht ausreichend. Wird dennoch keine Kapitalertragsteuer einbehalten, haftet der Schuldner der Kapitalerträge für die nicht einbehaltene und abgeführte Steuer, es sei denn, der Vergütungsschuldner weist nach, dass er die ihm auferlegten Pflichten weder vorsätzlich noch grob fahrlässig verletzt hat (§ 44 Abs. 5 Satz 1 EStG).

> **WICHTIG**
>
> Der Steuerabzug hat, ungeachtet eventuell anzuwendender abkommensrechtlicher Begünstigungen, in voller Höhe für Rechnung des Vergütungsgläubigers zu erfolgen, sofern im Zeitpunkt der Zahlung keine vom Bundeszentralamt für Steuern (**BZSt**) erteilte und für diesen Zeitpunkt gültige Freistellungsbescheinigung vorliegt bzw. das Kontrollmeldeverfahren keine Anwendung findet.

Gem. § 44 Abs. 5 Satz 2 EStG wird der Gläubiger der Kapitalerträge in Anspruch genommen, wenn
- der Abzugsverpflichtete die Kapitalerträge nicht vorschriftsmäßig gekürzt hat,
- der Gläubiger weiß, dass der Abzugsverpflichtete die einbehaltene Kapitalertragsteuer nicht vorschriftsmäßig abgeführt hat, und dies dem Finanzamt nicht unverzüglich mitteilt oder
- das die Kapitalerträge auszahlende inländische Kreditinstitut oder das inländische Finanzdienstleistungsinstitut die Kapitalerträge zu Unrecht ohne Abzug der Kapitalertragsteuer ausgezahlt hat.

Schuldner der Kapitalertragsteuer ist in den Fällen des § 43 Abs. 1 Satz 1 Nr. 1 EStG der Gläubiger der Kapitalerträge (§ 44 Abs. 1 Satz 1 EStG).

Der Steuerabzug vom Kapitalertrag hat im Fall der beschränkten Steuerpflicht des Anteilseigners grundsätzlich **abgeltende Wirkung** (§ 50 Abs. 2 Satz 1 EStG, § 32 Abs. 1 Nr. 2 KStG). Die abgeltende Wirkung des Steuerabzugs gilt u. a. **nicht**, wenn die Kapitalerträge Einkünfte eines inländischen Betriebs darstellen (§ 50 Abs. 2 Satz 2 EStG). Weiterhin tritt die Abgeltungswirkung des Steuerabzugs vom Kapitalertrag nicht ein, wenn der Gläubiger der Kapitalerträge / Anteilseigner nach § 44 Abs. 5 EStG in Anspruch genommen werden kann (§ 43 Abs. 5 Satz 1 Hs. 2 EStG).

3.2 Zeitpunkt und Höhe des Steuerabzugs

3.2.1 Zeitpunkt des Steuerabzugs

Die Kapitalertragsteuer entsteht gem. § 44 Abs. 1 Satz 2 EStG in dem Zeitpunkt, in dem die Kapitalerträge dem Gläubiger **zufließen**. In diesem Zeitpunkt hat der Schuldner der Kapitalerträge in den Fällen des § 43 Abs. 1 Satz 1 Nr. 1 EStG den Steuerabzug für Rechnung des Gläubigers der Kapitalerträge vorzunehmen.

Nach § 44 Abs. 2 Satz 1 EStG fließen Gewinnanteile (Dividenden) und andere Kapitalerträge i. S. d. § 43 Abs. 1 Satz 1 Nr. 1 EStG, deren Ausschüttung von einer Körperschaft beschlossen wird, dem Gläubiger der Kapitalerträge an dem Tag zu, der im Beschluss als Tag der Auszahlung bestimmt worden ist. Ist die Ausschüttung nur festgesetzt, ohne dass über den Zeitpunkt der Auszahlung ein Beschluss gefasst worden ist, so gilt als Zeitpunkt des Zufließens der Tag nach der Beschlussfassung (§ 44 Abs. 2 Satz 2 EStG).

> **WICHTIG**
>
> Die Kapitalertragsteuer entsteht grundsätzlich in dem Zeitpunkt, in dem die Gewinnanteile (Dividenden) dem Vergütungsgläubiger zufließen. Ist eine Gewinnausschüttung nur festgesetzt, ohne dass über den Zeitpunkt der Auszahlung ein Beschluss gefasst worden ist, so gilt als Zeitpunkt des Zufließens der **Tag nach der Beschlussfassung**.

3.2.2 Höhe des Steuerabzugs

Die Kapitalertragsteuer beträgt gem. § 43a Abs. 1 Satz 1 Nr. 1 EStG **25 % des Kapitalertrags**. Der Abzugsbetrag erhöht sich um den zusätzlich einzubehaltenden und abzuführenden Solidaritätszuschlag zur Kapitalertragsteuer i. H. v. 5,5 % der Kapitalertragsteuer (§ 1 Abs. 2 SolZG, § 4 Satz 1 SolZG, § 43 Abs. 1 Satz 1 Nr. 1 EStG), insgesamt somit 26,375 %. Nach § 44 Abs. 1 Satz 6 EStG ist die abzuführende Kapitalertragsteuer auf den nächsten vollen Eurobetrag abzurunden. Bemessungsgrundlage ist hierbei der volle Nennbetrag der ausgeschütteten Dividende (§ 43a Abs. 2 EStG).

3.3 Anmeldung und Abführung der Kapitalertragsteuer

Der Schuldner der Kapitalerträge hat gem. § 45a Abs. 1 Satz 1 EStG (i. V. m. § 44 Abs. 1 Satz 5 Hs. 2 EStG) die einbehaltene Kapitalertragsteuer bei grenzüberschreitenden Gewinnausschüttungen dem zuständigen Finanzamt an dem Tag anzumelden, an dem die Gewinnanteile (Dividenden) dem Vergütungsgläubiger bzw. Anteilseigner zufließen (d. h. Auszahlungszeitpunkt bzw. Tag nach der Beschlussfassung). Zum gleichen Zeitpunkt ist die

Kapitalertragsteuer an das Finanzamt **abzuführen**, welches für die Besteuerung des Schuldners der Kapitalerträge nach dem Einkommen zuständig ist (§ 44 Abs. 1 Satz 5 EStG).

Die Anmeldung ist nach amtlich vorgeschriebenem Vordruck auf **elektronischem Weg zu übermitteln** (§ 45a Abs. 1 Satz 1 EStG). Hierfür steht das ElsterOnline-Portal (www.elsteronline.de) zur Verfügung. Auf (formlosen) Antrag kann das Finanzamt im Einzelfall zur Vermeidung unbilliger Härten auf eine elektronische Übermittlung verzichten. In diesem Fall ist die Kapitalertragsteuer-Anmeldung vom Vergütungsschuldner zu unterzeichnen.

Bei verspäteter Abgabe der Steueranmeldung kann ein **Verspätungszuschlag** festgesetzt werden (§ 152 AO). Bei Nichtabgabe der Steueranmeldung oder Abgabe einer Steueranmeldung mit unrichtigen oder unvollständigen Angaben kann der Steuerstraftatbestand der Steuerhinterziehung (§ 370 Abs. 1 AO) oder die Steuerordnungswidrigkeit der leichtfertigen Steuerverkürzung (§ 378 Abs. 1 AO) verwirklicht sein.

Wird die angemeldete Kapitalertragsteuer nicht bis zum Ablauf des Fälligkeitstages entrichtet, so ist für jeden angefangenen Monat (nicht Kalendermonat) der Säumnis ein **Säumniszuschlag** von 1 % des abgerundeten rückständigen Steuerbetrages zu zahlen (§ 240 Abs. 1 Satz 1 AO).

Der Schuldner der Vergütung ist nach § 45a Abs. 2 Satz 1 Nr. 1 EStG verpflichtet, dem Gläubiger der Kapitalerträge auf Verlangen eine **Bescheinigung** nach amtlich vorgeschriebenem Muster auszustellen.

4 Entlastung von deutscher Kapitalertragsteuer

4.1 Allgemeines

Bei grenzüberschreitenden Gewinnausschüttungen kann eine Entlastung von deutscher Kapitalertragsteuer auf Basis der folgenden Rechtsquellen erfolgen:
- § 44a Abs. 9 Satz 1 EStG;
- das im konkreten Einzelfall anzuwendende DBA;
- die in nationales Recht umgesetzte Mutter-Tochter-Richtlinie (§ 43b EStG).

Ist der Gläubiger der Kapitalerträge i. S. d. § 43 Abs. 1 (Nr. 1) EStG eine beschränkt steuerpflichtige Körperschaft i. S. d. § 2 Nr. 1 KStG, ergibt sich eine Begrenzung des deutschen Besteuerungsrechts zunächst aus **§ 44a Abs. 9 Satz 1 EStG**: danach werden zwei Fünftel der einbehaltenen und abgeführten Kapitalertragsteuer erstattet. Im Ergebnis wird hierdurch die Kapitalertragsteuer auf 15 % abgesenkt. Der Anspruch auf eine weitergehende Entlastung nach einem Abkommen zur Vermeidung der Doppelbesteuerung oder § 43b EStG bleibt unberührt (§ 44a Abs. 9 Satz 3 EStG).

Zur Aufteilung von Besteuerungsrechten bei grenzüberschreitenden Sachverhalten hat die Bundesrepublik Deutschland bilaterale Abkommen zur Vermeidung der Doppelbesteuerung, sog. Doppelbesteuerungsabkommen (**DBA**), mit ca. 100 Nationen abgeschlossen. Bei grenzüberschreitenden Gewinnausschüttungen ergibt sich eine über § 44a Abs. 9 Satz 1 EStG hinausgehende Begrenzung des deutschen Besteuerungsrechts aus Art. 10 Abs. 1 des OECD-Musterabkommens zur Vermeidung der Doppelbesteuerung auf dem Gebiet der Steuern vom Einkommen und vom Vermögen (**OECD-MA**). Nach Art. 10 Abs. 1 OECD-MA können Dividenden, die eine in einem Vertragsstaat ansässige Gesellschaft an eine im anderen Vertragsstaat ansässige Person zahlt, im anderen Staat (d. h. im Ansässigkeitsstaat des Vergütungsgläubigers / Anteilseigners) besteuert werden. Abweichend hiervon sieht Art. 10 Abs. 2 OECD-MA ein (eingeschränktes) Besteuerungsrecht des Quellenstaates i. H. v. 5 % bzw. 15 % vor, wenn der Nutzungsberechtigte der Dividenden eine in dem anderen Vertragsstaat ansässige Person ist. Die Inanspruchnahme von Abkommensvergünstigungen setzt voraus, dass die in dem jeweiligen DBA definierte persönliche und sachliche Abkommensberechtigung des beschränkt Steuerpflichtigen gegeben ist und nachgewiesen werden kann.

Bei in der Europäischen Union ansässigen Anteilseignern ergibt sich eine vollständige Suspendierung des deutschen Besteuerungsrechts bei Gewinnausschüttungen durch die **Mutter-Tochter-Richtlinie** (Richtlinie 2011/96/EU des Rates vom 30.11.2011, ABl. 2011 Nr. L 345, 8), deren Umsetzung in nationales Recht mit der Ergänzung des heutigen § 43b EStG erfolgte.

4.2 Abkommensrechtliche Beschränkungen des deutschen Besteuerungsrechts

4.2.1 Allgemeines

Art. 10 OECD-MA: Dividenden
(1) Dividenden, die eine in einem Vertragsstaat ansässige Gesellschaft an eine im anderen Vertragsstaat ansässige Person zahlt, können im anderen Staat besteuert werden.
(2) Dividenden, die von einer in einem Vertragsstaat ansässigen Gesellschaft gezahlt werden, können jedoch auch von diesem Vertragsstaat nach dem Recht dieses Staates besteuert werden; die Steuer darf aber, wenn der Nutzungsberechtigte der Dividenden eine in dem anderen Vertragsstaat ansässige Person ist, nicht übersteigen:
    a) 5 v.H. des Bruttobetrages der Dividenden, wenn der Nutzungsberechtigte eine Gesellschaft (jedoch keine Personengesellschaft) ist, die unmittelbar über mindestens 25 v.H. des Kapitals der die Dividenden zahlenden Gesellschaft verfügt;
    b) 15 v.H. des Bruttobetrags der Dividenden in allen anderen Fällen
    (…)
(3) Der in diesem Artikel verwendete Ausdruck »Dividenden« bedeutet Einkünfte aus Aktien, Genussaktien oder Genussscheinen, Kuxen, Gründeranteilen oder anderen Rechten – ausgenommen Forderungen – mit Gewinnbeteiligung sowie aus sonstigen Gesellschaftsanteilen stammende Einkünfte, die nach dem Recht des Staates, in dem die ausschüttende Gesellschaft ansässig ist, den Einkünften aus Aktien steuerlich gleichgestellt sind.
(4) Die Absätze 1 und 2 sind nicht anzuwenden, wenn der in einem Vertragsstaat ansässige Nutzungsberechtigte im anderen Vertragsstaat, in dem die die Dividenden zahlende Gesellschaft ansässig ist, eine Geschäftstätigkeit durch eine dort gelegene Betriebstätte ausübt und die Beteiligung, für die die Dividenden gezahlt werden, tatsächlich zu dieser Betriebstätte gehört. In diesem Fall ist Artikel 7 anzuwenden.
(…)

Nach Art. 10 Abs. 1 OECD-MA **können** Dividenden, die eine in einem Vertragsstaat ansässige Gesellschaft an eine im anderen Vertragsstaat ansässige Person zahlt, im anderen Staat (d.h. im Ansässigkeitsstaat des Vergütungsgläubigers / Anteilseigners) besteuert werden. Abweichend hiervon sieht Art. 10 Abs. 2 OECD-MA ein (eingeschränktes) Besteuerungsrecht des Quellenstaates vor. Dividenden, die von einer in einem Vertragsstaat ansässigen

Gesellschaft gezahlt werden, können nach Art. 10 Abs. 2 OECD-MA jedoch auch von diesem Vertragsstaat nach dem Recht dieses Staates besteuert werden. Die Steuer des Quellenstaats darf aber, wenn der Nutzungsberechtigte der Dividenden eine in dem anderen Vertragsstaat ansässige Person ist, die folgenden Prozentsätze nicht übersteigen:
- 5 % des Bruttobetrags der Dividenden, wenn der Nutzungsberechtigte eine Gesellschaft (jedoch keine Personengesellschaft) ist, die unmittelbar über mindestens 10 Prozent des Kapitals der die Dividenden zahlenden Gesellschaft verfügt;
- 15 % des Bruttobetrags der Dividenden in allen anderen Fällen.

Entsprechen DBA dem OECD-MA wird das Besteuerungsrecht bei Dividenden grundsätzlich dem Ansässigkeitsstaat des Anteilseigners der ausschüttenden Gesellschaft zugewiesen, wobei dem Quellenstaat ein (eingeschränktes) Besteuerungsrecht verbleibt.

Voraussetzung für die abkommensrechtliche Entlastung von deutscher Kapitalertragsteuer i. S. d. § 43 Abs. 1 Satz 1 Nr. 1 EStG ist zunächst, dass es sich bei dem Vergütungsgläubiger um eine Person handelt, die i. S. d. jeweiligen DBA im anderen Vertragsstaat ansässig ist (**persönlicher Anwendungsbereich, Art. 1 OECD-MA**). Der Ausdruck »Person« umfasst insbesondere natürliche Personen sowie Gesellschaften, d. h. juristische Personen oder Rechtsträger, die für die Besteuerung wie juristische Personen behandelt werden (Art. 3 Abs. 1 Buchst. a und b OECD-MA). In einem Vertragsstaat »ansässig« ist eine Person, wenn sie nach dem Recht dieses Staates dort auf Grund ihres Wohnsitzes, ihres ständigen Aufenthalts, des Ortes ihrer Geschäftsleitung oder eines anderen ähnlichen Merkmals steuerpflichtig ist (Art. 4 Abs. 1 OECD-MA).

Weitere Voraussetzung für die Entlastung von deutscher Kapitalertragsteuer auf abkommensrechtlicher Basis ist, dass der sog. **sachliche Anwendungsbereich** des jeweiligen DBA eröffnet ist. Nach Art. 2 Abs. 1 OECD-MA soll das jeweilige DBA – ohne Rücksicht auf die Art der Erhebung – für Steuern vom Einkommen, die für Rechnung eines Vertragsstaats erhoben werden, Anwendung finden. Aus Sicht der Bundesrepublik Deutschland sind dies die Einkommensteuer, die Körperschaftsteuer sowie die Gewerbesteuer. Der sachliche Anwendungsbereich des jeweiligen DBA dürfte demnach regelmäßig eröffnet sein.

Beispiel

Eine steuerlich in den Niederlanden ansässige B.V. (»**Besloten Vennootschap met beperkte aansprakelijkheid**«), eine Kapitalgesellschaft niederländischen Rechts, hält seit mehreren Jahren sämtliche Geschäftsanteile an einer deutschen GmbH. Mit Gewinnverwendungsbeschluss vom 04.02.2018 beschließt die GmbH die Ausschüttung offener Gewinnrücklagen.

Lösung

Ertragsteuerrechtliche Würdigung
Die B.V. ist gem. § 2 Nr. 1 KStG i. V. m. § 49 EStG in Deutschland beschränkt steuerpflichtig. Da die GmbH als Schuldner der Kapitalerträge Sitz (und Geschäftsleitung) im Inland hat, handelt

es sich bei der Gewinnausschüttung um inländische Einkünfte i. S. d. § 49 Abs. 1 Nr. 5 Buchst. a EStG. Die Körperschaftsteuer wird gem. § 43 Abs. 1 Nr. 1 EStG (i. V. m. § 49 Abs. 1 Nr. 5 Buchst. a EStG) im Wege des Steuerabzugs erhoben. Der Steuersatz beträgt grundsätzlich 25 % der Einnahmen (§ 43a Abs. 1 Nr. 1 EStG) zzgl. 5,5 % Solidaritätszuschlag darauf.

Abkommensrechtliche Würdigung
Der **persönliche Anwendungsbereich** des DBA zwischen der Bundesrepublik Deutschland und dem Königreich der Niederlande (**DBA Niederlande**) ist eröffnet, da es sich sowohl bei der B.V. als auch bei der deutschen GmbH um in einem der Vertragsstaaten (hier: Deutschland und Niederlande) ansässige Personen i. S. d. Art. 4 Abs. 1 DBA Niederlande handelt (Art. 1 DBA Niederlande).
Weiterhin ist der **sachliche Anwendungsbereich** eröffnet: bei der deutschen Körperschaftsteuer handelt es sich um eine Steuer, für die gem. Art. 2 Abs. 3 Buchst. a Doppelbuchst. bb DBA Niederlande das Abkommen gilt.
Nach Art. 10 Abs. 1 DBA Niederlande können **Dividenden**, die eine in einem Vertragsstaat ansässige Gesellschaft (hier: Deutschland) an eine im anderen Vertragsstaat (hier: Niederlande) ansässige Person zahlt, im anderen Staat (hier: Niederlande) besteuert werden. Ungeachtet dessen räumt Art. 12 Abs. 2 DBA Niederlande der Bundesrepublik Deutschland ein eingeschränktes Quellensteuerrecht i. H. v. 5 % ein. Die B.V. hat somit einen (teilweisen) Entlastungsanspruch von deutscher Kapitalertragsteuer gem. Art. 12 Abs. 1 und 2 DBA Niederlande (zur Anwendung der Mutter-Tochter-Richtlinie s. nachfolgendes Kap. 4.3).

4.2.2 Ansässigkeit des Nutzungsberechtigten

Art. 10 Abs. 2 OECD-MA macht die Entlastung von deutscher Kapitalertragsteuer zusätzlich davon abhängig, dass der im anderen Vertragsstaat ansässige Anteilseigner gleichzeitig auch **Nutzungsberechtigter** (Beneficial Owner) des Dividendenanspruchs ist. Durch die Anknüpfung an die Ansässigkeit des Nutzungsberechtigten soll verhindert werden, dass durch die missbräuchliche Zwischenschaltung von Mittelspersonen (z. B. Vertreter, Treuhänder oder Bevollmächtigter) als tatsächliche Zahlungsempfänger eine Entlastung vom deutschen Steuerabzug erreicht wird.

Der Begriff des »Nutzungsberechtigten« ist im Abkommensrecht nicht definiert und somit nach nationalem Recht auszulegen (Art. 3 Abs. 2 OECD-MA). Nach nationalem Recht ist Nutzungsberechtigter (der Lizenzgebühren) die Person, die den Tatbestand der betreffenden Einkunftsart i. S. d. **§ 2 Abs. 1 EStG** verwirklicht und der infolgedessen die Lizenzeinnahmen zuzurechnen sind (§ 50g Abs. 3 Satz 2 EStG). Den Tatbestand verwirklicht, wer die rechtliche oder tatsächliche Macht hat, die den Lizenzeinnahmen zugrundeliegenden Vermögenswerte anderen entgeltlich auf Zeit zur Nutzung zu überlassen.

Weitere Einzelheiten zum Begriff des »Nutzungsberechtigten« sind dem Kap. III.5.2.2 zu entnehmen.

4.2.3 Betriebsstättenvorbehalt

Gem. Art. 12 Abs. 3 OECD-MA wird abweichend von Art. 12 Abs. 1 OECD-MA nicht dem Ansässigkeitsstaat des Vergütungsgläubigers das Besteuerungsrecht zugewiesen, wenn der in einem Vertragsstaat ansässige Nutzungsberechtigte im anderen Vertragsstaat, aus dem die Lizenzgebühren stammen, eine Geschäftstätigkeit durch eine dort gelegene Betriebsstätte ausübt und die Rechte oder Vermögenswerte, für die die Lizenzgebühren gezahlt werden, tatsächlich zu dieser Betriebsstätte gehören. In diesem Fall ist Art. 7 anzuwenden.

4.2.4 Besonderheiten bei transparenten bzw. hybriden Gesellschaften

Personengesellschaften sind nach deutschem Steuerrecht weder einkommen- noch körperschaftsteuerpflichtig. Die von Ihnen erzielten Einkünfte sind vielmehr den jeweiligen Gesellschaftern (anteilig) zuzurechnen (**Transparenzprinzip**). Für abkommensrechtliche Zwecke bedeutet dies, dass eine ausländische Personengesellschaft zwar eine Person i. S. d. jeweiligen DBA sein kann (Art. 3 Abs. 1 Buchst. a OECD-MA), jedoch mangels eigener Einkommen- bzw. Körperschaftsteuerpflicht regelmäßig im anderen Vertragsstaat nicht ansässig wird und damit auch nicht entlastungsberechtigt sein kann (Art. 4 Abs. 1 OECD-MA) (BMF vom 26.09.2014, BStBl I 2014, 1258, Rz. 2.1.1). Entlastungsberechtigt sind vielmehr die Gesellschafter der Personengesellschaften, wenn sie im anderen Vertragsstaat ansässig sind (BMF vom 26.09.2014, BStBl I 2014, 1258, Rz. 2.1.2).

Ob eine ausländische Gesellschaft als Personengesellschaft oder als Körperschaft zu behandeln ist, bestimmt sich für Zwecke der deutschen Besteuerung ausschließlich nach deutschem Steuerrecht. Hierbei gelten die allgemeinen Grundsätze des Rechtstypenvergleichs.

Die Ausführungen gelten grundsätzlich auch für sog. **hybride Gesellschaften**. Hierbei handelt es sich um Rechtsgebilde, die aus Sicht des einen Staates für steuerliche Zwecke als transparent und im anderen Staat als intransparent behandelt werden.

Beispiel

Eine steuerlich in den USA ansässige LLC (»**Limited Liability Company**«), die nach dem Rechtstypenvergleich aus deutscher Sicht als intransparente Gesellschaft gelten soll, ist an einer deutschen GmbH beteiligt und erzielt aus der Beteiligung Dividendenerträge. An der LLC ist eine ebenfalls in den USA ansässige natürliche Person beteiligt. Die LLC wird in den USA als transparent (»*pass-through entity*«) behandelt.

Lösung

Die LLC ist zwar eine Person i. S. d. DBA zwischen der Bundesrepublik Deutschland und den Vereinigten Staaten von Amerika (**DBA USA**), jedoch mangels Einkommen- bzw. Körperschaftsteuerpflicht aus deutscher Warte nicht in den USA ansässig i. S. d. Art. 4 Abs. 1 DBA USA. Hinsichtlich einer möglichen Entlastungsberechtigung ist zunächst auf die in den USA ansässige natürliche Person A abzustellen. Gem. Art. 10 Abs. 2 Buchst. b DBA USA wäre insoweit eine Entlastung von deutscher Kapitalertragsteuer auf lediglich 15 % möglich.

Einige DBA beinhalten jedoch Sondervorschriften hinsichtlich der Ansässigkeit und damit Entlastungsberechtigung hybrider Gesellschaften. Zu nennen ist hier beispielsweise Art. 1 Abs. 7 DBA USA:

Art. 1 Abs. 7 DBA USA

Werden Einkünfte oder Gewinne von einer oder über eine Person erzielt, die nach dem Recht eines der Vertragsstaaten als solche nicht steuerpflichtig ist, gelten diese als von einer in einem Staat ansässigen Person erzielt, soweit sie im Sinne der Steuergesetze dieses Staates als Einkünfte oder Gewinne einer ansässigen Person gelten.

In diesem Zusammenhang hat der BHF entschieden, dass eine in den USA als transparent, jedoch in Deutschland als intransparent geltende Gesellschaft aufgrund der Fiktionen des Art. 1 Abs. 7 DBA USA berechtigt sein kann, einen Entlastungsanspruch nach § 50d Abs. 1 EStG selbst geltend zu machen. Dabei wird die fehlende Ansässigkeit der Gesellschaft in den USA durch die Regelungsfiktion des Art. 1 Abs. 7 DBA USA fingiert. Zudem erzielt die Gesellschaft nach Ansicht des BFH aufgrund von Art. 1 Abs. 7 DBA USA fiktiv die betreffenden Einkünfte oder Gewinne, obgleich die Gesellschaft selbst mit diesen Einkünften oder Gewinnen in den USA nicht steuerpflichtig ist (BFH vom 26.06.2013, I R 48/12, BStBl II 2014, 367).

Für den Beispielsfall bedeutet dies, dass eine Entlastung auf 5 % bzw. 0 % möglich ist.

4.3 Mutter-Tochter-Richtlinie (§ 43b EStG)

Bei in der Europäischen Union (**EU**) ansässigen Anteilseignern ergibt sich eine vollständige Suspendierung des deutschen Besteuerungsrechts bei grenzüberschreitenden Gewinnausschüttungen durch die **Mutter-Tochter-Richtlinie** (Richtlinie 2011/96/EU des Rates vom 30.11.2011, ABl. 2011 Nr. L 345, 8), deren Umsetzung in nationales Recht mit der Ergänzung des heutigen § 43b EStG erfolgte.

Nach § 43b Abs. 1 Satz 1 EStG wird die Kapitalertragsteuer für Kapitalerträge i. S. d. § 20 Abs. 1 Nr. 1 EStG, die einer Muttergesellschaft, die weder ihren Sitz noch ihre Geschäftsleitung im Inland hat, aus Ausschüttungen einer Tochtergesellschaft zufließen, auf **Antrag** nicht erhoben. Dies gilt auch für Ausschüttungen, die einer in einem anderen Mitgliedstaat der EU gelegenen **Betriebsstätte** zufließen. Bei Ausschüttungen einer Tochtergesellschaft, die einer in einem anderen Mitgliedstaat der EU gelegenen Betriebsstätte einer **unbeschränkt Steuerpflichtigen** Muttergesellschaft zufließen, wird die Kapitalertragsteuer für Kapitalerträge i. S. d. § 20 Abs. 1 Nr. 1 EStG auf Antrag ebenfalls nicht erhoben (§ 43b Abs. 1 Satz 2 EStG).

Voraussetzung für die vollständige Entlastung von deutscher Kapitalertragsteuer auf Basis der Mutter-Tochter-Richtlinie ist, dass die **Muttergesellschaft**

- eine **Gesellschaft** i. S. d. Mutter-Tochter-Richtlinie ist; dies wiederrum setzt voraus, dass
  - die Gesellschaft eine der in **Anlage 2 (Nr. 1) des EStG** genannten Formen aufweist;
  - nach dem Steuerrecht eines Mitgliedstaats in Bezug auf den steuerlichen Wohnsitz als in diesem Staat ansässig betrachtet wird und aufgrund eines mit einem dritten Staat abgeschlossenen DBA in Bezug auf den steuerlichen Wohnsitz nicht als außerhalb der EU ansässig betrachtet wird (Anlage 2 (Nr. 2) des EStG) und
  - ohne Wahlmöglichkeit einer der in **Anlage 2 (Nr. 3) des EStG** genannten Steuern, oder irgendeiner Steuer, die eine dieser Steuern ersetzt, unterliegt, ohne davon befreit zu sein;
- zum Zeitpunkt der Entstehung der Kapitalertragsteuer nachweislich mindestens zu 10 % unmittelbar am Kapital der Tochtergesellschaft beteiligt ist (**Mindestbeteiligung**) und
- seit mindestens **12 Monaten** nachweislich ununterbrochen an der ausschüttenden Tochtergesellschaft beteiligt ist.

Die **Tochtergesellschaft** muss eine unbeschränkt steuerpflichtige Gesellschaft sein, die die in der Anlage 2 des EStG bezeichneten Voraussetzungen erfüllt.

Zu beachten ist, dass eine vollständige Entlastung von deutscher Kapitalertragsteuer nicht für Kapitalerträge i. S. d. § 20 Abs. 1 Nr. 1 EStG, die anlässlich einer Liquidation oder Umwandlung einer Tochtergesellschaft zufließen, gelten.

> **WICHTIG**
>
> Die Begünstigungen der Mutter-Tochter-Richtlinie gelten nicht für Kapitalerträge i. S. d. § 20 Abs. 1 Nr. 1 EStG, die anlässlich einer **Liquidation** oder **Umwandlung** einer Tochtergesellschaft zufließen.

4.4 Verfahrensrechtliche Besonderheiten

4.4.1 Überblick

Grundsätzlich hat der Steuerabzug vom Kapitalertrag ungeachtet der Begünstigungen auf Basis eines DBA bzw. des § 43b EStG in voller Höhe zu erfolgen (§ 50d Abs. 1 Satz 1 EStG), d. h. dass eine unmittelbare Anwendung der Steuerbefreiung des jeweils einschlägigen DBA nicht möglich ist. Die Steuerbefreiung ist vielmehr antragsabhängig ausgestaltet. Liegt eine Begrenzung des deutschen Besteuerungsrechts vor, stehen dem Steuerpflichtigen die folgenden Verfahren für die (teilweise) Entlastung von deutscher Kapitalertragsteuer zur Verfügung:
- Freistellungsverfahren (§ 50d Abs. 2 EStG);
- Erstattungsverfahren (§ 50d Abs. 1 EStG);
- Kontrollmeldeverfahren bei Kapitalerträgen i. S. d. § 43 Abs. 1 Satz 1 Nr. 1 EStG (§ 50d Abs. 6 i. V. m. Abs. 5 EStG).

> **WICHTIG**
>
> Der Steuerabzug hat, ungeachtet eventuell anzuwendender abkommensrechtlicher Begünstigungen, in voller Höhe für Rechnung des Vergütungsgläubigers zu erfolgen, sofern im Zeitpunkt der Zahlung keine vom Bundeszentralamt für Steuern (**BZSt**) für die relevante Vergütung erteilte und für diesen Zeitpunkt gültige Freistellungsbescheinigung vorliegt oder das Kontrollmeldeverfahren Anwendung findet.

Voraussetzung für die Entlastung von deutscher Kapitalertragsteuer im Freistellungs- bzw. Erstattungsverfahren ist die sog. **Entlastungsberechtigung der ausländischen Gesellschaft** (§ 50d Abs. 3 EStG). Neben der Entlastungsberechtigung nach den Bestimmungen eines DBA bzw. des § 43b EStG muss hierbei nachgewiesen werden, dass die Begünstigungen nicht missbräuchlich in Anspruch genommen werden. Da es sich bei § 50d Abs. 3 EStG um eine nationale Regelung handelt, die eine mögliche Entlastung auf Basis eines DBA bzw. der Mutter-Tochter-Richtlinie einschränkt, spricht man in diesem Zusammenhang auch von einem sog. »**Treaty- bzw. Directive-Override**«.

Sofern ein anzuwendendes DBA eigene Regelungen zur Entlastungsberechtigung beinhaltet (z. B. Art. 28 »*Schranken für Abkommensvergünstigungen*« des DBA zwischen der Bundesrepublik Deutschland und den Vereinigten Staaten von Amerika), gehen diese den nationalen Missbrauchsregelungen vor. § 50d Abs. 3 EStG findet insoweit keine Anwendung.

Zuständig für die Entlastung von deutscher Kapitalertragsteuer aufgrund eines DBA oder der Mutter-Tochter-Richtlinie und für die Überprüfung der Missbrauchsvorschrift des § 50d Abs. 3 EStG ist das BZSt.

4.4.2 Das Freistellungsverfahren (§ 50d Abs. 2 EStG)

4.4.2.1 Verfahren und Beteiligte

Nach § 50d Abs. 2 EStG kann der Schuldner der Vergütungen den Steuerabzug vom Kapitalertrag nach Maßgabe von § 43b EStG oder den Bestimmungen eines DBA unterlassen oder nach einem niedrigeren Steuersatz vornehmen, wenn das BZSt dem Vergütungsgläubiger bescheinigt, dass die Voraussetzungen für die Unterlassung eines Steuerabzugs vorliegen (sog. **Freistellung im Steuerabzugsverfahren**). Im Rahmen des Freistellungsverfahrens überprüft das BZSt ebenfalls, ob eine Entlastungsberechtigung nach § 50d Abs. 3 EStG gegeben ist.

Sofern nach den Bestimmungen eines DBA ein niedrigerer Steuersatz (bspw. 5 %) angewendet wird, ist der **Solidaritätszuschlag** nicht zusätzlich zu erheben (§ 5 SolZG).

Der Freistellungsantrag ist nach amtlich vorgeschriebenem Vordruck in Papierform bei dem zuständigen BZSt einzureichen. Eine Freistellungsbescheinigung kann nur einer im Ausland ansässigen Kapitalgesellschaft erteilt werden, die zu mindestens 10 % unmittelbar an einer unbeschränkt steuerpflichtigen ausschüttenden Kapitalgesellschaft beteiligt ist (§ 50d Abs. 2 Satz 1 Hs. 2 EStG). Die Erteilung einer Freistellungsbescheinigung an eine natürliche Person ist nicht möglich.

> **WICHTIG**
>
> Natürliche Personen können keine Entlastung von deutscher Kapitalertragsteuer im Wege des Freistellungsverfahrens beantragen. Ihnen steht lediglich das Erstattungsverfahren zur Verfügung.

Das Antragsformular (deutsche, englische sowie französische Sprachfassung) ist auf der Homepage des BZSt unter der Rubrik »*Steuern International – Kapitalertragsteuerentlastung – Formulare*« zu finden. Für Anträge auf (Teil-)Freistellung von deutscher Abzugsteuer auf Kapitalerträge nach dem deutsch-schweizerischen DBA sowie dem DBA mit dem Vereinigten Königreich Großbritannien und Nordirland sind länderspezifische Formulare vorhanden.

Antragsteller i. R. d. Freistellungsverfahrens ist grundsätzlich der Vergütungsgläubiger. Der Antrag kann auch von einem **Dritten** (insbes. vom Vergütungsschuldner) gestellt werden. Voraussetzung hierfür ist, dass der Vergütungsgläubiger schriftlich eine entsprechende Vollmacht ausstellt und diese dem BZSt im Original vorgelegt wird.

Nach dem amtlich vorgeschriebenen Vordruck sind insbes. Angaben zum Gläubiger sowie zum Schuldner der Kapitalerträge zu machen. Das Antragsformular ist vor diesem Hintergrund vom Antragsteller bzw. seinem Bevollmächtigten eigenhändig zu **unterschreiben**.

Abschließend muss auf dem einzureichenden Antragsformular in »*Abschnitt VI*« von der zuständigen ausländischen Steuerbehörde der steuerliche (Wohn-)Sitz (d. h. die **Ansässigkeit**) des Vergütungsgläubigers bestätigt werden. Bestätigungen auf einem gesonderten Blatt werden regelmäßig nicht anerkannt.

Ist der Gläubiger der Vergütung in den **USA** ansässig, erfolgt der Nachweis der Ansässigkeit durch eine gesonderte Bescheinigung (**Form 6166**) der amerikanischen Steuerbehörde Internal Revenue Service (**IRS**).[10]

Erfahrungsgemäß weigern sich vereinzelt ausländische Behörden, die Antragsformulare der deutschen Finanzverwaltung – wie vorgesehen – zu unterzeichnen und zu stempeln. In Fällen, in denen der Antragsteller glaubhaft macht, dass die zuständige Steuerbehörde des anderen Staates eine Bestätigung nach amtlich vorgeschriebenem Vordruck gem. § 50d Abs. 4 Satz 1 EStG) verweigert, ist eine schriftliche Bestätigung der zuständigen Steuerbehörde des anderen Staates als ordnungsgemäß anzuerkennen, sofern sie die Angaben enthält, die nach amtlich vorgeschriebenem Vordruck im Hinblick auf § 50d Abs. 4 Satz 1 EStG gefordert werden. Weiterhin ist die Bestätigung in elektronischer Form anzuerkennen, wenn der Antragsteller zusätzlich glaubhaft macht, dass die zuständige Steuerbehörde des anderen Staates derartige Bestätigungen üblicherweise nur in dieser Form erteilt (BMF vom 17.10.2017, BStBl I 2017, 1644).

> **PRAXISHINWEIS**
>
> **Ansässigkeitsbescheinigung ausländischer Finanzbehörden**
> Wird dem Antrag auf Erlass einer Freistellungsbescheinigung eine separate Ansässigkeitsbescheinigung der ausländischen Finanzbehörde beigefügt, sollte erläutert werden, dass sämtliche von der Finanzverwaltung geforderten Angaben auch der separaten Ansässigkeitsbescheinigung entnommen werden können. Bei Bedarf ist eine Übersetzung der Ansässigkeitsbescheinigung beizufügen.

Dem Antrag auf Freistellung von deutscher Kapitalertragsteuer ist ein **Nachweis** über die Höhe und Dauer der unmittelbaren Beteiligung am Nennkapital der Tochtergesellschaft (z. B. in Form einer Gesellschafterliste, notariellem Kauf- und Abtretungsvertrag über Geschäftsanteile oder Gesellschaftsvertrag) beizufügen.

Der Antrag auf Erlass einer Freistellungsbescheinigung ist an **keine Frist** gebunden. Da ein Steuerabzug vom Kapitalertrag jedoch ungeachtet eventuell anzuwendender abkommensrechtlicher Begünstigungen in voller Höhe zu erfolgen hat, sofern im Zeitpunkt der Gewinnausschüttung keine vom BZSt erteilte und für diesen Zeitpunkt gültige Freistellungsbescheinigung vorliegt, kann der Antrag nur dann die gewünschte Wirkung entfalten, wenn er rechtzeitig vor der (geplanten) Gewinnausschüttung gestellt wird.

Weiterhin ist zu berücksichtigen, dass ein Steuerabzug vom Kapitalertrag auch bei grenzüberschreitenden **verdeckten Gewinnausschüttungen (vGA)** vorzunehmen ist. Im Rahmen steuerlicher Außenprüfungen kann es insbes. im Fall konzerninterner Liefer- und Leistungsbeziehungen zu einer Korrektur konzerninterner Verrechnungspreise (in Form

---

10 Die Zuständigkeit für die Ausstellung des Formulars Form 6166 liegt zentral beim Internal Revenue Service (IRS) in Philadelphia, PA. Hinweise über die Ausstellung der Ansässigkeitsbescheinigung hat die amerikanische Steuerbehörde IRS auf ihrer Homepage veröffentlicht: https://www.irs.gov/individuals/international-taxpayers/form-6166-certification-of-u-s-tax-residency.

vGA) kommen. Entsprechend sollte auch dann eine Freistellungsbescheinigung beantragt werden, wenn keine reguläre Gewinnausschüttung geplant ist.

Der Freistellungszeitraum beginnt frühestens an dem Tag, an dem der Antrag beim BZSt eingeht. Für eine wirksame Antragstellung genügt jedoch der Eingang des amtlichen Vordrucks per Fax. Der Antrag im Original (insbes. inkl. Bestätigung der Ansässigkeit des Vergütungsgläubigers) ist sodann umgehend nachzureichen. Die Erteilung einer rückwirkenden Freistellung (d. h. für Zeiträume vor Antragstellung) ist nicht möglich.

Über den Antrag auf Erteilung einer Freistellungsbescheinigung ist nach § 50d Abs. 2 Satz 6 EStG innerhalb von drei Monaten zu entscheiden. Die Frist beginnt jedoch erst mit der Vorlage aller für die Entscheidung erforderlichen Nachweise (§ 50d Abs. 2 Satz 7 EStG). Erfahrungen zeigen, dass die **Bearbeitungsdauer** insbes. durch die Überprüfung der Entlastungsberechtigung des ausländischen Anteilseigners i. S. d. § 50d Abs. 3 EStG und entsprechende Rückfragen des BZSt mehr als sechs Monate betragen kann. Soweit die Voraussetzungen für die Freistellung erfüllt sind, wird die Bescheinigung grundsätzlich für einen Zeitraum von drei Zeitjahren sowie frühestens ab Antragseingang gewährt.

Gem. § 50d Abs. 2 Satz 8 EStG (bzw. § 45a Abs. 1 Satz 2 EStG) bleiben trotz vorhandener Freistellungsbescheinigungen bestehende Anmeldeverpflichtungen unberührt (hier: § 45a Abs. 1 Satz 1 EStG). Dies bedeutet, dass auch in den Fällen, in denen keine Kapitalertragsteuer einbehalten wird, eine Steueranmeldung an das zuständige Finanzamt zu übermitteln ist (sog. **Nullmeldung**).

> **WICHTIG**
>
> Trotz vorhandener Freistellungsbescheinigungen bleiben bestehende Anmeldeverpflichtungen (insbes. § 45a Abs. 1 Satz 1 EStG) unberührt. Wird keine Kapitalertragsteuer einbehalten, ist dem zuständigen Finanzamt eine »Nullmeldung« zu übermitteln.

Bei Entlastung von deutscher Kapitalertragsteuer auf Basis der **Mutter-Tochter-Richtlinie** ist zu berücksichtigen, dass das Freistellungsverfahren (§ 50d Abs. 2 EStG) ausgeschlossen ist, solange die Antragstellerin noch nicht seit mind. zwölf Monaten nachweislich ununterbrochen an der ausschüttenden Tochtergesellschaft beteiligt ist (§ 43b Abs. 2 Satz 4 EStG). Wird der Beteiligungszeitraum nach dem Zeitpunkt der Entstehung der Kapitalertragsteuer vollendet, ist die Erstattung der einbehaltenen und abgeführten Steuer nach Vollendung der Mindesthaltedauer gem. § 50d Abs.1 EStG zu beantragen.

4.4.2.2 Die MURI-Meldung

Die Freistellung von deutscher Abzugsteuer auf Kapitalerträge wird regelmäßig lediglich unter der Auflage gewährt, dass der Gläubiger der Kapitalerträge dem BZSt jährlich bis zum 31.05. des auf den Zufluss folgenden Kalenderjahres eine Meldung über zugeflossene Erträge mit folgendem Inhalt macht:
- Schuldner der Kapitalerträge,
- Gläubiger der Kapitalerträge,
- Auszahlungstag der Kapitalerträge (unter Beachtung des § 44 Abs. 2 EStG),

- Höhe der Bruttoerträge und
- Höhe der Beteiligung.

Alternativ ist zu melden, dass keine Kapitalerträge zugeflossen sind. Ein Muster der Meldung über freigestellte Kapitalerträge ist auf der Homepage des BZSt unter der Rubrik »*Steuern International – Kapitalertragsteuerentlastung – Formulare*« zu finden.

Soweit eine Freistellungsbescheinigung (z. B. aufgrund einer längeren Bearbeitungsdauer) für zurückliegende Kalenderjahre erteilt wird, ist die MURI-Meldung binnen eines Monats nach Bekanntgabe der Freistellungsbescheinigung dem zuständigen BZSt einzureichen.

Unter gewissen Umständen kann es notwendig sein, für ein Kalenderjahr **zwei** MURI-Meldungen einzureichen. Endet bspw. die Gültigkeit einer Freistellungsbescheinigung am 31.03.2017 und die neue Bescheinigung wurde am 01.09.2017 beantragt, müssen aufgrund unterschiedlicher Geschäftszeichen für das Kalenderjahr 2017 grundsätzlich zwei MURI-Meldungen eingereicht werden. Aus Vereinfachungsgründen und nach Rücksprache mit dem BZSt sollte es jedoch ausreichend sein, lediglich eine Meldung einzureichen. In dieser wären sodann die Geschäftszeichen sowohl der alten als auch der neuen Freistellungsbescheinigung anzugeben.

4.4.2.3 Gewinnausschüttungen im Rückwirkungszeitraum bei Umwandlungsvorgängen

Fraglich ist, ob ein Steuerabzug vom Kapitalertrag aufgrund einer erteilten Freistellungsbescheinigung auch bei Gewinnausschüttungen im Rückwirkungszeitraum von Umwandlungsvorgängen unterbleiben darf. Die Problematik soll anhand des folgenden Beispiels dargestellt werden:

> **Beispiel**
>
> Eine steuerlich in den Niederlanden ansässige B.V. hält sämtliche Geschäftsanteile an der steuerlich in Deutschland ansässigen A-GmbH sowie B-GmbH. Mit notariellem Vertrag vom 15.07.2018 wurde die A-GmbH (übertragender Rechtsträger) im Wege der Verschmelzung durch Aufnahme mit Wirkung zum 01.01.2018 (Umwandlungsstichtag) bzw. zum 31.12.2017 (steuerlicher Übertragungsstichtag) auf die B-GmbH (übernehmender Rechtsträger) verschmolzen.
> Das BZSt hat für den Zeitraum vom 01.04.2016 bis zum 31.03.2019 eine Freistellungsbescheinigung ausgestellt, auf deren Grundlage die A-GmbH als Vergütungsschuldnerin berechtigt ist, den Steuerabzug vom Kapitalertrag auf Gewinnausschüttungen an die B.V. im Zeitraum der Gültigkeit der Freistellungsbescheinigung zu unterlassen.
> Mit Beschluss vom 01.02.2017 wurde eine Ausschüttung der A-GmbH an die B.V. beschlossen.

Im Zusammenhang mit Gewinnausschüttungen im Rückwirkungszeitraum führt die Finanzverwaltung aus, dass Gewinnausschüttungen der zivilrechtlich noch bestehenden übertragenden Körperschaft (hier: A-GmbH) im Rückwirkungszeitraum steuerlich – trotz der Rückwirkungsfiktion des § 2 Abs. 1 UmwStG – im Grundsatz weiterhin Gewinnausschüttungen des übertragenden Rechtsträgers sind. Die Rückwirkungsfiktion des § 2 Abs. 1 UmwStG betrifft ausdrücklich nicht den Anteilseigner (hier: die niederländische B.V.) der übertragenden Körperschaft.

Entsprechend ist davon auszugehen, dass ein Steuerabzug vom Kapitalertrag im Hinblick auf im Rückwirkungszeitraum erfolge Gewinnausschüttungen auf Basis einer erteilten Freistellungsbescheinigung unterbleiben darf. Zum selben Ergebnis kommt – soweit ersichtlich – ebenfalls das Finanzministerium des Saarlands im Fall der Verschmelzung einer Muttergesellschaft auf ihre Tochtergesellschaft: auch wenn unter Berücksichtigung von Tz. 02.07 des UmwSt-Erlasses vom 25.03.1998 die Gewinnausschüttung der übernehmenden Tochtergesellschaft zugerechnet wurde, könne auf die Erhebung von Kapitalertragsteuer verzichtet werden, wenn ein Erstattungsanspruch unzweifelhaft bestehe (FinMin Saarland, Erlass vom 27.09.2004 B/2 – 1 – 108/2004 – S 2520).

Vergleichbare Sachverhalte sollten in jedem Fall mit dem BZSt sowie dem zuständigen Finanzamt des übertragenden Rechtsträgers erörtert werden.

4.4.3 Das Erstattungsverfahren (§ 50d Abs. 1 EStG)

Liegt im Zeitpunkt der (verdeckten) Gewinnausschüttung keine Freistellungsbescheinigung vor, so ist die Kapitalertragsteuer ungeachtet einer möglichen Entlastungsberechtigung des Vergütungsgläubigers in voller Höhe einzubehalten und an das BZSt abzuführen (§ 50d Abs. 1 Satz 1 EStG). Die einbehaltene und abgeführte Kapitalertragsteuer kann sodann in einem zweiten Schritt auf der Grundlage eines entsprechenden Antrags des Vergütungsgläubigers / Anteilseigners nach Maßgabe von § 44a Abs. 9 EStG, § 43b EStG oder eines DBA nach § 50d Abs. 1 Satz 2 ff. EStG ganz oder teilweise erstattet werden (**Erstattungsverfahren**). Im Rahmen des Erstattungsverfahrens überprüft das BZSt, ob die Voraussetzungen zur Entlastung vom Kapitalertragsteuerabzug auf Basis abkommensrechtlicher Bestimmungen oder des § 43b EStG vorliegen. Darüber hinaus erfolgt eine Prüfung der Entlastungsberechtigung nach § 50d Abs. 3 EStG.

Der Erstattungsantrag ist gem. § 50d Abs. 1 Satz 3 Hs. 2 EStG nach amtlich vorgeschriebenem **Vordruck** in Papierform bei dem zuständigen BZSt einzureichen.

Das Antragsformular (deutsche, englische sowie französische Sprachfassung) ist auf der Homepage des BZSt unter der Rubrik »*Steuern International – Kapitalertragsteuerentlastung – Ausländische Antragsteller – Formulare*« zu finden. Auch im Erstattungsverfahren sind für Anträge auf Erstattung von deutscher Abzugsteuer auf Kapitalerträge nach dem deutsch-schweizerischen DBA, dem DBA mit dem Vereinigten Königreich Großbritannien und Nordirland sowie dem DBA mit den Vereinigten Staaten von Amerika sind länderspezifische Formulare vorhanden.

Auch i. R. d. Erstattungsverfahrens ist **Antragsteller** grundsätzlich der Vergütungsgläubiger. Der Antrag kann auch von einem **Dritten** (insbes. vom Vergütungsschuldner) gestellt werden. Voraussetzung hierfür ist, dass der Vergütungsgläubiger schriftlich eine entsprechende Vollmacht ausstellt und diese dem BZSt im Original vorgelegt wird.

Analog zum Freistellungsverfahren sind nach dem amtlich vorgeschriebenen Vordruck ebenfalls Angaben zum Gläubiger sowie zum Schuldner der Kapitalerträge zu machen. Das Antragsformular ist vom Antragsteller bzw. seinem Bevollmächtigten eigenhändig zu unterschreiben.

Weiterhin sind die Antragsformulare im Erstattungsverfahren um den zu erstattenden Steuerbetrag und um die Angabe einer **Bankverbindung** für die Überweisung des Erstattungsbetrags zu ergänzen (»*Abschnitt V*« des Antragsformulars).

Analog zum Freistellungsverfahren ist auch im Erstattungsverfahren die Richtigkeit und Vollständigkeit der gemachten Angaben zu versichern. Das Antragsformular ist vor diesem Hintergrund vom Antragsteller bzw. seinem Bevollmächtigten zu **unterschreiben**.

Abschließend muss auch im Erstattungsverfahren auf dem einzureichenden Antragsformular (»*Abschnitt VI*«) von der zuständigen ausländischen Steuerbehörde der steuerliche (Wohn-) Sitz (d. h. die **Ansässigkeit**) des Vergütungsgläubigers bestätigt werden. Bestätigungen auf einem gesonderten Blatt werden regelmäßig nicht anerkannt.

Ist der Gläubiger der Vergütung in den **USA** ansässig, erfolgt der Nachweis der Ansässigkeit auch im Erstattungsverfahren durch eine gesonderte Bescheinigung (**Form 6166**) der amerikanischen Steuerbehörde Internal Revenue Service (**IRS**). Darüber hinaus sind die »*Social Security Number*« (bei natürlichen Personen) bzw. die »*Employer Identification Number*« (bei juristischen Personen) in dem Antragsformular anzugeben.

Erfahrungsgemäß weigern sich vereinzelt ausländische Behörden, die Antragsformulare der deutschen Finanzverwaltung – wie vorgesehen – zu unterzeichnen und zu stempeln. In Fällen, in denen der Antragsteller glaubhaft macht, dass die zuständige Steuerbehörde des anderen Staates eine Bestätigung nach amtlich vorgeschriebenem Vordruck (gem. § 50d Abs. 4 Satz 1 EStG) verweigert, ist eine schriftliche Bestätigung der zuständigen Steuerbehörde des anderen Staates als ordnungsgemäß anzuerkennen, sofern sie die Angaben enthält, die nach amtlich vorgeschriebenem Vordruck im Hinblick auf § 50d Abs. 4 Satz 1 EStG gefordert werden. Weiterhin ist die Bestätigung in elektronischer Form anzuerkennen, wenn der Antragsteller zusätzlich glaubhaft macht, dass die zuständige Steuerbehörde des anderen Staates derartige Bestätigungen üblicherweise nur in dieser Form erteilt (BMF vom 17.10.2017, BStBl I 2017, 1644).

> **PRAXISHINWEIS**
>
> **Ansässigkeitsbescheinigung ausländischer Finanzbehörden**
> Wird dem Antrag auf Erlass einer Freistellungsbescheinigung eine separate Ansässigkeitsbescheinigung der ausländischen Finanzbehörde beigefügt, sollte erläutert werden, dass sämtliche von der Finanzverwaltung geforderten Angaben auch der separaten Ansässigkeitsbescheinigung entnommen werden können. Bei Bedarf ist eine Übersetzung der Ansässigkeitsbescheinigung beizufügen.

Dem Antrag auf Erstattung von deutscher Kapitalertragsteuer ist eine Kopie des Gewinnausschüttungsbeschlusses sowie die **Original-Bestätigung der Finanzkasse** über die durch die deutsche Gesellschaft abgeführte Kapitalertragsteuer sowie die **Steuerbescheinigung** des Vergütungsschuldners im Original beizufügen. Weiterhin ist dem Antrag ein

Nachweis über die Höhe und Dauer der unmittelbaren Beteiligung am Nennkapital der Tochtergesellschaft (z. B. in Form einer Gesellschafterliste, notariellem Kauf- und Abtretungsvertrag über Geschäftsanteile oder Gesellschaftsvertrag) beizulegen.

Bei **verdeckten Gewinnausschüttungen** ist der Antrag abschließend um einen Auszug des die vGA betreffenden **Betriebsprüfungsberichtes** in Kopie (Deckblatt, Beteiligungsverhältnisse und Feststellungen zur verdeckten Gewinnausschüttung) zu ergänzen.

Die **Frist** zur Antragstellung beträgt gem. § 50d Abs. 1 Satz 9 EStG grundsätzlich vier Jahre nach Ablauf des Kalenderjahres, in dem die Kapitalerträge bezogen worden sind. Die Frist endet jedoch nicht vor Ablauf von sechs Monaten nach dem Zeitpunkt der Entrichtung der Kapitalertragsteuer. Diese Regelung wird häufig in Anspruch genommen, wenn im Rahmen von Außenprüfungen Haftungsbescheide erlassen werden, für die die reguläre Frist von vier Jahren bereits abgelaufen ist. Sieht ein anzuwendendes DBA eine kürzere Antragsfrist vor, so wird die abkommensrechtliche Regelung durch die nationale Vorschrift verdrängt.

Beispiel

Antragsfrist (in Anlehnung an BMF vom 07.05.2002, BStBl I 2002, 521)
Das Finanzamt stellt im Rahmen einer Außenprüfung eine vGA im Veranlagungszeitraum 2011 fest. Das zuständige Finanzamt erlässt daraufhin einen Nachforderungsbescheid (§ 167 Abs. 1 Satz 1 AO) gegen den begünstigten Gesellschafter (alternativ: Haftungsbescheid § 44 Abs. 5 EStG) gegen die Tochtergesellschaft). Die Kapitalertragsteuer wird zum Fälligkeitszeitpunkt am 01.04.2017 durch die ausländische Kapitalgesellschaft gezahlt.

Lösung

Die ausländische Kapitalgesellschaft kann die Erstattung der nachträglich abgeführten Kapitalertragsteuer nach § 50d Abs. 1 Satz 9 bis spätestens zum 31.12.2015 beantragen. Gem. § 50d Abs. 1 Satz 10 EStG endet die Frist jedoch nicht vor Ablauf von sechs Monaten nach dem Zeitpunkt der Entrichtung der Steuer. Vorliegend ist ein Erstattungsantrag des Vergütungsgläubigers somit bis zum 01.10.2017 möglich.

> **WICHTIG**
>
> Die **Frist** für einen Antrag auf Erstattung einbehaltener und abgeführter Kapitalertragsteuer beträgt grundsätzlich vier Jahre nach Ablauf des Kalenderjahres, in dem die Vergütungen bezogen worden sind (§ 50d Abs. 1 Satz 9 EStG). Die Frist endet jedoch nicht vor Ablauf von sechs Monaten nach dem Zeitpunkt der Entrichtung der Steuer (§ 50d Abs. 1 Satz 10 EStG).

Auch wenn das BZSt vorgibt, dass Anträge auf Erstattung vom Antragsteller bzw. seinem Bevollmächtigten eigenhändig zu unterschreiben sind, ist fraglich, ob eine fristgerechte Antragstellung tatsächlich die Übermittlung eines eigenhändig unterschriebenen Antragsformulars voraussetzt. Dies ist insbes. dann von entscheidender Bedeutung, wenn ein Antrag auf Erstattung (z. B. durch den steuerlichen Berater) zunächst ohne Unterschrift vor Ablauf der Frist eingereicht wurde und in einem nächsten Schritt das unterschriebene Antragsformular nach Ablauf der Frist nachgereicht wurde.

In diesem Zusammenhang ist zu berücksichtigen, dass es sich bei einem Antrag auf Erstattung um eine Steuererklärung i. S. d. § 150 AO handelt. Nach § 150 Abs. 1 AO ist eine Steuererklärung – mit Ausnahmen – nach amtlich vorgeschriebenen Vordruck abzugeben. Darüber hinaus sieht § 150 Abs. 2 AO vor, dass schriftlich zu versichern ist, dass die Angaben in der Steuererklärung wahrheitsgemäß nach bestem Wissen und Gewissen gemacht wurden. Nach der hier vertretenen Auffassung dürfte diese Versicherung nicht als notwendiger Bestandteil der Steuererklärung anzusehen sein und sollte demnach auch gesondert abgegeben bzw. nach Ablauf der Erklärungsfrist nachgeholt werden können. Abschließend muss eine Steuererklärung nach § 150 Abs. 3 AO eigenhändig unterzeichnet werden, wenn die Steuergesetze dies anordnen. Da § 50d Abs. 1 EStG keine entsprechende Regelung vorsieht, sollte es ausreichen, wenn das ausgefüllte aber noch nicht unterschriebene Antragsformular fristwahrend dem BZSt übermittelt wird. Eine unterzeichnete Version wäre schnellstmöglich nachzureichen.

Beruht ein Erstattungsanspruch nicht auf den Bestimmungen eines DBA bzw. nach Maßgabe von § 43b EStG (z. B. bei Einbehalt der Abzugsteuer trotz vorhandener Freistellungsbescheinigung in dem Zeitpunkt, in dem die Vergütung dem Gläubiger zufließt; doppelte Abführung der Abzugsteuer; Fehler bei der Berechnung der Abzugsteuer und somit Übermittlung einer nicht korrekten Steueranmeldung), ist ein Antrag auf Erstattung nicht möglich. Vielmehr ist eine **Korrektur der Steueranmeldung** nach § 168 AO i. V. m. § 164 Abs. 2 AO vorzunehmen und die zu Unrecht einbehaltenen und abgeführten Beträge bei dem zuständigen BZSt entsprechend § 37 Abs. 2 Satz 1 AO zurückzufordern.

Rückforderung ohne rechtlichen Grund gezahlter Steuern (§ 37 Abs. 2 Satz 1 AO)
Ist eine Steuer, eine Steuervergütung, ein Haftungsbetrag oder eine steuerliche Nebenleistung ohne rechtlichen Grund gezahlt oder zurückgezahlt worden, so hat derjenige, auf dessen Rechnung die Zahlung bewirkt worden ist, an den Leistungsempfänger einen Anspruch auf Erstattung des gezahlten oder zurückgezahlten Betrags.

Das BZSt entscheidet über das Bestehen oder Nichtbestehen eines Erstattungsanspruchs durch Erlass eines **Freistellungsbescheids** (§ 50d Abs. 1 Satz 3 EStG) oder durch **Ablehnungsbescheid**. Gegen diese Bescheide können innerhalb eines Monats nach deren Zugang Einspruch eingelegt werden (§§ 122, 347 AO). Der Erstattungsbetrag ist dem Abrechnungsteil des Freistellungsbescheids zu entnehmen (§ 50d Abs. 1 Satz 3 EStG). Der

Erstattungsbetrag wird nach Bekanntgabe des Freistellungsbescheids an den Vergütungsgläubiger oder an den von diesem Inkassobevollmächtigten ausgezahlt.

Zur Erstattung in besonderen Fällen siehe bereits Kap. I.3.3.3.

4.4.4 Transparente und hybride Gesellschaften

Ist der Gläubiger der Vergütungen eine Person, der die Vergütungen nach dem Einkommen- bzw. Körperschaftsteuergesetz oder nach dem Steuerrecht des anderen Vertragsstaats nicht zugerechnet werden, steht der nach **§ 50d Abs. 1 Satz 11 EStG** der Anspruch auf völlige oder teilweise Erstattung des Steuerabzugs i. S. d. § 50a Abs. 1 EStG aufgrund eines DBA nur der Person zu, der die Vergütungen nach den Steuergesetzen des anderen Vertragsstaats als Einkünfte oder Gewinne einer ansässigen Person zugerechnet werden. Dies gilt es bei Antragstellung entsprechend zu berücksichtigen. Der Vorschrift kommt eine rein verfahrensrechtliche Wirkung zu (ebenso *Kempf/Losse/Oskamp*, IStR 2017, 735). Verfahrensrechtlich in diesem Zusammenhang bedeutet, dass die Vorschrift lediglich die Person bestimmt, die den Erstattungsantrag zu stellen und die Entlastungsberechtigung für die Einkünfte nachzuweisen hat. Hinsichtlich der (materiell-rechtlichen) Entlastungsberechtigung ist weiterhin nach nationalem deutschen Recht bzw. dem Abkommensrecht zu entscheiden, wem die Einkünfte zuzurechnen sind und welcher Entlastungsanspruch sich hieraus ergibt.

4.4.5 Das Kontrollmeldeverfahren (§ 50d Abs. 6 EStG)

Abschließend kann eine Entlastung von deutscher Kapitalertragsteuer durch das Kontrollmeldeverfahren (**KMV**) ermöglicht werden. Das KMV ist ein **vereinfachtes Verfahren** bei dem der Vergütungsschuldner auf Antrag nach amtlichem Muster vom BZSt dazu ermächtigt wird, den Steuerabzug in Fällen von geringer steuerlicher Bedeutung von sich aus zu unterlassen oder zu reduzieren. Das KMV ist auf **Kapitalerträge** i. S. d. § 43 Abs. 1 Satz 1 Nr. 1 und Nr. 4 EStG zulässig. In Bezug auf Kapitalerträge i. S. d. § 43 Abs. 1 Satz 1 Nr. 1 EStG ist das Kontrollmeldeverfahren nur auf Dividendenzahlungen auf Namensaktien, **nicht** aber auf Dividendenzahlungen auf Inhaberaktien oder Geschäftsanteile einer GmbH oder auf Kapitalerträge aus der Veräußerung oder der Abtretung von Dividendenansprüchen anzuwenden (BMF vom 20.05.2009, BStBl I 2009, 645, Rz. 4). Im Fall der hier betrachteten Gewinnausschüttungen dürfte das KMV somit regelmäßig keine Anwendung finden, sodass auf weitere Ausführungen an dieser Stelle verzichtet wird. Auf die Ausführungen hinsichtlich der Anwendung des KMV im Zusammenhang mit dem Steuerabzugsverfahren nach § 50a Abs. 1 EStG wird auf Kap. I.3.4 verwiesen.

5 Entlastungsberechtigung ausländischer Gesellschaften

5.1 Überblick

§ 50d EStG Besonderheiten im Fall von Doppelbesteuerungsabkommen und der §§ 43b und 50 g
(...)
(3) ¹Eine ausländische Gesellschaft hat keinen Anspruch auf völlige oder teilweise Entlastung nach Absatz 1 oder Absatz 2, soweit Personen an ihr beteiligt sind, denen die Erstattung oder Freistellung nicht zustände, wenn sie die Einkünfte unmittelbar erzielten, und die von der ausländischen Gesellschaft im betreffenden Wirtschaftsjahr erzielten Bruttoerträge nicht aus eigener Wirtschaftstätigkeit stammen, sowie
 1. in Bezug auf diese Erträge für die Einschaltung der ausländischen Gesellschaft wirtschaftliche oder sonst beachtliche Gründe fehlen oder
 2. die ausländische Gesellschaft nicht mit einem für ihren Geschäftszweck angemessen eingerichteten Geschäftsbetrieb am allgemeinen wirtschaftlichen Verkehr teilnimmt.

²Maßgebend sind ausschließlich die Verhältnisse der ausländischen Gesellschaft; organisatorische, wirtschaftliche oder sonst beachtliche Merkmale der Unternehmen, die der ausländischen Gesellschaft nahe stehen (§ 1 Absatz 2 des Außensteuergesetzes) bleiben außer Betracht. ³An einer eigenen Wirtschaftstätigkeit fehlt es, soweit die ausländische Gesellschaft ihre Bruttoerträge aus der Verwaltung von Wirtschaftsgütern erzielt oder ihre wesentlichen Geschäftstätigkeiten auf Dritte überträgt. ⁴Die Feststellungslast für das Vorliegen wirtschaftlicher oder sonst beachtlicher Gründe im Sinne von Satz 1 Nummer 1 sowie des Geschäftsbetriebs im Sinne von Satz 1 Nummer 2 obliegt der ausländischen Gesellschaft. ⁵Die Sätze 1 bis 3 sind nicht anzuwenden, wenn mit der Hauptgattung der Aktien der ausländischen Gesellschaft ein wesentlicher und regelmäßiger Handel an einer anerkannten Börse stattfindet oder für die ausländische Gesellschaft die Vorschriften des Investmentsteuergesetzes gelten.
(...)

Voraussetzung für die Entlastung von deutschen Kapitalertragsteuer nach Maßgabe von § 44a Abs. 9 EStG, den Bestimmungen eines DBA (insbes. Art. 10 Abs. 2 OECD-MA) oder nach §43b EStG im Freistellungs- bzw. Erstattungsverfahren ist die sog. **Entlastungsberechtigung der ausländischen Gesellschaft.**

Nach § 50d Abs. 3 Satz 1 EStG hat eine ausländische Gesellschaft – positiv formuliert – Anspruch auf Befreiung, Ermäßigung oder Erstattung (**Entlastung**) vom deutschen Steuerabzug, soweit
- den Gesellschaftern der ausländischen Gesellschaft die Steuerentlastung selbst zustände, wenn sie die Einkünfte unmittelbar erzielten (sog. **persönliche Entlastungsberechtigung**) **oder**
- die ausländische Gesellschaft die Funktionsvoraussetzungen i. S. d. § 50d Abs. 3 Satz 1 EStG erfüllt (sog. **sachliche Entlastungsberechtigung**).

Eine ausländische Gesellschaft ist sachlich entlastungberechtigt, **soweit**
- sie im betreffenden Wirtschaftsjahr Bruttoerträge aus eigener Wirtschaftstätigkeit erzielt oder
- in Bezug auf die nicht aus eigener Wirtschaftstätigkeit erzielten Bruttoerträge wirtschaftliche oder sonst beachtliche Gründe für die Einschaltung der ausländischen Gesellschaft vorhanden sind (§ 50d Abs. 3 Satz 1 Nr. 1 EStG).

Sind in Bezug auf die nicht aus eigener Wirtschaftstätigkeit erzielten Bruttoerträge für die Einschaltung der ausländischen Gesellschaft wirtschaftliche oder sonst beachtliche Gründe vorhanden, muss darüber hinaus nachgewiesen werden, dass die ausländische Gesellschaft mit einem für ihren Geschäftszweck **angemessen eingerichteten Geschäftsbetrieb** am **allgemeinen wirtschaftlichen Verkehr** teilnimmt (§ 50d Abs. 3 Satz 1 Nr. 2 EStG).

Durch die Vorschrift soll verhindert werden, dass im Ausland ansässige (natürliche oder juristische) Personen durch die »künstliche« **Zwischenschaltung** »**substanz- bzw. funktionsloser**« **Gesellschaften** eine Entlastung vom deutscher Kapitalertragsteuer erreichen, die ihnen auf Basis abkommensrechtlicher Vorschriften oder auf Basis der Mutter-Tochter-Richtlinie nicht zustünde, wenn sie die Vergütungen direkt beziehen würden (sog. »Treaty Shopping« bzw. »Directive Shopping«).

> **WICHTIG**
>
> Der Zweck des § 50d Abs. 3 EStG besteht darin, die »künstliche« und damit missbräuchliche Entlastung vom deutschen Steuerabzug auf Basis abkommensrechtlicher Vorschriften (»Treaty Shopping«) oder der Zins- und Lizenzgebührenrichtlinie (»Directive Shopping«) zu verhindern.

Vom Anwendungsbereich des § 50d Abs. 3 Satz 1 EStG sind ausländische Gesellschaften ausgenommen, für deren Hauptgattung der Aktien ein wesentlicher und regelmäßiger Handel an einer anerkannten Börse stattfindet (**Börsenklausel**) oder für die ausländische Gesellschaft die Vorschriften des Investmentsteuergesetzes gelten (§ 50d Abs. 3 Satz 5 EStG).

5.2 Persönliche Entlastungsberechtigung

Eine ausländische Gesellschaft, die nach Maßgabe der Bestimmungen eines DBA (insbes. Art. 10 Abs. 2 OECD-MA) oder nach § 43b EStG Anspruch auf Befreiung, Ermäßigung oder Erstattung von deutscher Kapitalertragsteuer hat, ist gem. § 50d Abs. 3 Satz 1 EStG persönlich entlastungsberechtigt, soweit den an der ausländischen Gesellschaft beteiligten **natürlichen Personen** die Steuerentlastung selbst zustünde, wenn sie die Einkünfte unmittelbar erzielten (**Prüfung der mittelbaren Entlastungsberechtigung des Gesellschafters**) (BMF vom 24.01.2012, BStBl I 2012, 171, Rz. 4.1). Die Entlastungsberechtigung ist entsprechend dem Gesetzeswortlaut (»soweit«) für jeden Gesellschafter gesondert zu prüfen.

Handelt es sich bei dem Gesellschafter der ausländischen Gesellschaft nicht um eine natürliche Person, sondern um eine Gesellschaft, ist zu prüfen, ob diese nach Maßgabe der Bestimmungen eines DBA oder nach § 43b EStG grundsätzlich hypothetisch (persönlich) entlastungsberechtigt wäre. Soweit die mittelbar beteiligte Gesellschaft diese Voraussetzung erfüllt, jedoch nicht auch sachlich entlastungsberechtigt ist, ist wiederum darauf abzustellen, ob deren Gesellschafter hypothetisch (persönlich) entlastungsberechtigt wäre (**fiktiver Entlastungsanspruch**) (BMF vom 24.01.2012, BStBl I 2012, 171 Rz. 4.2).

Im Hinblick auf die Prüfung der mittelbaren persönlichen Entlastungsberechtigung muss jede Gesellschaft in einer Beteiligungskette fiktiv (persönlich) entlastungsberechtigt sein (BMF vom 24.01.2012, BStBl I 2012, 171, Rz. 4.2). Eine Entlastung vom Steuerabzug ist somit zu gewähren, soweit jede (unmittelbar oder mittelbare) beteiligte Gesellschaft in der Beteiligungskette jeweils fiktiv (persönlich) entlastungsberechtigt ist und letztendlich die Gesellschafter der Obergesellschaft persönlich entlastungsberechtig sind. Alternativ ist eine Entlastung vom Steuerabzug zu gewähren, soweit die ausländische Gesellschaft selbst oder ein unmittelbarer oder mittelbarer Gesellschafter sowohl persönlich als auch sachlich entlastungsberechtigt ist.

Die Prüfung der mittelbaren persönlichen Entlastungsberechtigung endet innerhalb der Beteiligungskette, sobald ein mittelbarer Gesellschafter nicht mehr selbst fiktiv entlastungsberechtigt ist. Dies ist insbes. der Fall, wenn der Gesellschafter der ausländischen Gesellschaft (BMF vom 24.01.2012, BStBl I 2012, 171, Rz. 4.3):
- in einem Nicht-DBA-Staat ansässig ist;
- als eine außerhalb der EU ansässige Person nicht die Voraussetzungen der einschlägigen Richtlinie erfüllt;
- selbst eine juristische Person ist, diese nicht sachlich entlastungsberechtigt ist und deren Gesellschafter ihrerseits in einem Nicht-DBA-Staat ansässig sind bzw. als außerhalb der EU ansässige Personen nicht die Voraussetzungen der einschlägigen EU-Richtlinie erfüllen.

Nach Auffassung der Finanzverwaltung sind Gesellschafter mit Wohnsitz, Sitz oder Geschäftsleitung im Inland (sog. **Mäander-Struktur**) nicht persönlich entlastungsberechtigt (BMF vom 24.01.2012, BStBl I 2012, 171, Rz. 4.1). Diese für die Entlastung von deutscher Kapitalertragsteuer relevante Auffassung ist insbes. unter Berücksichtigung des Zwecks des § 50d Abs. 3 EStG nicht nachvollziehbar. Zwar unterliegt auch die Gewinnausschüttung einer inländischen Kapitalgesellschaft an einen Gesellschafter mit Wohnsitz, Sitz oder

Geschäftsleitung im Inland grundsätzlich auch der Kapitalertragsteuer i. S. d. §§ 43 ff. EStG, i. R. d. Veranlagung auf Ebene des Vergütungsgläubigers wäre diese sodann jedoch gem. § 36 Abs. 2 EStG (i. V. m. § 31 Abs. 1 KStG) anrechenbar. Ein Missbrauch rechtlicher Gestaltungen kann hier nicht angenommen werden (*Biebinger/Hiller,* IStR 2017, 299).

> **PRAXISHINWEIS**
>
> Das FG Köln hatte Bedenken, ob § 50d Abs. 3 EStG in der bis 2011 geltenden Fassung hinsichtlich der Entlastung von deutscher Kapitalertragsteuer auf Gewinnausschüttungen mit der europäischen Niederlassungsfreiheit und mit der Mutter-Tochter-Richtlinie vereinbar ist. Mit Beschlüssen vom 08.07.2016 (2 K 2995/12) und vom 31.08.2016 (2 K 721/13) wurden die Fragen dem Europäischen Gerichtshof in Luxemburg (**EuGH**) zur Entscheidung vorgelegt.
>
> Der EuGH hat beide Vorlagen zu einem Verfahren verbunden und mit Urteil vom 20.12.2017 (C-504/16 und C-613/16) die Zweifel des FG Köln bestätigt: nach Auffassung des EuGH ist § 50d Abs. 3 EStG in der Fassung von 2007 mit der Mutter-Tochter-Richtlinie unvereinbar, da die Vorschrift bestimmte Gruppen von Steuerpflichtigen automatisch vom Steuervorteil ausnimmt ohne dass die Steuerbehörde einen Anfangsbeweis oder ein Indiz für den Missbrauch beizubringen oder der Steuerpflichtige die Möglichkeit eines Gegenbeweises hätte. Des Weiteren hat der EuGH festgestellt, dass die Vorschrift gegen die Niederlassungsfreiheit (Art. 49 AEUV) verstößt.
>
> Aufgrund des Anwendungsvorrangs des Unionsrechts vor nationalem Recht bindet die Entscheidung des EuGH die nationalen Gerichte und Verwaltungsbehörden. Das BZSt kann folglich die Ablehnung der Quellensteuerentlastung auf Dividenden nicht mit Verweis auf die nationale Missbrauchsvorschrift begründen. Dies gilt zumindest dann, wenn eine Entlastung nach der Mutter-Tochter-Richtlinie beantragt wurde. Als Reaktion hat die Finanzverwaltung mittlerweile klargestellt, dass § 50d Abs. 3 EStG in Fällen, in denen der Gläubiger der Kapitalerträge einen Anspruch auf Entlastung nach § 43b EStG geltend macht, nicht mehr anzuwenden ist (BMF vom 04.04.2018, BStBl I 2018, 589).
>
> Auch hinsichtlich der nachgebesserten Fassung des § 50d Abs. 3 EStG (2012) hat das FG Köln europarechtliche Bedenken. Zwar habe der Gesetzgeber mit der seit dem 01.01.2012 geltenden aktuellen Fassung der Norm gerade die Vereinbarkeit mit EU-Recht nachbessern wollen, dennoch sieht das FG Köln weiterhin Gründe für eine mögliche Verletzung der Niederlassungsfreiheit und der Unvereinbarkeit mit der Mutter-Tochter-Richtlinie (Beschluss vom 17.05.2017, 2 K 773/16). Mit Beschluss vom 14.06.2018 (C-440/17) hat der EuGH mittlerweile klargestellt, dass § 50d Abs. 3 EStG auch in der aktuellen Fassung sowohl gegen die Mutter-Tochter-Richtlinie als auch gegen die Niederlassungsfreiheit verstößt.
>
> Zu beachten ist jedoch, dass die aktuelle Entscheidung des EuGH hinsichtlich der Entlastung von deutscher Abzugsteuer i. S. d. § 50a Abs. 1 EStG bei Lizenzgebühren **nicht** unmittelbar anwendbar sein dürfte, da sich das Urteil auf die Niederlassungsfreiheit und die Mutter-Tochter-Richtlinie bezieht. Lizenzgebühren unterliegen aber dem Schutzbereich der Zins- und Lizenzgebührenrichtlinie sowie der Kapitalverkehrsfreiheit, so dass die Missbrauchsvorschrift hier trotz unionsrechtlicher Bedenken weiterhin anwendbar sein sollte. Weiterhin sollte das Urteil nicht unmittelbar anwendbar sein, wenn die Entlastung nach Maßgabe eines DBA erfolgt. Ungeachtet dessen sollte in entsprechenden Fällen auf die aktuelle Entscheidung hingewiesen werden.

5.3 Sachliche Entlastungsberechtigung

5.3.1 Allgemeines

Eine ausländische Gesellschaft ist sachlich entlastungberechtigt, soweit
- sie im betreffenden Wirtschaftsjahr **Bruttoerträge aus eigener Wirtschaftstätigkeit** erzielt oder
- in Bezug auf die nicht aus eigener Wirtschaftstätigkeit erzielten Bruttoerträge **wirtschaftliche oder sonst beachtliche Gründe** für die Einschaltung der ausländischen Gesellschaft vorhanden sind (§ 50d Abs. 3 Satz 1 Nr. 1 EStG).

Sind in Bezug auf die nicht aus eigener Wirtschaftstätigkeit erzielten Bruttoerträge für die Einschaltung der ausländischen Gesellschaft wirtschaftliche oder sonst beachtliche Gründe vorhanden, muss darüber hinaus nachgewiesen werden, dass die ausländische Gesellschaft mit einem für ihren Geschäftszweck **angemessen eingerichteten Geschäftsbetrieb** am **allgemeinen wirtschaftlichen Verkehr** teilnimmt (§ 50d Abs. 3 Satz 1 Nr. 2 EStG).

Sofern die ausländische Gesellschaft selbst bereits sachlich entlastungsberechtigt ist, kommt es auf eine persönliche Entlastungsberechtigung der Anteilseigner der ausländischen Gesellschaft nicht mehr an.

Gem. § 50d Abs. 3 Satz 2 EStG sind hinsichtlich der Beurteilung, ob die ausländische Gesellschaft Bruttoerträge aus eigener Wirtschaftstätigkeit erzielt bzw. über einen für ihren Geschäftszweck angemessen eingerichteten Geschäftsbetrieb verfügt, nur die Verhältnisse der ausländischen Gesellschaft maßgebend. Merkmale nahe stehender Unternehmen i. S. d. § 1 Abs. 2 AStG bleiben außer Betracht. Als Reaktion auf die Entscheidungen des EuGH vom 20.12.2017 vertritt die Finanzverwaltung die Auffassung, dass § 50d Abs. 3 EStG 2012 in Fällen, in denen der Gläubiger der Kapitalerträge einen Anspruch auf Entlastung nach § 43b EStG geltend macht, mit der Maßgabe anzuwenden ist, dass Satz 2 keine Anwendung findet (BMF vom 04.04.2018, BStBl I 2018, 589).

5.3.2 Dividenden als Bruttoerträge aus eigener Wirtschaftstätigkeit der ausländischen Gesellschaft

5.3.2.1 Überblick

Eine ausländische Gesellschaft hat Anspruch auf Entlastung von deutscher Kapitalertragsteuer, **soweit** die von der Gesellschaft im betreffenden Wirtschaftsjahr erzielten Bruttoerträge aus eigener Wirtschaftstätigkeit stammen. Soweit ersichtlich qualifiziert die Finanzverwaltung das Halten und Verwalten von Beteiligungen als reine **Vermögensverwaltung**. Entsprechend stellen Dividenden zunächst **keine** Bruttoerträge aus eigener Wirtschaftstätigkeit dar (BMF vom 24.01.2012, BStBl I 2012, 171, Rz. 5).

Um bei grenzüberschreitenden Gewinnausschüttungen – unter Berücksichtigung der »Aufteilungsklausel« des § 50d Abs. 3 Satz 1 EStG – die nach Maßgabe von § 44a Abs. 9 EStG, den Bestimmungen eines DBA (insbes. Art. 10 Abs. 2 OECD-MA) oder nach § 43b

EStG maximal möglichen Entlastung von deutscher Kapitalertragsteuer zu beanspruchen, ist es erforderlich, jene Dividenden als unschädliche Bruttoerträge aus eigener Wirtschaftstätigkeit zu klassifizieren, um deren Entlastung es im jeweiligen Antragsverfahren geht.

In der Praxis kommen hierbei regelmäßig die folgenden Konstellationen bzw. Argumentationsmöglichkeiten in Betracht:
- die Dividenden stehen in einem wirtschaftlich funktionalen Zusammenhang zu den Erträgen aus eigener Wirtschaftstätigkeit der ausländischen Gesellschaft;
- die Dividenden stammen von sog. geleiteten Gesellschaften.

5.3.2.2 Wirtschaftlich funktionaler Zusammenhang

Dividenden zählen ebenfalls zu den Bruttoerträgen aus eigener Wirtschaftstätigkeit, wenn sie mit der eigenen Wirtschaftstätigkeit der ausländischen Gesellschaft in einem wirtschaftlich funktionalen Zusammenhang stehen (BMF vom 24.01.2012, BStBl I 2012, 171, Rz. 5). Wann von einem funktional wirtschaftlichen Zusammenhang ausgegangen werden kann, ist anhand des im Zusammenhang mit § 8 AStG entwickelten Begriffs der »funktionalen Betrachtungsweise« zu bestimmen (*Frotscher*, in: Frotscher/Geurts EStG, § 50d, Rz. 86). Nach *Rödel* wird ein wirtschaftlicher Zusammenhang als gegeben angesehen, wenn die Erträge nach ihrer Entstehung und Zweckbestimmung durch eine einheitliche wirtschaftliche Betätigung veranlasst sind (*Rödel*, in: Kraft AStG, § 8, Rz. 34 unter Hinweis auf *Wassermeyer/Schönfeld*, in: FWB AStG, 73. Lfg., § 8, Rz. 35). Hiernach sowie unter Berücksichtigung der Ausführungen von *Wassermeyer/Schönfeld* kann insbes. dann von einem wirtschaftlichen Zusammenhang ausgegangen werden, wenn die Tätigkeiten aufeinander abgestimmt sind, sich wirtschaftlich ergänzen bzw. in einem Über-Unterordnungs-Verhältnis (bzw. im Verhältnis von Haupt- und Nebentätigkeit) zueinander stehen (*Rödel*, in: Kraft AStG, 2009, § 8, Rz. 34; *Wassermeyer/Schönfeld*, in: FWB AStG, 73. Lfg., § 8, Rz. 32). Ein wirtschaftlich funktionaler Zusammenhang kann z. B. bei Dividenden einer inländischen Vertriebsgesellschaft an eine im Ausland ansässige Produktionsgesellschaft angenommen werden (BMF vom 24.01.2012, BStBl I 2012, 171, Rz. 12).

5.3.2.3 Aktive Beteiligungsverwaltung

Dividenden stellen weiterhin Bruttoerträge aus eigener Wirtschaftstätigkeit dar, wenn sie von sog. geleiteten Gesellschaften stammen, die im Ausland ansässige Muttergesellschaft mithin eine aktive Beteiligungsverwaltung gegenüber dem Lizenznehmer ausübt.

Eine aktive Beteiligungsverwaltung setzt nach Auffassung der Finanzverwaltung voraus, dass die ausländische Gesellschaft gegenüber ihren Tochtergesellschaften **geschäftsleitende Funktionen** wahrnimmt. Hierbei soll es nicht ausreichen, dass eine Gesellschaft ohne sonstige unternehmerische Betätigung lediglich Anteile an einer oder mehreren Tochtergesellschaften hält und sich dabei auf die Ausübung der Gesellschafterrechte beschränkt (passive Beteiligungsverwaltung) (BMF vom 24.01.2012, BStBl I 2012, 171, Rz. 5.2).

Die Ausübung **geschäftsleitender Funktionen** setzt vielmehr voraus, dass Führungsentscheidungen von langfristiger Natur, Grundsätzlichkeit und Bedeutung für den Bestand der Beteiligungsgesellschaft (geleitete Gesellschaft) von der ausländischen Gesellschaft getroffen werden (BMF vom 24.01.2012, BStBl I 2012, 171, Rz. 5.3). Die geschäftsleitenden Funktionen müssen dabei gegenüber mindestens zwei Tochtergesellschaften ausgeübt werden. Dabei ist es ausreichend, dass lediglich eine Tochtergesellschaft in Deutschland ansässig ist (*Perwein*, ISR 2014, 231).

Die nachfolgend aufgeführten Tätigkeiten dürften Anhaltspunkte für die Ausübung von Geschäftsleitungsfunktionen sein (in Anlehnung an *Schönfeld*, in: Flick/Wassermeyer/ Baumhoff/Schönfeld, AStG, §50d Abs. 3 EStG, Rz. 188):
- Konzernleitung,
- Koordination und allgemeines Management,
- Unterstützung im Personalbereich,
- Finanz- und Rechnungswesen,
- Rechts-, Steuer- und Unternehmensberatung,
- Produktüberwachung,
- Marketing und Vertrieb,
- Nutzungsüberlassung, Darlehensgewährung und sonstige Leistungen.

5.3.3 Angemessen eingerichteter Geschäftsbetrieb

Im Erstattungs- und Freistellungsverfahren muss weiterhin dargelegt werden, dass die ausländische Gesellschaft über einen für ihren Geschäftszweck angemessen eingerichteten Geschäftsbetrieb verfügt. Dies setzt regelmäßig voraus, dass die ausländische Gesellschaft im Ansässigkeitsstaat über qualifiziertes Personal, Geschäftsräume und technische Kommunikationsmittel verfügt (BMF vom 24.01.2012, BStBl I 2012, 171, Rz. 7). In diesem Zusammenhang führt die Finanzverwaltung aus, dass ein »greifbares Vorhandensein« nachweisbar sein muss (BMF vom 24.01.2012, BStBl I 2012, 171, Rz. 7; einschränkend BMF vom 04.04.2018, BStBl I 2018, 589). Indizien für ein solches »greifbares Vorhandensein« liegen vor, wenn
- die Gesellschaft dort für die Ausübung ihrer Tätigkeit ständig sowohl geschäftsleitendes als auch anderes Personal beschäftigt,
- das Personal der Gesellschaft über die Qualifikation verfügt, um die der Gesellschaft übertragenen Aufgaben eigenverantwortlich und selbstständig zu erfüllen,
- die Geschäfte zwischen nahe stehenden Personen i. S. d. § 1 Abs. 2 AStG einem Fremdvergleich (wie unter fremden Dritten) standhalten.

Zu beachten ist, dass sich die erforderliche Ausstattung eines Geschäftsbetriebs grundsätzlich nach der spezifischen Geschäftstätigkeit zu richten hat, so dass Art und Umfang der spezifischen Geschäftstätigkeit einer Gesellschaft ausschlaggebend dafür sind, über welche personellen und sachlichen Ressourcen der spezifische Geschäftsbetrieb verfügen muss. Im Zusammenhang mit grenzüberschreitenden Gewinnausschüttungen dürfte insbes. entscheidend sein, die Existenz von Personal nachzuweisen, die alle für die Ausübung geschäftsleitender Funktionen notwendigen Kompetenzen haben.

5.4 Darlegung der Entlastungsberechtigung im Freistellungs- bzw. Erstattungsverfahren

Voraussetzung für die Entlastung von deutscher Kapitalertragsteuer nach Maßgabe von § 44a Abs. 9 EStG, den Bestimmungen eines DBA (insbes. Art. 10 Abs. 2 OECD-MA) oder nach § 43b EStG ist die Entlastungsberechtigung der ausländischen Gesellschaft. Entsprechend ist es erforderlich, i. R. d. Freistellungs- bzw. Erstattungsverfahrens detailliert die Entlastungsberechtigung i. S. d. § 50d Abs. 3 EStG darzulegen.

Vor diesem Hintergrund sind neben dem eigentlichen Antragsformular inkl. der Bestätigung der steuerlichen Ansässigkeit des Vergütungsgläubigers die folgenden (Standard-) Dokumente dem BZSt zur Verfügung zu stellen:
- Handelsregisterauszug des Vergütungsgläubigers;
- Darstellung der Gruppenstruktur inklusive der Beteiligungsverhältnisse;
- Bilanz sowie Gewinn- und Verlustrechnung des Vergütungsgläubigers des betreffenden Wirtschaftsjahres.

Regelmäßig werden die genannten Dokumente für die Prüfung der Entlastungsberechtigung i. S. d. § 50d Abs. 3 EStG nicht ausreichend sein. Zusätzliche Informationen fordert das BZSt regelmäßig mit einem **Fragebogen** an. Mit Beantwortung der einzelnen Fragen sind sodann Nachweise über die Teilnahme am allgemeinen wirtschaftlichen Verkehr sowie einen im Ausland vorhandenen Geschäftsbetrieb einzureichen. Zu nennen sind hier insbes.:
- Mietverträge über Büroräume o. Ä. sowie Abrechnung über Verbrauch von Wasser, Strom etc.;
- Aktuelle Aufnahmen von den Geschäftsräumen;
- Nachweis von Kommunikationsmitteln (z. B. Telefonrechnungen);
- Nachweis des Außenauftritts des Vergütungsgläubigers (Firmenschild, Homepage, Visitenkarten, E-Mail-Adressen);
- Jobbeschreibungen / Profile von Mitarbeitern (ggf. inklusive Arbeitsverträge und Lohnabrechnungen);
- Dokumente, die eine Teilnahme am ausländischen Markt nachweisen (z. B. Rechnungen).

Im Zusammenhang mit grenzüberschreitenden Gewinnausschüttungen sind darüber hinaus Nachweise für die Ausübung geschäftsleitender Funktionen bzw. den funktional wirtschaftlichen Zusammenhang der Dividenden mit den Bruttoerträgen aus eigener Wirtschaftstätigkeit dem Antrag beizufügen.

5.5 Abkommensrechtliche Besonderheiten

5.5.1 Überblick

Beinhaltet ein einschlägiges DBA eine abschließende Regelung zur Missbrauchsvermeidung, ist diese vorrangig zu § 50d Abs. 3 EStG anzuwenden (BMF vom 24.01.2012, BStBl I 171, Rz. 10). Mit Art. 28 beinhaltet z. B. das DBA zwischen der Bundesrepublik Deutschland und den Vereinigten Staaten von Amerika vom 04.06.2008 eine entsprechende Regelung zur Missbrauchsvermeidung (sog. **Limitation on Benefits Klausel**). Eine vergleichbare Regelung enthält das DBA zwischen der Bundesrepublik Deutschland und Japan vom 17.12.2015. Beide Regelungen sind in ihrer Funktion grundsätzlich mit § 50d Abs. 3 EStG vergleichbar und im Detail in Kap. I.4.7 dargestellt.

Anders verhält es sich mit den Abs. 3 und 4 der Bestimmung XV zu Art. 23 des Protokolls zum DBA zwischen der Bundesrepublik Deutschland und dem Königreich der Niederlande vom 12.04.2012 (**DBA Niederlande**). Danach wird die Wirkung des § 50d Abs. 3 EStG in gewissen Sachverhaltskonstellationen erstmalig abkommensseitig eingeschränkt. Soweit ersichtlich gibt es bisher keine vergleichbare Regelung in anderen, durch die Bundesrepublik Deutschland mit anderen Staaten abgeschlossenen DBA (s. auch Kommentar des niederländischen Staatssecretaris, in: Kamerstukken II 2012-2013, Nr. 33 615, Nr. 3, 33 f.).

Die abkommensrechtliche, ausschließlich für deutsch-niederländische Sachverhalte geltende Einschränkung des § 50d Abs. 3 EStG dürfte nicht im Konflikt mit dem Europarecht stehen. Denn der Grundsatz der Kapitalverkehrsfreiheit zwingt nicht dazu, Vorteile, die aus einem bilateralen Abkommen entstehen, auch auf andere Staaten auszuweiten (EuGH vom 05.07.2005, C-376/03).

5.5.2 Bestimmung XV Abs. 3 des Protokolls zum DBA Niederlande

Hinsichtlich einer möglichen Entlastung von deutscher Kapitalertragsteuer bei inländischen Einkünften aus Kapitalvermögen dürfte insbes. Abs. 3 der Bestimmung XV zu Art. 23 des Protokolls zum DBA Niederlande relevant sein:

> »(3) Hält eine in den Niederlanden ansässige natürliche Person durch eine oder mehrere in den Niederlanden ansässige Gesellschaften Anteile an einer in der Bundesrepublik Deutschland ansässigen Gesellschaft, finden die in Artikel 23 genannten deutschen Rechtsvorschriften keine Anwendung, wenn die deutsche Steuerverwaltung nicht nachweisen kann, dass es sich bei der Zwischenschaltung der vorgenannten niederländischen Gesellschaft um eine aus steuerlichen Gründen gewählte Gestaltung handelt. Die Zwischenschaltung ist nicht aus steuerlichen Gründen gewählt, wenn Einkünfte bei ihrer Ausschüttung an die natürliche Person in den Niederlanden besteuert werden.

Der Grundsachverhalt, der vermutlich von der Bestimmung XV Abs. 3 des Protokolls abgedeckt werden soll, lässt sich grafisch wie folgt darstellen:

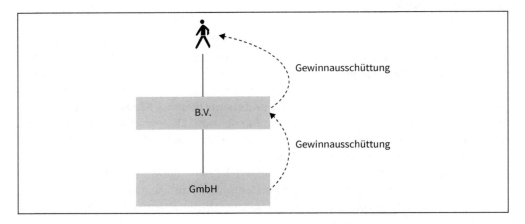

Eine Zwischenschaltung der vorgenannten niederländischen Gesellschaft ist in einem solchen Fall nach der Definition der Protokollbestimmung XV nicht als eine aus steuerlichen Gründen gewählte Gestaltung anzusehen, da die Einkünfte bei ihrer Ausschüttung an die natürliche Person in den Niederlanden besteuert werden. Entsprechend ist ein Nachweis der persönlichen und sachlichen Entlastungsberechtigung gem. § 50d Abs. 3 EStG seitens der niederländischen Gesellschaft nicht erforderlich.

Soweit ersichtlich, wird die Protokollregelung durch das BZSt sehr eng ausgelegt und soll lediglich dann Anwendung finden, wenn maximal **eine** natürliche Person an der niederländischen Gesellschaft beteiligt ist. Diese Auslegung dürfte von den unterzeichnenden Staaten jedoch nicht beabsichtigt worden sein. Denn diese würde bloß auf einen sehr geringen Anteil grenzüberschreitender Sachverhalte zutreffen. Demgegenüber sollte die Vorschrift auch nicht derartig weit ausgelegt werden dürfen, dass nur ein einziger niederländischer Gesellschafter mit einer nur geringen Beteiligung – neben Gesellschaftern anderer Ansässigkeit – den Anwendungsbereich der Bestimmung XV Abs. 3 für den Gesamtbetrag der mit deutscher Kapitalertragsteuer belasteten Dividende eröffnet. Diese Auslegung würde Spielraum für ungewollte, missbräuchliche Gestaltungen bieten. Vielmehr sollte die abkommensrechtliche Begünstigung nur insoweit Wirkung entfalten können, als in den Niederlanden ansässige Gesellschafter an der niederländischen Kapitalgesellschaft beteiligt sind und die übrigen Voraussetzungen der Protokollbestimmung erfüllt sind (*Häck/ Spierts*, IStR 2014, 58).

Darüber hinaus findet die Vorschrift nur Anwendung, soweit die natürliche Person durch eine oder mehrere in den Niederlanden ansässige Gesellschaften (i. S. d. Art. 4 Abs. 3 DBA Niederlande) Anteile an einer in der Bundesrepublik Deutschland ansässigen Gesellschaft hält. Soweit eine der zwischengeschalteten Gesellschaften außerhalb der Niederlande ansässig ist, findet die Protokollbestimmung XV Abs. 3 keine Anwendung.

Die Anwendung der Bestimmung XV Abs. 3 des Protokolls zu Art. 23 DBA Niederlande setzt nach Auffassung der niederländischen Regierung nicht voraus, dass die Gewinnausschüttung durch die niederländische Muttergesellschaft an die natürliche Person weitergeleitet wird (Kamerstukken II 2012-2013, Nr. 33 615, Nr. 3, 33 f.). Vielmehr sollte es ausreichend sein, dass im Zeitpunkt der Gewinnausschüttung der deutschen Gesellschaft eine fiktiv unmittelbar weitergeleitete Dividende an den obersten niederländischen Anteilseigner der niederländischen Einkommensteuer unterliegen würde.

Weiterhin ist fraglich, was unter »*Einkünfte bei ihrer Ausschüttung an die natürliche Person in den Niederlanden besteuert werden*« zu verstehen ist. Insbesondere vor dem Hintergrund des niederländischen Besteuerungssystems natürlicher Personen (sog. Boxensystem) ist zu hinterfragen, ob es für die Anwendbarkeit der Protokollbestimmung einen Unterschied macht, welcher Box die Einkünfte zuzurechnen sind. Beispielsweise werden Einkünfte der Box 3 (Einkommen aus Ersparnissen und Kapitalanlagen) nicht unmittelbar der Besteuerung unterworfen. Vielmehr wird ein Pauschalertrag des Nettovermögens (tatsächlicher Wert des Vermögens abzgl. aller Schulden) zu einem festen Steuersatz besteuert (*Kroese Wevers*, in: Niederländisches Steuerrecht 2016, 10). Während der niederländische Staatssecretaris davon ausgeht, dass auch Box 3-Einkünfte einer Besteuerung i. S. d. Protokollbestimmung XV Abs. 3 unterliegen (Kamerstukken II 2012-2013, Nr. 33 615, Nr. 3, 33 f.), hat sich die deutsche Finanzverwaltung diesbezüglich bislang nicht geäußert.

Abschließend stellt sich die Frage, ob die abkommensrechtliche Einschränkung der Missbrauchsdefinition i. S. d. § 50d Abs. 3 EStG bei grenzüberschreitenden Gewinnausschüttungen an eine niederländische Gesellschaft ebenfalls in Bezug auf die Inanspruchnahme der Vergünstigung der Mutter-Tochter-Richtlinie Anwendung finden könnte. Gem. der Protokollbestimmung XV Abs. 3 finden die in Art. 23 genannten deutschen Rechtsvorschriften (d. h. § 50d Abs. 3 EStG) – unter den dort bestimmten Voraussetzungen – keine Anwendung. Isoliert betrachtet könnte also die Auffassung vertreten werden, dass die Protokollbestimmung allgemeingültige Wirkung entfaltet, da sich der Wortlaut nicht ausschließlich auf die Vergünstigungen des DBA Niederlande bezieht. Der niederländische Staatssecretaris geht jedenfalls davon aus, dass die Bundesrepublik Deutschland i. R. d. Anwendung der Mutter-Tochter-Richtlinie § 50d Abs. 3 EStG zumindest nicht mehr ungemildert anwenden wird (Kamerstukken II 2013-2014, Nr. 33 615, Nr. 8, 17). Auch wenn mit Abs. 3 der Protokollbestimmung XV zu Art. 23 des DBA Niederlande den Begriff der missbräuchlichen Gestaltung mit Unterzeichnung des DBA Niederlande – zumindest für Vorgänge zwischen den Niederlanden und Deutschland – neu definiert hat, ist davon auszugehen, dass diese Auffassung seitens der Finanzverwaltung nicht geteilt wird (*Häck/Spierts*, IStR 2014, 58).

5.5.3 Bestimmung XV Abs. 4 des Protokolls zum DBA Niederlande

Gem. Protokollbestimmung XV Abs. 4 verpflichtet sich die Bundesrepublik Deutschland für Zwecke der Anwendung des deutschen Steuerrechts auf eine niederländische Gesellschaft auf Grundlage des Art. 23, verbundene Unternehmen in den Niederlanden auf konsolidierter Basis zu behandeln. Zu beachten ist, dass ausschließlich in den Niederlanden ansässige Gesellschaften für die Konsolidierung berücksichtigt werden.

»(4) Für Zwecke der Anwendung des deutschen Steuerrechts auf eine niederländische Gesellschaft auf Grundlage des Artikels 23 behandelt *die Bundesrepublik Deutschland verbundene Unternehmen in den Niederlanden auf konsolidierter Basis*«

Diese Vorschrift kommt vor allem in solchen Fällen zum Tragen, in denen zwar die in den Niederlanden ansässige Holdinggesellschaft keine Bruttoerträge aus eigener Wirtschaftstätigkeit erzielt, jedoch die in den Niederlanden ansässigen, mit der Holdinggesellschaft verbundenen Unternehmen, die benötigte Aktivität aufweisen.

Beispiel

Unternehmensgegenstand der A-B.V. ist das Halten eigenen Vermögens (hier: die Beteiligung an der B-GmbH sowie an der C-B.V.). Die C-B.V. erzielt Bruttoerträge aus eigener Wirtschaftstätigkeit und erfüllt damit die Substanzerfordernisse i. S. d. § 50d Abs. 3 EStG.

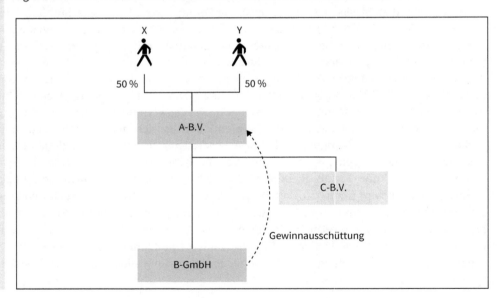

Lösung

Die A-B.V. erzielt keine Bruttoerträge aus eigener Wirtschaftstätigkeit und ist nicht entlastungsberechtigt i. S. d. § 50d Abs. 3 EStG. Eine Entlastung von deutscher Kapitalertragsteuer nach Art. 10 Abs. 2 DBA Niederlande ist zunächst nicht möglich.
Allerdings werden aufgrund des Abs. 4 der Protokollbestimmung XV zu Art. 23 des DBA Niederlande die Bruttoerträge aus eigener Wirtschaftstätigkeit der C-B.V. der A B.V. wie eigene Erträge zugerechnet. Demnach hat die A-B.V. Anspruch auf Entlastung von deutscher Kapitalertragsteuer gem. Art. 10 Abs. 2 Buchst. a DBA Niederlande.

Dies ist insoweit bemerkenswert, da gem. § 50d Abs. 3 Satz 2 EStG für die Prüfung der sachlichen Entlastungsberechtigung ausschließlich die Verhältnisse der ausländischen Gesellschaft maßgebend sein sollen; organisatorische, wirtschaftliche oder sonst beachtliche Merkmale der Unternehmen, die der ausländischen Gesellschaft i.S.d. § 1 Abs. 2 AStG nahe stehen, sollen außer Betracht bleiben. Die Protokollbestimmung XV Abs. 4 erweitert somit den Umfang der Gesellschaften, die im Zuge der Prüfung der sachlichen Entlastungsberechtigung einzubeziehen sind.

Soweit ersichtlich wird seitens der Finanzverwaltung die Auffassung vertreten, dass diese Regelung für niederländische Unternehmen gedacht ist, die sich in einer niederländischen Organschaft (**fiscale eenheid**) befinden. Diesbezüglich wird auf die Ausführungen in Kap. I.4.7.3 hingewiesen.

6 Praxisbeispiel: vollständige Entlastung von deutscher Kapitalertragsteuer auf Basis abkommensrechtlicher Bestimmungen

6.1 Überblick

Bei grenzüberschreitenden Gewinnausschüttungen ist auf Basis abkommensrechtlicher Bestimmungen regelmäßig keine vollständige Entlastung von deutscher Kapitalertragsteuer möglich. Da sich das DBA zwischen der Bundesrepublik Deutschland und den Vereinigten Staaten von Amerika vom 04.06.2008 (**DBA USA**) hinsichtlich der Besteuerung grenzüberschreitender Gewinnausschüttungen (Dividenden) grundsätzlich auch an dem OECD-MA orientiert, steht dem Quellenstaat gem. Art. 10 Abs. 2 DBA USA ein (eingeschränktes) Besteuerungsrecht i. H. v. 5 % bzw. 15 % zu.

Abweichend vom OECD-MA räumt **Art. 10 Abs. 3 Buchst. a DBA USA** dem Ansässigkeitsstaat des Vergütungsgläubigers bzw. Anteilseigners das ausschließliche Besteuerungsrecht ein (d. h. Quellensteuerreduktion auf 0 %). Voraussetzung hierfür ist **zunächst**, dass der Nutzungsberechtigte eine im anderen Vertragsstaat ansässige Gesellschaft ist, die zum Zeitpunkt des Entstehens des Dividendenanspruchs seit einem Zeitraum von **zwölf Monaten unmittelbar Anteile i. H. v. mind. 80 %** der Stimmrechte an der die Dividenden auszahlenden Gesellschaft hält.

Unter Rückgriff auf die sog. **Limitation on Benefits Klausel** des Art. 28 DBA USA enthält Art. 10 Abs. 3 Buchst. a DBA USA weitere Bedingungen für eine vollständige Entlastung von deutscher Kapitalertragsteuer. Danach setzt die vollständige Entlastung von deutscher Kapitalertragsteuer voraus, dass der in den USA ansässige Vergütungsgläubiger/Anteilseigner

aa) die Voraussetzungen des Art. 28 Abs. 2 Buchst. c Doppelbuchst. aa (**Börsenhandelstest**) oder bb (**mittelbarer Börsenhandelstest**) erfüllt;

bb) die Voraussetzungen des Art. 28 Abs. 2 Buchst. f Doppelbuchst. aa (**Ownership Test**) und bb (**Base Erosion Test**) erfüllt, vorausgesetzt, die Gesellschaft erfüllt hinsichtlich der Dividenden die Voraussetzungen des Art. 28 Abs. 4 (**Active Trade or Business Test**);

cc) nach Art. 28 Abs. 3 Anspruch auf Vergünstigungen hinsichtlich der Dividenden hat (**Derivative Benefits-Test**); **oder**

dd) hinsichtlich dieses Absatzes eine Bewilligung gem. Art. 28 Abs. 7 erhalten hat (**Competent Authority Relief**).

Die Voraussetzungen des Art. 10 Abs. 3 Buchst. a Doppelbuchst. **aa bis cc** DBA USA sind alternativ und nicht kumulativ zu erfüllen.

Die vollständige Entlastung von deutscher Kapitalertragsteuer i. S. d. § 43 Abs. 1 Nr. 1 EStG auf Basis des Art. 10 Abs. 3 Buchst. a DBA USA soll anhand des nachfolgenden Beispiels dargestellt werden:

Beispiel

Die gewerblich tätige ABC Inc. hat sowohl ihre Geschäftsleitung als auch ihren Sitz in Southfield (Michigan). An der ABC Inc. sind X und Y, jeweils mit Wohnsitz und gewöhnlichem Aufenthalt in den USA, seit mehr als zwei Jahren zu jeweils 50 % beteiligt. Die ABC Inc. ist seit mehr als fünf Jahren an der in Dortmund (Deutschland) ansässigen, gewerblich tätigen B GmbH zu 100 % beteiligt. Die gewerbliche Tätigkeit der ABC Inc. soll im Verhältnis zur gewerblichen Tätigkeit in Deutschland nicht erheblich sein. Weiterhin soll die ABC Inc. lediglich Zahlungen an in den USA ansässige Personen leisten.

Die B GmbH schüttet mit Gesellschafterbeschluss vom 01.03.2018 ihren Gewinn des Wirtschaftsjahres 2017 i. H. v. 100.000 EUR an die ABC Inc. aus. Die ABC Inc. verfügt über keine gültige Freistellungsbescheinigung i. S. d. § 50d Abs. 2 EStG.

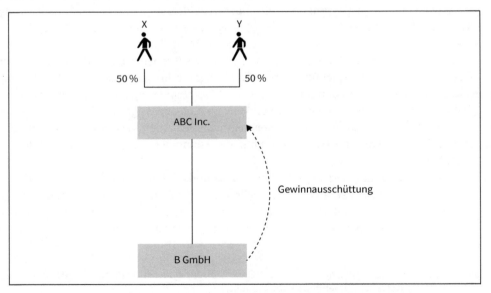

Die ABC Inc. ist gem. § 2 Nr. 1, § 8 Abs. 1 Satz 1 KStG i. V. m. § 49 EStG in Deutschland beschränkt körperschaftsteuerpflichtig, soweit sie inländische Einkünfte bezieht. Die ABC Inc. erzielt aus der Gewinnausschüttung Einkünfte i. S. d. § 20 Abs. 1 Satz 1 Nr. 1 EStG. Da die ausschüttende B GmbH als Schuldnerin sowohl ihre Geschäftsleitung als auch ihren Sitz in Deutschland hat, liegen inländische Einkünfte gem. § 2 Nr. 1 i. V. m. § 8 Abs. 1 KStG i. V. m. § 49 Abs. 1 Nr. 5 Buchst. a EStG vor.

Die Körperschaftsteuer wird nach § 8 Abs. 1 Satz 1 KStG i. V. m. § 43 Abs. 1 Satz 1 Nr. 1 EStG im Wege des Abzugs vom Kapitalertrag erhoben.

Die B GmbH ist als Vergütungsschuldnerin gem. § 44 Abs. 1 Satz 2 EStG verpflichtet, im Zeitpunkt der Gewinnausschüttung Kapitalertragsteuer i. H. v. 25 % zzgl. Solidaritätszuschlag einzubehalten und an das Finanzamt abzuführen. Die deutsche Körperschaftsteuer ist für die ABC Inc. durch den Steuerabzug abgegolten (§ 32 Abs. 1 Nr. 2 KStG). Eine Veranlagung der ABC Inc. ist in Deutschland nicht durchzuführen.

Der **persönliche Anwendungsbereich** des DBA USA ist eröffnet, da es sich sowohl bei der ABC Inc. als auch bei der B GmbH um in einem der Vertragsstaaten (hier: Deutschland und USA) ansässige Personen i. S. d. Art. 4 Abs. 1 DBA USA handelt (Art. 1 Abs. 1 DBA USA).

Weiterhin ist der **sachliche Anwendungsbereich** eröffnet: bei der deutschen Körperschaftsteuer handelt es sich um eine Steuer, für die gem. Art. 2 Abs. 1 Buchst. b Doppelbuchst. bb DBA USA das Abkommen gilt.

Die Gewinnausschüttung an die ABC Inc. qualifiziert als Dividende i. S. d. Art. 10 Abs. 5 DBA USA. Die ABC Inc. ist seit einem Zeitraum von **mindestens zwölf Monaten** unmittelbar i. H. v. **mindestens 80 %** (hier: 100 %) an der B GmbH beteiligt und hat demnach grundsätzlich Anspruch auf vollständige Entlastung von deutscher Kapitalertragsteuer nach Art. 10 Abs. 3 Buchst. a DBA USA (vorbehaltlich der ausgewählten in Art. 28 DBA USA normierten Voraussetzungen, auf die Art. 10 Abs. 3 Buchst. a verweist).

6.2 (Mittelbarer) Börsenhandelstest (Art. 28 Abs. 2 Buchst. c DBA USA)

Ein in den USA ansässiger Vergütungsgläubiger/Anteilseigner hat zunächst einen Anspruch auf vollständige Entlastung von deutscher Kapitalertragsteuer nach Art. 10 Abs. 3 Buchst. a **Doppelbuchst. aa** DBA USA, wenn er eine berechtigte Person i. S. d. Art. 28 Abs. 2 Buchst. c DBA USA ist.

Eine Gesellschaft ist u. a. dann eine berechtigte Person, sofern ihre Hauptaktiengattung regelmäßig an einer oder mehreren anerkannten Börsen gehandelt wird (Art. 28 Abs. 2 Buchst. c Doppelbuchst. aa DBA USA) oder Aktien, die mindestens 50 % der Stimmrechte und des Werts der Gesellschaft darstellen, von fünf oder weniger Gesellschaften gehalten werden, deren Anteile wiederum an einer oder mehreren anerkannten Börsen gehandelt werden (Art. 28 Abs. 2 Buchst. c Doppelbuchst. bb DBA USA).

Eine vollständige Entlastung von deutscher Kapitalertragsteuer auf Basis des (mittelbaren) Börsenhandelstest ist in dem in diesem Kapitel skizzierten Beispielsfall demnach nicht möglich, da die Anteile an der ABC Inc. nicht an einer oder mehreren anerkannten Börsen gehandelt werden.

> **PRAXISHINWEIS**
>
> Sofern der Antrag auf vollständige Entlastung von deutscher Kapitalertragsteuer auf Art. 28 Abs. 2 Buchst. c Doppelbuchst. aa DBA USA gestützt wird, sollten dem BZSt neben dem eigentlichen Antragsformular Nachweise über die Börsennotierung der Antragstellerin beigefügt werden. Die Nachweise sollten Angaben über die US-amerikanische Börse

enthalten, an der mit der Hauptaktiengattung regelmäßig gehandelt wird (z. B. New York Stock Exchange)[11] sowie Angaben über die Wertpapierkennnummer (ISIN) beinhalten. Informationen über die Handelsvolumina der betreffenden Aktien sollten ebenfalls mit entsprechenden Nachweisen belegt werden, um die Regelmäßigkeit des Handels zu dokumentieren.

Wird der Antrag auf Art. 28 Abs. 2 Buchst. c Doppelbuchst. bb DBA USA (mittelbarer Börsenhandelstest) gestützt, sollte zusätzlich eine Darstellung der Beteiligungskette (Organigramm) mit den Anschriften der Beteiligten und der jeweiligen Höhe der Beteiligungen eingereicht werden.

6.3 Ownership und Base Erosion sowie Active Trade or Business Test

6.3.1 Ownership und Base Erosion Test (Art. 28 Abs. 2 Buchst. f DBA USA)

Ein in den USA ansässiger Vergütungsgläubiger bzw. Anteilseigner hat alternativ einen Anspruch auf vollständige Entlastung von deutscher Kapitalertragsteuer nach Art. 10 Abs. 3 Buchst. a **Doppelbuchst. bb** DBA USA, wenn dieser eine andere als eine natürliche Person ist, und

- an mindestens der Hälfte der Tage des Steuerjahrs mindestens 50 % jeder Aktiengattung an der Person unmittelbar oder mittelbar **von in den USA ansässigen Personen gehalten werden**, die wiederum gem. Art. 28 Abs. 2 Buchst. a DBA USA oder Art. 28 Abs. 2 Buchst. c Doppelbuchst. aa DBA USA Anspruch auf die Vergünstigungen nach dem Abkommen haben, sofern bei mittelbarer Beteiligung jeder zwischengeschaltete Beteiligte ebenfalls in den USA ansässig ist (**Ownership Test**; Art. 28 Abs. 2 Buchst. f Doppelbuchst. aa DBA USA), **und**
- weniger als 50 % des **Rohgewinns** der Person für das Steuerjahr unmittelbar oder mittelbar in Form von Zahlungen, die für Zwecke der unter das Abkommen fallenden Steuern in den USA abzugsfähig sind, an Personen gezahlt werden oder diesen geschuldet sind, die in keinem der Vertragsstaaten ansässig sind und keinen Anspruch auf die Vergünstigungen nach dem Abkommen gem. Art. 28 Abs. 2 Buchst. a DBA USA oder Art. 28 Abs. 2 Buchst. c Doppelbuchst. aa DBA USA haben (**Base Erosion Test**; Art. 28 Abs. 2 Buchst. f Doppelbuchst. bb DBA USA).

Gesellschafter der ABC Inc. sind in dem skizierten Beispielsfall die in den USA ansässigen natürlichen Personen X und Y (d. h. berechtigte Personen i. S. d. Art. 28 Abs. 2 Buchst. a DBA USA). Gem. Sachverhaltsbeschreibung sind diese auch an mind. der Hälfte der Tage

---

11 Zur Definition des Ausdrucks »anerkannte Börse« i. S. d. Art. 28 Abs. 2 Buchst. c Doppelbuchst. aa DBA USA s. Art. 28 Abs. 8 Buchst. a DBA USA.

des Steuerjahrs zu mindestens 50 % an der ABC Inc. beteiligt, sodass die Voraussetzungen des Art. 28 Abs. 2 Buchst. f Doppelbuchst. aa DBA USA (**Ownership-Komponente**) zunächst erfüllt sind. Darüber hinaus leistet die ABC Inc. keine Zahlungen (und damit weniger als 50 % des Rohgewinns) an Personen, die nicht in einem der Vertragsstaaten ansässig sind, sodass auch die Voraussetzungen des Art. 28 Abs. 2 Buchst. f Doppelbuchst. bb DBA USA erfüllt sind (**Base Erosion-Komponente**).

> **PRAXISHINWEIS**
>
> Der Rohgewinn (*gross income*) sollte in der behandelten Konstellation nach den rechtlichen Rahmenbedingungen in den USA zu bestimmen sein. Entsprechend bestimmt sich der Rohgewinn aus der Differenz zwischen den Bruttoeinnahmen (*gross receipts*) und den Kosten der Leistungserstellung (*costs of goods sold*) (*Wolff*, in Wassermeyer, Art. 28 DBA-USA, Rz. 100). Schädliche Zahlungen in diesem Zusammenhang sind insbes. Lizenzzahlungen, Zinsen, Dienstleistungsvergütungen oder Versicherungs- und Rückversicherungsprämien (*Wolff*, in Wassermeyer, Art. 28 DBA USA, Rz. 96).

6.3.2 Active Trade or Business Test (Art. 28 Abs. 4 DBA USA)

Weiterhin setzt eine vollständige Entlastung von deutscher Kapitalertragsteuer nach Art. 10 Abs. 3 Buchst. a Doppelbuchst. bb DBA USA i. V. m. Art. 28 Abs. 4 **Buchst. a** DBA USA voraus, dass

- die ansässige Person in den USA **aktiv gewerblich tätig** ist,
- die aus Deutschland bezogenen Einkünfte i**m Zusammenhang mit dieser gewerblichen Tätigkeit bezogen werden** oder aus Anlass dieser Tätigkeit anfallen und
- die in den USA ansässige Person alle **anderen Voraussetzungen** für den Erhalt dieser Vergünstigungen erfüllt (**Active Trade or Business Test**).

Bei der Feststellung, ob eine Person gem. Art. 28 Abs. 4 Buchst. a DBA USA in einem Vertragsstaat aktiv gewerblich tätig ist, gelten gem. Art. 28 Abs. 4 **Buchst. c** DBA USA Tätigkeiten von mit dieser Person **verbundenen Personen** als Tätigkeiten dieser Person. Voraussetzung für diese konsolidierte Betrachtung ist, dass die verbundene Person ebenfalls in den USA ansässig ist (*Gohr*, in: Endres/Jacob/Gohr/Klein, DBA Deutschland/USA, Art. 28, Rz. 183; *Wolff*, in: Wassermeyer, Art. 28 DBA-USA Rz. 161). Eine Person gilt als mit einer anderen Person als i. d. S. verbunden, wenn einer Person mindestens 50 % des wirtschaftlichen Eigentums bzw. der Stimmrechte an der anderen Person gehören oder einer anderen Person unmittelbar oder mittelbar mindestens 50 % des wirtschaftlichen Eigentums bzw. der Stimmrechte an jeder Person gehören. In jedem Fall gilt eine Person als mit einer anderen Person verbunden, wenn eine Person sämtlichen Tatsachen und Umständen zufolge die andere Person beherrscht oder beide Personen von derselben Person oder denselben Personen beherrscht werden (Art. 28 Abs. 4 Buchst. c DBA USA).

Als Nachweis für die **aktive gewerbliche Tätigkeit** in den USA sollte im Rahmen von Anträgen auf Freistellung bzw. Erstattung von deutscher Kapitalertragsteuer dem zuständigen BZSt erläutert werden, dass der Antragsteller eine eigene operative Aktivität mit einer eigenen Organisation und eigenem Personal ausübt. Hierzu sollte dem BZSt die Geschäftstätigkeit bzw. der Unternehmensgegenstand des Antragstellers detailliert erläutert und beschrieben werden. Zusätzlich sind folgende Angaben und Nachweise mit entsprechenden Erläuterungen grundsätzlich geeignet, das Vorliegen einer aktiven gewerblichen Tätigkeit darzulegen:

- Einzelabschluss (Bilanz, Gewinn- und Verlustrechnung);
- US Corporation Income Tax Declaration Form 8453;
- US Corporation Income Tax Return Form 1120;
- Angaben über eigene Büro- bzw. Geschäftsräume als Nachweis für das Vorhandensein einer organisatorischen Infrastruktur (bei angemieteten Räumlichkeiten sollte dem BZSt ein Mietvertrag vorgelegt werden);
- Angaben über Telefonanschlüsse bzw. eine Internetadresse als Nachweis für das Vorhandensein einer technischen Infrastruktur;
- Angaben über die Personalsituation im Unternehmen als Nachweis für das Vorhandensein von qualifiziertem Personal (Anzahl beschäftigter Arbeitnehmer, Angaben über die Geschäftsführer, Angaben darüber, welche Tätigkeiten den Arbeitnehmern übertragen wurden und wo die Beschäftigten eingesetzt werden, z. B. USA oder Deutschland);
- Ausgewählte Verträge als Nachweis über das Vorhandensein von Liefer- und / oder Leistungsbeziehungen.

Wird die aktive Ausübung einer gewerblichen Tätigkeit des Antragstellers über die aktive Ausübung einer gewerblichen Tätigkeit eines oder mehrerer verbundener Unternehmen begründet, sind entsprechende Angaben zu den verbundenen Unternehmen zu machen. Zur Dokumentation über das Vorliegen von verbundenen Unternehmen sollte der Antragsteller dem BZSt ein (vollständiges) Organigramm der Gruppenstruktur vorlegen, aus dem die prozentualen Beteiligungsverhältnisse sowie der Sitz und der Ort der Geschäftsleitung der einzelnen verbundenen Unternehmen hervorgehen.

Weiterhin setzt der Active Trade or Business Test i. S. d. Art. 28 Abs. 4 **Buchst. a** DBA USA voraus, dass die aus Deutschland bezogenen Dividenden im Zusammenhang mit der gewerblichen Tätigkeit in den USA bezogen werden oder aus Anlass dieser Tätigkeit anfallen (**wirtschaftlicher Zusammenhang**). Ein solcher Zusammenhang kann bspw. vorliegen, wenn die in Deutschland ansässige Tochtergesellschaft einen Geschäftsbereich unterhält, der entweder einen »Teil« der gewerblichen Tätigkeit des in den USA ansässigen Vergütungsgläubigers bzw. Anteilseigners darstellt (d. h. zu diesem gehört) oder die Tätigkeit in den USA ergänzt. Regelmäßig kann dies angenommen werden, wenn in den USA hergestellte Produkte durch eine deutsche Tochtergesellschaft auf dem europäischen Markt vertrieben werden. Denkbar wäre auch, dass die deutsche Tochtergesellschaft Servicedienstleistungen, die im Zusammenhang mit den vertriebenen Produkten stehen, erbringt.

> **PRAXISHINWEIS**
>
> Der Nachweis des notwendigen wirtschaftlichen Zusammenhangs erfordert eine genaue und detaillierte Beschreibung der einzelnen Aktivitäten der jeweiligen Gesellschaften. Idealerweise kann die Argumentation durch entsprechende Verträge belegt werden (z. B. für die Erbringung ähnlicher Dienstleistungen im Ansässigkeits- und Quellenstaat).

Übt eine in den USA ansässige Person oder eines ihrer verbundenen Unternehmen in Deutschland eine gewerbliche Tätigkeit aus, durch die Einkünfte erzielt werden, gilt Art. 28 Abs. 4 Buchst. a DBA USA nur dann für diese Einkünfte, wenn die gewerbliche Tätigkeit in den USA gegenüber der gewerblichen Tätigkeit in Deutschland **erheblich** ist (**Substanztest** i. S. d. Art. 28 Abs. 4 **Buchst. b** DBA USA). Wann eine gewerbliche Tätigkeit erheblich ist, wird im DBA USA nicht definiert. Vor dem Hintergrund des Sinn und Zwecks der Vorschrift (d. h. der künstlichen Erzielung abkommensrechtlicher Vorteile) sind die Umstände des jeweiligen Einzelfalls zu prüfen und bspw. anhand der Umsatzverhältnisse darzulegen. Neben quantitativen Merkmalen solle der Antragsteller im Freistellungs- bzw. Erstattungsverfahren auch qualitative Argumente für den Nachweis der Erheblichkeit anführen.

> **PRAXISHINWEIS**
>
> Für die Auslegung des Art. 28 Abs. 4 DBA USA kann die Richtlinie »*U.S. Treasury Department Technical Explanation of the Protocol Signed at Berlin on June 1, 2006 Amending the Convention Between the United States of America and the Federal Republic of Germany*« abrufbar auf der Internetpräsenz der US Treasury unter »*Treaty documents*« (https://www.treasury.gov/resource-center/tax-policy/treaties/Pages/treaties.aspx?loc=aae35a09-03c1-436b-957e-788422a35274) herangzogen werden. Unter Art. XIV befinden sich auch Beispielsfälle zur Auslegung der einzelnen Tatbestände des Art. 28 Abs. 4 DBA USA.

Auch wenn in dem Beispielsfall die Voraussetzungen des Art. 28 Abs. 2 Buchst. f Doppelbuchst. aa und bb DBA USA erfüllt sind, ist eine vollständige Entlastung von deutscher Kapitalertragsteuer vorliegend nicht möglich. Zwar ist die ABC Inc. in den USA aktiv gewerblich tätig. Diese Tätigkeit soll gem. Sachverhaltsbeschreibung jedoch gegenüber der gewerblichen Tätigkeit in Deutschland **nicht** erheblich sein. Der Substanztest i. S. d. Art. 28 Abs. 4 Buchst. b DBA USA ist damit nicht erfüllt. Eine vollständige Entlastung von deutscher Kapitalertragsteuer nach Art. 10 Abs. 3 Buchst. a Doppelbuchst. bb DBA USA ist damit nicht möglich.

6.4 Derivate Benefits Test (Art. 28 Abs. 3 DBA USA)

Eine vollständige Entlastung von deutscher Kapitalertragsteuer ist nach Art. 10 Abs. 3 Buchst. a **Doppelbuchst. cc** DBA USA i. V. m. Art. 28 Abs. 3 DBA USA möglich, wenn

- Anteile, die mindestens 95 % der gesamten Stimmrechte und des Werts (und mindestens 50 % aller Vorzugsaktiengattungen) der Gesellschaft darstellen, unmittelbar oder mittelbar von sieben oder weniger Personen gehalten werden, die gleichberechtigte Begünstigte sind (Ownership-Komponente; Art. 28 Abs. 3 **Buchst. a** DBA USA), **und**
- weniger als 50 % des Rohgewinns der Gesellschaft für das Steuerjahr, in dem die Einkünfte erzielt werden, unmittelbar oder mittelbar in Form von Zahlungen, die für Zwecke der unter das Abkommen fallenden Steuern im Ansässigkeitsstaat der Gesellschaft abzugsfähig sind, an Personen gezahlt werden oder diesen geschuldet sind, die keine gleichberechtigten Begünstigten sind (Base Erosion-Komponente; Art. 28 Abs. 3 **Buchst. b** DBA USA).

In dem skizierten Beispielsfall erfüllt die ABC Inc. die Voraussetzungen nach Art. 28 Abs. 3 Buchst. a DBA USA (Ownership Komponente), da sich ihre Anteile zu mindestens 95 % im Besitz von nicht mehr als sieben gleichberechtigten Begünstigten befinden. Gem. Art. 28 Abs. 8 Buchst. e DBA USA handelt es sich bei »**gleichberechtigt Begünstigten**« um in einem der Vertragsstaaten ansässige Personen, welche die Voraussetzungen des Art. 28 Abs. 2 Buchst. a, Buchst. b, Buchst. c Doppelbuchst. aa, Buchst. d oder Buchst. e DBA USA erfüllen. Die natürlichen Personen X und Y als alleinige Gesellschafter der ABC Inc. sind berechtigte Personen i. S. d. Art. 28 Abs. 2 Buchst. a DBA USA.

Weiterhin erfüllt die ABC Inc. die Voraussetzungen i. S. d. Art. 28 Abs. 3 Buchst. b DBA USA (Base Erosion Komponente), da die ABC Inc. ihren Rohgewinn nicht zu mehr als 50 % dazu verwendet, Zahlungen an nicht gleichberechtigt Begünstigte zu leisten.

Im Ergebnis erfüllt die ABC Inc. die Voraussetzungen des Art. 10 Abs. 3 Buchst. a Doppelbuchst. cc DBA USA i. V. m. Art. 28 Abs. 3 DBA USA, sodass ein Anspruch vollständige Entlastung von deutscher Kapitalertragsteuer besteht.

VIII. Anhang: Checklisten

> **WICHTIG**
>
> **Checklisten Online**
> Die folgenden Checklisten finden Sie auch im Online-Bereich.
> Folgen Sie einfach dem QR-Code auf der Schäffer-Poeschel-myBook-Seite am Anfang des Buches.

1 Checkliste zum Steuerabzug bei Darbietungen (dt./engl.)

Checkliste für Darbietungen i.S.d. § 50a Abs. 1 Nr. 1. u. 2 EStG i.V.m. § 49 EStG

	Ja	Nein

1. **Ist der Vergütungsgläubiger steuerlich im Ausland ansässig?**
   Vergütungsgläubiger ist eine <u>natürliche Person</u>:
       Wohnsitz (§ 8 AO) ist nicht im Inland und
       Gewöhnlicher Aufenthalt (§ 9 AO) ist nicht im Inland
   Vergütungsgläubiger ist eine <u>juristische Person</u>:
       Geschäftsleitung (§ 10 AO) ist nicht im Inland und
       Sitz (§ 11 AO) ist nicht im Inland

2. **Liegen beschränkt steuerpflichtige Einkünfte i.S.d. § 49 EStG vor?**
   Einkünfte aus Gewerbebetrieb:
       Betriebsstätte oder ständiger Vertreter im Inland (§ 49 Abs. 1 Nr. 2 a EStG)
       »Betriebsstättenlose« Einkünfte durch Darbietungen (§ 49 Abs. 1 Nr. 2 d EStG)
   Einkünfte aus selbständiger Arbeit (§ 49 Abs. 1 Nr. 3 EStG)
   Einkünfte aus nichtselbständiger Arbeit (§ 49 Abs. 1 Nr. 4 EStG)
   Einkünfte aus Vermietung oder Verpachtung (§ 49 Abs. 1 Nr. 6 EStG)
   Sonstige Einkünfte (§ 49 Abs. 1 Nr. 9 EStG)

3. **Ist Vertragsgegenstand die Erbringung einer der folgenden Darbietungen im Inland?**
   Künstlerische Darbietung
   Sportliche Darbietung
   Artistische Darbietung
   Unterhaltende Darbietung
   Sonstige Darbietung

4. **Werden die Einkünfte erzielt von:**
   Dem persönlich Darbietenden aus seiner persönlich ausgeübten Tätigkeit
   Einem Dritten aus der persönlich ausgeübten Tätigkeit des Darbietenden
   Dem persönlich Darbietenden oder einem Dritten aus anderen mit der Darbietungsleistung zusammenhängende Leistungen
   Dem persönlich Darbietenden oder einem Dritten aus der inländischen Verwertung dieser Darbietung

5. **Die Vergütung hat nicht bereits dem Steuerabzug vom Arbeitslohn nach § 38 Abs. 1 Satz 1 Nr. 1 EStG unterlegen**

Checklist regarding performances according to Sec. 50a (1) No. 1. and 2 German Income Tax Act

	Yes	No

1. **Is the remuneration creditor a tax resident abroad?**
   The remuneration creditor is an individual:
   - Residence (Sec. 8 German Fiscal Code) is not in Germany and
   - habitual abode (Sec. 9 German Fiscal Code) is not in Germany

   The remuneration creditor is a legal entity:
   - Effective place of management (Sec. 10 German Fiscal Code) is not in Germany and
   - statutory seat (Sec. 11 German Fiscal Code) is not in Germany

2. **Does the individual / legal entity generate domestic-sourced income according to Sec. 49 (1) German Income Tax Act?**
   Income from commercial business activity:
   - Permanent establishment or a representative in Germany (Sec. 49 (1) No. 2 lit. a German Income Tax Act)
   - Income derived from performances physically carried on in Germany without having a permanent establishment in Germany (Sec. 49 (1) No. 2 d German Income Tax Act)
   - Income from independent personal services (Sec. 49 (1) No. 3 German Income Tax Act)
   - Income from dependent employment (Sec. 49 (1) No. 4 German Income Tax Act)
   - Income from rental and usufructuary lease (Sec. 49 (1) No. 6 of German Income Tax Act)
   - Other income (Sec. 49 (1) No. 9 German Income Tax Act)

3. **Is the subject of the contract the provision of one of the following kind of performances in Germany?**
   - Artistic performance
   - Athletic performance
   - Acrobatic performance
   - Entertaining performance
   - Other performance

4. **Is the income generated by:**
   - The performer himself (i.e. through an own performance)
   - A third party through the performance of the performer
   - The performer or a third party through other services related to such work
   - The performer or a third party through the domestic exploitation of the performance

5. **The remuneration has not been subject to the wage tax withholding according to Sec. 38 (1) Sentence 1 No. 1 German Income Tax Act already.**

2 Checkliste zum Steuerabzug bei Lizenzzahlungen (dt./engl.)

Checkliste für Lizenzen i.S.d. § 50a Abs. 1 Nr. 3 EStG i.V.m. § 49 EStG

	Ja	Nein

1. **Ist der Vergütungsgläubiger steuerlich im Ausland ansässig?**
   Vergütungsgläubiger ist eine <u>natürliche Person</u>:
   - Wohnsitz (§ 8 AO) ist nicht im Inland und
   - Gewöhnlicher Aufenthalt (§ 9 AO) ist nicht im Inland

   Vergütungsgläubiger ist eine <u>juristische Person</u>:
   - Geschäftsleitung (§ 10 AO) ist nicht im Inland und
   - Sitz (§ 11 AO) ist nicht im Inland

2. **Liegen beschränkt steuerpflichtige Einkünfte i.S.d. § 49 EStG vor?**
   Einkünfte aus Gewerbetrieb:
   - Betriebsstätte oder ständiger Vertreter im Inland (§ 49 Abs. 1 Nr. 2 a EStG)
   - »Betriebsstättenlose« Einkünfte aus Lizenzen (§ 49 Abs. 1 Nr. 2 f EStG)

   Einkünfte aus selbständiger Arbeit (§ 49 Abs. 1 Nr. 3 EStG)
   Einkünfte aus Vermietung oder Verpachtung (§ 49 Abs. 1 Nr. 6 EStG)
   Sonstige Einkünfte (§ 49 Abs. 1 Nr. 9 EStG)

3. **Ist Vertragsgegenstand die zeitlich befristete Überlassung von:**
   - Rechten, insbes. Urheberrechte, verwandte Schutzrechten oder gewerbliche Schutzrechten oder
   - Ungeschütztem Wissen wie gewerbliche, technische, wissenschaftliche und ähnliche Erfahrungen, Kenntnisse und Fertigkeiten (wie z.B. Pläne, Muster, Verfahren)

<u>Fragen nicht relevant bei Betriebsstätteneinkünften nach § 49 Abs. 1 Nr. 2a EStG</u>

4. **Ist das Recht in ein inländisches Register eingetragen?** Oder
5. **Wird das Recht durch den Lizenznehmer oder einen Dritten im Inland verwertet?**

6. **Software und Datenbanken:**
   Werden dem Nutzer umfassende Nutzungsrechte zur wirtschaftlichen Weiterverwertung eingeräumt wie z.B.
   - Vervielfältigungsrechte
   - Verbreitungsrechte
   - Veröffentlichungsrecht
   - Bearbeitungsrecht
   - Recht zur Sublizensierung außerhalb des Konzern (§ 18 AktG)

Checklist for licenses according to Sec. 50a (1) No. 3 German Income Tax Act	Yes	No
1. Is the remuneration creditor a tax resident abroad?		
The remuneration creditor is an <u>individual</u>:		
Residence (Sec. 8 German Fiscal Code) is not in Germany and		
habitual abode (Sec. 9 German Fiscal Code) is not in Germany		
The remuneration creditor is a <u>legal entity</u>:		
Effective place of management (Sec. 10 German Fiscal Code) is not in Germany and		
statutory seat (Sec. 11 German Fiscal Code) is not in Germany		
2. Does the individual / legal entity generate domestic-sourced income according to Sec. 49 (1) German Income Tax Act?		
Income from commercial business activity:		
Permanent establishment or a representative in Germany (Sec. 49 (1) No. 2 lit. a German Income Tax Act)		
Income derived from performances physically carried on in Germany without having a permanent establishment in Germany (Sec. 49 (1) No. 2 f German Income Tax Act)		
Income from independent personal services (Sec. 49 (1) No. 3 German Income Tax Act)		
Income from rental and usufructuary lease (Sec. 49 (1) No. 6 German Income Tax Act)		
Other income (Sec. 49 (1) No. 9 German Income Tax Act)		
3. Is the subject of the contract the temporary provision of:		
Rights, especially copyrights and related property rights or industrial property rights or		
Unprotected knowledge such as commercial, technical, scientific and similar experience, knowledge and skills (e.g. plans, models and processes)		
<u>The following questions are not relevant in case of a permanent establishments according to Sec. 49 (1) No. 2a German Income Tax Act</u>		
4. Is the IP registered in Germany? Or		
5. Does the licensee or a third party exploit the IP in Germany?		
6. Software and databases:		
Are comprehensive usage rights granted to the user for further industrial exploitation, e.g.		
Reproduction rights		
Distribution rights		
Publication rights		
Editing rights		
Rights for sublicensing outside the group (Sec. 18 of the German Stock Corporation Act)		

3 Checkliste zum Steuerabzug bei Aufsichtsratsvergütungen (dt./engl.)

Checkliste für Vergütungen an Aufsichtsräte und Verwaltungsräte i.S.d. § 50a Abs. 1 Nr. 4 EStG i.V.m. § 49 EStG

	Ja	Nein
1. Ist der Vergütungsgläubiger im Ausland steuerlich ansässig? Wohnsitz (§ 8 AO) ist nicht im Inland und Gewöhnlicher Aufenthalt (§ 9 AO) ist nicht im Inland		
2. Gehört der Vergütungsgläubiger einer der folgenden Gremien an? Aufsichtsrat Verwaltungsrat Grubenvorstand oder ist er eine andere mit der Überwachung der Geschäftsführung von Körperschaften, Personenvereinigungen oder Vermögensmassen beauftragte Person?		
3. Liegen beschränkt steuerpflichtige Einkünfte aus selbständiger Arbeit i.S.d. § 49 Abs. 1 Nr. 3 EStG vor?		
4. Hat die überwachte Körperschaft, Personenvereinigung oder Vermögensmasse ihren Sitz im Inland oder Geschäftsleitung im Inland		
5. Wird die Vergütung bezahlt für die Überwachung der Geschäftsführung einer Körperschaft (§ 1KStG) Personenvereinigung (§ 1KStG) Vermögensmasse (§ 1KStG) Andere inländische Personenvereinigung des privaten und öffentlichen Rechts (außer Mitunternehmerschaften)		

Checklist for the remuneration of supervisory and administrative boards according to Sec. 50a (1) No. 4 German Income Tax Act	Yes	No
1. Is the remuneration creditor a tax resident abroad? Residence (Sec. 8 German Fiscal Code) is not in Germany and habitual abode (Sec. 9 German Fiscal Code) is not in Germany		
2. Does the remuneration creditor belong to one of the following kind of boards? Supervisory board Administrative board Mine board or is the remuneration creditor another person commissioned to supervise the management of corporations, associations and independent property funds?		
3. Does the individual/ legal entity generate domestic-sourced income from independent personal services according to Sec. 49 (1) No. 3 German Income Tax Act?		
4. Does the supervised corporation, association or independent property fund have its Statutory seat in Germany or Effective place of management in Germany		
5. Is the remuneration paid for the supervision of the management of a/ an Corporation (Sec. 1 of the German Corporation Tax Act) Association (Sec. 1 of the German Corporation Tax Act) Independent property fund (Sec. 1 of the German Corporation Tax Act) Other domestic associations under private or public law (except business partnerships)		

4 Checkliste zum Steuerabzug bei Steuerabzugs- und Entlastungsverfahren (dt./engl.)

Checkliste für das Steuerabzugsverfahren i.S.d. § 50a EStG und Entlastungsverfahren

	Ja	Nein

1. Beschränkt steuerpflichtige Einkünfte

Liegen beschränkt steuerpflichtige Einkünfte nach § 50a Abs. 1 EStG iVm. § 49 EStG vor, die erzielt werden:

	Ja	Nein
Durch im Inland ausgeübte künstlerische, sportliche, artistische, unterhaltende oder ähnliche Darbietungen oder mit diesen Leistungen zusammenhängende Leistung		
Aus der Verwertung dieser Darbietungen im Inland		
Aus der Überlassung von Rechten insbesondere Urheberrechte, verwandte Schutzrechten oder gewerbliche Schutzrechten oder ungeschütztem Wissen wie gewerbliche, technische, wissenschaftliche und ähnliche Erfahrungen, Kenntnisse und Fertigkeiten		
Durch die Überwachung der Geschäftsführung einer Körperschaft, Personenvereinigung oder Vermögensmasse mit Sitz oder Geschäftsleitung im Inland		

Auf die entsprechenden Checklisten für die Einzeltatbestände wird verwiesen

2. Steuerabzug

Steuerabzugspflicht bei Darbietungen:

	Ja	Nein
Die Vergütung je Darbietung übersteigt die Freigrenze von EUR 250		
Keine gültige Freistellungsbescheinigung im Zeitpunkt der Zahlung der Vergütung vorhanden		

Steuerabzugspflicht bei Lizenzen:

	Ja	Nein
Das Kontrollmeldeverfahren findet keine Anwendung		
Bei Anwendung des Konrollmeldeverfahrens ist ein Reststeuersatz zu berücksichtigen		
Keine gültige Freistellungsbescheinigung im Zeitpunkt der Zahlung der Vergütung vorhanden		

Einnahmen umfassen:

	Ja	Nein
Geldleistungen		
Sachleistungen		
Geldwerte Vorteile		
Reisekosten, die die tatsächlichen Kosten bzw. gesetzl. Pauschbeträge übersteigen		

Abzug von Betriebsausgaben oder Werbungskosten:
    Nur bei Darbietungen:
        Vergütungsempfänger ist Staatsangehöriger eines Mitgliedsstaates der EU oder des EWR und hat in einem dieser seinen Wohnsitz oder gewöhnlichen Aufenthalt
        Betriebsausgaben/ Werbungskosten
        Stehen in unmittelbarem wirtschaftlichen Zusammenhang mit den Einnahmen
        Sind in nachprüfbarer Form nachgewiesen oder vom Vergütungsschuldner übernommen
        Sind im Zeitpunkt des Steuerabzugs bereits geleistet worden
    Steuersatz:
        Bei Vorliegen einer Bruttovereinbarung:
        Regelsteuersatz: 15 % zzgl. 5,5 % SolZ
        Bei Abzug von Betriebsausgaben/Werbungskosten:
            bei natürlichen Personen 30 % zzgl. 5,5 % SolZ
            bei juristischen Personen 15 % zzgl. 5,5 % SolZ
        Bei Vorliegen einer Nettovereinbarung:
        Regelsteuersatz: 17,82 %(Anwendung auf Auszahlungsbetrag) zzgl. 5,5 % SolZ
        Bei Abzug von Betriebsausgaben/Werbungskosten:
            bei natürlichen Personen 43,89 % zzgl. 5,5 % SolZ
            bei juristischen Personen 17,82 % zzgl. 5,5 % SolZ

3. **Steueranmeldung und Steuerabführung**
    Abgabetermine:
        10. April
        10. Juli
        10. Oktober
        10. Januar
    Anmeldung:
        Eine vom BZSt erteilte Steuernummer liegt vor
        Anmeldung ist elektronisch eingereicht
        SEPA Lastschriftmandant ist an das BZSt erteilt oder Überweisung veranlasst
    Steuerbescheinigung:
        Wurde vom Vergütungsgläubiger angefordert
        Wurde nach amtlichen Muster erstellt und an den Vergütungsgläubiger gesandt

4. **Antrag auf Freistellung oder Erstattung nach DBA**
   Formular:
   - Länderspezifisches Formular wurde verwendet
   - Allgemeines Formular wurde mangels spezifischem Länderformular verwendet

   Vollständigkeit des Formulars:
   - Formular enthält alle erforderlichen Angaben
   - Unterschrift des Antragstellers oder seines Bevollmächtigten vorhanden
   - Erteilte Vollmacht des Antragstellers liegt im Original vor
   - Inkassovollmacht erteilt
   - Bestätigung der Steuerbehörde des Wohnsitzstaates auf dem Formular vorhanden
   - Ausnahme hiervon im US Fall: Form 6166 liegt vor

   Beizulegende Dokumente:
   - Kopie des Vertrages
   - Steuerbescheinigung im Falle eines Erstattungsantrags

   Bei Lizenzen:
   - Sofern der Antragsteller selbst Lizenznehmer des überlassenen Recht ist liegt der sog. Oberlizenzvertrag mit dem originären Rechteinhaber vor
   - Fragebogen nach § 50d Abs. 3 EStG ist beantwortet und erforderliche Dokumente liegen vor (z.B. Handelsregisterauszug, Organigramm, Jahresabschluss)

Checklist for the tax withholding procedure according to Sec. 50a German Income Tax Act and discharge procedure		
	Yes	No
1. Domestic-sourced income		
Does a non-resident taxpayer generate domestic-sourced income according to Sec. 50a (1) in conjunction with Sec. 49 German Income Tax Act from:		
Artistic, athletic, acrobatic, entertainment or similar performances that take place in Germany, including the income from other services related to such work		
The domestic exploitation of these performances		
The provision of rights, especially copyrights and related or industrial property rights or unprotected knowledge such as commercial, technical, scientific and similar experience, knowledge and skills		
The supervision of the management of a corporation, an association or an independent property fund with statutory seat or effective place of management in Germany		
For the individual case scenarios, reference is made to the relevant checklists		
2. Withholding tax		
Obligation to withholding tax for performances:		
The remuneration of each performance exceeds the threshold of EUR 250		
No available valid exemption certificate at the time of payment of the remuneration		
Obligation to withholding tax for licenses:		
The recording procedure is not applicable		
When applying the recording procedure, a residual tax rate must be taken into account		
No available valid exemption certificate at the time of payment of the remuneration		
Revenue including:		
Payments		
Payments in kind		
Non-cash benefits		
Travel expenses, which exceed the actual costs or (rather) the legal lump sums		

Deduction of business expenses or costs of earning non-business income:
    Just for performances:
        Remuneration recipient is a citizenship of a Member State of the EU or the European Economic Area and has his residence or his habitual abode in one of these states
        Business expenses/ costs of earning non-business income
        Are directly economically related to the revenues
        Are verified in a verifiable way or are beared by the remuneration debtor
        Have been payed at the time of withholding
    Tax rate:
        In case of a gross-up clause:
        Statutory tax rate: 15 % plus 5,5 % solidarity surcharge
        In case of a deduction of business expenses or costs of earning non-business income:
            for individuals 30 % plus 5,5 % solidarity surcharge
            for legal entities 15 % plus 5,5 % solidarity surcharge
        In case of a net clause:
        Statutory tax rate: 17,82 % (applying to the amount paid out) plus 5,5 % solidarity surcharge
        In case of a deduction of business expenses or costs of earning non-business income:
            for individuals 43,89 % plus 5,5 % solidarity surcharge
            for legal entities 17,82 % plus 5,5 % solidarity surcharge

3. **Tax registration and remittance:**
    Deadlines:
        10. April
        10. July
        10. October
        10. January
    Registrations:
        A tax identification number issued by the Federal Central Tax Office is available
        Registration is submitted electronically
        SEPA Direct Debit Mandate is issued to the Federal Central Tax Office or a remittance is initiated
    Tax certificate:
        Was requested by the remuneration creditor
        Was prepared in accordance with the official sample and sent to the remuneration creditor

4. **Request of exemption or refund according to a double tax treaty**
   Form:
       A country-specific form was used
       A general form was used in the absence of a country-specific formular
   Completeness of the form:
       The form includes all required details
       Signature of the applicant or his representative is available
       The original version of the granted power of attorney of the applicant is available
       The collection authority is issued
       Confirmation of the tax authority of the country of residence is available
       Exception in case of the US: Form 6166 is available
   Documents to be enclosed:
       Copy of the contract
       Tax certificate in case of a request of refund
   In case of licenses:
       If the remuneration creditor is as well acting as the licensee of the provided IP, the respective contract between the remuneration creditor and the original IP holder is available
       Questionnaire according to Sec. 50d (3) of the German Income Tax Act has been completed and the required documents are available
       (e.g. trade egister excerpt, organisation chart, financial statements)

Literaturverzeichnis

Heuermann, Bernd/Brandis, Peter (Hrsg.): Blümich, EStG, KStG, GewStG – Kommentar, 142. Lieferung, München 2018

Endres, Dieter/Jacob, Friedhelm/Gohr, Marion/Klein, Martin (Hrsg.): Doppelbesteuerungsabkommen Deutschland-USA, 1. Auflage, München 2009

Frotscher, Marion/Geurts, Matthias (Hrsg.): Kommentar zum Einkommensteuergesetz, 203. Aktualisierung, Freiburg 2018

Fuhrmann, Class/Kraeusel, Jörg/Schiffers, Joachim (Hrsg.): EStG eKommentar, Bonn 2015

Flick, Hans/Wassermeyer, Franz/Baumhoff, Hubertus/Schönefeld, Jens (Hrsg.): Außensteuerrecht Kommentar, 73. Lieferung, Köln 1999

Gosch, Dietmar/Kroppen, Heinz/Grotherr, Klaus (Hrsg.): DBA-Kommentar, 1. Auflage, Herne 1997

Kirchhoff, Paul/Söhn, Hartmut/Mellinghoff, Rudolf (Hrsg.): Kommentar Einkommensteuergesetz, 240. Lieferung, Köln 2016

Hermann, Carl/Heuer, Gerhard/Raupach, Arndt (Hrsg.): EStG/KStG Kommentar, 287. Lieferung, Köln 2018

Kraft, Gerhardt (Hrsg.): AStG (Außensteuergesetz) Kommentar, 1. Auflage, München 2009

Lademann, Fritz (Hrsg.) EStG Kommentar, 238. Lieferung, Stuttgart 2018

Büchting, Hans-Ulrich/Heussen, Benno (Hrsg.): Rechtsanwaltshandbuch, 10. Auflage, München 2011

Weber-Grellet, Heinrich (Hrsg.): Schmidt, Einkommensteuergesetz, 37. Auflage, München 2018

Schönefeld, Jens/Ditz, Xaver (Hrsg.): Doppelbesteuerungsabkommen (DBA) – Kommentar, 1. Auflage, München 2013

Vogel, Klaus/Lehner, Moris (Hrsg.): DBA Doppelbesteuerungsabkommen, 6. Auflage, München 2015

Wassermeyer, Franz/Kaeser, Christian/Schwenke, Michael/Drüen, Klaus-Dieter/Jülicher, Marc (Hrsg.): Wassermeyer, Kommentar zu allen deutschen Doppelbesteuerungsabkommen, 73. Auflage, München 2018

Stichwortverzeichnis

Abgeltungswirkung 13
Abzugsteuer 4
Active Trade or Business Test 381
Alleinvertriebsrecht 180, 327
Artistische Tätigkeiten
- Begriff 112
- Stuntman 113
- Zauberei 113
- Zusammenhangsleistungen 117
Aufsichtsrat 222, 226
- Vergütung 227
Aufsichtsratssteuer 222
Aufzeichnungspflichten 133
Aussetzung der Vollziehung 262
Autorenrechte 169
Bandenwerbung 122, 180
Besteuerungsrecht
- abkommenrechtliche Zuweisung 136
- Begrenzung 144
Betriebsstättenbegriff 97
Betriebsstättenvorbehalt 203
Börsenhandelstest
- mittelbarer 380
Börsenklausel 71
Cross-Licensing 19
Darbietung
- Filmaufnahmen 114
Darbietungen
- Ausübung 114
- Begriff 109
- Definition 88
- doppelter Inlandsbezug (Verwertung) 115
- inländische Einkünfte 88, 95
- Unterhaltungscharakter 88
- Unterrichtende Tätigkeit 110
- Verwertung 91, 114, 141
- Wissenschaftliche Vorträge 110
- Zusammenhangsleistungen 116

Datenbanken 185
DBA Japan 79
DBA Niederlande 82
DBA USA 76
Einkünfte aus nicht selbständiger Tätigkeit 104
Einkünfte aus selbstständiger Tätigkeit 101
Entlastungsanspruch
- fiktiver 72
Entlastungsberechtigung 217
- abkommensrechtliche Besonderheiten 76
- aktive Beteiligungsverwaltung 69, 368
- angemessen eingerichteter Geschäftsbetrieb 70
- Aufteilungsklausel 72
- Börsenklausel 71
- Dividenden 368
- eigene Wirtschaftstätigkeit 68
- Lizenzgebühren 214
- mittelbare persönliche 66
- persönliche 62, 213
- sachliche 67, 214
Entlastungsberechtigung der ausländischen Gesellschaft 59
Erstattungsantrag
- vereinfachter 55
Erstattungsbetrag
- Verzinsung 53
Erstattungsverfahren 147, 209
- Ansässigkeitsnachweis 50
- Antragsteller 49
- Begriff 48
- Frist 51
Erweitert beschränkte Steuerpflicht 6
Festpreisklausel 25
Fotomodelle 193, 285, 312
Freistellungsbescheinigung 43
Freistellungsverfahren 145, 208
- Ansässigkeitsnachweis 41

- Antragsteller 40
- Begriff 40
- Dauerfreistellung 44
- Kooperationsklausel 41
- Umwandlungen 47
Geldbuße 256
Geschäftsführung 222
- Überwachung 228
Gewerbebetrieb
- Einkünfte aus 96
Gewerbliche Schutzrechte
- Begriff 175
- Design 175
- Gebrauchsmuster 175
- Marken 175
- Patente 175
Gewinnausschüttungen
- grenzüberschreitende 335
Gewöhnlicher Aufenthalt 5
Haftungsbescheid 262
Haftungsinanspruchnahme
- Ausnahmen 244
- Frist 246
- Geschäftsführung 248
- Verfallsanordnung 256
Haftungsrisiko 13, 244, 259
Hybride Gesellschaften 205, 209
Inland 9
Inländische Einkünfte 9
Jahreskontrollmeldung 58
Kapitalertragsteuer 345
- Begriff 341
- Rückwirkungszeitraum 356
- Steuerschuldner 342
- verdeckte Gewinnausschüttung 341, 359
- Zeitpunkt der Entstehung 343
Kontrollmeldeverfahren 57
Künstler 136
Künstlerische Tätigkeiten
- Begriff 101, 110
- Fotodesigner 102
- Gebrauchskunst 101

- Komponist 111
- Maler 111
- Musiker 110
- Regisseur 102, 111
- Schauspieler 110
- Schriftsteller 111
- Tänzer 111
- Werbeaufnahmen 102, 111
- Werbefotografen 102
- werkschaffende Künstler 111
- Zusammenhangsleistungen 117

Lizenz 57, 174
Lizenzgebühren 141, 214
Lizenzvertrag 178
Lizenzzahlungen 40, 321
Lohnsteuerabzug 13, 126
Mäander-Struktur 63
Missbrauchsvermeidung 76
Modellagentur 285
MURI-Meldung 355
Mutter-Tochter-Richtlinie 350
Nachforderungsbescheid 264
Nettovereinbarung 27
Nullmeldung 45, 147
Nutzungsberechtigter
- Ansässigkeit 202
Nutzungsberechtigung 202
Ort der Geschäftsleitung 6
Pharma- und Chemiebranche 321
Quellensteuer 4
Rechte
- Begriff 167
- endgültige Übertragung 179
- inländisches Register 167, 181
- Live-Übertragungsrechte 180, 277
- Nutzungsrecht/Lizenz 174
- Persönlichkeitsrechte 176
- Urheberrechte 173
- veranstaltungsbezogene Rechte 180
- verbrauchende Rechteüberlassung 180

- verwandte Schutzrechte 174
- Verwertung 167, 181
- zeitlich befristete Überlassung 179
Rechtekauf 179
Rechteüberlassung 154, 180
Rechtsschutz 261
Rechtstypenvergleich 6
Säumniszuschlag 33
Selbstanzeige 267
Software 184
Sportler 136
Sportliche Tätigkeiten
- Amateure 112
- Begriff 112
- Berufssportler 112, 118
- Kleidung 121
- Motorsport-Rennteam 112
- Preisgelder 119
- Werbevertrag 120
- Zusammenhangsleistungen 117
Sportveranstaltungen
- Übertragungsrechte 277
Ständiger Vertreter 98
Statuarischer Sitz 6
Steuerabzug
- Bartergeschäft/Cross-Licensing 19
- Begriff 3
- Bemessungsgrundlage 21, 126
- Betriebsausgaben 21
- Betriebsstätte 10
- Geringfügigkeitsgrenze 24, 128
- Konfusion 20
- Mitunternehmerschaft 7
- Nettovereinbarung 24
- Novation 19
- Sondervergütungen 11, 164
- Steuersatz 23
- Verfahren 15
- Verrechnung 19
- Voraussetzungen 5
- Werbungskosten 21

- Zeitpunkt 18
- Zweigniederlassung 163
- Zweiter Stufe 130
- Zweite Stufe 29, 285
Steuerabzugsverfahren 125
Steueranmeldung 31, 131, 261
Steuerbescheinigung 34, 52, 132
Steuererklärung
- Berichtigung 265
Steuerhinterziehung 250
Steuerklausel 259
Steuerliches Kontrollsystem 270
Steuernummer 32, 132
Steuerverkürzung
- leichtfertige 250
Tax Compliance Management System 270
Total Buy-out 285
Transparenzprinzip 204
Typenvergleich 95
Überwachung der Geschäftsführung 228
Ungeschütztes Wissen 176, 193
Unterhaltende Tätigkeiten
- Begriff 113
- Feuerwerk 113
- Modenschau 113
- Wissenssendungen 113
Unterlassen 251
Urheberrechte 173
Veranlagung 13
Verbindliche Auskunft 260
Vergütungsgläubiger 17
- Ansässigkeit 159
Vergütungsschuldner 16
Vermittlungsleistungen 137
Verspätungszuschlag 33
Werbefotograf 285
Werbung 285
Wohnsitz 5
Zins- und Lizenzgebührenrichtlinie 206

**Ihr Feedback ist uns wichtig!
Bitte nehmen Sie sich eine
Minute Zeit:**

www.schaeffer-poeschel.de/feedback

Eine Klasse für sich
Das Fachportal für Banken und Finanzdienstleister

Die einzigartige Kombination aus Datenbank und Informationsportal bietet Ihnen Orientierung in einem unübersichtlichen Rechtsgebiet. Das Radar gibt Ihnen einen schnellen Monatsüberblick über die wichtigsten Regulierungsvorgaben. Die Veröffentlichungen der Aufsicht werden von Experten für Sie priorisiert, analysiert und bewertet – für aufsichtlich konforme Lösungen.

Jetzt 4 Wochen unverbindlich testen:
www.schaeffer-poeschel.de/regulierung

- **Orientierung:** Priorisierung und Bewertung der Veröffentlichungen der Aufsicht
- **Aktualität:** Regulierungs-Radar mit regelmäßigen Updates
- **Sicherheit:** Führende Kommentare, Handbücher und Umsetzungshilfen

REGULIERUNG DER FINANZINSTITUTE
Das Fachportal für Banken und Finanzdienstleister
- Regulierungs-Radar, aktuelle Nachrichten, Analysen von Experten
- Renommierte Kommentare, umfangreiche Fachbibliothek, Umsetzungs-Know-how
Jahrespreis 3er-Lizenz: 1.498,- € zzgl. MwSt.
ISBN 978-3-7910-3950-3

SCHÄFFER POESCHEL